Theodor Heuss Robert Bosch

Robert Bosch im Jahre 1931

Theodor Heuss

Robert Bosch

Leben und Leistung

Deutsche Verlags-Anstalt
Stuttgart

Inhalt

Zum Geleit 7
Vorwort 9

Jugend

Heimat und Herkunft 17
Schul- und Lehrlingszeit in Ulm 27
Lehr- und Wanderjahre – Militärdienst 32
An der Technischen Hochschule in Stuttgart 42
Arbeit in Amerika 47
Zwischenstationen 62
Die junge Gestalt 67

Beginn und Aufgabe

Zur schwäbischen Wirtschaftsentwicklung 76
Werkstätte für Feinmechanik und Elektrotechnik 86
Motor und Zündung 103
Das Kraftfahrzeug 111

Werden einer Groß-Firma

Der industrielle Beginn im eigenen Haus 130
Der Markt weitet sich 143
Arbeits- und Arbeiterproblem – Der Achtstundentag 150

Der Weg in die Welt	159
Erstes Mäcenatentum	173
Das neue Arbeitsprogramm	186
Arbeiterbewegung und Arbeitskampf	205
Erziehertum im Beruf	223

Im Zwang der großen Politik

Vor dem Sturm	239
Der erste Weltkrieg	253
Kriegsausgang	290
Revolutionszeit	298
Industrieverfassung und Sozialisierung	314
Um den äußeren und inneren Frieden	327

Der Neu-Aufbau

Fabrikationsprogramm und Geschäftsorganisation in den Nachkriegsjahren	341
Die Auseinandersetzung mit Amerika	373
Bosch und der Dieselmotor	392
Sozialpolitik und Sozialfürsorge im Betrieb	403
Der Weg durch die Weltwirtschaftskrise	422
Der Bosch-Konzern	444

Die Persönlichkeit

Öffentliches Leben und privates Schicksal	462
Studien zu einem Bildnis	480
Jäger und Heger	495
Agrarpolitisches Denken im landwirtschaftlichen Planen	503
Gesundheitspflege	530
Förderung der Kulturpolitik	545

Das Dritte Reich

Die politische Wende von 1933	557
In der staatlichen Konjunktur	571
Entwicklung der Werkstoffe	580
Politische Sorgen und geschäftliche Entscheidungen	588
Höhe und Ausklang	603
Nachwort von Theodor Heuss	619
Robert Bosch an Theodor Heuss	623
Margarete Bosch an Theodor Heuss	624
Editorische Notiz zur Ausgabe von 1986	625
Anmerkungen von Theodor Heuss	628
Zeittafel	641
Bibliographie	665
Register	675
Originalmanuskript von Theodor Heuss	712

Zum Geleit

Robert Bosch (1861–1942) hat als Unternehmer in Deutschland Maßstäbe gesetzt. Die von ihm 1886 gegründete »Werkstätte für Feinmechanik und Elektrotechnik« in Stuttgart ist heute ein weltweit operierendes, innovatives und wachstumsstarkes Unternehmen mit weltweit rund 220 000 Mitarbeitern.
Robert Bosch hat zugleich als Stifter in Deutschland Herausragendes geleistet. Er war ein engagierter Anwalt einer freiheitlichen Gesellschaftsordnung, und er setzte sich tatkräftig für sozialen Ausgleich, für Liberalität, für internationale Zusammenarbeit und für die Völkerverständigung ein, namentlich für die Versöhnung mit Frankreich nach dem Ersten Weltkrieg. Unternehmerische Leistung und gesellschaftliche Verantwortung waren mithin für ihn zwei Seiten derselben Medaille. Nicht weniger als 31 Dotationen und Stiftungen gehen auf Robert Bosch zurück.
Die Robert Bosch Stiftung, die 1964 ihre Arbeit aufnahm, war gleichsam Schlußpunkt und Krönung dieses außergewöhnlichen Lebenswerks im Dienst am Gemeinwohl. Die Mission der Stiftung hielt Robert Bosch mit den Worten fest: »Meine Absicht geht dahin, neben der Linderung von allerhand Not, vor allem auf Hebung der sittlichen, gesundheitlichen und geistigen Kräfte des Volkes hinzuwirken ... Es sollen gefördert werden: Gesundheit, Erziehung, Bildung, Förderung Begabter, Völkerversöhnung und dergleichen.«
Diesem Auftrag weiß sich die Robert Bosch Stiftung bis heute verpflichtet. Im Rahmen der von Robert Bosch vorgezeichneten Verfassung des Unternehmens und der Stiftung konnte bis 2001 eine Milliarde D-Mark für die Förderung gemeinnütziger Projekte eingesetzt werden.

Theodor Heuss, der bereits 1937 eine eindrucksvolle Biographie über den großen liberalen Politiker und Sozialreformer Friedrich Naumann vorgelegt hatte, war wie kein Zweiter berufen, Leben und Leistung von Robert Bosch nachzuzeichnen. Als Gesamtdarstellung ist diese Biographie über den Unternehmer und Stifter bis heute unerreicht. Theodor Heuss zeigt auf, daß im deutschen Bürgertum zukunftsweisende Alternativen zum realen Verlauf der deutschen Geschichte in der ersten Hälfte des 20. Jahrhunderts gedacht und konkret gelebt wurden. Dazu bedurfte es demokratischer Überzeugungen, politischer Weitsicht und persönlichen Mutes. Robert Bosch und seine ihm gleichgesinnten Mitstreiter haben diesen Mut auch in der Zeit des nationalsozialistischen Regimes unter Beweis gestellt. Auch im Verhängnis glaubten sie an die Würde des Menschen und suchten nach Wegen unseres Landes in die Moderne, die erst mit der Gründung der Bundesrepublik Deutschland konsequent und unumkehrbar beschritten wurden.

Die vorliegende Ausgabe, mit einem erweiterten Register, einer Zeittafel und mit Empfehlungen zur vertiefenden Lektüre versehen, richtet sich besonders an junge Leser, an die Stipendiaten der Robert Bosch Stiftung, aber auch an Freunde und Partner im In- und Ausland, die Näheres über Persönlichkeit und Lebenswerk von Robert Bosch erfahren wollen.

Stuttgart, im Februar 2002 *Robert Bosch Stiftung*

Vorwort

Am 4. März 1942 schrieb mir Robert Bosch einen Brief mit der Frage, ob ich mich mit dem Gedanken vertraut machen könne, einmal eine Darstellung seines Lebens zu verfassen; es wäre dann ja wohl notwendig, daß ich zu einer Aussprache nach Stuttgart fahre und zunächst ein Bild von der Art und dem Umfang des vorhandenen schriftlichen Materials gewinne. Ich erwiderte, daß die Aufgabe für mich einen großen Reiz besitze, ihre Durchführung abhängig sei von der Einsichtnahme in die vorhandenen, in die noch zu sammelnden Unterlagen; in einigen Wochen werde es mir wohl möglich sein, den angeregten Besuch auszuführen. Einige Zeilen vom 9. März bestätigten meine Antwort und nahmen sie als grundsätzliche Zusage. Der Brief war kaum in meinen Händen, da traf die Depesche ein mit der Todesnachricht.

Die enge Nachbarschaft dieser Daten gab der fragenden Anregung den Charakter eines letzten Wunsches und eines Vermächtnisses. Gespräche, die ich wenige Tage darnach, bei der Trauerfeier in Stuttgart weilend, mit Gliedern der Familie, mit Boschs nächsten Mitarbeitern führte, zeigten mir, daß die Frage von ihm in den letzten Wochen seines Lebens mannigfach erörtert worden war. Er hatte zwar, wie die Darstellung zeigen wird, eine gewisse Scheu, daß sich die Öffentlichkeit zu sehr mit ihm beschäftige. Doch die vielen Betrachtungen, die vor einem halben Jahr zu seinem achtzigsten Geburtstag in der Presse erschienen waren, richtige und falsche, zeigten ihm eindringlich genug, daß seine Erscheinung längst in eine überprivate Sphäre getreten war und bereits etwas legendäre Züge gewann. Nun mußte ihm daran liegen, wenn schon Name und Werk seinen Erdenweg überdauern sollten, daß auch die Elemente seines Wesens und die Motive seines Handelns für die Nachfahren festgehalten und gedeutet wurden.

Ein Wort zu meinen persönlichen Beziehungen erscheint angebracht. Als ich 1912 aus beruflichen Gründen für sechs Jahre in meine württembergische Heimat zurückkehrte, ergab sich bald die erste Beziehung zu dem Bosch-Kreis, die einen freundschaftlichen Charakter annahm.

Robert Bosch selber bin ich wohl zum ersten Male 1917 oder 1918 begegnet, traf dann während der zwanziger Jahre oft mit ihm in Berlin zusammen, vor allem in dem Hause von Ernst Jäckh, und pflegte späterhin bei meinen häufigen Aufenthalten in Stuttgart ihm fast regelmäßig einen Besuch zu machen. Ich durfte ein freundliches Wohlwollen für mich und meine Arbeit spüren und empfinden, daß er dem viel Jüngeren ein gutes menschliches Vertrauen schenkte. Er war nicht immer mit dem einverstanden, was ich tat, sagte oder schrieb, und dann hob er sich, wenn nicht ein kritischer Brief losgelassen wurde, die Sache in seinem Gedächtnis auf, um sie bei der nächsten Gelegenheit durchzusprechen. Das war immer ein geistiges Vergnügen.

Natürlich lag es nahe, die Anregung zu einer Biographie an einen Techniker zu geben. Das wurde auch bedacht und überprüft. Nun hatte es der Zufall so gefügt, Aufforderungen, die von außen an mich herangetragen waren, daß ich gerade in den zurückliegenden Jahren einige Schriften veröffentlicht hatte, deren Stoffkreis meinem eigentlichen historisch-politischen Arbeitsgebiet ferner lagen: neben einem kleinen Büchlein über das Menschentum und den geistesgeschichtlichen Rang Justus von Liebigs die umfassende Biographie des Zoologen Anton Dohrn in Neapel. Gerade diese beiden Arbeiten fanden, zu meiner Freude, den besonderen Beifall Boschs – Freunde sagten ihm, die Naturforscher seien recht zufrieden damit, daß kein gelehrter Fachmann Dohrns wissenschaftliches und organisatorisches Werk angepackt habe, sondern jemand, der den Spezialfragen unbefangen, ja schier kenntnislos gegenüberstand und nun nicht der Versuchung oder Gefahr ausgesetzt war, in die Erörterung der wissenschafts-historischen Einzelfragen zu geraten.

Daß ich den technischen Sonderproblemen fremd gegenüberstehe, wußte Bosch. Aber das, was mir selber, wenn ich auf den weitgebreiteten Stoff blickte, als starker Mangel erscheinen mußte, war bei solcher Betrachtung in seinen Augen gewiß nicht gerade ein Vorzug, aber ein unerheblicher Nachteil, wenn die Darstellung die übrigen Seiten seines Wirkens stärker berücksichtigen sollte.

Denn Bosch selber dachte, das ergab sich aus Gesprächen mit seinen nächsten Mitarbeitern, an eine Biographie, bei der das industrielle Werk, die Firmengeschichte, in den Hintergrund treten möge. Ob ein solcher Versuch durchführbar, ob sachlich berechtigt sei, konnte nun im Hin und Her des Urteils nicht mehr mit ihm selber erörtert werden. Mir selber war, nachdem ich den Stoff angepackt hatte, sehr deutlich, daß eine Lebensbeschreibung ohne den dauernden Zusammenhang mit der Werksgeschichte ein recht unvollständiges Unterfangen sein müßte und ihm selber sehr Wesentliches schuldig bleiben würde. Ihn selbst bewegte vielleicht die Empfindung, daß die Durchgestaltung und Ausweitung des Werkes gerade in den letzten anderthalb Jahrzehnten vor allem von seinen Mitarbeitern getragen wurde. Doch deren Art und Haltung waren ja ohne seine Vorleistung nicht denkbar: in dieser Vorleistung steckte aber auch, von niemandem herzlicher anerkannt als von Bosch, der Anteil einiger Männer, die neben ihm sichtbar zu machen Pflicht der geschichtlichen Zusammenschau wurde.

Die technischen Fachmänner werden vermutlich in diesem Buche nach manchem Aufschluß und klärender Sonderbeschreibung erfolglos suchen. Sie müssen sich mit dem Hinweis auf die so stattliche als eingehende Jubiläumsschrift begnügen »50 Jahre Bosch 1886–1936«, in der vorab die technische Vervollkommnung der Einzelerzeugnisse im Zuge der Jahre und im Wechsel der Bedürfnisse dargestellt wurde; es sind aus dem Mitarbeiterkreis des Werkes auch einige Monographien über die elektrotechnische Ausstattung der Kraftfahrzeuge hervorgegangen. Natürlich habe ich von dieser Literatur Nutzen gehabt, doch zog ich sie sehr bewußt nur sparsam heran. Denn es handelt sich dabei um ein Gebiet, auf dem ich mich selber unsicher fühle, was der Leser sehr bald bemerkt haben würde. Ich konnte ja, wenn mir die Dinge selber undurchsichtig waren, dies und das aus den Mitteilungen der Techniker abschreiben. Aber das hätte einen fremden Ton ergeben. Ich begnügte mich in der Hauptsache, die technische Aufgabe und die Grundlage ihrer Lösung zu zeigen. Das war zu verantworten, denn dies ist ja nicht die Lebensgeschichte eines »Erfinders«, eines Konstrukteurs, eines Forschers, der den Erkenntnissen von Vorgängen neue hinzugefügt hätte – wie oft hat Bosch gesagt und geschrieben, daß er nichts »erfunden« habe. Seine außerordentliche Bedeutung für die Geschichte der Technik liegt nicht in irgend ganz persönlich gefärbten technischen oder wissenschaftlichen Sonderleistungen, wie etwa bei Werner von Siemens. Deshalb brauchte, ohne daß Wesentliches seiner Erscheinung vernachlässigt wurde, das Technische im engeren Sinn nicht so in die Mitte gestellt zu werden, wie der eine hoffen, der andere befürchten mochte.

In einer der Mappen des Privatsekretariats fand sich ein Briefwechsel aus dem Herbst 1924. Der württembergische Familienforscher Dr. Georg Thierer hatte vor einigen Jahren eine große stammesgeschichtliche Untersuchung über die in vielen Linien auf der Schwäbischen Alb sitzenden Sippen der Bosch herausgegeben. Dabei hatte ihm der Schriftsteller C. A. Schnerring geholfen, indem er »die Albecker Boschs« bearbeitete. In einem Brief an Robert Bosch bedauerte Schnerring, daß Thierer jenes Manuskript beim Abdruck nicht verwendet habe. Er beabsichtige nun, über die Boschs einen Roman zu schreiben, wobei auch die Albecker dran kommen sollen; Robert Bosch möge dagegen keine Einwendung erheben. In der Antwort vom 10. November 1924 vermerkte Bosch, es stehe ihm nicht das Recht zu, Schnerring irgendwie hinderlich zu sein bei der Durchführung seiner Absicht. Er fürchte nur, nach der Art der Ankündigung, es könne der Eindruck entstehen, als handle es sich um bestellte Arbeit. Daß dies vermieden werde, sei ihm »ein ernstliches Anliegen«. »Was mich selber betrifft, so wäre es mir am liebsten, wenn zu meinen Lebzeiten überhaupt nicht über mich geschrieben würde, jedenfalls aber sollte dies nicht in lobrednerischer Form geschehen. Die Beschreibung, die der verstorbene Herr Thierer wohlmeinender Weise in seinem familiengeschichtlichen Werk über mich zu geben gedachte, ging mir im Sinn der Personenverherrlichung bereits entschieden zu weit und ich konnte daher meine Zustimmung zu ihrer Veröffentlichung nicht erteilen.«

Der Verbleib dieses Thierer-Schnerringschen Manuskriptes war nach zwanzig Jahren nicht mehr festzustellen. Sachlich ist wahrscheinlich dadurch kein wichtiger Ausfall entstanden. Aber es wäre nicht ohne Reiz gewesen, zu sehen, was Bosch in der Behandlung seiner Person »bereits entschieden zu weit« ging. Man mag jene Sätze als eine Art von Anweisung nehmen. Doch bedurfte es einer solchen für den, der Bosch zu kennen und zu verstehen glaubte, im Grunde nicht. Ich habe ein einfaches Verfahren gewählt: wenn es »schwierige Partien« in dem Buch gab, stellte ich mir ein Bild von Bosch auf den Schreibtisch und arbeitete dann sozusagen unter der kritischen Kontrolle seiner prüfenden Augen, immer gewärtig, mit ihm über diese oder jene Formulierung ein munteres oder nachdenksames Streitgespräch aufzunehmen. Ich wußte, daß er Widerspruch ertrug, zumal wenn er Liebe spürte – auf was es ankäme, war die Wahrheit.

Daß es bei der Niederschrift des Buches »schwierige Partien« geben würde, sachliche und persönliche, war mir von vornherein völlig klar. Das hat einen sehr einfachen Grund: die Nähe der Zeit und die Nähe der Menschen, von denen mit zu handeln war. Manche Ereignisse und Entscheidungen, geschäftlicher und allgemeiner Art, sind noch nicht aus der vereinfachenden Perspektive des größeren Abstandes zu beurteilen; es ist völlig klar, daß eine Firma, auch wenn mir in großzügiger Weise Einblick in die vertraulichen Beschlüsse und Verträge gewährt wurde, nicht alles und jegliches auf den Markt tragen kann. Ich habe mich deshalb, zumal in der Schilderung der neueren Werksgeschichte, wesentlich auf die veröffentlichten Geschäftsberichte gestützt, mit dem Versuch, nicht die Zäsuren, sondern den Fluß der Dinge zu zeigen. Im Persönlichen liegt es so: die meisten der Menschen, die als Mithandelnde in Verbundenheit und in Konflikt oder in beidem, den menschlichen und beruflichen Weg Boschs begleitet haben, sind noch am Leben. Das war für den Verfasser natürlich ein großer Gewinn. Denn in vielen Gesprächen konnte er dokumentarische Feststellungen in ihrem psychologischen Kern überprüfen; das persönliche Wissen um den Mann erfuhr durch diesen und jenen Hinweis reizvolle Ergänzung. Wer in dreißig oder vierzig Jahren an die Aufgabe heranträte, würde um dieses Atmosphärische ärmer sein. Doch könnte er von manchem Problem unbefangener sprechen, wo heute eine gewisse Zurückhaltung selbstverständliches Gebot ist. Ich glaube, daß trotzdem keine Schiefheiten in die Gesamtanlage geraten sind. Vielleicht mit der Ausnahme, daß die tragende Leistung der Mitarbeiter der späteren Entwicklung bei der Akzentuierung nicht in gerechtem Maße zum Ausdruck kommt gegenüber dem unzweifelhaft so bedeutenden Anteil, den etwa Gustav Klein und Gottlob Honold für die Zeit der starken Entfaltung behalten. Sie werden mir, denke ich, darüber nicht gram sein, sondern die Sachlage verstehen.

Boschs Wunsch, daß zu seinen Lebzeiten überhaupt nichts über ihn geschrieben würde, ist unbeachtet geblieben. Im Jahre 1931, zum siebzigsten Geburtstage, sind einige Bücher über ihn erschienen: Der »Verein Deutscher Ingenieure« gab einen Band heraus, dessen Text von Conrad Matschoß und Eugen Diesel verfaßt war; die Freunde Paul Reusch und Hermann Bücher legten einen Privatdruck vor, der manchen intimen Zug festhält; ich selber besorgte damals eine Essay-Sammlung über Bosch, an der noch Theodor Bäuerle, Peter Bruckmann, Johannes Fischer, Hans Kneher, Otto Mezger mitwirkten. Darin war mancher Hinweis ganz erwünscht. Aber selbstverständlich kam es darauf an, an die unmittelbaren Quellen heranzukommen. Die waren verschiedener Natur. Bosch hat selber »Lebenserinnerungen« niedergeschrieben, von denen Bruchstücke gelegentlich veröffentlicht worden sind; an eine geschlossene Publikation hat er nie gedacht, sie sind unsystematisch und zum Teil von zugespitzter Subjektivität. Daneben liegen eine ganze Anzahl von Notizen, größere oder kleinere Betrachtungen, Lebenserfahrungen, Anekdoten, Personalcharakteristiken, sozialpolitische, pädagogische, medizinische Reflexionen – gerade in den letzten Jahren hat Theodor Bäuerle ihn oft ermuntert und veranlaßt, Dinge, die er erzählt hatte, nun auch zu Papier zu bringen. Darunter fanden sich reizvolle und aufschlußreiche Stücke. Am wichtigsten war aber die Durchsicht der Hunderte von Leitz-Ordnern, in denen der Briefwechsel einiger Jahrzehnte bewahrt war. So von 1908/09 ab war das Material greifbar. Aus der frühen Zeit wurden mir vor allem Familienbriefe zur Verfügung gestellt; die Lücken im geschäftlichen und persönlichen Briefwechsel waren durch eine Untersuchung von Dr. Otto Fischer über die ersten anderthalb bis zwei Jahrzehnte der internen Firmenpolitik ausgefüllt. Dann aber war das Material überreich. Monatelang saß ich über den Sammlungen der Briefschaften, ein gelegentlich reizvolles, ein ebensooft langweiliges und mühsames Geschäft; – wer solche Arbeit schon gemacht hat, kennt den Wechsel von Vergnügen und Überdruß. Aber nur aus solcher Arbeit gelang es, worauf es mir ankam, Boschs vielfältigen Betätigungsdrang, seine Stellungnahme zu Zeitfragen und persönlichen Dingen möglichst in der ihm eigentümlichen Formung zum Ausdruck zu bringen.

Zu den wichtigen Quellen gehörte natürlich auch die Werkzeitschrift »Der Bosch-Zünder«, dessen Jahrgänge gründlich durchgearbeitet wurden. Sehr viele Gespräche mit Freunden und Mitarbeitern halfen, das Bild zu erweitern; Paul Reusch überließ mir zudem seinen ganzen, durch Jahrzehnte gehenden Briefwechsel mit dem Freunde der Jugend und des Alters. Ich kann nicht allen einzelnen danken, die mir bei der Heranschaffung des Stoffes behilflich waren, aber darf doch die Unterstützung erwähnen, die ich bei der Familie, bei dem Leiter des »Museums und Archivs«, Dr. Fr. Schildberger, und bei allen Gliedern des Privatsekretariats, vorab bei dessen Vorstand, Willy Schloßstein, fand.

Im Juni 1942 hatte ich, nach der ersten Übersicht über das ungehobene Material, ein Gespräch mit dem Betriebsführer Hans Walz. Wir waren uns über die Haltung, die das Buch bekommen sollte, einig: ich würde für die Auffassung des Mannes, die ich hier vortrage, die Verantwortung haben, in voller selbstverständlicher Freiheit. Es sollte auch bei der Behandlung der politischen Dinge – und sie mußte bei Boschs heftigem Miterleben und Miterleiden seiner Zeit manchmal stark hervortreten – nicht in die Gegenwart geschielt werden. Bosch kannte mich gut genug und meine Stellung zu den öffentlichen Dingen und wußte sich vor der Gefahr gesichert, auf den angeordneten Zeitgeschmack umgearbeitet zu werden. Walz frug damals, wie lange ich wohl zu der Arbeit brauchen würde. Ich antwortete, auf das Weitergehen fester publizistischer Verpflichtungen hinweisend: »Etwa zweieinhalb bis drei Jahre.« Er erschrak: »Das ist zu lange. Das Buch soll fertig sein, wenn der Krieg zu Ende ist.« Ich erwiderte: »Darauf wird es ja ungefähr herauskommen.« Diese etwas leicht hingeworfene Bemerkung hat sich unheimlich erfüllt. Zwar konnte ich nach dem Sterben der deutschen Presse in meiner Arbeitszeit mich auf das Bosch-Buch konzentrieren, aber diese Arbeitszeit war nun durch die Kriegsereignisse, ewige Alarme und Luftangriffe, arg bedrängt. Wiederholter Ortswechsel, immerwährende Sorge um die Stöße von Notizen, – jeder, der in diesen Jahren den Versuch zu solcher Arbeit machte und nicht gerade in einem entfernten Winkel saß, hat solche Schwierigkeiten kennengelernt. Andere traten hinzu: die Bibliotheken verlagerten ihre Bestände, die Zusendung von Büchern wurde immer riskanter, für längere Zeitspannen ganz unmöglich. Das hat die Ausführung einiger Pläne unmöglich gemacht: es sollte etwa die Darstellung der Bosch-Entwicklung während der beiden letzten Jahrzehnte in eine Überschau über die deutsche, über die internationale Motorisierung eingebettet werden. Darauf und auf einige Literaturhinweise und Vergleiche mußte ich nun verzichten. Denn wer wagt zu sagen, wann wieder ein halbwegs normales wissenschaftliches Arbeiten solcher Art möglich sein wird?

Während dieses Buch seinem Ende nähergeführt wurde, wuchs von Woche zu Woche, dann von Tag zu Tag die tödliche Bedrohung von Deutschland: die Katastrophe zeichnete sich ab, deren Eintreten für den Verfasser selber immer schmerzhaft deutlich war. Die Tagesereignisse mit ihrer unheimlichen Wucht schoben all das, was noch kürzlich ganz nahe Vergangenheit, halbe Gegenwart gewesen, für das Bewußtsein in die Geschichte zurück, in eine vergehende, in eine vielleicht vergangene Epoche. Es ist jetzt nicht die Stunde und dies nicht die Stelle, von dem Nachher zu sprechen, von Schuld und Ursache zu handeln. Aber es mag sein, daß in einer Zeitumgebung, wie sie auf uns als Volk wartet, eine Erscheinung von der schöpferischen Kraft wie Robert Bosch erziehend, warnend, weisend, in aller Bedingtheit der individuellen Eigenart, als Vorbild und als Möglichkeit des deutschen Seins, als Ausdruck des sonderlich schwäbischen Genius eine überzeitliche Sendung gewinnt.

Heidelberg, Frühjahr 1945   Theodor Heuss

Jugend

Heimat und Herkunft

Der stattliche, breit gelagerte Gasthof zur Krone im Oberdorf von Albeck macht wohl einen ländlichen, doch keinen bäuerlichen Eindruck. Es ist ein Neubau aus dem Jahr 1834. Das alte Haus war seitlich an der Steige gelegen, die in ein paar Windungen steil den Berg hinaufklettert. Jetzt aber, 1833, hatte der Staat eine neue schnurgerade Straße gezogen, die in längerem Anlauf und ruhigerem Atem, ohne das Unterdorf zu berühren, die Höhe der Alb gewinnen sollte. Damit war die »Krone« in den Winkel geraten. Aber da ein Haupterwerb des Kronenwirts seit je mit dem Durchgangsverkehr zusammenhing, der auf der alten Handelsstraße Nürnberg-Nördlingen-Ulm umfänglich genug war und auch Ware aus dem fränkischen Teil Württembergs an die Donau brachte, mußte man mit dem Hauptbau des Anwesens an die neue Front heranrücken. Einige Jahre später, 1836, erstanden, etwas seitlich, große Stallungen; man durfte sich zuversichtlich auf einen wachsenden Betrieb einrichten. Daß in ein paar Gegenden Deutschlands Schienen verlegt wurden und Eisenbahnen zu laufen begannen, davon berichtete wohl die kürzlich gegründete »Ulmer Schnellpost«; aber wer mochte auf den Gedanken kommen, daß diese neumodischen Dinge auch einmal Albeck und gar den Kronenwirt im besonderen angehen würden? Sie sind dann doch nach ein paar Jahrzehnten in die Nähe gerückt, und da es nun offensichtlich mit dem Überlandverkehr der Planwagen, mit Ausspann und Vorspann und Verzehr nichts Rechtes mehr sein würde, verkaufte Servatius Bosch 1869 Gasthof, Bierbrauerei, die Äcker und die Wiesen und zog nach Ulm. Nur ein Waldstück mit dem Waidrecht behielt er; auf das gelegentliche Jagen wollte er nicht ganz verzichten. Sein jüngster Sohn Robert hatte kurze Zeit zuvor begonnen, die Dorfschule zu besuchen.

Die Kindheitserinnerungen suchten und fanden ihre Anekdote aus der bäuerlichen Umwelt, aber das eigentliche Bäuerliche in dem festen und zugleich begrenzenden Sinn des Wortes hatte damals in der »Krone« nicht mehr die rechte Herberge. Es ging etwas wie Weltwind durch die Räume, wenn die Fuhrleute ihre Geschichten austauschten und die Nachrichten mitbrachten, der Aalener »Bote« hatte sein festes Quartier in der »Aalener Stube«, wo er seine Rechnungsgeschäfte erledigte – es war keine große Welt, aber sie war unruhig und bewegt und durchaus ohne die bei allem hartschaffenden Fleiß geregelte Behaglichkeit eines Großbauernhofes der Alb. Und im Wohnzimmer des Wirtes mochte man auf dem Bücherbrett Sachen finden, die man vermutlich im Pfarrhaus vergeblich gesucht hätte, zum Beispiel die Gedichte des Grafen Platen...

Albeck war seit einigen Generationen Heimat der Boschs geworden. Es ist eine Siedelung mit alter und wechselvoller Geschichte, die ihre Zeugen in der Nachbarschaft der »Krone« bewahrt hat. Da stehen die Reste einer Burg; der Platz war befestigt. Merian hat ihn für wichtig und ansehnlich genug gehalten, ihn für seine 1643 erschienene Topographia Sueviae zu stechen. Damals aber war das Schloß längst nicht mehr eine Herrschaftsmitte; seit zweieinhalb Jahrhunderten amteten dort als Vogt oder Obervogt ulmische Patrizier. Die Reichsstadt hatte den überschuldeten oberrheinischen Grafen von Werdenberg 1383 Feste, Stadt und Land abgekauft. Seitdem war es mit der Selbständigkeit des Ortes zu Ende; aber es blieb wohl etwas von dem fernen Wissen vorhanden, daß man einmal »Stadt« gewesen oder doch genannt war, daß hier oben in der fränkischen Zeit, wie vermutet wird, der Gaugraf saß; später verband sich mit dem Ortsnamen der eines reichen ritterlichen Geschlechtes, das unter den Staufern hervortrat, doch schon vor der Mitte des 13. Jahrhunderts erlosch. Heißt es heute »Albeck bei Ulm«, mag man sich in dem zu einem Pfarrdorf gewordenen »Städtle« erzählen lassen, so habe man früher »Ulm bei Albeck« gesagt – das sei ganz gewiß.

Falls der Lehrer dazu Lust und Begabung besaß, konnte er die Ortsgeschichte leicht mit den großen vaterländischen Ereignissen zusammenweben. In der Burg lag eine regelmäßige Besatzung. So zog der feste Platz bei den Feldzügen die Heere auf sich; in den territorialen Nachbarschaftskämpfen, aber auch in den europäischen Konflikten des Dreißigjährigen Krieges, des Spanischen Erbfolgekrieges blieb an den opfervollen Kämpfen um den Besitz der Festung manche heroische Legende hängen. Mehrmals konnte sich die Burg der Bedrohung erwehren, während die Stadt schon besetzt war; 1704 ist auch sie einer Übermacht erlegen und zerstört worden. Der Haupttrakt der Anlage blieb seitdem Ruine; behelfsmäßig wurden für das »Oberamt« die Baulichkeiten wieder errichtet. Ein alter Schloßturm hatte die romantische Pointe durch die Zeiten gerettet. Der Anblick bietet vom Tal her freundliche Reize. Daß die Lage des Ortes, am »Eck« der Alb, einmal sozusagen wehrpolitisch begründet war, muß man sich heute erst etwas zurechtdenken.

Der erste aus der Sippe der Bosch ist in der ersten Hälfte des 18. Jahrhunderts in Albeck aufgezogen, Johann Georg Bosch (1713 bis 1789). Die erforschte Ahnenreihe reicht noch um zwei Jahrhunderte weiter zurück auf den Erblehnensbauer Matthias Bosch in Heldenfingen, O. A. Heidenheim, dessen Geburtsjahr um 1522 angenommen wird. Die sicheren Daten setzen mit dem Urenkel dieses Matthias ein, der in der Heimatgemeinde auch das Schultheißenamt bekleidete. Die Söhne des Hans Bosch (1617–1680) begründeten die fünf Stämme der Heldenfinger Linie, die Georg Thierer in der 1921 erschienenen »Chronik und Stammbaum der Familien Bosch der Schwäbischen Alb« näher untersucht hat. Der älteste, Jacob (1648–1727), saß als Bauer auf dem Ugenhof bei Bolheim; dann kommt ein Georg (1675 bis 1743), der als Biersieder und Anwalt in Gussenstadt auftritt; er ist der Vater jenes Johann Georg, der die »Krone« in Albeck übernommen hat. Von allen diesen Männern und ihren Frauen weiß die Überlieferung nichts außer den Daten: der zweite Kronenwirt aus der Familie, Servatius (1742–1827), hat seinen Sohn, wieder einen Johann Georg (1785–1816), überlebt. Als dieser mit 31 Jahren starb, hinterließ er ein einziges Kind, das knapp sieben Monate alt war. Es trug den Namen seines Großvaters. Die Witwe, Marie Elisabeth Bühler (1784–1864), ging 1819 eine zweite Ehe mit dem Bauern Jakob Friedrich Vöhringer ein, und man wird annehmen können, daß der Stiefvater sich der Erziehung des jungen Servatius angenommen hat. Der Großvater war schon ein alter Mann; vermutlich hatte er den Hof und Betrieb im Jahre 1808, als der Sohn heiratete, übergeben.

Von der Kindheit und Jugend des Servatius Bosch, der am 19. März

1816 in Albeck geboren wurde, fehlt jede nähere Kenntnis: welche erzieherischen Einflüsse haben auf den Knaben eingewirkt? Er war bestimmt, einmal der einzige Erbe eines stattlichen Besitzes zu werden. Denn auch beim Erbantritt seines Vaters war nur eine Schwester auszustatten gewesen; von den dreizehn Kindern, die die Großmutter geboren hatte, waren nicht weniger als elf frühe gestorben. Dieser Besitz mußte erhalten und umgetrieben werden – in die Zeit, da er mit seiner Entwicklung noch nicht fertig war, fällt die Trassierung der neuen Staatsstraße und der Entschluß, jenen großen Neubau für die »Krone« (1834) aufzuführen. Stiefvater und Mutter mögen das umsichtig mitberaten haben; immerhin, der Wille des jungen Bauern und Bierbrauers gehörte dazu. Knapp einundzwanzig Jahre alt, heiratet er am 1. August 1837 die Tochter des Adlerwirts aus dem benachbarten Jungingen, Maria Margareta Dölle; die Braut, am 1. Dezember 1818 geboren, war bei der Hochzeit noch nicht 19 Jahre alt, auch sie das einzige Kind ihrer Eltern.

Aus dieser Ehe sind zwölf Kinder hervorgegangen, von denen drei frühe starben: der Altersunterschied der Geschwister erscheint beträchtlich genug, wenn man beachtet, daß der älteste Sohn Jakob 1838, die jüngste Tochter Maria 1865 geboren wurden. Robert Bosch hat es selber in seinen Erinnerungen angemerkt, daß er zwei Neffen besaß, Jakobs erste Söhne, die älter waren als er. Die Ahnentafel, für sechs Geschlechterreihen mit 126 Ahnen fast lückenlos, zeigt, daß für die väterliche und für die mütterliche Familie die gleiche soziale Typik und der nämliche landschaftliche Umkreis gilt: Bauern, Gastwirte, Biersieder in dem näheren oder weiteren Umkreis der Ulmer Alb oder des heute bayerischen Schwaben. Bei einigen der Namen wird das öffentliche Ehrenamt mitverzeichnet, der ist »Schultheiß«, jener »Heiligenpfleger« oder »Anwalt« oder »Richter«. Gering ist die Zahl der Handwerker, ein paar Hufschmiede tauchen auf, Metzger, Weber, Bürstenbinder. In der fünften Ahnenreihe steht als einziger aus den gelehrten Berufen der Pfarrer Plättlin, der selber ein Ulmer Handwerkersohn; er hat die Tochter eines reichsstädtischen Amtmannes geheiratet, mit deren Mutter, einer Katharina Fingerlin, das Bluterbe den Anschluß an das Stadtulmer Bürgertum findet, und zwar an eine Familie aus der führenden Schicht. Der Grautucherzunft zugehörig waren die Fingerlin, 1490 von Maximilian mit einem Wappenbrief ausgestattet, mit dem städtischen Patriziat, den Baldinger, Besserer usf. mannigfach versippt; sie spielten im Textilhandel der Reichsstadt, aber auch in ihren Beamtungen eine bedeutende Rolle. Es mag der Phantasie überlassen bleiben, in dem ausgreifenden organisatorischen Vermögen von Servatius Boschs Sohn Robert und dem seines Enkels, Carl Bosch, des schöpferischen Leiters der deutschen chemischen Großindustrie, eine Fernwirkung jener Ulmer Kaufherren der Renaissancezeit zu sehen, deren eigentümliche Kraft in der Mischung mit den Bauerngeschlechtern der Alb nicht unterging.

Robert Bosch war sich seiner bäuerlichen Herkunft wohl bewußt und hat sich gelegentlich darauf berufen, als er später mit zähem Willen selber Landwirtschaft zu betreiben begann, daß seine Jugend die Umwelt von Ackerbestellung und Viehhaltung kannte; doch hat er dies nie sentimental genommen. *Servatius Bosch* paßt ganz gewiß nicht in eine Klischee-Vorstellung vom bäuerlichen Menschen, wenn er auch seinen ansehnlichen Besitz von 250 Morgen Acker- und Wiesenland und 50 Morgen Waldgut umgetrieben haben wird. 25 Stück Großvieh und 6–8 Pferde standen im Stall. Die Überlieferung will wissen, daß er als erster in Albeck es mit der künstlichen Düngung versucht habe, die gerade in den ersten Jahren seiner Selbständigkeit durch Liebig entwickelt und empfohlen wurde. Das ist nicht unwahrscheinlich. Denn Servatius Bosch war in allen Dingen »fortschrittlich« gesinnt und ein eifriger Leser der Zeitungen. Der Betrieb von Brauerei und Vorspann forderte tätigen Eifer; es handelte sich nicht bloß um einen Ausstoß, der, wie damals oft genug in ländlichen Brauereien, die nahe Umgebung zu versorgen hatte, Bosch fuhr und verkaufte sein Erzeugnis als »Ulmer Bier« bis nach Stuttgart. In der großen Stallung standen sechs schwere Gäule, die nur als Vorspann für die Steige zu dienen hatten; für zwei Dutzend war sonst noch Platz. Albeck war für den vom Norden kommenden Fuhrwerksbetrieb die letzte Station vor Ulm. Hier machte man Nachtquartier, um am anderen Morgen frühe die alte Handelsstadt zu erreichen. Es war immer etwas los, und der Arbeitstag hatte keine feste Begrenzung. Das gehört auch zu Boschs frühen Erinnerungen, daß die Mutter abends und nachts den Fuhrleuten noch ein Essen zurechtkochen mußte; der Vater mag sich währenddem von den Ankömmlingen neue Geschichten haben erzählen lassen.

Als sich das Gedächtnisbild des letzten Sohnes an die Mutter der Albecker Umgebung zu formen begann, war sie nicht mehr jung. Servatius hatte sich und seine Frau malen lassen, auch von den fünf ersten Kindern gibt es zwei Gruppenbilder, handwerklich anmutendes Biedermeiertum – daß ein Bauer jener Tage dafür Sinn besitzt und Geld ausgiebt, ist ungewöhnlich genug und spricht für eine Art von Herrengefühl. Die junge Frau des wohl etwas trocken, aber ganz charakteristisch gemalten Bildnisses hat eine stille Anmut. Sie muß nicht bloß eine tüchtige Schafferin in ihrer von Kinderlärm und Wirtschaftssorgen belebten Welt gewesen sein, sondern eine Frau der mitsorgenden Güte. Der Mutter vor allem, schreibt Robert Bosch einmal, verdanke er das soziale Empfinden. In der »Krone« ging es hoch her, wenn Feste gefeiert wurden. Es war Zinngeschirr für eine ganze Bauernhochzeit in den Schränken, und wenn es gerichtet wurde, hat man es vorher mit Schachtelhalmen gefegt, daß es heller glänzte als Silber. Bei solch vorbereitender Geschäftigkeit sieht die Rückschau des Sohnes das Bild der Mutter oder beim Lichterziehen aus Talg – das Petroleum begann eben erst seinen Eroberungszug.

Die Kindheitserinnerungen an den Vater, soweit sie Albeck betreffen, sind gering. Der kleine Robert durfte bei der Ernte auf einem Gaul sitzen, der beim Aufladen der Garben den Wagen immer ein paar Meter weiterfahren mußte – das mochte dem Buben das Gefühl geben, sich nützlich zu machen. Er wurde auch hin und wieder auf den Jagdgang als Begleiter mitgenommen und gelehrt, das Wild zu beobachten. Dann spürte er wohl und fing es auch aus den Gesprächen der Wirtsstube auf, daß die großen Leute viel von Politik und Partei und von den Preußen sprachen; von diesen sprachen sie nicht freundlich. »Ich erinnere mich noch«, so schreibt der Achtzigjährige, im Oktober 1941, an den Abkömmling einer Langenauer Familie, »wie mein Vater mit den Albeckern zur Wahl nach Langenau gezogen ist, wobei der Träger der Fahne, ein baumlanger Schneider, an seinem Schlapphut einen Trinkbecher stecken hatte. Der Kandidat, für den sie stimmten, hieß nämlich Becher.« Das war im Frühjahr 1869, als die Ulmer an Stelle von Albert Schäffle, der dem Ruf nach Wien folgte, August Becher ins Zollparlament wählten, einen der »Reichsregenten« des Stuttgarter Rumpfparlaments von 1849.

Servatius Bosch wird damals schon das Seine dafür getan haben, daß die Albecker bei dieser als Stimmungsbarometer viel beachteten Nachwahl sich »richtig« entschieden. Er war in dem Dorf der Führer der Opposition gegen den Schultheißen, mit dem er »dauernd in tiefer Feindschaft« lebte. Nach dem württembergischen Recht war der Gemeindevorstand auf Lebenszeit gewählt, und diese Lebenslänglichkeit begabte ihn mit einer sonderlichen Macht. Spaltungen, die eine Gemeinde gruppenmäßig auseinanderrissen, gehören zum Zeitbild; in Albeck war die »Krone« das Heerlager der Gegenpartei, und der Kronenwirt ließ es einmal auf eine Machtprobe ankommen, die für ihn schlecht ausging, ihm aber auch den Schimmer einer Märtyrerlegende schenkte. Das ist eine wunderbare Geschichte aus der Dorfpolitik, sie charakterisiert aber nicht bloß das Kräftemessen zweier streitender Gewalten, sondern auch das zornige und empfindsame Gerechtigkeitsgefühl des Mannes. Zu dem Kronenwirt also kommt einer und erzählt, der Ortsbüttel habe da gestern in einer Wirtschaft nach der Polizeistunde die Runde gemacht und alle aufgeschrieben, die noch dasaßen, Bauern, Handwerker, der Schultes habe aber nur einen davon, den armseligen Besenmacher, in Strafe genommen und ins Loch gesteckt. Dem Bosch fährt es jäh ins Geblüt; er läuft gleich zum Büttel, um nachzusehen, ob die Sache stimmt. Der Polizist ist nicht zu Hause, aber seine Frau verabfolgt dem drängenden Mann den Schlüssel zu dem dörflichen Arrestlokal, und der läßt den Besenmacher springen. Die Gerechtigkeit ist wieder ins Lot gebracht; aber das Recht wird dabei unzweifelhaft verletzt, und der Schultheiß erstattet Anzeige. Servatius Bosch kriegt einen Prozeß auf den Hals. Die Akten darüber sind nicht mehr vorhanden. Das Urteil des erkennenden Kriminalsenats, des Gerichtshofes für den Donaukreis beim Oberamtsgericht Ulm, wird am 13. Dezember 1853 gefällt. Die Richter sind einsichtig gewesen und haben die ehrenhaften Motive des Angeklagten anerkannt. So wurde er mit zwei Monaten Festung bestraft, die er vom 18. April bis 17. Juni 1854 auf dem Hohenasperg absaß – Gnadengesuche um Abkürzung, die der Gemeinderat einreichte, waren erfolglos. Für sein Ansehen war dieser Zwischenfall keineswegs abträglich – der Asperg hatte damals schon durch Schubart und List eine alte, hatte nach 1848 eine neue Weihe erhalten; es gehört in den demokratischen Kreisen Schwabens fast zu einem sorgfältig gehegten Stolz, einmal einen aus der Familie da droben gehabt zu haben. Servatius

Bosch versäumte denn auch nicht, sich einen Stich des so eindrucksvollen Hügels aus dem württembergischen Unterland rahmen zu lassen und ihn als Erinnerungsmal an die Wand zu hängen.

Der rege öffentliche Sinn war das wichtigste seelische Erbe, das Servatius Bosch seinen Kindern hinterließ. Er war auch offenbar sonst ein geistig über das Gewohnte hinaus interessierter Mann. Die kirchlichen Dinge spielten im Familienleben keine oder doch nur eine ganz konventionelle Rolle. Der Pfarrer, der Albeck zu betreuen hatte, saß im benachbarten Dorfe Göttingen. Von Beziehungen zu ihm ist nichts überliefert. »In religiöser Hinsicht wurden wir sehr freisinnig erzogen. Wir wurden aber nicht in bestimmter Richtung beeinflußt, man überließ es uns, uns eine Meinung zu bilden.« In einem Brief des Jahres 1885, der von religiösen Dingen handelt, steht der Satz: »Mein Vater, der nie eine Kirche besuchte und dessen Religion : ›Sei Mensch und ehre Menschenwürde‹ war, starb trotz großer Schmerzen, ohne nach einem Priester zu verlangen, mutig und gefaßt.« Servatius Bosch fand, für einen Albbauern, sieht man ihn in überkommenen Maßen, überraschend genug, seinen inneren Anschluß bei der Ulmer Freimaurerloge, der er treu und eifrig zugetan war. Er mochte, im Stil der Zeit, als »Freigeist« gelten. Der Sohn weiß an dem Vater die Belesenheit zu rühmen; die Bücher, die in der guten Stube aufgereiht waren, dienten nicht nur als Zimmerschmuck, sondern wurden auch benützt. Sie sind zum Teil noch vorhanden. Nun mag gewiß der Graf Platen in einem schwäbischen Bauernhaus als Kuriosum wirken, aber es will einiges besagen, daß bei den Klassikern Cottas vierzigbändige Goethe-Ausgabe aus dem Jahr 1857 zu finden war.

Der politische Sinn scheint vom persönlichen Ehrgeiz frei gewesen zu sein. Am öffentlichen Auftreten war dem Manne nichts gelegen; jene Sprödigkeit gegenüber allem Versammlungsbetrieb, die dem Sohn so sehr eignete, trat schon beim Vater hervor. Er hat, wie der Nachruf des »Beobachters« (14. 10. 1880) mitteilt, das Angebot zu Landtagskandidaturen, selbst später zum Ulmer Gemeinderat, immer wieder abgelehnt. Aber die Uneigennützigkeit und charakterliche Zuverlässigkeit des Mannes haben ihm eine überlokale Geltung gegeben. Als 1863 nach ihrer Amnestierung einige der seinerzeit ins Ausland geflohenen Führer der achtundvierziger Bewegung zurückkehrten und es im Frühjahr 1864 zur Neubegründung der demokratischen Organisation kam, der »Deutschen Volkspartei«, war der Albecker Kronenwirt schon in den weiteren Kreisen bekannt genug, um gleich in den Landesausschuß der neuen Gruppe berufen zu werden; er hat ihm bis zu seinem Ende zugehört. Die Ulmer haben ihn zum Ehrenvorsitzenden ihrer Ortsgruppe gewählt; blieb die »politische Rolle«, die Servatius Bosch gespielt hat, im größeren Rahmen gesehen, gering, so war sie wichtig genug, die häusliche Atmosphäre zu bestimmen.

Robert Bosch nennt seinen Vater einmal »wortkarg«. Das ist das Urteil des rückschauenden alten Mannes. In einem frühen Brief aus dem Dezember 1885 charakterisiert er ihn der Braut Anna Kayser so: »Mein Vater war sehr weichherzig und wollte es um alle Welt nicht sehen lassen, sondern ging jeder Gelegenheit, bei der er hätte gerührt werden können, aus dem Wege; so kommt es auch, daß ich mich nicht erinnern kann, daß mein Vater mich jemals küßte. Und bei meiner Mutter weiß ich's nur zweimal ...« Das steht in einem Brief aus England, der sich über amerikanische und englische Sitten ausläßt. Im späten Rückblick auf den inneren Geist des Hauses schreibt der Sohn den Satz einer schlichten Dankbarkeit nieder: »Wir Kinder hingen an den Eltern, die uns Verständnis entgegenbrachten, wenn auch in unserer Familie Zärtlichkeit nie zur Schau getragen wurde.« Das wechselseitige Verhältnis der Geschwister war gut. Der große Altersunterschied mußte sich in der Beeinflussung auswirken: der älteste Bruder Jakob war selber schon verheiratet und hatte bereits das mütterliche Erbgut in Jungingen übernommen, als Robert geboren wurde. Der ihm folgende zweite Sohn, Johann Georg, starb 1864, vierundzwanzig Jahre alt: die Feierlichkeit bei der Bestattung blieb als eine der frühesten schreckhaften Erinnerungen in dem Gedächtnis des noch nicht dreijährigen kleinen Bruders.

Dieser Todesfall hat auf das Schicksal der Familie sehr entscheidend eingewirkt. Denn Johann Georg war bestimmt, das Albecker Anwesen zu übernehmen, und schon im elterlichen Betrieb als Brauer und Landwirt tätig. Wer sollte nun an dessen Stelle treten? Karl, 1843 geboren, hatte die Kaufmannschaft gelernt und sah sich gerade damals, bevor er sich in Köln niederließ, im Auslande um. Von Marseille her würde er nicht mehr den Heimweg in das Albdorf finden. Als der nächste Anwärter mochte der jetzt zehnjährige Albert gelten. Doch der hatte andere Dinge im Kopf; er saß schon in den unteren Klassen der Ulmer Realschule, und dem Vater war es ganz recht, daß er beruflich auf das Baufach losgehen wollte. Es wäre wider seine Art gewesen, die dem individuellen Streben und Wünschen gern Spielraum ließ, um des Gutsbesitzes willen in diese frühbeginnende, selbständige Lebenskurve einzugreifen. Das Erbe der Albecker Generationen wartete auf den Jüngsten, den am 23. September 1861 geborenen August Robert, um so mehr, als die Töchter sich alle in Städte verheirateten. Servatius Bosch selber war, als ihm der ausersehene Nachfolger starb, 48 Jahre alt und noch rüstig genug, an der Seite der unermüdlichen Frau das Anwesen zu betreuen, bis er es in die Hände seines Jüngsten würde übergeben können.

Er hat es dann nicht getan. Der Anstoß, sich von dem Besitz zu trennen, kam von außen: die Eisenbahnlinie, die von Ulm nordwärts führte, um über Heidenheim und Aalen den Anschluß an die Strecken nach Nördlingen und nach Nürnberg zu finden, war 1868 beschlossen worden. Sie ließ Albeck auf der Seite liegen. Aber auch wenn sie den Ort aufgesucht hätte – ein Kernstück des Boschschen Betriebes war damit getroffen: Ausspann und Vorspann des Überlandverkehrs der »Boten« und der Eilwagen. Die einmal von den Fuhrleuten so gefürchtete und für den Anlieger ganz ertragreiche Steige auf die Alb hatte mit dem Schienenweg ihr verkehrstechnisches Interesse verloren. Der Wortführer des Fortschritts konnte, rationell denkend, gar nicht viel dagegen sagen und wurde selbst Mitglied des Eisenbahnkomitees. Doch zog er auch für sich selbst seine raschen Folgerungen. Er wollte nicht der Herr über leere Stallungen und über verödende Gaststuben sein, und wenn auch der eigentlich landwirtschaftliche Betrieb groß genug war, um die Tatkraft und Sorge eines Mannes auszufüllen, Servatius Bosch war nun in seinen Instinkten doch nicht oder nicht mehr Bauer genug, um darin Befriedigung zu finden. Er verkaufte sein Anwesen, um »etwas frühzeitig« in Ulm von seinen Renten zu leben – er war jetzt 53 Jahre alt. Ein Liebhaber, der den ganzen Besitz, liegende und fahrende Habe, hätte übernehmen können, war nicht vorhanden. Acht Tage dauerte die Versteigerung, und sie ist den Dorfbewohnern durch den Umtrieb, durch das Kommen und Gehen Neugieriger oder Kauflustiger lange Zeit als eine Art Volksfest in der Erinnerung geblieben. Die Meinung des Sohnes über den väterlichen

Entschluß steht in einem Brief an den Jugendfreund Burkhardt (5. Januar 1899): »Mein Vater hat sich seinerzeit mit 250000 bis 300000 Mark zur Ruhe gesetzt. Das möchte ich ihm nicht nachmachen. Da könnte man schließlich in seinen alten Tagen als Knackwurstprivatier herumlaufen.« Robert Bosch hat in den späten Jahren freundschaftliche und pflegliche Beziehungen zu der Gemeinde unterhalten, die durch anderthalb Jahrhunderte Sitz der Familie gewesen und für ihn selber die Umwelt der Kindheitserinnerungen geblieben war: er hat mit kräftigen Stiftungen den Neubau eines Schulhauses, einer Turnhalle mit Turnplatz und dergleichen unterstützt. Aber er hielt nach seiner Art scharf darauf, daß dies Verhältnis keinen sentimentalen Charakter annehme. Das Geburtshaus hat allerhand Besitzwechsel und Schicksal durchgemacht, und mehr als einmal war Bosch nahegelegt worden, es doch zu kaufen, zu diesem, zu jenem Zweck. Ob ihm der Zweck, der dazu ausgeheckt war, einleuchten mochte oder nicht – das wäre ihm gegen allen Sinn gegangen, einem Hause deshalb eine sonderliche Würde zuzusprechen, weil er darin geboren war. Und unerträglich die Vorstellung, Geld auszugeben, hinter dem dann das Geraune herlaufen möchte, er sei für einen wenn auch nur im Kleinen repräsentativen Ruhm besorgt. Schließlich die Überlegung, daß, mit seiner Sentimentalität rechnend, andere spekulativ Geld daran verdienen wollten, sollten und gar könnten!

Schul- und Lehrlingszeit in Ulm

Von den Ulmern spricht Bosch gelegentlich als von seinen »engsten Landsleuten«; er urteilt über sie in einem Brief der Spätzeit so: »Der Ulmer hat eine ungewöhnlich große Heimatliebe. Diese Heimatliebe läßt ihn aber doch gegen Nicht-Ulmerisches manchmal etwas eng werden. Im übrigen habe ich die Ulmer und die Leute aus der Ulmer Gegend immer mehr schätzen gelernt. Sie sind bei aller Genußfreudigkeit doch arbeitsam und zuverlässig, wenn sie einen entsprechenden Arbeitskreis haben, und man kann etwas mit denselben ausrichten.« Diese Anerkennung kehrt öfters wieder; es steht wohl daneben mit freundlicher Ironie, daß man in der Stadt »gern gut und behäbig lebt«.

Dabei mag er das Bild des »Privatier« Servatius Bosch vor Augen gehabt haben. Der war vermögend genug, ein beschauliches Leben zu führen. Die beruflichen Pflichten hatte er hinter sich geworfen, neben der Teilnahme an den öffentlichen Dingen in Stadt und Land schenkte er seine Muße ein paar Liebhabereien. Er pachtete einen Garten und pflegte weiter die Imkerei; die hatte er schon in Albeck betrieben, und der Sohn wurde von ihm zur Beobachtung angehalten. Robert begleitete ihn auch, wenn das Waldstück bei Göttingen besucht wurde. Das hatte Servatius nicht verkauft, einem Stück Tannenschonung, das er angelegt hatte, gehörte seine besondere Liebe, und das wollte er gern erleben, daß da noch ein richtiger Wald stünde. Das Verstädtern geht nicht so schnell, das Leben behält seine Beziehungen zum Lande; auf dem »Adler« im nahen Jungingen saß der gutmütige Jakob, und die Jugenderinnerungen, die Abenteuer herausholen, wandern wieder ins Dörfliche hinaus.

Ulm selber war damals eine mittlere Stadt von etwa 25 000 Einwohnern, vielen Soldaten und einer kräftigen Beamtenschicht neben dem alteingesessenen Bürgertum. Das industrielle Leben war noch wenig entwickelt, ein paar Firmen, die dann großen Ruf gewinnen sollten, standen vor ihrer Entfaltung. Das gesunde, reiche bäuerliche Leben, das ringsum gelagert ist, wirkte in seiner derben Gelassenheit über die Mauern und Wälle der Festung hinein. Seit den vierziger Jahren hatte das städtische Wesen eine Mitte seiner Anstrengungen erhalten. Man folgte, Ausklang der Romantik, den Kölnern in ihrer Dombaupolitik: das Münster sollte seine Türme erhalten, und der junge Albert Bosch, der jetzt eben bei der Übersiedlung der Eltern in die oberen Klassen der Realanstalt einrückte, wird ein Jahrzehnt später unter Beyer einer der Münsterbauarchitekten sein.

Karl und Albert Bosch erscheinen dem jüngeren Bruder als die begabtesten unter den Geschwistern – »Albert vertritt das Aristokratische in unserer Familie und kommt dadurch hie und da mit uns anderen in Konflikt«, heißt es in der »Familiographie«, die ein Brief vom April 1885 der Braut vorträgt. Sicher hatten die beiden Älteren, die an der Spitze der Klasse zu marschieren pflegten, die Erwartungen der Lehrerschaft auf die Leistungen eines Bosch höher angelegt, als der jüngere sie zu erfüllen gewillt war. Robert Bosch hat von dem, was er für die Schule und was die Schule für ihn bedeutete, später keine große Meinung gehabt. Der Beginn bei dem Albecker Dorflehrer verlief ohne besonderen Eindruck, er dauerte auch nur ein Jahr, und der Übergang in die neue Umgebung gelang, wenn auch etwas glanzlos. Es mangelte ihm auch am »Sitzfleisch und Ehrgeiz«, die »alten und veralteten Lehrer« wußten seine Teilnahme nicht recht zu wecken, er hat sich durch die Anstalt »so schlecht und recht durchgefunden«, immerhin nach seiner Erinnerung durchschnittlich im ersten Drittel.

In den Sprachen ging es, auch in der Physik, solange sie rein experimentell betrieben wurde; aber die mathematische und geometrische Grundlage war nicht geschaffen worden. In einem sehr späten Briefwechsel mit dem Jugendfreund Karl Hausmann, der, Professor der Geodäsie, als einziger aus dem Kreise die wissenschaftliche Laufbahn eingeschlagen hatte, heißt es geradezu (2. Februar 1938): »In Mathematik war ich immer sehr schwach. Das hat mich seinerzeit aus der Schule getrieben. Da ich in Logik eigentlich nicht so schwach bin, muß doch wohl die Schule oder besser die Lehrer daran Schuld gehabt haben. Ich denke da an Reuß und Nagel, die Du ja nicht mehr gekannt hast, auch an Ziegler. Jedenfalls: im sogenannten Einjährigen-Examen, mit dem ich abging, habe ich den pythagoräischen Lehrsatz nicht beweisen können. Um den Mangel später auszugleichen, war ich wohl zu faul, und so bin ich durch mein Leben gegangen und habe sogar Erfolge gehabt, die ich eigentlich nicht hätte haben sollen. Es ist lediglich ein technisches Gefühl, das mir durchgeholfen hat.«

Das klingt aus der Altersschau vielleicht etwas skeptischer, als der Sachbestand fordert. Im Gedächtnis der Mitschüler galt Robert Bosch, wenn er auch nicht durch Schulleistungen hervorragte, als begabt, ein Junge mit entschiedenen Meinungen, der sich bei Widerspruch tapfer für seine Auffassung verstritt. Die Spottlust der Kameraden hatte ihn den »Allweisen« genannt, doch scheint er wohlgelitten gewesen zu sein. Den guten, unmittelbaren Zusammenhang mit einigen der Schulfreunde, etwa dem Kaufmann Eduard Gebhardt, hat Bosch treulich bis an das Ende gepflegt; aber, notiert er einmal: »Im allgemeinen entwickelt man sich mit den Jahren ziemlich auseinander, namentlich bei denen, die in der Heimat blieben und keine fremden Länder gesehen haben.« Das Verhockte und Verspießerte, das Gegensätze und Fremdheiten leicht mit Jugendsentimentalitäten überdeckt, behagte ihm nicht. Er konnte gegenüber einer Vertraulichkeit, die sich aus der alten Schulgemeinschaft herleiten wollte, recht schroff werden. Die Schulzeugnisse, die im altwürttembergischen Stil eine sehr durchgestufte Ordnung kannten, geben ein ziemlich wirres Bild; die Beurteilung der Anlage schwankt zwischen mittelmäßig (3) und gut (6); ziemlich konstant und löblich sind Fleiß und Betragen vermerkt. Das Abgangszeugnis erkennt in den Fächern ein »Gut« für Englisch und Religion, ein »Ziemlich-Gut bis Gut« für Deutsch, Französisch, Geschichte und Geometrisches Zeichnen, während Geographie, Mathematik, Physik, Zeichnen mit einem »Ziemlich Gut« bedacht werden. Daß auch das Turnen diese bescheidene Zensur erhält, macht ein wenig mißtrauisch gegen den Katalog – denn das Turnen wurde zur frühen und eifrig gepflegten Leidenschaft. Bosch selber meint zu diesem Schulabschluß: »Wenn man nicht Gnade vor Recht hätte ergehen lassen, wären eine ganze Anzahl von uns, und ich mit darunter, durchgefallen.«

Die Erinnerungen des Alters schließen sich zum Teil an ungewisse Reflexionen, ob im Frühen das Spätere schon spürbar sei. Manche gehen bis in die Albecker Jahre zurück. Darunter findet sich, was dauernd haften blieb, die Einsicht in die Gefahr der Lüge. Das spielende Kind war in den Brunnentrog des väterlichen Hofes gefallen und erzählte, herausgefischt, es sei hineingestoßen worden. Die zweckhafte Lüge kam bald heraus, und der Missetäter wurde am hellichten Tag ins Bett gesteckt. Das wirkte als Strafe. Damit war das Lügen verlernt. Oder es bleibt ihm die Verblüffung im Gedächtnis, die die Kinderfrage erregte, ob die Menschen auch Tiere seien – vielleicht spürte er darin die erste Regung des nachdenksamen naturwissenschaftlichen Sinnes. Ob er ein Bastler war? Vermutlich hat ihm die bedachtsame Geduld gefehlt. Er erzählt davon, daß er dem Vater einmal kleine Futtertrögchen für die Imkerei fertigen sollte, zehn Pfennig kriegte er für das Stück – dem Servatius war der Sohn fast zu schnell und geschickt, und er zog die Bestellung rasch wieder zurück. Am ausführlichsten verharren die Jugenderinnerungen bei allem, »was mit Schießen zusammenhing: Ger, Pfeil und Bogen, Zwille, Blasrohr mit Lehmkugel«. Das kameradschaftliche Zusammenleben war wohl durch allerhand Lausbubengeschichten bewegt, doch ohne außerordentliche Begebenheiten: »Zu wagehalsigen Streichen neigte ich immer. Ich war mir aber meiner Grenzen bewußt, und es geschah mir nie etwas. Ich suchte nie Händel, wich denselben aber auch nicht aus, namentlich nicht, wo dies nach Feigheit ausgesehen hätte.«

In den Schulakten der Ulmer Realanstalt wird der künftige Beruf nicht erst beim Abgang eingetragen. Bei Robert Bosch ist für die beiden Jahreszeugnisse von 1874 »Kaufmann« angemerkt. Von Ostern 1875 an und auch beim Abschluß steht: »Klein-Mechaniker«. Das ist ganz offenkundig, daß irgendeine ausgesprochene Neigung, die ein nahes Berufsziel vor sich sah, fehlte. Bosch selber gibt von der Berufswahl die ganz nüchterne Darstellung: »Als ich nachgerade mich für einen Beruf entscheiden sollte, fragte mich mein Vater einmal, ob ich nicht Feinmechaniker werden wollte, und ich sagte ja. Mein Sinn stand allerdings mehr nach Zoologie und Botanik, aber ich hatte keinen Gefallen an der Schule, in der ich die großen Lücken in meinem Wissen stets als unangenehm empfinden würde, und so wurde ich Mechaniker.« Darin mag man einen Unterton der Resignation hören. Der Vater, darf man annehmen, würde kaum widersprochen haben, wenn auch sein Jüngster die Schule bis zum Schluß durchgemacht und sich dem Studium der biologischen Fragen zugewandt hätte – nun also, fast aus einer gewissen Verdrossenheit, wurde der Fünfzehnjährige Mechaniker. Was sich daraus einmal entwickeln könnte, war ihm selber denkbar unklar.

Um so mehr, als die Lehre ganz und gar nicht ermutigend war. Servatius Bosch hatte es bei der Auswahl eines Meisters offenbar an der nötigen Sorgfalt fehlen lassen. Auch in späten Jahren hat Robert Bosch mit einem unwirschen Ärger von dem Mann gesprochen, dem seine berufliche Grundausbildung anvertraut war. Das abschätzige Urteil wurde auch von anderen Zöglingen des Mannes gefällt, der, eine gewisse Wohlhabenheit im Hintergrund, sich mehr als Frühstücksschöppler in den Wirtschaften als in der Werkstatt sehen ließ. Bosch erzählt die Anekdote: er mußte für eine größere Arbeit eiserne Grundplatten feilen und erbat sich, da die Feile sehr schlecht war, eine neue. Der Bescheid des Meisters, der im Gedächtnis blieb, lautete: »Jetzt habe ich die Feile zwölf Jahre und jetzt soll sie auf einmal nicht mehr gut sein.« Daß der wache kritische Verstand des Jungen die

Dummheit dieser Antwort verwahrte, ist für ihn selber bezeichnend. Da und dort, wo der Meister nicht mehr weiterwußte, konnte der Lehrbub mit guten Einfällen aushelfen. Dank erntete er nicht dafür. Aber die kleinen Triumphe hoben das Selbstgefühl. Die technischen Disziplinen im Handwerksbetrieb waren noch nicht so geteilt wie später. Der Meister war Uhrmacher, Optiker, begann aber auch Aufträge für Haustelegraphen und Haustelephone zu übernehmen, wie sie eben in jener Zeit etwas in Mode kamen. Die Lehrbuben hatten bald heraus, daß der Mann von den Dingen nichts verstand und selber immer fremden Rat sich holen mußte – so war die menschliche Autorität bald verspielt, und der Stolz des Jungen rebellierte, als der Meister ihn auch für familiäre Dienstleistungen beanspruchen wollte. Da mußte man ihn zu Hause besänftigen. Die Lehrzeit, meint die Rückschau, sei »nicht glücklich« gewesen, eigentlich sei man »verbummelt«. In jene Jahre fällt die eifrige Teilnahme am Turnerbund, der die Mitte des außerberuflichen Lebens wurde.

Daß Robert Bosch eine menschlich und sachlich so wenig befriedigende Lehre durchzumachen hatte, ist nicht folgenlos geblieben. Nicht in dem Sinn, daß sein berufliches Weiterkommen darunter gelitten hätte – die Wanderjahre wurden für ihn zu den eigentlichen Lehrjahren. Aber die Erinnerung an die Mängel der eigenen Jugendausbildung hat ihm von Beginn der Selbständigkeit das Gewissen geschärft, ähnliche Versäumnisse zu vermeiden. Die großartige Umsicht, womit er gleich beim Beginn der geschäftlichen Entfaltung das Lehrlingswesen betreute, entwuchs nicht bloß einer rationalen Überlegung oder dem humanitären Erziehertrieb – beides wirkte mit –, sondern der unfrohen Erfahrung, der die eigene Jugend ausgeliefert gewesen war.

Lehr- und Wanderjahre – Militärdienst

Im Herbst 1879 war die Lehrzeit um. Dem Achtzehnjährigen stand der Sinn in die Fremde; er wollte sich auf eigene Füße stellen. Aber das klappte nicht so rasch und so einfach, wie Selbstgefühl oder Romantik sich das vorstellten; man hatte weder in Pforzheim noch in

Karlsruhe, wo er um solche nachsuchte, Arbeit für ihn. Er scheint etwas den Mut verloren zu haben, ob weitere Besuche bei Meistern ihm eine Stellung bringen könnten und gab der Handwerksburschenzeit gleich am zweiten Tag einen etwas abrupten Schluß, indem er nach Köln zu dem Bruder Karl fuhr. Da sich in Köln und in Bonn Passendes für ihn nicht fand, behielt ihn der ältere Bruder zunächst im eigenen Geschäft; der hatte eine Handlung für Gas- und Wasserleitungs-Einrichtungen aufgemacht, und der Weltfahrer wollte sich etwas geborgen fühlen, als der Bruder ihn aufnahm und in seinem Betrieb als Gürtler beschäftigte. Karl Bosch hat sich auch später um die Entwicklung des Jüngsten angenommen. Der empfand die feste erzieherische Fürsorglichkeit mit einer gelegentlich ironischen Abwehr – diese Sache nun im September 1879 war ein offenkundiger Notbehelf; sie dauerte nur einige Wochen. Der junge Geselle erfuhr, daß es bei dem gelernten Feinmechaniker nicht oder nicht mehr standesüblich sei, an der Werkstattür nach Arbeit zu fragen, sondern daß man das schriftlich mache.

Der Ausflug in die Fremde, der in der zweiten Familienheimat gelandet war, nahm ein rasches Ende. Robert Bosch kehrte nach Schwaben zurück und trat in die Firma *C. & E. Fein* als Gehilfe ein. Hier stand er zum ersten Male einem Meister gegenüber, der ein wirklicher Meister war, und in der Nähe von Aufgaben, die ein Jahrzehnt später das eigene selbständige Suchen und Versuchen charakterisieren sollten. Wilhelm Emil Fein trieb seine 1867 gegründete, 1870 nach Stuttgart verlegte Feinmechanische Werkstätte mit einer großen Wendigkeit; er hatte als junger Mann in den sechziger Jahren bei Siemens & Halske in Berlin, danach bei Wheatstone in London gearbeitet und wurde nun in seiner Heimat der Pionier der jungen Elektrotechnik. Es ist ein imponierendes, leicht verwirrendes Programm, womit der junge Unternehmer sich Raum zu schaffen und durchzusetzen versucht und versteht: neben physikalischen und therapeutischen Apparaten entwickelte er durch den Hufeisenmagnet das Bellsche Telephon zur neuen und gültigen Norm, er schuf transportable elektrische Beleuchtungsanlagen und später das bewegliche Telephon für Militärzwecke; ungeheuer einfallreich als Konstrukteur, mit dem Geschick der praktischen Verbesserung und Vereinfachung des Vorhandenen. Feins Einfluß für die Entfaltung des elektrischen Wesens in ganz Südwestdeutschland muß sehr hoch eingeschätzt werden, auch durch seine literarische propagandistische Betätigung. Er wurde, ein unermüdlicher Praktiker, einer der Erfinder des elektrischen Antriebs für Werkzeugmaschinen, einer der Väter des kommenden »Elektro-Werkzeuges«; seine Firma hat sich später ihren über Deutschland hinausgreifenden Ruhm durch diese Spezialisierung errungen. Davon war in jener Frühzeit noch nicht die Rede. Das Geschäft mit einer Belegschaft von 50 bis 60 Mann war in jener Zeit dabei, sich aus dem örtlichen Werkstattbetrieb zur Fabrik mit überlokalen Verbindungen zu dehnen.

Es ist nicht mehr festzustellen, mit welchen Sonderarbeiten des wechselvollen Fertigungsprogramms der junge Bosch in dem halben Jahr seiner Tätigkeit bei Fein betraut war. Es standen damals Feuermelderanlagen als Großauftrag im Vordergrund. Der Betrieb gab ihm eine Vorstellung von der Vielfältigkeit der werdenden Elektrotechnik, doch noch nicht die Gewißheit, ob der eigene Weg einmal ähnliche Spuren suchen werde. Als der Weg »in die Fremde« zum zweitenmal unternommen wurde, im Frühjahr 1880, führte er in ein neues Branchengebiet, die Kettenfabrikation von Hanau a. M. Dort blieb Bosch ein Jahr tätig, in einer kleinen Arbeitsgruppe mit der Herstellung der Spezialmaschinen für Kettenfabrikation beschäftigt. Von diesem Aufenthalt ist wenig überliefert, auch die eigenen Aufzeichnungen sind dürftig; immerhin wird die Aufgabe, die ein neues Denken forderte, nicht nutzlos gewesen sein. Denn sie brachte den Lernenden an den Werkzeugmaschinenbau heran, der ihn später selber so stark würde beschäftigen müssen. Den geselligen Anschluß bot hier wieder die Turnerei. In dieser beweglichen Stadt hatte sie in den Jahren 1848/49 einen politisch-radikalen Zug erhalten. Die Hanauer Turner waren damals die Widersacher des alten Jahn gewesen und hatten sich der pfälzischen Erhebung angeschlossen – das gab eine Überlieferung, die gut zu dem Boschschen Familienerbe paßte.

Für die berufliche Zukunft wurde es wichtig, daß der Bruder Karl ihn wieder nach Köln rief. Dieses Mal war es kein zufälliges Anlanden, sondern ein zweckvolles Beginnen. Der Robert würde ja gewiß in ein paar Jahren sich einmal selbständig machen wollen. Dann war es gut, wenn er auch etwas von Buchführung und dergleichen verstand, also galt es, ihn in »Kaufmannschaft auszubilden«. Das geschah in der

Firma Bosch & Haag, die der Gründer mit seinem Schwager Gustav Haag betrieb. Köln war so etwas wie eine Familienfiliale von Ulm geworden: Gustav Haag aus Stuttgart hatte Karls Schwester Karolina geheiratet, und seit 1877 war ein weiterer Schwager, Franz Decker aus Söflingen, mit Barbara Bosch verehelicht, an den Rhein nachgezogen. Karl Bosch, 1843 geboren, saß seit Beginn der siebziger Jahre in Köln. Er brachte durch Umsicht und Fleiß das gemeinsame Geschäft, worin er der leitende Kopf war, rasch und gut voran und gewann eine angesehene und einflußreiche Stellung. Die lebhafte Teilnahme an den öffentlichen Dingen, väterliches Erbstück, schuf ihm in der neuen Umgebung Vertrauen, man entsandte ihn in die Handelskammer – die wichtigste Leistung wurde gegen das Jahrhundertende sein förderndes Mitwirken bei der Gründung der Kölner Handelshochschule, in deren Kuratorium er das leistungswilligste und anregungsreichste Mitglied wurde. Für die Entwicklung des um achtzehn Jahre jüngeren Bruders fühlte er sich mit verantwortlich, zumal seit dem Tode des Vaters; für Robert Bosch war er damals und blieb es wohl lange das Maß des bürgerlichen Erfolgsstrebens und der menschlichen Haltung. Er hat gerne und wiederholt bekannt, wie wichtig ihm die politische und weltanschauliche Übereinstimmung gewesen ist. Jetzt also war der Bruder der unmittelbare Lehrherr. Er hat aus dem bald zwanzigjährigen Eleven keinen vollkommenen Buchhalter gemacht. Denn als sich Robert Bosch ein Jahrzehnt später mit solchen Pflichten wieder abzugeben hatte, haben sie ihm zunächst mehr Mühe und Verdruß gemacht, als Genugtuung verschafft. Ein »richtiger Kaufmann« ist er wohl nie geworden. Aber die Sicherheit gegenüber dem Drum und Dran von Abschlüssen und Bilanzen und das Wissen um den Sinn einer soliden Rechenhaftigkeit wurde zum Ertrag dieser halbjährigen Einführung in die Handelsgeschäfte.

Der Einundzwanzigjährige kehrte im Herbst 1881 nach Ulm zurück, um seiner *Militärpflicht* zu genügen. Der Vater war das Jahr zuvor, als der Sohn in Hanau weilte, am 11. September 1880 einer stürmisch verlaufenden Lungenentzündung rasch erlegen. Die Rückschau des Sohnes meint, daß ihm das frühe Privatisieren auch gesundheitlich schlecht bekommen sei.

In Ulm weilte seit ein paar Jahren auch der »Aristokrat«, der Bruder *Albert*, der in München und Stuttgart Architektur studiert hatte – im Mai 1878 war er Mitglied der Münsterbauhütte geworden, als Bauführer bei der Fertigstellung des nördlichen Seitenturms beschäftigt, von August Beyer, dem Münsterbaumeister, auch zur Ausarbeitung der Entwürfe und Berechnungen für den Ausbau des Hauptturmes herangezogen. Über seinen Einzelanteil an dem großen Werk ist nichts mehr festzustellen; einige Mappen mit Detailskizzen und der Aufnahme von Bauformen zeigen die Hand eines sicheren Zeichners. Die offenbar frische, dabei selbstbewußte Art des Mannes hat dem jüngeren Bruder imponiert. Offenbar bildete Albert in der Boschschen Familie das einzige, ausgesprochen musische Element, mit einem Zug, der sich von der korrekten Bürgerlichkeit abhob; er galt als ein Freund der Tafelfreuden, der herzhaften Trinkrunde, der heiteren Geselligkeit, die ihn mit den Offizierskreisen der Garnison verband. Und doch scheint ein Schatten auf seinem äußerlich unproblematischen Leben gelegen zu sein, das Gefühl, in der Abhängigkeit von Beyer nicht recht zur eigenen Entfaltung zu kommen. Es klingt einmal die Klage auf, wie verfehlt es gewesen, daß er die Jahre seiner Jugend so ausschließlich der Münsterarbeit gewidmet habe. Im Mai 1886 verließ er die Bauhütte. Aber er war jetzt schon so sehr Spezialist der historisierenden Gotik geworden, daß er sich einer ähnlichen, wenn auch intimeren Aufgabe zuwandte: Erneuerung der Stiftskirche im fränkischen Öhringen. Diese saubere Arbeit wurde von anderen vollendet: Albert Bosch, in seiner Kraft jäh gebrochen, erlag im Juni 1887, erst dreiunddreißig Jahre alt, einem seit längerem drohenden, zu wenig beachteten Lungenleiden.

Damals, 1881, als der Bruder zu den Soldaten ging, war Albert eine füllige Kraftnatur gewesen; sein früher, trauriger Ausgang ist gewiß auf Robert Boschs strenge, ja vorsichtige spätere Lebensführung nicht ohne Einfluß geblieben. Als Truppe wählte sich der Einjährig-Freiwillige das Pionier-Bataillon 13; die Verbindung des Militärischen mit dem Technischen legte das nahe. Nun ist freilich von diesem Dienstjahr wenig zu berichten. Robert Bosch hat in seinen »Erinnerungen« sich mit kurzen Sätzen begnügt, die besagen, daß die Rückschau wenig Wichtiges fand: »Obgleich ich eigentlich keine Freude hatte am Soldatsein, machte mir die Arbeit doch manchen Spaß. Körperlich gewandt und unternehmend bis zur Waghalsigkeit, überschätzte ich doch meine Kräfte nicht, sondern verstand mich auch aus manchmal gefährlichen Lagen herauszufinden.« Das ist alles. In den gelegentlichen Aufschrieben sind einige solche »Waghalsigkeiten« aufbewahrt: Wettschwimmen bei einer Übung in der Nähe von Koblenz, der Sprung über einen Wallgraben von vier bis fünf Meter Breite, vor dem Leutnant und Sergeant zögerten – es ist das Gefühl der turnerischen Sicherheit, das Wissen, daß er die Kraft der Muskeln und die bewegliche Gewandtheit des Körpers richtig einschätzte, das ihn zum technisch guten Soldaten machte.

Die militärische Laufbahn ging reibungslos: zu den üblichen Terminen wurde Bosch Gefreiter und Unteroffizier. Die Vorgesetzten hatten offenbar Freude an seinen Leistungen, vielleicht gefiel ihnen besonders die zuverlässige und gute Art, in der er Karten zeichnen konnte. Der Kommandeur des Bataillons machte ihm am Abschluß der Dienstzeit den Vorschlag, Berufsoffizier zu werden. »Aber vom Soldatsein wollte ich nichts wissen.« Das ist die Formulierung der Rückschau. Der Instinkt sagte ihm wohl, daß der Militärdienst als Beruf seinen Grundelementen nicht entsprach. Wohl war ihm der urtümliche Freiheitsdrang, der alle bloß konventionellen Bindungen kämpferisch angehende Individualismus seines Wesens noch nicht bewußt geworden – denn die Entfaltung des Eigentümlich-Persönlichen vollzog sich nicht in früher Reife, sondern in einer spröden, vielfach zögernden und dem eigenen Ingenium mißtrauenden Art. Bosch wäre ein guter, viel fordernder, viel leistender und gerechter Vorgesetzter geworden, aber ein unbequemer und schwieriger Untergebener.

Die Frage eines möglichen Berufswechsels hat offenbar auch die Familie beschäftigt, deren politische Überlieferung, nach der Gewöhnung der damaligen »Deutschen Volkspartei«, sich nicht gerade durch Hinneigung zum Militär auszeichnete. Vielleicht hat Albert in dieser Sache anders gedacht. In jenem schon zitierten Brief aus dem Frühjahr 1885, der die Glieder der Familie der späteren Gattin vorstellt, kommt Bosch, den ältesten Bruder, den Adlerwirt von Jungingen, charakterisierend, auf die Geschichte in guter Laune zurück: »Jakob ist ein Hauptdemokrat und Volkstribun, dessen besonderes Wohlwollen ich dadurch noch besonders erlangte, daß ich nicht Offizier geworden bin, trotzdem Major Ziegler ihm gegenüber sich äußerte, daß dies für mich gut wäre.«

Bosch war als Offiziersaspirant entlassen worden, hat sich aber, da er seine berufliche Weiterbildung nicht unterbrechen wollte, von den Reserveübungen beurlauben lassen. Bei einer Untersuchung durch einen deutschen Konsulatsarzt während seines amerikanischen Aufenthaltes ist er 1885 feld- und garnisonsdienstunfähig geschrieben worden. Ein Trommelfelldefekt, der aus einer jugendlichen Schießerei stammte und sich im Dienst öfters als lästig erwies, hatte sich verschlimmert. Die linksseitige Gehörbehinderung hat sich nie ganz behoben, blieb aber in erträglichen Grenzen, so daß Bosch sich wohl gelegentlich darüber ärgerte, aber nie eigentlich darunter litt.

Das Miltärjahr brachte ihm eine für sein Leben wichtige Begegnung. Er wird auch sonst ein guter Kamerad gewesen sein, freilich später es ablehnend, im Vereinsbetrieb die Erinnerung an eine ihm innerlich gleichgültige Zeit zu organisieren. Unter den Einjährigen des Bataillons befand sich ein junger Ingenieur, er war gegen drei Jahre älter als Robert Bosch, gut geschult, von etwas weichem Naturell, der Freundschaft und des Austausches bedürftig, *Eugen Kayser*. Er entstammte einer Kaufmannsfamilie in Obertürkheim. In diesem Hause lernte Bosch des Kameraden Schwester Anna, seine spätere Gattin, kennen. Eugen Kayser ging, nach etwas unentschiedenem Beginnen, seinen sicheren Weg durch verschiedene der Berliner großindustriellen Firmen, um im letzten Lebensjahrzehnt bedeutenden, selbständigen Anteil an der Ausweitung und Festigung des Hauses Robert Bosch zu nehmen.

Damals, vor dem neugewonnenen älteren Freunde, spürte Bosch, was ihm fehlte, was ihm noch fehlte an theoretischer Kenntnis und klarem Verfügen über die inneren Zusammenhänge der technischen Dinge. Die schlechte Lehre hatte davon nichts geben können, das bisherige Arbeiten war ein empirisches Pröbeln, aus dem gelegentlich ein brauchbarer Einfall heraussprang.

Die Entwicklung Boschs, aus der Ferne gesehen, macht leicht den Eindruck einer von Anbeginn bewußten Zielstrebigkeit. Davon kann aber nicht die Rede sein, um so weniger, als er sich der Lücken des Wissens lebhaft bewußt war. Lehrbücher sollten aushelfen. Als er in Hanau einmal eines, das er von daheim mitgebracht hatte, aufschlug, lag ein Zettel darin, den die Mutter für ihn aufgeschrieben hatte:

»Ein Schiff ohne Steuer vertraut sich den Wellen,
nicht lange, so wird es an Klippen zerschellen.
Das Meer ist das Leben, das Schifflein bist Du,
die Klugheit, mein Freund, ist das Ruder dazu.«

Diese wohlmeinende Fernpädagogik in Reimen mag ihn damals gerührt haben, die Anekdote hat sich ihm eingeprägt und darum auch, wo er sie fand: es war in dem Werk von Pisko »Licht und Farbe«. Die Erinnerung ist gewiß beiläufig; sie zeigt einiges von den tastenden Versuchen des Selbstunterrichts.

Nun war das Meer des Lebens, in das sich ein junger Techniker um 1880 hinauswagte, gerade aufs stärkste bewegt, von guten Winden, wenn er es verstand, das Ruder geschickt zu führen und den Kurs richtig zu wählen.

Als die Soldatenzeit vorbei war, nahm Karl den Bruder Robert mit zu einer Reise nach Nürnberg und München. Sie galt nicht, in einem unvermuteten Kunstenthusiasmus, der mittelalterlichen Schönheit – da brauchte ein Ulmer sich nicht erst auf die Bahn zu setzen – oder den ehrwürdigen Kunstsammlungen, sondern neuen, nützlichen Dingen. Es gab an der Pegnitz eine Bayerische Landesausstellung, in München eine Internationale Elektrizitätsausstellung, und auf beiden konnte man erstaunliche Dinge sehen, die eine Reise schon lohnten: elektrische Bogenlampen, elektrische Glühlampen, die ersten Versuche der elektrischen Kraftübertragung.

Die Münchener Ausstellung vor allem ist für die Popularisierung der Elektrizität in Deutschland sehr wichtig geworden. Der junge, draufgängerische Wasserbauingenieur Oskar von Miller hatte sie mit seiner ansteckenden Energie durchgesetzt und damit sein Gesellenstück als unermüdlicher und suggestiver Organisator geleistet. Die ganze Geschichte erschien manchen wohl etwas verkrampft und erzwungen, denn gerade ein Jahr zuvor hatte man in Paris mit dem gleichen Anspruch (und Erfolg) des Internationalen ein großartiges Spektakulum aufgeführt – Werner von Siemens hielt nichts davon, daß man jetzt gleich wieder solche Reklamegeschichten mache; die führende deutsche Firma blieb weg. Aber die Schau wurde dann zu einem Triumph des Mannes, der erst vor wenigen Jahren, 1873, in seiner Heimatstadt eine kleine, zweifenstrige Mechanikerwerkstatt eingerichtet hatte: *Sigmund Schuckert* in Nürnberg, damals siebenundzwanzigjährig.

Schuckerts Anfänge mit *einem* Gehilfen erinnern an den Beginn von Boschs eigener Selbständigkeit: er übernimmt Reparaturen, er beginnt Präzisionsinstrumente zu fertigen, wissenschaftliche Apparate für die Institute in Erlangen und so fort. Doch bald greift er nach größeren Aufgaben und wagt sich an den Bau einer dynamoelektrischen Maschine. Werner von Siemens hatte wenige Jahre zuvor, 1867, das dynamoelektrische Prinzip entdeckt und dargestellt. Auch W. E. Fein hatte damit begonnen, doch blieb sein anfängliches Produktionsprogramm, der einfallreichen Geschicklichkeit des Mannes entsprechend, sehr vielseitig und überwiegend im Schwachstromgebiet. Bei Schuckert beginnt früher die sachliche Konzentration. Es ist die Beleuchtung, die mit der Erfindung der Bogenlampe seit geraumer Zeit die Welt beschäftigt, im Zusammenhang damit Stromerzeugung und Stromübertragung. In dem Manne meldet sich ein neuer Typ. Nicht umsonst hatte er fünf Jahre in Amerika gelebt, bei Thomas Alva Edison gearbeitet und einen lebhaften Eindruck nicht nur von den technisch-wissenschaftlichen, sondern auch den ökonomisch-kapitalistischen Möglichkeiten des jungen Elektrizitätswesens mit nach Hause gebracht.

Er war – sein Ausgangskapital bildeten die ersparten 1000 Dollars – unternehmend in einem wagenden Sinn, selber ein erfahrener Praktiker, der das Brauchbare erspürte, der ein Gefühl für den Markt und für das Marktgängig-Machen besaß, keine eigentliche Erfindernatur (wie bis zu einem gewissen Grade Fein), kein wissenschaftlicher Kopf. Es wäre ihm selber ganz vermessen vorgekommen, im Vergleich an Werner von Siemens zu denken, dem das Auftauchen dieses regen fränkischen Mannes mannigfaches Unbehagen bereitete. Schuckert sorgte für gute, zuverlässige Arbeit, erkannte die eigenen Grenzen und holte sich die notwendigen wissenschaftlichen oder organisatorischen Mitarbeiter heran. Es ist nicht ganz zu übersehen, daß er den großen Aufstieg mit der Ausführung fremder Patente (Bogenlampen, auch Scheinwerfer) erreichte; aber er wußte, was gut ist, was besser sein könnte, und er hielt auf saubere Arbeitsleistung.

Das Problem einer kapitalistischen Ausweitung, das mit der Errichtung von Kraftwerken ein paar Jahre später, wesentlich durch Schukkerts kaufmännischen Mitleiter, der ganzen Unternehmung ein neues Bild gab, konnte der junge Robert Bosch noch nicht miterleben – es gab ja auch bei ihm später mehr als einmal die Frage, die sich Schuckert aufzwang, ob er sich »gründen« ließe. Doch gewinnt man den Eindruck, daß der Nürnberger Betrieb für ihn die erste und erlebnismäßig wichtige Begegnung mit einem werdenden industriellen Großbetrieb war. »Zu Schuckert drängte sich in jener Zeit alles. Er ließ die Leute viel verdienen, und es war daselbst ein mächtiger Betrieb«, vermerken die Notizen von 1921. Für die Größenordnungen von heute spielte sich der »mächtige Betrieb« freilich noch in einem bescheidenen Rahmen ab: 1882 setzte zwar ein Aufschwung ein, der zu den ersten, zweckhaft erbauten und durchorganisierten Werksanlagen führte, aber als diese 1883 bezogen wurden, betrug die Belegschaft nur etwa hundert Mann.

In der Rückschau auf diese Zeit ist für Bosch die berufliche Sonderarbeit nicht sehr wichtig. Er wird bei den Volt- und Amperemetern beschäftigt, die der Chefkonstrukteur des Hauses, Uppenborn, entworfen hatte, »Instrumente recht ursprünglicher Natur«. Haften bleibt die soziale Atmosphäre: die Mechaniker, die viel verdienten, die aus allerlei Heimaten stammten – denn die Stadt konnte den rasch wachsenden Bedarf an gelernten Leuten nicht schnell decken –, sie waren »wenig an Ordnung gewöhnt«, führten »ein leichtes Leben« und murrten, als eine Krankenkasse geschaffen, als der Ein- und Ausgang des Fabrikhofes überwacht, als eine Arbeitszeitkontrolle ausgeübt wurde. »Auch ich selbst fand mich zwar wohl oder übel in diese Ordnung, war aber wenig erfreut darüber« – der Individualist reagiert instinkthaft gegen die scharfe Vorschrift, doch muß er sie rationell anerkennen. Daß Bosch im Alter, nachdem er selber mit genauen Regeln solcher Art zu wirken längst gelernt hat, diesen Satz über seine frühe Seelenhaltung niederschrieb, ist bezeichnend. Aber er notiert auch aus einer Rede, die der damalige Betriebsleiter bei Schuckert, der früh verstorbene Franz Decker aus Eßlingen, bei einem Firmenfest hielt, »daß bei einer Fabrik eine Leitung sein müsse, die wie bei einem Heere alles zu überlegen habe, um die Fabrik leistungsfähig und schlagfertig zu gestalten«. Der Mann hat dem Hörer spürbar imponiert.

Ein Gewinn der Tätigkeit bei Schuckert wurde die freundschaftliche Beziehung zu einem älteren Schweizer Techniker, der in der Versuchswerkstätte arbeitete, August Utzinger aus Zürich, einem Mann mit solider Ausbildung und gutem hilfreichem Wesen; man konnte von ihm lernen, und er lehrte auch gern: die gelegentlichen Fachvorträge, die er hielt, fanden einen aufmerksamen Zuhörer.

Der Aufenthalt in Nürnberg dauerte für Robert Bosch bis in den Sommer 1883; daran schloß sich eine kurze Arbeit in einer Göppinger Fabrik, wo Bosch bei der Herstellung von Bogenlampen beschäftigt war. Diese Zeit hat keine Eindrücke bei ihm hinterlassen. Die Erfahrungen der bisherigen Praxis legten es nahe, die Schulkenntnisse zu unterbauen. Beim Bruder Jakob in Jungingen will er sich vorbereiten – dem etwa nur vier Jahre jüngeren Neffen Wilhelm, der eben vor der letzten Klasse des Ulmer Gymnasiums steht, muß es Ferienvergnügen machen, von seiner jungen Wissenschaft in Algebra und Physik dem Onkel einiges abzugeben.

An der Technischen Hochschule in Stuttgart

Für die theoretische Weiterbildung an der Stuttgarter Hochschule war das Wintersemester 1883/84 vorgesehen. Bosch schreibt 1921 über Verlauf und Ertrag dieses Halbjahres etwas summarisch: »Ich hatte für ein solches Studium zwar nicht die nötigen Vorkenntnisse, und ich hatte auch nicht die nötige Tatkraft, um meine mangelhaften Kenntnisse in Mathematik nun endlich wenigstens in den Grenzen des Möglichen zu vervollkommen. Was ich in der Schule in Stuttgart lernte, das war, die Furcht vor technischen Ausdrücken zu verlieren. Ich wußte nachher, was Spannung und Stromstärke, was eine Pferdekraft war. Soviel hatte ich aber doch andererseits auch herausgebracht, daß ich noch mehr Leidensgenossen in dem Studium der Elektrotechnik hatte, die an sich auch nicht viel mehr Kenntnisse hatten, denen es aber auch noch an der Fähigkeit fehlte, die Gedanken zusammenzuhalten, zu beobachten und Schlüsse zu ziehen. Der damalige Lehrer der Elektrotechnik hatte von mir nach meinen Beobachtungen keine schlechte Meinung, obgleich der tatsächliche Gewinn an wissenschaftlicher Erkenntnis während dieses halben Jahres selbstverständlich gering war.«

Dieser Lehrer, Professor *Wilhelm Dietrich*, hatte eben ein neu errichtetes Ordinariat für Elektrotechnik erhalten; in den vorangegangenen Semestern fungierte er noch als »Hilfslehrer«. Die Elektrizität als Teilgebiet der allgemeinen Physik war selbstverständlich seit einigen Jahrzehnten Lehrgegenstand geworden – die Forschungen von Galvani und Volta, von Davy, Faraday und Maxwell, von Ohm, Gauß, Siemens hatten neue Erscheinungen, Gesetzmäßigkeiten, Meßbarkeiten in diesem Bezirk der Geheimnisse erschlossen. Es fehlte auch nicht an frühen Versuchen, das Erkannte irgendwie nutzbar zu machen. Doch blieb das langehin bloßes Mühen des Laboratoriums, des Modellversuches, den wohl die Geschichte sorgsam bewahrt, den sie auch mit den Prioritätsansprüchen der einzelnen Nationen behängt, der aber noch keine Wirkung in die Breite gewann. Das setzte wesenhaft erst gegen die Mitte des Jahrhunderts ein mit Werner von Siemens' Leistung für den zuverlässigen Telegraphenbau und in einem anderen Bezirk mit den mannigfaltigen elektrolytischen Versuchen. Dann kamen Schlag auf Schlag die neuen Erfindungen: die Bogenlampe, die Glühfadenlampe, das Telephon; mit der Dynamokraftmaschine von Siemens aber gewinnen die technisch-industriellen Möglichkeiten die meisten Perspektiven. 1882 wurde in Darmstadt, mit Erasmus Kittler, der erste deutsche Lehrstuhl für Elektrotechnik geschaffen.

Kein Wunder, daß das unbegrenzte Neuland die unverbrauchten Begabungen an sich zog, gleichviel, von was für einer Schule ihr reguläres Abgangszeugnis ausgestellt war, wenn sie überhaupt eines besaßen; der beweglichste und erfolgreichste unter diesen Männern, Edison, besaß ganz gewiß keines. Es ist wichtig genug, den kräftigen und wirksamen Einschlag der nicht schulmäßig und quasi gelehrt vorbereiteten Männer in der Frühzeit der Entwicklung zu sehen: S. Schukkert und S. Bergmann gehören zu ihnen, die als Buben aus der Volks- oder Bürgerschule mit vierzehn Jahren in die Lehre geschickt wurden, aber auch Philipp Reis steht in dieser Linie. Das gilt auch noch für die Zeit, da jetzt die Elektrotechnik, aus den Bedürfnissen der Praxis heraus, zum anerkannten Hochschulfach vorrückte.

W. Dietrich stand hier unter den Pionieren. Er hat selber keine wissenschaftlichen oder konstruktiven Sonderleistungen hinterlassen, die seinen Namen dauernd geprägt hätten; der Eifer seines außerberuflichen Wirkens gehörte der Kommunalpolitik; durch viele Jahre spielte er, ein liberaler Gemeinderat, anregend und begutachtend, in dem Stuttgarter Rathaus eine nicht unerhebliche Rolle. Vor allem war er ein besorgter und ausgezeichneter Lehrer, der, wenn auch von der theoretischen Physik kommend und diese Herkunft nicht verleugnend, im Vereinfachen und Klären von Begriff und Erscheinung den Adepten eine solide Handreichung gab.

Der »außerordentliche Studierende« Bosch mußte, um für die erwählten Spezialfächer zugelassen zu werden, Vorkenntnisse nachweisen, »ohne welche sie (die Hörer) die einzelnen betreffenden Unterrichtsfächer nicht mit Nutzen besuchen können«. Die Ansprüche waren bescheiden. Der Professor von Zech, bei dem Bosch Experimentalphysik belegte, setzte nur die »elementare Mathematik« voraus. Dietrich, mit drei Stunden Vorlesungen und für die »Elektriker« zwei Halbtagsübungen in der Woche, ging ganz auf die Praxis aus. In jenem Winter behandelte er Stromerzeuger, elektrische Beleuchtung, Kraftübertragung, Elektrolyse und Grundzüge des elektrischen Messungswesens; in einigen dieser Sparten hatte Bosch schon gearbeitet. Die Übungen hatten vor allem Meßstärken und Meßmethoden zum Gegenstand. Eine Spezialvorlesung des Mannes, die noch gehört wurde, behandelte Telegraphie und Eisenbahnsignalwesen; auch schrieb sich Bosch für englische Sprache ein.

Die wenigen Kameraden nun, die aus jener Zeit noch leben, erzählen, daß Bosch ein sehr gewissenhafter und fleißiger Student gewesen ist. Er wußte, daß diese Art von Lehrzeit begrenzt sei und daß es sie zu nutzen gelte. Deshalb seine Ernsthaftigkeit, das Neugelernte zu verarbeiten. Hier erwarb er sich zu dem eingeborenen »technischen Gefühl«, das er sich selber zusprach, jene Sicherheit im Elementaren, die fester Besitz wurde und blieb. Den geselligen Anschluß fand er bei der Vereinigung »Hütte«, von der aus einige freundschaftliche Beziehungen auch in den künftigen Lebenslauf dauerten. Doch war seine Natur nicht eigentlich auf studentische Kameraderie mit Dauercharakter angelegt. Wichtig wurde die Begegnung mit dem gleichaltrigen *Richard Stribeck*; er erspürte den wissenschaftlichen Sonderwillen, der ihm selber im Grunde fehlte, den er zu achten lernte. Stribecks Laufbahn führte über Professuren in Darmstadt und Dresden an die Neubabelsberger Zentralstelle für wissenschaftliche Untersuchungen und in das Kruppsche Direktorium; er wurde zu einer Autorität in der Maschinen-Baustoff-Forschung. 1918 kehrte er in die Heimat zurück; die Jugendfreundschaft erneuerte sich als fruchtbare Arbeitsgemeinschaft des Alters.

Das Berufliche stand für den Lernenden durchaus im Vordergrund. Aber an der Stuttgarter Technischen Hochschule wirkten damals in der »allgemeinen Abteilung« einige Männer, eindrucksstark genug, um auf junge Menschen mit Lebensneugier und aufgeschlossener Art zu wirken. Da las noch der alte *Friedrich Theodor Vischer* über Geschichte der deutschen Dichtung, und es gehörte dazu, auch wenn man sich nicht den Musen verschrieben hatte, seiner plastischen und temperamentvollen Beredsamkeit sich zu unterwerfen. Für Bosch blieb die Begegnung mit diesem Lehrer nur Angelegenheit des Randes, hin und wieder beruft er sich auf ihn. In die Mitte seines Wesens aber trifft ihn die Lehrtätigkeit von Gustav Jaeger; sie wird weithin bestimmend für die persönliche Lebensführung und legt den Grund für die ausgreifende und großartige Teilnahme, die Bosch in späten Jahren den Fragen der Heilkunde und des öffentlichen Gesundheitswesens zuwendet.

Gustav Jaeger verwaltete drei Professuren, an der Hohenheimer Landwirtschaftsakademie, an der Tierärztlichen und an der Technischen Hochschule – 1884 machte er sich von den akademischen Verpflichtungen frei, um ganz den lebensreformerischen und medizinpolitischen Arbeiten sich zu widmen, in denen er, streitbar und umstritten, seit ein paar Jahren steckte. Er gehörte zu den merkwürdigen und bedeutenden, sehr schwäbischen Erscheinungen, von denen die Legende stärker die skurrilen Züge bewahrt, als daß sie bereit ist, das zu sehen und anzuerkennen, was an wichtiger Anregung von ihm ausging und zum Teil schließlich banale Selbstverständlichkeit wurde. Der Mediziner war Zoologe geworden, hatte in Wien Aquarium und Tiergarten eingerichtet, Darwins »Entstehung der Arten« (1859) ließ ihn zu einem der entschiedensten publizistischen Verfechter der Entwicklungslehre werden. Seine originale Leistung begann, als er, von der Beobachtung des Tieres ausgehend, die Frage der menschlichen Bekleidung untersuchte. Was Pettenkofer für die Hygiene des Wohnens eingeleitet hatte, unternahm er für die menschliche Bekleidung. Das Ergebnis ist bekannt: er verwarf radikal die Textilien aus pflanzlichen Grundstoffen, um das »Wollregime« zu predigen: Training der Haut, starke Durchlaßfähigkeit der Ausdünstung und so fort. Das Ziel war die Abhärtung, die Jaeger, im Zusammenhang mit Studien über die menschliche Arbeitskraft und das »spezifische Gewicht« des Menschen, zu einem Sonderbegriff entwickelte. Selbstverständlich kam er mit seiner These bald in Konflikte mit starken ökonomischen Industrieinteressen, aber das störte ihn nicht. Die Weiterbildung seiner Lehre galt der Untersuchung der Duftstoffe. Auch hier waren Beobachtungen aus dem Tierleben der Ausgang gewesen, er untersuchte und maß die Reaktionen auf bestimmte Gerüche, die Emanationen des Trieblebens; der Weg führte zur »Entdeckung der Seele«. Das war nun kühn genug, daß er mit diesem Begriff als einer biologischen Essenz zu operieren begann, man mag von einem sublimierten Materialismus reden. Aus dem »Wollejäger« war der »Seelenjäger« geworden.

Dieser Mann nun, damals 51jährig, untersetzt, kräftig, gesund, humorvoll, auch derb, muß auf den jungen Bosch einen starken Eindruck gemacht haben. Jaeger, als Schriftsteller unermüdlich, wenn auch etwas salopp und formlos, von zupackender Anschaulichkeit, gab ein Doppeltes: Sachlich die Methode der rationalen Wissenschaft – daß er gegen die physiologisch-anatomische »Schulmedizin« sein Verfahren abgrenzte, heißt gerade bei ihm nicht Verzicht auf rationale Erkenntnis; nur das Zielbild der Naturbeobachtung ist anders gewählt. Moralisch das Bild und Vorbild einer unbefangenen Natur, die sich an Konventionen nicht kehrte, die Händel nicht gerade suchte, ihnen aber sicher nicht auswich. Der einer höhnenden Fachwelt entgegenlachender Trotz imponierte.

In einem späteren Zeitpunkt hat G. Jaeger sich auch zu den Grundsätzen der Hahnemannschen Homöopathie bekannt und ihre Lehre von der Wirkkraft der kleinen Mengen in seine eigene Gesamtanschauung eingebaut. Das mußte für Bosch, in dessen väterlicher Familie schon die Homöopathie Hausrecht besaß, wie eine Bestätigung klingen. Jetzt, in der Jugend, erfuhr er einen Anstoß, der eine lebensformende Kraft besaß. Nicht nur, daß er selber ein strenger und konsequenter »Jaegerianer« wurde, an die Wolle glaubte, alle Unbequemlichkeiten der starren Befolgung bei den Reisen und so fort auf sich nahm. Das Lebensreformerische im breiteren Sinn hat hier seinen Ausgang genommen, und es gehört mit seinem strengen Ernst, aber auch mit seinen Wunderlichkeiten in den Aufbau des Menschentums.

Arbeit in Amerika

Am 24. Mai 1884 ging der holländische Amerikadampfer »Caland« in See. Unter den Passagieren der 2. Kajüte befand sich der dreiundzwanzigjährige Robert Bosch, ein wenig erregt von dem Getriebe der paar hundert Auswanderer, die sich im Zwischendeck zusammenstauten. Die Leute sind vergnügt und fangen bald an, zu den Melodien einer Handharmonika zu tanzen. Der Wasserlauf ist voll von Fischerkähnen und Dampfern, auch nachdem die Unruhe des Hafens verlassen wurde; man ist erwartungsvoll, bald das Meer zu erreichen, zum ersten Male im Leben, es gibt so viel zu sehen, Möwen, die das Schiff begleiten, Landschwalben, Seeschwalben, die Änderung der Wasserfärbungen beim Wechsel der Witterung, man beobachtet die Hantierungen der Matrosen, man kann auch manches lernen und sich notieren, z. B. wie man mit Log und Logleine die Fahrgeschwindigkeit des Schiffes feststellt.

In der Tat, der junge Reisende hat angefangen, ganz regelrecht Eindrücke und Erlebnisse zu notieren, und als einer der Mitfahrer den eifrig Schreibenden frägt, ob er denn seine »Memoiren« verfasse, antwortet er »Ja«, innerlich vergnügt, daß der Neugierige nicht ahnt, daß dessen alkoholisches Renommistentum gerade eben den Gegenstand einer ironisierenden Charakterstudie gebildet hat. Bosch führte also ein Reisetagebuch. Dieses bescheidene, schwarze, rotbeschnittene Wachstuchbüchlein aus dem Jahre 1884 hat in irgendeinem Winkel der Pietät oder der Gleichgültigkeit die Jahre und Jahrzehnte überstanden – so wurde es das früheste, unmittelbar persönliche Dokument, das von Robert Bosch erhalten blieb. Dies gibt ihm seine anekdotische, doch auch psychologische Wichtigkeit. Natürlich hatte er bei den früheren Trennungen den Eltern, der Mutter brieflich berichtet; es wird nicht zu häufig gewesen sein. Denn man ist im Familienleben mit Gefühlsbekundungen haushälterisch verfahren. Und niemand kam in einem schwäbischen kinderreichen Bauern- und Bürgerhaus auf den Gedanken, solche Briefe aufzubewahren – wozu? Man würde sich ja bald wieder einmal sehen.

Diese Selbstzeugnisse von 1884 besitzen den Reiz einer frischen und absichtslosen Gegenwärtigkeit. Die Dinge, denen der Leser begegnet, sind nicht wie die sonstigen Anmerkungen über Kindheit und Jugend, aus dem Abstand des Alters, der Erfahrung, der Erfolge geschrieben, in der Absicht klärender und erklärender Mitteilungen, sondern Stilübungen einer guten Laune, unbeschwert, manchmal erstaunt, sehr aufnahmewillig gegenüber allen Eindrücken, bereit zur Selbstironie, manchmal ganz banal oder pedantisch im Registrieren von Fahrtrichtung und Schnelligkeit, von den Mahlzeiten und den Etappen der Seekrankheit, dann aber wieder durchsetzt von Reflexionen, die der nationalen Sonderart der Mitreisenden, die dem kommenden eigenen Schicksal gelten. Bosch hat offenbar die beschäftigungslose Muße solcher Seefahrten sonderliche Anregung gegeben, kleine Erlebnisse zu fixieren, Nachdenksames zu notieren, Erinnerungsbilder zu beschwören. Denn auch von der Rückfahrt aus Amerika, im Sommer 1885, ist solch ein Wachstuchbüchlein erhalten, und die zusammenfassende, wenn auch unsystematische Niederschrift seiner »Lebenserinnerungen« ist 1921 auf der Fahrt nach Südamerika verfaßt.

»Es ist gut, daß ich Soldat war und das Gedankenrevue-Halten gelernt habe, so bekomme ich doch keine Langeweile, und es hat auch sein Schönes, so stundenlang auf dem Rücken zu liegen und nach den Sternen zu gucken. Meine Holländer und Engländer glauben, ich habe Heimweh, wenn ich nicht mit ihnen albernes Zeug quatsche.« Heimweh hat er keines, aber es wäre doch schön, wenn Eugen und »Nottele«, der Studienfreund Maurer, dabei wären; er denkt sich aus, wie sie jetzt mit anderen Gesellen in einem Gaisburger Wirtschäftle beisammen sitzen mögen. Und wenn er Heimweh hat, im Zwischendeck findet er Schwaben genug, die es drüben probieren wollen und jetzt mit den anderen zusammen meist Abschiedslieder singen. Das Singen freut ihn, die anderen haben nur zotige Gassenhauer mit gewöhnlichen Melodien. Überhaupt, über die anderen muß man sich gelegentlich ärgern, über Holländer und Iren: »Wenn ich wieder auf ein Schiff komme, fahre ich 1. Klasse. Es gibt nichts Ekelhafteres als Leute, die unanständig essen ... Ich glaube, die Deutschen essen noch am anständigsten, wenn man die Engländer aus besseren Ständen ausschließt, welche vielleicht eher verhungern, als einen Fisch mit dem Messer essen würden.«

Größere Mühe als dem Soziologen der nationalen Eß- und Trinksitten bereitet dem Rationalisten die Überführung vieler junger Mädchen in ein amerikanisches Kloster, ihre Heiterkeit, ihre unverwüstliche gegenseitige Hilfswilligkeit. Darüber hat er sich »Gedanken gemacht«: »Unter zehn Menschen kann es doch nicht sein, daß alle zueinander passen und sich gern haben, abgesehen von dem ›Kindlein, liebet Euch untereinander‹. Sind es gebrochene Menschen, die tun, was sie sollen, aber nicht aus Pflichtgefühl? Gebrochen sehen sie nicht aus. Ist das Ganze Heuchelei? Es wäre nicht schön, dies anzunehmen. Warum aber vertragen sich so viele Frauenzimmer so gut miteinander? Es muß doch unter zehn eine sein, die nicht mit einer anderen harmoniert; wenn nun nicht beide heucheln, so muß es doch Reibereien geben. Ich liebe und achte meine Mitmenschen auch, wenn mir aber einer nicht konveniert, so merkt er dies doch sicherlich bald, und wenn er ein ehrlicher Kerl ist, so kommen wir zwar wohl auch gut miteinander aus, aber nicht, weil wir uns dann noch gegenseitig füttern, sondern weil sich jeder vor dem anderen in acht nimmt.« »Sollte vielleicht die Jaegersche Behauptung auf die Nonnen Anwendung finden, daß man beispielsweise den häuslichen Frieden dadurch herstellt, daß man sich möglichst oft küßt? Doch ich will aufhören, sonst kommt die Gedankenseekrankheit.«

Ein andermal philosophiert er so: »Frauen können sich mit viel zugleich beschäftigen. Ich habe ein schönes Beispiel dafür. Die eine der Schwestern *geht* soeben *spazieren, strickt, betet* einen Rosenkranz und *denkt* vielleicht nebenher noch. Das sind vier Dinge, die zugleich zu verrichten einem Manne schwerfallen würden. Wenn ein Mann z. B. im Wirtshaus sitzt und dort *trinkt, raucht, spricht* und *denkt*, so ist das auch viererlei, aber in der Regel ist dann doch wenigstens eines davon nicht viel wert, wenn er z. B. viel trinkt, so ist anzunehmen, daß er nicht viel Gescheites schwatzt, und dann ist das Trinken und Rauchen doch noch eine angenehme Beschäftigung, jedenfalls angenehmer als Beten und Stricken; ich glaube, dies nicht näher belegen zu müssen, es sprechen für meine Behauptung die Tatsachen und die Polizeistundenübertretungen.«

Die aphoristischen Weisheiten des gesprächigen Tagebuches sind natürlich nur zu sehen in ihren psychologischen Hinweisen, darin aber geben sie frühe dauernd Charakteristisches: das logische Spiel mit dem Paradox, argumentierendes Fortspinnen eines sinnenhaften Eindrucks.

Die Aufzeichnungen halten auch ein paarmal Ausschau in die kommende Zeit. Etwas überraschend der Einfall kurz vor der Ankunft (der Lotse bringt Zeitungen an Bord), »daß es doch eine schlimme Geschichte für mich wäre, wenn Deutschland jetzt in Krieg käme. Sollte ich dann gleich wieder umkehren? Ich glaube, jeder, der mich näher kennt, wird mich alles anderen eher beschuldigen als der Feigheit; aber unter solchen Umständen nach Deutschland zurückkehren, sich vielleicht zum Krüppel schießen lassen und sich am Ende sagen müssen, daß man eine solche Vaterlandsliebe vor sich selbst nicht verantworten kann, weil man sein eigenes Glück vernichtet und schließlich dem Vaterlande doch nichts oder noch nicht viel genutzt hat, wäre das vernünftig? Ich glaube, daß in diesem Kampfe zwischen Vernunft und Herz schließlich doch das Letztere siegte...«

Die Fahrt war in zuversichtlicher Stimmung angetreten. Einen »fischblütigen Holländer« könnte er zwar »fast beneiden um die Sicherheit, mit der er an sein kommendes Glück glaubt. Aber wo ein Holländer hoffen kann, kann's ein Schwabe auch«. Die Tage vor der Landung offenbaren dann eine verhaltene Unruhe: »Bin gespannt, was ich mit meinen Empfehlungen ausrichte, ob ich nicht vielleicht doch ganz unten anfangen muß. Es könnte mich unter Umständen um Jahre zurückbringen, wenn ich erst Kellner oder Bäckerjunge werden müßte. Wir haben oft über diese Aussichten gelacht, und wenn man davorsteht und es ist nicht mehr voller Spaß, dann ist es mit dem Lachen nicht mehr weit her. Es ist mir aber immer, wie wenn mich das Glück nicht verlassen würde, und wenn es auch nicht glatt abgeht, durchgehauen wird, es mag gehen, wie es will. Vielleicht ist es besser, wenn ich mich zuerst etwas plagen muß, ich glaube, man wird dann rascher das, was man in Amerika smart nennt.« Und am Tag darauf das biedere Sich-selbst-Zureden: »Ich will aber auch jetzt alles einsetzen, um vorwärts zu kommen, und es müßte sonderbar sein, wenn ich nicht durchhaue in einem Lande, wo schon mancher etwas geworden ist, der noch nicht einmal den guten Willen dazu hatte, und an dem wird es bei mir nicht fehlen.«

Auf den ersten Seiten des Büchleins, da von der Begegnung heimkehrender und auslaufender Schiffe die Rede war, steht der bescheidene Satz, in dem ein tieferer Unterton mitschwingt: »Es ist hübsch, andere zu überholen.« Dies Empfinden hat der Ankömmling in der Neuen Welt nicht recht auskosten können, und auch das zu werden, »was der Amerikaner smart nennt«, ist ihm nicht gelungen. Aber die Sache selber ließ sich nicht schlecht an. Sein Lehrer Dietrich hatte ihn, bevor Bosch die Ausreise antrat, nach München gesandt, wo damals der Ingenieur Seubel das Hoftheater im Auftrag der amerikanischen Edisongesellschaft mit elektrischer Beleuchtung ausrüstete. Der Mann sollte ihn beraten; er steckte ihm einige Empfehlungen in die Tasche, und eine davon half rasch über die Sorge hinweg, als Kellner beginnen zu müssen. Diesen romantischen Schnörkel hat das Schicksal nicht in Boschs Leben geschrieben. Der Brief war an Bergmann gerichtet – nach Fein und Schuckert trat Bosch einem Dritten der Pioniere der werdenden Elektrotechnik entgegen. Mit acht Dollar Wochengehalt wurde er als Mechaniker eingestellt.

Sigmund Bergmann, zehn Jahre älter als sein neuer Arbeiter, war schon ein arrivierter Mann. Er hatte, ein gelernter Schlosser, 1869 seine thüringische Heimat verlassen, in Brooklyn als Mechaniker Verdienst gefunden, die Werkstatt fabrizierte Börsenkursdrucker, und dort entdeckte ihn Thomas A. Edison, der eben begonnen hatte, seinem jugendlich genialen Erfindertum eine Wendung ins Systematische und Industrielle zu geben. Er konnte zuverlässige, geschickte Leute brauchen, junge Leute, denen, wie ihm selber, keine Arbeit zu viel wurde, wenn eine neue Sache angepackt und zum Erfolg durchgezwungen werden sollte. Die Deutschen schienen sich besonders dazu zu eignen. Da arbeiteten ja schon in seiner Fabrik in Newark der Deutsch-Schweizer Kruesi, der Nürnberger Schuckert; nun sollte Bergmann der dritte in diesem Stab der nächsten Gehilfen werden.

Es waren lauter noch junge Leute, die da im Beginn der siebziger Jahre experimentierten und bosselten, Edison, ihr Haupt, 1847 geboren, aber bereits auf dem Weg, über seine Verbesserungen im Telegraphenwesen hinaus neue Bezirke der Technik zu erschließen: Vorstudien zum Phonographen wurden gemacht, die Revolutionierung der Beleuchtung durch die Glühfadenlampe war unterwegs. Bergmann begründete 1876, zunächst im kleinen Maße, die eigene Werkstatt, in gutem Einvernehmen mit Edison; 1880 erweiterte er den Betrieb in der Gesellschaftsform, wobei Edison ihn durch stille Teilhaberschaft stützte. Seit mit dem durchschlagenden Erfolg der Glühfadenlampe eine neue Ära der Beleuchtungstechnik begann, wuchs das Unternehmen rasch – Bergmann wurde der wichtigste Konstrukteur und Hersteller der Zubehörteile, Schalter, Sicherungen, Abzweigungen usf.

Bekanntlich hat Bergmann, vielleicht unter dem Eindruck des Schukkertschen Beispiels, im Beginn der neunziger Jahre mit der Lösung seiner amerikanischen Bindungen begonnen und in Deutschland ein neues, rasch zur Blüte wachsendes Unternehmen gegründet, das über die erste Spezialität des schon in Amerika erfundenen Isolier-Rohrs hinaus bald zum Bau von Kraftmaschinen weiterschritt. Als Bosch zu Bergmann kam, wurden »Hughes-Schreiber und Telephone, Bogenlampen und Beleuchtungskörper, Grammophone und Fernthermometer, kurz alles gebaut, was eben verlangt wurde.«

Von der eigenen Arbeit hat Bosch bei der Rückschau keine große Meinung, es dünkt ihm, daß er Wichtiges, das dort schon im Betrieb war, wie Schleifmaschinen zum Rundschleifen, kennenzulernen versäumt habe, ahnungslos, wie bedeutungsvoll das für ihn selber einmal werden sollte: »Ich muß wohl sagen, daß ich überhaupt den geschäftlichen Dingen nicht die Wichtigkeit beilegte, die ihnen zukam. Ich lernte jedenfalls für meinen Beruf wenig über das hinaus, was ich eben so als Mechaniker miterlernte. Es war nicht eine Freude am Beruf und an der Arbeit, die mich veranlaßte, zu arbeiten. Wenn ich so zurückblicke, so habe ich das Gefühl, daß ich als Mechaniker kaum mehr als Mittelmäßiges leistete.«

Diese nüchtern-skeptische Beurteilung des eigenen Arbeitsvermögens der Frühzeit kehrt bei Bosch öfters wieder; er schränkt sie dann wohl ein, daß seine Fertigkeit »so sehr mittelmäßig« doch wohl nicht gewesen sein werde, denn schließlich sei er ja »überall wohl gelitten« gewesen. Bei dem Obermeister von Bergmann traf das nicht ganz zu. Denn als einmal eine Arbeitsstockung eintrat, fand Bosch sich als einer der ersten auf die Straße gesetzt. Dem war eine individuelle

»Lohnbewegung« vorangegangen, die er in der Erinnerung behielt: »In Deutschland wäre ich davongelaufen, bevor ich auch nur daran gedacht hätte, mir auf diese Weise zu helfen.« Das war so: er hatte einem Ulmer Lehrfreund, als ruchbar wurde, daß eine größere Bestellung auf die Hughesschen Typendrucktelegraphen eingelaufen sei, auch die Anstellung bei Bergmann vermittelt, und der bekam zwei Dollars am Tag. Er selber, Bosch, war über die acht Dollars in der Arbeitswoche nicht hinausgekommen, der Obermeister hielt ihn drunten; so wurde Bergmann unmittelbar angegangen. Der genehmigte die Erhöhung um einen Dollar, Bosch möge das dem Buchhalter mitteilen, was auch geschah, wobei er in einiger Unbefangenheit zwei Dollars statt des einen meldete. »Tags darauf kamen sie dann miteinander an. Bergmann sah meine Arbeit an und sagte im Weggehen: ›Well, gib ihm‹. Ich hatte mich also schon ganz gut eingestellt.«

Jener Ulmer war mit ihm Lehrkamerad gewesen und hatte auch, elternlos, viel in der Familie Boschs verkehrt. An ihn schloß er sich damals an. »Leonhard Köpf war mir immer ein Vorbild gewesen als Mechaniker. Den Überblick über das Ganze hatte ich wohl voraus. Köpf war ein außerordentlich geschickter, ordnungsliebender Mann von größtem Fleiße, der an seinem Ort späterhin auch Erfolge hatte.« Im Temperament waren die beiden freilich ganz verschieden: Köpf aus weichem Stoff gemacht und von den Allgemeininteressen, die Bosch immer stärker zu bewegen begannen, wenig beschäftigt – immerhin, hier blieb ein Stück Heimat und Jugend in der menschlichen Nähe, und das gab beiden einen Halt gegenüber dem Amerikanertum, von dem sich ihr schwäbisches Mißtrauen nicht überrumpeln ließ.

Bei Bergmann ist Bosch auch einige Male *Edison* begegnet. Er erzählt davon in den Erinnerungen des Jahres 1921 die folgende Anekdote: »Eines Tages kam ein schlanker, großer Mann in einem blau und weiß gestreiften Kittel in die Werkstatt gestürzt. Er stürzte an einen Betriebsmotor und beschmutzte sich ausgiebig die Hände mit Öl, um gleich darauf einige Herren zu begrüßen, von denen gesagt wurde, sie seien zu bearbeiten für die Übernahme von Anteilscheinen unserer Gesellschaft. Edison machte sich sonst bei uns mit Öl nie schmutzige Hände. Er hatte aber seine Versuchswerkstätten nicht in New York, sondern in Menlopark (N.J.), wo er später einmal den jüngeren Rathenau und meinen Schwager Kayser empfing, um ihnen seine magnetischen Erzscheidepatente anzudrehen. Als ich Kayser von jener Beobachtung erzählte, meinte er, jetzt sei ihm manches klar.« Diese Sätze mit dem ironischen Tonfall waren jedoch nicht das letzte Wort, das Bosch über den Mann zu sagen hatte. Zehn Jahre später, 1931, widmete er ihm einen Nachruf, durch den ein bei dem Schreibenden höchst ungewöhnliches Pathos hindurchweht, eine wahre Huldigung: »Man muß sich in jene Zeit (vor sechzig Jahren) zurückversetzen und sich das Land mit seinen ungeahnten Entwicklungsmöglichkeiten vorstellen, wenn man begreifen will, wie Edison sich entfalten und in lionardischer Vielseitigkeit sich betätigen, schöpfen und schaffen konnte. Nicht nur dadurch war Edisons Leben so schön und so lebenswert, daß er alt genug wurde, um die Früchte seiner Lebensarbeit reifen sehen zu können, er hatte auch noch das Glück, in einer Zeit zu leben, in der Wissenschaft und Technik das Rüstzeug schufen, mit dessen Hilfe er so Großes leisten konnte, wie dies eben nur den allergrößten Menschen zu leisten vergönnt ist.« Der Aufsatz gibt einen Überblick über des Gestorbenen Arbeiten und Versuche, die geglückten und die geistreich-problematischen, und fährt dann fort: »Als ich im Edison-Betrieb in New York vor nunmehr 47 Jahren arbeitete, haben mir Mitarbeiter Edisons berichtet von seiner gewaltigen Arbeitskraft. Wenn ihn ein Problem beschäftigte, so ging er in dessen Lösung vollkommen auf. Er konnte dann viele Tage den Arbeitsplatz gar nicht mehr verlassen; sein Bett waren einige Wolldecken auf dem Erdboden. Edison war der Urtyp des Amerikaners in seiner besten Form. Nie war ihm der persönliche Gewinn der Ansporn für seine rastlose Tätigkeit. Es war der Schaffenstrieb des Titanen!«

Der amerikanische Aufenthalt brachte Bosch die erste nahe Berührung mit der *organisierten Arbeiterbewegung*. Für die Zeit, da er in deutschen Werkstätten und werdenden Fabriken gearbeitet hatte, ist davon nichts überliefert – unzweifelhaft hat er die verschiedenen Arbeitsplätze eh und je nur als Durchgangsstadien betrachtet und stärkere Bindungen gar nicht gesucht. Man darf, auf diese Jahre blickend, auch nicht vergessen, daß Ende 1878 das sogenannte »Sozialistengesetz« in Kraft getreten war. Das richtete sich wohl gegen die politischen Tendenzen der sozialdemokratischen Partei und nicht eigentlich gegen die Arbeiter-Berufsvereine. Doch die Polizeipraxis nahm im Beginn die Unterscheidung nicht so genau, so daß auch die erst bescheidenen Ansätze des gewerkschaftlichen Zusammenschlusses teils der behördlichen Auflösung verfielen, teils sich selber auflösten oder verkümmerten.

Die Frühzeit der USA verfügt über eine bunte Auswahl sozialer Theorien und sozialistischer Versuche, an denen in nicht geringer Zahl auch Deutsche beteiligt waren. Das weite, geschichtslose Land schien sich als Exerzierfeld oder Laboratorium einer schönen Zukunft besser zu eignen, als die gesellschaftlich und staatlich verhärtete Alte Welt. Der christliche Kommunist Georg Rapp aus Schwaben, der englische Sozialreformer Robert Owen hatten in Erfolg und Mißgeschick ihre Proben abgelegt, Wilhelm Weitling suchte dort Echo für seinen Ruf nach »Gerechtigkeit«. Nach 1878 verlegten radikale deutsche Sozialisten ihre Werbearbeit in das eben anwachsende neue industrielle Gebiet. Man kann nicht sagen, daß sie dort gerade sehr willkommen gewesen wären. Denn seit geraumer Zeit war eine amerikanische Arbeiterbewegung eigenen Gepräges im Aufbruch, die mit der marxistischen Lehre nichts anzufangen wußte, dabei voll von taktischen und sachlichen Gegensätzen steckte. Schließlich hat sich auch dort im großen und ganzen ein Gewerkschaftstypus nach englischem Muster herausgestaltet, während die spezifisch politische Gruppenbildung des Proletariats immer in bescheidenen Grenzen steckenblieb.

Das war damals, im Beginn der achtziger Jahre, alles noch eine offene Frage. Es mochte so scheinen, daß der 1869 von einem Schneider in Philadelphia gegründete Orden der *Knights of Labor* in einem raschen Wachstum etwas wie eine Macht werden könnte. Diese »Ritter der Arbeit« waren als Geheimbund geschaffen worden, mit einem maurerischen Ritus und Aufbau, strengen Schweigegeboten. Die Unsicherheit gegenüber den Unternehmern, die Vorsicht vor den Behörden schien dies Verfahren zu rechtfertigen, wie sich eine Romantik des Brauchtums als seelische Bindung zwischen dem zusammengewürfelten Mitgliederbestand wohl empfahl. Im Jahre 1882 hatte sich der Bund schließlich vor der Öffentlichkeit konstituiert. Dort suchte Bosch Anschluß. Seine Erinnerung an diesen Kreis, »der viel von Brüderlichkeit sprach«, ist von der Skepsis eines zum Anti-Romantiker gewordenen alten Mannes durchfärbt. »Einmal«, schreibt er, »war bei einer Sitzung davon die Rede, daß es keinen Zweck habe, wenn die

Arbeitslosen sich anböten, um den Arbeitgebern zu ermöglichen, sie zu niederen Löhnen einzustellen und die höher Bezahlten zu entlassen. Ich machte den Vorschlag, jeder in Arbeit Stehende solle einen Teil seines Verdienstes abgeben, um die Arbeitslosen nicht zu solchen Angeboten zu nötigen, fand aber gar keine Unterstützung.« Schwer zu sagen, ob damals die sonderliche Färbung dieses Kreises ihn sonst beeindruckt hat; die »Knights of Labor« haben, nachdem ein rascher Aufschwung sie mit über 700 000 Mitgliedern in der Mitte der achtziger Jahre an die Spitze der Arbeitervereinigungen geführt hatte, das Gelände an die berufsgebundenen Gewerkschaften verloren, die neben und unabhängig von ihnen seit einigen Jahren auf dem Marsche waren. Das, was den »Knights of Labor« das sehr amerikanische Gepräge gab, ist ihre Hinneigung zur Temperenz – Brauer und ähnliche Berufe waren ausgeschlossen –, die Zurückhaltung gegenüber dem Streik, das Betonen des Schiedsgedankens, die organisatorische Mischung der Berufe und der radikale Kampf gegen die Landspekulation der großen Eisenbahngesellschaften. Ob *Henry Georgs* 1879 erschienenes Werk über »Fortschritt und Armut«, das in der Grundrente Mitte und Ursache der sozialen Nöte sah, damals den jungen Deutschen erreichte, ist nicht zu sagen. Aber er bewegte sich in einem Kreise, dem die Wirkung der Verkehrspolitik auf den Bodenpreis, die Schaffung von Landmonopolen zu einer vordringlichen Sorge geworden war – man mag sich dessen erinnern, wenn man drei Jahrzehnte später Boschs bodenreformerischer Haltung zu der heimischen Verkehrsentwicklung begegnen wird.

Die »Knights of Labor« können nur sehr bedingt bei den »sozialistischen« Bewegungen eingereiht werden. Gewiß blieb ihre Programmatik unscharf und ihr Mißtrauen gegen den revolutionären Radikalismus um so lebendiger, als dieser nach 1879 von einigen exilierten Deutschen erneut in die amerikanische Arbeiterschaft getragen werden wollte. Zu diesem Typus gehörte der junge Bosch nun freilich nicht. Aber in jene Zeit fällt das Bemühen, sich über eine bessere sozialökonomische Ordnung Klarheit zu verschaffen. Es ist schwer zu sagen, ob und wie weit der Ansatz dazu von der familiären Überlieferung, von der politischen Luft des Vaterhauses beeinflußt war. Der theoretische Kopf der schwäbischen Demokraten, Ludwig Pfau, hatte in den Jahren der Verbannung den französischen Frühsozialismus studiert und seinen Landsleuten Pierre Proudhon übersetzt; damit trug er in die doch gemeinhin kleinbürgerliche Umwelt der alten schwäbischen Demokratie eine bemerkenswerte Unbefangenheit gegenüber der Problematik von Besitz und Macht.

Sie hat damals auch Robert Bosch beunruhigt. Dem alten Lehrkameraden Köpf, der fleißig seiner Arbeit nachging und in der bürgerlich-kirchlichen Gewöhnung Sicherheit genug fand, galt der nachgewanderte Landsmann mit summarischer Mißbilligung als »Sozialdemokrat«. Gerade dies aber war Bosch nicht. Was war er denn? Darüber hat er sich in den Briefen an Anna Kayser ausgesprochen; der Austausch, der zwischen New York und Obertürkheim hin und her ging, der eindringlich die Fragen des religiösen Glaubens, die Stellung der Frau erörterte, hat in gleicher Weise biographisch-psychologisches Gewicht wie einen zeitdokumentarischen Reiz. Dort also findet sich das sozialistische Bekenntnis des Dreiundzwanzigjährigen (18. April 1885):

»Nun will ich gleich mit ernsten Dingen anfangen und will nicht aufhören, ehe ich Dir wenigstens einigermaßen gesagt habe, was Du wissen mußt, um mich zu verstehen. Siehst Du, ich bin Sozialist. Wenn ich jetzt nicht den Lehren, denen ich anhänge, gemäß leben kann, so mußt Du mir das nicht verübeln, denn unter jetzigen Umständen müßte ich auf Dich und damit auf mein ganzes Liebes- und Lebensglück verzichten. Und wenn es auch das Edelste und Beste eines Menschen ist, wenn er sein eigenes Wohlergehen hintenansetzt, um der Menschheit zu dienen, so bin ich eben doch viel zu sehr Mensch und Egoist, um das zu tun. – Also, Du fragst mich um ein Mittel, Reichtum und Armut aufzuheben. Denke Dir, alles, Grund und Boden, Feld und Wald, Geld und Gut, gehöre dem Staat, d. h. uns, den Staatsbürgern, verwaltet von wählbaren Beamten, die Du Dir aber nicht denken mußt als hervorgegangen aus einer Beamtenfamilie und demnach begabt mit einer gehörigen Dosis Kastengeist, sondern als Leute, die heute noch in irgendeiner der im größten Stile eingerichteten Werkstätten Schuhe gemacht, oder weil es gerade Erntezeit und Feldarbeit im Überfluß da ist, als Feldarbeiter gearbeitet haben, sicherlich nicht zum Nachteile ihrer Gesundheit, und sicherlich auch nicht mehr, als sie ganz gut aushalten konnten, denn wir haben alle Maschinen, die die Arbeit erleichtern, der Staat fragt ja nicht, rentiert sich die Anschaffung vom Kostenpreis aus, sondern er fragt nur, spare ich Arbeit mit der Maschine? Wir haben auch genug Arbeiter, denn jeder muß arbeiten, wenn er essen will. Für ein bestimmtes Arbeitsquantum, etwa eine Stunde, erhältst Du eine Bescheinigung, gegen die Du in jedem Staatsmagazine ein Stück erhältst, das ebenfalls eine Stunde Arbeit repräsentiert; also wenn ich einen Hut mache, an dem sechs Stunden Arbeitszeit sind, so bekomme ich dafür ein paar Hosen, die ebenfalls sechs Stunden wert sind; jedoch mußt Du das nicht wörtlich nehmen, denn selbstverständlich mache ich in der großen Hutfabrik nicht einen Hut ganz fertig, sondern nur einen bestimmten Handgriff an vielen Hüten. Es ist überhaupt schwer, sich in die ganze Sache hineinzudenken, auf einmal geht das gar nicht, da man wieder den Maßstab von jetzt daranlegt. Auch kann niemand jetzt sagen, wie sich das in den Details am besten machen wird, man kann nur einen Plan im Großen feststellen und das andere sich entwickeln lassen. Man hat beispielsweise bis jetzt statistisch ausgerechnet, daß man 2 bis 3 Stunden Arbeit pro Tag und Kopf, d. h. Männer und Frauen auskommen wird, bei noch größerer Vervollkommnung der Maschinen wird man noch weiter kommen. – Geld im eigentlichen jetzigen Sinne darf es nicht mehr geben und somit kein aufspeicherbares Kapital und demnach keine Bestechung, keinen Raub, Diebstahl usf. Kein Mensch wird einen Grund haben, einem anderen schlechte Dienste zu leisten, denn das jetzige Mittel, um Macht zu gewinnen, ist Geld, ohne dieses kann niemand Leute dingen, um andere dienstbar zu machen, d. h. sie für sich arbeiten zu lassen. – Der Fähigste wird an die Spitze gestellt, unzweifelhaft der Fähigste, denn er allein bietet den Menschen Vorteile, denn er wird ein fähiger Beamter sein. Belohnen kann er Niemanden, denn er hat ja gar keine Mittel dazu. (Hier in Amerika wählen sie auch ihren Präsidenten, es kommt aber meist nicht immer der Beste durch, sondern in der Regel, wer am besten bezahlt.) Vergeht sich unser Beamter, so wird er sofort abgesetzt, er hat aber eigentlich gar keinen Grund, sich zu vergehen, denn bereichern kann er sich nicht, er kann nicht Gelder sammeln, von denen er nachher lebt; wird er heute abgesetzt, so muß er morgen wieder irgendwo anders arbeiten; aber wohlgemerkt, er war auch als Beamter Arbeiter, auch der Oberste, Leitende ist ein solcher.

Jedermann hat zu arbeiten, solange er arbeitsfähig ist. Wird er krank, so erhält ihn der Staat. Nahrungssorgen und Hunger werden niemanden quälen, denn es wächst stets so viel, daß Alles vollauf hat, und da alles international ist, wird Europa Amerika, dieses Asien usf. aushelfen. Daß es kein Unrecht ist, von den Arbeitern, auf den sozialistischen Staat hinzuarbeiten, wirst Du mir zugeben, wenn Du bedenkst, daß unsere Mitmenschen doch jedenfalls die Maschine nicht nur für die Leute erfunden haben, die sie bezahlen können, und da jeden Tag weiter vorgeschritten wird, und die Maschinen immer mehr leisten, infolgedessen immer mehr Menschen brotlos werden, so ist es gar nicht zu begreifen, wie man sich gegen den Gedanken sträuben kann, daß Alles gründlich geändert werden muß. Soll der verhungern, wer kein Geld hat?«

Und nach dem Zitat von Heines Versen, daß nur die, die etwas haben, das Recht zu leben haben, geht das Protestbekenntnis wieder in die Belehrung über: »Wenn ich Dir oben schrieb, jedermann hat jeden Tag zu arbeiten, so ist das wieder nicht ganz wörtlich zu nehmen, denn gesetzt den Fall, ich will eine Reise zu meinem Vergnügen machen, so werde ich einfach vorher so lange länger arbeiten, bis ich denke, daß ich die nötige Anzahl Stunden-Schecks habe und mich dann mit meinem Geld wohlgemut auf den Weg machen. Sparen werde ich nie, denn werde ich morgen krank, so ist ja der Staat da.

Bisher habe ich nur vom Materiellen gesprochen, wenn wir erst von den Idealen anfangen, so sind wir unbedingt im Vorteil. Denke Dir nur, ein Mensch so viel wie der andere, d. h. äußerlich, innerlich wird natürlich immer ein Unterschied sein. Kein Mensch wird sich hervortun, wenn man es nicht in einer Weise tut, die seinem Mitmenschen Vorteile bringt. Die geringen und gemeinen Leidenschaften werden sehr stark abnehmen. Doch nun ist es für heute davon genug, denn Du wirst Dich nicht so leicht in die Sache hineindenken können, ich habe sehr lange gebraucht, bis ich mir klar wurde. Nur noch eines, es gibt Dir vielleicht einige Vorliebe für den Sozialismus. Hätten wir den sozialen Staat, so könnte uns gar nichts auseinanderhalten, jetzt aber, wenn es mir mißglückt, doch, – das darf nicht sein; denke Dir aber nur, es kann Jemanden so gehen, und sind Zustände, in denen ganz gute Menschen ohne ihre Schuld unglücklich sind, nicht mit allen Mitteln zu verbessern?«

Der große Brief wendet sich dann zu religiösen, zu familiären Fragen, greift aber zum Schluß wieder auf den Sozialismus zurück und bittet die Braut, nicht gleich zu denken, daß er im Unrecht sei, denn es sei eine Sache, die man nicht so auf ein paar Seiten hinschreiben kann: »Der Sozialismus ist etwas Großes, Edles, und ihn vollständig und erschöpfend zu ergründen und zu erklären, dazu sind Bände nötig, die allerdings da sind, aber von unserer Regierung verboten sind und somit nicht leicht zugänglich. Kannst Du Dich nicht damit befreunden, so halte mit Deinem Urteil zurück, d. h. dann denke, daß ich Dich nicht gut unterrichtet habe, mündlich will ich Dir die Sache dann ganz klarlegen. Sage auch Niemandem, Eugen natürlich ausgenommen, davon, denn Du könntest leicht in Gefahr kommen, mich gegen ungerechtfertigte Angriffe verteidigen zu müssen, und wenn man etwas nicht ganz kennt, ist es schwer zu verteidigen.«

Diese Darlegungen, in ihrer eigentümlichen Mischung von nüchterner Lehrhaftigkeit und vorsichtiger, doch ernster, gefühlsbetonter Werbung, sind das erste unmittelbare Zeugnis, das überkommen ist, worin sich die Auseinandersetzung des jungen Bosch mit der sozialen Problematik spiegelt. Sie wird sich oft wiederholen, sie wird mit Erfahrung, Reife, Verantwortlichkeit mancherlei Wandel erfahren. Aber zwei Spannungselemente dieses Gesprächs eines Lebens sind schon hier zu spüren: die Entwicklung der Technik hat den Auftrag der Lebenserleichterung, und das bleibt für ihn weithin Kürzung der Arbeitszeit – das Utopische der Bemerkung, »man hat ausgerechnet«, daß es mit 2–3 Stunden geht, klingt an die große Denkschrift (März 1932) des alt gewordenen Bosch an, in der er das große Rezept gegen die weltwirtschaftliche Krisenhaftigkeit finden wollte. Und das andere: der realistische Billigkeitssinn, der ein »sozialistisches« Streben der Arbeitnehmer aus der Gegebenheit ihrer Lage nicht nur hinnimmt, sondern auch anerkennt.

Das sozialistische System, das bares Geld verschwinden läßt, und wie der Brief sich ausdrückt, an seine Stelle die »Bescheinigung« für ein »Arbeitsquantum« setzt, womit man im »Staatsmagazin« Entsprechendes« kaufen kann, ist die Schöpfung des Magdeburger Schneidergesellen *Wilhelm Weitling*. Es ist nicht recht anzunehmen, daß die »Garantie der Harmonie und der Freiheit« oder das »Evangelium des armen Sünders« in die Hand Boschs gekommen waren; denn diese Erzeugnisse der vierziger Jahre waren wie ihr Verfasser fast vergessen oder eben erst wieder im Begriffe, als literarische und geistesgeschichtliche Kuriosen entdeckt zu werden. Doch man darf nicht übersehen: Weitling lebte von 1851 bis zu seinem Tode (1871) in New York, anfangs, da er die »Republik der Arbeiter« herausgab, nicht ohne sammelnde Wirkung. Später hat er mit seiner politisch-sozialen Sendung resigniert und Astronomie getrieben. Doch hatte sich um ihn, der offenbar stark zu wirken verstand und in großartiger Vereinfachung die befehdete Wirklichkeit des Heute in die beglückende Gewißheit des Morgen zu wandeln wußte, ein fester, gläubiger Kreis gesammelt, der sein Erbe, als es zu versickern begann, in dünnen Rinnsalen weiterleitete. So hat es auch wohl den jungen Bosch erreicht. Es hat etwas Rührendes, daß Weitlings Weltbild mit dem poetisierenden Durcheinander von Romantik und Rationalismus, dem man, hier hämisch, dort wohlgelaunt, den Namen des »Handwerksburschensozialismus« angehängt hatte, einen späten Bekenner fand.

Das junge Mädchen in Obertürkheim las die Darlegungen mit stärkster Teilnahme, wenn auch mit der einsichtigen Skepsis, ob denn die menschliche Natur solche generelle Regelungen ertrage. Immerhin, als sie einmal einen Vortrag über die Sozialstruktur des Aztekenreiches angehört hatte, berichtete sie darüber – war das nicht, wenn freilich in scharfer ständischer Gliederung, etwas wie eine sozialistische Ordnung? Daß der künftige Schwiegersohn sich als Sozialist bekannte und empfahl, schuf aber in dem Kayserschen Hause auch Beängstigung. Der Bruder Karl erhält den Auftrag, der Mutter die Sorgen auszutreiben; »da er ja mit alten Frauen umgehen könne, werde es ihm hoffentlich gelingen«. »In New York seinerzeit«, heißt es in einem Brief vom 6. April 1886, »dachte ich allerdings einmal daran, wenn Du mich nicht liebst, mich der Sache tätig hinzugeben. Wenn ich das allerdings getan hätte, so wäre das für mich unter Umständen gefährlich gewesen...« Das Ganze blieb in der Eindringlichkeit des Erörterns und als Planung ein Zwischenspiel, doch es fällt davon ein Licht auf die seelische Lage des jungen Menschen.

Der Demokratensohn war mit allerhand Illusionen nach Nordamerika gefahren; es ist nicht ganz klar, ob das eigentlich nur als gedehnte Lehrzeit oder als länger dauerndes Unternehmen gedacht war. Bosch blieb ein Jahr drüben; sein Rückblick läßt dahingestellt, ob die Rückkehr mehr durch die brieflich erfolgte Verlobung mit Anna Kayser, ob sie durch die andauernde Geschäftskrise veranlaßt war – die lange währende Depression der siebziger Jahre zog immer wieder Rückschläge nach sich: »Seit dem 27. April bin ich ohne Arbeit und werde wohl auch nichts mehr finden hier ... Von etwa 30 Mechanikern, die ich kenne, sind etwa 10 außer Arbeit«, berichtet er am 5. Mai 1885. Am 13. Mai verließ der Lloyd-Steamer »Fulda« Hoboken – es ging aber nicht gleich in die Heimat, sondern nach London. Über Amerika sagen die Erinnerungen summarisch: »Es gefiel mir Schwärmer aber nicht in dem Land, in dem der Eckstein der Gerechtigkeit fehlte: die Gleichheit vor dem Gesetze. So schrieb ich an meinen Bruder Karl einmal.« Bosch hat später Amerika noch manchmal besucht, er hat auch mit der Gesetzespraxis und Rechtsprechung des Landes sehr persönliche Erfahrungen gemacht. Die Eindrücke der Jugend blieben stark haften, und er mußte erst lernen, für die späteren gewaltigen Leistungen des Landes die neuen Perspektiven zu finden.

Zwischenstationen

Der Aufenthalt in England, von Ende Mai bis Dezember 1885, wo Bosch »nach einigem Suchen« im Apparatebau bei Siemens Brothers unterkam, wird in den »Erinnerungen« nur mit einem Satz bedacht: »Dort fand ich im Gegensatz zu New York zwar eine nach deutschem System aufgebaute Fabrikation, aber eine sehr veraltete nach jeder Hinsicht.«

Die Briefe besagen, daß er sich in der neuen Umgebung rasch wohl fühlt: »London gefällt mir sehr gut, es hat sehr hübsche Parks mit wunderschönen frühlingsgrünen Kastanienbäumen, der Kontrast zwischen Amerika und England ist ein ungemein großer in allen Beziehungen, und wenn ich auch gestern einem Engländer nicht zustimmen konnte, als er behauptete, England sei das beste Land der Welt, so glaube ich doch, daß ich es ganz gern haben könnte.« Man lobt sein Englisch, er spreche »pretty fairly«, worauf er »natürlich nicht wenig stolz« ist. Im übrigen ist er guter Dinge und meint, daß die Engländer im Trinken die Deutschen noch überträfen. An Deutschen selber ist freilich in der Stadt kein Mangel; voll Laune zitiert er das Wort: »Es sind doch noch verflucht viel Engländer in London« – unter diesen Deutschen ist bald auch der Freund Eugen Kayser. Aber die alte, heitere Harmonie der gemeinsamen Soldatenzeit hat einen dünnen Sprung bekommen. Bosch hat den Eindruck, daß der Freund sein Wissen nicht recht zum Einsatz bringt oder gar bringen will; in den Briefen, die mit Obertürkheim gewechselt werden, figuriert der Freund und Bruder damals als eine Art Sorgenkind. Hatte Bosch ihn zunächst gegen die Nörgeleien der Familie in Schutz genommen, so beunruhigt ihn nun im Zusammensein der Mangel an beruflicher Entschlußkraft: »Das heißt auf studentisch Verbummeltheit, Unverständigkeit. Dabei bildet er sich aber ein, ein Hauptkerl zu sein ...« (8.11.85). Die Auseinandersetzungen zeigen, daß die Absicht vorlag, gemeinsam ein Geschäft anzufangen; eine »elektrische Fabrik«, bei der Kayser der Konstrukteur sein sollte; doch sah dieser selber, daß solches Unternehmen »den Todeskeim in sich trage, da wir nicht das nötige Kapital und die Erfahrung hätten«. Gerade dies, daß er sich nicht bemühte, Erfahrung zu sammeln, machte Bosch dem Freunde zum Vorwurf: »es werde mir allerdings nicht einfallen, mit ihm etwas anzufangen, worin er keine Erfahrung habe«. Vom Telegraphenbau, an den Kayser dachte, verstehe er selber genug, dazu reiche auch das eigene Geld, ein fremder Konstrukteur sei da billiger als ein Kompagnon. Man sprach sich sehr deutlich und sehr offen aus: »Gestern haben wir uns, von dem Vorrechte der Freunde Gebrauch machend, gegenseitig unsere Fehler vorgehalten, er kannte natürlich die seinigen ganz genau.« Aber in diesen Londoner Unterhaltungen ist der Plan, den Anna Kayser gern verwirklicht gesehen hätte, untergegangen. Sie spürt selber, wo die straffere Energie der Zielsetzung ist.

Mit der Arbeit und dem Verdienst bei Siemens Brothers ist Bosch zufrieden: »Ich muß jetzt täglich 12 Stunden arbeiten, da es pressiert, Samstag 10½ Stunden. Mein Verdienst bei 54 Stunden ist 36 Schilling, gegenwärtig aber 45 Schilling. Damit ist ganz gut auszukommen. Ich wohne bei einem Kollegen, eigentlich mehr auf dem Lande, was mir sehr gut gefällt« (8.6.85). Durch Akkorde gibt es noch Sonderverdienste, der wöchentliche Verbrauch ist »25 bis 30 Mark«. Der ursprüngliche Plan war gewesen, ein Jahr lang zu bleiben, aber als im

Dezember Eugen Kayser seine kurze und nicht sehr ertragreiche Gastrolle in England abschloß, fühlte Bosch sich plötzlich einsam, auch wenn er ihn »nun lange genug gehabt hat«. In Obertürkheim wurde er erwartet, so daß er das »eselhafte Halten« an dem Vorsatz, noch ein Vierteljahr zu bleiben, rasch aufgab und an Weihnachten nach Hause fuhr.

Von diesem Zeitpunkt ab bewegte ihn die Frage der endgültigen Berufsentscheidung: er will seßhaft werden und einen Hausstand gründen. Bosch war nun über anderthalb Jahre in der Fremde gewesen, und er hatte sie satt. (»Das steht fest, mich häuslich niederzulassen in Amerika, würde ich wohl nur, wenn ich in Europa oder besser in Deutschland es nicht könnte«, hatte er Anfang Juni, eben in London eingetroffen, nach Hause geschrieben.) Jetzt mußte er erst das Gelände erkunden. Daß er dies, bei der Mutter herumsitzend, von Ulm aus beginne, ist nicht seine Art. Er fand eine Stellung in Magdeburg. Die Leute wollten wohl »Zeugnisse haben von Firmen, für die er selbständig Lichtanlagen montiert habe«, die konnte er nicht schicken, aber machte ihnen »so plausibel als möglich, daß sie keinen Besseren für ihre Zwecke kriegen könnten, wovon ich übrigens selbst überzeugt bin« (4. 3. 1886). Die Firma fabrizierte im wesentlichen Gasmotoren und Tachometer, Geschwindigkeitsmesser, die »nicht unbeliebt« waren, übernahm aber auch elektrotechnische Aufträge, und Boschs erste selbständige Arbeit dort wurde, daß er, mit einem Gehilfen, in der Anhaltischen Zuckerfabrik Gerlobogk eine elektrische Beleuchtung einzurichten hatte, womit alle Beteiligten zufrieden waren. Es sah damals aus, als ob er sich dieser Spezialität zuwenden wolle und er selber unter die Erfinder gehen: er konstruierte in zwei Variationen einen Regulator zur Bogenlampe und reichte ihn zum Patent ein.

Eugen Kayser, der ihn im Sommer besuchte, half bei der Fertigung der Zeichnungen. Die Unterlagen seiner Sonderkonstruktion sind nicht mehr festzustellen. Das Reichspatentamt ersuchte ihn um nähere Ausführungen, da sich die Lösung, die Bosch vorschlug, nahe mit den Gedanken eines Amerikaners berührte. Aus der Sache selber ist nichts geworden; auf jeden Fall hat Bosch sie in der Durchführung nicht weiter verfolgt. Die Berichte an Anna Kayser, denen dieser Versuch zu entnehmen ist, spiegeln aber, ohne großes Getue, die Hoffnung, daß diese Arbeit ihm einmal den Start bei der Selbständigkeit erleichtern werde.

Bosch war bisher nie in Norddeutschland gewesen. An den landesüblichen Vorurteilen des Schwaben fehlte es ihm nicht. Er fand sie in dem Betrieb zu einem großen Teil bestätigt, und der Eindruck, den er über das Verhältnis zwischen Chef, Ingenieuren, Meistern, Arbeitern gewann, setzte sich bei ihm so fest, daß er nach Jahrzehnten darüber noch eine Niederschrift machte. Das individuelle Erlebnis verfiel einem generalisierenden Urteil (»eine im Norden auch sonst nicht selten anzutreffende Art«): ein Meister nämlich forderte ihn auf, das Verhalten eines der Ingenieure zu kontrollieren und ihm darüber zu berichten. Dieses »Bündnis«, wie er es nennt, lehnte Bosch ab, um dann später bei einer Auseinandersetzung mit dem Chef von diesem zu erfahren, daß er dergleichen »nicht ungern habe«, da er dann alles erfahre. In dieser Atmosphäre von gegenseitigem Aufpassertum und »geringer Offenheit« fühlte Bosch sich so wenig wohl, daß er zum frühen Herbst kündigte; man hätte ihn als Arbeitskraft gern weiter behalten.

Aber die Gedanken gehörten der Zukunft, der Selbständigkeit. Sie sollte immerhin, wie er dem Chef bei dem Abschied sagte, 3000 Mark bringen. »Da werden Sie lange brauchen«, meinte der. Nun steckte in dem Planen dieses Sommers noch sehr viel Ungewißheit. Sollte Bosch es allein wagen? Das Zusammengehen mit Eugen Kayser war aufgegeben. Einer der Magdeburger Ingenieure schlug ihm vor, sich mit ihm zu vereinen – das war ein »Wollener«, und das Bekenntnis zu Gustav Jaeger hatte die beiden sich annähern lassen. Der Lehrkamerad von Ulm, Leonhard Köpf, inzwischen von Amerika zurückgekehrt, redete ihm zu, mit nach Furtwangen zu gehen. Die Schwarzwälder Uhrenindustrie werde jetzt gewiß für elektrische Anlagen Arbeit genug bringen. Die Landschaft lockte, aber wird die Einsamkeit für die Frau, wenn der Mann auf Montage geht, nicht eine zu arge Last? Die Brüder griffen ein mit Rat und Zuspruch. Albert, der damals an der Öhringer Stiftskirche baute, hatte herausgebracht, daß Heilbronn der richtige Platz sei für ein neues Geschäft. Karl hatte in Köln eine nach seiner Meinung aussichtsreiche Stellung entdeckt, vielleicht sollte sie nur ein Zwischending sein, auf jeden Fall warnte er ihn: »Überlege Dir's dreimal, ehe Du Dich mit jemand assoziierst und

Robert Bosch als 25jähriger Firmengründer 1886

sähe es auch noch so günstig aus« – er wußte davon, denn seiner ausgreifenden Aktivität fehlte bei dem verschwägerten Teilhaber das mitschwingende Echo. Köln mit dem Bruder und zwei Schwestern lockte eine Zeitlang sehr; freilich war da auch eine gewisse Sorge für die freie Entwicklung, wenn er, wie es früher einmal geheißen hatte, sich daran erinnerte, »was für schöne Trost- und Ermutigungsbriefe mir mein Bruder Karl auf den Hals geschickt hat«: »Brüder sind in Bevormundungen groß, namentlich wenn sie es zu etwas gebracht haben ...« Dankbarkeit und Abwehr mengen sich in dem Familiengefühl.

Am 4. Juli 1886 schrieb er der Braut: »Ich habe mich in letzter Zeit mehr mit dem Gedanken abgegeben, in Stuttgart mich niederzulassen und finde eigentlich keinen Grund, dies nicht zu tun. Stuttgart hat nicht so viel Industrie wie Köln, allerdings würde mir das ziemlich gleichgültig sein können, da ich meine Artikel doch meist werde verschicken müssen ...« Und ein paar Tage später hieß es: »Mein Geschäft wird wahrscheinlich einmal die Firma tragen: ›R. B., Mechanische Werkstätte, Spezialität elektrische Artikel‹. Wenn es dann groß werden sollte, kann man es eine Fabrik heißen; Laden gedenke ich keinen zu haben. Ich bin recht froh, daß es ohne dieses geht, denn ich bin weniger gebunden.«

Die junge Gestalt

Es gibt ein Bildnis des jungen Robert Bosch, das elementare Züge seines Wesens unmittelbar ausspricht: Freimütigkeit und Trotz. Die Stirn zeigt eine schöne und stolze Wölbung, die Nase schmal, Mund und Kinn energisch geformt. Das dunkle Auge hat einen festen Blick – später wird es einen scharfen prüfenden, leicht mißtrauischen Ausdruck bekommen, im Zorn funkeln, in der gelösten Heiterkeit milde strahlen. Aber bis zur Milde ist noch ein weiter Weg. Der junge Mensch ist unnaiv; er verbirgt fast, daß Fröhlichkeiten oder doch die Sehnsucht nach Fröhlichkeit, nach scherzendem, auch derbem Humor in ihm wacht. Im Munde ist die Spottlust noch versteckt. Das dunkle Haar gibt sich etwas ungebärdig, eine eigensinnige Strähne will nicht übersehen werden.

Das freie Haupt sitzt auf einem schlanken, trainierten, in den Maßen mehr zartgliedrigen als robusten Körper. Der eifrige Turner wird, kaum hat er von dem neuen Ding gehört, ein freudiger Schneeschuhläufer, einer der ersten, die auf der Alb oder den Hügeln um Stuttgart die Leute in Erstaunen setzen – Mitte der achtziger Jahre! Aber ein Sportsmann wird er nicht; er hat in den jungen Jahren gar nicht die Zeit, auch dieser Sache seinen Ehrgeiz zuzuwenden. Denn ehrgeizig ist er – nicht und nie, daß er nach den Ehren geize, die andere zu vergeben haben oder anerkennen. Aber er hatte in den Jahren, da er sich zwischen anderen und in der Fremde bewegte, gelernt, Ansprüche an sich selber zu stellen, die über das kindliche Spiel hinausgingen. Der Mängel in der Lehre und auch in der theoretischen Durchbildung war er sich bewußt geworden. In den Briefen der Zeit klingt das durch: »Ich selbst möchte gerne studiert haben und zugleich eine praktische Laufbahn durchgemacht haben, aber beides läßt sich nicht vereinigen ... ob ich mit meinem halben Jahr so gut dran sein werde, das wird sich noch zeigen« (9. 12. 1885). Er setzte sich selber die Maße, die er gewinnen wollte, und er setzte sie hoch. Sein Ehrgeiz wurde das Ehrgefühl für die Leistung – das fand sich instinktiv in ihm angelegt, das erwachte mit der beginnenden Entfaltung und wachsenden Verantwortung, das bildete, Mischung von rationaler, ethischer Zwecksetzung und urtümlichem Grundempfinden, die Einheit des bewußten reifen Lebens.

Man spürt, auf das Ebenmaß des jungen Antlitzes blickend, auch die Spannungen, die den Rhythmus der werdenden Jahre begleiten, zu Zeiten bedrängen und bedrohen werden. Er ist sich selber über widerspruchsvolle Grundkräfte seines Wesens oder doch über ihr Vorhandensein klar – will er sie zur Form bringen, so springt er gelegentlich in die Selbstironie –, aber wesenhafter und bezeichnender ist die überprüfende Argumentation, das logische Verfahren auch in der Selbstbeobachtung. Diese Beobachtung stellt sich weithin unter das Gesetz der Disziplinierung. Dieser sehr aktive Mensch besitzt die Neigung, ja das Bedürfnis zur Reflexion; man weiß nicht, wann es beginnt. Niederschriften des Alters, gewiß unsystematisch, aber dann doch immer in gesammelter Ausdruckskraft sind voll davon, ein bißchen Klärung, ein bißchen Rechtfertigung, gelegentlich auch Entladung gestauter Empfindung oder Anweisung einer gehaltenen

Reife. Die Briefe an Anna Kayser sagen aus: So sah er sich, so wollte er von der späteren Gattin gesehen werden. Er hatte ihr Jawort brieflich empfangen, nun aber bewegte es ihn, ob sie auch das richtige Wissen von ihm besitze. Diese Auseinandersetzungen muten manchmal an wie die Studien zu einem Selbstbildnis, nach der Laune der Stunde unterschiedlich, heiter, ernst, da mit einem koketten Schnörkel, dort mit einem erzieherischen, vorsichtig überredenden Nachdruck.

Da ist es vor allem das Temperament, die Schroffheit, das Selbstbewußtsein: »Allerdings bin ich auch ziemlich alten Leuten gegenüber nicht allzu untertänig und ehrerbietig, doch ein etwas vorlautes Maul haben wir Boschs alle, nur haben die anderen vielleicht etwas mehr Grund dazu als ich, der Jüngste« (18.4.85). »Du findest, daß es eingebildet von mir ist, wenn ich behaupte, daß ich bei allen meinen Geschwistern am meisten gelte. Ja, Schatz, eingebildet bin ich leider und weiß das ganz gut. Ich glaube aber, ich habe mich etwas gebessert gegen früher, wenn ich mir das nicht auch einbilde. Übrigens ist das auch mehr so zu verstehen, daß ich derjenige bin, der mit allen auf dem besten Fuße steht, und dazu gehört eigentlich weiter nichts, mit dem ich mich brüsten könnte, höchstens kann ich mich darüber freuen. Einer meiner Hauptfehler sonst noch ist, daß ich leicht heftig werde, es aber nachher gleich wieder bereue, und habe ich es nun so weit gebracht, daß ich wenigstens um Entschuldigung bitte, wenn ich Unrecht getan habe. Eigensinnig im eigentlichen Sinn des Wortes bin ich, glaube ich, nicht; ich gebe gern nach, wenn mich jemand davon überzeugt, daß etwas anderes besser ist. Eines ist, wie es mir vorkommt, ziemlich im Absterben begriffen, nämlich die Lust zum Randalieren und Skandal machen, und ich weiß nicht, ist es gut oder schlecht. Ich kann manchmal stundenlang sitzen, ohne ein Wort zu reden, doch singe ich auch ganz gerne, wenn ich gerade in Gesellschaft danach bin, so daß in anderen Verhältnissen ich auch vielleicht wieder anders werde; so komme ich mir manchmal recht alt vor. Früher mußte ich immer das große Maul haben, jetzt muß ich schon fast dazu aufgefordert werden zu reden« (10.7.85). Und noch ein Jahr später, da er einmal sein eigenes Benehmen »entschieden roh« findet, variiert er das Thema erneut: »Einesteils entspringt meine Schroffheit – das Tadeln, wo ich kein Recht habe, gehört nach meiner Ansicht zur Schroffheit – dem Gedanken oder dem Vorsatz, das zu sagen, was man denkt resp. dem, die konventionelle Lüge zu bekämpfen, und ist insofern berechtigt, solange sie nicht zur Roheit wird« (8. 7. 86). Anna werde noch finden, »daß es mir gar nicht schwer fällt, um Verzeihung zu bitten, wenn ich Unrecht getan habe ...«

Als die Braut, um ihm eine Freude zu machen, den Eindruck schrieb, den er auf eine Verwandte gemacht, er sehe »innen und außen sauber gewaschen aus«, erhielt sie gleich die Bitte, »mir nie wieder ein mir günstiges Urteil über mich mitzuteilen«. Die gegenteiligen solle sie aber ruhig sagen. Er habe bis jetzt so viel Glück gehabt, sei gelobt und umschmeichelt worden, daß er sich selber angewöhnt habe, Leute, von denen er nicht gut denke, dies rücksichtslos fühlen zu lassen, gegen Gleichgültige barsch zu sein, so daß ihm »gar nicht recht ist, wenn ich zu viel Günstiges über mich höre«. Tadel, ob gerecht oder ungerecht, möge man sagen, daß er sich daran halten könne, »wenn Du Gutes hörst, ist es ja schon gut, dann brauche ich es ja nicht zu wissen, da ich mich ja dann nicht zu ändern brauche« (9. 11. 86). In diesen beiläufigen Sätzen steckt sehr viel von dem späten Bosch, der leicht nervös und unwirsch wird, wenn man ihn lobt, und das meiste, wo er solches vermutet, ungelesen zur Seite legt.

Über sein Temperament gab er sich keiner Täuschung hin, und würde er als alter Mann die Beteuerung dieser Jugendbekenntnisse in die Hand bekommen haben, hätte er wohl bemerkt, daß die »Besserung«, die er da sieht, langehin nur ein Annäherungswert geblieben ist. Aber wie sah er die Grundstruktur seines Wesens? »Ich habe mir schon oft die Frage selbst vorgelegt, was ich denn eigentlich sei und bin mir immer noch gar nicht klar darüber; letzthin habe ich sogar meine Eigenschaften nach der Schädellehre studieren wollen, um einen Schluß machen zu können, kam aber zu nichts. Es ist eben sehr schwer, sich selbst kennenzulernen und doch wäre es so gut und vorteilhaft, wenn man sich sagen könnte, warum man so und so handelt und denkt. Ich denke ganz entschieden in manchen und vielen Sachen sehr realistisch und die Prosa mit dem Abendessen finde ich ganz am Platz. In anderer Hinsicht bin ich aber gerade das Gegenteil ...«
»... Ich selbst bin mir aber nicht klar, ob ich mit meiner realistischen Denkweise mit Selbstvertrauen oder idealistisch denkend verliebt gehandelt habe ... Du nimmst es mir schon nicht übel, wenn ich so viel von mir selbst spreche, und hältst es auch nicht für Einbildung; ich

möchte nämlich nicht eingebildet sein, denn dann müßte ja das ganze Selbstvertrauen vor der Einbildung weichen, und ich wäre dann doch vielleicht ein eingebildeter Idealist und das möchte ich nicht sein, davon verspreche ich mir weniger Gutes als selbst wenn ich der Materialist von reinstem Wasser wäre...« (9. 12. 85).

Doch der sichere Ton ist nicht immer da: »Bei all meinem Selbstvertrauen und bei all dem Lob, das mir schon zuteil wurde, drückt mich immer eines und das ist, wenn ich doch nicht wäre, was ich scheine, wenn ich doch nicht fähig wäre, mir eine Stellung zu verschaffen, die mir erlaubte, Dich an mich zu fesseln, wenn ich vielleicht später Unglück hätte. Auch mir, Anna, kommen Tränen oft zu früh, doch hier will ich mich derselben nicht schämen.« Von seinem Vater sagte Robert Bosch ja einmal, er sei eine weiche Natur gewesen, habe das aber nicht wahr haben wollen. Nun war der Sohn gewiß aus einem kräftigeren Holz geschnitzt, aber dies Erbe blieb ihm, weiche Anwandlungen zu verbergen. Sie sprechen in den Briefen nur sparsam und dann, wenn er aus seinem Glücksgefühl fremdes Leid in hilfloser Verlegenheit sieht. Das ist dann echte und unmittelbare Empfindungskraft. Alle gepflegte Sentimentalität war seinem Wesen fern. Darüber gibt es in dem Tagebuch der Rückfahrt aus Amerika einen lustigen Eintrag: »Heute Abend schön an Deck. Wollte sentimental sein. Sang: ›Da drunten in der Mühle‹. Ging nicht, fiel bald über in: ›Im Krug zum grünen Kranze‹. Stimme ist nichts für Sentimentalisches.«

Den breitesten Raum in der Art von Selbstdarstellung durch die Jugendbriefe beanspruchten neben dem sozialistischen Bekenntnis, mit diesem sich gelegentlich vermengend, die religiösen Thesen, dies auch deshalb, weil er hier bei der Adressatin auf einen sich begründenden, von ihm erwarteten und durchaus geachteten Widerspruch stößt: es gehen Seiten lang die Religionsgespräche zwischen den beiden jungen Menschen, die eine verschiedene Familienatmosphäre erlebt haben und nun in der Abgrenzung der Positionen die eigene innere Haltung bewahren, die des Partners erkennen, achten, schonen wollen. »Eine Sache von großer Wichtigkeit«, damit hebt der erste Brief gleich an (21. 3. 1885), denn Anna hatte gemeint, daß ohne ein vollständiges gegenseitiges Einverständnis sie ein glückliches Zusammenleben nicht denken könne. Und dann kommen die lapidaren

Sätze: »Meine Religion gipfelt in einem Wahlspruch: ›Sei gerecht‹. Mein Gott ist die Menschheit resp. das ganze Weltall. Beleidige ich in irgendeiner Beziehung einen meiner Mitmenschen, so sündige ich. Den Vorwurf, daß ich dem Armen seinen Gott und die Vergeltung der Sünden sowie die Belohnung nach dem Tode nehme, weise ich zurück. Das erste und größte Unrecht in der Welt ist, daß es Arme und Reiche gibt, jeder Mensch, der geboren wurde, hat damit das Anrecht auf alle Erdengüter erlangt, ob das das Kind eines Bettlers oder eines Millionärs ist. Schon damit, daß es heißt, ich nehme dem Armen seinen ganzen Trost, zeigen die, die den Vorwurf machen, daß er hinfällig ist, da ja demnach der Reiche keinen Trost braucht, um glücklich auf Erden zu sein.«

Anna Kaysers Widerspruch regte Bosch an, dies Thema wiederholt aufzunehmen und mit Überspitzungen seine Auffassung vorzutragen: »Die christliche Religion, so gut wie die heidnische, ist eine Religion der Reichen, fällt diese, so müssen die ganzen Zustände sich ändern; die Religion der wirklichen, praktischen, nicht der gepredigten Nächstenliebe ist Sozialismus. Eine Vergebung der Sünden ist Unsinn, was man tut, hat man zu verantworten, die Vergebung der Sünden macht Verbrecher, siehe Italien mit seinen Mördern usw.; zudem, angenommen, wir haben einen persönlichen Gott, wer ist besser, der nachher aus einem gewissen Drang nach Gerechtigkeit an der Richtigkeit unserer Ordnung irre wird und nicht mehr an Gott glaubt, sondern nur mit seinem Gewissen abrechnet und sich seine menschlichen Fehler zu Herzen nimmt und sie gut zu machen sucht, oder der, welcher seine Fehler in seinem guten Glauben, d. h. weil er nie sich über dergleichen Sachen Gedanken macht, sich vergeben läßt? Müßte nicht Gott dem irre Gewordenen (dem Ungläubigen, nur weil er den Fehler machte, nachzudenken) seine Fehler viel eher verzeihen? Es ist gar kein System in der ganzen christlichen Religion mit ihrem ›Der Glaube allein macht selig‹ ... Der Reiche, wenn er nur kein Gewissen und keine Nächstenliebe hat, kann glauben, was er will und zufrieden sein, aber er hat ein großes Interesse daran, dem Armen seinen Glauben an Gott zu lassen, deshalb, je höher hinauf, desto mehr hält man auf die Kirche und noch einmal: unsere Religionen sind zum Vorteil der Bevorzugten.« ... »Es ist freilich auch psychologisch besser, Unrecht leiden als Unrecht tun. Aber es gibt ein Drittes, das vernünftiger und edler ist als beides: mit Mut und Tatkraft zu verhindern, daß durchaus kein Unrecht geschehe. In unserem lieben Vaterland hat man das Kreuz zwar meist weggenommen, aber den Galgen dafür hingesetzt. So schlecht dieser ist, so kommt er mir doch noch etwas besser vor. Das Kreuz verhält sich zum Galgen wie der Mönch zum Soldaten: Die ersten sind die Instrumente und die zweiten die Handlanger der geistlichen und weltlichen Despoten ...« (10. 7. 1885).

Die Heftigkeit der bildhaften Sprache, zu der sich der Brief steigert, erinnert an ein Nachschwingen zeitgenössischer Pamphlete, auch Weitling hat ja seine Auseinandersetzungen mit Kirche und Christentum wesentlich auf der Ebene der ethischen Antithetik geführt. Aber die Grundstellung von Bosch ist noch nicht von äußerem Einfluß bestimmt, etwa der philosophische Materialismus der populären naturwissenschaftlichen Schule scheint ihn unmittelbar kaum erreicht oder beschäftigt zu haben – es liegt auch für die spätere Zeit keinerlei Hinweis auf diese Richtung vor. Entscheidend ist der ungewöhnliche Drang nach Bindungslosigkeit, und alle Religion ist Bindung und Bewußtsein des Gebundenen, ein urtümlicher, sehr gegenwartsbezogener Freiheitstrieb, der das Geschichtlich-Gewordene nun als das Geschichtlich-Gewesene betrachtet, ein waches, immer zum Angriff und Widerspruch bereites Mißtrauen gegen eine überkommene Form- und Gesetzeswelt, die schnell als bloße »Konvention« gilt und damit die rationale Kritik herausfordert. Mit einem lebhaften Umsatz von logischen Einwänden gehen die Briefe die Gestaltung der christlichen Lehre an. Warum läßt der Gott der Liebe zu, daß sich seine Geschöpfe so mißhandeln, warum bedarf er einer »so komplizierten Lehre, um den Glauben an sich aufrecht erhalten zu können«? Und Jesus? »Jesus Christus war ein begabter, einer der edelsten Menschen und liegt nun unter dem Boden; er starb für seine Überzeugung, ob dieselbe nun gerade so war, wie man sie jetzt lehrt, oder etwas anderes, das ist gleichgültig« (18. 4. 85). Und in einer späteren Betrachtung läßt er diesen Christus, wenn er wieder käme, eine neue Tempelaustreibung vollziehen, denn sie (»die Pfaffen, die Wucherer und sonstigen Scheinheiligen«) haben die sogenannte christliche Religion gemacht, wie sie eben ihnen gefallen hat. »Zudem, warum soll gerade Christus das Richtige getroffen haben? Und überdies, was ist direkt von ihm, glaubst Du denn, daß er der Sohn Gottes war? Und daß er deshalb wissen müßte, was recht und unrecht ist? Warum hat er dann nur gepredigt? Nicht gleich alles aufgeschrieben? Warum hat er seinen Aposteln erlaubt, die ganze Lehre nach ihrem Gutdünken auszuarbeiten?«

Anna Kayser hielt gegenüber diesen Sturzbächen von Fragen und Argumentationen Widerpart; ja ihre anfängliche Unsicherheit gewann an Festigkeit. Sie neigte selber, wie sie schreibt, »zu etwas freisinnigen Ansichten«, glaubte aber, »das ist nicht recht von mir«, und findet es doch furchtbar schwer, »zum Alten wieder zurückzukehren, was ich, wenn ich mich genau prüfe, am Ende doch aus Bequemlichkeit verlassen habe; es ist zwar sehr schwer, darnach zu leben, aber ich sehe eben ein, daß eine Frau mit diesen neuen Ideen nicht durchs Leben kommt.« Hat nicht unsere Religion schon viele Jahre die Probe bestanden? Aber Glaube und Verstand begegnen sich nicht: »Mir fehlt der innere Friede, ich bin mit mir selbst uneins.« »Und wenn es mir dann gelingen würde, zu unserer Religion zurückzukehren, quält mich der Gedanke, daß wir in unseren Ideen dann nicht übereinstimmen. Aber nicht wahr, Liebster, wenn jedes sich bestrebt, seine Pflicht zu tun, werden wir in den Taten doch eins sein« (25. 3. 1883). In sehr bewegender Weise vertritt sie Unsterblichkeitsgedanken und Gottesglaube und antwortet auf Boschs Thesen: »Glaubst Du denn, daß Gott daran eine Freude hat? (daß die Menschen sich gegenseitig mißhandeln). Er konnte aber doch keine Maschinen schaffen, denn wenn die Menschen das Gute als selbstverständlich tun müßten, so wäre es kein sonderliches Verdienst, gut zu sein. So hat aber der Mensch seine Freiheit, zwischen Recht und Unrecht zu wählen, der Mensch ist aber nicht vollkommen und wählt leider oft das Unrecht...« (6.4.85). Annas Sorge, daß die verschiedene Stellung zur Religion ihr Verhältnis trüben könne, weist er zurück: »Daß Du Dich nicht meiner Gottlosen-Idee anschließen kannst, nehme ich Dir gar nicht übel, im Gegenteil, es wäre mir gar nicht recht, wenn Du Dich von mir überreden ließest. Das ist es ja gerade, Du sollst Deine eigene Meinung haben...« (27. 5. 85). Worauf es ihm ankommt, ist, von Anbeginn Klarheit zu schaffen, doch will er gerade in diesem Bezirk Grenzen würdigen. Der nachfolgende Satz hat in seinem Beginn einen banalen Klang, geht aber mit dem Schluß in die Mitte von Boschs autonomem Bewußtsein: »Ich erlaube den Juden, Türken und

Buddhisten, sich an ihren Gott und Götzen zu halten; solange sie gute Menschen sind, liebe ich sie; ich selber hoffe, so ruhig durchs Leben zu gehen als sie und vielleicht genauer zu wissen, was in einzelnen Fällen zu tun ist, weil ich mit meinem Gewissen allein mich abzufinden habe« (18.4.1885).

Der ethische Rigorismus bildet die Mitte und den Grund dieses religiösen Lebens, wenn man von einem solchen sprechen mag, vielleicht darf das Wort Puritanertum ohne Religion gebraucht werden, um die Folgerungen anzudeuten, die sich aus dieser Grundanlage ergeben. Daß Bosch das Organ für das Transzendente und der Sinn für das geschichtliche Walten mangelte, dessen konnte sich sein auf gegenwärtige Aktivität, diesseitige Sinnerfüllung und Bewährung gerichtete Natur gar nicht bewußt werden. Später mochte er, bedächtig zuhörend, doch mit leicht abwehrendem Erstaunen, sich erzählen lassen, daß in der Haltung seines persönlichen und öffentlichen Lebens ein verweltlichtes Christentum sich eine sehr persönliche Form geschaffen habe.

Die Darstellung dieser jugendlichen Religionsgespräche war notwendig, um den leidenschaftlichen Ernst zu zeigen, in der die Position des Außer-Kirchlichen, Außer-Christlichen bezogen war. Erst sehr viel später, 1908, hat Bosch auch die äußeren Folgerungen aus dieser Haltung gezogen und durch den Kirchenaustritt die überkommenen Bindungen gelöst. Aber er hat darin keinen Widerspruch gefunden, kirchlich-christliche Vereinigungen, sofern er ihre Vertreter menschlich schätzte oder die Zwecksetzungen ihrer Arbeit innerlich billigte, mit Nachdruck zu unterstützen.

Der seelische Individualist auf eigene Gefahr, einer inneren herrscherlichen Stärke bewußt und alter dogmatischer Konfessionen ledig, hielt denn auch nichts davon, neue Konventionen mit dem Dogma des umgekehrten Vorzeichens zu schaffen oder sich ihnen gar anzuschließen. Es gibt aus den späteren Jahren die bezeichnende Anekdote: als ihn, den Kirchenfremden, die Abordnung des »Gottlosen-Bundes« zur Mitgliedschaft und Unterstützung aufforderte, stellte er ihnen die Frage: »Ja, wissen Sie denn das ganz bestimmt, daß es *keinen* Gott gibt?«

Die Antwort der Verblüfften war ein verlegenes Schweigen. Mit einem »Also« wurden sie verabschiedet.

Beginn und Aufgabe

Zur schwäbischen Wirtschaftsentwicklung

Stuttgart war in den Jahren nach 1870 in die Reihe der deutschen »Großstädte« eingerückt. Die Volkszählung von 1885 ergab die Ziffer von über 125 000 Einwohnern. Die Bebauung hatte begonnen, Talsohle und Kessel zu verlassen, sich an den Hängen emporzuschieben, den östlichen Ausgang zum Neckartal zu suchen. Das großgewerbliche Leben war innerhalb der damaligen Markung wenig entwickelt. Zum Teil lag das an den Raumbedingungen der hügeligen Gegend, mehr noch an dem Fehlen eines unbefangenen Unternehmertums. Das hatte sich an anderen Stellen des Landes, in einigen der ehemaligen Reichsstädte, aber auch in schier abgelegenen Bezirken aus der Tatkraft erfinderischer und wagender Menschen herausgebildet; manche Gründungen reichen auf den Anfang des Jahrhunderts zurück. Die fünfziger und sechziger Jahre sehen dann eine lebhafte Entwicklung, von der Stuttgart selber nur recht bedingt erfaßt wird. Es besitzt einen starken kleingewerblichen Mittelstand, aber die Typik der Stadt wird wesentlich davon bestimmt, daß Hof und Regierung hier sitzen, die zentralen Beamtungen. Ins Gewerbliche strahlt die literarische Bedeutung aus, die Württemberg im ausgehenden achtzehnten Jahrhundert gewonnen und die Stuttgart bis an die Mitte des neunzehnten Jahrhunderts behauptet hatte: große Verleger wie Cotta, wagende Zeitschriftengründer wie Hackländer und Hallberger hatten dem Druckereigewerbe und allem, was mit ihm zusammenhängt, den repräsentativen Rang für den gesamten deutschen Süden erobert. Eine Zeitlang mochte es scheinen, daß die pharmazeutische und die Farbenindustrie hier eine führende Position gewinnen würden: Abwanderung und Fusion machten diese Aussichten zu einem wirtschaftsgeschichtlichen Zwischenspiel. Eine eigenständige Bedeutung erreichte die Herstellung von Musikinstrumenten, zumal von Klavieren, und aus dem altansässigen Schreinerhandwerk erwuchs eine Möbelindustrie, die sehr schnell einen überlokalen Markt gewann. Das Textilgewerbe ist durch einige Firmen mit wesentlichen Spezialitäten vertreten. Aber im Bild der Berufsverteilung und gemessen an der Bedeutung, die es für andere Städte und Bezirke des Landes besaß, steht es ohne einen besonderen Akzent. Maschinenbau, überhaupt Metallbearbeitung fehlen, was größere Betriebe anlangt, fast vollkommen. Einige junge Installationsgeschäfte und »kunstgewerbliche« Werkstätten stehen zu jener Zeit noch vor ihrer Entfaltung.

Der Blick auf Stuttgart als Produktionsstätte, auf die Ziffern der Berufszählung von 1882, gibt jedoch nicht die tatsächliche Bedeutung der Stadt als der Mitte eines sich reckenden gewerblichen Lebens. Württemberg war seit ein paar Jahrzehnten in einer geschäftigen Unruhe: es hatte sich aus argen Notzeiten zu einem optimistischen und tätigen Selbstbewußtsein zurückgefunden und erkämpfte sich, offenbar wider alle Rechenkünste rationaler gewerblicher Standortlehre, den erfolgreichen Anschluß an dem schicksalhaft in die Welt und über die Welt kommenden kapitalistischen Industrialismus. Der lebte in seiner Jugendzeit fast ganz aus der Dampfkraft und lebte von Eisen und Kohle. Was mochte er für ein Land bedeuten, das keine Kohle, nur geringes Eisen besaß, dessen einziger größerer, das Kerngebiet durchströmender Fluß nur bis knapp über die Grenze weg schiffbar, das verkehrspolitisch mit seinem Gewinkel von Bergen und Tälern nur sehr kostspielig zu erschließen war? Verderben aus übermächtiger Konkurrenz. Die drohte und sie gefährdete vor allem die noch im ganzen Lande betriebene, zum Teil als Nebenarbeit in der kleinen Bauernwirtschaft wichtige Leinwandspinnerei und -weberei. Von England und Belgien, aber auch aus dem Sächsischen und dem Rheinland kamen die mit den neuen Maschinen hergestellten billigen Zeugwaren. Arbeitskräfte wurden frei, aber es war keine Arbeit für sie da – die hausgewerblichen Betriebe, die sich weiter fristeten, mußten mit erbärmlichen Erlösen zufrieden sein. Was blieb viel anderes übrig als der Weg in die Fremde, der schon ein paarmal den Bevölkerungsdruck in Jahren der Armut entlastet hatte!

Hier nun griff die württembergische Regierung ein, und wie sie das tat, bildet eines der bemerkenswertesten Kapitel der innerdeutschen

Wirtschaftspolitik des 19. Jahrhunderts: merkantilistisches Denken und Willigkeit, aus den liberalen Grundthesen der Ökonomie Nutzen zu ziehen, verschränken sich auf die eigentümlichste Weise. Für die Hebung der landwirtschaftlichen Leistung hatte der König Wilhelm I., ein eminent praktisch denkender Mann, schon bald nach seinem Regierungsantritt (1816) staatliche Organe geschaffen. Nachdem die verschiedenen Bemühungen der freien Vereinigungen, nun auch den Gewerben voranzuhelfen, bei begrenzten Erfolgen hängen blieben, errichtete der Monarch 1846 die »Zentralstelle für Handel und Gewerbe«. Dieser Behörde war der Bergfachmann *Ferdinand Steinbeis*, der als Reorganisator der Fürstenbergischen und der Stummschen Hütten sich schon ausgezeichnet hatte, als technischer Berater beigegeben. 1855 wurde er Präsident des neugeschaffenen Amtes. Man hat Steinbeis den eigentlichen Schöpfer der württembergischen Industrie genannt. Solches Wort darf natürlich nicht zu enge genommen werden. Es gab auch schon vor seinem Auftreten Fabriken von einigem Rang – die Edelmetallbearbeitung von Gmünd und Heilbronn, wichtige Papiermühlen; auf der westlichen Alb bei Ebingen gedieh in der Nachfolge des Pfarrers und erfinderischen Mechanikus Ph. M. Hahn seit über einem halben Jahrhundert die Herstellung von Waagen und Meßinstrumenten. Voith hatte in Heidenheim seine Werkstatt schon zu größerem Versuch geführt, unter Emil Keßlers Leitung stieg die »Maschinenfabrik Eßlingen« zu ihrem führenden Rang. In Reutlingen und seiner Umgebung hatte Gustav Werner den so nur in Württemberg denkbaren Plan zu verwirklichen begonnen, die »christliche Fabrik« zu schaffen, zuerst als Hilfe für halbe Arbeitskräfte angelegt, später dem technisch-ökonomischen Rationalismus sich anpassend. Das alles waren vereinzelte Ansätze. Jetzt wurden sie, und was noch weiter da und dort entstand, von einem einheitlichen Willen zusammengefaßt.

Dabei ist die völlige Wendung in der wirtschaftspolitischen Grundhaltung von Steinbeis persönlich und sachlich gleich bezeichnend für den Wandel der Dinge, die sich mit ihm einleitete und wesentlich durch ihn vollzog. Als er 1848 das neue Amt übernahm, vertrat er Württemberg auf dem volkswirtschaftlichen Kongreß, der in Frankfurt der Nationalversammlung Leitlinien ihres Willens geben sollte: Steinbeis forderte dort und damals den gewerblichen Schutzzoll. Er wußte sich dabei in der Nachfolge seines Landsmannes Friedrich List, der gegenüber den entwickelteren Industrieländern die einheitliche deutsche Zoll-Linie verlangt hatte, bis die deutsche gewerbliche Leistungskraft »erzogen« sei. Als dreißig Jahre später, 1878, die Bismarcksche Schutzzollpolitik eingeleitet wurde, schlug sich derselbe Steinbeis zu ihren heftigen Gegnern; die Polemik des gelassen überlegenen Mannes war dabei nicht frei von Leidenschaft und Bitterkeit. Wie kam das? Er hatte, des seinerzeit gewünschten Zolles entbehrend, andere Wege der Erziehung gefunden und fürchtete nun, daß deren Ergebnis durch eine protektionistische zwischenstaatliche Politik gefährdet würde. Die Angst vor der fremden Ware im eigenen Lande war der Sorge gewichen, die württembergische Ware, die den Durchstoß zum Weltmarkt vollzogen hatte, könne bei ihrem Eroberungszug durch den fremden Gegenwillen abgedrosselt werden. In dieser Schwenkung drückt sich Geschichte aus, sie gilt für eine ganze Generation.

Die Gewerbeförderung durch Steinbeis war die großartigste Volkspädagogik. Man mag an Chr. W. Beuth denken, dessen Wirken, ein paar Jahrzehnte früher, für Preußen Verwandtes bedeutet hat. Steinbeis erscheint in dem kleinen Raum als der beweglichere. Es ist wunderbar, wie er überall unmittelbar beratend, helfend eingreift, und doch hat das ganze unruhige Bild seiner Tätigkeit ein paar einfache bleibende Grundmotive: der Staat hilft dir, wenn du willens bist, dir selber zu helfen; aber der Staat hilft dir nur, wenn du an dem Nutzen auch die anderen teilhaben läßt. Dieser Mann verfährt dabei völlig undoktrinär. Hat das Ausland einen Vorsprung, so muß man nachsehen, wie es dazu kam, wie es ihn hält – also studiert er gründlich und einsichtsvoll die belgischen Verhältnisse. Sie sind natürlich nicht auf Württemberg übertragbar; aber es gibt dort Maschinen, die auch in Schwaben laufen könnten. Wo ist beschlossen, daß die Irländer besseres Linnen machen als die Deutschen? Steinbeis engagiert einfach einige Iren als staatliche Angestellte und schickt sie zu Lehrkursen durch das Land. Er kauft neuartige Maschinen, die er vertrauenswürdigen Leuten zur Verfügung stellt. Durch Abzahlungen an den Staat können sie selber Besitzer werden; aber es ist ihnen die Auflage gemacht, jedem Interessenten, der vielleicht auch den Schritt zu einer neuen Arbeitsmethode wagen will, das Werkzeug zu zeigen. Mit wachem Spürsinn wird verfolgt, wo neue technische Erfindungen gemacht werden; eine Modellsammlung gibt Anregung, sie auf ihre Verwendbarkeit zu untersuchen. Die Zentralstelle gibt Stipendien für Reisen ins Ausland, zumal zu Ausstellungen, sie ermuntert durch Auszeichnungen. Vor allem aber faßt Steinbeis die schwäbische Industrie in einer Handelsgesellschaft zusammen, die in Stuttgart ein Musterlager unterhält. Jene Jahrzehnte sind ja ausstellungsfreudig genug: Steinbeis hält hartnäckig daran fest, Württemberg immer als Einheit zu zeigen, und es gelingt ihm, mit guter Auswahl und guter Darstellung, nicht bloß Deutschland, sondern der Welt in zwei, drei Jahrzehnten einzuprägen: hier ist ein Gewerbeland von sonderlicher Leistung, von dem ihr bloß bisher nichts wußtet!

Daß die Sache zunächst manchmal improvisiert wirkt, schadet nichts. Das Wesentliche ist: ein Geist des wagenden Vertrauens hat in dem Land Einzug gehalten. Man holt sich in London, in Paris, in Wien Auszeichnungen und ist stolz auf seinen Steinbeis, der dem dritten Napoleon die Ehrenlegion ablehnt, weil der Kaiser, um den württembergischen König politisch zu ärgern, einige den schwäbischen Erzeugnissen zugedachte Medaillen gestrichen hatte. Württemberg hat in einem Vierteljahrhundert Weltsinn bekommen. Der ist jetzt etwas anderes als der alte schwäbische Wandertrieb (natürlich stirbt der nicht ab), auch anderes als das wagende oder verzweifelte Hinausgreifen aus einem kümmerlichen Elendsschicksal, sondern das stolze und selbstsichere Bewußtsein des technischen Könnens.

Viele, auch Schwaben, stehen vor einem Rätsel. In den letzten hundert Jahren galt es als sonderlicher Beruf dieses Landes, die Dichter, Philosophen, Theologen zu erzeugen, die den Ruhm ihrer Heimat, die damit auch den Ruhm Deutschlands hoben. Jetzt melden sich schwäbische Namen in dem verwunderlich neuartigen Bezirk der modernen Technik. Ganz so verwunderlich erscheint der Vorgang aus der weiten geschichtlichen Schau nicht. Das Unterfangen der Steinbeis und seiner Mitarbeiter wäre ja nur ein künstliches oder verkrampftes Herumkurieren an einer offenbaren sozialwirtschaftlichen Not geblieben, hätte es nicht alte, eingeborene Kräfte des Volkstums neu geweckt. Arbeitsam war der Schwabe immer gewesen, gerade auch in dem landwirtschaftlichen Bereich. Die Zerstückelung des Bodens durch die freie Teilbarkeit beim Erbgang zwang ihn, den kleinen

Landfetzen von Acker und Weinberg das Irgendmögliche abzuringen. Wenn nun, mit dem Marktverfall für die Erzeugnisse des »Haus-Fleißes«, eben jener halbgewerblichen Nebenbeschäftigung des Spinnens und Webens, dörfliche Kräfte einen neuen Arbeitsplatz suchten, so brachten sie die Gabe des anspruchslosen Zugreifens, des Sich-nach-der-Decke-Streckens, der unverdrossenen Willigkeit mit. In abertausend Fällen haben sie das als Kolonisten in der Fremde erwiesen. Das half den Kindern aus den Bauernstuben oder aus jenen Handwerken, die durch die industrielle Fertigung seit einigen Jahrzehnten zum Absinken verurteilt waren. Aber es erwies sich, daß neben den Tugenden des Fleißes, der genügsamen und sparsamen Lebensführung, auch jene aufmerksame Bereitschaft lebendig war, die neue Aufgabe mit Gründlichkeit anzupacken.

Man mag verfolgen, wie aus der ersten erfolgreichen Sicherung eines Gewerbes fast »organisch« sich Weiterungen ergeben: an die neu begründete Textilindustrie schließt sich – zuerst war man auf die Einfuhr angewiesen gewesen – die Herstellung von Web- und Wirkmaschinen. Die Lebensmittelverarbeitung schafft ihre bedeutende Hilfsindustrie; die mannigfachen Arten der Holzverwertung für Möbel und Geräte erwecken das Bedürfnis nach Spezialmaschinen, das nun im Lande selber befriedigt werden kann. Man ist findig und erfinderisch, der Bedarf schafft neue Notwendigkeiten. Diese Hilfsgewerbe für die marktfähigen Endprodukte stehen unter dem gleichen Gesetz wie diese selber: durch höchste menschliche Leistung jenes Minus des gegebenen »Standortes« auszugleichen, das Armut an Kohle und Eisen und verkehrspolitische Benachteiligung heißt. Der Aufstieg kann sich nicht mit dem billigen Massengut vollziehen, auch nicht mit gewerblichem Halbzeug, sondern nur mit dem Fertigfabrikat und der hochwertigen Sonderleistung – daher auch die handelspolitische Anfälligkeit.

Bemerkenswert für den Frühabschnitt dieser Wirtschaftsgeschichte ist auch – etwa im Unterschiede zu dem Rhythmus der rheinischen Entwicklung – die vergleichsmäßig geringe Rolle, die das Bankenkapital spielt. Die Industrien gründende Kreditbank fehlt natürlich nicht völlig. Aber das Land und auch Stuttgart treten in diese Epoche verhältnismäßig bankenarm, die Gründerperiode nach 1870 erlebt einige kurzfristige, schmerzhaft erfolglose Versuche. Erst in den beiden letzten Jahrzehnten dringt an einigen Stellen, mit dem wachsenden Geldbedarf von werdenden Großunternehmen, das Rente oder Dividende suchende Kapital in Firmen ein, die bis dahin ihr Wachstum einer Personenleistung, einer abschirmenden Familienpolitik zu verdanken hatten. Natürlich lebten diese Unternehmen nicht bloß aus Ersparnissen, der Staat hatte nur ihrem Beginn seine, wie wir sahen, bedingte Geldstütze gegeben. Aber es galt für die überschaubaren Verhältnisse noch die förderliche Macht des Personalkredits, ob er sich der bankmäßigen Form, ob er sich der formlos privaten Geldhingabe aus dem Bekanntenkreis bediente: Man kannte den Mann, seinen Fleiß, seine Lebensführung. Das war – wenigstens damals – wichtiger als Konjunkturforschung, Marktdiagnose, Branchekenntnisse und Kursstand an der Effektenbörse...

Das Schwäbische lebt aus einer Spannung zwischen spekulativer Phantasie und einer leicht pedantischen rechenhaften Genauigkeit. Hier nun wurde dies zu einer fruchtbaren Kraft für das neue Wesen. Geschick und Geduld des Bastlertums, des zähen Herumprobierens, des nachdenksamen Den-Dingen-auf-den-Grund-Gehens verband sich mit dem ausgreifenden Zug einzelner Männer, die, ohne daß ihnen ein beträchtlicher Kapitalhintergrund zur Verfügung stand, entschlossen waren, ihre Sache, an die sie glaubten, von deren Güte sie überzeugt waren, voranzubringen. (»Wenn es dann groß werden sollte, kann man es eine Fabrik nennen.«) Solche Fabrikanten waren seit den sechziger Jahren in den mittleren und in den kleinen Städten, auch gelegentlich in Landgemeinden vorhanden, dem Handwerkertum entwachsend, anfänglich noch etwas unsicher, wohin ihr Betrieb sie führen, wohin sie ihn führen würden; ihre bewegliche Anpassungsfähigkeit ließ sie manches probieren, bis sich eine marktgängige und oft genug eine marktbeherrschende Spezialität herausbildete.

Diese Leute waren zunächst selber geschickt in ihrem Fach, praktisch, voll Erfindung, konnten zugreifen und anlernen. Doch das mit dem Anlernen mußte seine Schwierigkeiten haben, wenn die Arbeitsanforderung in die Höhe schnellte: wie sollte man damit fertig werden? Es gehörte zu den tiefen Einsichten von Steinbeis, daß er, der die tatkräftige Bewegung rings im Lande spürte, der sich um die einzelnen Leute kümmerte, auch wußte, daß der Ermunterung der Unternehmungslust die pflegliche Heranziehung und Betreuung der Arbeitskräfte folgen müsse. So wurde er, belgische Eindrücke für die heimischen Verhältnisse umgestaltend, der Schöpfer des gewerblichen Fortbildungsschulwesens – die bisher schon da und dort bestehende »Sonntagsschule« hat er durch einen werktäglichen Abendunterricht abgelöst. Der Schultyp war, als er mit ersten Versuchen in den fünfziger Jahren begann, eine Neuheit für Deutschland und wurde mit Abwandlungen das Muster der späteren allgemeinen Entwicklung, er beruhte ein halbes Jahrhundert lang auf der Freiwilligkeit. Steinbeis wollte keinen Zwang, sondern vertraute auf den strebsamen Sinn der besten Elemente. Mit starker Einfühlung kümmerte er sich selber um den Stundenplan, schuf die Voraussetzungen, einen geeigneten und geschickten Lehrkörper heranzuziehen, veranlaßte die Herausgabe von besonderen Lehrbüchern und die Herstellung von Unterrichtsmaterial, Modellen, Zeichenvorlagen usf., immer bemüht, daß das Unternehmen nicht in die Gefahr einer bloß formalen Weiterschulung abgleite, sondern aus den wechselnden und wachsenden Bedürfnissen der Gewerbe sich immer frisch und gegenwärtig halte. Einige »Fachschulen«, besonderen Branchen gewidmet, ergänzen dies Bild einer großartigen Gewerbeerziehung, die sich natürlich auch erst gegen manche Mächte der Beharrung und Trägheit durchzusetzen hatte, aber den erstaunlichen Prozeß der raschen Umgestaltung der württembergischen Wirtschaft in der Tiefe, das heißt, in dem Leistungsvermögen der neu sich bildenden industriellen Arbeiterschaft sicherte.

Als Bosch 1886 in die Heimat zurückkehrte, hatte Steinbeis sich von seiner segensreichen Amtstätigkeit schon seit sechs Jahren zurückgezogen; er ist 1893, 86 Jahre alt, gestorben. Die Überlieferung, die von ihm ausging, blieb jedoch lebendig. Und es ist der Anmerkung wert, daß er, mit einem lebhaften Blick für Menschen, die es »in sich haben«, seinerzeit unmittelbar in das Schicksal eines Mannes eingegriffen hatte, der auch erst vor kurzem nach Schwaben sich zurückgewandt hatte, um bald durch erstaunliche Leistungen in der württembergischen Industrie ein neues Aufgabenfeld zu bestellen, dessen Wachstumskraft auch für Robert Bosch einmal wichtig werden sollte: Gottlieb Daimler. Der achtzehnjährige Büchsenmachergeselle aus Schorndorf war, als er die Landesgewerbeschule zur weiteren Ausbildung besuchte, durch sein Streben und sein Geschick dem technischen Kurator aufgefallen. Mit einem Staatsstipendium sandte Steinbeis den jungen Mann in die Grafenstadener Werke nach Straßburg und beriet ihn, als Daimler seine praktische Erfahrung wissenschaftlich unterbauen wollte; die »Zentralstelle für Handel und Gewerbe« ermöglichte ihm den freien Besuch der Polytechnischen Schule in Stuttgart. Selten haben Einsicht und menschliches Vertrauen so unmittelbare tausendfältige Frucht getragen.

Die Umgestaltung der wirtschaftlichen Grundstruktur des württembergischen Landes seit der zweiten Hälfte des 19. Jahrhunderts hat auch besorgte Betrachter gefunden. Die Denkgewöhnung sah in der agrarischen Erzeugung die überkommene wesentliche Nahrungsquelle des Volkes und hatte sich damit abgefunden, daß der geringe Raum des Landes, in dem neben gutem und ertragreichem doch auch viel karger Boden sich findet, dem ewigen »Bevölkerungsdruck« nicht gewachsen sei; die Ab- und Auswanderung wurde als schier schicksalhaft hingenommen. Hier nun die Wendung. Wenn man als den merkwürdigsten und folgenreichsten Geschichtsvorgang des 19. Jahrhunderts das Wachstum der Bevölkerung begreift, so hat Württemberg an dieser Erscheinung seinen sonderlich gearteten Anteil. Speiste es zunächst noch die Statistik fremder Bezirke, ja fremder Länder und Erdteile, so hat es mit seiner Gewerbeentwicklung die Kraft gewonnen, den Nachwuchs bei sich zu halten und zugleich das Gespenst des »Überdrucks« der Bevölkerungsziffer zu bannen. Immer noch gibt das Land auch in den Jahrzehnten der Erstarkung Begabungen an die Fremde. Was bedeuteten Männer wie Othmar Mergenthaler, der Erfinder der Linotype-Setzmaschine, wie Hermann Frasch, der Erdöl- und Schwefelchemiker, für die amerikanische Technik und Wirtschaft! Aber die Epoche der geschlossenen Gruppenauswanderung ist vorbei. Das Wort, daß man Waren ausführen solle statt Menschen, hat sich kaum anderswo so unmittelbar und sinnfällig in seinem Gewicht erwiesen wie in dem württembergischen Raum.

Das Wichtige nun: dieser Prozeß, der aus einer immer wiederkehrenden sozialen Krisenhaftigkeit der Kleinlandwirtschaft und ihrer hausindustriellen Nebengewerbe herausführte, vollzog sich, ohne die neuen Krisengefahren zu schaffen, die einer raschen Industrialisierung fast notwendig zu folgen pflegen. Das gilt wenigstens für die Gesamtlage. Selbstverständlich haben die auf den weiten Markt gerichteten Produktionsstätten nun auch die Schwankungen, die gegensätzlichen Ausschläge guter und schlechter Konjunkturen zu spüren bekommen, empfindlicher gelegentlich als die Erzeuger gewerblicher Grundstoffe. Aber es ist daraus auch in Zeitläuften der Absatzstockung und des Auftragsmangels keine so schmerzhafte Notlage entstanden, wie andere hochentwickelte Industriebezirke sie immer wieder erleiden mußten. Das liegt nicht zuletzt an der Dezentralisation der Betriebe und an der sehr häufigen wohltätigen Mischung der Branchen, Textil neben Kleineisenfabrikation, Holzbearbeitung neben Konserven. Das erlaubt je nachdem ein Ausweichen bei branchenbedingtem Beschäftigungsrückgang. Und jene Verbreitung der Industriesiedlung auch in die kleinstädtische, in die halbdörfliche Umwelt ließ dem Arbeiter den Zusammenhang mit einem kleinen Stück bebaubaren Bodens, aus dem er mit seiner Familie in der Freizeit herausholen mag und wird, was immer geht – ein Stück Ackerland, eine Wiese, ein Garten ist dem Bauernsohn, dem Bauernenkel oder seiner Frau im freien Erbgang geblieben. Die rationellen Agrarpolitiker blicken auf diesen nebenberuflich betriebenen Parzellenbetrieb mit Stirnrunzeln, sie berechnen vertane Arbeitswege und Verluste für den Markt. Für die seelische Atmosphäre der dem Fabrikleben verhafteten Menschen ist mit dieser württembergischen Sondererscheinung eine so günstige als wichtige Entspannung gegeben.

Denn das Lebensgefühl der neuwerdenden Industriearbeiterschaft trennt sich nicht oder doch nur sehr zögernd und nur in begrenztem Umfang von dem des Kleinbauerntums oder des gewerblichen Kleinbürgertums, denen sie entstammt. Die Grenzen bleiben unscharf, sie begegnen sich vielfach in der Familiengemeinschaft. Die Aufstiegsmöglichkeit zur Selbständigkeit, und sei deren Ergebnis auch bescheiden, bleibt langehin als Zielbild lebendig. In den neuen halbdörflichen Industrieplätzen trifft man nicht selten, daß der Fabrikherr, der Kindheit und Volksschule mit den Altersgenossen geteilt hat, unter den Werkmeistern und Arbeitern des jungen Betriebes seine Vettern und Neffen beschäftigt. Daraus ergibt sich weder Patriarchalismus der einen Seite, noch gestautes Neidgefühl der anderen, sondern das gegenseitige Verhältnis ruht auf dem Grund einer gelassenen Nüchternheit; gelegentlich durchwärmt eine gemeinsame christliche Grundhaltung die Beziehungen.

Für das Wachstum des Klassenkampfgedankens bot darum dies Land keinen günstigen Nährboden. Die Sozialdemokratie hat nur langsam Fuß fassen können, und auch die Gewerkschaften, vielleicht abgesehen von den Buchdruckern mit ihrer sonderlichen Überlieferung und den Buchbindern, taten bei ihrem Beginn schwer, voranzukommen. Für die achtziger Jahre mußte dabei natürlich die Wirkung des Sozialistengesetzes veranschlagt werden. Freilich wurde dies in Württemberg linder gehandhabt als anderwärts; das hatte zur Folge, daß schon damals die Sozialdemokratie ihren führenden Parteiverlag (Dietz) nach Stuttgart verlegte; und daß hier, in einer dazu wenig geeigneten Umgebung, die schärfsten Vertreter des orthodoxen Marxismus, Karl Kautsky und Clara Zetkin, sich ansiedelten. In der freundlich gegnerischen Auseinandersetzung mit ihnen entwickelte sich die soziale und politische Anschauung des jungen Robert Bosch. Das vollzog sich freilich erst in den Jahren nach 1890. Und noch ein anderes: als nach dem Fall des Sozialistengesetzes auch die Gewerkschaften zur Neugründung kamen, legten die späterhin wichtigsten Verbände, so schmal damals die bezirkliche Basis war, ihre Zentralleitung nach Stuttgart: die Metallarbeiter, die Holzarbeiter. Das württembergische Vereinsrecht und seine Durchführung mochten solche Entscheidung empfehlen. Sie ergab für die kommende Entwicklung eine eigentümliche Spannungslage, deren Problematik auch in das Schicksal der Gründung von Bosch einmal einwirken sollte.

Werkstätte für Feinmechanik und Elektrotechnik

Der 15. November 1886 gilt als der Gründungstag der Firma Robert Bosch; an diesem Tage trifft die gewerbepolizeiliche Genehmigung ein, im Hinterhaus Rotebühlstraße 75 B eine »Werkstätte für Feinmechanik und Elektrotechnik« zu eröffnen. Seit dem 11. November sind die bescheidenen Räume im Erdgeschoß bezogen und die Werkzeuge gerichtet. Die erste Ausstattung war gewiß sehr sparsam, sie sollte sich erst den Bedürfnissen anpassen. Eine Aufstellung über das Arbeitsinventar des Beginns fehlt; seine Vergrößerung läßt sich aus den

Aufzeichnungen in den Geschäftsbüchern entnehmen. Danach wurden im ersten Jahr für Anschaffungen rund 1100 Mark ausgegeben, darunter als Hauptposten eine Drehbank von Boley-Eßlingen.

Die Aussichten waren schwer abzuschätzen. Wohlmeinende Bekannte fanden es reichlich mutig, ohne einen größeren Kapitalhintergrund jetzt in diesen Gewerbezweig zu gehen, mit dem Ziel, »namentlich elektrotechnische Apparate zu bauen«, denn es war offenkundig, daß die bestehenden und kürzlich neu gegründeten Großfirmen mit ihrer spezifischen Erfahrung und ihrem spürbaren Expansionsdrang einem Neuling sehr unbequem werden könnten. Doch Bosch meinte zu einem Skeptiker, daß schließlich die Großfirmen nicht alles machen könnten und »daß es immerhin noch Dinge gebe, in welchen das persönliche Vertrauen eine Rolle spiele«.

Die Elektrotechnik befand sich damals in einem merkwürdigen und erwartungsvollen Durchgangsstadium. Die Ausgestaltung des Telegraphenwesens lag schon fast ein Menschenalter zurück; daran hatte man sich gewöhnt. Seit dem Ausgang der siebziger Jahre war die Telephonie durch Heinrich Stephans zugreifende Energie zu einer Aufgabe der staatlichen Postverwaltungen geworden. Der Stuttgarter Fein hatte die Bellsche Konstruktion verbessert, und es mochte eine Zeitlang scheinen, daß sein Unternehmen, so vielfältig in der Programmsetzung, sich in der Schwachstromtechnik spezialisieren würde. Neben den öffentlichen Anlagen gedieh das Bedürfnis nach »Haustelephonen«; aber auch diese Erfindung war bereits die Sensation von gestern: die Elektrizität als Lichterzeuger beschäftigte die Phantasie der Menschen, den technischen Sinn der Fachleute. Die Aufgabe war ja nicht völlig neu. Die Versuche mit Metallglühlampen, mit Lichtbogen-Beleuchtung gingen um Jahrzehnte zurück, es war auch schon durch H. Goebel eine »Glühbirne« mit luftleerem Raum konstruiert worden. Doch von gelegentlicher Verwendung für theatralische Lichteffekte abgesehen, war dies ganze Gebiet der Lebenspraxis des Alltags fremd geblieben – die Krafterzeugung durch die »Elemente« war technisch und ökonomisch unrationell. Die Entdeckung des dynamo-elektrischen Prinzips durch Werner Siemens änderte die Voraussetzungen mit einem Schlage. 1876 konnte S. Schukkert den ersten Versuch machen, in Nürnberg die Kaiserstraße mit »Bogenlampen« zu beleuchten, ein Jahr darauf erstrahlte dies blendende Licht auch bereits in Fabrikhallen. Die technische Vervollkommnung der neuen Sache beschäftigte noch langehin die Konstrukteure; ihre Bedeutung wurde durchkreuzt von der Durchgestaltung der Glühlampe, die, ziemlich gleichzeitig von mehreren Technikern marktfähig gemacht, in der Edisonschen Lösung Welterfolg erzielte. Die Pariser Ausstellung von 1882 stand unter ihrem Zeichen. Sie diente dort wesentlich zu Illuminationszwecken, aber der praktische Sinn mußte sofort begreifen, wieviel wichtiger ihr milderes Licht für den menschlichen Durchschnittsbedarf sein würde als die kalte Strahlung der Bogenlampe. Einer der ersten, der dies wirklich erfaßte, war der Stuttgarter Elektrotechniker Paul Reiser, der sich in Paris sofort eine ganze Ausstattung mit allem Drum und Dran und die Lizenz für Württemberg erwarb; in der Geschichte der Elektrotechnik wird er als derjenige vermerkt, der in Deutschland zuerst ein Haus, dann einen ganzen Häuserblock mit Glühbirnenbeleuchtung versah. Die Kraft dazu mußte durch eine besondere, im Keller aufgestellte Dampfmaschine gewonnen werden. Daß an diese kleine, private Kraftstation gleich zwei Motoren in dem Block angehängt wurden, veranschaulicht in Modellform die Entwicklungsmöglichkeiten, die hier warteten.

Robert Bosch hatte sich in den Magdeburger Monaten, da er auch mit der Erstellung einer Lichtanlage beauftragt gewesen, wie wir sahen, unter die Konstrukteure begeben: er mühte sich um einen patentfähigen Regler für eine Bogenlampe und glaubte eine Zeitlang, damit die erstrebte baldige Selbständigkeit gewinnen zu können. Die Praxis seines Beginns geht jetzt an dieser im Vordergrund des Interesses stehenden Frage ganz vorbei. Das ist nicht erstaunlich. Denn die Anlage einer elektrischen Beleuchtung setzte damals die Verfügung über eine Kraftquelle voraus; es mußte erst die Kraftübertragung erprobt sein, bevor die Kraftgewinnung einen überprivaten Rang gewann. Das geschah im Grundsätzlichen 1891. Zum Ende des Jahrhunderts geht auch Bosch in das »Geschäft«, Beleuchtungen zu installieren und Motoren anzuschließen. Aber inzwischen hatte sein Unternehmen, ohne daß er sich dessen bereits voll bewußt war, die Wendung zur Spezialisierung genommen.

Der kleinhandwerkliche Betrieb, der im Herbst 1886 mit einem Mechaniker und einem Lehrbuben als Hilfskräften aufgemacht war,

Die erste Werkstatt in der Stuttgarter Rotebühlstraße 75 b

besaß, das ist fast selbstverständlich, etwas Tastendes. Man hatte keine Besonderheit anzubieten, man war bereit, jeden Auftrag, dessen man habhaft werden konnte, zu übernehmen. Ein fast rührendes Zeugnis dafür steht in dem Inserat niedergeschrieben, das Robert Bosch am 2. Februar 1887 in das Leibblatt des Vaters, den demokratischen »Beobachter«, einrückt: »Telephone, Haustelegraphen. Fachmännische Prüfung und Anlegung von Blitzableitern. Anlegung und Reparatur elektrischer Apparate, sowie aller Arbeiten der Feinmechanik.« Der Ausweis der Bücher ergibt, daß einen nicht unerheblichen Anteil des Beginns die Vertretung einer Erlanger Fabrik von elektromedizinischen Apparaten ausmacht; unter den 66 Kunden, die bis Ende 1887 notiert werden, sind 21 Ärzte und ärztliche Institute, darunter solche mit Beträgen von fast 900,- Mark und über 400,- Mark; bei dem Gesamtumsatz, der bis zum 1. Januar 1888 erreicht war, er betrug 5000 Mark, eine wichtige Angelegenheit. Bosch übernahm natürlich nicht nur den Verkauf, sondern auch die Installation und spätere Kontrolle der Apparate bzw. der Batterien. Den ansehnlichen Ziffern entsprachen zu seinem Ärger leider nicht immer die Zahlungsmethoden.

Als Bosch seine Werkstätte aufmachte, kaufte er sich auch ein Hauptbuch, um die Einnahmen und Ausgaben einzutragen; vorsorglich entfernte er – ein charakteristischer Vorgang – das damals solchen Büchern vorangesetzte Blatt, dem die Worte »Mit Gott!« aufgedruckt waren. Für Erfolg oder Mißerfolg wollte er selber geradestehen und nicht Gott bemühen, an den er doch nicht recht glaubte. Natürlich war ihm klar, daß ohne sorgsame Notizen die Übersicht bald verloren gehen müßte und das Unterfangen nicht gedeihen könnte. Doch die Gelegenheit, mit buchhalterischen Kenntnissen zu brillieren, war bei dem geringen Geschäftsanfall, so bunt die Anforderungen waren, nur mäßig; es blieb bei den Aufschrieben, Abschlüsse wurden nicht gemacht, das Privatkonto und das Geschäftskonto gingen ineinander über. Auf eine Bilanzierung mit Bewertung und Abschreibung, mit Gewinn- oder Verlustsalden wurde verzichtet. Es lohnte nicht recht, es machte auch geringe Freude, die Zeit wurde erfolgreicher zu anderem verwendet – es genügte schließlich, den Überblick über die laufenden Geschäfte zu behalten. Bis zum Februar 1891 blieb R. Bosch sein eigener Buchhalter, dann erscheint eine andere Handschrift, die

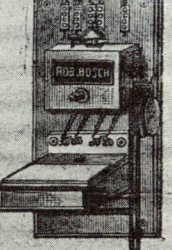

Die erste Geschäftsanzeige in der Stuttgarter Tageszeitung »Der Beobachter«, 1887

aber bald wieder verschwindet, um wieder nach einigen Jahren aufzutauchen. Es kann vermutet werden, daß die Buchführung nicht einem festangestellten Kaufmann, sondern jemandem anvertraut war, der sie als Freizeitarbeit erledigte. Manchmal holte man sich auch im Vorderhause Rat, wie es mit den Einträgen, wie es mit den Wechseln am besten zu halten sei. Dort arbeitete ein Tabakfachmann, dessen Erfahrung dienlich wurde.

Aus den Buchungen, den Versandbüchern, den Waren- und Lohnkonten hat 1942 Otto Fischer, ungeachtet der Lücken, die manche Schätzung notwendig machten, den finanziellen Status der Anfangsjahre rekonstruiert und aus den Rechnungen usf. ein Bild des Geschäftsganges und der Geschäftsrichtung entworfen. Das Wort der Erinnerung, das Robert Bosch selber in einer Rückschau gebraucht hat: »Es war lange ein böses Gewürge«, findet eine Art von buchmäßiger Bestätigung, bis etwa das Jahr 1895 die Befreiung von dem Druck brachte. Damals erfuhr das Installationsgeschäft seinen Aufschwung, weil in Stuttgart das städtische Elektrizitätswerk errichtet wurde; zugleich aber hatte die Werkstätte in einigen Spezialitäten den Charakter einer kleinen Fabrik angenommen. Die erste Werkstatt war bald zu klein geworden; im Frühjahr 1890 war man in die Gutenbergstraße Nr. 9 umgesiedelt; im Herbst 1891 wurde eine größere Werkstätte in der Rotebühlstraße Nr. 108 bezogen. Doch bevor man sich nach weiteren Räumen umsehen konnte, mußte noch ein sehr herber Rückschlag überwunden werden.

Das Anfangskapital, Zuteilung aus der väterlichen Erbschaft, betrug 10 000 Mark. Aber diese Basis war nicht breit genug für ein Geschäft, das sich erst allmählich einen laufenden Kundenkreis erobern mußte, und für einen Mann, der bei aller persönlichen Anspruchslosigkeit vorankommen wollte, d. h. immer bereit war, um allen Anforderungen gerecht zu werden, in die maschinelle Ausrüstung stärkere Beträge zu investieren. Im Jahre 1889 wurde eine Bohrmaschine, wurden Blasebalg und Lötapparat angeschafft, 1890 ein Gasmotor aufgestellt, Fräsmaschine, Revolver- und Leitspindelbank folgten im gleichen Jahr; der Aufwand für dieses Jahr belief sich auf 7000 Mark. Mit dem ursprünglichen Kapital war das nicht zu bestreiten – es handelte sich um Beträge von 1900, 1700, 2000 Mark –, auch nicht vom Ertrag. Der Umschlag war 1888 auf über 9000 Mark, 1889 auf 15 000 Mark gestiegen; unter den 119 Kunden dieses Jahres brachten zwar immer noch 20 Prozent Läpperaufträge unter 5 Mark, aber die »Fabrikation« hatte jetzt mit 8100 Mark die Installation mit 6900 Mark überrundet; es gab auch schon 19 Kunden außerhalb Stuttgarts. Bosch beurteilte diese Entwicklung mit Recht optimistisch. Daher die schnelle Vervollkommnung der maschinellen Ausrüstung. Sie war riskiert; denn im Grunde war Bosch 1891 am Ende seiner finanziellen Kraft. Aber die Mutter gab ein Darlehen von 3000 Mark, dann noch von 10000 Mark, die Schwäger halfen aus, einmal kurzfristig mit 1000 Mark, dann mit 2500, 1893 mit 5600 Mark. Daneben lief seit März 1891 ein Kredit bei der Stuttgarter Gewerbekasse unter der Bürgschaft der Verwandten; dessen oberste Grenze von 10000 Mark war 1893 erreicht. Die Situation blieb also gespannt, auch in der Zeit, da sich etwas wie ein Kundenstamm zusammengefunden hatte, und sie spitzte sich 1895 noch einmal krisenhaft zu. Denn mit *regelmäßigen* Aufträgen war eben nicht zu rechnen. Bosch selber erzählt, daß ihm mehr als einmal am Samstag das Geld zum »Zahltag« fehlte; um seinen Leuten den Lohn nicht schuldig zu bleiben, mußte er die Aushilfe eines benachbarten Früchtehändlers in Anspruch nehmen. Der sah dem Nachsuchenden an, daß an dem kein Geld verloren würde.

Es ist immerhin bemerkenswert, daß bereits im dritten Geschäftsjahr der Umsatz der »Fabrikation« den der »Installation« übertroffen hat. Das blieb so mit Ausnahme der Jahre 1895 und 1896, da die Inbetriebnahme des Elektrizitätswerkes dem Mann, der durch die pünktliche und sorgsame Arbeitsleistung bereits einen Ruf hatte, eine Reihe von Großaufträgen brachte, darunter Telephon- und Klingelanlagen im Hotel Marquardt, im Kaufhaus Conrad Merz und andere. Wichtiger ist, was Boschs Werkstatt verließ – man muß sich sehr hüten, von einem »Fabrikationsprogramm« oder dergleichen zu reden. Es wird hergestellt, was ein Auftraggeber wünscht und was herzustellen man sich zutraut, z. B. einen Zündapparat für einen Motor. Das hängt mit Elektrizität zusammen, und da der junge Unternehmer in diesem neuen Feld sich seine Sporen verdienen möchte, ist solche Arbeit willkommen. Einen »Markt« dafür gibt es offenbar nicht, noch nicht. Man ist froh, daß sich da eine erste Erfahrung sammeln ließ, die bei einer Wiederholung zur Verbesserung und auch zur Verbilligung führen könnte. Daneben finden sich Aufgaben, die der Elektrotechnik recht fern liegen. Bosch erwähnt, was da alles durch Erfinder an ihn herangebracht wurde und woran er herumprobierte: eine Petroleumlampe mit verbesserter Lichtstärke, selbstschließende Wasserhahnen, die »Triumphspitze« für Zigarren mit »mechanischer Entfernung des Stummels«, eine Blinden- und Notenschreibmaschine, dazu kommen noch Tintenwischer, Federhalter, Geduldspiele, Zigarrenanzünder u. dgl. Die Dinge wurden treulich auf Bestellung ausgeführt, doch es blieb erfolgloses Experiment oder Kleinkram, der nicht zu Buche schlug. Viel Mühe machte sich Bosch damit, einem Photographen eine Einrichtung zu konstruieren, »um Momentaufnahmen mit Blitzlicht in Lebensgröße herstellen zu können« – daran hat er Zeit und ziemlich viel Geld verloren. Denn der Photograph konnte nicht bezahlen. Reeller, wenn auch prosaischer waren da Aufträge wie die Herstellung von Kathetern, von Formen für Nudelpressen. Hier tritt Bosch als Speziallieferant für Industriefirmen auf.

Eine größere Bedeutung gewann gegen Mitte der neunziger Jahre die Erzeugung und zum Teil auch Inbetriebsetzung von Wasserstandsfernmeldern: ein Schwimmer war mit einem Kontaktwerk in Verbindung gebracht; der Stand des Wasserspiegels wurde durch eine Fernleitung angezeigt.

Der Apparat war nach Bekundung von G. Honold, der damals seine Lehrzeit durchmachte, in immer neuen Versuchen entwickelt worden; mit ihm ging Bosch, wohl zum ersten Male 1894, nach Karlsruhe auf eine Ausstellung. Den ersten Auftrag hatte vorher schon das Hüttenamt Wasseralfingen erteilt. Es handelte sich um einen Apparat, dessen Erwerb und Installation 726 Mark kostete, und es scheint, daß Bosch, der schon 1892 begonnen hatte, wohl wesentlich für Zündapparate, gelegentlich außerhalb Stuttgarts Inserate aufzugeben, auch diese Vorrichtung über die Karlsruher Schau hinaus bekannt machte. So war es möglich, 1894 Fernmelder nach Halberstadt und Fiume, nach Kassel und Rheine zu senden. Die Bücher weisen bis 1899 im ganzen 38 solche Lieferungen aus, darunter im Ausland Skutari und Pavia; den Kern der Aufträge bildete aber die in jener Zeit groß ausgebaute Albwasserversorgung, der sich entsprechende Anlagen im Schwarzwald anschlossen. Ein eigentlicher »Markt« konnte sich natürlich für diese wesentlich von öffentlichen Stellen benötigten Hilfsapparate nicht bilden, aber sie spielten im Umsatz eine

Robert Bosch besucht seine Kunden mit dem Fahrrad, 1890

erhebliche Rolle. Nicht zuletzt die Aufträge in der Heimat, da Bosch die gesamte Installation mit übertragen war, hatten seinen Ruf, daß bei ihm gut gearbeitet würde, begründet. Er mußte auf den Außenstellen Leute haben, auf deren Genauigkeit er sich verlassen konnte – die Anekdoten aus der Zeit erzählen davon, daß er, wo die Eisenbahn versagte, mit seinem Rad durchs Gelände fuhr, um die Arbeiten draußen zu überwachen.

Dies legendäre Fahrrad, das in jener Zeit noch halb als Luxus gelten mochte, taucht unter den Anschaffungen 1890 auf. Er war ein »moderner« Handwerker, er besorgte sich auch bereits 1889 einen Telephonanschluß gegen eine Jahresmiete von 150 Mark, ließ Prospekte drucken und war seit 1888 Bezieher des »Centralblattes für Elektrotechnik«. Das will besagen, daß er sich mit all dem Neuen auf dem laufenden zu halten suchte; es ist die Zeit, da mit dem Leitungsmaterial, mit den Isolierstoffen, mit den Meßverfahren viel herumprobiert wird, ein Vorschlag den anderen ablöst, und neben der Schwierigkeit, theoretisch richtige Erkenntnisse einer ökonomisch vertretbaren und technisch soliden Praxis zu verbinden, die andere peinlich genug wirkt: wo findet man die geeigneten Arbeitskräfte? In jede neue Technik drängen sich bei ihrem Auftreten Leute aus den Nachbarberufen, man glaubt, die Sache schon meistern zu können: Schlosser, Flaschner, Schmiede bieten sich für solche Arbeit an, und auch Bosch hat manchen zornigen Ärger, wenn er helfen soll, üble Pfuscherei wieder in Ordnung zu bringen, oder wenn er sieht, daß die Kleinmeisterkonkurrenz Aufträge zu billigen Preisen übernimmt, deren Durchführung offenbar schlecht werden *muß*. Er selber lehnt gewiß keine Arbeit ab, weil sie ihm zu gering ist, aber auch die geringe muß *gut* sein, und sie muß dann gut bezahlt werden. Das ist Grundsatz auch der Frühzeit.

Die Zahl der Mitarbeiter in den ersten Jahren schwankte wie ihre Qualität. Das Anwachsen der Belegschaft drückt sich in dem raschen Wechsel der Werkstätten aus: 1897 mußte zum vierten Male umgezogen und der größer gewordene Maschinenpark wieder ummontiert werden. Jetzt ging es in das Hinterhaus der Kanzleistraße Nr. 22. Eine richtige Fabrik ist es noch nicht, aber die Jahre 1895 und 1896 brachten doch bei dem Ansteigen der Aufträge erneut die räumliche Beengung, und es kann nicht mehr lange dauern, dann muß sich Bosch nach einem Platz umsehen, der eine praktische Anlage und vielleicht auch eine Vergrößerung gestattet. Eine Statistik über die Belegschaft jener ersten Jahre fehlt: 1891 wird sie einmal mit zehn Mann genannt, sechs Gehilfen, zwei Lehrlinge, zwei Hausdiener. Im nächsten Jahr stieg sie vorübergehend auf über zwanzig, aber der Rückschlag zwang, die Mehrzahl wieder zu entlassen. Unter diesen Umständen war es schwer, einen festen Stamm heranzuziehen, der doch, sollte ein richtiges Fabrikationsgeschäft in Gang kommen, so notwendig war. Eine Notiz aus dem Jahre 1896 meldet eine Gefolgschaft von insgesamt sechzehn Leuten.

Wichtiger als die Ziffernsummierung wurde freilich dies, daß schon beim kleinhandwerklichen Beginn einige Namen auftauchen, die später in die Geschichte des Werkes eingegangen sind. Da erschien 1888 der Schwarzwälder *Arnold Zähringer*, 19jährig, aus einer Schreiner- und Bauernfamilie in Furtwangen. Er hatte in dem Uhrenstädtchen, wohin Leonhard Köpf einmal den Arbeitskameraden der Ulmer Lehrzeit als Teilhaber hatte mitnehmen wollen, eine Mechanikerlehre durchgemacht, wollte aber dann in die Fremde. Sie lag nicht allzu weit; Bosch bot ihm Arbeit. Er blieb ein paar Monate und zog weiter nach Straßburg in das neugegründete Elektrizitätswerk. Doch im Jahre 1890 kam er zurück, und Bosch freute sich des Mannes, der, arbeitsam und geschickt, zugleich selbständig und einfallreich war. In dem Maße, da der junge Chef des Geschäftes viel unterwegs sein muß, vertritt ihn Zähringer. Mit einigen Werkführern hatte Bosch rasch hintereinander schlechte Erfahrungen gemacht, sie fanden sich nicht in den Ton des Betriebes und wurden bald wieder verabschiedet. So entschloß er sich, den noch jungen Gehilfen an diese Stelle zu setzen; es ergab sich von selber, daß Zähringer für die fabrikatorischen Aufgaben so etwas wie der Stellvertreter und der Betriebsleiter wurde, wenn man das Wort für das Häuflein Menschen in Anspruch nehmen will. Beide, Bosch und sein Vertreter, begegneten sich in dem Ernst und der sachlichen Strenge, mit der sie die erzieherische Aufgabe anpackten.

1891 war ein fünfzehnjähriger Bursche Bosch in die Lehre gegeben worden, *Gottlob Honold* aus Langenau, der Sproß einer alten Lehrerfamilie. Sein Vater hatte mit Servatius Bosch im benachbarten Albeck vor Jahrzehnten freundschaftlichen Verkehr gepflogen und wollte den

Sohn, den die wunderbaren Berichte über die Elektrizitätsausstellung von Frankfurt begeistert hatten, in vertraute Hände geben. Das ging nicht gleich; Bosch nahm nicht mehr als zwei Lehrlinge an und die Honolds, Vater und Sohn, mußten vier Monate brav warten, bis ein Platz frei würde. Das Warten hat sich gelohnt, der Lehrjunge von damals sollte nach der Jahrhundertwende der technisch führende Kopf des Unternehmens werden. Das Basteln und das Probieren gehörte damals schon zu seiner Natur – Bosch ertappte ihn einmal dabei, wie er in den Arbeitsstunden sich einen kleinen Elektromotor fertigen wollte. Nun würde es, fürchtete der Lehrling, ein Gewitter geben. Aber das blieb aus. Nach der Vermahnung zur Pflicht kam das Angebot, in der Freizeit zu seinen Versuchen die Werkstatt zu benutzen; er möge sich, wann es ihm passe, die Schlüssel in der Wohnung holen. Der prüfende Blick des Mannes erkannte und achtete die Regungen des still verhaltenen Knaben. Er erspürte auch die regsame, gescheite, zugreifende Munterkeit des Jungen, der Honold 1894 als Lehrling ablöste, *Max Rall*. Der kam aus dem Unterland, hatte es, ohne befriedigt zu sein, schon bei einer anderen Werkstätte versucht und wurde nun bald so etwas wie ein Adjutant des Lehrherren, für die Entwurfszeichnung, für die Angebotskalkulation. Bosch bringt dem Lehrling selber das Radfahren bei, und der muß ihn nun draußen herum begleiten, wohl auch schon vertreten. Das Staunen der Leute, daß man ihnen einen so jungen Kerl schicke, störte den Meister nicht. Er wußte, daß er sich auf den Eifer, die praktische Wendigkeit und den unverdrossenen Sinn des strebsamen Jünglings verlassen könne.

Die Pflicht des Lehrens nahm Bosch außerordentlich ernst und gewissenhaft. Als Honolds Vater ihm im Januar 1893 geschrieben hatte, ob der Sohn jetzt nicht ein kleines Taschengeld bekommen könne, erhielt er eine eingehende Darstellung der Gesamtlage, des Unkostensatzes für den Kopf seiner Arbeiterschaft, die Veranschaulichung, was der Gottlob jetzt eben gemacht habe, zwölf Türkontakte, die als Lehrlingsarbeit einen Selbstkostenpreis von 1 Mark ergeben, während sie für 80 Pfennig zu beziehen waren. Der Brief wird in seinen Darlegungen zu einem sehr wesentlichen Zeugnis: »Sie werden nun aber sagen, entweder arbeitet Gottlob nicht oder Sie lehren ihn nichts. Es ist dem aber ganz anders. Wenn ich wollte G. arbeiten lassen, daß er mir etwas verdient, so hätte ich z. B. G. die Kontakte aus Guß machen lassen, anstatt, wie ich es tat, aus Blech. Ich mache aber so und so oft die Erfahrung, daß die Mechaniker von heute wohl eine Arbeit machen können, wenn man ihnen ein Muster gibt und so und so viel Abgüsse. Gibt es nun aber etwas zu machen aus unvorbereitetem Material, also aus Blech oder einer Stange Messing, so weiß sich keiner zu helfen. Diesem suche ich zuvorzukommen dadurch, daß ich mit Rücksicht auf den Lehrling arbeiten lasse. Arbeiten wie Schraubenpolieren, Schraubendrehen auf der Revolverbank dürfen meine Lehrlinge nur machen bis sie es können. Wollte ich sie ausnutzen, so könnte ich zwei Hilfsarbeiter, wovon der eine 10 Mark, der andere 12 Mark verdient, entlassen und statt derselben zwei Lehrlinge einstellen, so würde ich 22 Mark wöchentlich sparen. So wird es häufig gemacht.« Der Lehrer von Langenau wird diese Auskunft gern angenommen haben.

Die Erinnerungen, die Gottlob Honold und der Arbeiter Richard Schyle an die Bosch-Jahre nach 1890 niederschrieben, geben im ganzen das Bild einer beschwingten Arbeitsamkeit. Nach einigen Fehlgriffen wird der junge Unternehmer vorsichtig: er stellt Leute auf Probe ein, was sich nicht jeder gefallen läßt, und dann gibt es eine derbe schwäbische Auseinandersetzung. Wer aber bleiben kann, ist gern da; Bosch sucht die Tüchtigen zu halten, auch wenn es an Aufträgen mangelt, und es ist eine harte Sache für ihn, als er 1892 die Belegschaft im eigentlichen Werkstattbetrieb von 24 auf 2 verringern muß – die plötzliche Krise dauert zum Glück nicht lange. Er zahlt gut. Der gelernte Mann erhält einen Grundlohn von 21 Mark, kann im Akkord auf 35 Mark kommen, ein besonders eifriger, dem keine Überstunde zuviel wird, erreichte 48 Mark. Die Arbeitszeit war von 1894/95 von zehn auf neun Stunden herabgesetzt worden, als die Belegschaft das anregte; Bosch stellte den Achtstundentag in Aussicht, wenn »andere Wettbewerbsgeschäfte von zehn- auf neunstündige Arbeitszeit heruntergingen. Er sagte, er möchte gern mit einem guten Beispiel vorangehen« (Schyle). Beide Berichter erzählen auch davon, daß in der Werkstatt viel gesungen wurde: »Über die Liedertexte herrschte zwar manchmal Unstimmigkeit, weil zweierlei politische Anschauungen vertreten waren. Meistens mußte aber die nach rechts zielende christliche Richtung nachgeben« (Honold). Das fröhliche Singen war auch ein Mittel, um die »oft lästige Beaufsichtigung« durch Bosch etwas einzuschränken; denn man hatte herausgekriegt, daß er, wenn gesungen wurde, das Kontor nicht verließ. Offenbar wollte er nicht als eine Art Störenfried wirken. Schyle überliefert die Anekdote, daß Bosch – die Belegschaft war auf ein Quartett von vier Mann zusammengeschrumpft – einmal bat, statt forte ein pianissimo zu wählen, damit nicht die Leute auf der Straße glauben, hier sei ein Konservatorium. Das klingt alles etwas wie eine altfränkische Idylle. Doch war es dies nicht. Bosch hielt auf feste Pflichterfüllung. Als erster öffnete er in der Frühe die Werkstatt, als letzter schloß er sie ab. Die Arbeits- und Ordnungsdisziplin hatte einen kräftigen Zug; wehe den Lehrlingen, wenn nicht am Samstagabend die Werkzeugmaschinen gründlich gesäubert waren. Zugleich aber war schon in den handwerklichen Räumen Bedacht darauf genommen, durch sorgsames Überlegen den Arbeitsprozeß in den körperlichen Anstrengungen müheloser zu machen, und es kam Bosch nicht darauf an, an drückend heißen Tagen die Männer unter Weiterentlohnung in die Natur zu schicken.

Die unmittelbaren persönlichen Dokumente für diese Zeit, Briefe, Niederschriften oder ähnliches, fehlen fast völlig. Der junge Handwerker geht ganz in der Arbeit auf; er nimmt auch an dem öffentlichen Leben, das 1887 in dem Kampf um die Septennatswahl, 1890 bei dem Kurswechsel der Reichspolitik gespannt genug ist, sichtbar keinen Anteil. Ein Briefvermerk vom 26. April 1887 sagt: »Heute Nachmittag denke ich meine Bude zuzumachen, um zur Uhlandfeier zu gehen« – bürgerlicher Heimatstolz will mitschwingen, wenn der hundertste Geburtstag des verehrten Landsmannes mit festlichem Bekenntnis begangen wird.

Die Begründung des Hausstandes ist das Hauptanliegen, mit all dem Gesorge der Wohnungssuche, die im August zum Erfolg führt: »Einziehen und Möbel aufstellen können wir jederzeit. Ich wollte, wir würden es heute tun« (18. 8. 87). Die erste Wohnung liegt in der Schwabstraße, nahe bei der Werkstatt. Am 10. Oktober 1887 kann er *Anna Kayser* in Obertürkheim heimführen: es werden ihm zwei Töchter, Margarete (1888) und Paula (1889), ein Sohn Robert (1891) geboren. Den geselligen Anschluß, soweit er ihn braucht und sucht, findet er bei einigen Kameraden aus der Zeit der studentischen Verbindung »Hütte«, deren Abende er noch manche Jahre hindurch besucht, auch im Kreis der Familie seiner Frau; die Mutter Kayser in Obertürkheim bildet die Mitte einer festgefügten Sippe, in deren gefühlsbetonte Temperatur die kritische Wachheit des neuen Gliedes sich nicht ohne weiteres einfügt. In den Briefen der Brautzeit war ja wohl davon die Rede gewesen, daß es der jungen Frau lieber sein würde, dem vertrauten Kreise nahe zu bleiben, als in Köln oder Furtwangen das neue Leben zu beginnen. Dabei ergab sich auch eine sehr bezeichnende vorbeugende Pädagogik: »Der Verkehr mit Deinen Freundinnen würde allerdings kein intimer mehr sein können, wenigstens nicht mehr mit denjenigen, die sich in Beamtenkreisen bewegen, da wir nicht dorthin passen, wie Du ja weißt.« Der Mann hat Angst vor dem Konventionellen.

Für die Spannweite der Beziehungen in den ersten Stuttgarter Jahren ist aber die Berührung charakteristisch mit zwei so verschiedenen Erscheinungen wie Karl Kautsky, der eben im Begriff steht, der amtliche Programmatiker der sozialdemokratischen Partei zu werden, und mit dem jungen Studenten des Bergbaus, Paul Reusch. Die Begegnung mit *Kautsky* ist zufälliger Natur, aber sie entbehrt nicht des Reizes. Im Jahre 1891 bezieht Bosch, da die vergrößerte Familie mehr Räume fordert, den ersten Stock in der Rotebühlstraße Nr. 145; im zweiten aber nimmt Kautsky, aus London zurückkehrend, Quartier, um die im Dietzschen Verlag erscheinende, wissenschaftliche Zeitschrift der Sozialdemokratie, die »Neue Zeit« zu leiten. In den Stuben über Bosch wird damals das »Erfurter Programm« entworfen. Der Hausgenosse, der die Zeitschrift schon vor der persönlichen Bekanntschaft liest, bleibt von den denkerischen Bemühungen des Mannes nicht unberührt; das logizistische Verfahren seiner »Gesellschaftskritik« entspricht eigentümlichen Bedingungen in Boschs Rationalismus. Aber, so oft sie miteinander diskutiert haben mögen im freundschaftlichen Hausverkehr, der die Familien umspannte, im Elementaren waren ihre Naturen gegensätzlich: Bosch sinnenhaft, Kautsky naturblind abstrakt, der »Sozialismus« des jungen Handwerkers triebhaft ethisch, der Marxismus, wie ihn Kautsky auslegte, die ethischen Grundkräfte in ein dialektisches Spiel der wirtschaftlichen Interessen und der technischen Gegebenheiten umformend.

Bosch hat sich damals eine gute Kenntnis der marxistischen Ideologie angeeignet. Der Utopismus der amerikanischen Jahre scheint inzwischen ganz von ihm weggesunken zu sein. Aber die Vertrautheit gab ihm auch die Kraft zu einer scharfen Trennungslinie: aus der grundsätzlichen Ablehnung der Mehrwertlehre folgte für ihn die Fragwürdigkeit und damit die Verwerfung der ganzen wirtschaftlichen Grundlehre des Marxismus. Die politischen Sympathien für einen aggressiven Demokratismus wurden jedoch durch diese gedankliche Scheidung nicht getrübt.

Kautsky, der in verbindlichen Formen rechthaberische Gelehrte, mit interessierter Nachsicht um den offenbar sehr selbständig denkenden und suchenden Handwerker bemüht, war sieben Jahre älter als Bosch, *Reusch* sechs Jahre jünger. Ihm begegnete er in dem Kreis der »Hütte«, der der Student 1887/88 beitrat –, gemeinsam waren den beiden Wandersinn, Heimatliebe, Naturbeobachtung; so entstand eine Jugendkameradschaft, die sich zur sehr soliden Lebensfreundschaft festigte. Der junge Paul Reusch wollte von den sozialistischen Ideologien nicht viel wissen; ihn fesselte die menschliche Art des Mannes, die Unbekümmertheit der Haltung, die Unabhängigkeit von Konventionen. Der spätere Weg hat sie auseinander- und zusammengeführt. Reuschs bergbauliche Laufbahn, die zunächst nach Tirol, ins Mährische ging, hob ihn nach der Jahrhundertwende in eine leitende, einflußreiche Stellung des Ruhrgebiets. Beide standen sich nun als »Wirtschaftsführer« gegenüber, in dem verschiedenen Sektor der »Schwerindustrie« und der Fertigfabrikation, auch in gelegentlich ganz gegensätzlicher politischer Grundauffassung. Sie blieben es gewohnt, mit deutlicher Gradheit sich zu begegnen, ihr Temperament aneinander zu erproben, aber auch die sachlichen Fragen immer unter den Ernst einer breiteren Verantwortung zu rücken. So mußte aus der unsentimentalen, aber offenen und treuen Jugendfreundschaft beiden ein dauernder Gewinn erstehen.

Das Bildnis des jungen Handwerkers hat einen Zug von Trotz und Romantik. Die schmale Schlankheit des Jünglingskopfes ist jetzt durch den breiten Vollbart einer gewissen Kräftigung des Eindrucks gewichen. Die Elemente seiner Natur sind nicht zum Ausgleich gekommen. Man möchte eine Weichheit, ja etwas Verschwärmtes erkennen, aber die feste Bildung des Kopfes zeigt zugleich Willen und Entschlußkraft. Das Ungewöhnliche der Erscheinung wird für den heutigen Betrachter noch unterstrichen durch die Kleidung – es ist der

Schnitt, den Gustav Jaeger für den besten Wärmehaushalt des Körpers erdacht hat und dem Bosch durch Jahrzehnte treu geblieben ist. Ein dunkler, breitkrempiger Zimmermannshut bedeckte das Haupt. Man mochte ihn, wenn er mit seinem Rad durch die Stadt fuhr und nachsah, ob die Leute die Klingelleitung richtig gelegt hatten oder mit der Installation der medizinischen Apparate zurecht kamen, eher für einen Missionar oder Sektenprediger halten als für einen Schrittmacher des »elektrischen Zeitalters«. Ihm selber blieb es ziemlich gleichgültig, wofür man ihn hielt.

Motor und Zündung

Die Entwicklung der Elektrotechnik kennt eine eigentümliche, bald hemmende, bald anregende Auseinandersetzung mit dem Leuchtgas. Die Verwertung des rationell hergestellten Gases, vor allem zu Beleuchtungszwecken, besitzt vor der Elektrizität den Vorsprung von einem halben Jahrhundert. In Gaswerken war reichlich öffentliches und privates Kapital angelegt, dessen Verzinsung manchen durch die Aufnahme des neuen Verfahrens gefährdet schien. Die Schwachstromanlagen, Telegraphie, Telephonie, blieben von diesem Gegensatz unberührt. Aber als die ersten Bogenlampen und bald darauf die Glühbirnen Straßen und Wohnungen zu erleuchten begannen, entstand eine gewisse abwehrende Unsicherheit – sie wurde dadurch zunächst gemildert, daß gerade in den siebziger Jahren das Gas nicht bloß als Lichtquelle und allmählich auch zu Wärme- und Heizzwekken Bedeutung gewann, sondern auch als Grundstoff zur Krafterzeugung. Der Gasmotor war erfunden und entwickelt worden; es kam die kurze Zwischenperiode, da er, die elektrische Starkstromübertragung war noch nicht in ihrer umfassenden und zuverlässigen Verwendung erprobt, geradezu als ein brauchbares Hilfsinstrument für die Gewinnung elektrischer Kraft betrachtet wurde.

Das ist ein seltsamer, gleichgehender Rhythmus beim Gas und bei der Elektrizität, wie sich die Bedeutung von dem Leuchtzweck auf die Arbeitsmaschine verlagert. Verwandtes gilt für das Auftreten des Petroleums als Gut des Massenbedarfs. Man ist, weil es sich hier um einen längst bekannten Stoff handelt, leicht geneigt, das Erdöl als eine altfränkische Angelegenheit zu betrachten, die von der modernen Technik abgelöst und verdrängt wurde. So ist es nicht. Erst zum Ausgang der fünfziger Jahre des neunzehnten Jahrhunderts beginnt die systematische Erschließung der großen Vorkommen von Mineralölen, die gewerbliche Aufbereitung in Raffinerien, der Transport in alle Welt und in jedes Dorf. Robert Bosch erwähnt in seinen Jugenderinnerungen den Kindheitseindruck, wie das Talglicht von dem »Siegeszug« des Erdöls »verdrängt« wurde. Das Petroleum wurde zunächst als Leuchtstoff begrüßt und verwandt, aber bald genug erkannte man auch seinen industriellen Feuerungswert, und in dem Erdöldestillat Benzin meldete sich ein neuer Stoff. Noch war seine volle Bedeutung nicht zu ermessen, aber sie sollte sich in knapp zwei Jahrzehnten erweisen.

1859 liefen in Amerika die ersten Erdölbrunnen, 1860 hatte der Franzose *Lenoir* die erste »Gaskraftmaschine« entwickelt, 1867 Werner Siemens das dynamo-elektrische Prinzip gefunden. Die Daten liegen enge beieinander. Lenoirs Konstruktion stellt den ersten Typus des »Explosionsmotors« dar: er bringt im Zylinder ein Gemenge von Leuchtgas und atmosphärischer Luft zur Entzündung, zur Explosion; die Ausdehnung wirft den Kolben voran, der atmosphärische Druck stößt ihn wieder zurück. Mit der geregelten Zuführung eines entzündbaren Gasgemisches, dem erforderlichen Auspuff und der richtig funktionierenden Zündung ist eine neue Möglichkeit geschaffen, Kraft, also Bewegung zu schaffen. Es wird die Aufgabe werden, die Zuverlässigkeit des Verbrennungsprozesses, die Tauglichkeit der Verbindung zwischen Krafterzeugung und Bewegungsübertragung zu sichern und die ökonomische Wirkkraft auszubauen, mit einem Minimum an Gasverbrauch ein Maximum des Nutzeffektes zu erzielen. Der außerordentliche Gewinn der Sache leuchtete unmittelbar ein: das Mittel- und Kleingewerbe, dem die Erstellung und Wartung einer Dampfmaschine zu kostspielig sein mußte, erhielt hier eine Kraftquelle angeboten, die dem durchschnittlichen Bedarf durchaus genügte und keine besonderen Anlagen erforderte. Freilich, die Aufstellung war von dem Vorhandensein eines Gaswerkes abhängig. Aber mußte es denn gerade Leuchtgas sein, das man für die explosive Mischung brauchte? Es ist charakteristisch, daß in dem ersten, freilich erfolglosen Patentgesuch des *Nikolaus Otto* in Köln aus dem Jahre 1861 von einem entzündbaren Gasgemenge die Rede ist, das nicht aus Leuchtgas und atmosphärischer Luft, sondern aus den Dämpfen von kohlewasserstoffhaltigen Flüssigkeiten und insbesondere aus Spiritusdämpfen und atmosphärischer Luft bestehen soll. Otto will also von Anbeginn eine Freizügigkeit seines Apparates. Spiritus kann man überall in beliebigen Mengen hinschaffen. Das überragende Verdienst dieses Mannes, der, selber ein technischer Außenseiter, ein Buchhalter ist, liegt nicht darin, daß er den Explosionsmotor vom Standort freigemacht hat, sondern daß er, gemeinsam mit dem beweglichen, für alle neuen Dinge offenen Kölner Ingenieur *Eugen Langen* die Gaskraftmaschine konstruktiv zur eigentlichen Leistungsfähigkeit gehoben hat. Das Leuchtgas war dabei der gegebene Experimentierstoff, an dem er aus ökonomischen Gründen festhielt. So gewann man auch die ersten laufenden Abnehmer der Apparate – diesen bescheidenen Grundlagen folgte, zum Teil erst nach dem Tode des Erfinders, die ungeheure Ausweitung. Die wichtigste Konstruktion Ottos, die im Jahre 1876 nach vielen Versuchen patentreif wurde, war der sogenannte Viertakter. Es handelte sich darum, »die Wirkungsweise des Kolbens im Zylinder eines Gasmotors mit Kurbelbewegung so einzurichten, daß bei zwei Umdrehungen der Kurbelwelle auf *einer* Seite des Kolbens die nachstehenden Wirkungen erfolgen: a) Ansaugen der Gasarten in den Zylinder; b) Kompression derselben; c) Verbrennung und Arbeit derselben; d) Austritt derselben aus dem Zylinder« (Patentschrift).

Als der neue Motor in der »Gasmotorenfabrik Deutz«, die 1872 aus der Firma »Otto & Langen« hervorgegangen war, zur praktischen Verwendbarkeit entwickelt wurde, stand seit diesem Jahr als technischer Leiter der Ingenieur *Gottlieb Daimler* an der Spitze des in frischen Aufschwung kommenden Unternehmens; er hatte als Mitarbeiter Wilhelm Maybach mitgebracht, dessen technisches Ingenium er seit der früheren gemeinsamen Arbeit zu schätzen wußte. Vier begabte, zugleich kritische und ehrgeizige Männer betreuten den neuen Apparat – auch Eugen Langen hatte ja an der Verbesserung der ersten Konstruktionen Ottos lebhaften Anteil genommen. Die gemeinsame Arbeit hätte gut gehen können, aber sie ging nicht gut. Noch Jahrzehnte nach der Trennung (1882), als alle damals Beteiligten längst gestorben waren, ging der wissenschaftlich-historische Streit um den Anteil der Männer an dem Werk, um die Benennung »Otto-Motor« oder »Daimler-Motor«. Dabei ist soviel deutlich, daß Otto den Grundgedanken seiner Lösung, wenn auch unvollkommen, schon anderthalb Jahrzehnte früher angepackt hatte, daß Daimlers Entwicklungsarbeit vor allem die Entscheidung vorbereitete: mit dem schneller laufenden Motor eine völlig neue Phase des Verkehrswesens einzuleiten, wenn freilich nicht darin allein die Schaffung *seines* Verbrennungsmotors zu sehen ist.

Einen der Streitpunkte zwischen Otto und Daimler bildete die Frage der »Zündung«. Das war ja nun gewiß keine nebensächliche Angelegenheit; Carl Benz hat sie in der Rückschau auf sein Leben das »Problem der Probleme« genannt. Die Aufgabe war, das Gemisch aus Gas und Luft in dem Augenblick, da der Kolben es komprimierte und im Zylinder sich dem toten Punkt näherte, zur Entzündung zu bringen. Für andere Zwecke war die elektrische Funkenbildung als Zündquelle schon in Anspruch genommen. In seinen »Lebenserinnerungen« berichtet Werner Siemens, daß er 1848, als Artillerieoffizier, eine Seeminensperre am Kieler Hafen improvisierte, gegen die dänische Flotte; die Pulverladungen wurden an eine elektrische Leitung angeschlossen, die freilich noch nicht auf automatisches Funktionieren eingerichtet war. Siemens hat dann 1866 sich bemüht, »die elektrischen Zündvorrichtungen mit Hilfe eines Zylinderinduktors zu vervollkommnen«; diese Arbeiten wurden der Weg zur Entdeckung des dynamo-elektrischen Prinzips. Siemens entwickelte damals einen Apparat mit Magnetzündung, der seine erste Verwendung auch bei der Ausstattung von Minen fand. Daneben gab es noch das Verfahren, mit galvanischen Elementen einen Platindraht zum Glühen zu bringen.

Otto hatte bei seinen ersten Versuchen zu Beginn der sechziger Jahre auch mit einer elektrischen Zündvorrichtung gearbeitet – es ist nicht überliefert, welcher Art diese war. Die »atmosphärische Maschine« von 1866, die für die gewerbliche Verwendung reif wurde, gebrauchte eine offene Gasflamme, die, an dem Zylinder angebracht, durch eine kleine Öffnung das komprimierte Gasgemisch zur Explosion brachte. Natürlich war das Verfahren nur eine Zwischenlösung, weil durch die Öffnung, so kunstvoll die Schieberregelung ausgedacht war, immer auch ein Teil der eben gewonnenen expandierenden Stoßkraft entwich und die Flamme selber immer einem übermäßigen Druck ausgesetzt blieb. Die Regulierung der gesteuerten Flammenzündung im Schieber funktionierte bei 140 bis 180 Umdrehungen in der Minute, je nach der Stärke des Motors, begrenzte aber damit dessen Arbeitsleistung. Langen wandte sich, als der Viertaktmotor durchgestaltet war (in seiner ersten Fassung blieb Zündgas vorgesehen), 1877 an Siemens wegen des Siemensschen Magnetinduktors mit dem Doppel-T-Anker; Otto forderte diese Erprobung. Denn die elektrische Technik war in den fünfzehn Jahren seit seinen frühen Versuchen fortgeschritten. Aber es scheint, daß das Ergebnis den Erwartungen nicht oder nicht gleich entsprach; Daimler zum mindesten blieb ablehnend und skeptisch, so wenig ihn die bisherige Entzündungsart befriedigen konnte; er selber sollte ja eine Lösung finden, die den Zündvorgang von Schieber und Steuerung unabhängig machen würde und dabei doch den Grundstoff des Betriebes, welcher Art von »Gas« und Gasgemenge er auch sein mochte, mit verwenden könnte.

Natürlich war diese technische Sonderfrage nicht entscheidend für die Zuspitzung der Verhältnisse bei »Gasmotoren Deutz«, der unleidlichen persönlichen Beziehungen zwischen Otto und Daimler, die auch von Eugen Langen nicht mehr geordnet werden konnten. Im Sommer 1882 schied Daimler, ein Kompromißangebot der kündigenden Firma ablehnend, aus dem Deutzer Werk aus. Nun griff man in Deutz auf die Gedanken von 1877 zurück, um die Zündeinrichtung, die Siemens vorgeschlagen hatte, technisch und formal für den sonderlichen Zweck weiterzuentwickeln. Seit 1884 stellte man in der Gasmotorenfabrik magnetische Zündapparate her; die bisherige »pneumatische« Zündung wurde zwar nicht völlig aufgegeben, aber das neue Prinzip anerkannt. Dieser Zündapparat wurde ein selbständiger, wenn auch für die Gesamterzeugung des Werkes nebensächlicher Fabrikationsartikel.

Ihm ist, kurze Zeit, nachdem die »Feinmechanische Werkstätte« in Stuttgart begründet war, Robert Bosch begegnet, und man wird sagen dürfen, daß es eine sehr schicksalsreiche Begegnung gewesen ist. Seine Erinnerungen geben darüber einen in der Nüchternheit des Erzählertones eindrucksvollen Bericht: »Im Sommer desselben Jahres (1887) war ein kleiner Maschinenbauer zu mir gekommen und hatte mich gefragt, ob ich ihm nicht einen Apparat bauen könne, wie ihn die Gasmotorenfabrik Deutz an ihren Benzinmotoren verwende. Ein solcher Apparat sei in Schorndorf zu sehen. Ich fuhr dorthin und fand daselbst den niedergespannten Magnetapparat mit Abreißvorrichtung. Ich frug vorsichtshalber in Deutz an, ob an dem Apparat etwas patentiert sei. Auf diese Frage erhielt ich keine Antwort. Auch sonst fand ich keine Anzeichen dafür, daß der Apparat patentiert sei, und ich baute somit den Apparat, den ich auch Gottlieb Daimler vorführte, der eben zu jener Zeit in Cannstatt den damals hochtourig genannten Explosionsmotor für ortsfeste Maschinen baute. Er machte etwa 600 Umdrehungen. Nachdem ich den einen Apparat abgeliefert hatte, machte ich gleich drei weitere, die zu Versuchszwecken von den damals bestehenden Gasmotorenfabriken abgenommen wurden, die die Absicht hatten, Benzinmotoren zu bauen. Durch Anzeige kam ich darauf, daß auch die gut bekannte Firma F. Martini & Co. in Frauenfeld Magnetapparate suchte. Ich lieferte einen solchen, der noch nach dem Deutzer Muster mit über die Hochkante gebogenen 12 Stück Magneten versehen war. Ich reiste auch selbst nach Frauenfeld, wo ich mich rasch überzeugte, daß mit den 12 gebrechlichen Magneten eine technisch verwendbare Maschine nicht gebaut werden könne. Ich erinnerte mich der Getreidereiniger von Schäffer in Göppingen, kaufte dort Magnete vom Querschnitt 40/20 mm, versah sie mit Polschuhen und einer Grundplatte, zu deren Befestigung, und geeigneten Seitenplatten. Damit war zunächst der Zündapparat für ortsfeste Gasmotoren geschaffen, der aber einen recht mäßigen Absatz fand.«

Aus den Geschäftsbüchern der Frühzeit läßt sich ersehen, daß jener »kleine Maschinenbauer« die Firma Schmehl & Hespelt in dem württembergischen Städtchen Möckmühl war; sie nahm auch den zweiten der »Zündinduktoren« ab; der erste wurde ihr mit 216,50, der zweite mit 181,30 Mark berechnet. Dessen Lieferung fiel schon in das Jahr 1888, in dem insgesamt neun Zündapparate abgesetzt wurden. Die Verbindung mit Martini-Frauenfeld trat in Kraft, von dem Jahresumsatz, der 9000 Mark überschritt, kommt bereits ein starkes Sechstel (1546,50 Mark) auf diesen »Fabrikationsartikel«, für den jetzt ein Durchschnittspreis von 160 Mark genommen wird. Das nächste Jahr läßt die Verkaufsziffer auf 24 Apparate steigen, an sechs Kunden – mit

Der erste Bosch-Niederspannungs-Magnetzünder, 1887

3300 Mark ist das Fünftel des Gesamtumsatzes von 15 000 Mark überschritten. Das Jahr 1890 verschiebt die Relation weiter: von 19000 Mark Umsatz kommen 8000 Mark auf die Zündapparate; die Gasmotorenfabrik Hille in Dresden findet sich mit 34 Stück als Großabnehmer ein. Es ist der Zeitpunkt, daß Robert Bosch seine Maschinenausstattung mit gutem Optimismus erweitert und sich selber einen Gasmotor in die Werkstatt stellt. Schon in den achtziger Jahren hatte der Bau von Gas- und bald auch Benzinmotoren immer mehr Unternehmer angezogen. In langwierigen Prozessen, die sie selbst gegen eine vermutete Nachahmung angestrengt hatten und die ergaben, daß ein Münchener Uhrmacher sich ganz unabhängig und vor Otto die entsprechende Maschine gebaut hatte, ohne an Rechtsschutz oder industrielle Verwertung zu denken, hatten Otto & Langen 1884 ihre Patentansprüche verloren. Neben der führenden Deutzer Firma wuchsen jetzt neue Werke empor, und es begann damit ein sich weitender und wie es scheinen mußte, zuverlässiger Markt sich zu entwickeln. Mit dem Betrag von 14 800 Mark bei einem Gesamtumsatz von 25 500 Mark hatte bei Bosch der Zündapparat 1891 das Übergewicht im ganzen Geschäftsgang erreicht: von den 130 gefertigten Stücken fielen 72 allein auf Hille, der Preis, 1890 mit 135 Mark ausgezeichnet, sinkt jetzt bei Mengenbezug auf rund 100 Mark. Damals mag es gewesen sein, daß Bosch dem ihn beratenden Tabakfachmann sagte: »So sollte ich lauter Wochen haben!« Er hatte fünf Zündapparate versenden können.

Die Richtung auf eine Spezialisierung markierte sich, wurde jedoch nicht verfolgt. Gerade in die Zeit, da der Zündapparat auf dem Wege war, der beherrschende Artikel der »Fabrikation« zu werden, begannen die mühsamen Versuche mit dem Wasserstandsfernmelder. Aber das war unzweifelhaft für den vielbeschäftigten Mann eine höchst erwünschte Erleichterung im Geschäftsbetrieb: von den 151 Kunden, die 1891 verzeichnet sind, fallen auf den Zündapparat elf, und diese elf schaffen 58% des Umsatzes. Es gibt daneben noch Kleinkram genug, der immer bereite Gewissenhaftigkeit fordert.

Verständlich, daß Robert Bosch, bei allem Wagemut, nicht auf die Spezialisierung losging. Denn der Sprung nach oben, den die Zündapparate von 1890 auf 1891 gemacht hatten, von 55 auf 130 Stück, geht nicht so weiter, es kommt zu einer gewissen Ruhelage, die nächsten Jahre pendeln zwischen 136 und 157 Stück, 1896 werden es dann 263. Es ist das Jahr, das auch im Installationsgeschäft den starken, wenn freilich befristeten Aufschwung erlebt. Bosch wird von den finanziellen Sorgen frei. Ein charakteristischer Nebenzug der Entwicklung: die Verbindung mit der auf den Mittelstand zugeschnittenen Gewerbekasse wird liquidiert, es erfolgt der Übergang zu der bei der Industrialisierung des Landes führenden Württembergischen Vereinsbank. Der neue Kunde kommt nicht als Kreditsucher, er verfügt über ein bald wachsendes Bankguthaben.

Unter den Beziehern von Zündapparaten vermerkt das Versandbuch im August 1893 Carl Benz in Mannheim. Der plagte sich seit einem Jahrzehnt mit der Zünderfrage herum, aber die ersten Versuche, die er mit dem Erzeugnis der Stuttgarter Werkstatt machte, blieben ohne Folge. Fast ein Jahr später wendet sich Rudolf Diesel an Bosch, und dieser reist selber nach Augsburg, um dem Erfinder bei der Montage des Zünders behilflich zu sein. Eine Verwendbarkeit war damals ein Trugschluß.

Das Kraftfahrzeug

Es ist nicht wahrscheinlich, daß sich Gottlieb Daimler in Cannstatt sehr für den Apparat interessiert hat, den Robert Bosch dem Deutzer Muster nachgebildet hatte und ihm nun 1887 vorführte. Denn mit diesen Dingen mußte er sich ja schon in seiner Kölner Zeit abgeben, und er hatte festgestellt, daß die vorgezeigte Lösung gerade für die Frage, die ihn seit Jahren so sehr beschäftigte und für die er die ersten gültigen Antworten jetzt gefunden hatte, nicht tauglich sei. Daimler hatte sich 1882, nach der Trennung von Otto & Langen, in die Heimat zurückbegeben und Wilhelm Maybach zur Weiterführung der Gemeinsamkeit gewonnen. Hier mochte er hoffen, die geschickten Arbeitskräfte leichter zu finden, die er brauchte; hatte er doch 1872, von den damaligen Leistungen in Köln nicht befriedigt, eine ganze Kolonie von schwäbischen Meistern und Gehilfen herangeholt. Was seine konstruktive Phantasie ganz in Anspruch nahm, war die Herstellung eines schnell laufenden Motors. Denn erst wenn dessen Tourenzahl gesteigert war, konnte der Gedanke sinnvoll weiter verfolgt werden, den erhöhten Umlauf für die Verwendung auf Verkehrsmitteln auszunutzen.

Die Aufgabe als solche war alt. Die Geschichte des Automobilismus hat ein ganzes Museum des Vorläufertums gesammelt, voll von geistreichen, von unbeholfenen, von skurrilen Beispielen. Es gibt die Serie der englischen Bemühungen; das Ursprungsland der Dampfmaschine hatte in der ersten Hälfte des 19. Jahrhunderts allerhand von der Schiene freie Typen hervorgebracht, die bereits einige praktische Bedeutung gewannen, um dann durch eine Parlamentsbill unter dem Einfluß der Eisenbahngesellschaften abgedrosselt zu werden. Als England die Sache aufgab, wurde sie von Frankreich aufgenommen, zunächst auch im Herumexperimentieren mit der Dampfkraft; daneben spielt aber auch bereits der Explosionsmotor eine Rolle. Lenoir, der den mit Leuchtgas arbeitenden Motor konstruiert hatte, begann selbst, ein Fuhrwerk damit auszustatten. Diese mannigfaltigen Versuche waren gewiß nicht nutzlos, sie erbrachten Erfahrungen mit Steuerung, Getriebe, Bremsen, aber sie blieben mehr oder weniger ein Kuriosum. Es kommt darauf an, ob man eine englische oder französische oder eine deutsche Frühgeschichte des Kraftfahrzeugs zur Hand nimmt: je nachdem wird man die Akzente verteilt finden, die den einzelnen Nationen das Verdienst um die industrielle und zivilisatorische Revolution zuweisen, die von der neuen technischen Konstruktion ausgeht.

Das Entscheidende ist von den beiden Deutschen Gottlieb Daimler und Carl Benz geleistet worden. Die Geschichte vermerkt wohl, daß schon vor ihnen der Mecklenburger Siegfried Markus 1875 in Wien einen Wagen laufen ließ, mit Benzinmotor, der sogar die magnet-elektrische Zündung besaß. Aber dieser Vorläufer ist knappe Anekdote geblieben, ein halb geglücktes Experiment ohne Folge. Die ersten Konstruktionen von Daimler und Benz haben für die spätere Betrachtung gewiß auch bald einen musealen Zug erhalten, sie mögen rührend anmuten oder grotesk – das Wichtige bleibt, daß nun eine kontinuierliche Entwicklung möglich wurde. Daran sollte Robert Bosch in einem entscheidenden Augenblick Anteil nehmen. Die Frühgeschichte des Automobils und nach ihm des Flugwesens drängt sich auf ein paar Männer aus dem südwestdeutschen Raum zusammen.

Die eigentümliche Duplizität wiederholt sich: so wie Otto in Köln und Reithmann in München nichts von einander wußten, als sie in den siebziger Jahren den Viertaktmotor erarbeiteten, so experimentierten unabhängig voneinander und sich dabei schier benachbart Benz und Daimler. Die beiden, deren Namen die Geschichte gemeinsam nennt, haben sich nie gesehen, offenbar auch nicht das Bedürfnis gehabt, sich zu begegnen. Bekanntlich hat es nicht an der posthumen Auseinandersetzung gefehlt, wem von den beiden das eigentliche, das größere Verdienst bei der Schaffung des Automobils zukomme. Als in einem Rundschreiben Benz der Erfinder des Automobils genannt wurde, bestätigte Robert Bosch am 4. Januar 1933 in einem Brief an Paul Daimler, daß »erst der schnellaufende Motor eine weitere Entwicklung des Automobils möglich gemacht hat«... »Es ist nun mehr oder weniger ein Streit um Worte, ob Gottlieb Daimler oder Carl Benz der Erfinder des Autos ist. Daß durch die Arbeit Ihres Herrn Vaters und Wilhelm Maybachs dem Automobil der Weg in seiner heutigen Gestalt gebahnt worden ist, kann gar keinem Zweifel unterliegen, und es kann einfach niemand dies bestreiten.«

Der Nachdruck der Arbeit von Benz liegt mehr auf der Idee einer Gesamtplanung, auf den Fragen von Kühlung, Gewicht, Getriebe, Lenkbarkeit – hier steht er in der Nähe von Maybach, der in dem gemeinsamen Schaffen mit seinem verehrten Meister diesem darin überlegen war, daß er das kommende Werk als konstruktive Einheit vor sich sah. Daimlers Leistung ist, daß er den Weg fand, die Tourenzahl der Kolbenmotoren zu steigern; denn erst damit gewann der Gedanke des »Selbstfahrers« praktische Bedeutung. Charakteristisch, daß Daimlers erster Wagen eine Pferdekutsche war, der man die Deichsel wegnahm, der man einen Motor aufmontierte, daß seine ersten geschäftlichen Erfolge nicht durch das neue Straßenvehikel erzielt wurden, sondern durch Motorboote. Das zugleich Begrenzte und Universelle seiner Leistung drückt sich darin aus. Für die Mannheimer wie für die Cannstatter Versuchswerkstätte war das Benzin gleichermaßen der gegebene Treibstoff. In Cannstatt wurde ja dann (1893) auch das Verfahren vervollkommnet zur Regulierung der Benzinzerstäubung und Mischung mit der angesaugten Luft.

Die entscheidende Neuerung bei dem Daimlerschen Motor war die so einfache als geistreiche Erfindung eines neuen Zündverfahrens: des

Glührohrs. Bei den Ottoschen Motoren wurde durch eine Schiebervorrichtung eine Zündflamme in den Verbrennungsraum »gesteuert«. Daimler ersetzte diese umständliche mechanische Apparatur, die auch die Tourenzahl beschränkte, dadurch, daß er ein rückwärts geschlossenes Röhrchen, aus Porzellan, später aus Platin, in die Zylinderwand, nahe dem toten Punkt des Kolbenlaufes einfügte. Das Röhrchen, von außen durch eine Flamme erhitzt, nahm das komprimierte Gasgemisch auf und brachte es zur Entzündung. Die theoretische Rechnung von Daimler war dabei, daß die durch die Explosion jeweils herbeigeführten Grade für einen genügend erhitzten Dauerzustand des Glührohrs zureichen würden. Wenn auch diese Erwartung nicht bei allen klimatischen Voraussetzungen sich erfüllte und die Praxis später manche Unzuträglichkeit, leichte Verletzbarkeit der Zündstelle ergab, so bedeutete die Erfindung doch einen außerordentlichen Fortschritt gerade für das, worauf es Daimler ankam: die Tourenzahl des Motors zu steigern. Von 200 bis 250 in der Minute, die man bisher erreicht hatte, hob er sie auf 900. Damit war, von den praktischen Folgen abgesehen, für die weitere Entwicklung ein technischer Neubeginn geschaffen.

Carl Benz war bei der Batteriezündung geblieben, die schon Lenoir bei seinen Versuchsfahrten mit einem Gasmotorenwagen 1864 gebraucht hatte; »alle möglichen Versuche« waren seit 1878 von Benz, wie er schreibt, angestellt worden, »bald mit kleinen Dynamos und Batteriezündung, bald mit Phosphorwasserstoff und Katalyse«. Die Anordnung der Elemente machte natürlich einige Schwierigkeiten, größere die Tatsache, daß damals die Akkumulatoren erst in der Ausbildung standen. So war, von den sonstigen Fährlichkeiten abgesehen, ein Nachteil dieser Einrichtung, daß sie den Gebrauch des Motors zeitlich begrenzte; die Batterie mußte oft geladen werden. Immerhin leistete sie bei den jetzt erreichten Umlaufszahlen die notwendige Funkenbildung im Zylinder, die durch einen »Unterbrecher« erreicht wurde. Die Batteriezündung als eine eigenständige Entwicklungsform steht selbständig neben der Glührohrzündung. Beide werden dann durch den magnet-elektrischen Apparat verdrängt, bis die Batteriezündung, unter neuen Voraussetzungen, der Ausstattung mit elektrischen Lichtanlagen, der Erfindung des »Anlassers«, wieder in breitem Stil aufgenommen und zu jener Vollkommenheit durchgebildet wird, in der die Erinnerung an die risikoreichen Schwächen der Frühzeit versinkt.

Es ist bekannt genug, daß Daimler und Benz in Deutschland zunächst eine geringe Anteilnahme an ihren Arbeiten fanden, einiges örtliches Verwundern, aber auch Mißtrauen und Ablehnung; eigentlich setzte sich nur die Verwendung des Motorbootes rasch durch. Für beide wurde die frühe Verbindung mit Frankreich schicksalsvoll: die Lizenzen, die sie dorthin vergeben, oder die Fahrzeuge, die sie dorthin verkaufen können, begründen ihren Ruhm. In Frankreich entsteht in den ausgehenden achtziger, in den beginnenden neunziger Jahren geradezu eine öffentliche Begeisterung für das Kraftfahrzeug. Die Entscheidung zwischen den verbesserten Dampfwagen und dem Explosionsmotor muß noch durchgefochten werden, in dem ersten großen Straßenrennen von 1894 ist sie durch einen Daimler-Motor gefallen.

In dieses Bild paßt es, daß auch bei Robert Bosch das Interesse des Auslandes oder doch eines Ausländers für die Wendung zum Kraftwagenmotor maßgebend wurde, des Engländers Simms, der im Jahre 1897 die Verbindung mit Bosch suchte. Schon vorher hatte es einige Berührungen zwischen dem Boschschen Magnetzünder, der an sich für ortsfeste Motoren bestimmt war, und dem neuen Kraftfahrzeug gegeben; Benz hatte sich 1893 einen Apparat kommen lassen. 1894 wurden einige Zündapparate in die Fahrzeuge der neugegründeten »Thüringischen Motorwagenfabrik« zu Neustadt an der Orla eingebaut. Dieser Versuch, den der Ingenieur F. P. Teichmann leitete, hätte Geschichte machen können. Aber das junge Unternehmen geriet schon 1895 in finanziellen Verfall. Im gleichen Jahr hatte man einen Zündapparat, es war der mit der Nummer 718, einem Besitzer in seinen Benz-Wagen montiert, und die Sache ging, da es sich um einen Motor mit geringer Drehzahl handelte. 1896 machte man Versuche, für ein Motorzweirad der Augsburger Firma Rüb & Wegelin eine Zündeinrichtung zu konstruieren; aber sie gediehen damals noch zu keinem befriedigenden Ergebnis, was auch an dem Aufbau des Modells lag. Frühere Bemühungen, für die damals führende Firma in der jungen Motorradindustrie, Hildebrandt & Wolfmüller in München, mit einem Hochspannungsinduktor zurecht zu kommen, wurden wieder eingestellt. »Was im Zimmer ging, war noch lange nichts für die Landstraße«, heißt es dabei in einem späten Rückblick von Bosch auf diese Periode – solche Erfahrung war die oft enttäuschende Zugabe für die Konstrukteure, die sich in dem neuen Bezirk tummelten.

Frederic R. Simms nun war eine recht wichtige Figur. Er stand schon seit 1888 mit Gottlieb Daimler in Verbindung und war seit 1893 dessen geschäftlicher Vertreter in England, hervorragend beteiligt an dem Kampf, in seiner Heimat die den Automobilismus hemmenden, veralteten Parlamentsgesetze zum Sturz zu bringen. Mit einer anderen englischen Finanzgruppe hatte er 1895 die Verwertung der Daimlerschen Patente im britischen Reichsgebiet übernommen und dabei maßgeblichen Einfluß auf die damals völlig zerfahrenen personellen Verhältnisse in Cannstatt gewonnen. Daimler hatte sich mit den Finanzleuten seiner 1890 gegründeten Gesellschaft überworfen und war für einige Jahre wieder zur Tätigkeit des industriell nicht gebundenen Konstrukteurs zurückgekehrt. Die Erscheinung des Engländers ist nicht ganz zu erfassen. Er war Ingenieur mit technischem Spürsinn, doch ohne zuverlässige Durchbildung, entflammbar, in erster Linie aber kapitalistischer Geschäftsmann und in den Methoden der Werbung nicht allzu wählerisch. Das englische Syndikat, dem er nahestand, bemühte sich grundsätzlich um *alle* motortechnischen Neuerungen, um sie unmittelbar oder durch Lizenzverträge zu nutzen. Der Zündapparat, den Bosch für ortsfeste Motoren lieferte, mochte ihm dafür geeignet erscheinen. Sein eigentliches Ziel ging weiter: würde sich die elektrische Zündung auch für die Motoren der Kraftfahrzeuge eignen, so mußte, falls der Verkauf von Daimler-Motoren in England gut vorankäme, für ihn, Simms, ein weiterer Gewinn dabei herausspringen. Denn er würde an dem Absatz der Bosch-Apparate zusätzlich profitieren. Für die Erprobung der Möglichkeit wählte Simms einen Umweg, indem er der Stuttgarter Werkstatt eine Aufgabe stellte, die schließlich eine entscheidende Bedeutung gewann. Sie brachte zugleich Bosch in Berührung mit einem Erzeugnis des interessantesten französischen Automobilkonstrukteurs, des Grafen *de Dion*.

Dieser Mann hatte sich, ohne jede technische Vorbildung, aus einer kavaliermäßig sportlichen Laune, mit den Dampfwagen eingelassen, um sie im Wettbewerb mit dem Verbrennungsmotor selber ad absurdum zu führen. Er sorgte mit seiner Unruhe und seinen Einfällen dafür, das neue Instrument sowohl bei der Aristokratie gesellschaftsfähig als bei der Masse volkstümlich zu machen, die bewegende Kraft bei den so wichtigen französischen Straßenrennen der neunziger Jahre und bei der Gründung des französischen Automobilclubs. Darüber war er selber zum technischen Fachmann geworden und hatte begonnen, während die paar führenden französischen Häuser jener Zeit ihre Erfolge mit den Daimlerschen Lizenzen bestritten, den Verbrennungsmotor selbständig zu entwickeln. Er schuf einen kleinen, leichten, sehr leistungsfähigen Motor, den er auf einem Dreirad montierte. Die Zündung erfolgte durch eine Trockenbatterie.

Ein solches Dreirad de Dion-Bouton sandte nun Simms an Bosch mit dem Ersuchen, eine Magnetzündung anzubringen. Die Umlaufzahl des Motors, so war die Mitteilung, betrage etwa 600 in der Minute. Als man in Stuttgart das Ding anspringen ließ, merkte man bald, daß dies wohl nicht stimme. Wie aber sollte man die richtige Ziffer herauskriegen? Man weiß sich zu helfen: auf der Straße nach Wangen wird eine Strecke abgemessen, mit der Stoppuhr kann man feststellen, wie lange die Fahrzeit dauern wird und daraus läßt sich dann die Tourenzahl des Motors berechnen. Das gehört zu den gern erzählten Anekdoten dieser wichtigen Geschichte, daß der 19jährige Lehrling Max Rall sich erbot, das Experiment zu wagen und, ohne daß ihm je eine Anleitung gegeben war, die Probefahrt zu unternehmen. Sie verlief gut, bestätigte aber die Vermutung, daß Simms' Zahlen unzutreffend seien: die Schätzung ergab, daß es sich um etwa 1800 Umdrehungen in der Minute handle. Dafür die notwendige Anzahl von Zündfunken zu liefern, war der Magnetinduktor auch in seiner entwickelten Form nicht imstande.

In der bisherigen Konstruktion war der zwischen den Dauermagneten befindliche Doppel-T-Anker beweglich; eine durch einen Winkelhebel auf der Steuerwelle des Motors verursachte Pendelbewegung reichte aus, einen Strom mit genügender Spannung zu erzeugen. Im Verdichtungsraum des Gasgemisches war ein isolierter Zündstift gemeinsam mit dem Zündhebel auf einem Zündflansch angebracht; im Augenblick des stärksten Stromes wurde die leitende Verbindung zwischen Zündstift und Zündhebel durch ein mit dem Winkelhebel verbundenes Gestänge plötzlich getrennt; »abgerissen« – der Zündfunken entstand. Aber dies Verfahren war bisher nur bei den ortsfesten Motoren erprobt, bei denen eine Umlaufzahl von 250 den gewerblichen Zwecken des Kraftantriebes genügte. Sollte man vor der

23.11.28

KAISERLICHES PATENTAMT.

PATENTSCHRIFT

№ 99399

KLASSE 46: Luft- und Gasmaschinen, Feder- und Gewichts-Triebwerke.

ROBERT BOSCH in STUTTGART.

Elektrischer Funkengeber zur Zündung des Explosionsgemisches in Gasmaschinen u. dgl.

Patentirt im Deutschen Reiche vom 11. Juni 1897 ab.

Der Gegenstand der Erfindung besteht in einer elektrischen Zündvorrichtung für Gasmaschinen und dergl., welche viele schnell auf einander folgende Funken dadurch erzeugt, dafs ein Eisenkörper, welcher im Verhältnifs zum Anker geringes Gewicht besitzt, zwischen den Polen eines feststehenden Magneten und einem mit einfacher Wickelung versehenen, ebenfalls feststehenden Anker eine theilweise Kreisbewegung abwechselnd in dem einen und anderen Sinne ausführt.

Die Vorrichtung ist in der Zeichnung dargestellt, und zwar zeigt
Fig. 1 einen senkrechten Schnitt und
Fig. 2 einen Querschnitt.

Als Funkengeber ist hier ein Siemens-Doppel-T-Inductor gewählt, dessen Anker *a* feststehend und durch Schrauben *c* mit dem Gehäuse *b* fest verbunden ist. Es kann also das eine Ende der Wickelung *d* des Inductors am Anker festgeschraubt werden, von dem aus der Strom über die Schrauben in das Gehäuse u. s. w. gelangen kann, ohne Flächen überwinden zu müssen, die infolge der Schmierung Widerstand bieten.

Zwischen den Polen *k* der ebenfalls feststehenden Magnete *l* und dem mit einfacher Wickelung *d* versehenen feststehenden Anker ist ein Eisenkörper angebracht, welcher eine theilweise Kreisbewegung ausführt, wodurch viele schnell auf einander folgende Funken entstehen.

Der Eisenkörper bildet eine von der Steuerwelle aus oder in anderer geeigneter Weise in Schwingung versetzte Hülse, welche aus zwei auf den Achsen *i i* befestigten Scheiben *h* besteht. An diesen sind die aus weichem Eisen hergestellten Streifen *g g* angebracht, welche der Form des Ankers sich anpassen.

Ein wesentlicher Vortheil besteht darin, dafs zum Eisenkörper bezw. die Hülse im Verhältnifs zum Anker ein geringes Gewicht besitzt, was namentlich bei Motorfahrzeugen, insbesondere bei Motorfahrrädern von grofser Bedeutung ist, da diese als Zweicylindermotoren eine ungewöhnlich hohe Umlaufszahl besitzen.

Bei dieser Vorrichtung läfst sich der Stromabnehmer vermeiden, da das isolirte Ende der Wickelung *d* mit einer am Gehäuse angebrachten isolirten Klemme *e* bezw. *f* verbunden werden kann. Die Magnete *l* sind mit besonderen Polschuhen *k* versehen, doch könnte man dieselben auch ganz weglassen oder die Magnete gleich selbst entsprechend ausdrehen, um die nöthige Annäherung bezw. Verringerung des Abstandes zwischen den Polen und den Eisenstreifen zu erzielen; ferner könnten die hufeisenförmigen Magnete *l* auch aus einem Stück bestehen.

PATENT-ANSPRÜCHE:

1. Elektrischer Funkengeber zur Zündung des Explosionsgemisches in Gasmaschinen und dergl., welcher dadurch zur Abgabe vieler schnell auf einander folgenden Funken geeignet ist, dafs ein Eisenkörper, welcher im Verhältnifs zum Anker geringes Gewicht besitzt, zwischen den Polen (*k*) eines feststehenden Magneten (*l*) und dem mit einfacher Wickelung (*d*) versehenen, ebenfalls feststehenden Anker (*a*) in theilweiser Kreisbewegung oscillirt.

2. Eine Ausführungsform des unter 1. bezeichneten elektrischen Funkengebers, bei welcher um den feststehenden Anker (*a*) eines Siemens-Doppel-T-Inductors zwischen den Polen des ebenfalls feststehenden Magneten (*l*) ein Eisenkörper in theilweiser Kreisbewegung oscillirt, welcher aus zwei Scheiben (*h*) mit daran angebrachten, der Form des Ankers entsprechenden Eisenstreifen (*g*) besteht.

Hierzu 1 Blatt Zeichnungen.

Patentschrift aus dem Jahre 1897
Erster Einbau der Bosch-Niederspannungs-Magnetzündung in einem Motordreirad.

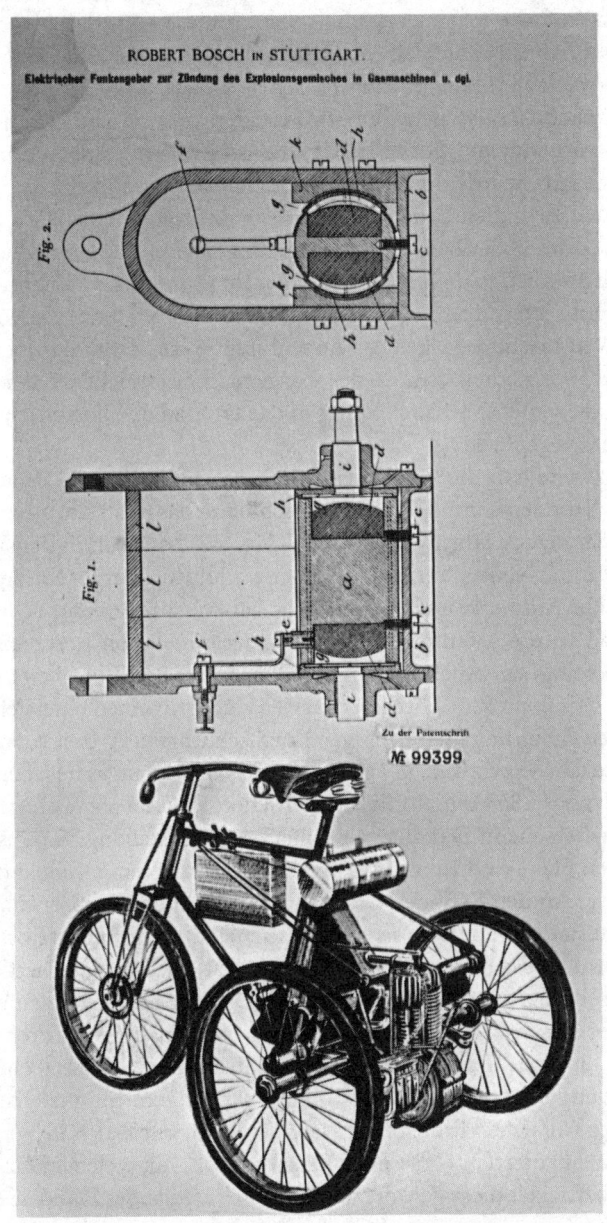

neuen Aufgabe resignieren? Bei dem Probieren und Überlegen kam Arnold Zähringer auf den entscheidenden Gedanken: statt des schweren bewickelten Ankers eine zwischen diesem und den Polschuhen angeordnete Hülse pendelnd zu gestalten und sie zum Kraftlinienstück zu benutzen. Diese Hülse, die dem neuen Apparat auch den Namen gab, wurde durch ein Kegelradgetriebe in Bewegung gesetzt, das auch dazu diente, den richtigen Zündzeitpunkt einzustellen. Das Prinzip des Abreißens der Verbindung zwischen Zündhebel und Zündstift blieb natürlich – auf ihm beruht ja das ganze System –, aber es konnte jetzt, unter Ausnutzung der intensiven Stromerzeugung, eine weit raschere Folge der Funkenbildung und damit der Explosionen im Verbrennungsraum des Gasgemisches erreicht werden. Man baute die neue Zündvorrichtung in das Dreirad de Dion ein, und die Sache war geglückt.

Unzweifelhaft mußten Bosch und seine Mitarbeiter die Bedeutung dieser Stunden empfinden. Der Anschluß an das Kraftfahrwesen, den sie nicht gerade stürmisch gesucht, dem sie aber doch in den Versuchen für die Neustadter, die Münchener und Augsburger Firmen probierende Aufmerksamkeit gewidmet hatten, war erreicht. Die neue Lösung wurde patentiert, und Zähringer erhielt von Bosch eine Lizenzbeteiligung. Auch der junge Rall hatte bei den Vorarbeiten seine erste Erfindung gemacht, als er für den Zündstift einen feuersicheren, von der Witterung unabhängigen Emailschutz statt Asbest vorschlug, und bekam seine zwanzig Pfennig für das Stück gutgeschrieben. Anfang Januar 1898 erhielt Simms sein Dion-Dreirad abgeliefert, Ende Februar erscheint Daimler mit seiner ersten Bestellung. Simms hatte also den Plan, das Cannstatter Werk zu interessieren, offenbar durchgeführt. An den Erfinder, dessen Rückkehr in das Werk er durchgekämpft hatte, wandte er sich, wie es scheint, nicht unmittelbar, sondern wählte den Weg über den Aufsichtsrat der Daimlerschen Motorengesellschaft, Duttenhofer. Gottlieb Daimler ließ sich einen Wagen mit der Bosch-Zündung montieren und unternahm eine Probefahrt nach Tirol; sie verlief offenbar zur Zufriedenheit, diese technische Erfahrung blieb aber zunächst ohne Folgerungen. Simms erreichte, daß der Aufsichtsrat, in dem er saß, beschloß, mit Bosch in Verhandlungen einzutreten. Es ist nicht ganz deutlich, mit welchem Grad der Ernsthaftigkeit diese geführt wurden. Sie lagen in der Hand des technischen und des kaufmännischen Direktors, Maybach und Vischer. Ob man Bosch »aufkaufen« könne? Das sei eine Preisfrage. Aber seine jetzt erreichte Unabhängigkeit wolle er, Bosch, nicht aufgeben; wenn es mit dem Zusammenarbeiten nicht klappen werde, wolle er »ohne Bedauern« Lebewohl sagen können.

Im Grunde wird seine innere Stimmung auf ein Nein ausgegangen sein, und er glaubte zu spüren, daß es den Gesprächspartnern nicht unerwünscht sei, wenn er mit recht hohen Forderungen käme – dann war der Auftrag des Aufsichtsrates ja an Bosch gescheitert! Ob Bosch bereit sei, den Alleinverkauf an die Daimler-Motoren-Gesellschaft zu übergeben? Die Gegenfrage lautete: welche Sicherungen er erhalten könne, etwa auch die Verpflichtung, in Zukunft nur mehr Bosch-Zündungen zu verwenden? Maybach muß Rückfrage bei Daimler nehmen, und Bosch hört aus dem Nebenzimmer dessen Antwort: »Das müßte ein schlechter Erfinder oder Konstrukteur sein, der von einem Tag zum anderen sich an eine solche Neuerung bände.« Die feste Verknüpfung fiel weg. Aber in welcher Größenordnung sich denn nun Daimlers Abnahmebereitschaft halte? Maybach meinte, zunächst nicht viel, etwa 100 Stück, im nächsten Jahr etwa 150. Aber er habe, antwortete Bosch, im letzten Jahre an 1200 Zündapparate verkauft – das zeige den Herren, daß ein beschränkendes Abkommen mit der Daimler-Motoren-Gesellschaft nicht in Frage stehe. Die Verhandlung, ob Bosch ein abhängiger Teilbetrieb von Daimler werde, mußte damit ergebnislos abgebrochen werden.

Freilich, ein nicht vorhergesehener Auftrag an das Cannstatter Werk führte die Nachbarn doch zusammen, und die Gelegenheit, wobei dies geschah, besitzt symbolischen Rang. Nach mannigfachen theoretischen Versuchen machte sich der Graf *Zeppelin* zur Jahrhundertwende daran, sein erstes Luftschiff zu bauen; der neue Explosionsmotor bot die Chance, dem kühnen Unternehmen die praktische Bewährung zu schenken. Daimler selber war seit der Konstruktion seines Motors von dieser Entwicklung überzeugt, er hatte dem preußischen Kriegsministerium – vergeblich – Vorschläge unterbreitet, hatte Motoren für die Ballonversuche von Wulfert und von Schwarz gebaut – es war sozusagen selbstverständlich, daß Zeppelin, der damals in Stuttgart sein Konstruktionsbüro hatte, Daimler für diese Aufgabe heranholte. Die Motoren waren, bis sie in Manzell zur Montage kamen, noch mit der Glührohrzündung versehen, wiewohl aus begreiflichen Gründen dem Grafen daran lag, die Feuergefährlichkeit auf ein Minimum herabzudrücken. So kam es schließlich so weit, daß die Daimlerschen Motoren in dem ersten Zeppelinschen Luftschiff, als 1900 der Einbau erfolgte, neu mit der Boschschen Abreißzündung ausgestattet wurden.

Die Beziehung Daimler-Bosch hat in ihrem persönlichen Wesen einen problematischen Charakter. In einer Niederschrift, die Bosch wenige Tage vor seinem Tod machte und worin den früheren »Erinnerungen« der eine und andere Hinweis hinzugefügt wird, steht geradezu der Satz: »Daimler haßte mich und machte mir alle Schwierigkeiten, die er machen konnte.« Er habe, da er die Glührohrzündung seinerzeit geschaffen, nicht einsehen wollen, daß die Magnetzündung seinem Motor zugute kommen werde. Natürlich erkannte Bosch die großartigen Verdienste des Konstrukteurs an, das geschah auch in dem Brief an dessen Sohn Paul, aber menschlich muß er eine starke Fremdheit gegenüber dem fast drei Jahrzehnte älteren Manne empfunden haben. Denn die Urteile, in denen er von Daimler spricht, haben zumeist solchen Unterton der Ablehnung – er findet später einmal, daß wohl Maybachs Anteil an der Schaffung des Automobils größer sei, als die geschichtliche Legende das sieht. Daimler besaß wie Bosch einen dicken Schädel und einen zähen Willen, er hatte ein Gefühl für das, was er geleistet, und wurde dessen doch nicht in gelassener Unbefangenheit froh; die Erfahrungen bei seiner Trennung von dem Deutzer Werk, die Reibungen mit den Finanzleuten, die ihn 1890 gründeten, hatten ihn empfindlich, ja mißtrauisch gemacht – die Liebenswürdigkeit und Gefühlskraft, deren er fähig war, hatte sich verkapselt. In dem etwas groben und sehr gescheiten Gesicht sind die Furchen der werkbesessenen Arbeit, aber auch die Züge argwöhnisch prüfender Zurückhaltung eingezeichnet. Was war für ihn dieser junge Mann, dessen Zeug die Aufsichtsratsmitglieder ihm aufreden wollten? Mit solchen Zündergeschichten hatte er sich doch schon vor zwei Jahrzehnten auseinandergesetzt. Boschs forderndes Selbstbewußtsein, das sich im Bunde mit dem technisch Überlegenen wußte, war nicht auf Diplomatie angelegt. Gewiß, auch er wollte Geschäfte machen, und die Verbindung mit Daimler mußte für ihn wichtig sein, aber er konnte warten.

Er brauchte nicht sehr lange zu warten, und die Daimler-Motoren-Gesellschaft, nicht Gottlieb Daimler, fand den Weg zu ihm. Das bedeutete keine technische Kapitulation, sondern war das Ergebnis einer geschäftlichen Überlegung. Das, was Simms mißglückt war, die Verbindung zwischen Daimler und Bosch, gelang einem anderen Außenseiter. Der in Nizza lebende österreichisch-ungarische Generalkonsul *Emil Jellinek* hatte in den zurückliegenden Jahren, als interessierter Liebhaber, an der allgemeinen Automobilbegeisterung der wenig beschäftigten und vermöglichen Leute in Frankreich teilgenommen, diese Marke, jene Marke kennengelernt, ihre Vorzüge und ihre Tükken, er hatte gefunden, daß die Daimler-Motoren am zuverlässigsten liefen, daß aber der Aufbau der Karosserie, die Gefälligkeit und Bequemlichkeit der Anlage noch recht verbesserungsfähig seien. Er kommt mit Wünschen und Angeboten: wird man sie erfüllen können, so will er als Großabnehmer den Absatz des Daimler-Wagens betreiben. Was er vorschlägt, ist vernünftig, weil es vom Bedürfnis des Fahrers aus gedacht wird, die Lösung bringt Schwierigkeiten, mit denen aber Maybach und der junge Daimler fertig werden. Der Wagen, den man nach der Tochter des Österreichers »Mercedes« nennt und der fast eine völlige Neuschöpfung der Jahre 1898/99 ist, wird Daimler im kommenden Jahrzehnt unbestritten an die Spitze nicht nur der Motorenleistung, sondern des Automobilismus überhaupt tragen.

Dieser Mann nun, ohne daß dies der Sinn seines Verlangens ist, wurde ein bißchen Schicksalsfigur für den Apparatebau bei Bosch. Denn da er bei dem Absatz nicht so sehr an den geschulten Berufsfahrer dachte – das ist ein sehr junger und in der Qualität noch recht ungleicher Beruf –, sondern an den privaten Liebhaber, wollte er diesem auch möglichste Sicherheit verkaufen. So stellte er die Bedingung: der Wagen darf keine Glührohrzündung haben. Und er festigt diese seine Forderung durch einen öffentlichen publizistischen Angriff wegen der schweren Gefahr dieser Einrichtung: »Die Glührohrzündung muß jeden Wagen einmal zum Brennen bringen. Ich will damit nicht gesagt haben, daß dadurch auch jeder Wagen verbrennen muß. Es ist nicht notwendig, daß ein Wagen umfällt, um das Benzin in Brand zu stecken, es genügt, daß eine heftige Erschütterung das Zuleitungsrohr zu den Brennern beschädigt, um den Brand hervorzubringen. Mir selbst sind in meiner langen Praxis unzählige Male meine

Wagen in Brand geraten. ... Hoffentlich wird in kurzer Zeit die bessere Einsicht der Fabrikanten, oder, wenn es nicht anders geht, ein Gesetz die Verwendung jeder Glührohrzündung bei Automobilwagen abschaffen, da bei der Ausbreitung dieses Verkehrsmittels die Folgen dieser gefährlichen Zündung gar nicht absehbar sind.«
Der besorgte Ruf nach dem Gesetzgeber mußte das heftigste Argument sein. Natürlich blieb noch die Wahl der Batteriezündung, die sich ja auch in den zwei Jahrzehnten verbessert hatte; aber wenn es das Ziel des neuen Wagens war, möglichste Leichtigkeit des Gewichtes, Sicherheit bei langen Fahrten und die zuverlässige Übersichtlichkeit der Handhabung zu erreichen, so empfahl sich die Entscheidung für den Magnetzünder. Arnold Zähringer wurde zu den Besprechungen herangeholt. »Zähneknirschend«, erzählt er, habe Gottlieb Daimler Jellinek den Verzicht auf das Glührohr zugesagt.

Daimler war damals schon ein kranker Mann. Am 6. März 1900 ist er gestorben. Wenige Wochen später, am 2. April, wurden die Verhandlungen mit Jellinek zum formalen Abschluß gebracht. Die Daten drängen sich zusammen: unter dem 2. März 1900 hatte Robert Bosch in Stuttgart das Grundstück Militärstraße 2 B gekauft, mit einem Garten, der von der Hoppenlaustraße begrenzt wurde: dort sollte ein Fabrikgebäude errichtet werden.

Die Auseinandersetzung Daimler-Bosch hat den Reiz der persönlichen Spannung zweier ausgeprägter Naturen. Für den großen Start von Boschs Erzeugnissen ist Daimler, nach dem anfänglichen Zögern, wichtig genug geworden. Denn die triumphalen Erfolge der Mercedes-Wagen trugen auch den Ruhm der Arbeit von Bosch mit voran. Man durfte sich in der Stuttgarter Werkstatt sagen, daß die zuverlässige Zündung eine Voraussetzung jener Rennsiege bildete, die allmählich auch die Deutschen zu beschäftigen, schließlich zu begeistern begannen. In den ersten Jahren der verbesserten Abschnappzündung führte das Ausland die Spitze im Absatz: das war die Folge der Abmachung mit Simms. Von den deutschen Werken treten neben Daimler das Gaggenauer Werk von Theodor Bergmann und vorübergehend Benz in den Vordergrund. Carl Benz hatte sich selber 1898 die neue Konstruktion in Stuttgart angesehen; doch kann man noch nicht von einer sicher steigenden Kurve seiner Aufträge sprechen. Die Ziffern

Robert Bosch berichtet in einem Brief vom Erwerb des Stuttgarter Grundstücks, auf dem er sein erstes eigenes Fabrikgebäude errichtet der für Fahrzeuge gelieferten Zündapparate lauten für die Jahre 1898 bis 1900: 132, 406, 1015. In der Zünderproduktion liegt bis 1900 der größere Anteil durchaus noch beim Bedarf für stationäre Motoren. Durch seine Befriedigung war jetzt das Unternehmen gesichert. Natürlich war es eine wichtige Sache gewesen, als man 1896 die Fertigung des 1000. Zündapparates feststellen konnte, und daß man sie mit einem »Betriebsausflug« nach Geradstetten feierte, zeigt: Bosch spürte, daß von diesem Artikel wachsend der Rhythmus seines jetzt deutlich gewordenen Aufstieges bestimmt wurde. Die Ziffern offenbaren aber auch, wie begrenzt doch die Gesamtnachfrage noch war. Bei den standortfesten Motoren mochte man von einem Markt nicht recht sprechen, für den man serienmäßig hätte produzieren können, wenn es auch natürlich schon Reihenbestellungen gab. Wie würde es mit der Fahrzeugzündung sein?

Daß Kraftwagen und Kraftrad eine Angelegenheit von umwälzender Bedeutung werden müßten, sah schließlich jeder. Man mochte die großen Rennen, die von den Franzosen mit viel Presselärm veranstaltet wurden, für eine verdienstliche oder für eine überflüssige, ja bedenkliche Geschichte halten: fast jedes dieser Rennen hatte eine technische Überraschung gebracht, und wer einige Phantasie besaß, mochte sich ausdenken, wie das weitergehen könne. Manches an den Konstruktionen hatte sich aus den Experimenten als einheitlicher Typus durchgesetzt: die Unterbringung des Motors im Vorderteil des Fahrwerks, die niedrige Bauart, die sich von der Erinnerung der Pferdekutsche trennte, der Verzicht auf die Riemenübertragung der Bewegung. Für die Steuerung, für das Zahnradgetriebe bildeten sich entsprechende Grundformen aus. Zur allgemeinen Aufnahme waren nach 1890 sehr schnell die von dem irischen Arzt Dunlop zur industriellen Brauchbarkeit entwickelten Luftreifen gekommen, wenigstens für die leichten Gefährte; die Annehmlichkeit des raschen Auswechselns von Ersatzreifen beziehungsweise Ersatzrädern wird freilich erst 1907 und 1910 geboten. Unentschieden waren noch die Sorgen um die Kühlung des Motors und um die Ölung; völlig im Argen lag die Frage der Beleuchtung, für die allerhand Zwischenstufen der offensichtlichen Verlegenheit gewählt wurden, von den windgeschützten Stearinkerzen über die Petroleumlaterne bis zur Lampe mit dem neumodischen Azetylengas. Man darf jeden Tag mit einer neuen

Erfindung rechnen oder, je nachdem, sich ihr ausgesetzt fühlen. Das ist es, was Bosch beschäftigt: ist die Wendung zu einer Spezialisierung nicht gefährlich? Ob schon damals das sorgende Wort von ihm gebraucht wurde, daß es sich mit diesem Zünder vielleicht um eine »Eintagsfliege« handeln könne? Immerhin, sie ist jetzt da, und man muß sie fliegen lassen. Bosch beschloß, den Zündapparat auf der Berliner Fachausstellung des Jahres 1899 zu zeigen und hielt sich selber einige Tage an seinem Stande auf, um das komplizierte Ding zu erklären. Doch hatte er kein großes Glück damit, was vielleicht an ihm lag. Denn er war gewiß kein guter »Verkäufer« und wohl nur erfolgreich, wenn er vor einem kundigen Menschen argumentieren konnte; es fehlte auch die Gelegenheit, den Zünder im Betrieb vorzuführen. Die bronzene Medaille war so eine Art Trostpreis der Ermunterung, und Bosch, dessen der Sache und ihrer Vorzüge bewußte Natur keines Trostes bedurfte, ärgerte sich mehr über diese Auszeichnung, als er sich freute. Ausstellungen des folgenden Jahres, in Nürnberg und in Wien, brachten die goldene Medaille.

Der Magnetzünder hatte nämlich inzwischen begonnen, bei dem noch begrenzten Kreis der Automobilisten sich durchzusetzen; dort verfolgte man mit der gewissen Leidenschaft des Sportlichen die Neuerungen, die es gibt, einer sagte sie dem anderen. Hier nun zwischen den mannigfachen Ungewißheiten und Unzuträglichkeiten, von denen die Wagnisse der Fahrer noch umrankt sind, ein Element der Zuverlässigkeit. Die Bosch-Zündung wird von den Fahrern begehrt, noch ehe sie von den Automobilfabrikanten angeboten wird; die Einführung in die Praxis kennt dadurch häufig den Vorgang, daß der Zünder in vorhandene und gebrauchte Wagen eingebaut wird. Das ist keine leichte, aber lehrreiche Aufgabe. Bosch lieferte nur den Magnetzünder, aber das Gestänge soll von diesem, von jenem zusammengebaut werden, ein einheitliches Schema gibt es so wenig wie den Typ des erfahrenen Feinmechanikers, der das eigentlich besorgen mußte. Die Arten der Motoren, ihre Verstauung im Wagen, die Apparatur im Führersitz sind mannigfaltig genug, und von Normung weiß man noch nichts. Die neue gute Leistung bringt also auch ihre Sorgen mit sich. Bosch muß selber die Kräfte zur Verfügung stellen, die Sache hier und dort in Ordnung zu bringen; die Leute müssen begreifen, daß nicht *sein* Fabrikat an den Enttäuschungen Schuld trägt, sondern die Art der Montage. Es werden dabei Erfahrungen gesammelt, darunter die entscheidende: wirklich gelöst wird die Aufgabe erst sein, wenn es einmal gelingen sollte, einen Zündapparat zu schaffen, der von dem Wechsel des Motors und seines Einbaus, von dem Verschiedenerlei des Gestänges unabhängig ist. Doch auch jetzt schon muß es zum Vorteil werden, wenn von vornherein die Anlage des Motors und der magnetische Abreißzünder aufeinander abgestimmt sind.

Gerade dies, die systematische Ausnutzung des neuen Artikels für die Fabrikation, hatte Frederic R. Simms im Auge, als er 1898 an Bosch mit der Anregung herantrat, die Vertretung des Magnetzünders in England zu übernehmen und dafür eine Gesellschaft zu begründen. Die Entscheidung besaß für Bosch doppeltes Gewicht: würde sich hier für ein Land, vielleicht für Länder, ein sicherer Großabnehmer finden, so mußte sich bald von selber fabrikatorisch die Wendung zur Serienarbeit ergeben. Für die ortsfesten Motoren hatte man gewiß auch schon Teilarbeit auf Lager gemacht, denn die Gefahr, man werde »darauf sitzen bleiben«, war gewichen. Doch hier konnte man nun sicher mit einem wachsenden Markt rechnen. Dann aber das andere: die Verbindung mit Simms war der erste große Schritt auf das Gelände der kapitalistisch gedachten arbeitsteiligen übernationalen Wirtschaft. Es mußte das Selbstbewußtsein von Bosch heben, daß da ein Engländer kam, der darauf traute, mit den Erzeugnissen der noch arg bescheidenen Stuttgarter Werkstatt draußen Geschäfte zu machen. Das würde vielleicht Daimler beeindrucken, auch Carl Benz – beide konnten sich nicht (es war 1898) oder doch nur sehr schwer entschließen, die bisher von ihnen gebrauchten Zündformen zu verabschieden. Simms tritt von 1899 an die Spitze der Bezieher, wenn auch die Ziffern für die ersten drei Jahre (87, 318, 230) nicht gerade überwältigend sind.

Bosch nennt seinen damaligen englischen Vertreter eine »komplizierte Natur«. Es war ihm in den Vorbesprechungen nicht recht gelungen, dahinter zu kommen, was eigentlich in ihm stecke. »Der Engländer sieht es ganz gerne, wenn es demjenigen, sagen wir, nicht schlecht geht, den er ausnutzen will« – der Satz will eine allgemeine Sentenz geben; er steht bei den Betrachtungen über Simms. Es heißt aber auch: man konnte mit den Preisen, mit dem Absatz zufrieden sein. Doch gab es ewige Reibungen: denn Simms wollte die geschäftliche Führung behalten, für ihn war Bosch nur *eine* der Automobilsachen, woran er beteiligt war; diese Verschlungenheit der Interessen machte die Arbeit für ihn und mit ihm gelegentlich undurchsichtig. »Immer wieder«, heißt es in der Rückschau, »versuchte er mir den Weg durch Patente zu verlegen«, und dann gab es gegenseitige Entrüstung mit einem kräftigen Ton.

Simms hat Bosch nicht nur den englischen Markt geöffnet (dort wurde der Zündapparat vertraglich mit der Bezeichnung »Simms-Bosch« eingeführt), sondern, was wichtiger und interessanter ist, das Erzeugnis auch in Frankreich zur selbständigen Geltung gebracht. 1899 gewann er Bosch, mit ihm eine englische Gesellschaft für den französischen Markt zu begründen: die Automatic Magneto Elektric Ignition Co. Ltd. Simms brachte 1000 Pfund ein, Bosch seine Patente, also wesentlich das Patent auf den Zähringer-Hülsenapparat. Der Gesellschaftsvertrag beziffert den Simmsschen Anteil mit 50%; es lag auch bei ihm die Geschäftsführung. Anfänglich war vorgesehen, daß man bei einer französischen Firma werde arbeiten lassen müssen; die ersten Probeleistungen fielen beängstigend aus, und Bosch mußte besorgt sein, daß die Ware seinem Namen keine Ehre bringen werde. Der Abschluß der deutsch-französischen Patentunion gestattete dann die Einfuhr der Apparate. Simms kam jedoch nicht recht voran. Die englischen Ingenieure, denen er die Durchführung übertragen hatte, versagten – er konnte froh sein, daß der junge Max Rall, der mit seiner Lehrzeit bei Bosch schon länger fertig war und in die Fremde strebte, sich bereit fand, andere Lebenspläne fahren zu lassen und 1900 nach Paris zu gehen. Die Entwicklung des Pariser Hauses wurde seine eigentliche Leistung – es stand fest und bedeutend da, als Bosch sich nach einigen Jahren entschloß, die Bindung mit Simms zu lösen.

Werden einer Groß-Firma

Der industrielle Beginn im eigenen Haus

Am 12. April 1900 schreibt Robert Bosch seinem alten Studienkameraden Burckhardt: »Hausbesitzer bin ich; ich bin auch glücklich, doch nicht gerade des Hauses wegen, wenn ich auch glaube, ich habe mit Militärstraße 2 B keinen schlechten Kauf gemacht.« Die Werkstatt in der Kanzleistraße war bereits längere Zeit zu enge geworden, so daß Bosch 1899 noch Räume in dem Hintergebäude der Kasernenstraße 61 hinzumieten mußte. Das konnte natürlich nur eine vorübergehende Verlegenheitslösung sein.

Der Kaufvertrag über das Anwesen wurde am 2. März 1900 abgeschlossen; es handelte sich um ein solid gebautes Mietshaus mit einem Garten, der bis zur Hoppenlaustraße reichte. Der Kaufpreis betrug 140000 Mark, von denen 40000 Mark in zwei Monaten bezahlt wurden; das übrige blieb zunächst als verzinsliches Restkaufgeld stehen.

Natürlich war für den Käufer der Garten als Baugrund für die »Fabrik« das wichtigere Stück des neuen Besitzes. Die Wahl des Platzes zeigt deutlich genug, daß von einer »großindustriellen« Planung keineswegs die Rede sein konnte; man wird eher annehmen, daß die Rücksicht auf das Installationsgeschäft, das 1900 mit 63 700 Mark immerhin noch 21 % des Umsatzes ergab, nahelegte, eine leicht erreichbare Stadtgegend zu bevorzugen. Das Gelände, ziemlich am Rand der Altstadt gelegen, war seit ein paar Jahrzehnten erschlossen worden und hatte mit der von Leins gebauten Liederhalle, mit Garnisonskirche, Gewerbehalle und Gymnasium sogar einen Anlauf genommen, ein repräsentatives Stück des neuen Stuttgart zu werden; eine verwirrtere und ungeschicktere Lösung der Raumgestaltung läßt sich nicht ausdenken. Inmitten der mißgestalteten Unruhe der Häuserfronten und Baublöcke liegt halb versteckt die wunderbare Idylle des Hoppenlaufriedhofes, des Ruheplatzes schwäbischer Dichter und Künstler. Die Stadterweiterung hatte wohl den Bezirk, ehe das Gelände sich zum Hügel hebt, in brave Quadrate aufgegliedert; aber der Friedhof hatte sich gegen das Verfahren gewehrt; die Hoppenlaustraße setzt sich in einem scharfen Eck zur korrekten Militärstraße ab, die einmal etwas wie eine »Umgehungsstraße« entlang der Stadtmauer gewesen war. Dort wohnten in niedrigen Häusern Weingärtner; im Eckhaus steckte noch die alte Kelterwirtschaft.

In diesem merkwürdigen Durcheinander von neudeutsch-historisierender Schauarchitektur, ordentlichen hohen Zinsgebäuden, versponnener, verschatteter Romantik und altem, halbländlichem Häuserwerk siedelte sich nun Bosch an, und man kann diesem ersten Fabrikgebäude, das er erstellte, die Unbefangenheit, nun auch seinerseits eine Individualität in diesem Zirkel der Widersprüche darzutun, nicht absprechen. Daß der Bau in seiner Formgebung sehr glücklich sei, kann man nicht sagen, und es hat etwas Rührendes, wie er sich in einer um neunzig Grad nach oben gedrehten, über die Außenwand einer Art von Turm gehenden großen Schrift als »Elektrotechn. Fabrik« vorstellt. Aber dieses Haus ist doch sehr wichtig. Nicht etwa bloß, weil es die Wiege für bedeutende Entscheidungen und Entwicklungen wurde, sondern weil Robert Bosch an ihm lernte. Es würde völlig verkehrt sein, bei ihm von einer Bauleidenschaft zu reden, er hat nur das Notwendige gebaut, freilich, wenn der Entschluß gefaßt war, mit einer ausgreifenden Unbefangenheit. Als die Enge des 1900 gewählten Platzes deutlich geworden war, gab es vielerlei komplizierte Fragen zu lösen, und sein Mißtrauen gegen die Architekten, denen er gern vorwarf, daß sie, der Fassade zuliebe, die praktischen Dinge der Grundrißordnung, der hygienischen Sorgfalt vernachlässigten, führte ihn an die technischen Einzeldinge heran. Es wurde sein Ehrgeiz, Vorbildliches zu schaffen. Sein prüfendes Auge lernte nicht nur Baupläne gut zu lesen, sondern überwachte auch in unermüdlichem Eifer und mit kritischem Verstehen die Bauausführung. Wie viele Bauführer mußten sich, ob sie wollten oder nicht, über ihr Fach durch ihn belehren lassen! Jetzt, da er 1900 aus den an sich stattlichen, elektrisch beleuchteten, zweistöckigen gemieteten Hinterhausräumen herausstrebte, kam es ihm vor allem darauf an, helle, luftige Geschosse zu schaffen. Es waren noch kaum anderthalb Jahrzehnte her, seit auch in Deutschland nach dem schon etwas zurückliegenden Verfahren des Franzosen Monier die Verbindung von Eisen und Beton als neuer Baustoff angewandt wurde – die Architekten gingen nur zögernd an diese Bauweise, die die bisherigen Vorstellungen von der Statik revolutionieren sollte. Ob Bosch die »Monier-Broschüre« von G. A. Wayß gekannt hat, worin die technischen und ökonomischen Eigenschaften dieser Technik dargestellt wurden, ist nicht mehr festzustellen. Aber es hat ihn später mit einer gewissen stolzen Genugtuung erfüllt, daß dieses Haus, mit einer Frontverkleidung aus Hau- und Backsteinen, »das erste in Württemberg oder wenigstens in Stuttgart war, das in Eisenbeton ausgeführt worden war«. »Es wurde deshalb auch von der Baubehörde in den ersten Jahren regelmäßig überwacht bzw. besichtigt.«

Am 1. April 1901 erfolgte der Umzug. Der große Gewinn bestand vor allem darin, daß nun auch die Trennung zwischen den Büroräumen und eigentlicher Werkstatt organisch vorgenommen wurde. Sie hatte lange etwas sehr Behelfsmäßiges gehabt und war erst in der Kanzleistraße halbwegs befriedigend gelöst. Bis 1900 war Bosch immer noch »Techniker, Korrespondent, Verkäufer« usw., alles in einer Person. Er selber bedurfte der Entlastung, das Geschäft der Arbeitsteilung. Sie begann dort, wo es am meisten haperte, bei der laufenden, nicht nur episodischen kaufmännischen Geschäftsführung. Veruntreuungen eines Buchhalters waren eine warnende Erfahrung geworden.

Im Oktober 1900 trat *Hugo Borst* aus Eßlingen ein, damals neunzehnjährig; seine Mutter war eine Schwester von Frau Anna Bosch, so daß eine gewisse verwandtschaftliche Vertrautheit den Beginn des Zusammenspiels erleichterte. Ein halbes Jahr später holte man noch *Ernst Ulmer* aus Ludwigsburg: er übernahm im April 1901 die Buchhaltung und gab ihr in seiner ruhigen, zuverlässigen Art den festen Halt. Solange Borst sein Militärjahr abdiente (1901/02) und in Amerika weilte (1904/06), leitete Ulmer allein die kaufmännische Abteilung. Bosch spürte bald, was er an dem Mann hatte, und erteilte ihm, um ihn als Mitarbeiter zu halten, bereits 1902 die Prokura. Beide Männer haben an der Entwicklung des Werkes stärksten Anteil. Borst begann sofort mit einer planmäßigen kaufmännischen und betrieblichen Organisation, der er, zumal nach seiner Rückkehr aus Amerika, einen

1901 wurde das Fabrikgebäude in der Stuttgarter Hoppenlaustraße bezogen

klaren, starken Stil gab; es ist daneben seine Hauptleistung gewesen, die deutsche und ausländische Verkaufsorganisation in ihren immer wechselnden Bedingtheiten aufzubauen. Ulmer wurde bald der Vertrauensmann von Bosch in den sozialpolitischen Fragen. Der Sohn eines Fabrikpförtners wußte um die seelischen Dinge der Arbeiterschaft Bescheid und fand den zugleich guten wie nüchtern-festen Ton in den Verhandlungen mit Betriebsvertretung und Gewerkschaft. Die Atmosphäre von Wohlwollen und Rechtsgefühl, die seine menschliche Art auszeichnete, wurde zu einem Aktivum des wachsenden Betriebes.

Ein erster kaufmännischer Stab war nun also vorhanden. Aber Bosch mag sich Gedanken machen, ob die Sache mit der Fabrik nicht zu gewagt war. Aus den Geldsorgen war er, jetzt ein gesicherter und wohlhabender Mann, glücklich heraus, für den Fabrikbau hatte er ohne Schwierigkeit eine Hypothek von 40 000, später 60 000 Mark bekommen. Doch war die Anlage nicht zu groß gedacht? Als man den Neubau bezog, bezifferte sich die Belegschaft auf 45 Mann. Es ist gut, sich diese Zahl einzuprägen. Sie gibt nicht nur ein Maß in der Geschichte des Werkes, sondern auch für die Gesamtsituation, womit die Kraftwagenindustrie das neue Jahrhundert eröffnet hatte. Der Durchbruch zur umwälzenden Wirkung, so lebhaft die öffentliche Teilnahme an den modischen Rennen geworden ist, steht noch bevor. Fünfundvierzig Mann, das Haus in der Hoppenlaustraße ist aber auf zweihundert eingerichtet! Und wenn man auch mit dem Weitergang der Nachfrage nach den Zündapparaten rechnen darf, niemand gibt Gewähr, daß sie nur bei Bosch Befriedigung sucht. Niemand ist verwehrt, sich dieser noch neuen Sache zuzuwenden; vielleicht kommt eine der schon bestehenden elektrotechnischen Großfirmen auf den Gedanken, ihre Konstrukteure und ihre Laboratorien vor diese Aufgabe zu stellen, und gerade das wäre nicht sehr erwünscht. Bosch ist für den freien Wettbewerb; aber für den Preiskampf um den Markt, der sich doch eben erst bildet, fühlt er sich nicht voll gerüstet. Ein Konkurrent hat sich denn auch schon gemeldet: der Ingenieur Ernst Eisemann hatte bereits 1884 eine Werkstatt begründet und sich seit einigen Jahren um die Weiterentwicklung der Niederspannungszündung nicht ohne Erfolg bemüht.

Bosch dachte damals eine Zeitlang daran, von seinem neuerstellten

Fabrikgebäude, um es richtig auszunutzen, zwei Stockwerke zu vermieten. Das ließ sich dann doch umgehen; der Entschluß wäre ihm nicht leicht gefallen. Die Geschichte der Firma geht einen überraschenden, jedoch charakteristischen Nebenweg. Robert Bosch beginnt mit dem Bau von Werkzeugmaschinen, und er denkt auch daran, das Installationsgeschäft außerhalb Stuttgarts zu intensivieren: nach der Jahrhundertwende setzt der Eroberungszug der Elektrizität auf das flache Land ein, Wasserkräfte werden gefaßt, noch vereinzelt und unverbunden. Es ist eine Aufgabe, die Verhandlungsgeschick und Anpassungsfähigkeit fordert, aber mit der Lieferung von Motoren, mit einer weit gedehnten Installation für Jahre ein zuverlässiges, den Konjunkturen entzogenes Geschäft verspricht.

Die Herstellung von Werkzeugmaschinen war fast zufällig angepackt worden: ein Meister Schaerer, ein Schweizer, der zuerst auch im Zünderbau beschäftigt war, besaß das Patent auf eine Hinterdrehbank für Fräser. Bosch ging auf den Vorschlag ein, diese fabrikatorisch auszuwerten. Seine Erinnerungen, die mit Lobesworten haushälterisch umgehen, nennen den Mann »außerordentlich tüchtig«, und es sah so aus, als ob aus der Sache etwas Wichtiges werden müßte, um so mehr, als Schaerer auch eine Schleifmaschine entwickelte. Die Aufgabe als solche lockte Bosch; er hat sich später einmal darüber ausgesprochen, daß nur ein verhältnismäßig enger Kreis von deutschen Maschinenfabrikanten damals wirklich Gutes und Brauchbares geleistet habe, und wenn der Erzeugung solcher Maschinen auch die eigene Vorbildung nicht entsprach, so wurde sein technischer Sinn von der Vielfalt der hier wartenden Möglichkeiten stark angeregt. Aber Schaerer kam nun, als er sich mit Geschick und Umsicht der Entwicklung dieser Abteilung widmet, unvermeidbar in Bedrängnis gegenüber dem Gesamtrhythmus, der das Erzeugungsprogramm der Firma nach ein paar Jahren bestimmte, und sprach dies auch aus: so nebenher ließ sich diese Geschichte nicht betreiben. Bosch sah sich vor der Frage, ob er selber die jetzt schon geschaffenen Ansätze zu einer ganz selbständigen Abteilung ausbauen solle. Man darf aus seiner Darstellung spüren, daß er in der Entscheidung zögerte, sie fällt in die Zeit, da die Auseinandersetzungen mit dem Engländer Simms ihn ärgerten und quälten. Vielleicht konnte hier, nach einer Trennung von dem bisherigen Werk – sie wurde heftig hin und her überlegt –, dem Tätigkeitsdrang ein neues Feld geebnet liegen. Schließlich wurde 1906 die Lösung so gefunden, daß Bosch die ganze Werkzeugmaschinenabteilung an Schaerer abtrat, der in Karlsruhe nun eine selbständige Fabrik gründete. Sie gewann bald einen vortrefflichen Ruf und ist für den wachsenden und wechselvollen Bedarf von Robert Bosch ein bevorzugter Lieferer geblieben.

Für die Elektrotechnik wurde ein neuer Mann gesucht. Die Betriebsleitung für das laufende Geschäft, zumal mit den Zündern, befand sich bei Arnold Zähringer in den besten Händen. Aber wenn die Installation ausgedehnt wurde, mußte jemand da sein, der Bosch vertreten könnte. Es gab sich günstig, daß um diese Zeit *Gottlob Honold* sein Studium an der Technischen Hochschule in Stuttgart abschloß. Honold hatte nach seiner Lehrzeit ein Jahr bei einer Frankfurter Spezialfabrik für elektrische Meßinstrumente gearbeitet und dann die Hochschule bezogen, als außerordentlicher Studierender für Maschinenbau und Elektrotechnik. Die Studienzeit wurde ein paarmal unterbrochen durch praktische Tätigkeit bei der elektrotechnischen Abteilung, welche die Maschinenfabrik Eßlingen in Cannstatt errichtet hatte, durch das Soldatenjahr, das Honold wie seinerzeit Bosch bei den Ulmer Pionieren abdiente. Sein Eifer und seine selbständige Leistungskraft wirkten nicht bloß auf die Mitstudierenden, denen die liebenswürdige Bereitschaft seines helfenden pädagogischen Willens, Erbstück der alten Lehrerfamilie, dienlich war. Professor Dietrich stellte im Frühjahr 1901 ihm den Antrag, als Assistent am Elektrotechnischen Institut sein Mitarbeiter zu werden. Das war sehr ehrenvoll. Doch Honold verzichtete; er hatte ja keine Reifeprüfung, sondern »nur« das Einjährigen-Examen gemacht und mußte in Rechnung setzen, daß dieser Umstand eine akademisch-wissenschaftliche Laufbahn schließlich behindern würde. In dieser Zeit begegneten sich Lehrherr und Lehrling von ehedem, und Bosch, auf den die Meinung Dietrichs nicht ohne Eindruck sein konnte, frug Honold, ob er nicht in die alte Arbeitsgemeinschaft zurückkehren wolle. Dessen Zusage wurde für das Werk unmittelbar durch eigene Leistung und mittelbar durch die Heranziehung künftiger Mitarbeiter schicksalhaft.

Freilich, gerade das, woran Bosch bei der Ausschau nach der neuen Kraft gedacht hatte, war zunächst nicht Honolds Sache; die Aufgaben der Installation reizten ihn wenig, und für sie mußte bald eine Ergänzung gesucht werden; sie fand sich in *Heinrich Kempter*. Honold machte sich an den Zündapparat, und durch die Umgestaltung, besser Neugestaltung, die er ihm gab, hat er die noch ungewissen Kräfte der möglichen Entwicklung in die entscheidende Richtung zusammengefaßt: die Spezialisierung, die Bosch hatte vermeiden wollen, wurde nun, wenigstens als wichtiger Durchgang der Gesamtentwicklung, vom Marktbedürfnis her erzwungen.

Eben in den Monaten, da die Vorarbeiten für eine neue Lösung von Honold eingeleitet waren, stand Bosch vor einer geschäftlichen Überlegung, die, wenn sie auch folgenlos blieb, für den Ruf, den sein Geschäft damals schon besaß, und für die Art, wie er es selber beurteilte, charakteristisch ist. Die Berliner Firma Mix & Genest stellte ihm den Antrag, in eine nähere Geschäftsverbindung mit ihr zu treten, bat ihn um Einsicht in Umsatz, Bilanz und Nutzen. Offenbar war es ihr darum zu tun, im Zuge des Ausdehnungsbestrebens der elektrotechnischen Großindustrie in Süddeutschland festen Fuß zu fassen. Bosch lehnte in der Antwort eine Detaillierung der Auskunft ab, sein Nutzen sei ein verhältnismäßig sehr hoher, er habe nicht mit großen Maschinen zu rechnen, besonders das Installationsgeschäft, zu dessen Vergrößerung er jetzt die Vertretung von Bergmann übernommen, sei ertragreich, »da ich darin nur gute Kundschaft habe«. Diesen zurückhaltenden Äußerungen vom 10. September 1901 ließ er zwei Tage später eine grundsätzliche Betrachtung folgen: »Ich bin zu der Überzeugung gekommen, daß die Vereinigung unserer Interessen bzw. unser Hand-in-Hand-Gehen entweder in einer sehr losen oder in einer sehr weitgehenden Verbindung sich bewerkstelligen ließe. Ich müßte entweder vollständig mein eigener Herr bleiben und könnte auch nicht die von Ihnen als nötig bezeichnete Kontrolle durch einen Angestellten Ihrer Firma dulden. Es wäre geradezu ein Wunder, wenn der betr. Herr und ich uns gut zusammenstünden, das würde eigentlich nur unter den seltensten Umständen der Fall sein. Ich bin keine mißtrauische Natur. Aber ich möchte nicht dafür garantieren, daß ich die Berichte des Herrn an Ihre Firma immer gut heißen würde, und das Ergebnis wäre doch ein Zerwürfnis ... Das Verhältnis aber, das aus einem solchen Abkommen entstünde, scheint mir nach einiger Überlegung von vornherein als unhaltbar. Es könnte sich also nur darum handeln, daß ich volle Handelsfreiheit und jede Verantwortlichkeit habe, oder aber daß Ihre Gesellschaft mein Geschäft übernimmt. Abgesehen davon, daß ich nicht annehme, daß dieselbe dazu Lust hat, würde ich auch nur mein Geschäft weggeben, wenn ich so gestellt würde, daß ich im Notfall bei Ihnen weggehen könnte, ohne bedauern zu müssen, daß ich es tue. Das heißt mit anderen Worten: es müßte mir ein Preis bezahlt werden, welchen Sie bzw. die AG. nicht bezahlen können bzw. nicht wollen. Ich habe auch bei schlechtem Geschäftsgang dadurch mein gutes Auskommen, weil ich viel mit der guten Privatkundschaft arbeite.«...»Den Preis, den ich für mein Geschäft fordern müßte, will ich niemand zumuten, und zur Leitung einer süddeutschen Filiale finden Sie auch billigere Leute.« Der anekdotische Reiz dieses Schreibens liegt darin, daß das »Mißtrauen«, das sich aus guter Kenntnis des Temperaments auch gegen die eigene Natur richtet, hinter der Versicherung sich versteckt, er sei gar nicht mißtrauisch, der sachlich-geschichtliche Sinn, daß Bosch auch zu diesem Zeitpunkt »die gute Privatkundschaft«, d. h. das eigentliche Installationsgeschäft als die Sicherungskraft gegenüber den Ungewißheiten der industriellen Konjunkturen betrachtet.

Während der Chef des Hauses im Kontor diese Art von Bilanz über den Stand seines Hauses zog, saß sein junger Techniker in einem Raum, der zur Versuchswerkstatt hergerichtet war, bosselte, feilte, wickelte, probierte Materialien aus, experimentierte mit dem Strom der städtischen Elektrizität, sann über Isolierstoffe nach und übte mit den bisherigen Erfahrungen der niedergespannten Abreißzündung und der Funkenbildung in der Kerze der hochgespannten Batteriezündung die Möglichkeit durch, eine hochgespannte Magnetzündung zu erreichen, die die ganze Apparatur von den Mißlichkeiten des Gestänges befreien würde. Denn diese mußten, auch wenn inzwischen die Fertigkeiten der Motorenbauer sich verbessert hatten, erneut wachsen, seitdem der Kraftfahrzeugbau, und das war in rascher Entwicklung der Fall, zu den mehrzylindrigen Motoren überging. Jeder Zylinder bedurfte ja einer Zündvorrichtung, und diese mußten in der immer rasenderen Zeitfolge der Explosionen und Kolbenbewegungen aufeinander abgestimmt werden.

Bosch wehrte sich nicht dagegen, daß Honold, statt die Installationsaufträge zu pflegen, sich ganz dieser Aufgabe zuwandte. Man hatte schon ein Jahr zuvor einmal an dieser Frage herumgedoktert, ohne weiterzukommen, und war jetzt eben dabei, die von Arnold Zähringer gefundene Lösung der um den festen Anker pendelnden Hülse zu der rotierenden Hülse weiterzuentwickeln. In einem Aufsatz, den er in der »Automobilzeitung« veröffentlichte, gab Honold den Stand der technischen Dinge, freilich noch mit einiger Skepsis, ob die Änderung, an der man eben arbeitete, in der Praxis sich bewähren werde. Es mußte ein neuer Weg gesucht und gefunden werden. Wer wußte, ob nicht auch an anderer Stelle gescheite Köpfe über die Aufgabe nachsannen? Das Programm wurde in gemeinsamer Verständigung formuliert: dann zog sich Honold in seine Klause zurück, gelegentlich einen geschickten Arbeiter zur Hilfe, den praktisch-kritischen Rat von Zähringer zur Kontrolle heranholend. Es war ein sehr systematisches Arbeiten, das hier Fehlschläge und dann wieder überraschende Wirkungen feststellen konnte – im Dezember 1901 kam Honold so weit, daß ein Versuchsmodell für die Demonstration reif war.

Bosch weilte gerade damals mit Albert Hirth, der sich wenige Jahre zuvor selbständig gemacht hatte und mit seiner ingeniösen Erfinderbegabung ein so lehrreicher als anregender Reisebegleiter war, auf der Pariser Automobil-Ausstellung; Max Rall, der seit Herbst 1900 für die Simms-Bosch-Gesellschaft in Paris weilte, konnte ihn an einen Stand führen, wo eine französische Firma einen Hochspannungs-Zündapparat ausstellte, dem sie den klangvollen Namen »La Comète« verliehen hatte. »Da wird der Honold schön erstaunt sein.« – Die Entdeckung hatte Bosch nicht sonderlich beunruhigt, denn er dachte nach den erst wenige Jahre zurückliegenden Proben der französischen Eigenfertigung seiner Zünder nicht sehr hoch von deren Wettbewerbsfähigkeit. Nach der Heimkehr, da ihm Honold das Ergebnis der Mühen vorweisen konnte, war das Staunen an ihm: »Da haben Sie den Vogel abgeschossen.« Dies Urteil hat Honold in seinem späteren Bericht überliefert. Man war sparsam in den Worten untereinander, aber das Wort hatte im Mund des Sprechers Gewicht. Er erkannte, was hier geleistet war. Von dem Franzosen brauchte nicht weiter gesprochen zu werden. Er hatte sein Produkt symbolhafter getauft, als ihm wohl lieb war – es tauchte auf und ging nach kurzem Leuchten unter.

Gottlob Honold hat in der Werkzeitschrift »Der Boschzünder« am 28. Februar 1921 einen Bericht gegeben: »Wie entstand die Bosch-Lichtbogen-Zündung?« Die Darstellung mag für die Fachleute als ein Muster gelten durch die anschauliche Eindringlichkeit, in der die einzelnen Etappen mit ihren erwarteten und unerwarteten Ergebnissen beschrieben sind; sie ist auch ein Stück weit, über das Technisch-Forscherliche hinaus, Selbstzeugnis eines Menschentums, das im Rückblick auf den Erfolg, bei aller Genugtuung, die Linie einer schlichten Sachlichkeit hält. In einfachen Worten wird das Wesen der bisherigen Zündungen auseinandergesetzt. Bei der Abreißzündung wird der Funke bei niederer Spannung (50 bis 100) durch die mechanische Trennung der beweglichen Kontakte erzeugt; hier entsteht ein Funke von verhältnismäßig großer räumlicher und zeitlicher Ausdehnung. Bei der Hochspannung, die für die Batteriezündung galt von einigen Tausend Volt, springt er zwischen den räumlich getrennten, aber unbeweglichen Elektroden, er ist dünn und kurz.

Die Aufgabe war, eine Einrichtung zu finden, »die bei unbeweglichen Elektroden einen *heißen* Funken von verhältnismäßig *langer* Dauer (Lichtbogen) ergab«. Die Wege und Umwege, um zu solchem Ziel zu gelangen, sind hier nicht nachzuerzählen. Das Entscheidende war, nach den Vorversuchen, die mit verschiedenen Stromquellen für die Hoch- und Niederspannung gearbeitet hatten, eine gemeinsame Stromquelle zu schaffen. Dies geschah dadurch, daß die Ankerwicklung selber geteilt wurde: ein kleiner Teil für die Induktionsspule, die Gesamtwicklung für den Lichtbogen. Und hier ergab sich nun, »daß in der Ankerwicklung des Magnetapparates nebeneinander hochgespannter und niedergespannter Strom erzeugt wurde«. Diese Erkenntnis bis zur praktisch verwertbaren Folgerung weiterzuführen bedurfte der sorgfältigen Mühen, nicht die geringste war die Findung eines entsprechenden Isoliermaterials (lackierte Chinaseide), Honold hat selber die ersten Versuchsanker bewickelt. Der grundsätzlichen Lösung, zwischen den feststehenden Elektroden der Zündkerze auf magnetischem Wege, nicht mehr durch Umsetzung chemischer Energie in elektrische (wie bei den Batterien), Funken zu erzeugen, folgte die mühevolle Durchkonstruktion für die Unterbringung der mechanischen Verbindungsstücke zu dem Motor bzw. der Zündkerze. Denn die Aufgabe war diese: eine Apparatur zu schaffen, die in sich geschlossen den Motorenbauern zur Verfügung gestellt werden konnte.

Das nächste Schicksal der Honoldschen Erfindung war in doppelter Hinsicht eigentümlich genug. Die Motorenfachleute wollten nicht recht an die Sache herangehen. Man hatte lange und umsichtig gearbeitet, Honold konnte Ende August 1902 Robert Bosch schreiben, daß eine Probefahrt nach Leonberg ganz befriedigend verlaufen war; ein paar Wochen darauf bestellte sich auch Daimler ein erstes Stück, um auszuprobieren, was denn damit los sei. Aber im ganzen ist eine zunächst auffallende Zurückhaltung, die auch durch die Vorführung auf der Pariser Herbstausstellung 1902 nicht gleich überwunden wird. Das mag seltsam klingen: der Grund war ein optischer. Man glaubte nicht an die Zündkraft des kurzen, dünnen Funkens, wenn man ihn mit dem »fetten« der Abreißzündkraft verglich. Es wurden den Zweiflern allerhand Kunststücke vorgeführt, das Anbrennen von Seidenpapier, das Schmelzen von Kupferdraht. Bis sich der Franzose Louis Renault entschloß, bei dem Rennen um den Grand Prix den neuen Zündapparat zu verwenden, und damit siegte. Das war das Signal zu einem vollkommenen Umschwung.

Inzwischen hatte Honold einen ziemlich mühevollen Kampf um die patentrechtliche Anerkennung seiner Erfindung durchzukämpfen. Der Anspruch in der Meldung vom 4. Januar 1902 war so formuliert: »Magnetelektrischer Zündapparat für Explosionskraftmaschinen, dadurch gekennzeichnet, daß durch das Unterbrechen der kurzgeschlossenen Ankerwicklung oder eines Teils derselben die in der Wicklung induzierte Spannung so hoch steigt, daß sich zwischen zwei in bekannter Weise von einander isoliert in das Zylinderinnere eingeführten Stromschlußstücken, welche an die Enden der Ankerwicklung geschlossen sind, ein kleiner Lichtbogen bildet.« Das Patentamt weigerte sich, die praktische Zweckdienlichkeit des Verfahrens anzuerkennen. Die Auseinandersetzungen mit der Beschwerdestelle führten Honold selber tiefer in die Probleme und in die Erkenntnisse ein. Er hatte vor Jahren in der Wartezeit, bevor ihn Bosch zur Lehre annahm, bei einem heimatlichen Photographen in Langenau ein halbes Jahr sozusagen volontiert und diese Übung als erholsame Liebhaberei weitergetrieben – jetzt war ihm das sehr dienlich. Denn er konstruierte einen geistreichen Apparat, durch den die Funkenbildung im

Lichtbild aufgenommen werden konnte. Dies half, neben zahlreichen Vorführungen in der Versuchsabteilung des Patentamtes, die kritische Behörde zu überzeugen. Nach zweieinhalb Jahren, im Juni 1904, wurde das Patent erteilt.

Nun aber sollte sich nach einiger Zeit erweisen, daß die Zurückhaltung des Reichspatentamtes aus Gründen, deren sich die verantwortlichen Beamten selber nicht bewußt waren, einige objektive Berechtigung besaß. So langwierig die Auseinandersetzung sich hingezogen hatte, so drehte sie sich eben darum, die Brauchbarkeit der neuen Konstruktion zu überprüfen. Daß es sich bei der Erzeugung einer Hochspannungszündung aus der Magnetinduktion um einen prinzipiell neuen Gedanken handle, wurde als gegeben hingenommen. Aber gerade dies war nicht der Fall. Eine Wettbewerbsfirma konnte feststellen, was Honold so unbekannt geblieben, wie es in der Fachabteilung des Patentamtes vergessen war, daß bereits im Jahre 1887 einem Ingenieur der Gasmotorenfabrik Deutz, Paul Winand, ein Patent erteilt worden war, das auf verwandten Grundgedanken aufgebaut war. Man wird an das Schicksal des Ottoschen Viertaktmotors erinnert, wenn freilich die Dinge etwas anders lagen: Winands Konstruktion ist offenbar Papiergedanke geblieben und nie zur Fertigung gekommen. Robert Bosch in seinem eingewurzelten Mißbehagen vor aller formalen Juristerei und in seiner Abneigung gegen gerichtliche Auseinandersetzungen, die er als quälend für sein Temperament empfand, ging nicht den Weg von Otto & Langen. Er ließ, indem die Patentgebühr nicht weiterbezahlt wurde, das Patent einfach fahren. Man behandelte die ganze Sache diskret und stellte es dem Wettbewerber anheim, seine Nachahmung fortzusetzen; man hatte kein Interesse, die Sache groß aufzuziehen. Mochten die anderen im übrigen versuchen, es ihm gleichzutun. Als diese Entscheidung getroffen wurde, spürte Bosch, daß die *wesentlichen* Dinge nicht so einfach übernommen werden konnten: es war inzwischen für die sehr subtile und knifflige Arbeit ein Stamm von Leuten geschult worden, deren Handgeschick und Zuverlässigkeit ein nicht beliebig auswechselbares Aktivum gerade seines Betriebes darstellte. Das Wort »Bosch-Arbeit« hatte begonnen, ein Weltbegriff zu werden.

Der Markt weitet sich

In der Kundenliste des Hauses Bosch treten 1900 zum erstenmal die Namen Fiat, Austro-Daimler, Skoda, Horch, Poege, Presto, Protos auf. Das Kraftfahrzeug wird eine Angelegenheit industrieller Neugründung oder gewerblicher Programmerweiterung. Für Deutschland sind zwei Typen charakteristisch. Die eine Gruppe kommt aus dem Motorenbau; die Firmen haben bisher standortfeste Gasmotoren, später Benzinmotoren erstellt. Die anderen fabrizierten bisher Fahrräder oder Nähmaschinen; ihre Werkzeugmaschinen, ihre Arbeiterschaft waren auf Teilgebiete der neuen Aufgabe unschwer umzustellen. Das Kraftrad bildete dabei manchmal das Mittelglied der Entwicklung – für Bosch war ja die Fahrradfabrik Rüb (später Heinle) und Wegelin von 1898 bis 1900 unter den wichtigsten Abnehmern gewesen.

Bald werden Opel in Rüsselsheim, Kleyer in Frankfurt mit ihren Versuchen auf dem Markt erscheinen. Diese jungen Firmen haben für ein Unternehmen wie Bosch den Vorteil, daß sie nicht belastet sind mit einer Überlieferung der frühen erfinderischen Eigengestaltung, sondern, bei einem späteren Stand der Entwicklung ansetzend und mit ihrem Beitrag den technisch-ökonomischen Fortschritt individualisierend, das Gute dort greifen, wo es ihrem rationalen Bedürfnis entspricht. Eine gewisse Arbeitsteilung, die mit Ausnahmen für die gesamte Zukunft wesenhaft bleibt, kündigt sich für den Automobilbau jetzt schon an: neben die Kernfirmen, die Motoren, Chassis, Getriebe, Steuerung und dergleichen liefern, treten die Fabrikanten der »Zubehörteile«. Das ist nicht ganz eindeutig bei der »Karosserie«, der Anordnung und Ausstattung des Obergestells, der Sitzgelegenheiten. Auch hier entstehen selbständige Firmen, die zumal bei den Personenwagen der Frühzeit einen erheblichen Einfluß auf die Formgestaltung gewinnen. Unbestritten ist die Sonderstellung der Bereifungsindustrie; auch die Kugellagerherstellung, die nicht nur für das Automobil arbeitet, geht industriell ihren eigenen Weg. Die Vorrichtungen zum Ölen von Motoren und Getriebe stehen etwas unentschieden zwischen den Gruppen. Daß die Zünderindustrie sich als ein selbständiger Typ herausbildete, war die erste Leistung von Bosch. Sie hatte sich bei ihm unabhängig vom Automobil entwickelt, aber durch dessen Anstieg einen machtvollen Aufschwung genommen. Man mag also im kräftigen Einsatz des Zündergeschäfts nach der Jahrhundertwende, der von 1906 ab phantastische Züge gewinnt, die Spiegelung einer *allgemeinen* Konjunktur sehen: das Automobil verliert den Charakter der Luxusspielerei und wandelt sich zu einem den Menschen- und Lastenverkehr revolutionierenden Werkzeug, es entsteht etwas wie eine neue Schlüsselindustrie. Diesem Prozeß, den die Phantasie der Pioniere ahnte und gegen den die Ängstlichkeit und der Neid des Spießertums, aber auch die Kurzsichtigkeit mancher Behörden sich wehrten, ist Robert Bosch gewiß zu Dank verpflichtet. Aber die Betrachtung der Gesamtentwicklung zeigt auch, daß er auf die Dauer mehr zu geben hatte und mehr gegeben hat, als er an Anregung empfing. Der Zündapparat bedeutete ja nicht nur eine technische Vervollkommnung für die Erhöhung der Tourenzahl des Motors, für die Koppelung mehrerer Zylinder, der Motorwagen hat für die nächsten Jahrzehnte fast das ganze Erzeugungsprogramm bestimmt, indem er den erfinderischen Sinn Honolds und seiner Mitarbeiter auf die übrigen »Zubehörteile« lenkte. Die schöpferischen Beiträge der Stuttgarter Werkstatt haben nicht bloß die technische Leistungsfähigkeit erhöht, sondern den Fahrern jene Sicherheiten und jene Erleichterungen gegeben, die die Voraussetzungen der Massenverbreitung und der wahren Volkstümlichkeit waren.

Die wachsende Schnelligkeit der Wagen, die man erstrebte, blieb an das glatte Funktionieren der Zündung im Explosionsraum des Motors geknüpft. Die Zahlen, die für die Frühzeit galten, haben für die Rückschau etwas Rührendes. Der Daimler-Motor bei dem großen Straßenrennen Paris-Bordeaux-Paris (1895) war weithin Sieger geblieben mit einem Stundendurchschnitt von 24,5 Kilometern; der Mercedes-Wagen des Jahres 1901 wird eine Sensation, auch wegen seiner 75 Kilometer. Aber drei Jahre später steht der Weltrekord mit einem Daimler bereits auf 156 Kilometer in der Stunde – es ist die Zeit der großen Rennen, da die Vorschriften über Gewicht und Hubraum die Konstrukteure zu Neuerungen anreizten, da die Profilierung der Reifen studiert und verbessert wurde. Und hier setzte die Bewährung der regelmäßigen und zuverlässigen Zündung ein. Der Belgier Jenatzky hatte 1903 das Gordon-Bennett-Rennen in Irland mit einem älteren

Mercedes-Tourenwagen gewonnen – die neuen Modelle waren bei einem Fabrikbrand untergegangen; dieser Wagen hatte noch die alte Boschsche Niederspannungszündung. Wie wichtig dieser Sieg und dieser Sieger für die volkstümliche Vorstellung galt, sieht man daran, daß der scharfe und etwas wild stilisierte Kopf des halsbrecherisch fahrenden Mannes von einer Reklamefirma als Unterlage für das erste Plakat gewählt wurde, der rote Teufel. Und Bosch ging auf den Vorschlag ein.

Die ausgreifende kaufmännische Verwertung des in Deutschland entwickelten Automobils hat bei Daimler und bei Benz mit dem Abschluß von Lizenzverträgen, mit der Einrichtung von Vertretungen im Ausland begonnen. Das ist für die Frühzeit sehr wesentlich. Die Nachfrage im Ausland, ungeachtet der dort früher einsetzenden industriellen Vielfältigkeit, war stärker als das Interesse im Inland. Immerhin erkennt das Statistische Reichsamt die Erzeugung von Kraftfahrzeugen 1901 als ein eigenständiges Gewerbe an: In der Außenhandelsstatistik taucht mit dem Automobil eine neue Position auf, bisher war es unter Maschinen geführt worden. Und von Anbeginn, bis 1914, beläuft sich die Ausfuhr auf ein Mehrfaches der Einfuhr.

Auch bei Robert Bosch hatte die erste geschäftliche Verbindung größeren Stils mit dem Ausland durch die Simms-Verträge begonnen. Bereits im Oktober 1898 war dem Ingenieur Eduard Dénes in Budapest die Vertretung für Österreich-Ungarn übertragen, er machte später in Wien die Firma Dénes und Friedmann auf, dieser wurde seit 1904 auch ganz Italien als Markt überantwortet. Eine Verkaufsniederlage in Mailand, eine Reparaturwerkstätte, gehörten, wenn auch zunächst unter dem fremden Namen, zu den ersten Außenposten. Um Deutschland selber hatte man sich in gleicher Weise bisher noch nicht gekümmert. Die wenigen Bezieherfirmen, die da waren, wußten Bescheid. Aber die Sachlage konnte sich ändern durch die Anstrengungen von Wettbewerbern, die jetzt auf dem Markte erschienen. Laute Propaganda zu machen lag nicht in der Art von Bosch. Selbst in Stuttgart wußte man nicht recht Bescheid: die »Chronik« der Stadt erwähnt ihn 1913 zum erstenmal. Bosch hatte Sorge, kapitalstarke Firmen auf den Artikel allzu sehr hinzuweisen, an dessen Entwicklungsfähigkeit und -bedürftigkeit man selber immerzu herumprobierte. Als die Honoldsche »Lichtbogenzündung« herauskam, mochte es eine

Zeitlang scheinen, daß die Daimler-Werke, die sich gleich einen Apparat hatten kommen lassen, eine engere Beziehung suchten: sie hatten zur Ausprobung einen Wagen zur Verfügung gestellt, und da sie sahen, daß die neue Zündung der erhöhten Drehzahl der Motoren besser genügte, kamen sie mit dem Vorschlag, für längere Zeit das Monopol in der Belieferung zu erhalten. Bosch lehnte das ab, war jedoch bereit, die ersten fünfhundert Stück an Daimler zu liefern, wenn dieser den neuen Zünder an einigen Wagen sechs Wochen lang der schärfsten Prüfung unterziehe. Denn die wirkliche Auswertung in der Dauerpraxis lag ja noch nicht vor. Über eine grundsätzliche Abrede kam man nicht hinaus. Bosch blieb in seinen Entschließungen frei.

In dieser Lage war es ihm nicht unwillkommen, daß im Frühjahr 1903 *August Euler* ihn aufsuchte und ihm seinen Plan entwickelte: eine Vertretung für Automobilzubehörteile aufzumachen. Bosch hatte bisher Verkauf und Kundenbesuch allein besorgt; hier bot sich ihm eine gute Gelegenheit der Entlastung an. Er schlug ein. Auch Euler griff gern zu, denn wenn auch die Provision von 2 % als mäßig anzusehen war, so garantierte ihm Bosch 20000 Mark Jahresprovision, und damit konnte er seinen Start beginnen – er hat selber einmal gesagt, wieviel ihm auch die »Visitenkarte« wert gewesen ist. In Eulers Lebensweg drückt sich ein Stück deutscher Sportgeschichte mit technischem Einschlag aus. Er kam vom Fahrrad, wurde Radrennfahrer und hatte die Reichsteinschen »Brennaborwerke« in Brandenburg als Reisender vertreten. Dann wandte er Enthusiasmus und Spürsinn dem neuaufkommenden Automobil zu. Er ist für Bosch, doch nicht für ihn allein, fünf Jahre tätig gewesen, und Bosch konnte, wenn es auch zu Reibungen kam, da Euler selbstbewußt, eigenwillig und reizbar war, mit dem rein geschäftlichen Erfolg zufrieden sein. Euler fuhr mit seinem Wagen durch das Land, überall hatte er aus seiner sportlichen Vergangenheit Freunde, er war Kavalier und Reisender in einem. Im Jahre 1908 erfolgte die Trennung, die zunächst einen völligen Bruch bedeutete. Die Temperamente ertrugen sich nicht mehr. Später hat man sich wieder ausgesöhnt. Inzwischen nämlich war Euler, eben in jenem Jahr 1908, zum Luftsport übergegangen. War er selber auch kein Mechaniker, so eignete ihm eine starke technische Einfühlung. Da die deutsche Flugzeugkonstruktion, trotz Lilienthals Pionierleistung, im Rückstand geblieben, erwarb er sich einen Voisin-Doppeldecker, lernte das Fliegen und begründete, neben dem selbständig experimentierenden Hans Grade, die erste Fliegerschule in Deutschland. So kam er höchst ehrenvoll als Lehrer und Propagandist in die Frühgeschichte der deutschen Fliegerei – 1919/21 bekleidete er das Unterstaatssekretariat im Reichsamt für Luftfahrt.

Als Bosch 1908 die Trennung von Euler vollzog, hatte die Struktur der Stuttgarter Firma sich bereits wesenhaft geändert; die bewußte Verselbständigung der Zielsetzungen war gestrafft. Sachliche und persönliche Ursachen wirkten zusammen. Nordamerika, etwas später als Europa, nun aber um so wuchtiger, begann kurz vor der Jahrhundertwende Automobile zu bauen: 1899 sandte *Henry Ford*, nach langen sorgfältigen Vorbereitungen, seinen ersten Wagen auf den Markt, einen Wagen, der nicht für den Snob, den Sportler, den reichen Mann gedacht war – der mochte weiterhin, was er auch tat, luxuriöse Modelle aus Paris oder schwere solide Schnelläufer aus Deutschland kaufen –, sondern für den Mittelbürger des weiten Landes, den Geschäftsmann, den Farmer. Es war ein gutes, kräftiges Möbel, das erschwinglich, ja billig sein sollte und billig sein konnte, weil es schon in der Anlage des Fertigungsprozesses für die Vielen bestimmt war. Herstellung und Absatz gingen gleich in die Zehntausende. Mit den großen Erdölvorkommen des Landes war die natürliche Gegebenheit für wenig kostspieligen Betrieb vorhanden. In Amerika saß seit dem Spätjahr 1904 Hugo Borst, um seine kaufmännische und sprachliche Ausbildung zu vervollkommnen. Frederic R. Simms hatte ihm zugesagt, ihn in seinem Londoner Geschäft anzustellen, aber das Versprechen mit allerhand unklarem Hin und Her nicht gehalten. So war der junge Mann hinübergefahren. Er hatte dort zwar beruflich mit der Autogeschichte nichts zu tun, aber die offenen Augen sahen, was sich entwickelte, und Borst fing so nebenbei an, pedantisch und mit einer guten Phantasie aus Fachzeitschriften, Werbeprospekten und Adreßbüchern die Adressen aller amerikanischen Fabrikanten, Händler und Konstrukteure von Explosionsmotoren zu sammeln. Diesen Pack brachte er, mit dem abgeklungenen Ärger über Simms, im März 1906 nach Stuttgart zurück.

Dort aber traf er auf eine Situation, in deren Mitte auch die Figur des Engländers stand. Simms hatte sich in der Automobil- und Motorenbranche ganz kräftig herausgemacht. Im Hause Bosch hielt man zwar nicht zu viel von seiner technischen Begabung, aber offenbar verstand er es, aufzutreten und anzuregen. Er war zur Fabrikation übergegangen, brachte einen sechszylindrigen »Simms-Motor« heraus, und auch in deutschen Zeitschriften konnte man 1901 das »Simms-Kriegsautomobil« abgebildet finden, ein Gefährt in der Art eines Geschützturmes, gepanzert und leicht bewehrt, es sollte auf den Schienen der Eisenbahn laufen und zur Kontrolle und zum Schutz von Bahnanlagen eingesetzt werden – immerhin für jene Zeit, da die Heeresverwaltungen nur vereinzelt an »Motorisierung« dachten, ein bemerkenswerter Einfall. Daß Simms hochkam und daß er sich dabei als der eigentliche Manager der gemeinsamen Unternehmungen in England und Frankreich aufspielte, drückte das Selbstgefühl von Bosch. Die entscheidende Leistung war doch durch Leute aus *seiner* Schule vollbracht worden, und es blieb auch ärgerlich, daß, während man sonst schon von der »Bosch-Zündung« als einem festen Begriff zu sprechen begann, die Marke in Frankreich und England mit dem Doppelnamen »Simms-Bosch« auftrat. Das war in den Verträgen festgelegt.

Überhaupt diese Verträge! Das war ja ganz schön, daß Simms 1898 den Verkauf in seiner Heimat übernahm, aber es war ihm die Möglichkeit formal eingeräumt, die Patente für 50000 Mark zu erwerben. Dann konnte er in England und für England, wenn auch gegen eine Lizenz, selber mit der Fabrikation beginnen. In der Gesellschaft, die man 1899 gemeinsam für den französisch-belgischen Markt begründet hatte, bedeutete der Einschuß des Simms, 1000 Pfund, 50 % des Kapitals. Aber dieses Gleich und Gleich hatte Simms auf eine geschickte Weise geändert, das heißt, er hatte Bosch hereingelegt, indem er den englischen Geschäftsführern in Paris als Bonus für den guten Geschäftsgang 1 % abtrat, mit Boschs Zustimmung. Beim nächsten günstigen Abschluß stellte er an Bosch das gleiche Ansinnen. Der wollte nicht weniger großzügig sein und tat desgleichen, sah aber nicht gleich, daß er mit diesem Verzicht sich in die Hand von Simms gespielt hatte. Wenn aber dieser, seine englischen Angestellten beherrschend und damit Mehrheitsvertreter, durch den Kauf der Patente deren Besitzer geworden, so könnte er auch die Fabrikation in Frankreich erzwingen. Das bedeutete für ihn dann einen sachlichen Gewinn: der mögliche Zutritt zu Staats- und Heeresaufträgen, der der eingeführten Ware versperrt blieb. Die Gefahr, die er in dem Vorgang witterte, quälte Bosch. Später hat er gemeint, seine Befürchtung sei innerlich unbegründet gewesen; die Klugheit habe Simms wohl bestimmt, »sich nicht von mir trennen zu wollen, solange er seinen guten Nutzen hatte und solange seine Eitelkeit nicht verletzt wurde.« Damals sah er das Verhältnis besorgter an, auch paßte ihm das Geschäftsgebaren des Mannes nicht, der die Leute durch Tricks zwingen wollte, bei ihm zu kaufen, um sie »auszuräubern«. Diese Methoden schienen Bosch ein Hemmnis zu sein, gerade auch in England selber ein »Geschäft großen Stiles« aufzubauen. Aber innerhalb der Verträge war sein unmittelbarer Einfluß begrenzt. So suchte er wenigstens durch einen Zusatz die Gewißheit zu gewinnen, daß für längere Zeit die Lieferung aus Deutschland gesichert bleibe. Das würde, wenn auch zunächst befristet, bedeutet haben, daß Simms auf den Übergang zur Eigenfabrikation verzichte. Simms lehnte ab: »Wir zerrten uns einige Jahre hin und her«, heißt es in dem Rückblick. Die Freude an der Zusammenarbeit war gründlich erloschen, und soviel schien gewiß zu sein, daß Simms den Aussichten gegenüber, die der junge amerikanische Markt zeigte, versagen würde. Denn er hatte die Verwertungsmöglichkeit, die sich ihm hier anbot – Amerika war in den Vertrag eingeschlossen – noch gar nicht angefaßt.

Da ergab sich im Jahr 1905 die überraschende Lage: Simms machte den Vorschlag, Bosch das ganze Geschäft abzukaufen: er bot ihm fünf Millionen Mark in bar. Bosch wäre damit frei geworden, irgend etwas anderes anzufangen. Mochte es ihn nach bald zwanzig angespannten Arbeitsjahren locken, sich seinen Liebhabereien zu widmen, zum Privatier war seine bewegte Natur wenig geeignet. Selbstverständlich sollte er keinerlei Wettbewerb machen. Aber es mochte vielleicht eine Aufgabe sein, die von Schaerer eingerichtete Werkzeugmaschinen-Abteilung als eigentliche Aufgabe zu betreiben. Gerade in diesen letzten Jahren, da man die verschiedenen Arten von solchen Maschinen hatte erwerben müssen, war ihm ja eindringlich genug geworden, daß Deutschland hier gegenüber Amerika im Rückstand geblieben war; man hatte noch viel von dort beziehen müssen. Der Plan tauchte wieder auf, mit dem Schwager Eugen Kayser, der in Berlin große industrielle Erfahrungen gesammelt hatte, zu einem gemeinsamen Unternehmen sich zu vereinen. Die grundsätzliche Bereitwilligkeit war also vorhanden, sich von dem Werk zu trennen, um der so lästigen Bindung an Simms ledig zu werden. Denn daß er sich als Geschäftsführer für Simms bereit gefunden hätte, kam innerlich nicht mehr in Frage. Honold und Zähringer, beide durch eine Abgabe der Firma für jeden verkauften Zünder ihrer Konstruktion, je eine Mark, an deren bleibend guten Entwicklung interessiert, wollten auch bei einer Änderung der Besitzverhältnisse ihre Funktion weiterführen. Freilich, mit Simms sich herumzuschlagen lag auch nicht in ihrem Sinn. Dafür wußte Honold einen ausgezeichneten Mann, einen Kameraden der Studentenzeit, Gustav Klein. Wenn der in die Geschäftsleitung eintrete, dann lasse sich die Sache machen. Klein hatte Lust, auch die Begegnung zwischen Klein und Simms, im Dezember 1905, fiel befriedigend aus. Die geplante Trennung konnte vor sich gehen. Aber nun wollte oder konnte Simms die fünf Millionen Mark nicht in bar ausbezahlen – Bosch sollte als Aktionär weiter mit im Reigen bleiben. Der Schwebezustand dauerte an.

Dieses Zwischenspiel hatte eine bedeutende Folge: Gustav Klein, der als künftiger Leiter eines Unternehmens von Simms in den Gesichtskreis von Robert Bosch gekommen war, wurde von diesem aufgefordert, in seine eigene Firma einzutreten. Das geschah im März 1906. Zur gleichen Zeit war Hugo Borst aus Amerika an seinen alten Platz zurückgekehrt.

Arbeits- und Arbeiterproblem
Der Achtstundentag

Gelegentliche Notizen besagen, daß die Arbeiterzahl 1901, beim Einzug in das erste Fabrikgebäude, 45 betrug. Für 1904 werden »durchschnittlich« 261 genannt, für 1906 560 Arbeiter und 50 Angestellte. Der Vergleich der Ziffern gibt den kräftigen Rhythmus des eigentlichen industriellen Beginns. Ein rascher, die werdenden Dinge vorwegnehmender Blick findet für das Jahr 1912 die Zahl von 4500 Angestellten und Arbeitern aufgezeichnet.

In diesen knappen und rohen statistischen Hinweisen verbirgt sich eine ungeheuere menschenökonomische und technisch-sachliche, aber auch eine persönlich-biographische Problematik. Die Leute der Frühzeit hatte Bosch selber eingestellt, zuerst auf Probe, was nicht jedem paßte. Er beobachtete sie und gab den Tüchtigen eine Chance. Wer sich bewährte, dem war eine ziemliche Freiheit der Arbeitsdisposition gelassen. Scharf wurde geachtet auf Sauberkeit, pfleglicher Behandlung der Werkzeuge, Ordnung und verständige Anordnung der Stoffe und Geräte für den Arbeitsvorgang. Das Wort von der »Rationalisierung« war noch nicht im Schwange. Aber wie bei dem ersten Eigenbau die hygienischen Rücksichten in Belichtung und Entlüftung sehr überlegt waren, zur Sicherung von Arbeitsfrische und Gesundheit, so hatte die maschinelle Zurichtung, die Anlage der Arbeitsplätze ihren sehr bewußten Charakter. »Zeitnahme« gab es noch nicht, aber Zeitverschwendung sollte es auch nicht geben. Schlamperei oder unsachgemäßes Arbeitsverfahren waren verpönt. Von Ernst Durst, dem späteren technischen Fabrikleiter, der in jenen Jahren als junger Mechaniker in den Betrieb kam, wurde das hübsche Wort gefunden: »Bei Bosch wird für das Bücken nichts bezahlt.« Eine feste, sparsame Arbeitsdisziplin durchwaltete den jungen Betrieb. Sie war völlig frei von einem ungeduldigen Antreibersystem. Bosch freute sich, wenn eine heitere Stimmung im Betrieb herrschte, wenn man sang und pfiff – daß er zwischendurch in jähem Zorn auch mit einem saugroben Donnerwetter dazwischenfahren konnte, wußte jeder. Das gehörte dazu und wurde respektiert. Was verlangt wurde, neben der zuverlässigen Arbeit, war Verträglichkeit. Wenn in den späteren Jahren, als Bosch die Behandlung der Arbeiterfragen längst aus der Hand hatte geben müssen, Konflikte im Betrieb an ihn herangebracht wurden, diese Beschwerde und jene Klage, untersuchte er vor allem, wie es sich um die menschlichen Beziehungen handle, und schlug wohl einen Platzwechsel, eine andere Mischung der Arbeitsgruppe vor. Den Unkameradschaftlichen, den Unverträglichen aber ließ er gerne ziehen oder schickte ihn sogar fort, gleichviel, ob sein technisches Können befriedigte.

Das bleibend Wichtige dieser Übergangszeit zwischen Handwerkertum und industriellem Großbetrieb ist eben dies, daß der fordernde, prüfende, entscheidende Mann, immer gegenwärtig, immer in wacher, sachlicher Gespanntheit, durch seine Haltung und durch sein Handeln eine ungewöhnliche Erzieherkraft ausstrahlt. Nicht als ob er einen Menschentyp formt – unter den Männern, die im kaufmännischen Büro, in der technischen Abteilung als Ingenieure und Meister im Betrieb ihren selbständigen Aufgaben entgegenreifen, sind sehr entschiedene und sehr unterschiedliche Persönlichkeiten, und es ist nicht die unscharfe und ungestaltete, sondern die kräftige und bewußte Natur, die Bosch anzieht. Aber es bildet sich, zunächst ganz unprogrammatisch, eine Gesinnung gegenüber der Arbeitsaufgabe und gegenüber den arbeitenden Menschen, die in der Stufung ihrer sachlichen Verantwortung im Betrieb, dem führenden Techniker wie dem Vorarbeiter gemeinsam ist. In diesen Jahren konnte sich und mußte sich unter Boschs unmittelbarer, stiller oder lauter, lobender oder scheltender Pädagogik eine geistig-seelische Tradition gründen, die in vielen Menschen wirksam und sich weiter mitteilend blieb, als die Ausdehnung des Unternehmens, sein Wachstum in die Riesenmaße, die Zentralfigur aus der ehemaligen Allgegenwart wegnahm und schon fast zur Legende machte. Man hat diese Kraft später den »Bosch-Geist« genannt.

Die Arbeiterfrage zeigte sich bald genug von der sachlichen Seite: woher die geschulten Leute nehmen? Stuttgart bildete wohl ein nicht unansehnliches Reservoir, aber es fehlte an den feinmechanischen Spezialisten. Sie mußten von außerhalb herangezogen werden. Bosch selber vermerkt dies als einen der Gründe, daß er, als der Raum zu enge wurde und neue Werkstätten gebaut werden mußten, trotz der hohen Bodenpreise in Stuttgart blieb. Denn dorthin, in die Großstadt, war es leichter die Leute von draußen zu bekommen als in einen Vorort oder einen kleinen Platz neben draußen; der Nahverkehr war bahntechnisch noch schlecht entwickelt. Die wesentliche Ergänzung des Arbeiterstandes erfolgte auch weiterhin aus dem württembergischen Umland; der landsmannschaftliche Grundtypus blieb bei geringer Fluktuation im wesentlichen unvermischt.

Freilich erfuhr die Arbeit selber langsam, doch unausweichlich eine Umgestaltung. Die emporschnellende Nachfrage erzwang eine Änderung der Produktionsform. Die Statistik der Zünderherstellung veranschaulicht die Größenordnung: 1896 war die Zahl 1000 erreicht, 1901 10000, 1906 100000. Der Vermehrung der Belegschaft entsprach die noch stärkere Inanspruchnahme des Maschinenparks. Die

Zeit, da man auf Bestellung einen Auftrag anpackte, war vorbei, jetzt konnte man, so ärgerlich die Saisonschwankungen in der Abnehmerindustrie dauernd blieben, ohne zu große Sorge in Serien und auf Vorrat arbeiten; aber auch dies Verfahren war im Grunde gleich wieder überholt, da man die Ware aus der Hand gerissen bekam. Im Jahre 1905 mußte man sich, um die Maschinen voll auszunutzen, mit zweischichtiger Arbeit durchhelfen. Das war ein folgenreiches Experiment.

Diese Periode ist nicht nur für Bosch, sondern für die ganze deutsche Industrie eine der Peinlichkeit nicht entbehrende Lehrzeit gewesen. Man bemerkte auf einmal, daß Amerika, das bis vor kurzem noch von dem Ideen- und Formenimport aus Europa gelebt hatte, im Begriffe stand, einen raschen Vorsprung zu gewinnen, und zwar in breiter Front. Es handelte sich dabei nicht um die Leistung eines einzelnen genialen Menschen wie Edison, sondern um ein neues industrielles Prinzip: die Werkzeugmaschine mit Schnelldrehstahl, Revolverdrehbänke, Schleifmaschinen, Schnellbohrer, auch bereits Automaten. Die Pfleglichkeit der Arbeit, die dabei gefordert wurde, war nicht geringer, aber sie hatte einen anderen Charakter als die überkommene handwerkliche Übung. Nicht jeder der alten gelernten Leute befreundete sich mit der Neuerung, die in der mechanischen Präzision mit seiner fühlsamen Handgeschicklichkeit konkurrierte. Es war nicht ganz einfach, die Umstellung durchzuführen. Seit 1903 war eine Körtingsche Gaskraft-Großmaschine montiert.

Von Anbeginn wurde bei Bosch im Akkord gearbeitet. Die Erfahrung gab bei den vertrauten Arbeitsvorgängen eine feste durchschnittliche Zeitnorm, bei den neuen mußte sich der Meister zunächst mit dem Schätzen helfen. Die »Zeitstudie«, das wissenschaftliche Verfahren zur Festlegung der Akkordsätze, war noch nicht erfunden. Aber das wußte man, daß auch der fähigste und eifrigste Arbeiter mit einem gut gedachten Akkord nicht weiter kommt, wenn seine Werkzeuge wenig taugen, wenn man sie verderben läßt. Das Bemühen um die besten Werkzeuge und Werkzeugmaschinen, die unnachsichtige Erziehungsarbeit für schonende Behandlung der Arbeitsinstrumente, war nicht lediglich ökonomisch gedacht, sondern bildete ein frühes Kernstück der so unprogrammatischen und sachlich so wichtigen betrieblichen Sozialpolitik bei Bosch. Die Leute sollten tüchtig schaffen, aber vom Werke aus sollten auch alle Voraussetzungen gegeben werden, daß sie tüchtig verdienen können.

In der Werkzeugmacherei mit ihren ewig wechselnden Aufgaben verzichtete man zunächst auf den Akkordlohn und gab einen hohen, der Verantwortlichkeit entsprechenden Stundenlohn. Die eigentliche Fabrikation wurde mit einem Gruppenakkord begonnen, »Kolonnen« waren für bestimmte Arbeiten zusammengestellt, es ergab sich dann, daß je nach der Wichtigkeit der Einzelarbeit der Prozentsatz an dem zubemessenen Gesamtakkord errechnet wurde. Das war als Durchgang ein sehr bildsames Verfahren, um Eignungen zu entdecken und zu entwickeln, aber es hatte auch den Nachteil, die Meister zusätzlich zu belasten und Einzelbegabungen in ihrer sonderlichen Leistungskraft an den Durchschnitt zu fesseln. Seit dem Jahr 1908 wurde durch ein besonderes Akkordbüro die Festlegung der Sätze für den inzwischen so sehr gewachsenen Betrieb vorgenommen, so daß das Kolonnensystem zum Absterben kommen konnte. Es erwies sich, daß der reine Stücklohn, der den einzelnen von den Bedingtheiten der Gruppe freimacht, in der Gesamtwirkung zu einem Mehr der Leistung führte.

Als diese Erscheinung sichtbar wurde, war ihr ein wichtiger Entschluß vorangegangen; die Verfeinerung des Akkordwesens stand mit seinen Wirkungen im Zusammenhang mit der Herabsetzung der Arbeitszeit. Im Jahre 1894 hatte Bosch die neunstündige Arbeitszeit eingeführt und den Achtstundentag in Aussicht gestellt, sobald die Wettbewerbsfirmen auf neun Stunden heruntergingen. Das war nun nicht eingetreten. Die Frage selber blieb im Bewußtsein der alten Arbeiter so lebendig, wie Bosch sie nicht vergessen hatte. Man muß bedenken, daß die tägliche Arbeitsdauer im Ausgang des alten Jahrhunderts in der Mitte der öffentlichen sozialpolitischen Erörterung stand. Der Pariser Kongreß der Sozialistischen Internationale von 1889 hatte die Arbeitsruhe am 1. Mai als Kundgebung für den Achtstundentag proklamiert – die Forderung bekam damit einen ausgesprochen politischen Charakter. Die deutsche Schutzgesetzgebung von 1890 brachte für Frauen und Jugendliche Höchstsätze der Arbeitsdauer. Seitdem rissen die parlamentarischen Verhandlungen über Zulässigkeit oder Wünschbarkeit eines legislativen Eingreifens in diese Seite des industriellen Arbeitsverhältnisses in Deutschland nicht mehr ab, sie beschäftigten auch das englische Unterhaus. Der Gesetzgeber zögert, er ist dankbar, wenn ihm die Verantwortung von der freien Vereinbarung der unmittelbar Beteiligten abgenommen wird. Aber bei diesen selber herrscht völliger Wirrwarr der Meinungen. Als Heinrich Freese, der Berliner Jalousiefabrikant, 1889 den Achtstundentag seiner Belegschaft anbietet, stößt er noch auf Ablehnung. 1892 führte er ihn doch als erster größerer Betrieb in Deutschland ein. In England war im Jahr zuvor, 1891, für sämtliche Werkstätten der Heeresverwaltung und der Admiralität der Achtstundentag angeordnet worden. Handelte es sich dabei auch um Betriebe, die außerhalb des kapitalistischen Wettbewerbes standen, so mußte die Entscheidung doch werbend weiterwirken.

Die Untersuchungen, die Lujo Brentano 1893 über den Zusammenhang von Arbeitszeit, Arbeitslohn, Arbeitsleistung veröffentlicht hat, waren der Anlaß, daß der Schöpfer der Carl-Zeiß-Werke in Jena, Ernst Abbe, dem Fragenkreis seine beobachtende Aufmerksamkeit und späterhin seinen Entscheidungswillen zuwandte. Er hatte in seiner Tätigkeit die Arbeitszeit von elfdreiviertel auf neun Stunden herabgedrückt, um dann 1900 auf acht Stunden herunterzugehen; die Belegschaft hatte die Zahl 1000 überschritten. Das war bei einem Werk, das durch die wissenschaftlich überragende Stellung des Mannes und durch die großgedachte Rechtskonstruktion des Unternehmens Weltansehen besaß, ein höchst eindrucksvoller Vorgang.

Wie weit Robert Bosch die Sonderfälle dieser Entwicklung damals schon verfolgt hat, ist nicht genau zu sagen. Später hat ihn die menschliche Erscheinung von Ernst Abbe stark gefesselt, er mochte die Verwandtschaft des Temperaments erspüren, den schroffen Freiheitssinn, die zarte Verletzlichkeit in Fragen der Gerechtigkeit, das Mißbehagen gegenüber den Formen der staatlichen Machtpolitik. Bei aller Verschiedenheit der Lebensführung – Abbe hat seine Gesundheit rücksichtslos heruntergewirtschaftet – stehen die beiden Männer in enger Nachbarschaft. Ihr Ausgangspunkt ist verschieden. Bei Abbe, dem Wissenschaftler, ist auch das Sozialökonomische konstruktiver und zugleich doktrinärer als bei Bosch, dem werdenden Unternehmer, dem in der nüchternen Bewältigung der konkreten Aufgaben leidenschaftliche Träume seiner Jugend verblassen mußten. Der innere Antrieb ihres sozialpolitischen Verhaltens ist der gleiche, bei beiden frei von christlich-religiöser Färbung oder von einer natio-

In einer Bosch-Werkstatt werden Polschuhe
für Magnetzünder ausgebohrt, 1906

nalpolitisch getönten Begründung. Das Ethisch-Humanitäre, das beider Erbstück ist, mischt sich mit der biologischen Betrachtung der menschlichen Arbeitskraft. Daß sich eine solche Haltung auch sozialökonomisch, d. h. »geschäftlich« verantworten und rechtfertigen lasse, hat Ernst Abbe nach sorgfältigen Studien vorgetragen und Robert Bosch ganz einfach durch die Praxis bestätigt erhalten.

Jene biologische Betrachtung war ihm ja schon als dem Anhänger von Gustav Jaeger nahegekommen. Denn dieser hatte nicht nur über die Kleidung und den Wärmehaushalt des Körpers seine Studien gemacht, sondern frühe genug die menschliche Arbeitskraft, die Formen der Ermüdung, der Erschöpfung, der Erholung untersucht. Die Vertrautheit mit Jaegers Anschauungen ist für Bosch ganz gewiß nicht unwichtig gewesen. Aber nicht diese führte ihn zu dem bedeutenden Entschluß, die Arbeitszeit zu kürzen. Manche Dinge, worauf die spätere Geschichte das Pathos des Bekenntnishaften gelegt hat, sind in Boschs Umgebung Erzeugnis einer einfachen realistischen Einsicht, die aus einer gegebenen Sachlage erwuchs. Die war so: im Jahre 1905 drängten sich die Aufträge dermaßen, daß auch mit Überstunden nicht hätte geholfen werden können. Die Neubauten standen noch nicht, die Zahl der Werkzeugmaschinen mußte begrenzt bleiben. Also war kein anderer Ausweg, wollte man die Lieferfristen halbwegs einhalten, als dies, eine Doppelschicht der Arbeit einzuführen; die Maschinen standen ja in gleicher Willigkeit bereit. So kam man unter den Zwang zum vorübergehenden Schichtbetrieb: je acht Stunden. Das Ergebnis war lehrreich: die Produktion blieb im ganzen die alte, und der Akkordlohnverdienst, der in der verringerten Zeit erworben wurde, entsprach der früheren Höhe. Zum mindesten sah man, wie durch diese oder jene unschwer einführbare organisatorische oder technische Änderung der Wirkungsgrad der Arbeit für das Unternehmen wie für den in ihr Tätigen beim alten Stand gesichert bliebe, mit Gewinn an Stromeinsparung für das Werk, an Freizeit für den Arbeiter. Eine Arbeitsordnung konnte angeschlagen werden, daß vom 1. August 1906 ab der Achtstundentag gelte. Neben Freese und Abbe war das Haus Robert Bosch als der dritte werdende Großbetrieb getreten, der aus freiem Entschluß eine Entscheidung trug, die den Unternehmern jener Zeit und nicht diesen allein als die Formel einer revolutionären Gesinnung galt.

Arbeits-Ordnung

der Firma

Robert Bosch, Stuttgart.

Die nachstehende, auf Grund des § 134a der Gewerbe-Ordnung erlassene Arbeits-Ordnung ist rechtsverbindlich für Arbeitgeber und Arbeitnehmer.

§ 1.

<u>Die tägliche Arbeitszeit währt 8 Stunden und beginnt</u>
im Sommer (1. April bis 30. September)
    Morgens 7½ Uhr und endet Abends 5½ Uhr,
im Winter (1. Oktober bis 31. März)
    Morgens 8 Uhr und endet Abends 6 Uhr; Mittagspause von 12 bis 2 Uhr.

Bezüglich der Arbeitszeit für jugendliche Arbeiter wird mit Genehmigung der Kgl. Kreisregierung vom 9. Juli 1906, Verfügung Nr. 7449, weiter bestimmt:

1. Die durch § 136 Abs. 1 der Gewerbe-Ordnung vorgeschriebene ½ stündige Vormittagspause kommt in Wegfall, dagegen ist den jugendlichen Arbeitern gestattet, Vormittags während der Arbeitszeit ein Vesperbrot zu sich zu nehmen.
2. Auf körperlich schwächliche, d. h. nicht gut entwickelte junge Leute, oder auf kränkliche jugendliche Arbeiter findet diese Bestimmung keine Anwendung.

§ 2.

An den Tagen vor Ostern, Pfingsten und Weihnachten tritt der Schluß der Arbeitszeit Mittags 12 Uhr ein. Am Neujahrsfest, Erscheinungsfest, Karfreitag, Ostermontag, 1. Mai, Himmelfahrtstag, Pfingstmontag, Volksfesthauptag, sowie an ersten und zweiten Weihnachtsfeiertag ruht die Arbeit vollständig.

Die Arbeitnehmer haben weder für diese Tage, noch für die vor Ostern, Pfingsten und Weihnachten ausfallenden halben Tage Anspruch auf Bezahlung, wie überhaupt nur die Zeit, in der tatsächlich gearbeitet wurde, bezahlt wird.

§ 3.

Wird infolge von Betriebsstörungen, Inventur oder aus sonstigen Anlässen, welche den Arbeitnehmern tags zuvor mitgeteilt wurden, nicht gearbeitet, oder ruht die Arbeit auf Verlangen eines Teiles (mindestens drei Viertel) der Arbeitnehmer, mit Einwilligung der Fabrikleitung, so kann kein Arbeitnehmer Bezahlung verlangen.

§ 4.

Die Abrechnung des Lohnes erfolgt wöchentlich für den Zeitraum von Mittwoch Früh bis Dienstag Abend der folgenden Woche. Die Lohn-Auszahlung findet am darauffolgenden Freitag Abend in bar in Reichswährung vor Geschäftsschluß im Geschäftslokal statt.

§ 5.

Bei Versäumnissen steht dem Arbeitnehmer ein Anspruch auf Lohn auch dann nicht zu, wenn er durch einen in seiner Person liegenden Grund ohne sein Verschulden für verhältnismäßig nicht erhebliche Zeit an der Arbeit verhindert wird.

§ 6.

Jeder Arbeitnehmer, der im Geschäft Aufnahme findet, hat die Quittungs-Karte über die zur Invaliden-Versicherung gezahlten Beiträge, sowie sein Arbeitsbuch, soweit er zur Führung eines solchen noch verpflichtet ist, vorzuzeigen.

§ 7.

Beim Eintritt in das Dienstverhältnis erhält jeder Arbeitnehmer einen Schein, den er dem Meister, welchem er zugewiesen wird, zu übergeben hat. Beim Austritt erhält der Arbeitnehmer nach ordnungsmäßiger Fertigstellung seiner Arbeit und Übergabe seines Werkzeuges an den Meister von diesem den Schein wieder zurück, worauf ihm gegen Aushändigung desselben sein Lohn ausbezahlt wird.

§ 8.

Eine Kündigungsfrist besteht gegenseitig nicht; die Arbeitnehmer haben jedoch das Recht und die Pflicht, angefangene Akkord-Arbeiten fertigzustellen.

§ 9.

Vorstehende Arbeits-Ordnung wurde im Einverständnis mit dem gesamten Personal aufgestellt, und tritt mit dem 1. August 1906 in Kraft. Sie ist von jedem Arbeitnehmer durch Unterschrift anzuerkennen.

Stuttgart, den 16. Juli 1906.

                                                Robert Bosch.

Arbeitsordnung von 1906: Robert Bosch führt den Achtstundentag ein

Unter den Terminen, an denen die Arbeit vollständig ruhen werde, ist zwischen Ostermontag und Himmelfahrtstag der 1. Mai aufgeführt. Von jetzt ab kam das Wort vom »roten Bosch« in Umlauf.

Der Weg in die Welt

Am 1. März 1906 saßen sich Gustav Klein und Hugo Borst, der in die Firma zurückgekehrt war, gegenüber: wie könnte Boschs Wunsch, sich von Simms zu lösen, durchgesetzt werden? Mit dem Mann war ein Auskommen schwer zu erreichen. Bosch selber war der Briefe müde, die in Friedenszeiten mit »Lieber Bob« ein vertrauliches Deutsch pflegten, in der Krisenstimmung Bosch mit »Dear Sir« anredeten. Borst war in London von Simms unsicher behandelt worden; später wollte ihn der Engländer in der Kombination mit Honold wieder gewinnen. Doch hatte der Brief den Adressaten in Amerika nicht gefunden. Klein stand der Lage am freiesten gegenüber. Aber es war seinem anpackenden Temperament deutlich genug: diese Geschichten, die Bosch selber unfroh machten, die nahe an der Betrügerei vorbeigingen und nach allem Urteil der Sachverständigen den Vorstoß in das französische und englische Geschäft hemmten, zu hohe Preise und unfaire Bedingungen, mußten einfach ausgeräumt werden. Die Gefahr blieb, daß Simms in Frankreich mit der Eigenfabrikation begann. Bosch selber empfand, daß sein Partner die notwendig gewordene neue Bautätigkeit in Stuttgart feindselig betrachtete, und hoffte, aus diesen starken Investitionen möchten sich finanzielle Schwierigkeiten ergeben.

Die Verträge also, die Briefwechsel wurden von Klein und Borst studiert, aber die beiden fanden nichts, wo einzuhaken wäre. Dann gaben sie die ganze Sache einem Mann, der noch nichts mit ihr zu tun gehabt hatte, einem Wanderfreund von Robert Bosch, *August Jung*, der vor kurzem in die Buchhalterei eingetreten war. Dessen unbeteiligte Unbefangenheit würde vielleicht nützlich sein. Und in der Tat: der stellte fest, da gab es zwar komplizierte Verträge – 1900 waren sie auf vierzehn Jahre erneuert worden – über die Abnahme der Ware, über das Optionsrecht zum Patentkauf, über Verrechnung der Erträge, doch keinen Satz über Liefer*pflicht*. Das Selbstbewußtsein des Simms hatte damit gerechnet, daß der damals noch kaum entwickelte Stuttgarter Betrieb froh sein würde, liefern zu dürfen. Hier nun also setzte man ein, und daß, im Einverständnis mit Stuttgart, Rall die Stellung bei Simms kündigte, mußte diesem zeigen, daß man aufs Ganze ging. Er hatte gerade große Aufträge von Renault erhalten, mit denen er steckenblieb – so in Druck geraten wurde er seinerseits mürbe und trat seine Beteiligung an der französischen Firma ab. Er machte dabei kein schlechtes Geschäft. 1000 Pfund hatte er vor sieben Jahren eingebracht, mit 600000 Mark wurde er jetzt ausgekauft. Bosch war die Sorge los, daß in Frankreich die Fabrikation selber begonnen werden könne. Nun war er im Juni 1906 Alleinbesitzer der Pariser Firma; Rall blieb ihr technischer Leiter und führte sie mit seinen überlegenen technischen Erfahrungen und dem Geschick verbindlicher Menschenbehandlung jetzt, aller Hemmungen ledig, zum freien Aufstieg. An seine Seite trat im Oktober 1906 als Kaufmann *Hermann Fellmeth* aus Mettingen bei Eßlingen.

Vielleicht hätte Robert Bosch, trotz der Verärgerungen der letzten Jahre, gezögert, den Bruch mit Simms zu vertiefen; der hielt immerhin die Position in England, wo seine allgemeine Stellung im Automobilgeschäft noch eine gewisse Großartigkeit zu besitzen schien. Aber man kam dahinter, daß er bei der Abrechnung über das Pariser Warenlager sich zu seinen Gunsten um 100000 frcs. geirrt hatte. Das verschärfte die Lage. In dem Vertrag für England hatte Simms keine Fabrikationsrechte; war er doch schon vorher einige Male dabei ertappt worden, daß er Zündkerzen hatte herstellen lassen und sich um die Gebühr an Bosch drücken wollte. Das war dann wieder mit Ausreden und Nachzahlungen ausgeglichen worden. Jetzt, im Sommer 1906, ging man offensiv vor. Die von Simms frei gewordene, nach englischem Recht aufgezogene französische Gesellschaft trat als Verkäufer auf dem englischen Markte auf, dort freundschaftlich begrüßt von den Firmen, denen Simms' Preispolitik lästig geworden. Gleichzeitig ließ man wieder jene Lücke der Verträge wirksam werden, die eine Lieferpflicht hätte aussprechen können. Bosch führte in London selber die Schlußverhandlungen mit dem »ausgemachten Spitzbuben, der doch Angst hat, ich könnte ihm einen Prozeß an den Hals hängen« – so in einem Brief vom 27. Juli 1906 an die Gattin. Das Material war für die

Verwaltungsgebäude der Bosch-Verkaufsgesellschaft
in Paris-Auteuil

gesellschaftliche Stellung von Simms gefährlich – »er ist ein Betrüger geworden« –, der Engländer gab nach und ließ das Recht der Alleinvertretung fahren. Er erhielt noch eine Freilizenz auf alle bisherigen Patente, unter Verzicht auf den Namen Bosch. Bosch mußte bei der Trennung wieder eine Abstandssumme von 17000 Pfund bezahlen – der Versuch von Simms, nun in Bloomfield in Nordamerika zur größeren Eigenfabrikation in Magnetzündern überzugehen, endete nach wenigen Jahren im Konkurs.

Bosch trat jetzt selbständig auf. Zuerst war das Pariser Haus dabei federführend, dann erfolgte die Gründung der Bosch Magneto Co. Ltd. (1907). Die englische Automobilindustrie, die gerade damals in einigen Schwung kam, griff gerne nach der guten deutschen Ware. Die Prophezeiungen der seriösen britischen Freunde erfüllten sich. Diese Erfahrung war auch in breiterem Sinn lehrreich. In dem Briefwechsel der vorangegangenen Jahre hatte Bosch dem englischen Partner eindringlich nahegelegt, sich in seinem Planen nicht zu zersplittern; er solle sich mit den Versuchen im Motorenbau nicht übernehmen. Umsonst. Seine unruhige Gründertätigkeit machte ihn bei den Firmen, die er gleichzeitig beliefern wollte und mit denen er wieder konkurrierte, unbeliebt. Er hat, als er 1907 den Motor- und Wagenbau einstellte, das offenbar eingesehen; vielleicht war die Basis doch zu schmal – die Einsicht kam zu spät. Bosch, falls es dessen überhaupt bedurfte, mochte in der Erinnerung an Simms immer die Lehre vor sich haben, wie man die Expansion *nicht* machen darf; er hat allen häufigen Anregungen, selber in den Motorenbau zu gehen, immer wieder den nüchternen Einwand entgegengesetzt, daß es ihm nicht einfallen könne, seinen Abnehmern auf ihrem Gebiet unmittelbar als Wettbewerber entgegenzutreten. Der Durchbruch zur vertraglichen Freiheit auf dem französischen, belgischen und angelsächsischen Markt und die außerordentliche Entwicklung, die ihm folgte, ist zunächst wesentlich an den Namen und das Wirken von Gustav Klein gebunden. In der Niederschrift vom Frühjahr 1921, da er die Vorgänge von 1906 berührt, vermerkt Robert Bosch: »Ich nahm dann Klein selbst in meine Dienste und hatte damit auch den Mann, den ich brauchte. Klein scheute keine Arbeit. Er hatte alle möglichen Fähigkeiten und auch die größte Beweglichkeit. Er war überall immer tätig, im besten Sinne.« Boschs Verhältnis zu dem Manne, den er

»brauchte«, kommt in diesen Sätzen sachlicher Anerkennung nicht ganz zum Ausdruck. Den Mitarbeitern galt Klein als der einzige, den Bosch über die Wertung der Leistung hinaus, die er etwa Honold nie versagte, wirklich liebte, und noch nach Jahrzehnten, wenn er von dem Jung-Verschiedenen sprach, von seinem Menschentum oder seinem Geschäftsgeschick, kam Wärme in die Stimme und in das Auge.

Gustav Klein war eine Eroberernatur, ein Menschenfänger, einer von den weltläufigen und ausgreifenden Schwaben, die sich mit Einfühlung und Anpassung leicht zurechtfinden, ohne sich selber dabei zu verlieren. In einem guten Selbstgefühl wußte er sich überall rasch zu Hause, gewann Freunde, bezauberte durch die innere Freiheit seines Wesens, den heiteren Reichtum seiner geselligen Einfälle, aber er war nicht nur der frohe stattliche Mann, von dem man sich noch jahrelang Anekdoten erzählte, sondern ein außerordentlicher Schaffer, ein scharfäugiger Praktiker der technischen Bedürfnisse, der Anregungen gab und Aufgaben zu stellen wußte – Honold würde sie schon irgendwie lösen; das war dessen Sache. Die politischen, die weltanschaulichen Dinge kümmerten ihn wenig, die soziale Problematik der Arbeiterwelt löste sich für ihn auf in einer kräftigen, wenn es sein mußte derben Kameradschaftlichkeit. Er holte in seinen Forderungen, wenn es drauf ankam, das Härteste an Arbeitsleistungen heraus, die Leute gingen mit, schon weil er das forderte und sein eigener Eifer, sein sachlicher Ehrgeiz, sie mitriß; nachher, das wußten sie, würde mit Dank und Fest nicht gekargt werden. Im Geschäft war er »der Klein«, während man zu seiner eigenen, etwas scheuen und versonnenen Zurückhaltung distanzierend von »Herrn Honold« sprach.

Als Klein zu Bosch kam, hatte er schon Weltluft geatmet. Der in Sulzbach an der Murr geborene Sohn eines strengen, pietistisch gefärbten, wenig bemittelten Bahnmeisters war nach der Einjährigenprüfung an einer Suttgarter Realschule als Lehrling in die Maschinenfabrik Eßlingen gesteckt worden. Und dort machte er nach ein paar Jahren auf eigentümliche und charakteristische Weise sein »Glück«. Eine Maschine, die für eine Kunstmühle geliefert war, versagte und versagte. Zufällig wurde Klein einmal mit zur Reparatur gesandt; die gescheite und bestimmte Art, wie er die Mängel entdeckte und behob, leuchtete dem Besitzer so ein, daß er dem Gehilfen aus freien Stücken anbot, ihm das Geld vorzuschießen, wenn er studieren wolle. Der nahm an – 1896/98 besuchte Klein die Baugewerkschule und als außerordentlicher Hörer die technische Hochschule. In der Verbindung »Saxonia« begegnete er Honold. Nach dem Dienstjahr, das er, ohne eigentlichen militärischen Sinn, als sehr tüchtiger Soldat erledigte, kehrte er in die Elektrotechnische Abteilung der Eßlinger Maschinenfabrik zurück. Doch 1900 fährt er nach Südamerika; dort wird ein Ingenieur gesucht für den Bau und die Überwachung eines Kraftwerkes. Klein blieb drei Jahre in Argentinien; der Bauleitung bei dem Elektrizitätswerk folgte die bei großen Siloanlagen. Er war im Begriff, ein gesuchter Bauingenieur zu werden, der sich auch mit den Hochbauaufgaben zurechtfand. In der Heimat dachte man, er würde »drüben« bleiben und dort seinen Weg machen. Aber eines Tages, im Herbst 1903, kam er zurück, auf eine außerordentliche Weise: er kutschierte mit einem Zweispänner durch das Fabriktor in Eßlingen. Von Genua aus hatte er die Pferde über die Alpen und durch die Hügelwelt laufen lassen. Das ist die berühmte, oft erzählte Geschichte von Gustav Kleins Heimkehr aus der großen Welt. Ob er einmal in dem Lebensbuch des Friedrich Wilhelm Hackländer gelesen hatte, daß der, ein paar Jahrzehnte zuvor, auf gleiche Art aus Italien in sein Stuttgarter Glück gefahren war? Die Freunde merkten: der studentische Übermut war nicht untergegangen, der ihn drüben wetten ließ, er werde übers Wasser kutschieren: von den fünf Pferden, mit denen er drüben in einem Frachtdampfer sich eingeschifft hatte, waren drei für die Reisekosten und das Wägelchen nach der Landung in Italien verkauft worden. Und an anmutiger Reisegesellschaft, wenigstens bis zur Grenze der Heimat, ließ er es auch nicht fehlen.

Das Eßlinger Werk nahm ihn gerne wieder auf. Doch als er 1904, die Leitung der Elektrischen Abteilung wurde frei, übergangen wurde, kündigte er und trat bei Lahmayer in Frankfurt a. M. in den Außendienst. Es war die Zeit, da die Anlagen der elektrischen Kraftstationen Männern mit Verhandlungsgeschick und dem Sinn der praktischen Beratung eine starke Lebenschance gaben. Kleins Entschluß, das Angebot von Bosch anzunehmen, mag zum Teil durch seinen ausgesprochenen Heimatsinn bestimmt worden sein. Aber er sah auch, in Paris 1905 zu den Verhandlungen herangezogen, welche Maße das Unternehmen inzwischen erreicht hatte. So wie Bosch von der unmittelbaren Art beeindruckt war, in der Klein die verwickelte

Sachlage beurteilte, so spürte dieser selber die großartige Bereitschaft, mit dem menschlichen Vertrauen auch weite Selbständigkeit der Entscheidung zu geben. Klein wurde Leiter der Verkaufsabteilung und Bosch damit in sehr Wichtigem entlastet. Die Kundenpflege lag bislang wesentlich noch auf seinen Schultern, er hielt sie für wichtig genug, aber daß sie seinem inneren Drang und seiner Natur entsprochen hätte, wollte er selber nicht sagen. Was ihn damals bewegte, waren die Sorgen um die Errichtung neuer Werkstätten.

Kleins erste große selbständige Aufgabe war die Erkundung des nordamerikanischen Marktes. Dessen Entwicklung hatte Robert Bosch mit einer gewissen Zwiespältigkeit beobachtet, eine Zeitlang ärgerlich, daß Simms wohl davon redete, ihn zu erschließen, aber trotz des Drängens nichts Rechtes dafür tat. Als die Simms-Krise in die Höhe stieg, war man doch ganz froh, daß der Mann bislang nicht mit den Bosch-Erzeugnissen drüben angetreten war und vielleicht durch seine Preispolitik die Aussichten verdorben hätte. Jetzt freilich war keine Zeit zu verlieren; denn aus dem französischen Geschäft ausgeschlossen, in dem englischen bedrängt, konnte Simms, durch die Auskaufsummen vorübergehend kapitalstark, den Gedanken aufnehmen, sich auf das bisher vernachlässigte Gebiet zu stürzen. Im Sommer 1906 fuhr Klein nach Amerika, von einem Mechaniker begleitet und einem sprachenkundigen Kaufmann erwartet, den Borst in seiner amerikanischen Zeit kennengelernt hatte.

Der Name Bosch war drüben nicht völlig unbekannt. Denn die reichen Amerikaner, an den propagandistisch so wirksamen Rennen ihres Landsmanns, des Verlegers Gordon-Bennett, interessiert, bevorzugten damals noch die repräsentativen Wagen, wie sie von den europäischen Firmen gebaut wurden; die renommierten Typen waren mit Bosch-Zündung ausgestattet. Daneben aber war in den USA mit einer schier überwältigenden Plötzlichkeit das Automobil als Massenverkehrsmittel aufgetreten. Für das weite Land mit seinen gedehnten Bezirken fiel das Element des bloß Sportlichen oder des Snobistisch-Luxuriösen weg, hier war es von vornherein ein Werkzeug der bürgerlichen und geschäftlichen Lebenspraxis. Man weiß, daß die konstruktive Derbheit und der sozialwirtschaftliche Fernblick von Henry Ford eine neue technische und preispolitische Lage geschaffen hatte, die zunächst auch seinen Mitbewerbern das Gesetz aufzwang – erst später erfolgte die Differenzierung. Immerhin: Massenbedarf war schon im Entstehen. »Glücklicherweise«, heißt es in Boschs Niederschrift, »hatte er (nämlich Simms) nichts getan, bevor ich selbst in den Vereinigten Staaten erscheinen konnte, und ich darf wohl sagen, daß unser Erscheinen dort einem Triumphzug glich« ... »Es kam vor, daß einer an einen billigen alten Wagen eine Bosch-Zündung anbauen ließ, die fast so viel kostete als der Wagen selbst.«

Als Ansatz dienten die etwa hundert Adressen von Fachgeschäften, die Hugo Borst drüben gesammelt hatte. Die bekamen schöne englische Prospekte ins Haus gesandt, und ein Fünftel meldete sich auch gleich: Nach einigen Wochen Herumreiserei hatte Gustav Klein Aufträge für eine Million Dollar beisammen, und bevor er heimfuhr, war beim Broadway in der sechsten Avenue ein Verkaufsbüro gemietet, die Bosch Magneto Company mit einem Grundkapital von 25 000 Dollars gegründet. Sehr wichtig blieb, daß Klein einen sehr unsicheren Faktor gleich bei dem ersten Vorstoß zur Klärung brachte: die Zollfrage. Bei der New Yorker Zollbehörde wirkte als General Appraiser ein Herr Andrews, der nach einigen Jahrzehnten in anderem Zusammenhang für das Haus Bosch sehr wichtig werden sollte. Damals lernte man ihn von der unangenehm fiskalischen Seite kennen: für die Apparate galt das Wertzollsystem mit Zuschlägen von 45 Prozent des Rechnungswertes! Klein, der viel und vielerlei Ware mitgenommen hatte, legte Beschwerde ein – ein Prozeß, bei dem der Sohn von Karl Schurz als Rechtsbeistand auftrat, war das Debut, aber der Prozeß wurde gewonnen, nachdem noch in fliegender Eile die Rechnungsunterlagen in Stuttgart zusammengestellt und rechtzeitig hinübergesandt waren. Die Bahn war frei. Klein hatte einen Arbeitskollegen von Lahmayer, *Otto Heins*, veranlaßt, mit zu Bosch zu kommen. Der war als Leiter für das Brüsseler Haus gedacht gewesen, dessen Verselbständigung nach der Trennung von Simms eben auch vorbereitet wurde. Nun veranlaßte Klein seine Berufung nach Amerika, da Heins ein sprachenkundiger Praktiker war; neben ihn trat, durch Borst an Klein herangeführt, als kaufmännischer Leiter Günther Jahn, der in späteren kritischen Zeiten die Hauptstütze der amerikanischen Unternehmung sein sollte.

Daß es einmal kritisch werden könnte, dachte damals noch niemand. Das amerikanische Geschäft wuchs in schier unheimlichen Di-

Die Bosch-Vertretung in New York, 1910

mensionen – nach wenigen Jahren entschloß man sich zur Eigenfabrikation. Aber schon vorher waren Leistung und Name volkstümlich geworden. Bosch erzählt selber die Anekdote, die ihm von Klein einmal berichtet war, aus einer music-hall in Arizona: Ein musikalischer Clown trat auf und konnte gar nicht fertig werden mit Erzählungen und Aufzählungen der Wunder, die sein Instrument aufweise. Als letzten Trumpf aber sagte er: »Und Bosch-Zündung ist auch dran.« Solche Grotesk-Reklame, die gar nicht dem Stil des Hauses, doch dem der neuen Umwelt entsprach, mußte ganz willkommen sein. Sie machte aus dem Namen Bosch einen Begriff, einen Wertmaßstab schlechthin. Später sind daraus einmal höchst unerwartete und schier paradoxe Folgen entstanden.

Das Jahr 1906 wurde zum tiefen Einschnitt. So blieb es auch der überprüfenden Erinnerung im Bewußtsein. Noch wenige Wochen vor seinem Tode merkte Bosch in einem Brief an Eugen Diesel an: »Im Jahre 1905 erlebte ich noch sehr viel. Von 1906 ab ging es bei mir leichter. Ich bekam allmählich Leute, die mich unterstützten. Doch das ist fast schon zu wenig; sie waren und wurden es immer mehr: tüchtige Mitarbeiter. Ich selbst fing an zu fahren. Bis dorthin hatten Werkzeugmaschinen das Geld verschlungen. Ich mußte noch sparen.« (2.1.42.)

Die Entwicklung der kommenden Jahre bestimmt in einem großartigen Rhythmus das werdende Weltbild seiner Schöpfung. Die Befreiung von Simms, der 1908 die Trennung von August Euler, dem Vertreter für den deutschen Verkauf, folgte, leitete den Ausbau der kaufmännischen Organisation ein. Diese kannte zwei Formen: Vorhandene Unternehmungen erhielten für ein Land, für eine Ländergruppe die Vertretung der Stuttgarter Erzeugnisse, oder Bosch entschloß sich, Verkaufshäuser, Niederlagen, Reparaturwerkstätten im Auslande selber zu errichten. Zu der österreichisch-ungarischen und der italienischen Vertretung war schon 1903 die holländische getreten, Willem van Rijn in Amsterdam, 1904 die gesamtskandinavische, Fritz Egnell in Stockholm; 1906 war auch Südafrika frei geworden, das zu Simms' Bezirk gehört hatte. 1907 wurde in Brüssel, das ehedem von der französischen Gesellschaft bedient worden war, eine unmittelbar dem Stammhaus angeschlossene Zweigniederlassung eröffnet. Im Jahre darauf wurde die Mailänder Vertretung in volle Eigenverwaltung übernommen. Und das ging nun so weiter: 1908 noch Spanien und die führenden Staaten von Südamerika, 1909 richtete man sich, wenn auch recht provisorisch, in Berlin selbständig ein; 1910 erstand ein eigenes Verkaufshaus in Genf; Rußland, die Türkei, seit 1911 auch Japan hatten sich mit Vertreterfirmen an das große Netz angeschlossen, das Jahr um Jahr enger wurde. Auch die kleineren Länder fanden sich ein. Die französische Tochterfirma wurde im eigenen Land expansiv (Lyon), die amerikanische gab einen Ableger nach Detroit und ging bereits 1910 über die Grenzen, nach Kanada. In den kurzen acht Jahren des Aufschwungs bis zu dem großen Krieg war die Erde fast ganz mit den Vorposten des Stuttgarter Hauses besetzt.

Die arbeitstechnische Durchführung dieser Aufgabe lag damals wesentlich in der Hand von *Hugo Borst*. Mit einer Neigung zur theoretischen Klärung ging er an den organisatorischen Aufbau heran. Kleins temperamentvolle Anregungen, die, aus der immer nahen Berührung mit dem wechselvollen praktischen Bedürfnis gewonnen, sowohl auf das Fabrikationsprogramm einwirkten, wie sie der allgemeinen Geschäftspolitik Ziele wiesen, erhielten in Borsts nachdenklichen Überlegungen die gültige rationale Norm und die bleibende Ordnung. Es war für den noch jungen Mann eine herrliche Sache, die Maße so groß zu nehmen, daß die werdende Dehnung in sie hineinwachsen konnte, und der kaufmännischen Anlage in ihrer Durchgliederung eine genügende Durchsichtigkeit zu geben. Auf Borst gehen auch die ersten bewußten Maßnahmen der Werbung zurück. Robert Bosch war auf diesem Gebiet bislang sehr zurückhaltend gewesen – es war zugleich Ehrgeiz und Stolz, daß in der Güte seiner Ware die stärkste Werbekraft enthalten sei. Nun waren aber Konkurrenten erwachsen. Es lag im Zug der Notwendigkeit, daß hier zusätzlich etwas geschah. Die »Reklame« noch des Jahres 1906, rührende Briefbögen etwa mit der Statistik erfolgreicher Rennen, bei denen die Bosch-Zündung verwendet worden, hatte bisher einen zufälligen Charakter. Sie wurde jetzt von Hugo Borst mit Niveau und Anspruch ausgestattet.

Die Wucht der Entwicklung blieb durch den mächtigen Willen von Robert Bosch bewegt, ihre Richtung bestimmt. Er wußte jetzt, daß der Magnetzünder sein Schicksal geworden war, und die Ausrüstung der wachsenden Hallen mit den besten Werkzeugmaschinen bekundete den Entschluß, den Kampf um die Führung aufzunehmen; der Zündapparat, in seinen Grundtypen festgelegt, erfuhr durch Honolds ingeniöse und grüblerische Natur Verfeinerungen und Vereinfachungen; er brachte in diesen Jahren eine neue Zündkerze heraus, die, zu einem früheren Zeitpunkt geschaffen, manchen Umweg erspart hätte. In die Genugtuung über den Gesamterfolg mischte sich aber bei Bosch ein nachdenkliches Mißtrauen: wird die Lösung des Zündverfahrens, wie sie von ihm durchgebildet war und je den höchsten Grad der Vervollkommnung erreichte, bleiben? Wird nicht die Technik eines Tages einen ganz neuen Weg finden, der die Apparaturen und die Erfahrungen entwertet? Die Statistik des Werkes nennt die symbolischen Daten und Maße: 1901 hatte den 10000. Magnetzünder gesehen, 1905 waren 50000, 1906 100000 auf dem Markt, 1908 250000. Als man 1910 den 500000. Zünder abliefern konnte, wurde dies Ereignis in einer sehr charakteristischen Weise auch für das Bewußtsein der Belegschaft herausgehoben, die schon seit geraumer Zeit die Zahl Tausend überschritten hatte: der arbeitsfreie Samstagnachmittag wurde eingeführt. Die erste Million wurde 1912 erreicht, die zweite im Beginn von 1915 – da war schon Krieg. Das Vergleichen der Ziffern mit den Zeitabschnitten veranschaulicht Tempo und Rhythmus höchst eindrucksvoll.

Das Kraftfahrzeug steht in seiner mächtigsten Entfaltung. Die Meinung, daß es ein Zeitvertreib der reichen Leute sei oder wesentlich eine Gelegenheit für Sportsensationen mit dem gesellschaftlichen Drum und Dran, versinkt, als auf den Straßen, lärmend und keuchend, die ersten Lastwagen erscheinen, breitspurig und unbequem, auch für die Personenfahrer zunächst ärgerlich genug. Aber mit ihrem Kommen ist auch für das blöde Auge eine Revolution des Verkehrswesens sichtbar geworden. Und dies erste Jahrzehnt des neuen Jahrhunderts bringt noch ein anderes, das vom Motor getriebene Flugzeug; die Menschen mögen in ihrer Phantasie nicht sogleich völlig erkennen, was an Beglückung und was an Grauen ihnen von diesen noch plumpen Kästen einmal gegeben werden wird, die sich da zu Schauzwecken in der Luft bewegen. Der technischen und wirtschaftlichen Überlegung öffnen sich die Reihen von Zwecken und Aufgaben. Bleibt der Zündapparat auch das Kernstück des schnellaufenden Verbrennungsmotors, so haben sich aus dem praktischen Bedürfnis des

Wagenverkehrs jetzt schon allerhand Sonderfragen herausgestellt, die der Zuverlässigkeit, der Sicherheit, der Bequemlichkeit gelten. Das sind etwa Bereifung, Federung, Bau des Chassis, Anlage der Achsen usf. – sie haben bereits eine Spezialindustrie entstehen lassen. Aber noch manche Gebiete sind nicht oder ungenügend gepflegt: das ganze Signalwesen, die Beleuchtung für die Abend- und Nachtstunden liegen noch im argen. Unverkennbar: das Anwachsen der Wagenzahl auf den Straßen, die Steigerung der durchschnittlichen Geschwindigkeit haben hier Probleme aufgeworfen, die vom Rande der Motorisierung des Verkehrs in die Mitte rücken. Welche Aufgaben warten hier auf Honolds Bereitschaft, mit wissenschaftlicher Akkuratesse die Geheimnisse von Optik und Akustik anzugehen! Er wird in den nächsten anderthalb Jahrzehnten neue Triumphe feiern.

Die chronikale Betrachtung dieses Zeitabschnitts darf ein Nebengleis nicht übersehen, das gerade damals von der Hauptanlage abgezweigt wurde. Es ist kein sehr wichtiger Strang geworden, und man hat ihn auch nach einigen Jahren wieder stillgelegt beziehungsweise abgetreten. Aber die Tatsache, daß Robert Bosch im Jahre 1911 die Wasserkraft von *Munderkingen* an der Donau erwarb, das Elektrizitätswerk ausbaute und nun anfing, in dem bäuerlich-dörflichen Umland Oberschwabens Leitungen ziehen zu lassen, Transformatoren anzulegen und Motoren in den Scheunen aufzustellen, gehört zu den Zeugnissen dieser Doppelart, da der Unternehmungsdrang auch die Spiegelung der Vorsicht, des verteilten Risikos ist. Man mag sich um des Kontrastes willen die Daten kurz veranschaulichen: 1910 war drüben der Fabrikbau fertig geworden, der die rasch gewonnene technisch-wirtschaftliche Herrscherstellung des Magnetzünders in der Neuen Welt zu sichern hatte, 1911 begann der Einbruch in die oberschwäbische Idylle. Sie war keine originale Improvisation. Die Errichtung von Elektrizitätswerken im Anschluß an Wasserkräfte, die Versorgung auch des flachen Landes mit Stromanlagen für Licht und Kraft war seit dem Beginn des Jahrhunderts in die Hand genommen worden, nachdem der große Versuch der Kraftübertragung Lauffen-Frankfurt zunächst die städtisch-gewerbliche Initiative geweckt hatte. Die alten Firmen in Berlin, Frankfurt, Nürnberg waren die wichtigen Träger der Bewegung, aber neben ihnen etwa die Unternehmungslust von Müllern, die an einem Wassergefälle saßen. Frühzeitig trat auch in der Nutzung der natürlichen Kräfte der Anspruch von Gemeinden und Kreisen auf, die Form der aus öffentlichen und privaten Interessen gemischten Verbände wurde wirksam. Für Bosch handelte es sich darum, seiner Installationsabteilung, die seit 1904 von der Fabrikation getrennt war, aber neben deren Aufschwung in ein gewisses Schattendasein versank, eine neue große und sachlich wichtige Aufgabe zu stellen. Der Erwerb der Ulmer Installationsfirma Köpf & Bantleon, die von Leonhard Köpf mit großem Fleiß und technischer Zuverlässigkeit betrieben war, schuf für das Unterfangen den dem Bezirke nahen Vorposten. Unzweifelhaft spielte bei dem Schritt auch das Bedürfnis eine Rolle, zugleich lernend und helfend dem Prozeß nahezukommen, der die Technisierung und Rationalisierung der agrarischen Gebiete einleiten sollte. An die Größenordnungen der zentralen Unternehmungen herangeführt, spielt der Ausflug nach Oberschwaben eine mehr beiläufige Rolle. Aber der Wanderer in die Welt hat diesen Spaziergang durch die heimatliche Enge mit dem lebhaftesten Anteil unternommen, zumal er auf Gegenwirkungen stieß, die dem privaten Unternehmerwillen die Macht des halböffentlichen Verbandes entgegenstellten. Die Reibung wurde Reiz zum Kampf.

Als im Jahre 1905 Bosch, der Kräche mit Simms überdrüssig, fest entschlossen war, dem Engländer sein Werk zu überlassen, wurde ein eventueller Kaufpreis von 5 Millionen Mark vereinbart; Simms wollte oder konnte nicht die ausbedungene Barleistung zahlen. Der Aufstieg war ohne »fremdes« Geld erreicht, wenn man von den Einlagen absieht, die Simms in die gemeinsam gegründete Gesellschaft von Paris einbrachte. An gelegentlicher finanzieller Gespanntheit fehlte es nicht. Schon der junge Handwerker hatte ja eigentlich über seine Kraft hinaus, aber mit dem trotzigen Willen zum Vorankommen, Maschine um Maschine gekauft. Wurde gut verdient, so wurde gut gespart für Neuerwerbung und Neubau. Die Daimler-Leute hatten einmal vorgetastet, ob das junge Unternehmen zu kaufen sei; das blieb ein Versuch. Mix und Genest dachten daran, einen süddeutschen Außenposten zu gewinnen; Bosch spürte die Bedrohung seiner Selbständigkeit. Immerhin: »Ich selbst habe mich auch schon«, heißt es in einem Brief an Simms vom 1. Oktober 1904, »mit dem Gedanken beschäftigt, meine Sache zu einer Aktiengesellschaft zu machen, und wenn wir uns nicht bezüglich Frankreich einigen, werde ich Schritte in dieser Richtung tun.« War das nur eine taktische Drohung oder war es ihm damit ernst gewesen? Als sichtbar wurde, daß das Geschäft in guten Zug kam, fanden sich branchefremde Kapitalisten, die ihm vorschlugen, sich von ihnen gründen zu lassen. Eine leichte Drohung stand dahinter, man werde eine Konkurrenz beginnen, man habe Patente, sei es nicht gescheiter, die Sache gemeinsam zu machen? Bosch lehnte ab.

Der Zustrom von Aufträgen, der nach 1906 vor allem in England und in Amerika einsetzte, brachte dem Unternehmen eine solche Flüssigkeit, daß die großen Anlagen an Fabrikbauten und neuen Maschinen, die in die Jahre 1909 bis 1911 fielen – und der Zwang zur weiteren Investitionen riß nicht ab –, ohne Inanspruchnahme fremder Kredite aus den laufenden Einnahmen bestritten werden konnten. In der Aera der bankpolitischen Vergesellschaftungen, für die etwa in der Nachbarschaft Daimler zum Modell geworden war, behielt Bosch seine Unabhängigkeit. Sie bedeutete für ihn auch individuelle Freiheit. Er wollte sich selber verantwortlich bleiben, doch niemandem anderen.

Erstes Mäcenatentum

Es sei sein Traum gewesen, äußerte sich Bosch einmal zu einem Bekannten, Mitte der vierziger Jahre so weit zu sein, daß er sich von den Geschäften lösen und ganz seinen Liebhabereien und deren Förderung widmen könne. Das Träumen war ja nun nicht eigentlich die Sache eines Mannes von seinem Schlage, und wenn in dem Wort nicht ein Unterton der Ironie mitschwang, dann mochte es ein Stück romantischer Selbsttäuschung sein, sofern das Wort Romantik in seiner Nähe überhaupt gebraucht werden darf.»Liebhabereien«, das konnte heißen Botanik, Zoologie, die Grundfragen der Biologie. Es ist schwer, ihn sich als Forscher vorzustellen, der mit wartender Geduld sich um die reine Erkenntnis müht, um die Fülle des Lebens in den Abstraktionen der Gesetzlichkeit einzufangen. Das Elementare seines Wesens war dafür viel zu zweckhaft angelegt.

Die menschlich-bürgerliche Aufgabe hat er sehr nüchtern aufgefaßt, und es war ihm unbehaglich, wenn man, unter dem freibleibenden Begriff einer idealistischen Gesinnung, die harten Realitäten des Erwerbslebens ins Unverbindliche verklärte.

Ist der Sinn der Arbeit Lebenssicherung, so wird der Grad der Sicherung die Maße der Lebensführung regulieren. Dafür gibt es nun keine festen Formeln, nur ein Pedant wird sie finden und setzen wollen. Das Individuelle, Familienüberlieferung, ständische Gewohnheit, vielleicht auch religiöse Lehre und Bindung wirken zusammen. Robert Bosch kam aus einem begüterten bäuerlich-bürgerlichen Haus, das die Not nicht kannte, das mit tätig wirtschaftendem Eifer und haushälterischem Sinn den Besitz umtrieb, den anderen, den Armen mit der Selbstverständlichkeit der Gutmütigkeit oder Güte in das Mitsorgen einbezog. Der Arbeit durfte dann ein gelassen ausruhendes Behagen folgen. Der Vater Servatius habe dazu, meinte später der Sohn, den Termin etwas zu frühe angesetzt.

Die Lebensführung des handwerklichen Beginns, die doch den bürgerlichen Typ des gesicherten und gepflegten Haushalts wahren sollte, hatte manchen finanziellen Engpaß. Für die junge Frau war das nicht immer ganz leicht, um so mehr, als der Mann sehr bestimmte Wünsche hatte. Das Wort »Sparen« wurde früher groß geschrieben. Die Schulden bei der Mutter, bei den Schwägern drückten ihn zwar nach einem späteren Wort nicht sonderlich, denn er war guter Dinge, sie einmal los zu werden. Das war dann doch ein frohes Gefühl, sie los zu sein und nun selber im Verwandtenkreis da oder dort helfen zu können. Das Bedürfnis nach Genußmitteln war gering und wurde dazu von hygienischen Prinzipien eingedämmt. Nur Wandern, Reisen, Sehen war die Lust, die er ungern unbefriedigt ließ. »In den ersten 6–8 Jahren hatte ich nicht gewagt, mich länger von meinem Geschäft zu entfernen. Ich machte jeden Sonn- und Feiertag meist größere Spaziergänge. In der Mitte der neunziger Jahre kam ich zum ersten Male ins Hochgebirge und war von da an dem Wandern im Hochgebirge verfallen« (1921). Als die Kinder heranwuchsen, ging die Familie während der Sommerferien nach Oberbayern oder Tirol.

Der Aufenthalt in den Bergen machte Bosch nicht zum »Alpinisten« im technischen Sinn des Wortes, zum Hochtouristen, der eine Sammlung gewagter Besteigungen sich anlegt. Er war ein tüchtiger und sicherer Steiger, der sich an der Bewegung erfrischte und in der Einsamkeit Lasten und Ärger des Tagesbetriebes von sich warf. Dort im Gebirge wurde Robert Bosch auch zum Jäger. Das hing mit den Geschäften zusammen: Simms, der Engländer, besaß im oberen Lechtal eine Gemsjagd, und als er Bosch im Jahre 1900 dorthin einlud, sagte er zu, es schien ihm ganz zweckmäßig, den so wichtigen als wie undurchsichtigen Mann zwischen Bauern, in einer von Verträgen und Lieferungsgeschichten freien Umgebung kennenzulernen und zu beobachten. Bei dem psychologischen Experiment, das einige Jahre wiederholt wurde, kam unmittelbar nicht viel heraus. Aber die Jagdleidenschaft ergriff Bosch nun selber; er pachtete sich 1904 in Magstadt bei Stuttgart seine erste Jagd: »Dorthin ging ich oft ganz allein und mit Vorliebe im Jagdhaus übernachtend, wenn ich mich etwa mit Simms herumgebissen hatte und recht erholungsbedürftig war.« Simms hatte also das Rezept gegeben, womit die seelischen Kräfte im Kampf gegen ihn erneuert wurden. Daß Boschs Jägerei gerade durch den englischen Partner und Widersacher in Bewegung gesetzt wurde, ist sicher nur ein Zufall; sie wäre auch sonst gekommen. So stark füllte sie das Sinnen seiner späteren Jahre; er hat die Hingabe an Zeit, Überlegung, Sorgen, Opfer vor sich selber gerechtfertigt: »Ich verdanke der Jagd heute in meinem 60. Lebensjahre noch eigene körperliche und vielleicht darf ich auch sagen geistige Beweglichkeit und Entschlußfähigkeit« (1921). Oder ein anderes Mal: »Der Vorzug der Jagd liegt für den Ausspannung Benötigenden auch darin, daß sie den Jäger davon abhält, seinen Gedanken nachzuhängen: Sie lenkt ab.«

Daß er zu jagen begonnen hatte, gab auch dem geselligen Bedürfnis eine bestimmte Richtung. In der Firma fand er Nachfolger: Honold, Ulmer. Gustav Klein hatte Angst, das gehe so weiter. Er wehrte sich dagegen: »Ja, einen Leoparden angehen, das könnte reizen, doch auf so ein armes Rehlein warten ...« Er mußte sich damit abfinden, stöhnte wohl ein wenig, wenn, halb bewußt, der Geschäftskalender für Reisen und Konferenzen ein bißchen nach dem Jagdkalender reguliert wurde. Aber es ging auch so, denn die Energien fanden den Auspuff, den sie suchten.

Dem öffentlichen Leben hielt sich Bosch in jenen Jahren der geschäftlichen Erstarkung ferne. Es fehlen aus der Zeit die Zeugnisse, wie er die Gestaltung der vaterländischen Dinge beurteilt hat, aber es ist nicht schwer, sich ein Bild davon zu machen, und ganz gewiß hat auch damals eine stete innere Auseinandersetzung mit den Tagesfragen der aktuellen Zollpolitik, der Heeres- und Flottenvermehrung, der Verfassungskämpfe stattgefunden. Er war ohne Parteibindung, denn es hätte ihm nicht behagt, etwa taktische Parolen folgsam hinzunehmen. Das Antistaatlich-Oppositionelle lag ihm im Blut und wurde rasch wach, vor allem, wenn es über die württembergischen Landesgrenzen hinaus nach Norden blickte. Die Kritik an der Gesellschaftsordnung besaß nicht mehr die kompakte Eindeutigkeit der Lösungsformeln, wie sie vor einem Vierteljahrhundert der Briefschreiber aus Amerika zur Verfügung gehabt hatte. Doch war das Mißbehagen über die soziale Atmosphäre lebendig geblieben, über läßliches Hinnehmen von offenkundigem Unrecht, über die Versteifung von Standesdünkel, Bildungshochmut, Klassenhaß. Eine unverstellte Sympathie gehörte den Gruppen, die um die Erweiterung ihres Lebensraums kämpften, mochten die Theorien, deren sie sich dabei bedienten, auch falsch sein.

Darüber hatte er sich ehedem mit dem Hausgenossen, Karl Kautsky, manchmal auseinandergesetzt. Natürlich blieben sie dabei an ihren Grenzen stehen. Bosch war ein Freund der Männergespräche mit logischer Argumentation, aber zu konkret-sinnenhaft, um den Weg in die ökonomischen Begriffsabstraktionen zu gehen. Das sicherte sein Bewußtsein vor aller Anfälligkeit gegen den theoretischen Marxismus; gegen die Richtigkeit der »Mehrwertlehre« hatte er sich Beweisgedanken zurechtgelegt. Das Zusammenleben in der Schwabstraße hatte seit einigen Jahren aufgehört; in der Hölderlinstraße hatte Bosch das eigene Haus sich erbaut, Kautsky selber, die familiären Beziehungen hörten nicht auf, war nach Berlin gezogen. Auf einem seltsamen Umweg blieb jedoch das Boschsche Haus dem Personenkreis des geistig führenden Marxismus verbunden. Frau Anna Bosch wünschte ihre heranwachsenden Töchter von einem Künstler malen zu lassen, dessen Bilder mit lichter Farbigkeit und kräftig-zartem Duktus des Pinsels sie auf einer Ausstellung beeindruckt hatten. Der Maler war *Friedrich Zundel*, einer der auch organisatorisch führenden Männer des Stuttgarter »Künstlerbundes«. Neben den Bildnissen, die aus einer früher dunklen Tonigkeit sich zu einer durchsichtigen Helle herausgearbeitet hatten, konnte man von ihm in jenen Jahren große Kohlenstudien, auch ausgeführte Gemälde sehen, die die Erscheinung des modernen Arbeiters in einer gewissen repräsentativen

Typik zu geben wußten. In den Realismus war ein Stück Bekennertum gemengt. Der Maler war Sozialist und der Gatte von *Clara Zetkin*, die von Stuttgart aus damals die sozialdemokratische Frauenzeitschrift »Gleichheit« redigierte. Aus der Begegnung wurde eine Freundschaft. Clara Zetkin, als Rednerin von ausbrechendem Temperament, besaß nicht bloß die Kraft des Hasses, die sie in jenen Jahren wohl am meisten den »revisionistischen« Sozialdemokraten widmete – und die hatten in der Fraktion des württembergischen Landtags die Führung –, sondern auch eine gründliche historische Bildung, ein wenn auch nicht urtümlich naives, so doch intellektuell geschultes Formgefühl – so wurde sie jetzt zu einer wirkungsvollen Erscheinung im Boschschen Lebenskreise. Die Grenzberührung mit einer so stark im politischen Parteiengetriebe aktiven Persönlichkeit sollte auch für Bosch noch eine starke sachliche Bedeutung bekommen.

Die nächste Wirkung war freilich ganz anderer Art: Zundels den Kunstgenossen helfend zugewandter Sinn vermochte eine freundschaftlich fördernde Teilnahme an dem Schaffen der Stuttgarter Künstler zu wecken. Das Verhältnis von Bosch zu den Arbeitern der bildenden Kunst ist nicht ursprünglicher Natur. Dies gefiel ihm und jenes nicht; gegenüber ästhetisierenden Werte-Analysen, und mochten sie noch so beredt sein, war er mißtrauisch. Aber er hatte Sinn für handwerkliches Können und redliche Gesinnung, und er war bereit, wo Würdigkeit vorlag, zu helfen, ohne aus dieser Bereitschaft einen Betrieb zu machen. Sammlertum als solches, sei es vom Besitzsinn, sei es von einem historischen Gruppengefühl genährt, lag ihm gänzlich ferne, in jeder Sparte. Als man ihm, der doch so ein großer Sachkenner von Gewehren geworden war, einmal vorschlug, sich eine historische Sammlung von Büchsen und Flinten anzulegen, die die konstruktive und die formale Entwicklung veranschaulichte, lehnte er ab; die Jagdtrophäen freilich in ihren wichtigen Stücken wurden verwahrt. Zundels Anregung nun führte ihn dazu, schöne Werke der damals führenden Stuttgarter Meister zu erwerben: Pleuer, Reiniger, später Landenberger und Goll. Er liebte es, wenn ein Stück persönlicher Erinnerung sich den Bildern vermählte; so kamen wesentlich Landschaftsbilder zusammen. Von älteren Meistern besaß er Stücke der Tiermaler Braith und Mali; man spürt auch das gegenständliche Interesse. Er hat einmal in späten Jahren dem Ulmer Jugendfreund Gebhardt einige charakteristische Sätze über seinen Erwerb von Bildern geschrieben: »Ich kaufe seit langer Zeit Bilder von lebenden Künstlern und in erster Linie und so weit es möglich ist, von Schwaben. Ich habe nur sehr wenig alte Bilder gekauft, und dann immer nur aus besonderen Gründen. Ich kaufe keine teuren alten Bilder, sondern sage, anstatt 10000 RM etwa einem Händler für ein altes Bild zu geben, will ich lieber mit 10000 oder 15000 RM heute lebenden Künstlern das Leben erleichtern und möglich machen.« (1937). So war allmählich eine stattliche Reihe von Werken zusammengekommen; in dem Umgang mit ihnen festigten und begrenzten sich die persönlichen Neigungen.

Seit dem Jahre 1911 war dafür auch der gemäße Rahmen entstanden; Bosch hatte, aus den Straßenzügen herausgehend, auf der Höhe des Stuttgart im Süden begrenzenden Bergrückens, dort wo seine Kuppe östlich zum Neckartal sich neigt, ein großes Wohnhaus errichtet. Es war nicht so sehr die Lage, die ihn anzog – er meinte später, die umsonnten Hänge auf der Gegenseite der Senke wären wohl lockender gewesen –, doch da oben auf dem »Heidehof« traf er den herrlichsten Baumbestand. Um seinetwillen hat er sich dort angekauft, und es war ihm Stolz und Freude, den Gästen die freie Entfaltung der schönen und zum Teil erlesenen Stücke zu zeigen – ein rührender Zug, wie er um eines erkrankten Baumes willen in eingehenden Briefen Botaniker konsultiert. Schon fast von der Großstadt umschlossen lebte er hier in einem umhegten Naturbezirk, der auch ein wenig Geschichte beherbergte. Der Schöpfer und erste Besitzer des Parkes war der Schriftsteller Friedrich Wilhelm Hackländer gewesen, den das Schicksal in den vierziger Jahren des alten Jahrhunderts vom Niederrhein nach Schwaben und in die Hofgunst getragen hatte, ein weltläufiger Viel- und Alles-Könner, der nicht bloß Romane, Reisebücher, Theaterstücke mit leichter Hand hinwarf, sondern den württembergischen Kronprinzen in tausend Sachen betreute und ihm den Park schuf, der die von Leins erbaute Villa Berg umrahmt. Der alte König Wilhelm hat den an Auskünften reichen Dilettanten noch zum Hofgartendirektor gemacht. So blieben seine Spuren auch im Stuttgarter Stadtbild. Da oben, auf dem Heidehof, wo die Gaisburger Weingärtner ihre Rebenhänge besaßen, hatte er mit der privaten Liebhaberei sich frühe zu erproben begonnen; der »Roman meines Lebens« erzählt

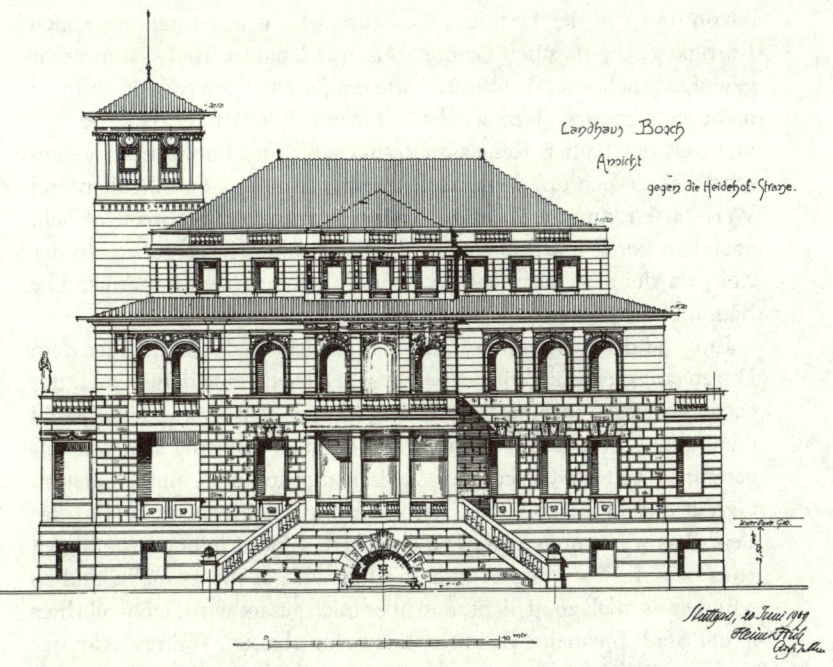

Vorderansicht des Wohnhauses von Robert Bosch
in Stuttgart, Entwurf von 1909

davon und von der heiteren, die Stuttgarter gelegentlich ärgernden Lustigkeit, die da oben lärmte. Das war längst vorbei, kaum mehr gewußte Anekdote, der Besitz hatte ein paarmal gewechselt und war nicht recht genutzt. Jetzt wuchs in ihm ein schloßartiger Bau, der Formenwelt der frühen Renaissance angepaßt. Der Bauherr, so leidenschaftlich er sich um die Einzeldinge bei all seinen Fabrikhallen und Werkstätten kümmerte, hielt sich zurück. Fast glaubt man, er ließ, nachdem der Entschluß gefaßt, die Sache über sich ergehen. In der Zeit, da der Bau fertiggestellt wurde, fuhr er nach Amerika. Die Bäume erwarteten den Heimkehrer in ihrer tröstenden Pracht.

Ein Teil des werdenden Parks war ehedem in der alten Allee dem Durchgangsverkehr geöffnet gewesen. Daß jetzt eine hohe Mauer das ganze Anwesen in eine Insel der Verborgenheit verwandelte, gefiel nicht allen Leuten. Der Mann, von dem man so wenig sah, war seit geraumer Zeit ins Gerede der Menschen gekommen, und in diesem Gerede mischten sich Neid, Bewunderung und märchenhafte Phantasien. Was war von dem alles zu erwarten? Eine Briefnotiz vom April 1912 besagt: »Es wundert mich nachgerade gar nichts mehr, und so wundert es mich auch nicht, daß über mich gesagt wird, ich wolle hier in der Stadt für meine Beamten eine Schule bauen. Wahres ist an der Sache natürlich nicht.«

Die Veranlassung zu dem Bunterlei an Gerüchten hatte die erste große Stiftung gegeben, mit der Robert Bosch im Jahre 1910 an die Öffentlichkeit getreten war; sie hat sein schier unvergleichliches Mäcenatentum eingeleitet. Sie galt den technischen Wissenschaften. Kleinere, wenn auch nicht unbeträchtliche Beiträge waren vorangegangen, 1902 zur Jubiläumsstiftung des Württembergischen Ingenieurvereins; die Anhänglichkeit an die »Hütte« hatte durch stattliche Gaben für den Hausbau ihren Ausdruck gefunden. Jetzt, zum Ausgang des ersten Jahrzehnts, beschäftigte ihn der Gedanke, Mittel frei zu machen für eine Versuchsanstalt für Luftschiffahrt und Flugtechnik in Friedrichshafen. Aber die württembergische Regierung glaubte, die damit verbundenen Dauerverpflichtungen nicht auf sich nehmen zu können. Seine Willigkeit fand sich dann einen anderen Weg.

An der Stuttgarter Technischen Hochschule wirkte damals als Professor der Maschinenbaukunde *Carl Bach*, ein Mann von internationaler Autorität als Erforscher und Darsteller der Maschinenelemente. In ihm, der, aus kleinen Verhältnissen stammend, durch eine seltene Vereinigung von forscherlicher Strenge und praktisch-pädagogischer Tatkraft seine führende Stellung errungen hatte, war Bosch einer Persönlichkeit begegnet, deren Rat er sich gerne beugte. Es mußte ihm nicht nur der Lebensweg dieses Gelehrten imponieren, der sich, ein Schlosserlehrling ohne Hintergrund, den Aufstieg selber erkämpft hatte, sondern er wußte auch: Bach hatte im württembergischen Studienplan die praktische handwerkliche Ausbildung im Betrieb als Voraussetzung des Zutritts zur Hochschule erreicht und damit das Muster geschaffen, dem auch die anderen Bundesstaaten sich anschlossen. Das entsprach dem Grundgefühl von Bosch. Mehr noch: Bach, der auf der einen Seite nicht müde wurde, für die Stellung des Ingenieurs im öffentlichen und staatlichen Leben zu kämpfen, ohne einer ständischen Verengung zu erliegen, war auch bewegt von dem Charakter der seelischen Beziehungen zwischen dem Werkingenieur und dem Lohnarbeiter. Die Gefahren einer inneren Scheidung zwischen dem Konstrukteur etwa und dem Handarbeiter bedrückte ihn.

Bach kam mit seinen Sorgen zu Bosch, und Bosch kam mit seinen Fragen zu Bach. Der (sachliche) Briefwechsel, der ein Urteil, einen Rat erbat, ging lebhaft genug durch Jahrzehnte. Man wird nicht von einer Intimität sprechen können, aber die beiden Männer wußten, was sie aneinander hatten. Bachs Lebensrückschau redet auch davon, Bosch aber, unter dessen Begabungen die zur Schmeichelei gewiß eine der geringsten gewesen ist, schrieb dem Gelehrten, als dieser 1922, 75jährig, die Lehrkanzel verließ: »Was Sie in Ihrem Berufe alles geleistet haben, ist über allgemeine Lobsprüche hoch erhaben. Es gehört der Geschichte der Technik an.« Mit solchem Pathos im individuellen Austausch war dieser Schreiber gemeinhin sparsam. Im Sommer 1910 nun unterbreitete Bach seine Nöte: wie unzureichend die finanzielle Ausstattung einiger Institute mit jährlichen Mitteln sei, die ermöglichten, an eigentliche Forschungsarbeit heranzugehen. Die Summen bewegten sich zwischen 5 und 8000 Mark. Bei der Materialprüfungsanstalt, einer Lieblingsschöpfung von Bach, standen nur 1800 Mark im Etat. Dietrich, Boschs ehemaliger Lehrer, erfuhr von diesen Besprechungen; er eilte, daß ja nicht die Elektrotechnik zu kurz komme, und wurde beruhigt. Der Rektor wurde herangezogen. Ihm schrieb Bosch am 20. November 1910 jenen Brief, der, nachdem die geltenden Etatpositionen aufgeführt waren, die Entschließung motiviert: »Diese Mittel haben, soweit ich unterrichtet bin, bisher kaum zur Befriedigung der unmittelbaren Bedürfnisse ausgereicht; Forschungsarbeiten konnten mit ihnen so gut wie nicht durchgeführt werden. Damit entfiel auch mehr oder minder vollständig der befruchtende Einfluß solcher Arbeiten auf den Unterricht. Ich betrachte diesen Zustand nicht als den Aufgaben und Zielen einer Technischen Hochschule entsprechend und habe mich deshalb entschlossen, der Technischen Hochschule Stuttgart die Summe von einer Million Mark zu einer Robert-Bosch-Stiftung zu übergeben ...« Zweck der Stiftung soll sein: Pflege und Förderung der physikalischen Grundlagen der ausführenden Technik, insbesondere des Maschinen-Ingenieurwesens einschließlich der Elektrotechnik, sowie des Bauwesens, in erster Linie durch Forschung und sodann durch Unterricht. Ziel des letzteren (Vorträge und Übungen): Sicherung der bezeichneten physikalischen Grundlagen in Wissen und Können. Die Stiftungsurkunde, die den Kapitalanteil der verschiedenen Verwendungszwecke festlegt, umschreibt auch die Bedingungen. Durch die Gabe dürfen die staatlichen Leistungen nicht vermindert werden, es müssen deren Erhöhungen, die irgendwann ohne die Stiftung doch erforderlich geworden wären, beibehalten werden. Der Stiftungsrat besteht aus dem Rektor und den Leitern der Institute und dem Stifter; nach dessen Ableben mag sein Sohn, sobald er das 25. Lebensjahr erreicht hat und dazu willig, in die Nachfolge eintreten. In der Verwendung der für sie anfallenden Zinsen sind die Institutsvorstände frei, ein Rückgriff auf das Kapital bedarf der Zustimmung des Stifters. Und anderes mehr an formalen Ordnungen.

Diese sind mit den zuständigen Professoren festgestellt worden, mit dem spürbaren Ziel, das Bürokratische auf ein Mindestmaß zu beschränken. Die wesentliche Verwendung der Mittel in den ersten Jahren galt der Vermehrung und Verfeinerung des Instrumentariums, später traten systematische Forschungsarbeiten hinzu. Biographisch wichtig sind Vorspiel und Nachspiel. Bosch hatte gefordert, daß man für ihn selber die Angelegenheit »möglichst schmerzlos« mache, auf akademische Ehrungen, Fackelzug, Ehrendoktor und dergleichen verzichte, denn man würdige den Titel nur herab, wenn man ihn mit einer Finanzaktion in Zusammenhang bringe. Das wurde von dem Rektor zur Kenntnis genommen, aber als die Stiftungsurkunde eingereicht und der formale Akt erledigt war, faßte der Senat doch den einstimmigen Beschluß, Bosch den Ehrendoktor zu verleihen. Er war in einer ungeschickten Lage. Daß er die Stiftung zurücknehme, kam nicht in Frage. Sollte er mit der Ablehnung des Titels das Gremium, mit dem er eben in diese Verbindung getreten war, brüskieren? So ließ er die Ehrung über sich ergehen. Er habe das »späterhin oft bereut« – denn was er fürchtete und was vielleicht die von ihnen aus gesehen anständige Absicht der Professoren gewesen ist, auf etwaige Nachfolger ermunternd zu wirken, trat ein: die nur finanzielle Förderung wissenschaftlicher Institute geriet in eine nicht immer ganz würdige Verknüpfung mit akademischer Auszeichnung. Bosch sah sich gelegentlich in der Nachbarschaft von Leuten, in der es ihm nicht wohl war. Er hat persönlich den sparsamsten Gebrauch von der neuen Würde gemacht. Im Innenbetrieb der Firma blieb er der »Herr Bosch«.

Erfolgreicher war er damals – und späterhin – in seiner Abwehrhaltung gegenüber der Regierung. Die mußte ja die Stiftung annehmen und hatte als ihre Form der Gegenleistung Titel und Orden zur Verfügung. Daß sie damit wenig Freude erwecken würde, hatte der Rektor bei seiner Meldung immerhin mitgeteilt, und der Kultusminister Fleischhauer bedauerte darum, daß die »seltene Bescheidenheit« von Bosch dem König verwehre, seiner dankbaren Anerkennung noch irgendeinen besonderen Ausdruck zu verleihen, was er so gerne getan hätte. Bosch mag geschmunzelt haben, als er die Gefahr des Kommerzienrats oder des Friedrich-Ordens abgewendet wußte. Der Minister sah nicht ganz richtig, als er »Bescheidenheit« schrieb, wo Stolz und gleichgültige Mißachtung gegenüber allem äußeren staatlichen Ehrenkram wirksam war, den Bosch nachsichtig spottend wohl bei anderen gelten, nie aber auf sich beziehen lassen wollte.

Die Millionenschenkung des Jahres 1910 hat den Namen Bosch auch in den Kreisen bekanntgemacht, die den technischen Wissenschaften oder dem Automobilwesen ferne standen. In Deutschland war ja gemeinhin die private Leistung für solche Aufgaben, die nach der geschichtlichen Überlieferung der Staat in die Hand genommen hatte und deren ordentliche Erfüllung man darum auch von ihm erwartete, wenig entwickelt, dies im Unterschied zur angelsächsischen

Welt. Einen Vorgang von eindrucksvoller Bedeutung bot eigentlich nur die Schöpfung der Technisch-Physikalischen Reichsanstalt durch Werner von Siemens. Erst die Begründung der Kaiser-Wilhelm-Gesellschaft für die Wissenschaften und ihre umsichtige Leitung durch Adolf von Harnack sowie Oskar von Millers emsige Sammlertätigkeit für sein »Deutsches Museum« in München weckten, mit Lockung und mit Nachdruck, das Gefühl für das nobile officium des jungen industriellen Reichtums. Boschs innere Entscheidung war von dieser betriebsmäßigen und bald etwas offiziös gefärbten Entwicklung völlig unabhängig; vielleicht hat sie, wie ein hoffendes Wort aus dem württembergischen Ministerium (Dezember 1910) meint, »den Bann bei der Großindustrie, etwas zu tun, jetzt gebrochen«. Ihm ging es um das sachliche Helfen-Wollen und Helfen-Können. Er wollte damit weder Ehre und Ehrung ernten, auch nicht Macht oder Einfluß gewinnen, noch folgte er einem sentimentalen Trieb zur ungestalteten Wohltätigkeit. Die großartige und in Deutschland außer Vergleich stehende Freiheit, mit der Bosch nun durch Jahrzehnte hindurch kleinere, größere und schließlich riesige Summen für Zwecke der Allgemeinheit zur Verfügung stellte, quillt aus seiner souveränen Auffassung des Geldes und aus dem bürgerlichen Pflichtgefühl, ein wachsendes Vermögen für Volkswohlfahrt im weitesten Sinn fruchtbar zu machen. Das war im Anfang so wenig programmatisch abgesteckt, als es später sich auf eine feste Typik einengte. Die Weite und Buntheit der Leistungen ist erstaunlich, deren Richtung aber bleibt in den meisten Fällen psychologisch charakteristisch, und zwar in der Ablehnung nicht weniger als in der Gabe.

Natürlich kann es nicht die Absicht sein, einen Katalog der persönlichen Hilfsleistungen und sachlichen Unternehmungen oder Förderungen aus den Akten zusammenzustellen. Das würde notwendigerweise unvollständig, dabei unübersehbar und schließlich langweilig werden. Doch grundsätzliche Entscheidungen müssen an ihrer Stelle ihre Würdigung erhalten, auch solche, bei denen die Motivierung auf Urteil und Gesinnung Rückschluß geben. Ob Bosch sich wohl über das Echo der knappen Zeilen, die in der deutschen Presse die Stiftung vermerkten, vorher eine Vorstellung gemacht hat? Wohl kaum. Er wäre erschrocken über den Anmarsch eines schier endlosen Zuges von Bittstellern; die Leitzordner aus jener Zeit sind ein Grab von Schicksalen; der Bettelbrief, dem man ansieht, daß er schon oft geschrieben wurde, neben dem Versuch, ein sonderliches Interesse sachlich zu begründen; Bescheidenheit und Keckheit wirbeln durcheinander, ganz Deutschland, von Memel bis Lörrach, gibt seine Karte ab; neben den Einzelpersonen, die ihre Nöte vortragen, treten bedürftige Anstalten auf, und die Erfinder melden sich, denen die Erteilung ihrer Patente ermöglicht werden soll. Es ist die Zeit, da Unzählige sich mit der Entwicklung des Flugzeugs beschäftigen; Bosch hätte ein Spezialbüro zur Überprüfung allein dieser Vorschläge einrichten können.

Das tat er nun nicht, aber er entschloß sich, den Geistern, die er gerufen, ein Regiment zu setzen. Denn es war ganz offenkundig, daß in dem Kram, der mit jeder Post den Schreibtisch überschwemmte, auch echte Werte, sinnvolle Anregungen steckten und da oder dort eine Notlage sich zeigte, der eine Gabe, ein Rat, eine Teilnahme die Härte linderte. Daß Robert Bosch für die möglichen Aufgaben, die auf ihn zuschritten, die er selber anzugreifen entschlossen war, nach einer Stütze sich umsah, geschah nicht nur aus einem Bedürfnis nach zeitlicher Entlastung für sich und die Mitarbeiter, die da in der Beantwortung mit einspringen mußten. Er wollte diesem Arbeitskreis, der hier am Rande des im engeren Sinne Geschäftlichen oder gar Technischen sich bildete, die ordnende, vorbereitende, scheidende Hand, den abwägenden Prüfer, den sorgsamen Berater geben und für sich den Mitarbeiter suchen, der mit eigener Phantasie und Einfühlungskraft der positiven Ausgestaltung Ordnung und Inhalt mit zu leihen verstünde. Diesen fand er 1911 in dem damals 28jährigen Kaufmann *Hans Walz*, einem Stuttgarter Lehrersohn. Es war eine der wichtigsten personellen Entscheidungen, die Bosch je getroffen hat.

Zu den heiteren Dingen der ersten Jahre von Boschs Stiftertum gehört sein Verhältnis zu dem Heimatort Albeck. Dort plante man den Bau eines neuen Schulhauses, und der Schultheiß überlegte sich, wegen der Kosten könne man einmal bei dem splendiden Sohn des Dorfes anfragen. Die Überlegung war nicht unrichtig. Bosch zeigt sich willig, aber er stellt die Bedingung, daß nichts davon in die Zeitung kommt: Können sich Gemeinderat und Schulvorstand dafür »verbürgen«? Sie tun es mit einem feierlichen Schrieb, der von allen Gemeinderäten unterzeichnet wird. Aber Bosch traut der Sache nicht ganz: ob nicht einer einmal in Göttingen drüben oder in Langenau zu renommieren beginnt, wie glatt man in Albeck zu einem Schulhaus kommen kann. Die 10000-Mark-Spende wird mit einer Strafe ausgestattet: wenn etwas in der Zeitung erscheint, müssen Gemeinde und Ortsschulrat je 500 Mark bezahlen! Diese Drohung macht Albbauern schweigsam; Bosch wußte darüber Bescheid.

Eine etwas groteske Nebenerscheinung bringt die zur Legende gewordene erste große Spende; sie wird zu einem Argument der Konkurrenz. Bosch schreibt im April 1911 einem Bekannten, man sei in Italien der These begegnet: »Wer Stiftungen mache und Steuern bezahle, der müsse natürlich seine Ware so teuer verkaufen usw., kurz, der Abschluß von Geschäften war meinem Vertreter sehr erschwert!« Das war vermutlich als Hemmung in den Abschlüssen nicht weiter tragisch zu nehmen; Bosch selber reagierte aber auf fragwürdige Gebräuche der Konkurrenz sehr empfindlich. Den Vorwurf hoher Preise ließ er sich gerne gefallen von denen, die durch Unterbietung ihn bekämpfen wollten. Er hatte das Bewußtsein der besten Ware und meinte, wer diese haben wolle, müsse sie halt bezahlen, wer mit geringerer zufrieden ist, möge gern zu dem anderen gehen. Aber er wehrte sich, und dies hat sich in wechselndem Zusammenhang oft wiederholt, wenn fremde Motive in diese Auseinandersetzungen hereingeholt wurden.

Das neue Arbeitsprogramm
Halbzeug und Zubehör

Im Januar 1908 schrieb *Eugen Kayser* aus Berlin seinem Schwager: »Deinem reichhaltigen Programm nach regt sich in Dir der Großindustrielle. Der Gedanke hat auch etwas Erhebendes, industrielle Werte ins Leben zu rufen, und als echter Schwabe füge ich hinzu, besonders in seinem engeren Vaterlande.« Ob er dem Rufe folgen solle? Er hatte den Eindruck, daß die Herren Honold, Klein und Zähringer das nicht gerne sehen würden. Hinzugefügt ist: »Mir scheint: Du denkst bei meiner Stellvertretung mehr an eine Unterstützung für weitere Unternehmungen.«

In den achtziger Jahren war das spätere berufliche Zusammengehen mit dem nächsten Kameraden aus der Ulmer Soldatenzeit, der dann sein Schwager wurde, oft überlegt worden; es galt manchmal als selbstverständlich. Dann aber kam es zu Enttäuschungen: Kayser schien Bosch sich zu lange Zeit zu lassen in den wirklichen Entscheidungen, nicht gerade bummelig, aber etwas verwöhnt und anspruchsvoll. Eugen Kayser nun hatte sich wohl etwas Zeit genommen, er wollte sich auch von dem kritischen Freund nicht korrigieren und bevormunden lassen – er hatte seinen beruflichen Weg in der großen Berliner Industrie gemacht, war durch Jahre Emil Rathenaus naher Mitarbeiter in der AEG gewesen, hatte bei Loewe, bei Daimler in Marienfelde leitende Posten bekleidet und kannte sich aus in der Welt des deutschen, des internationalen Großgewerbes. Aber Bosch wußte: der Wille zur Selbständigkeit war lebendig geblieben.

Schon 1905 hatte er, als er nahe daran war, seine Zünderfabrik an Simms zu verkaufen, daran gedacht, mit Kayser etwas Neues anzufangen. Um etwas Neues, »weitere Unternehmungen« handelte es sich auch jetzt. Das hatte Kayser richtig herausgespürt. Ob Bosch eine eigentliche »Stellvertretung« geplant hat? Wohl kaum. Doch das, was Kayser sich überlegte, daß einige der leitenden Männer in der Firma eine neue, ältere Führungskraft mit Hintergrund und Anspruch nicht ohne weiteres willkommen heißen würden, war nicht von der Hand zu weisen. Bosch hatte sich das selber gesagt, und bevor er seine Pläne entwickelte, sich mit Klein verständigt. Dessen Einvernehmen war ihm wichtig. Er beschrieb ihm den Mann, der nur den einen Fehler habe, sein Schwager zu sein. Klein wollte ihn sich einmal ansehen. Diese Erkundung vollzog sich so, daß Klein mit Kayser eine Nacht durchzechte und am anderen Morgen um acht Uhr auf dem Büro erschien, um festzustellen, daß jetzt störungslos sachlich verhandelt werden könne. Das war seine Art des Prüfens. Bosch zitierte gern Kleins knappe Auskunft nach der Heimkehr: »Kayser können wir brauchen, ich habe ihn probiert.«

Die Aufgabe, vor die der neue Mann gestellt wurde, war wohl der weitesttragende und folgenreichste Entschluß von Robert Bosch: er wollte sich aus wirtschaftlichen wie technischen Gründen von den Lieferanten der Magnete unabhängig machen. Das war der Anlaß, ein neues Werk zu gründen, das die Kernfirma für ihre mannigfaltigen und bei der nie stille stehenden Entwicklung der Zündapparate oft genug wechselnden Bedürfnisse bedienen, darüber hinaus aber auch eine eigene Marktpolitik betreiben sollte. Das Ziel konnte Kayser locken. Er hätte gerne, selber zu einigem Vermögen gekommen, an der Gründung sich geldlich beteiligt, aber er sah ein, daß bei dem großen Finanzbedarf die Boschsche Überlegenheit immer sehr beträchtlich sein müßte. So konnte in der Finanzverschlingung leicht der Anlaß zur Reibung stecken. Wichtiger war, daß sachlich der Aufbau ihm eine Selbständigkeit bot, die Bosch ja jedem in freier Einsicht zugestand, zu dessen Eignung, Loyalität und Arbeitskraft er Vertrauen besaß. So wurde Eugen Kayser in der Verwirklichung von Boschs Grundplanung der eigentliche Schöpfer der neuen Fabrik, die zuerst »Preßwerk«, später mit der Ausdehnung der Aufgaben und der technischen Verfahren »Metallwerk« genannt wurde.

Bis es so weit war, hatte Robert Bosch selber alle Hände voll zu tun. Denn nun mußte in großem Maße gebaut werden, und das Bauen war eine Sache, die er von je in die unmittelbare Obhut nahm. Es wäre jedoch falsch, von einer »Bauleidenschaft« Boschs zu sprechen. In den ersten Jahren der Entfaltung ging er nur zögerlich an Neubauten heran, mehr als einmal durch das Tempo der Anforderungen überrascht und zu Teillösungen gezwungen. Man sieht dem Häuserkomplex in der Kernanlage des Stuttgarter Werkes sein stoßweises Werden heute noch an. Es war dort ja eine Wohngegend gewesen, mit Gärten und Höfen; die Grundstücke waren auch nicht auf einmal zu erwerben, so daß sich die neuen Gebäude mit den alten Grenzen abzufinden hatten. Der Grundpreis natürlich sehr hoch, was die Ausnutzung der Fläche in reichlich hochgetriebenen Stockwerken nötig machte. Diese Lage mußte unter allen Umständen eine einheitliche, sachlich klare und für das Auge befriedigende Gestaltung erschweren. Das für Bosch Wesenhafte aber war die Intensität, mit der er sich von Anbeginn um jedes dieser Bauvorhaben kümmerte, sie beeinflußte und selber dabei lernte, um schließlich etwas wie ein Lehrer zu werden – er hat einmal die Bemerkung notiert, daß ihm von Fachleuten zugestanden worden sei, daß sie erst eigentlich bei Bosch das Bauen gelernt hätten. Darüber empfand er dann so etwas wie einen grimmigen Stolz.

Denn von Architekten und Bautechnikern hegte er gemeinhin eine geringe Meinung, und er lieh ihr gelegentlich einen drastischen Ausdruck. Die Schuld gab er dem ästhetischen Formalismus, zu dem die

Art des Hochschulbetriebes führe und verführe; kaum anderwärts sah er so wie hier die handwerkliche Überlieferung zerrissen. Was nutzte es, mehr oder weniger gelungene Fassaden zu zeichnen – dies schien ihm der sonderliche Ehrgeiz der akademischen Baumeister –, wenn man sich nicht mit den Lebens- und Arbeitsbedingungen der Bewohner sachlich nüchtern vertraut gemacht hatte! Wie überlegen war gegenüber dem modischen Experimentieren die Sicherheit der alten ungelehrten Meister mit ihrem Sinn für Maß und für Zuverlässigkeit der Arbeit! Bosch hat sich darüber oft ausgelassen, mit einem guten Blick für die Schwächen des bloß Artistischen, ungerecht dort, wo er nicht veranschlug, daß gerade in jener Zeit nicht bloß die geistige Unsicherheit, Auseinandersetzung zwischen historischem Stilkanon und programmatischem Gegenwartsgefühl, das Suchen nach einem gemäßen Ausdruck beunruhigte, sondern von Stoff und Technik her das Bauhandwerk vor Fragen gestellt war, bei denen die »Überlieferung« keine oder schiefe Antworten gab. Wenn so eine Neuanlage wuchs, erschien er immerzu auf den Bauplätzen, nicht um antreibend auf das Tempo zu wirken, sondern um sich von der Qualität des Materials und der Solidität der Arbeit zu überzeugen. Wehe, wenn er auf einen Pfusch traf! Oder wenn ihm ein Bauführer überlegen etwas von Statik erzählen wollte, um durch einige Fragen und Hinweise aus seiner Selbstsicherheit geworfen zu werden. Bequem war das nicht, für Bosch zu bauen, aber schließlich für den Verständigen gewinnbringend.

Das, was Bosch von Anbeginn besonders beschäftigte, war neben der guten Belichtung der Arbeitsplätze die Temperatur und die Lüftung der Räume. Die Belichtung bot in der Bedrängnis der eng gestellten hohen Bauten manche kaum lösbare Schwierigkeit, aber mit aller Folgerichtigkeit wurden die Heizungs- und Belüftungsfrage angepackt und durchgeführt. Die Zufuhr von frischer Luft an der Decke, die Absaugung der verbrauchten am Boden (Schreitersches Verfahren) war damals neu. Bosch machte sich zu seinem Propagandisten, bedauernd, wie wenig die Werksleitungen gemeinhin diese Frage bewerten. Er wußte, was ihre gute Beantwortung für die Gesundheit und die Arbeitsfähigkeit der Beschäftigten bedeuteten. Die nicht unbeträchtlichen Mehrausgaben mußten sozial willkommen und wirtschaftlich rationell sein. Kein Wunder, daß Bosch die ganze Entwicklung des Gedankens der regulierbaren Klimaanlagen mit dem stärksten Sachinteresse verfolgte. Der Bruder von Gustav Klein, Dr. Albert Klein, wurde, amerikanische Erfahrungen entwickelnd, später einer der Pioniere dieser neuen technischen Lösung. Daß Bosch als Bauherr immer in so großer Unbefangenheit wie sachlichem Ernst bei seinen Bauten die letzten Ziele der hygienischen und arbeitstechnischen Vollkommenheit erstrebte, hat die »Akademie für das Bauwesen« veranlaßt, ihn, den Feinmechaniker, zu ihrem Ehrenmitgliede zu berufen. Es ist anzunehmen, daß dies unter den mannigfachen Auszeichnungen, die den Abwehrenden schließlich doch erreichten, diejenige war, die ihn wirklich freute. Denn er glaubte, daß das Bauwesen eines Reformators bedürfe. Sein Ehrgeiz ging nicht gerade dahin, dieser zu werden. Aber Vorantreiber und auch ein bißchen Erzieher wollte er doch sein.

Das Jahr 1908, mit der neuen Planung, erzwang die wichtige Entscheidung, sich nach neuem Baugrund umzusehen. Für die feinmechanische Arbeit, die keinen Lärm verursachte, deren hohe Wertigkeit auch mit teuren Grundpreisen fertig wurde, ging es mit dem Stuttgarter Gelände. Hier konnte auch in Stockwerken gearbeitet werden. Die Herstellung von Halbzeug würde dem Fabrikationsprozeß einen anderen Rhythmus geben. Also sah Bosch sich nach Bauplätzen um, die einer Entwicklung, von der man sich nicht mehr überraschen lassen wollte, gewachsen waren. Der Stuttgart nördlich vorgelagerte Ort *Feuerbach* bot sie. Dort konnte man sich, was in Stuttgart gelegentlich doch schon vermißt wurde, Gleisanschluß verschaffen. Ein großes Areal wurde 1908 erworben; die Bauweise brauchte nicht mehr in die Höhe zu drängen. Shedanlagen und Hallenbau wurden möglich.

Bosch war keineswegs der Meinung, man solle oder müsse alles, was man im Laufe des Produktionsverfahrens benötige, selber herstellen; ein trustmäßiges Denken lag ihm fern. Er selber hat sich, wenn man so sagen will, damit begnügt, Teile eines Ganzen, »Zubehör« zu fabrizieren, das ging so durch Jahre. Erst sehr spät kamen unmittelbar marktfähige Fertigprodukte in das Erzeugungsprogramm, doch aus einer anderen Sparte als dem Motorenwesen (Radio, Kühlschrank u. dgl.). Solange der Markt für Magnete seinem Bedarf nach Menge und Art genügte, befriedigte er ihn im freien Einkauf; es mochte nützlich sein, auch für die Preispolitik, die Chancen des wechselnden Angebots wahrzunehmen. Aber es geschah, daß der freie Markt gelegentlich versagte, sei es, daß die Anlieferung mengenmäßig stockte, sei es, daß bestimmte Ausführungen, die bei der Verfeinerung der Zündertechnik gefordert werden mußten, nicht geleistet werden konnten oder wollten. Die Lieferanten scheuten sich, spezielle Investitionen für Aufträge zu machen, deren Umfang ihnen unsicher war. Das führte zu der Überlegung, daß man sich unabhängig machen müsse. Auch preispolitisch könnte das von Vorteil sein; der Eigenbedarf war ja immerhin so bedeutend, daß sich eine Großanlage für Mengenfertigung lohnen würde. Und doch – das war nicht unwesentlich –, das neue Feuerbacher Werk sollte nicht bloß als Zubringerfabrik für Stuttgart gelten, sondern mit seinen Erzeugnissen den freien Markt suchen. Diese Selbständigkeit der Geschäftspolitik war es, die Eugen Kayser lockte: es handelte sich nicht bloß um Hilfsleistungen für Stuttgart, man mochte sich auch sonst nach Abnehmern umsehen und Erzeugnisse herausbringen, die sich mit Eigengewicht durchsetzen könnten. Das mußte den Anteil der nach Stuttgart gelieferten Waren an den fixen Kosten beeinflussen: die Kalkulation wurde erleichtert, um den Preisunterbietungen der Konkurrenz begegnen zu können, ohne die Ansprüche an Qualität und Arbeitsleistung irgendwie zu senken.

Die wesentliche Aufgabe des »Metallwerkes« war, Magnete zu liefern, die austauschbar sind, das heißt in dem Material und in der präzisen Form von zuverlässig gleicher Qualität. Daran schloß sich die Überlegung, auch die übrigen, für den Zündapparat notwendigen Formstücke nach den Grundsätzen der Massenfertigung zu erzeugen. So wählte man das Preßverfahren, das, damals noch in den Anfängen steckend, durch Bosch stark entwickelt wurde: Metall, Aluminium, Zinklegierungen. Das umständliche Geschäft des Gießens, das entweder sehr viele Modelle oder sehr viel Geduld fordert, wenn ein Auftrag drängt, wurde abgelöst durch das Pressen; wohl ist die Stahlform der Matrizen und Patrizen teuer, aber es genügt *ein* Satz, um maschinell das Erforderte rasch herzustellen. Das war der Grundgedanke, er entsprang einem unmittelbaren praktischen Bedürfnis. Aber nachdem einmal das Werk für das Halbzeug und für die Einzelteile erstellt war, entfaltete es sich mit einer eigenen großartigen Folgerichtigkeit. Denn es wurde im Laufe der Jahre rasch ein bedeutendes wissenschaftliches und technisches Forschungs- und Entwicklungsinstitut, das seine Aufträge aus den immer komplizierteren Bedürfnissen der Praxis empfing. Vor allem waren es die für die Zündkerze so wichtigen Isolierstoffe, die hier überdacht, erprobt, neu geschaffen wurden. Neben das »Metallwerk« trat ein keramischer Betrieb. Der Ehrgeiz mußte sein, den mit dem Tempo des Motorenumlaufs wachsenden Ansprüchen an die Dauerhaftigkeit und Zuverlässigkeit der Zündkerze gerecht zu werden. Das Stuttgarter Konstruktionsbüro und das Feuerbacher Materialamt, wenn man es so nennen will, steigerten sich wechselseitig in Frage und Antwort.

Das »Metallwerk« nimmt in Boschs Schöpfungen eine eigentümliche Randstellung ein: dem technisch-ökonomischen Bedürfnis bei der Erzeugung der Zündapparate entstammend, wuchs es zu einem Eigenleben, das mit dem Begriff des »Zubehörteils« nur noch mittelbare Verbindung besaß. Ähnlich ging es mit dem ersten neuen technischen Problem, das Bosch neben und nach dem Zündapparat fabrikatorisch in Angriff nahm: dem *Öler*. Der Cannstatter Ingenieur *Eugen Woerner* bot 1909 Bosch einen von ihm konstruierten Zentralschmierapparat an, der in einem sorgsam durchdachten und angeordneten System von Einzelpumpen die der Ölung bedürftigen Stellen des Automobils übersichtlich und regulierbar versorgen sollte. Die Anlage war für den Kraftwagen gedacht. Daß Bosch den Gedanken aufgriff, bleibt grundsätzlich wichtig. Denn er verbindet sich jetzt fabrikatorisch mit dem Automobil sozusagen aus eigener Entscheidung – die Entwicklung des Zündapparats war ja im Elementaren aus fremder Anregung entstanden. Freilich, dieser neue Schritt schien verurteilt zu sein, ein Mißerfolg zu bleiben, so fruchtbar technisch Woerners Grundanlage erscheinen mochte. Nur wenige der Automobilfabriken griffen zu diesem System, Horch, die Tatra-Werke. Das Ziel, der Sicherung des Kraftfahrwesens auch vor dieser wichtigen und empfindlichen Aufgabe einen neuen und dauernden Impuls zu geben, wurde nicht erreicht. Die von anderer Seite entwickelte, billigere Umlaufschmierung setzte sich so rasch durch, daß weitere Bemühung um den dosierenden Schmierapparat zwecklos werden mußte.

Aber da gab es doch nicht bloß das Automobil! Alles, was mit Zylinder und Kolben, mit Rädern, Lagern, Scheiben, Hebeln, Ventilen zu tun hatte, bedarf der regelmäßigen Wartung durch Schmieröl. Die zuverlässige Pflege bleibt für die Arbeit und für die Lebensdauer der Maschine ein sehr wesentliches Erfordernis und setzt die gleichbleibende Aufmerksamkeit des Bedienenden voraus. Es muß eine technisch verlockende Aufgabe sein, hier die Menschenkraft zu ersparen und ihren Unzulänglichkeiten, Vergeßlichkeit, Ermüdung, auszuweichen. In der Tat erwies sich die Woernersche zentrale Schmiervorrichtung bei Dampf- und Verbrennungsmaschinen prinzipiell verwertbar. So entschloß sich Bosch, die Versuche nicht aufzugeben; in der Werksgeschichte von 1936 ist dies beschrieben, wie an der praktischen Gestaltung des Ölers, an der Überprüfbarkeit des Funktionierens, an der Verwendbarkeit für die verschiedensten Maschinentypen herumprobiert wurde. Die Sache blieb lange ein Sorgenkind, galt manchem, da es von der Mitte der Firmenleistung, der Elektrotechnik weg führte, als ein Fremdkörper innerhalb des Fabrikationsprogramms. Die Arbeiten forderten reichlich Investitionen – die Gießerei, die in Feuerbach angegliedert worden war, diente zunächst vor allem dieser Abteilung. An eine Serien- oder gar Mengenfertigung konnte man gar nicht denken, weil die Bedürfnisse der verschiedenen Maschinentypen zu mannigfaltig waren und sich bei den Abnehmern der Sinn für die Vorzüge eines zentralen Schmierapparates erst allmählich durchsetzte. Nach dem Krieg wirkte der zur Sparsamkeit zwingende Mangel an Schmieröl erzieherisch, und der Ersatz alter zerschlissener Anlagen weckte die Bereitschaft, sich mit diesem »Zubehör« auszustatten.

Die Öler-Abteilung hat sich, trotz ihrer im Einzelfall glücklichen Lösungen, nur sehr mühsam entwickeln können und brachte langhin, verglichen mit den Kosten der Versuche, keinen rechten Ertrag. Wild schlug 1920 vor, die Ölersache ganz abzustoßen. Bosch widersprach. Das wäre ja ein Eingeständnis gewesen, daß man nach fast anderthalb Jahrzehnten der Mühe sein Ziel nicht erreicht habe, daß man vielleicht die eigene Leistung zu bezweifeln Anlaß habe. Und das war nach der technischen Seite keineswegs der Fall. Verdienst und Verzinsung waren ihm nicht so wichtig wie das ungeminderte Prestige und die Gewißheit, Geduld und immer erneute Durchprüfung der Aufgabe mußten sich lohnen. Seine Zähigkeit hat recht behalten. Waren in den ersten zwölf Jahren zusammen 50000 Öler geliefert worden, so näherte sich jetzt, nach 1922, die Jahresleistung den 20000; sie blieb an die Schwankungen der allgemeinen Investitionskonjunkturen gebunden. Aber der Schmierapparat als solcher setzte sich durch, hatte schon die Lokomotive erobert und diente nun den Kraftanlagen der großen Schiffe, er spezialisierte sich für Werkzeugmaschinen, und er gebar, wenn man so sagen will, 1928 die Fettpumpe für Anlagen im Freien und in staubigen Räumen. Diese wurde eine bedeutende Neukonstruktion. Der Name Bosch hatte sich in einem Bezirk, wo man seinen Namen gemeinhin nicht sucht, in Walzwerken, in Förderanlagen der Braunkohle, in den Hallen voll von Webstühlen festgesetzt und geachtetes Heimatrecht erworben.

Es war ein langer Weg, gemessen an dem Tempo, mit dem der Zündapparat sich internationale Geltung erobert hatte. Der Öler hatte zunächst wesentlich einen deutschen Kundenkreis erreicht. Immerhin kann die Werkschronik melden, daß der Auslandsabsatz in manchen Jahren bis 40% der Fertigung betrug. Der Name des Hauses knüpfte sich aber enger an *die* neue Ware, die in jenen Jahren vorbereitet wurde und den höchsten Grad von Volkstümlichkeit gewann: die *Beleuchtungsanlagen.* Das war nun etwas, das man *sehen* konnte. Zündapparat und Öler steckten irgendwo im Innern des Wagens, verborgen und geschützt, dem Fachmann wohl vertraut, dem Laien etwas unheimlich. Aber als nun die Lichtträger und Scheinwerfer den Automobilen aufmontiert wurden, Gehäuse in einer überlegten, gedrungenen Form, da festigte sich bei allen die Vorstellung: also diese Sachen macht Bosch. Später kam dann noch das sonstige »Zubehör« hinzu, Signalhorn, Winker, Scheibenwischer, wodurch unvermittelt die Assoziation Bosch geweckt wurde.

Die Beleuchtung eines Automobils war in dessen Frühzeit kein Problem; man fuhr eben nur am Tage. Und wenn man in die Dunkelheit geriet, hatte man eine Kerzenlaterne im Stil der Pferdekutschen zur Verfügung. Das genügte, solange wenige Kraftwagen auf der Straße lagen und das Tempo noch gelinde ging. Dieser primitive Behelfszustand konnte nicht lange währen. Es war schon eine Art von Fortschritt, als man feste Petroleumlampen montierte. Die Technik war dann vergnügt, in der Erfindung des Azetylengases ein scheinbar ausgezeichnetes Mittel geschenkt zu erhalten: sei es, daß man auf den Wagen ein Wassergefäß mit Karbidbehälter festmachte, also eine kleine Gasanstalt, sei es, daß man Gasflaschen mit sich führte. Das

Azetylen besaß eine helle, scharfe Leuchtkraft. Aber es hat, und nicht bloß, wenn es im Winde erlosch, seinen frohen Benützern viel Kummer bereitet durch rasche Verschmutzung des Scheinwerfers; auch war seine Behandlung nicht ungefährlich.

Als die Zahl der Wagen wuchs, ihre durchschnittliche Geschwindigkeit anstieg und ihr Gebrauch zum normalen Lebens- und Verkehrsbedürfnis wurde, sich also nicht bloß nach dem Sonnenstand richten konnte, nahm sich die Gesetzgebung der Sache an. Bezeichnenderweise geschah das zuerst gerade in Württemberg, dem Mutterlande des Automobils. 1902 war in einer Verfügung gefordert worden, daß auf beiden Seiten »hellbrennende Laternen von weißem Glas« angebracht wurden, 1906, daß diese Laternen den »Lichtschein derart auf die Fahrbahn werfen, so daß diese auf mindestens zwanzig Meter vor dem Fahrzeug vom Führer des Kraftfahrzeuges übersehen werden kann«. Die frühe Einsicht in ein besonderes, später sehr wichtiges Problem zeigt das Verbot »übermäßig stark wirkender Scheinwerfer«. Die württembergische Regelung wurde 1909 durch eine Bundesratsverordnung für das gesamte Reichsgebiet verbindlich gemacht. Die Technik hatte nun ein Mindestmaß, auf das sie sich einstellen sollte, sie hat es ziemlich rasch sachlich entwertet.

Natürlich war das Problem der elektrischen Beleuchtung frühe genug aufgenommen worden; seit 1905 wurde sie da und dort praktiziert. Die Schwierigkeiten lagen in der Gewinnung des Stromes. Der Akkumulator war gewiß seit der Zeit, da er für die »Batteriezündung« schon im Gebrauch gewesen, entwickelt worden, aber die Notwendigkeit, ihn zu laden, bestand nach wie vor. Auch die Glühbirne mit dem Kohlenfaden hatte ihre Tücken, geringe Haltbarkeit bei schlechten, holperigen Wegen und unpräzise Projektion des Lichtes; das Bild der Kohlenfäden hüpfte im Licht auf der Straße. Zwei Aufgaben waren gestellt: die Konstruktion von billigen kleinen Scheinwerfern mit starker vortastender Leuchtstärke und genügender Seitenstreuung und einer gleichbleibenden Stromregulierung. Der Anschluß an den Motor zur Kraftabgabe lag ja nahe genug, aber löste die Frage noch nicht, weil erstens die Beleuchtung ja gerade auch dann nötig war, wenn der Motor ruhte, das heißt, der Wagen stand, und weil zweitens die Umlaufzahl und Stromstärke der Dynamos verschieden waren, aber die Lichtversorgung der gleichmäßigen Spannung bedurfte. Gustav Klein drängte, daß hier Lösungen gefunden würden. Den rechten Weg wußte er freilich auch nicht zu geben. Er wünschte, es möge etwas geschaffen werden, was von der Batterie unabhängig sei, denn gegen dieses Instrument besaß er einen mißtrauischen Haß. Aber wie sollte sie entbehrt werden? Das Suchen und Probieren kostete manche Zeit.

Honold, der Photograph, ging in die Optik. Jetzt studierte er Lichtgesetze, Brechung und Reflex, aber dieses Studium war von den praktischen Versuchen begleitet, wie man zu einem geeigneten, stabilen Reflektor käme, wo die Lampe gesockelt werden müsse, wie das geschehen solle, und zwar ging es dabei nicht um wissenschaftliche Erkenntnisse, auch nicht um Apparaturen für den Gebrauch von Fachleuten, sondern um ein wetterfestes, widerstandsfähiges, einigermaßen schmutzsicheres Ding. Natürlich hatten Honolds Versuche auch darunter zu leiden, daß die vorhandenen Glühlampen sozusagen standortfest gedacht waren. Der Übergang zum Metallfaden beseitigte die fatalen Nöte der Kurzlebigkeit. Das wirklich Großartige an Honolds Leistung waren die Schaffung parabolischer Metallspiegel, die Findung des rechten Standorts der Glühlampe und überzeugend die scheinbar ganz einfachen Einfälle wie die Montierung der Lampe von rückwärts, ohne Öffnung der Glasscheibe – der Anlaß zu den häufigsten Störungen war beseitigt. Mit der Ausbildung des parabolischen, silberbelegten und polierten Spiegels und der Feststellung der richtigen Placierung der Glühbirne war Entscheidendes erreicht. Die 25kerzige normale Glühbirne des Marktes leistete jetzt so viel oder mehr als die stärkeren Scheinwerfer, die sonst gebaut wurden, und war viel billiger. Nun folgte in unendlichen Versuchen die Behandlung des leicht gewölbten Glases, die wechselreiche Oberflächenbehandlung durch ein eingepreßtes Rillensystem, mit dem die seitliche Streuung geregelt wurde. Eine Frage folgte der anderen, Sondervorrichtung für Nebel, Schaffung von drehbaren Suchlichtern. Die meisten Schwierigkeiten machte, bei der Begegnung zweier Autos die gefährdende Wirkung des zu großen Blendungseffektes zu beseitigen. Die mannigfachen Lösungen wurden durchexerziert. Man versuchte es mit zwei verschieden starken Lampen, mit der Montierung einer beweglichen Abschirmung, schließlich wurde, das hat Honold selber nicht mehr erlebt, aber es ging in der Richtung seiner Anregungen, bei Osram die Bilux-Lampe entwickelt, die in *einer* Birne die verschiedenen Lichtstärken zusammenfaßte.

Der Vorstoß in ein so neues, bisher fremdes Gebiet mußte zunächst um so mehr als Wagnis gelten, weil Deutschland damals bereits eine sehr hoch entwickelte optische Industrie besaß, die sich natürlich auch schon längst mit Scheinwerfern befaßte. Bosch erzählt in einer Niederschrift aus den letzten Tagen seines Lebens, daß die führenden Männer in Jena und in Berlin die Sache zunächst ironisch behandelten. Görz habe Honold, als er mit ihm die Frage besprach, wegen dieser Metallscheinwerfer geradezu ausgelacht. Das ist nicht ganz so erstaunlich. Denn in der Produktion dieser Firmen hieß, da sie wesentlich für militärische Zwecke arbeiteten, ein Scheinwerfer ein Instrument, das auf viele Kilometer blendende Helligkeit in das Dunkel stößt. Gerade das aber war nicht die Aufgabe, worum man sich bei Bosch mühte: man wollte die Nähe, man wollte schließlich 300 bis 400 Meter aufhellen. Im Grunde hängt ja die wünschenswerte Fernweite des Lichtes ab von der Länge des Bremsweges im Ernstfall und dieser von der jeweiligen Geschwindigkeit. Zeiß, der sich auch auf Automobilbeleuchtung eingerichtet hatte, schlug damals vor: verzichtet auf den Scheinwerfer, den liefern wir, und ihr liefert uns eure elektrische Ausrüstung. Bosch lehnte ab. Es war klar, würde er auf die Durchführung des Unternehmens verzichtet haben, so wären andere Firmen gekommen, um mit billigeren Metallscheinwerfern Zeiß in den Weg zu treten. Zudem war die Sache zur Marktreife gediehen, man hatte auch mit der Konkurrenz aus Amerika zu rechnen, wo die elektrische Beleuchtung bereits entwickelt war. Freilich, der Vergleich mußte nicht ängstigen, war er doch lehrreich. Bosch schrieb darüber in einer Betrachtung von 1927 ein paar Sätze, die über diese Dinge Aufschluß geben, aber darüber hinaus charakteristisch sind: »Um in meiner Firma für unsere Überlegungen Unterlagen zu schaffen, setzten wir einmal einen amerikanischen Scheinwerfer und einen solchen unserer Erzeugung auf eine Schüttelvorrichtung, wie wir sie für unsere Erzeugnisse bei der Erprobung anwenden. Ergebnis: Nach 10 Stunden ist der amerikanische in Stücke gegangen, der deutsche ist nach 200 Stunden noch in Ordnung. Beratung und Beschluß: Es ist nicht nötig, daß unsere Erzeugnisse länger halten als ein Automobil, nur: die Wirkung darf nicht herabgesetzt werden. So wurde beschnitten und beschnitten. Nur die Löhne mußten so bleiben, daß der Arbeiter noch denselben Verdienst hatte...«

Honolds höchst erfolgreicher Erkundungszug in das Reich der Optik, wenn man die langwierige Reihe von Überlegungen und Versuchen so nennen darf, wäre aber unvollständig gewesen, hätte man nicht zugleich die Frage der Lichtversorgung in Angriff genommen. Eine Apparatur sollte möglichst als Einheit angeboten werden können. Dann ergaben sich bei irgendwelchem Versagen keine Streite um Schuld und Verantwortung. Die neue Aufgabe führte in das Kerngebiet der elektrotechnischen Feinmechanik zurück: eine Lichtmaschine zu schaffen, die während der Fahrt von dem Motor getrieben, auch die Batterie zu versorgen hatte, die bei langsamer Fahrt oder beim Stehen des Wagens der Lichtquelle den Strom zu liefern hatte. Das Wesentliche war, eine selbsttätige Regelung zu finden, die bei verschiedenen Voraussetzungen der Stromstärken für eine gleichmäßige und gleichbleibende Spannung sorgte. Mancher theoretisch erdachte Plan scheiterte an den Tücken der Praxis, bis das Ziel erreicht war. Freilich: es war nie ganz erreicht, denn die Praxis stellte immer neue Forderungen, die für den großen Lastwagen andere waren wie für das schwere, für das leichte Motorrad; die Größen wechselten wie die Kombination der Systeme. Eine Vorstellung mag die Notiz geben, die den Stand von 1936, also ein Vierteljahrhundert nach dem Beginn der Arbeiten, benennt: Die kleinste Lichtmaschine, bei einem Durchmesser von 76,2 mm, wog 2,47 kg; die größte, bei einem Durchmesser von 203,2 mm, 61 kg.

Damals, um 1910, hatte man bei Bosch schon sehr lebhaft die amerikanischen Erfahrungen und Bedürfnisse im Auge. Der dortige Markt wuchs ja so rasch, daß in den USA mit der eigenen Fabrikation begonnen wurde. In Amerika hatte sich, nachdem der »Autowahnsinn« ausgebrochen war, wie Bosch die schier maßlose Konjunktur einmal nannte, der »Selbstfahrer« als Durchschnittstyp herausgebildet, während in Europa noch der Berufsfahrer, der ausgebildete Schlosser, Mechaniker, der zum Chauffeurberuf überging, die Regel bildete. Amerika stellte die Forderung, die Ausrüstung möglichst störungssicher, die Bedienung immer bequemer und handlicher zu machen. Drüben wurde an der Frage der elektrischen Wagenbeleuchtung energischer herumprobiert, die Batteriezündung, billiger als die Magnetzündung, wieder aufgenommen, zumal für die Personenwagen; auch um technische Vereinfachung, wie man den Motor zum Laufen bringen könne, mühte man sich in hundert Experimenten.

Das schien in der Frühzeit des Automobils eine ziemlich nebensächliche Sache. Mit einer Handkurbel bewaffnet ging der Fahrer vor den Wagen, brachte sie mit dem Motor in Verbindung, um den dann in energischer Drehung »anzuwerfen«. Denn der Verbrennungsmotor braucht fremde Kraft, um zum Laufen zu kommen. Es bedurfte dazu einer gewissen Übung, auch einer körperlichen Anstrengung – für die Älteren ist das Bild noch in Erinnerung, daß aus diesem oder jenem Grund die Mühe mißlingt und die betrachtsame Schadenfreude der Umstehenden an dem Ärger und Verdruß des Erfolglosen sich labt. Die Aufgabe war, das »Anspringen« des Motors von menschlicher Kraftaufwendung unabhängig zu machen und eine Apparatur zu schaffen, die es dem Fahrer gestattet, den Wagen von seinem Sitz aus in Bewegung zu bringen. Ein Preisausschreiben des Automobilklubs von Frankreich ermunterte 1905 die Techniker und Erfinder, einen brauchbaren Anlasser zu schaffen; es kam nichts Gescheites heraus. So naheliegend es war, eine elektrische Kraftquelle einzubauen – die Kosten schienen zu hoch für eine Vorrichtung, die doch nur immer für kurze Zeit in Anspruch genommen wurde.

Seit 1912 begann man im Hause Bosch die Frage selbständig anzupacken, mit Überlegungen und Versuchen an einem Schwungkraftanlasser, die, zunächst nicht zur Marktreife gedeihend, nach zwei Jahrzehnten wieder aufgenommen und für den Schwerölmotor verwendbar gemacht wurden. Immerhin: der Ansatz war genommen. Die Verbesserung der Batterien, die Schaffung der Freilaufkupplung durch Fichtel & Sachs in Schweinfurt, erlaubten, die Erfahrungen weiter zu nutzen – man kam zu dem Fußstufenschalter. Aber auch hier wirkte noch, wie so oft, die Sorge, daß das »Zubehör« der an sich sinkenden Preistendenz der Kraftwagen durch teuere Sonderfertigungen mit ungewöhnlichen Einbaukosten nicht entgegenwirkte. In Amerika nun, wo in der Zwischenzeit die verschiedensten Verfahren durchgearbeitet worden waren, mochte die Niederlassung von Bosch als guter Beobachtungsposten dienen. Als im Jahre 1913 ein neuer elektrischer Anlasser herauskam, der einfach und entwicklungsfähig war, setzte

Schwarzwaldfahrt der Bosch-Vertreter im Sommer 1913:
Robert Bosch am Steuer

man sich mit dem Erfinder in Verbindung. Boschs Rückschau sagt von dem Komplex: »In Europa wollte man lange nicht an die Sache (den Anlasser) hin. Von Amerikanern war der Weg für den Bau solcher Anlasser durch Patente stark verlegt worden. Wir fanden aber schließlich einen gangbaren Weg, der recht gut war. Ein Amerikaner, Rushmore, hatte aber ein Patent, das besser schien, und wir kauften dieses mitsamt seiner Firma nach Verhandlungen von wenig Tagen.« Das war im Jahre 1914. Bosch hatte sich damit zunächst für den deutschen Markt einen Vorsprung gesichert. Denn die internationale Auswertung mußte bald genug mit dem Beginn des Weltkrieges ins Stokken kommen. Immerhin, die Apparatur, an die man in Europa »lange nicht hinwollte«, wurde sehr bald eine bare Selbstverständlichkeit. Auch sie erfuhr ihre Abwandlungen, Verfeinerungen, Verbilligungen. Bosch war dabei führend geworden, um führend zu bleiben.

Die innere Werksgeschichte, die in den Jahren zwischen 1907 und 1914 die entscheidende Inangriffnahme so verschiedener Aufgaben wie Halbzeug und Isolierstoffe, Öler und Anlasser, Scheinwerfer und Lichtmaschinen sah, hat auch für den Zünder immerzu Neuerungen gebracht, zumal bei der Zündkerze. Aber es waren Konkurrenten herangewachsen, die, wie *Eisemann*, nicht unbeachtlich bleiben in ihren technischen Eigentümlichkeiten und in der Sorgsamkeit der Durchführung. E. Eisemann selber war ein erfinderischer Kopf, und in seinen kaufmännischen Mitarbeitern erwachte auch der Expansionsdrang, die Errichtung von Verkaufshäusern wurde eingeleitet, wenn auch nicht im großen Stil von Bosch, so doch ansehnlich genug – man ging auch übers Meer. Eine aufstrebende amerikanische Firma hatte sich für drüben die ganze Eisemann-Produktion gesichert, eine amerikanische Gesellschaft wurde gegründet. Auch in Frankreich waren Panhard & Levasseur feste Kunden geworden, so daß der Umsatz stieg und Eisemann eine auch für das Bankkapital interessante Sache wurde. Man brachte einen Hochspannungsapparat auf den Markt. Der Umsatz betrug (1910) zwar nur ein Zehntel dessen von Bosch, aber das Unternehmen hatte doch eine wachsende Bedeutung gewonnen. Bosch war der Wettbewerb grundsätzlich willkommen. Er hat sich darüber oft ausgesprochen und den Käufern, die mit seinen Lieferbedingungen nicht zufrieden waren, einfach gesagt: deckt Euch halt irgendwo anders ein. Boschs wirtschaftliche Grundauffassung war liberal, jedem Tüchtigen und Strebsamen möge die Chance eines Aufstieges unverwehrt sein. Die Tatsache, daß man da in Stuttgart, nicht gerade sehr weit entfernt, in Konstruktionsbüro und Werkstätten über die gleichen Fragen nach besseren Antworten tüftelte, würde auch dafür sorgen, daß man in der Militärstraße, in der Hoppenlaustraße wachsam blieb, technisch weiterspürte und immerzu den Gang der Fertigung überprüfte. Mit Eisemann gelang frühzeitig eine allgemeine Verständigung über Verkaufskonditionen, über gegenseitigen Kundenschutz usf. Ganz reibungslos konnten die Beziehungen nicht bleiben, aber die Voraussetzungen waren frühe angelegt, die später einen völligen Zusammenschluß ermöglichten.

Doch es gab auch Konkurrenzunternehmen, bei denen Boschs tolerante Neugier, was da werden wolle, verflog, wenn er etwa argwöhnte, diese oder jene Firma sei gegründet worden, damit er, Bosch, sie hinterher aufkaufe, »um den Markt zu bereinigen«. Solche Art von Marktbereinigung war nun gar nicht nach seinem Geschmack. Das hätte ihm gerade gepaßt, daß dieser oder jener mit irgendeiner Spezialität auf dem Zündergebiet auftrete, in der Annahme (oder Absicht), unangenehm zu wirken und von Bosch dann übernommen zu werden. So betrachtete er mit einem gewissen Grimm die Entwicklung der »M e a« in Feuerbach, der 1908 gegründeten Fabrik für magnet-elektrische Apparate. Der Zünder, den diese herstellte, war kurz zuvor Bosch angeboten worden, für nur 5000 Mark. Honold fand ihn interessant, es war ein Glockenmagnet verwandt und damit eine größere Zündmomentverstellung erreichbar. Aber das Urteil ging dahin, daß die Herstellung des Glockenmagnets eine Verteuerung bringe; auch schien der Apparat zu empfindlich. Die Geschichte der »Mea« wurde zu einem seltsamen Zickzackweg optimistischer Erwartungen und finanzieller Nöte; mehr als einmal mußte sie umgegründet werden. Die Figuren der maßgebenden Kapitalisten wechselten. Immer wieder kamen sie, mittelbar oder unmittelbar, an Bosch heran, sich zu fusionieren. In dieser Serie trat auch, es war wohl um 1910, der bekannte deutsch-amerikanische Bierbrauereibesitzer Adolphus Busch auf, der 1897 Rudolf Diesels Patente für die USA erworben hatte und sich mit seiner Kapitalmacht im Motorengebiet betätigen wollte. Bosch verstand sich ganz gut mit dem ungewöhnlichen Mann, ihr Briefwechsel hat eine gewisse Kordialität; aber man blieb getrennt. Die Anekdote wird überliefert, daß Busch, mit dem Gleichklang der Namen spielend, sagte, einsilbige Namen seien Vorrecht und Zeichen bedeutender Männer, worauf der Apostrophierte schlagfertig antwortete: »Daher der Name Oechelhäuser!« Der Leiter der »Dessauer Gas« war in jener Zeit eine für die Industrieentfaltung Deutschlands wesentliche Persönlichkeit. Die »Mea« ist, als nach dem Kriege die Berliner AEG einen Stützpunkt in Süddeutschland suchte, in deren Besitz übergegangen. Sie mußte in diesem Zusammenhang noch einmal die Marktpolitik von Bosch beschäftigen.

Es waren also nicht bloß Gründe des rein technischen Rationalismus, die bei Bosch die Spezialisten der Zündung in Bewegung hielten, sondern auch solche des wirtschaftlichen Wettbewerbs. Freilich, es kam auch von der Seite, wenn nicht der technischen Notwendigkeit, so doch der Gewöhnung der Zwang zu einer gewissen Umstellung auf dem Kerngebiet. Bosch war durch den Magnetzünder groß geworden. Mit der Lichtmaschine, die ja auch einer Batterie bedurfte, war die Batteriezündung wieder aktuell geworden; sie war billiger, sie wurde vor allem in Amerika begehrt; zudem hatte sich die Technik des Akkumulators in den zwanzig Jahren weiter entwickelt. So griff man auch bei Bosch das Problem der Kombination auf. Seit einigen Jahren hatte man ja schon begonnen, die eigentliche Zündkerze, die zunächst bezogen worden war, in der Massenfertigung selber herzustellen. Indem man nun Batterie- und Magnetzündung zusammenfaßte, blieb doch für die ursprüngliche Bosch-Zündung das Gebiet der schweren Lastautomobile, und es erschloß sich ein anderes, dem sie wichtig genug wurde, das Flugzeug.

Im Jahre 1912 fuhr Robert Bosch mit der Gattin und dem zwanzigjährigen Sohne nach Nordamerika. Er hat damals kein Tagebuch geführt wie vor 28 Jahren, worin sich Selbstironie, weise Betrachtungen über die Umwelt, Heimweh, Lebensneugier und Selbstbewußtsein naiv und fast liebenswürdig mischten. Er stand jetzt im fünfzigsten Lebensjahr. Amerika hatte dem jungen Menschen nur begrenzt imponieren können. Der Stand der Arbeiterbewegung hatte ihn, der sich ihr damals zugehörig fühlte, enttäuscht. Aber der gewerbliche Aufstieg mußte ihm doch imponieren. Der Mangel an handwerklicher Tradition, das rasche Wachstum der Allerweltsbevölkerung in einem weiten Raum hatten der Fabrikation den Zuschnitt auf arbeitsparende Maschinen und auf typische Mengenfertigung gegeben. Das hatte sich auch auf Europa auszuwirken begonnen; Bosch selber war einer derjenigen gewesen, der weitsichtig und wagend immer die neuesten amerikanischen Werkzeugmaschinen in seinen Betrieb holte. Man hatte also lernen können, und man hatte gelernt. Doch fühlte man sich nicht in einem Schülerverhältnis. Denn die Maschine allein tut es ja nicht, sondern der Mensch und die Menschenführung. Hätten nicht seit einem Vierteljahrhundert er, Bosch, seine Techniker, seine Arbeiter gedacht, gebosselt, entworfen und verworfen, gewagt, geprüft, dann würde er nicht als ein wirtschaftlicher Eroberer in dies Land gekommen sein. Sie liebten ihn ja nicht, aber sie brauchten ihn.

Vor zwei Jahren hatte man sich entschlossen, um die Transportkosten, um die Zollgebühren einzusparen, in dem Lande drüben selber zu erzeugen. Beim Suchen nach einem geeigneten Platz war man auf *Springfield* (Mass.) gekommen, weil dort sich eine große Motorenfabrik befand und also die Gewinnung von geeigneten Metallarbeitern verhältnismäßig leicht möglich schien. Das Gelände freilich, in Hochwassergebiet gelegen, war nicht zum glücklichsten gewählt; es hatte unter seiner Lage später beträchtlich zu leiden. Aber das brauchte Bosch nicht zu stören, als er jetzt in die Staaten fuhr, um das Werk zu besichtigen, das seinen Namen trug. Der »Präsident« der »Bosch Magneto Company« war auch beim Übergang zur Eigenfabrikation O. Heins geblieben, den Gustav Klein vor einigen Jahren an die Spitze des Verkaufshauses empfohlen hatte. Die Fabrikation wurde von *Karl Martell Wild* geleitet. Auch er war, wie Borst, aus Eßlingen, ein Lehrersohn; nach der Erledigung des Studiums der Elektrotechnik an der Stuttgarter Hochschule war er zu Siemens und Halske gegangen, ohne sich dort sonderlich wohl zu fühlen. Die landsmannschaftliche Verbindung mit Borst brachte ihn zu Bosch. Im Januar 1909 trat er bei Honold ein, um in die Laboratoriumsarbeiten und die gegenwärtigen Konstruktionsaufgaben eingeführt zu werden. Die Überlieferung will wissen, daß um seine Aufgabe ein freundschaftlicher Streit zwischen Klein und Honold ausgebrochen sei. Honold wollte ihn behalten; er sah in ihm seinen möglichen Nachfolger. Aber nach diesem Ausschau zu halten schien Klein eine verfrühte Sorge: er brauchte einen Mann mit technischer Phantasie, offenen Augen und zähem Willen. Wild ging also nach Amerika. Die Fabrik selber wurde in den Jahren 1909/1910 durch Albert Klein, der sich damals auf den industriellen Eisenbetonbau spezialisiert hatte, entworfen und erbaut. 1910 wurde die Fertigung begonnen. Auch diese große Anlage konnte aus den laufenden Mitteln errichtet werden, und Bosch durfte bei seinem Besuch einer guten Entwicklung sicher sein.

Arbeiterbewegung und Arbeitskampf

Im Frühjahr 1913 kam es im Hause Bosch zu einem Teilstreik in einer lebenswichtigen Abteilung, den mit einer Stillegung des ganzen Werkes zu beantworten die Betriebsleitung, nach einem mißglückten Zwischenversuch, sich gezwungen sah. Das erste Jahrzehnt des neuen Jahrhunderts war voll von politischen und sozialwirtschaftlichen Spannungen gewesen. Der heftige Kampf um die Erhöhung des Getreidezolls hatte die Periode eingeleitet und der Sozialdemokratischen Partei den starken Auftrieb bei den Reichstagswahlen von 1903 gegeben; zwar folgte 1907, als die Volksbefragung den Kolonialkrediten galt, ein empfindlicher Rückschlag, doch brachte die Wahl von 1912 den eindrucksvollen Ausgleich und führte die sozialistische Fraktion des Reichstags an die Spitze.

Diese äußere Entwicklung der Sozialdemokratischen Partei wurde von heftigen inneren Konflikten begleitet. Die süddeutschen Landtagsfraktionen, nach den demokratisierenden Verfassungsreformen in eine gewisse parlamentarische Machtstellung eingerückt, wehrten sich, für ihr taktisches Verhalten die Gebote der norddeutschen Parteimehrheit hinzunehmen. Die aussichtslose Opposition, worin das preußische und sächsische Landtagswahlrecht die sozialistische Bewegung gefangen hielt, hatte sie bis zum Stumpfsinn radikalisiert. Eingreifender noch war der Zwiespalt, der sich zwischen politischer und gewerkschaftlicher Richtung zu entwickeln begann; Parolen wie »Partei und Gewerkschaft sind eins!« suchten ihn zu überdecken, aber das gelang immer nur sehr unvollkommen. Die sozialdemokratischen »freien« Gewerkschaften mußten sich, wenn sie auch ziffernmäßig führten, daran gewöhnen, daß Arbeiterfachverbände anderer politischer Färbung auftraten, Kassen bildeten, Tarifpartner wurden; ihre Leiter spürten auch, daß die zähen Einzelbemühungen um die sozialrechtliche Stellung des Arbeiters im Betrieb, um Lohnhöhe und Arbeitszeit mit einigen der globalen Ansagen des Marxismus, mit der Verelendungstheorie, mit der Verschärfung des Klassenkampfes nicht recht zur Übereinstimmung gebracht werden konnten. Denn ihre laufende Praxis waren Waffenstillstände und Friedenssicherungen. Deshalb das Bestreben der Gewerkschaften, sich von den spezifisch parteipolitischen Kampfbedürfnissen abzuheben. Hatte man in den neunziger Jahren und beim Jahrhundertbeginn noch kräftig vorgestoßen, um vielfach den Gedanken der Kampfsolidarität überhaupt erst zu wecken, so war man jetzt auf dem Weg zur Vorsicht. Man hatte Kassen zu verwalten und Geld zu verlieren, man hatte in Einzelindustrien kollektive Verträge erreicht, die als Beispiel behütet werden mußten gegenüber jenen Gewerben, wo man etwa in Teilen der Schwerindustrie auch vor den Massen der Lohnempfänger den *individuellen* Arbeitsvertrag als die elementare Rechtsform betrachtete. Die Gewerkschaftsstatuten entwickelten sich zum Teil zu einer Felddienstordnung des sozialen Kampfes, fast pedantisch, mit einer mißtrauischen Sorge gegenüber allem Freischärlertum. Diese Sorge blickte vor allem auf den parteipolitischen Machtanspruch. Das galt jetzt besonders für Württemberg, dessen verhältnismäßig ausgeglichene innerpolitische Lage schier plötzlich einer wilden Radikalisierung ausgesetzt war. Es ist die Zeit, da, fast ein Kuriosum, in dem kleinen Göppingen der polnisch-russische Sozialist Karl Radek, der einige Jahre später einer der einflußreichsten Publizisten des in die Weltgeschichte einbrechenden Bolschewismus war, als Redakteur an dem schwäbischen Arbeiter herumexperimentierte. Im Entscheidenden gewiß mit einem Mißerfolg – die neuen Elemente unter der rasch wachsenden Bosch-Belegschaft mochten aber als Rohstoff des Versuchs geeignet sein. Ein nicht unbegabter, doch hemmungsloser Agitator, Westmeyer, nahm sich ihrer, in Betriebsgruppen sie isolierend, sonderlich an.

Ein Drittes kam hinzu: die Entwicklung der maschinellen Technik und ihre Rückwirkung auf die Lohnsysteme. Innerhalb der frühsozialistischen Theorien hatte Karl Marx die Sonderstellung eingenommen, den technischen Fortschritt, das Vordringen der Maschine zu bejahen. Die Maschinenkraft, die ihr im Beginn anhaftende betriebliche Konzentration, die Freisetzung von Beschäftigten zur »industriellen Reserve-Armee« stehen ja nahe der Mitte seiner Lehren. Das war nicht ohne Bedeutung. Im Unterschied zu dem handwerklich gestimmten Radikalismus der »Maschinenstürmer« und utopischer Gesellschaftsreformer wurde der technische Rationalismus als solcher in seiner Art von Gesetzlichkeit hingenommen. Aber die Auseinandersetzung erfolgte nicht bruchlos. Die Theorie anerkannte die steigernde Produktivität der Maschine, die Praxis mußte sich mit ihrer Wirkung auf das jeweilige Lohnniveau, aber auch auf die gesundheitliche Inanspruchnahme des Arbeiters befassen. Nach der Art der Beschäftigung, der Ware, des Produktionsprozesses traten Zeitlohn und Stücklohn auseinander. Die organisierte Arbeiterbewegung kämpfte in ihrem Beginn für den eventuell nach Alter gestuften Stundenlohn und verdammte den Akkordlohn, der aus dem Stücklohn herauswuchs, aber sie lernte, bei allen grundsätzlichen Einwendungen, praktisch sich mit ihm abzufinden. Dieses Sich-Abfinden war keine ganz einfache Sache. Denn der Akkordsatz blieb keine feststehende Größe, sondern unterlag der Einwirkung der technischen Änderungen. Neue Werkzeugmaschinen etwa verschoben die Voraussetzungen, die bisher nach durchschnittlichen Erfahrungen gegolten hatten. Gerade jene Zeit nach 1900 begann diesen Fragenkreis neu zu erörtern und seine Beantwortung in der Praxis zu verfeinern. Aus Amerika waren als eine Art von neuer Lehre die Principles of Scientific Management herübergekommen und dabei der Name des F. W. Taylor zu einer Parole des Geschäftsstrebens wie zu einem hassenswerten Schreckgespenst geworden. Arbeiter und Arbeiterführer waren zu einem Umdenkungsprozeß gezwungen, wie auch die Betriebsleiter sich gewöhnten, mit neuen Begriffen zu operieren. Die Sache selber sah neuer aus als sie war. Ehedem Selbstverständliches war in die Sphäre des Bewußten und Systematischen gehoben, und das gab der literarisierten Lehre, wie alle Wortmagie, ihr Verlockendes und ihr Drohendes.

Diese allgemeinen Betrachtungen sind nicht überflüssig. Sie geben mehr als den Hintergrund der Zeitprobleme, die in ihrer Unverbindlichkeit auf sich beruhen bleiben könnten: einzeln und in eigentümlicher Überschneidung haben sie auf die Entstehung und den Ablauf des Arbeitskampfes bei Bosch eingewirkt. Diese Kraftprobe war nicht nur reich an individuellen Elementen, die in der Persönlichkeit Boschs und in taktischen Sonderentscheidungen sich ausdrückten, sondern auch reich an Zeittypischem, das nur in der Bewertung eben der Gesamtprobleme verständlich wird. Jener Zeitabschnitt hat Arbeitskämpfe genug erlebt, die über Einzelfirmen hinaus etwa die Branche eines Bezirkes umfaßten. (So im Herbst 1910 bei der Nachbarindustrie. Bosch schrieb damals, 9. 10. 1910, an die Gattin: »Die Automobilfabriken werden es mir vielleicht übelnehmen, daß ich nicht auch aussperre, aber ich kann danach nicht fragen.«) Das Machtringen nun bei Bosch, das den Juni und Juli 1913 währte, hat ganz Deutschland stärker bewegt als fast alle sonstigen Streite über Lohnsatz und Arbeitszeit. Mit einer gewissen Leidenschaft wurden die einzelnen Phasen überall verfolgt, Gerüchte und Legenden blühten auf. Für Bosch brachte der Kampf menschlich eine schwere seelische Erschütterung und Belastung.

Der Aufbau der Gefolgschaft hatte mit der Ausweitung des Betriebes ganz natürlich eine mannigfache Differenzierung erfahren. Um den Stamm der alten Leute sammelte sich die notwendig gewordene Ergänzung. Sie war nicht einheitlich. Der Ruf der guten Bezahlung, die dem Leistungsfähigen eine besondere Chance bot, holte aus dem ganzen Bezirk die tüchtigen Kräfte heran. Dazu bedurfte es gar keiner besonderen Werbung. Die Fabrikanten mochten schimpfen, wenn sie geschulte Männer an Bosch verloren; das war ein schier unwiderstehlicher Ansaugevorgang. Das Reservoir von Stuttgart selber reichte nicht aus: das weitere Umland gab, ähnlich wie an Daimler, Leute an Bosch ab. Ein halbländliches Element, darunter Arbeitskräfte sehr verschiedener Vorbildung, trat hinzu. Diese mußten erst angelernt werden. In seiner Fluktuation, in dem Pendelverkehr zwischen Wohnort und Arbeitsstätte, bildete diese Schicht einen soziologisch am Anfang noch unsicheren Faktor, ungestalteten Rohstoff für die gewerkschaftliche und politische Propaganda. Die Arbeitsteilung begann den Frauen, die bisher vorzugsweise in der Textilindustrie saßen, im Metallgewerbe Beschäftigung zu geben.

Bosch kannte die Leute, mit denen der Betrieb groß geworden, er wußte, was von ihnen zu erwarten war; sein ausgezeichnetes Gedächtnis ließ ihn auch noch in späten Jahren, wenn er im Betrieb erschien, diesen und jenen erkennen, und in der Ansprache stiegen alte Erinnerungen empor. Auch Zähringer, dem die Arbeitszuteilung im Betrieb oblag, war mit dem Grundstamm der Belegschaft zusammengewachsen. Doch diese selber mußte ja nun in Abteilungen und Gruppen zerlegt und gestuft werden; der alte Stamm gab die »Meister« ab, oder aus den neuen zugreifenden jüngeren Leuten wurden diese herausgewählt; das war bei Bosch nicht anders als sonst in entsprechenden Betrieben. Auf den Meistern aber, die für die Qualität der Fertigung, für ihr Tempo, für die Zuweisung der Stückarbeit und für die Berechnung der Akkordlöhne zuständig waren, lag wachsend die Verantwortung für den inneren Rhythmus des Betriebes. Die herausgehobene Stellung des Meisters hat in den späteren Auseinandersetzungen eine große Rolle gespielt. Bosch habe vorzugsweise Männer, die zunächst als die besonderen Vertrauensleute der Gewerkschaften gelten konnten, zu Meistern gewählt und damit die Arbeiter ihrer besten unmittelbaren Vertretung beraubt, ja Gegensätze begründet. Der Einwand brauchte ihn nicht zu stören. Waren die tüchtigsten Leute in der Gewerkschaftsbewegung aktiv gewesen, so brauchte ihr beruflicher Aufstieg noch nicht die Scheidung von den alten Gesinnungen und Einsichten zu bedeuten. Gab es Beschwerden, so ließ er sich den Fall vortragen, war aber da nicht zimperlich, wenn einmal über den schroffen Ton eines Meisters Klage geführt wurde. Den habe er gelegentlich selber auch. »Ich gestatte mir aber auch noch die Frage«, schrieb er im November 1912 an den Metallarbeiterverband, »ob die Beleidigten gelegentlich nicht schlimmere Redewendungen gebrauchen. Soweit ich den hiesigen Verkehrston kenne, ist dies der Fall.« Die Ortsverwaltung des DMV hat darauf nicht mehr geantwortet.

Sie hatte schließlich auch den geringsten Grund, mit ihm Reibungen zu suchen. Denn es hatte sich seit Jahren zwischen der Firma und der Gewerkschaft ein sachliches Zusammenarbeiten eingespielt, das beide Teile befriedigen konnte und befriedigte. Bosch frug nicht weiter danach, ob und wo seine Arbeiter in einem Fachverband organisiert seien. Er hatte seinerzeit einen Arbeiterausschuß eingerichtet, mit dem die internen Fragen zu verhandeln seien. Aber dessen unsichere Stellungnahme, als er eine moralische Unterstützung im Kampf gegen unwirtschaftlichen Werkzeugverschleiß forderte, hatte ihn enttäuscht: man war einem Urteil über die an sich unerhebliche Sache ausgewichen. Mit solcher Haltung war nicht viel anzufangen; Bosch hatte zum mindesten einen Rat erwartet. Nun ließ man den Ausschuß auf sich beruhen und besprach solche Sachen mit den Führern des Deutschen Metallarbeiterverbands. Etwa 95 Prozent der Gefolgschaft waren, nach einer Notiz von Bosch, in dieser Gewerkschaft organisiert. Die Meinung der Sachwalter würde also wohl Autorität haben; es ging auch ganz gut: »Diese Leute waren meist mit einem scharfen Verstand begabt. Mehrere Jahre verhandelte ich mit der Gewerkschaft alles, was zu verhandeln war.« Doch man spürte, daß allmählich das Verfahren eine neue Tönung erhielt: die Gewerkschaftsfunktionäre selber wurden von »Vertrauensleuten aus dem Betrieb« begleitet, überwacht, man begann, ihnen zu mißtrauen. Der politische Radikalismus suchte sich einen Weg zu ebnen zu einer Stelle, wo vielleicht eine Kraftprobe gewagt werden könnte.

Der Ansatz war nicht leicht zu finden. Gegen einen Fabrikanten, der den Achtstundentag eingeführt hatte, am Samstagnachmittag den Betrieb schloß, der Überstunden, die in Zeiten scharfer Konjunktur gefordert werden mußten und mit bedeutenden Zuschlägen zum Lohn entgolten wurden, durch Feriengewährung ausglich, war mit den Parolen der gewohnten Arbeitskämpfe, Lohnhöhe, Arbeitsruhe schwer anzugehen. Vielleicht hatten sich in seinen sonstigen sozialpolitischen Unternehmungen ungute Dinge entwickelt, die nur darauf warteten, ins Licht der Kritik gehoben zu werden? Aber wer nach dergleichen sich umsehen wollte, suchte vergeblich. Denn gerade die Institutionen, die mit der Sozialfürsorge großer Betriebe gemeinhin gleichgesetzt wurden, Wohnungen, Hilfskassen, Erholungsheime und ähnliches fehlten damals völlig. Es gibt eine charakteristische Anekdote. Als für das Regierungsjubiläum des Kaisers Wilhelm II. (1913) ein Buch vorbereitet wurde, in dem die sozialen Sondertaten deutscher Industrieller veranschaulicht werden sollten, wandte man sich auch an Bosch mit der Bitte, Mitteilungen und Abbildungen zu senden; seine Berufsgenossen mochten ihn nicht lieben, aber bei einem so repräsentativ gedachten Werk konnte man diesen »sozialen« Unternehmer nicht gerade übergehen. Er antwortete, daß es bei ihm nichts zu photographieren gäbe; er betreibe seinen Arbeitern gegenüber keine »Wohltätigkeit«. Aber was sich freilich der bildhaften Darstellung entzog und zudem wahrscheinlich nicht gerne in der geplanten Publikation mitgeteilt worden wäre, fiel aus dem Rahmen: die Firma zahlte die auf den einzelnen Arbeiter entfallenden Pflichtbeiträge zur Kranken- und zur Invalidenversicherung. Das war fast so etwas wie eine Nebenbei-Leistung, an die sich die Gefolgschaft damals schon gewöhnt hatte, als sei sie eine Selbstverständlichkeit. Es handelte sich 1912 um eine Summe von immerhin über 300 000 Mark, worin freilich gegen 20 000 Mark Sonderleistung für die Ferienkasse enthalten waren.

Bosch fühlte sich in jenen Jahren viel stärker der Ablehnung und Feindseligkeit durch die Unternehmerschaft ausgesetzt als von der Arbeiterseite. Bei der Rückschau, da diese Periode hinter ihm lag, hat er gelegentlich den Ton der Bitterkeit in die Betrachtung gemischt, als ob er damals unter einer gewissen Vereinsamung gelitten hätte – es wird, was das menschliche Grundgefühl betrifft, nicht gar so schlimm gewesen sein. Zum Teil lag das auch an seinem Mangel an gesellschaftlicher Leichtigkeit, die ihn Verbindungen mit dem Getriebe der industriellen Führerschicht eher scheuen als suchen ließ. »Persönliche Beziehungen verknüpfen mich mit keinem der Leiter irgendeiner großen elektrischen Firma. Ich habe immer etwas isoliert gestanden«, schreibt er im Juli 1913. In der AEG, mit der er in lebhaftem Geschäftsverkehr steht, ist er »persönlich vollständig unbekannt, d. h. ich kenne niemand von den leitenden Herren der AEG von Angesicht zu Angesicht«. Das ist für diesen Zeitpunkt, da Bosch schon als Weltfirma gelten konnte, erstaunlich, aber wohl auch aufschlußreich für das Bild, das sich von dem Stuttgarter Mann, der in einem Jahrzehnt zu einer großgewerblichen Macht geworden war, formte.

Eine Zeitlang mochte es ihm wohl ziemlich gleichgültig sein, was man über ihn sagte, daß er »ein radikaler Sozialist« sei. Sie sollten sich ruhig darüber ärgern, daß er mit dem Achtstundentag begonnen hatte und dabei nicht schlecht fuhr. Das leugnete er nicht, daß er mit der Sozialdemokratischen Partei »sympathisierte«. Diesen Ausdruck wählt der eigene Rückblick. Wenn er in der Zeitung las, daß bei ihm »Größen wie Clara Zetkin ein- und ausgehen«, fand er das wohl übertrieben, zu einer Berichtigung lag aber kein Anlaß vor. Es mochte auch nicht unbekannt geblieben sein, daß er durch die Vermittlung von Clara Zetkin, deren erster Mann russischer Sozialist gewesen war, nach der russischen Revolution von 1905 politischen Flüchtlingen in seiner Fabrik Arbeit und Brot gab. Dafür wurde ihm noch im härtesten Kampf, freilich nicht aus Liebe, von dem ärgsten Widersacher Anerkennung ausgesprochen. Allmählich wurde ihm das Gerede und Geschreibe doch unbequem. Denn er kam dahinter, daß es auch von der Konkurrenz gepflegt wurde und daß es ihm auf die Dauer geschäftlich unerwünscht sein müßte. Er hatte schon 1911 in dem Ausschuß des Verbandes der Automobilindustriellen die Erklärung abgegeben, daß er noch nie einen Beitrag für einen sozialdemokratischen Wahlfonds gestiftet habe. Im Jahre darauf fand der verärgerte nationalliberale Reichstagskandidat von Stuttgart, an seiner Niederlage sei ein bestimmter Mann schuldig, der seinem sozialistischen Gegner 100000 Mark zur Verfügung gestellt habe; jeder wußte, daß dies auf Bosch zielte. Dem Verbreiter des Gerüchtes blieb auf einen energischen Brief nur übrig, die Sache zurückzunehmen. Und als es im Januar 1913 zu einer ersten Schwierigkeit im Betrieb gekommen war, stellte in einem boshaften Artikel der Frankfurter »Centralanzeiger für die Motorfahrzeug- und Fahrradindustrie«, also kein beliebiges Organ, fest, der Streik (es war gar keiner) sei »inzwischen beigelegt worden, weil Herr Bosch noch sozialdemokratischer geworden ist und einen großen Teil der Forderungen bewilligt hat«. So also wehte der Wind! Als der Konflikt ausbrach, ging durch die politische Rechtspresse etwas wie eine freudige Genugtuung. Die Sozialdemokratie selber mußte zunächst erst lernen, auch auf Bosch ihr Vokabular anzuwenden. Das gelang nicht gleich. Man rieb sich an dem Verhalten der Meister, man vermutete, Bosch werde nicht richtig unterrichtet, man versuchte, die Schuldigen mit Sprachwitzen zu entdecken, sprach von dem, der sich »klein« mache und doch auf die Betriebsdinge einwirke, und klagte über »borstiges« Auftreten. Schließlich aber ergab sich, daß der »frühere Schlossermeister«, der reiche Mann von heute sein »soziales Mäntelchen« von sich geworfen habe und schlimmer sei als ein beliebiger »Scharfmacher«, »der ausgekochteste, raffinierteste Unternehmer mit allem seinem sozialen Klimbim«. Der höhnende Ton hat Bosch stärker verletzt, als man zunächst vermuten würde. Er lehnte die weiteren persönlichen Verhandlungen mit dem Beamten des DMV ab, der bisher als wesentlicher Partner gewirkt hatte und jetzt plötzlich, den politischen Unterströmungen weichend, in Versammlungen ausfallend wurde, als ob die bisherigen, Jahre dauernden Gewöhnungen ein Nichts oder Täuschung gewesen seien.

Im Spätjahr 1912 war es zu einer Lohnforderung gekommen, die ein Mehr von 10 Prozent des Stundenlohnes in Anregung brachte. Das war mehr ein Vorfühler, zu dem sich die Gewerkschaft von der politischen Seite gedrängt fühlte. Stuttgart hatte eben die Aufregungen einer vom Volke selber vollzogenen Oberbürgermeisterwahl hinter sich. Die Sozialdemokratie war in ihren Hoffnungen enttäuscht worden, ihre inneren Gegensätze verschärften sich, und der radikale Flügel, unter Führung von Fr. Westmeyer und Clara Zetkin, verstärkte seine Agitation; die Unterhaltung über die »Schuld« an der Niederlage sollte übertönt werden. Noch nahm die Gewerkschaft diesen Druck, der sich besonders der Bearbeitung ihrer neu zugeströmten auswärtigen Mitglieder widmete, nicht sehr ernst. Der Hinweis der Firma auf ihr in der ganzen Branche sich auszeichnendes Lohnniveau bog das Ansinnen rasch ab. Ja man kam ein paar Wochen später, am 12. Dezember 1912, zu breit angelegten Vereinbarungen über die Lohnstufen, über die Kontrolle der Akkordsätze, wobei nach dem eventuellen Versagen interner Betriebskommissionen auch ein letztinstanzliches Mitwirken des DMV vorgesehen war; man setzte eine Ordnung nieder über Beschwerderecht, über Entlassungen. Die Firma sollte da nicht eingeengt, aber auch das Recht und das Interesse des Arbeitnehmers brauchbar reguliert sein. Das sah aus wie ein Friedensvertrag auf Vorrat. Daß die Gewerkschaft einen Kampf vorbereitete, war nicht zu vermuten. Sie mußte wissen, daß das Geschäft zur Zeit ohne saisonmäßigen Auftrieb war, eine Pression auf die Firma ohne Wirkung. Es war eher damit zu rechnen, daß Entlassungen vorgenommen würden.

So kam es auch. Am 17. Januar 1913 wurden im Feuerbacher Werk Abteilung 2 acht Mann entlassen, unter ihnen ein Vertrauensmann. Die Abteilung stellte die Maschinen ab, etwa 40 Prozent der Arbeiter verließen – es ging in der Entscheidung hin und her – vorzeitig die Fabrik. Bosch verkündete, wer die Arbeit nicht wieder aufnehme oder wer in Zukunft ohne Einwilligung der Betriebsleitung seine Arbeit verlasse, habe sich als entlassen zu betrachten. Die Gewerkschaft war unsicher, wie sie sich verhalten solle; dem Ruf nach einem Streik widersetzte sie sich mit Erfolg, sie wahrte aber ihr Gesicht, indem sie zuließ, daß gegen das Feuerbacher Werk die Sperre verhängt wurde: Zuzug fernhalten. Das war nun keine schneidende Waffe, aber eine kämpferische Geste, der Bosch die Antwort gab: die Vereinbarungen sind aufgehoben. Hatte er mit der Gewerkschaft einen Vertrag abgeschlossen, so sollte der nicht bei der ersten Gelegenheit zerbrochen werden können, ohne daß der Verband seine Leute zurechtwies. Aber der wagte es nicht mehr recht. Die Verbandsbeamten fühlten sich in den Versammlungen bereits in der Defensive. Die Sache selber war nach zwei Wochen beigelegt. Man akzeptierte auf beiden Seiten die Bereitschaft des Gewerberichters zu vermitteln. Bosch tat es nur ungern. Er war gereizt, und in einem Brief an den Gewerberichter steht das Wort: »Lieber einen fröhlichen Krieg als einen faulen Frieden!« Es lag ihm nichts an diesem Krieg. Die Besprechungen hatten ihn geärgert: da war man mit diesem Streit eines Meisters, mit jener Quisquilie gekommen. Daß auch bei ihm Fehler gemacht würden, sei selbstverständlich; da sei ja dann auch der DMV gekommen, man habe ihm Rede und Antwort gegeben. Aber man blieb in den Vertragsformen. Jetzt, so dachte er, wollte man vergewaltigen. Bosch entschloß sich, die Vereinbarungen durch eine eigene Ordnung zu ersetzen, die die Vereinbarungen nur dort verließ, wo die Festsetzung der Akkordsätze dem Kalkulationsbüro vorbehalten wird. Der Verband ließ das unwidersprochen. Man versicherte sich in einem Abkommen, daß auch künftig versucht werden solle, Differenzen im Verhandlungsweg zu schlichten. Der Anlaß des Kampfes, die Entlassung der acht Leute, spielte bei Abschluß keine Rolle mehr; er wurde hingenommen. Offenbar hat Bosch geglaubt, es werde jetzt Ruhe eintreten: er hat eine mehrwöchige Reise nach Algier angetreten, um neue Eindrücke zu suchen.

Das Zwischengefecht gab nun Anlaß, einige vergleichende Bestandsaufnahmen zu machen, die von der Berufsgenossenschaft der Feinmechanik Sektion IX vorgelegt wurden. Ihr Ergebnis war für die Bosch-Leute vielleicht selber erstaunlich, gewiß aber eine befriedigende Bestätigung. Die Ziffern für das abgeschlossene Jahr 1911 lauteten so, daß in der gesamten Sektion 23 384, bei Bosch 3423 Vollarbeiter, das heißt 14,64% beschäftigt waren. Von der totalen Lohnsumme von 31 360 500 Mark entfielen auf Bosch 6 850 950 Mark, das macht 21,85%. Und der Durchschnittslohn stellte sich so dar: in der

Sektion 1341 Mark, bei Bosch 2001,44 Mark. Das Mehr von 660,44 Mark betrug also 49,25 %. Für das Jahr 1912 konnte wenige Monate später, als der Kampf schon im Gange war, eine noch bessere Lohnrelation mitgeteilt werden: Durchschnittslohn der feinmechanischen Sektion 1259,07, bei Bosch 2044,41, also ein Plus von 62,37 %. Frappanter noch waren die amtlichen Zahlen über die Unfälle, denn sie wirkten unausgesprochen als Einwand gegen die These, daß das Arbeitstempo bei Bosch für die Belegschaft sonderlich gefährdend sei. Die entschädigungspflichtigen Unfälle in der ganzen Sektion beliefen sich auf 112, bei Bosch auf 8, gleich 7,14 %, die ausbezahlten Entschädigungen in toto 155991,64 Mark, bei Bosch 3055,85 Mark gleich 1,96 %. In der Krankenkasse kamen bei Bosch auf 100 Kassenmitglieder 37,7 Krankenfälle mit Erwerbsunfähigkeit, bei den übrigen Firmen der Branche 58,8 Fälle. Diese nüchternen amtlichen Zahlen mußten eigentlich wie ein sehr beredtes Plädoyer wirken. Sie taten es nicht oder doch nur unvollkommen.

Die Unruhe im Metallwerk hörte, auch nachdem die Sperre aufgehoben war, nicht völlig auf. Der April brachte einige neue Entlassungen; daß darunter ein sozialdemokratisches Bürgerausschußmitglied war, galt als feindseliger Akt. Gegen die sachliche Berechtigung, nach dem Stand in der Abteilung, war nichts einzuwenden, um so mehr als es sich um einen erst kürzlich neu eingestellten Mann handelte. Technische Änderungen führten bei einigen Arbeitsprozessen zur Minderung der Akkordsätze. Die Geschäftslage war im ganzen wenig belebt, und die Kalkulation mußte deshalb schärfer auf die Sätze blicken, mit denen damals die Konkurrenz ihre Ware anbot. Die Spannungen im Betrieb hatten nun auch ihre familiäre Problematik; sie wurden in jugendlich-leidenschaftlicher Teilnahme von den Töchtern mit durchdiskutiert. Der Vater muß überzeugen, daß er »im Recht« ist. Er ist froh, wenn es gelingt: »Ich habe jetzt doch wenigstens nicht auch noch zu Hause zu gewärtigen, daß ich angegriffen werde.« Das schreibt er der Gattin am 19. Mai 1913.

Der eigentliche Konflikt brach dann am Morgen des 30. Mai neu aus. Das ging ziemlich dramatisch zu. In der Werkzeugmacherei sollten zwei Leute entlassen werden. Der Vertrauensmann der Abteilung forderte die Zurücknahme der Kündigung binnen einer Viertelstunde. Der Betriebsleiter antwortete mit einem Nein und sprach dem

Fordernden wegen seines Auftretens nun auch die Entlassung aus. Der gab der Werkzeugmacherei die Anweisung »Abstellen« – man folgte ihm, der Betrieb ruhte. In der sozialpolitischen Fachsprache war das ein »wilder Streik«. Er brach in einer weniger für das laufende Geschäft als für den Gesamtstand der Produktion lebenswichtigen Stelle aus. Da die Lagerbestände nicht unerheblich, dachte man zunächst, sich so behelfen zu können, daß die Warenschleifer, die in der Fertigung der Waren tätig waren, für einige Wochen die Arbeit der Werkzeugmacher übernehmen würden, dann werde man weiter sehen. Aber die Schleifer weigerten sich, die Aufgabe der Werkzeugmacher zu leisten. Die Weiterführung des Werkes war unmöglich geworden. Es mußte geschlossen werden. Bosch wehrte sich dagegen, daß man den Entschluß »Aussperrung« nenne, er spricht von dem Zwang, daß »stillgelegt« wurde. Der sozusagen technische Anlauf des Kampfes war auch gewerkschaftlich gesehen regelwidrig. Denn die Arbeitsniederlegung in einer typischen Ordnung hätte eine Verhandlung, hätte eine vorangegangene Abstimmung gefordert. Daß sie unterblieb, enthob die Hauptverwaltung des Deutschen Metallarbeiterverbandes der Pflicht und des Anspruchs, sich mit der Sache zu befassen. Man war dort darüber offenkundig ganz froh. Denn man sah in der Affäre einen politischen Vorstoß und war nicht unglücklich, wenn er mißlingen würde. Denn die Männer vom Schlag der Schlicke und Scherm waren der ewigen Unruhemacher müde, aber selber zu sehr Verwaltungsleute und formalistische Taktiker geworden, um den Einsatz gegen den parteipolitischen Einbruch zu riskieren.

Die ganze Kampfführung lag auf den unglücklichen Leuten der Ortsverwaltung des DMV, die noch vor vier Monaten einen Streik als finanzielle Katastrophe beschrieben und abgewehrt hatten. Jetzt sahen sie die volle Last auf die Ortskasse drücken und kriegten es bald zu spüren, wie brüchig ihre Autorität war. Sie beschworen die jungen Leute, abzuwandern; aber die wollten bleiben, um nicht den Arbeitsplatz bei Bosch ganz zu verlieren. Und wozu hatten sie ihre Beiträge bezahlt? Die Unterstützungskasse mußte an die Solidarität der anderen Metallarbeiter appellieren. Aber da machte man die Wahrnehmung, daß der Drang, den Boschlern auf dem Umweg über die Ortskasse zu helfen, nicht sehr groß war – die hatten ja so viel verdient, die mochten es schon eine Zeit aushalten. Den Arbeitern, die so über

Nacht und gewiß für die meisten unerwartet und unerwünscht in einem sehr herben Kampf steckten, fehlte der moralische Rückhalt ihrer eigenen Klassengenossen. Die sozialdemokratische Tageszeitung mußte den Versuch machen, den Gegensatz gegen Bosch in die Höhe zu steigern, den »früheren« Bosch gegen den jetzigen ausspielend, die »Metallarbeiterzeitung« blieb vorsichtiger, schrieb soziologische Betrachtungen an Stelle von Alarmrufen, ihr Nachwort nennt das bittere Ringen fast gelassen einen »seltsamen Konflikt!«

Ein solcher war es nun in der Tat. Gewerkschaft und Öffentlichkeit begegneten einer bei solchen Kämpfen ungewohnten Strategie, die Bosch selber leitete. Das erste, was er tat, war die Mitteilung, er werde den von der erzwungenen Arbeitsruhe Betroffenen, die nicht Mitglieder einer Gewerkschaft seien, dieselbe Unterstützung bezahlen, wie die Verbandsmitglieder sie erhalten. Das mochte unklug erscheinen, denn es sah fast wie der Sonderbeitrag in eine Streik-Nebenkasse aus. Aber der Entschluß beeinträchtigte die moralische Position des Verbandes. Denn es war eine Geste der Hilfsbereitschaft. Im übrigen geschah zunächst nichts. Die Akten des Kampfes sind ein lehrreicher Querschnitt durch die Usancen der Zeit: von überall her kamen zu Bosch Angebote, ihm Arbeitskräfte zu besorgen (»Erstklassiges Büro für Streikangelegenheit« u. dgl.) – alle Agenturen in dieser merkwürdigen Branche melden sich. Er reagiert nicht darauf. Der Metallarbeiterverband sucht Anknüpfung – die Antwort bleibt aus. Über die sozialdemokratische Rathausfraktion versucht man, den neugewählten Oberbürgermeister zur Vermittlung zu gewinnen, Bosch dankt für seine Willigkeit, kann aber keinen Gebrauch davon machen. Die etwas unheimliche Lage erzeugt allerhand Gerüchte: die Firma dementiert, daß sie in Verkaufsverhandlungen stehe, um das ganze Werk an ein amerikanisches Konsortium abzutreten.

Man ist im Stab von Bosch einigermaßen unterrichtet, wie es auf der Gegenseite aussieht, welche Beträge auf den Bankkonten abgehoben werden müssen, welche Verstimmung die Lokalzuschläge machen, man weiß auch, daß der Hauptvorsitzende des Verbandes, Alexander Schlicke, Anfang Juli die Sache »für vollständig aussichtslos und für eine große Blamage für den Verband und die Arbeiterschaft« erklärte, mache Bosch wieder auf, so müsse man »bedingungslos wieder die Arbeit aufnehmen«. Und aus Schlickes nächster Mitarbeiterschaft kommen noch viel drastischere Meinungen. Aber auch die Gegenseite hat ihre Informationen. Durch den offenen Arbeitskampf ist ein tiefer Konflikt in der Familie Bosch entstanden, es wird jetzt nicht mehr nur theoretisch diskutiert, was »das Recht« sei. Die Töchter rebellieren gegen die Entscheidung des Vaters, bedrängen ihn mit ihren Wünschen und lassen vor niemandem einen Zweifel darüber, daß sie mit aller Leidenschaft junger Herzen auf der Gegenseite stehen. Das zerwühlt die Seele des Mannes. Aber es ist ihm deutlich genug: der Kampf muß seinen Gesetzen folgen.

Doch wird er selber diese Gesetze bestimmen. Am 12. Juli, das Werk lag jetzt sechs Wochen still, schien ihm die Zeit reif, aus der Zurückhaltung herauszutreten. Er kündigte durch Inserate an, er werde demnächst den Betrieb wieder eröffnen, er ersuche um schriftliche Bewerbung. »Der bisherige Verdienst für die bei mir beschäftigten Leute wird nicht geschmälert.« Freilich: die Leistung des Arbeiteranteils bei der Kranken- und der Invalidenversicherung werde künftig vom Arbeiter selber zu bezahlen sein. Die Firma wird jedoch die von ihr bisher dafür ausgeworfene Summe nicht für sich einbehalten, sondern zugunsten der Arbeiter zur Verfügung stellen. Am 16. Juli öffnete die Fabrik ihre Tore; der Tag brachte eine öffentliche Erklärung von Bosch, daß es ihm gleichgültig sei, ob oder wo der einzelne sich organisiere. Das könne er halten, wie er wolle. Die Stillegung oder Aussperrung war damit zu Ende: im sozialtechnischen Sinn setzte jetzt der Streik ein. Denn die Gewerkschaft warnte, der Aufforderung zu folgen, stellte Streikposten, auch am Bahnhof. Immerhin, nach drei Tagen, am 19. Juli konnte eine Bekanntmachung erscheinen: es sind heute 1120 Leute angetreten, ohne Meister, Lehrlinge und Beamte. Das ging nun so tagelang weiter, den Stuttgartern kam das ganz »amerikanisch« vor, daß an den Plakatsäulen, in den Blättern des Landes ihnen die wachsende Beschäftigungsstatistik bei Bosch mitgeteilt wurde: 1296, 1436, 1607. Das Verfahren, suggestiv gedacht, verblüffte. Als die »Schwäbische Tagwacht«, das sozialdemokratische Organ, die Richtigkeit der Angaben bezweifelte, wurde sie öffentlich eingeladen, die Ziffern im Werk selber zu überprüfen. Sie schickte einen Redakteur, Bosch bestellte zu der Aktion einen öffentlichen Notar. Die Untersuchung gab ihm natürlich recht. Der Metallarbeiterverband war gegenüber dieser Entwicklung so wütend wie hilflos;

denn er mußte sehen, wie alte Verbandskameraden nun lieber wieder an die Maschine als zu den ewigen Versammlungen gingen, und indem ein nicht geringer Teil der Polemik sich jetzt gegen diese Abtrünnigen wenden mußte, blieb für Bosch und die Firma nicht mehr viel Galle übrig. Der Kampf war verloren. Auch die Radikalen konnten, indem sie an ihren Reden sich erhitzten, darüber nicht im Irrtum bleiben.

Bosch selber sah natürlich, daß suggestive Zahleninserate, die ganz nützlich wirken mochten, nicht der Weisheit letzter Schluß seien. Ob er den Versuch machen sollte, einen »Werkverein« zu gründen, der von den überbetrieblichen Gewerkschaften unabhängig bliebe? Mancherlei Vorschläge, wie man dabei vorzugehen habe, kamen ihm auf den Schreibtisch. Ja, wenn so etwas einmal spontan entstanden wäre! Dann ließe sich darüber reden. Er lehnte es ab, von sich aus oder durch seine Beamten in dieser Richtung einen Entschluß ausüben zu wollen, und dementierte das Gerede, daß die Gründung eines »gelben« Vereins beabsichtigt sei. Doch forderte er (am 23. Juli) auf, einen Fabrikausschuß zu wählen, bei dem auch Nichtorganisierte ihre Vertretung finden. Er regte zu diesem Zweck Verhältniswahl an. Der Ausschuß solle unabhängig sein in der Vertretung der Arbeiterinteressen, aber auch Willkürakte wie das Abstellen einzelner Betriebe zu verhindern wissen.

Als diese »Bekanntmachung« erfolgte, war die wichtigste Entscheidung schon gefallen: Bosch war Mitglied des Verbandes Württembergischer Metall-Industrieller geworden. Dieser Beschluß gab dem Kampf eine völlig neue taktische Situation. Er half beiden Teilen, aus einer verwirrten Lage herauszukommen und den formalen Abschluß des Kampfes zu bestätigen, dessen Ausgang zu greifen war. Der Metallarbeiterverband tat denn auch so, als ob ihm dieser Weg recht willkommen sei. Für den Augenblick war dies gewiß auch richtig. Denn den Verbandsvertretern bot sich hier ein sozusagen neutraler, ihnen einigermaßen vertrauter Boden, auf den sie jetzt überhaupt treten konnten. Das Büro der Metallindustriellen übernahm das Formale, die »Verhandlungen« am 25. Juli in Gang zu bringen, was denn auch ziemlich reibungslos geschah. Bosch bestätigte, was er schon öffentlich mitgeteilt hatte, daß Arbeitszeit und Verdienst bleiben sollen wie bisher, daß er die Feriengewährung im Zusammenhang mit der grundsätzlichen Willigkeit zu Überstunden ansehe und sie natürlich nicht, wie die Kampfagitation das dargestellt hatte, von dem Verhalten einzelner abhängig mache; bei der Einstellung sollen zuerst die streikenden Arbeiter berücksichtigt werden nach Maßgabe ihrer Eignung.»Sonstige Maßregelungen finden beiderseits nicht statt, die Sperre wird gegenseitig aufgehoben.« Die Einstellung des Streiks wurde von der Betriebsversammlung gegen zwei Stimmen beschlossen.

Die Niederlage der Metallarbeitergewerkschaft war vollkommen, auch wenn ihr das Abschlußprotokoll die Möglichkeit gab, das Gesicht zu wahren. Der Kampf hatte die Ortsverwaltung Hunderttausende gekostet – die Angaben schwanken zwischen 500 000 und 700 000 Mark. Sie mußte die »Streikbrecher« ausschließen; ein gedrucktes Verzeichnis gibt gegen tausend Namen. Das hinterließ Verbitterung. Stärker noch war der allgemeine Mitgliederschwund. Die Zahl sank von 15 000 auf 9 000, die Flucht griff also über die Beteiligten hinaus. Erst nach Jahren, in einer geschichtlich verwandelten Welt, konnte sich der Verband von diesem Konflikt wieder erholen. Auch der radikale Flügel der Sozialdemokratie, der der Antreiber gewesen war, erfuhr eine Demütigung, die den besonnenen, aber agitatorisch zurückhaltenderen Kräften etwas neues Selbstbewußtsein zuführte.

Robert Bosch selber wurde des Sieges wenig froh.»Was ich in jener Zeit gelitten habe, namentlich gegen den Schluß und in der ersten Woche nach Eröffnung des Betriebes: ich will es nicht schildern.« Die Rückschau kritisiert auch die zunächst so erfolgreiche Taktik des Teilbeginns der Arbeit. Denn das sei »die einzige Lehre«, die ihm der Kampf gegeben, daß man nach einem Streik den Betrieb erst wieder aufmachen dürfe, wenn eine Betriebsversammlung der Belegschaft die Arbeitsaufnahme beschlossen habe. Denn diejenigen, die der öffentlichen Einladung zur Arbeit folgten, blieben für die anderen »die Streikbrecher, weiß Gott wie lang«. Das aber verursachte einen seelischen Riß in der Belegschaft. Der hätte ihm ja passen können, hätte er die Lage rein machtpolitisch betrachtet. Das aber lag ihm nicht. Er wußte auch, daß die Gewerkschaftsführer den Streik nicht gewollt hatten. Sie haben es ihm, was ihm nicht neu war, später selber gesagt. Aber von dieser Erfahrung her blieb die Skepsis wach vor der freien Eigenbeweglichkeit der Arbeiterführer in Wirtschaftsfragen: folgen sie ihrer Einsicht und führen unter dem Einsatz der persönlichen Verantwortung oder bemessen sie Ratschlag und Entscheidung nach den schwankenden Ungewißheiten einer ungestalteten Masse?

Am meisten litt Bosch darunter, daß die Tatsache des Streikes »ein großer Triumph« für jene Unternehmer geworden war, die ihn wegen seiner Haltung in den Arbeiterfragen »angefeindet« hatten. Davon konnte der »Sozialschwärmer«, der »eingeschriebene Genosse« in den Zeitungen wie der »Post«, in großen Teilen der rechtsstehenden Presse Tag um Tag Zeugnisse des Hohnes, der ironischen, der bemitleidenden Genugtuung lesen. Er hatte über die Arbeiter »gesiegt«, aber er empfand diesen Sieg, der schon bei Beginn des Kampfes als gewiß gelten durfte, wie eine Niederlage gegenüber dem Unternehmertum. Die radikalen Sozialisten waren es, die diese Situation geschaffen hatten: »Der Unternehmer mit sozialem Verständnis störte ja nur. Es stand geschrieben, daß der Philanthrop nur die Bewegung hemmte. Er mußte heftiger bekämpft werden als der Scharfmacher, denn dieser war ja der Schrittmacher für die Klassenkämpfer. Er half das Endziel erreichen. Man hetzte zwar von links nach rechts, man hetzte auch von rechts nach links, man hetzte aber von beiden Seiten gegen die Mitte, und das war ich« (aus der Rückschau 1921).

Als er Mitglied des Verbandes Württembergischer Metall-Industrieller wurde, war dies der Ausdruck einer gewissen Resignation. Er habe sich überzeugt, daß es der Einzelfirma nicht möglich sei, »gegen die Machtgelüste der Gewerkschaft aufzukommen«. Immerhin, das war klar, in ein Schema würde er damit sich nicht pressen lassen. »Die Mitgliedschaft bei diesem Verband«, hieß es in der öffentlichen Erklärung vom 19. Juli 1913, »hindert mich in keiner Weise, meinem bisherigen Verhalten meiner Arbeiterschaft gegenüber treu zu bleiben. Ich werde also nach wie vor bei meiner Anschauung bleiben und bin bemüht, mit meiner Arbeiterschaft auf einen möglichst guten Fuß zu kommen.« Die gleiche Verdienstmöglichkeit, die gleiche Arbeitszeit, die Behandlung von Beschwerden »wie bisher in gerechter und entgegenkommender Weise« wurden zugesichert. Aber auch die Bereitschaft kam zum Ausdruck, jene Arbeiterschaft zu schützen, die jetzt die Gewerkschaft verlassen hatte. (Bisher war dem Verband gestattet, innerhalb des Betriebes, wenn auch nicht während der eigentlichen

Arbeitszeit, zu kassieren, Mitteilungen zu verbreiten und was so zu den Organisationsgeschäften gehört – diese Bequemlichkeit hatte jetzt aufgehört. Das Verhältnis erfuhr eine nüchterne Versachlichung.) Weitere Konsequenzen hat Bosch aus der Lage nicht gezogen. Die seine »Bekehrung« erwarteten, wurden enttäuscht. Dem damals in eine gewisse Blüte kommenden Reichsverband zur Bekämpfung der Sozialdemokratie wurde »höflich« mitgeteilt, daß er nicht die Absicht habe, dem Verband beizutreten (24. 6. 1913). Er will sich durch die Torheit der Stuttgarter Radikalen, so tief ihr Ton ihn verletzt hat, nicht in eine Front drängen lassen, die seinem inneren Wesen nicht gemäß ist.

Im übrigen aber wurde die Mitgliedschaft bei den Metallindustriellen, zu der er sich aus einer gewissen taktischen Notlage entschlossen hatte, für ihn keinerlei Belastung. Man war dort in der Geschäftsführung, zumal nachdem sie von dem aus der Gewerbeinspektion hervorgegangenen Baurat Fischer übernommen war, keineswegs auf Kampf und Machtproben aus, sondern um den Versuch des loyalen und möglichen Ausgleichs bemüht. Größere Lohnkämpfe konnten gemeinhin vermieden werden; die soziale Atmosphäre blieb von stärkeren Trübungen frei. Bosch selbst war im Sommer 1913 stark in den Vordergrund getreten, der Kampf erregte ihn aufs tiefste. Nun, nachdem die ganze formale Problematik in einem Verbandsvertrag und dessen Methodik übergeleitet worden war, zog er sich von der laufenden Behandlung dieses Fragenkreises zurück. Er übertrug ihn Ernst Ulmer, der bislang an den Auseinandersetzungen und Reibungen gar nicht beteiligt gewesen war und den sozialtechnischen Aufgaben eigentlich fremd gegenüberstand. Aber seine menschlichen Eigenschaften, das Wohlwollen, das seine Persönlichkeit ausstrahlte, die verbindliche Form, der Humor, die phrasenlose charakterliche Zuverlässigkeit waren die besten Voraussetzungen, um das Erbe des bösen Kampfes zu überwinden. Für ein Jahrzehnt wurde er Boschs Vertreter gegenüber der Arbeitgebervereinigung wie der Gewerkschaft; er sicherte im Wandel der äußeren Lage eine innere Tradition.

Erziehertum im Beruf

Das Jahr 1913 bedeutete für das Haus Bosch eine Zeit böser Spannungen, es brachte aber auch eine Einrichtung zur Reife, die, seit längerer Zeit erwogen, jetzt Gestalt gewann und der bis zu seinem Ende Robert Boschs persönliche Sorge und Liebe in besonderem Maße galt: die Begründung der *Lehrwerkstätte*. Der bittere Machtkampf stand in seinen letzten Phasen, als, es war am 15. Juli, in einem freigemachten Raum der Fabrik der eben von Berlin eingetroffene *August Utzinger* die ersten Überlegungen anstellte, wie man am besten den Platz aufteilte, um die Drehbänke, die Schleifmaschinen und so fort unterzubringen, an denen jetzt dreißig Lehrbuben ein paar Jahre hantieren sollten.

Die Nachwuchsfrage hat den ruckartig anwachsenden gewerblichen Großbetrieb in der ganzen Welt schier plötzlich überfallen, sofern seine Erzeugung auf den gelernten, den durchgebildeten Arbeiter angewiesen war. An diesem entstand ein Mangel. Bisher hatte ihn das Handwerk erzogen. Aber würde das Handwerk lebensfähig bleiben, und war dies schließlich dessen Aufgabe, die jungen Männer heranzubilden, damit sie später mithalfen, den Kleinbetrieb, dem die herrschende Ansicht Abstieg und Ende ansagte, vollends zu erdrücken? Einstweilen blieb es ja nun so, daß dort, wo das Kleingewerbe in guter Mischung vorhanden war, immer wieder eine Reserve für tüchtige Facharbeiter, Vorarbeiter, Meister geboten wurde. Wo es fehlte, suchte und erzwang die Entwicklung sich andere Formen. Die Mechanisierung des Produktionsprozesses, die Durchspezialisierung der Werkzeugmaschinen, die Arbeitszerlegung, die Automatisierung erwachsen aus der Doppelpoligkeit des steigenden Warenbedarfs und der absinkenden geschulten Kraft. Das wurde das Schicksal von Nordamerika, das so lange auf die Bestände der in den europäischen Werkstätten geschulten Handwerksgesellen hatte zurückgreifen können. Die europäische Industrialisierung stoppte die Abwanderung dieses Typs. Ein breit gelagertes und gewachsenes altes Handwerkertum aber fehlte auf dem kolonialen Boden. Der Mangel wurde natürlich empfunden: die »Angelernten«, die nach den Taylorschen Methoden Ausgesuchten und für spezielle Tätigkeiten Geschulten ersetzten nicht den alten Facharbeiter mit einer immerhin universell gedachten Branche-Ausbildung und -Erfahrung. So kam es bei der Ungleichmäßigkeit der öffentlichen Schulbildung dazu, daß die großen Betriebe begannen, sich selber zu helfen und Lehrlingsabteilungen sich anzugliedern.

Darüber begannen nun, unter anderen Voraussetzungen, auch in Deutschland Überlegungen. Die Antwort mochte zuerst nicht so sehr drängen. Man besaß ein ordentliches Fachschulwesen und die allgemeine gewerbliche Fortbildungsschule, deren Grundtyp, nach belgischen Anregungen, gerade in Württemberg durch Steinbeis entwickelt und vertieft worden war. Steinbeis hatte noch an der Freiwilligkeit festgehalten, 1895 war durch ein Sondergesetz die Besuchspflicht der entlassenen Volksschüler ausgesprochen. Die Kernaufgabe blieb, eine möglichst innige Verbindung nun zwischen der eigentlichen Lehre im Betrieb und dem schulmäßigen Unterricht zu gewinnen; die große Schwierigkeit des Beginns war, zumal wenn es sich um neue Techniken handelte, die vor schnellen und überraschenden Entwicklungen standen, die geeigneten Lehrkräfte zu finden. Es ist darum kein Zufall, daß die ersten Ausbildungswerkstätten mit einem gewissen systematischen Charakter in der jungen elektrotechnischen Industrie geschaffen wurden: 1890 bei S. Schuckert in Nürnberg.

Der Leiter der »feinmechanischen Werkstätte« Robert Bosch hatte die Aufgabe der Lehrlingsausbildung in seiner Frühzeit unmittelbar in die Hand genommen. Er dachte ja bis in sein Alter mit Grimm an die schlechte Ulmer Lehre, in die er geschickt worden war, zu einem Meister, der fleißig bummelte. In seiner Werkstatt sollten die jungen Leute etwas lernen, sie wurden scharf vorgenommen, aber mit ihrer Arbeitskraft durfte nicht der geringste Mißbrauch getrieben werden. Hatte er aber einen Jungen hereinbekommen, der gescheit, anstellig, unbefangen und zugreifend war, so gab er ihm rasch die Chance der Bewährung. Die Rolle, die der junge Max Rall in selbständigen Vertretungen des kleinen Geschäftes spielte, montierend, vorführend, auch verhandelnd und fast schon mitkalkulierend, ging über den Rahmen des Lehrlingsmäßigen hinaus. Das war die Frühzeit. Doch der wachsende Betrieb wandelte die Lage. Nun konnte sich Bosch nicht mehr der einzelnen Lehrlinge annehmen. Diese wurden den Meistern zugeteilt. Deren Eignung kannte man ja; viele von ihnen waren selber durch die Schule der Werkstatt hindurchgegangen und wahrten die Tradition, als eine Fabrik aus ihr geworden war. Boschs ungewöhnliches Menschengedächtnis blieb, kritisch dreinfahrend oder mit einem knappen Spruch anerkennend, eine persönlich wirkende Kraft auch in dem Betrieb der Tausende. Aber die jungen Gesichter, die ihn da etwas scheu und unsicher bei dem Gang durch die gedehnten Räume anblickten, waren ihm fremd, und doch bedachte er gerade *ihr* Berufsschicksal. Lernten sie noch den ganzen Bereich der feinmechanischen Fertigkeiten und Handgriffe, verstanden sie etwas von den physikalischen Vorgängen, die durch ihre Arbeit technisch gelenkt werden sollten? Das war schier unmöglich geworden, seitdem der Betrieb sich in eine Reihe von Abteilungen aufgespalten hatte und auch die Meister, im Rhythmus eines schwankenden, aber im ganzen doch sehr stürmischen Erzeugungsprogramms, ausgesuchte Spezialisten geworden waren, der für den Zünder, jener für Lichtmaschinen und dergleichen. Man konnte die Lehrlinge nicht bloß in die noch am meisten umfassende Installation stecken. Dort konnte man zwar Tüchtiges lernen, wenn man einmal selber einen Betrieb aufmachen wollte. Aber wie viele mochten daran noch denken! Und die Frage der qualifizierten Facharbeiter mit Einsicht und Übersicht war damit ja auch nicht gelöst. Bosch besprach die Sache mit Honold, der ihre Wichtigkeit und die den sorgenden Geist bewegenden Motive mit innerer Teilnahme erfaßte. So wurde beschlossen, die Gründung einer Lehrlingswerkstätte vorzubereiten. Das Ziel mußte eine möglichst enge Verbindung zwischen praktischer Arbeit und geistiger Schulung sein, wie Professor Carl Bach für die Ingenieurausbildung sie durchgesetzt hatte. Im Jahre 1908 war von dem Verein Deutscher Ingenieure und dem Verein Deutscher Maschinenbauanstalten der »Deutsche Ausschuß für Technisches Schulwesen« (»Datsch«) gegründet worden. Das war der später so fruchtbar werdende Ansatz, in den ganzen Komplex Anregung, fördernden Impuls, auch Systematik zu bringen. Man beachtete diese Versuche in Stuttgart, aber es lag in der Natur von Bosch, daß er nicht selber mit einer abgezirkelten, pädagogisch-technischen Programmatik an die neue Aufgabe heranging, sondern wußte: deren Geist und deren Gestaltung hängt von dem Manne ab, der sie anpackt. Nach diesem wurde gesucht. In dem Betrieb selber fand man ihn nicht; es mußte ein Mann sein, der ausschließlich *hier* seinen Beruf erfüllen sollte. In dem »Elektrotechnischen Anzeiger« ließ man im Januar 1913 ein Inserat erscheinen.

Beim Durchsehen der Bewerbungsschreiben stieß Bosch auf eine vertraute Handschrift: der Arbeitskamerad aus dem Nürnberger Jahr bei Schuckert, dem er sich damals angeschlossen hatte, teilte ihm mit, daß ihn die Aufgabe locke. Für Bosch stand die Antwort dicht bei der vortastenden Anfrage: welch ein Glück, wenn es gelänge, August Utzinger in diesen Pflichtenkreis zu bringen! Die Mitarbeiter mußten überzeugt werden, das sei der rechte Mann. Wie es im Falle Eugen Kayser die Sache von Klein gewesen war, Boschs Schwager »auszuprobieren«, so hatte jetzt G. Honold mitzuprüfen. Es ging aufs beste; die beiden begegneten sich in der Mannigfaltigkeit der wissenschaftlichen Interessen und des Geschicks beim technischen Einfall.

August Utzinger, ein Schweizer aus dem Kanton Zürich, war ein knappes Jahr jünger als Bosch; das freundschaftliche Du der frühen Beziehung blieb zwischen ihnen. Utzinger hatte nach einer feinmechanischen Lehre in Zürich das Technikum Winterthur besucht; er war in dem Nürnberger Werke den durchschnittlichen Mitarbeitern in theoretischer Einsicht überlegen, doch gegenüber Lernbegierigen mitteilsam. In dem Briefwechsel des Jahres 1913 erinnert Bosch an Vorträge, die der damals Zwanzigjährige 1882 vor den Arbeitskameraden gehalten hatte, und schlägt ihm vor, neben der Lehrlingsausbildung auch solche, die fertigen Männer weiterleitenden Kurse in seine Überlegungen mit aufzunehmen. Utzinger war nach seiner bisherigen Tätigkeit kein Mann des Betriebes, mit der Lehrlingsfrage hatte er am Rande zu tun gehabt, insoweit ihn die Nürnberger Werksdirektion zum Mitglied ihres Schulausschusses bestellte und mit der Berichterstattung über die Werkstattarbeiten betraute. Er arbeitete fast immer im Laboratorium, wesentlich an der Entwicklung der Lichtmeß-Technik. 1904, nachdem Schuckert und Siemens sich fusioniert hatten, übernahm er in Charlottenburg die Abteilung für wissenschaftlich-technische Behandlung der Beleuchtungsfragen. Hier gewann er als erfindungsreicher Konstrukteur eine führende Stellung. Aber der Aufenthalt in der Berliner Unruhe behagte dem mehr besinnlichen Mann nicht recht; das etwas Verhaltene seines Wesens erschwerte die breitere Geltung. In den Liebhabereien, der Astronomie etwa, fand er einen gewissen Ausgleich, und der Lichttechniker blieb seinem feinmechanischen Ausgangspunkte treu: er bastelte und konstruierte mit Geduld und Geschick Uhren.

Bosch hat die Berufung des alten Jugendfreundes immer als eine seiner wichtigsten und besten Entscheidungen betrachtet. Denn so kritisch, gelegentlich mißtrauisch und empfindlich Utzinger sein mochte, es ging von ihm ein Strom der sachlichen Sicherheit aus und der willigen Liebe zur Aufgabe. »Wer unter August Utzinger keine Freude bekam an technischen und mechanischen Dingen im allgemeinen, der mußte dem technischen Beruf fernbleiben«, schrieb Bosch in seinem Nachruf im Herbst 1921. »Er war gleichzeitig ein tüchtiger Feinmechaniker, ein gründlicher Gelehrter wie auch ein unübertrefflicher Lehrer.« Die beiden müssen aneinander wieder warm geworden sein, als es im Sommer 1913 ans Planen und dann ans Ausführen ging. Man wird richtig sehen, wenn man sagt, daß Bosch keiner Abteilung so sehr dauernd die persönliche Teilnahme widmete wie der Lehrwerkstätte, bis ins höchste Alter hinein. Als er sie schuf, war es ihm deutlich, daß hier ein Beispiel gegeben werden müsse. Für Utzinger aber wurde es ein wunderbarer und ihn erfüllender Auftrag, mit großen Mitteln ein kleines Zentrum mit Eigenleben verwirklichen zu können, das nicht bloß ein Anhängsel der Nützlichkeiten des Fabrikbetriebes sein sollte, sondern von Anbeginn mit einer eigenen Würde ausgestattet.

Die Lehrlingswerkstätte von Bosch kam bald zu einem kräftigen Ruhm und sonderlichen Rang und ist nicht ohne Einfluß geblieben auf die zahlreiche Gründung von verwandten Werkstätten in und nach dem Kriege von 1914/18; die Technisierung der Schlachtenentscheidung hatte schier plötzlich die überragende militärische Bedeutung des metallurgischen Facharbeiters dargetan. Boschs neue Schöpfung besaß nun einige sie auszeichnende Sondereigenschaften. Die Lehrlinge wurden nicht verpflichtet, nach der Lehrzeit, die auf dreieinhalb Jahre angesetzt war, in die Bosch-Werke selber einzutreten. Das wurde ihnen nur empfohlen, um sie an den Rhythmus und die spezialisierende Sonderlage der gewerblichen Massenfertigung heranzuführen. In der Lehrstätte selber wurde keines der Bosch-Erzeugnisse, die auf den Markt kamen, hergestellt oder als besondere Lehraufgabe betrachtet. Man hielt an dem Typus des handwerklichen, also individualisierenden Arbeitens fest – die Prüfungen wurden denn auch vor der

Handwerkskammer abgelegt, und ein Teil des allgemeinbildenden und theoretischen Unterrichts vollzog sich im Rahmen der Städtischen Fortbildungsschule. Dort hatte man aus praktischen Gründen bereits geradezu »Bosch-Klassen« eingerichtet. Der Lehrgang mit seinem Aufstieg von den einfachen Handgriffen, mit der Mischung von älteren und jüngeren Lehrlingen bei größeren Arbeiten, ist hier nicht zu schildern. Das Wesentliche bei Bosch war dies, daß die Lehrlinge nicht zwischendurch, wie üblich, in die Fabrik, in den Produktionsprozeß ausgeliehen wurden, sondern *nur* in der Lehrwerkstätte beschäftigt wurden. Dies Verfahren hat auch seine Kritiker gefunden, die darin eine zu starke und zu lange währende Isolierung von dem eigentlichen industriellen Milieu sehen wollten, eine Art von Verwöhnung – dies die Meinung solcher, die einmal das Lehrling-Sein auch im unguten Sinn durchgemacht hatten und unfrohe Erfahrungen der Jugend später doch als Gewinn erachteten. Doch war es nicht so, daß man irgend unnützes Zeug der bloßen Handfertigkeit oder zu späteren Schauzwecken herstellte. Man arbeitete nicht in der Fabrik, aber *für* die Fabrik. Die Werkstätte war zunächst eine Werkzeugmacherei von den primitiven bis zu subtilen Stücken, dann wurde in ihr das Instrumentarium für die physikalischen Versuchsabteilungen gefertigt und nicht zuletzt all das, was Utzinger an Modellen und Vorführungsapparaten für den eigenen theoretischen Unterricht brauchte. Das war psychologisch auf den Eifer und Stolz der Jungen angelegt, daß sie selber jene Muster zu berechnen, zu feilen, zu polieren, zu montieren hatten, an denen sie oder ihre Nachfolger physikalische Erkenntnisse lernen sollten. Die weitgreifende naturwissenschaftliche und technische Interessiertheit Utzingers sorgte schon dafür, und immer neue Anregungen und Bedürfnisse kamen aus Honolds Abteilung, daß die Aufgaben nie schematisch wurden. Man blieb nicht im Teilstück hängen, man wanderte von der Elektrizität in die Optik, von der Mechanik in die chemische Materialkunde. Das gab gelegentlich Arbeiten, die ziemlich fernab lagen von dem Gebiet der Bosch-Fertigung. Als im Empfangsraum des neuen Verwaltungsgebäudes eine Wanduhr benötigt wurde, war es Utzingers Ehrgeiz, sie in der Lehrwerkstätte konstruieren und in allen Teilen bosseln zu lassen. Derlei machte Robert Bosch Freude. Natürlich wußte er um die Unausweichlichkeit der Spezialisierung im Zwang der Massenfertigung, aber er übersah nie den menschlichen *und* sachlichen Gewinn, wenn die Vielseitigkeit einer von der Kalkulation unabhängigen Ausbildung die geistige Beweglichkeit schulte und fähig machte, daß der spätere Geselle oder Meister vor neuen Aufgaben nicht ängstlich, sondern mit tapferer Einsicht ans Werk ging.

Die Fragen der Berufspädagogik, 1913 mit großem Plan durch die Begründung der Lehrwerkstätte angepackt, haben Bosch von jetzt ab immerzu beschäftigt. Was mußte geschehen für die Erziehung einer Elite? Die Aufrechterhaltung der Qualität hing wohl von ihrer Gesinnung ab, von der Fähigkeit, sie den anderen mitzuteilen: Akkuratesse, Schonung von Werkzeug und Material, aber dies allein entschied nicht. In den Aufschrieben, die der alte Bosch gelegentlich machte, handelt einer davon, daß für die Fertigung »beliebig großer Mengen austauschbarer Ware« die Erfindung der Schleifmaschine und die Entwicklung immer feinerer Meßwerkzeuge schicksalhaft wurde. Denn nun konnte, ja mußte mit den sogenannten »Angelernten« fabriziert werden. Ihre Zahl wuchs. Die Aufgabe der beruflichen Erziehung erfuhr damit eine Wendung; sie verließ den Bereich der unterrichtlichen Vielgestaltigkeit und wurde, von der Übermittlung besonderer Handgriffe, von dem Vertrautwerden mit den Spezialmaschinen abgesehen, eine Aufgabe der psychologischen Führung, der »Atmosphäre« im Betrieb – Pädagogik, Lohnpolitik, Fürsorge, Lebenssicherung verschränken sich ineinander.

Bosch hat später den Fragen der allgemeinen Volksbildung und Volkserziehung immer rege und förderliche Teilnahme zugewandt, die nicht so sehr an das Fachlich-Berufliche als an das Humane und Staatsbürgerliche dachte, wie er es begriff. Er hat dazu auch gelegentlich Stellung genommen. Den Untergrund der Sicherheit gab dabei die Erfahrung, die er in seinem Betrieb gesammelt. Einige Grundlinien sind dabei sichtbar: die Berufs- und die Lebenspraxis sind kundigere Erzieher als die Schule und als die Theorie. Von einer gelegentlich überraschenden Gläubigkeit vor den Kräften erzieherischer Beeinflussung erfüllt, ist er doch skeptisch gegenüber der normalen Schullaufbahn und vor allem gegenüber den »Berechtigungen«, die sich aus ihr ergeben mögen. Der »Akademiker«, bloß weil er eine Hochschule hinter sich hat, imponiert ihm gar nicht, ja man mag eine gewisse Reizbarkeit herausspüren, wenn er Ansprüche zurückweist, die sich auf theoretische Kenntnisse und ein bestandenes Examen berufen. Die Schulung in der Werkstatt ist ihm wichtiger, und zwar die durch eine ernsthaft gemeinte Arbeit. »Volontäre«, die nur so herumsehen und herumlernen wollen, hat Bosch nie angenommen. Und auch »Praktikanten«, die nach den Hochschulvorschriften vor dem Examen ein Jahr Werkstatt-Tätigkeit nachweisen müssen, erst spät und erst dann, wenn sie sich verpflichteten, zusammenhängend ein Jahr bei ihm zu arbeiten und nicht in abgerissenen Ferienzeiten allmählich die geforderten zwölf Monate zusammenzukriegen. Das scheint nebensächlich, ist aber charakteristisch: die »Praxis« sollte keine Spielerei, sondern eine Zeit der im Ernste sich bewährenden Sacharbeit sein. Und er ist in einer schier gleichgültig erscheinenden Sache wiederholt mit Aufsätzen an die Öffentlichkeit, in eine Polemik mit der württembergischen Staatsregierung eingetreten: nicht bloß Lehrer und Diplomingenieure sollen zu den Kursen für werdende Gewerbelehrer zugelassen werden, sondern auch Handwerksmeister, und denen soll, wenn sie sich erzieherisch bewährt haben, auch der Grad des festbesoldeten Beamten zukommen, nicht bloß die vorübergehende Anstellung für ihre Fachstunden. Die ständischen Einwendungen von gelernten Berufspädagogen oder beamtenrechtliche Bedenken sind ihm Larifari; das Methodische, das Unentbehrliche an Theorie (und nur darauf kommt es an) läßt sich in den Kursen lernen. Dann wird sich ein solcher Mann den Lehrlingen gegenüber weniger Blößen geben als, unvermeidlich, ein Gewerbelehrer ohne handwerkliche Fachausbildung. »Es ist keineswegs zu befürchten, daß ein tüchtiger Fachmann von *Charakter*, und den muß schließlich jeder Lehrer haben, auf seine Schüler ungünstig einwirkt in bezug auf Charakterbildung. Junge Menschen in dem Alter, in dem die Gewerbeschüler stehen, *lehrt* man aber zweckmäßigerweise nicht nur Moral und Ethik, sondern man *lebt* sie besser auch den Schülern vor, d. h. man wirkt mehr durch sein ganzes Auftreten, durch Beispiel, weniger durch Worte« (1926).

Das Mißtrauen gegen die Theorie oder doch das Mißbehagen vor ihr – es fand gelegentlich grobe Ausdrücke – ist eine Grenzmarkierung der eigenen Natur. Natürlich wußte Bosch um die Notwendigkeit auch der abstrakten, zweckentbundenen Forschung und stützte sie, aber er hat mit einer gewissen Scheu von ihrem Denkverfahren Abstand gehalten. Mehr als nötig witterte er die Gefahr einer »Verbildung«, die den jungen Menschen im Leben unbrauchbar oder durch intellektuellen Hochmut unleidlich mache; diese Sorge empfand er schon vor den »höheren Schulen«. Als in der sozialistischen »Schwäbischen Tagwacht« 1929 eine Betrachtung erschien: »Höhere Schulen garantieren keinen Aufstieg in Industrie und Handwerk«, fand er sie »so verdienstvoll und so richtig«, daß es ihn »drängte«, durch einen Brief an die Schriftleitung »herzlichen Dank« auszusprechen, daß der Verfasser sich der Sache in so ausgezeichneter Weise angenommen habe. Er fühlte sich in seinen Erfahrungen, da tüchtige Meister mit Volksschulbildung halfen, sein Werk voranzutragen, bestätigt. Auch Utzinger hatte verwandte Beobachtungen wiederholt zum Ausdruck gebracht, ja geradezu in einer Abhandlung des Jahres 1919 geurteilt: »Der bessere Schüler« (er meint den früheren Zögling einer »sogenannten besseren Schule«) »steigt meist mißmutig herab, während der Volksschüler frisch und munter zum Handwerk aufsteigt.«

Wie weit die allgemeinen Schulen bereits eine Wendung zur Berufsvorbereitung erfahren sollten, hat Bosch im Grundsätzlichen nicht beschäftigt. Als Gottlob Honold, zu einigem Vermögen gekommen, Stiftungen machte, um die Mittelschulen des Landes mit mehr und mit besseren Apparaturen für den naturwissenschaftlichen Unterricht auszustatten, fand dies, auch schon um des Beispiels und um der Nachfolge willen, Boschs freudige Zustimmung. In einem späten Aufschrieb hinterließ er der Vermögensverwaltung die Anweisung, im Bedarfsfall Honolds Wegen weiter zu folgen – um Technische Hochschule und Maschinenbauanstalt Eßlingen sollte sich je nachdem die Firma kümmern. Bei seiner Grundhaltung ist es nicht erstaunlich, daß er der humanistischen Gymnasialbildung, die damals in Württemberg noch auf einer breiten, ungebrochenen Tradition ruhte, Vorbehalte, wenn nicht Ablehnung entgegenbrachte. Er hat dazu nicht öffentlich Stellung genommen, das wäre ihm wohl selber als eine Grenzüberschreitung erschienen – aber, unphilosophisch wie er nun einmal war, witterte er das Abstrakt-Spekulative und fürchtete noch mehr den Bildungshochmut. Ihm selber hat im Aufbau seines Lebens und seines Wesens die Antike nichts bedeutet; er hat zu ihren Zeugnissen, wenn ihn nicht vielleicht auf Italienreisen Baukonstruktionen fesselten, auch später kein Verhältnis gewonnen. Von einer besonderen erzieherischen Bewertung der Gymnasien wollte er nichts wissen. Als der Stuttgarter Baumeister, Professor Paul Schmitthenner, einmal vortrug, daß nur noch aus den Gymnasien, vielleicht noch den Realgymnasien, gut vorgebildete Leute auf die Hochschule kämen, erregte er den Widerspruch des Zuhörers (der ihm im übrigen für die Wertschätzung des Handwerklichen dankbar war). Wenn Schmitthenner mit dem Urteil recht haben sollte, so möge das vielleicht daran liegen, daß in den Gymnasien Schüler- *und* Lehrmaterial besser seien, wie man ihm, Bosch, versichere. Aber es gehe nicht an, daß realistische Ausbildung als gegebene Hinneigung zu materiellem Denken genommen werde. Und dann die so lapidaren wie persönlich bezeichnenden Sätze:»Meine Meinung ist, daß der Lehrstoff, an dem Griechisch und Latein gelehrt werden, die Schüler zu Zynikern und Egoisten mache, und daß z. B. Julius Caesar keineswegs ein großer Patriot gewesen sei. Andrerseits aber ist meine Überzeugung, daß unsere deutschen Klassiker, in erster Linie Schiller, Menschen von Charakter und Vaterlandsliebe heranzuziehen geeignet seien. Und: Unsere großen Forscher! Waren sie Materialisten? Wird man nicht um so bescheidener, je mehr Kenntnis der materiellen, der Naturkräfte man sich aneignet? Ich erinnere nur an das Ignoramus Ignorabimus! (Das Latein des Nichtlateiners mag falsch sein.) Es ist der Ausspruch eines sich Bescheidenden, der Unzulänglichkeit des Menschen Bewußten.«

Das ist, im Januar 1934 geschrieben, eine Äußerung der Spätzeit. Doch sie entsprach seiner überkommenen Grundauffassung, daß in den Naturwissenschaften, in ihrer Logik und in ihrem Zwang zur Genauigkeit erzieherische Kräfte stecken, die nicht geringer seien als jene, die den alten Sprachen und der antiken Kultur zugestanden wurden. Aber Naturkunde und rationelle Technik sollen bei den jungen Menschen denn doch geschieden bleiben: »Nebenbei bemerkt«, heißt es in einem Brief vom Januar 1930, »finde ich es außerordentlich bedauerlich, daß sich die Jugend nur mit diesen technischen Dingen befaßt und für die sie umgebende Natur gar kein Interesse aufbringt. Der Grund dafür aber liegt auf der Hand: die Eltern selber sind meist vollständig naturfremd, und nun umgibt die Kleinen schon von Kindheit an so viel Technisches, das ihr Interesse in Anspruch nimmt, daß sie für etwas anderes kaum mehr Anteilnahme aufbringen können.« Er erzählt von einem zwölfjährigen Jungen, der ihm sagt, »daß er mit der Konstruktion eines Flugzeuges beschäftigt sei« – das ist ihm eine modische, unleidliche Geschichte. »Junge Menschen sollten einmal sich mit unserer Tier- und Pflanzenwelt befassen ...« (sie brauchen deshalb nicht gerade nach Lappland zu reisen, wozu er jetzt eben das Geld hätte geben sollen!)

Wahrscheinlich würde Robert Bosch es haben gelten lassen, wollte einer von der erzieherischen Wirkung seines Wesens reden. Aber hätte dieser Partner sich dann auf den reflektierenden und formulierenden Versuch einer Umschreibung des Wesens dieses Erziehertums eingelassen, so wäre eine Verständigung nicht ganz sicher gewesen. Denn da gab es Schwierigkeiten und Gegensätze zwischen Einsichten, fast glaubensmäßigen Überzeugungen und dem Naturell, der unmittelbaren Reaktion. Was Bosch in sein unzweifelhaft sehr nachhaltiges erzieherisches Bestreben mitbrachte, war eine allgemeine günstige Vorstellung von der Erziehbarkeit des Menschen, man mag auch von einem Stück abstrakter Menschenliebe reden, die zu seiner sinnenhaft konkreten Natur nicht ganz zu passen schien, aber ihm wesenhaft zugehörte: der idealistische Kern seines Wesens, den er selber, hätte er sich darüber Rechenschaft gegeben, als Erbe der Eltern, als Element verpflichtender Tradition würde begriffen haben. Das Rousseausche »Der Mensch ist gut« würde seinen Ohren zunächst einleuchtend und vertraut geklungen haben, und er hätte vielleicht genickt. Aber nach einigem besinnlichen Nachdenken sarkastisch hinzugefügt: ja, aber mit Ausnahme von dem und dem und dem ... Denn sein auf Menschen gerichteter Optimismus hatte mancherlei Enttäuschung in Kauf nehmen müssen.

In späten Niederschriften hat Bosch seine Praxis der Menschenbehandlung im Betrieb ein bißchen zu methodisieren gesucht, wenn nicht gerade als ein verbindliches Prinzip der Erziehung, so doch als nachdrücklichen Rat an die Nachfolger in der Geschäftsführung, es ungefähr auch so zu halten. Diese Notizen sind wichtige biographische, psychologische, auch betriebsgeschichtliche Hinweise, aber sie sind keine von seiner Person getrennten pädagogischen Grundsätze. Er verabscheute Konferenzen und Sitzungen, bei denen immer doch Leute dabei waren, die im Grund mit dem zu behandelnden Stoff nichts zu tun hatten und deshalb nur Zeit verloren. Und wenn gar Niederschriften gemacht wurden, Aktennotizen, auf die man sich später berufen konnte und wollte – dann war die Pforte zur Bürokratisierung geöffnet. Er selber hatte die Gewohnheit, seine Mitarbeiter in ihren Arbeitszimmern aufzusuchen, unerwartet, ohne vorangegangene Abrede das Laufende zu besprechen und »kurzerhand« zu erledigen. »Ich lernte meine Leute kennen, besser, als wenn sie mich zu angesetzter Stunde besuchten.« Das ist psychologisch unzweifelhaft richtig, ob es arbeitszeittechnisch als Grundsatz immer glücklich war, mag fraglich sein. Die Vorstellung, daß er für eine Arbeit, die gerade im Gange war, ungeschickt, störend käme, lag außerhalb seiner Empfindung. Er sammelte sich so aus Impressionen und Befragungen, denen Anweisungen und Entschlüsse folgen mochten, in seinem wunderbaren Gedächtnis die Übersicht über die technischen und kaufmännischen Probleme. Wie es die Mitarbeiter aber dann halten würden, um von der Gesamtlage, von dem Gang der Dinge in den Nebenabteilungen ein Bild zu besitzen (was oft genug notwendig war), das blieb ihre Sorge. Sie sollten sich gegenseitig unterrichten und verständigen. Das nahm natürlich auch Zeit weg und führte zu Aufschrieben, zu protokollierten Abreden. Aber wenn damit dann doch etwas wie Papierwirtschaft entstand, schier unvermeidlich, dann geschah es sozusagen anonym, Bosch selber war davon nicht behelligt. Da er nach seinem Temperament kein Zauderer war, wenn sich eine Sache schon im Flusse befand, hielt er den inneren Rhythmus der Geschäftserledigung frisch und lebendig. Das war ein Gewinn, vielleicht das Ziel, die psychologische Ursache aber Boschs Scheu, Verhandlungen auch im kleinen Kreis zu leiten. Er war, geistig immer von seinem eigentümlichen Tempo bestimmt, ein miserabler Versammlungsleiter, ungeduldig, durch Umwege eines Redners, die vielleicht ganz verständig waren, ihm selber im Augenblick aber überflüssig erschienen, nervös gemacht, und er kannte diesen Mangel. So hat er aus der Sitzungsscheu, da von ihm Führung verlangt und unbehagliche Unlust dargeboten wurde, eine pädagogische Gegentugend konstruiert: die individuelle Begegnung.

Hier nun erwies sich die Menschen formende Kraft des Mannes. Es waren ja keine Kinder, die er da vor sich hatte, sondern mehr oder weniger fertige Leute. Was von ihm auf sie überging, war der ungeheure sachliche Ernst, womit er auch scheinbar nebensächliche Dinge behandelte und behandelt wissen wollte, ohne die Kernpunkte zu vernachlässigen. Er konnte die ihm geläufigen Dinge, Fragen der Pflanzenbiologie, jagdliche Angelegenheiten, dem Laien, wenn er ein ernstes Bestreben nach Kenntnis spürte, darstellen, doch war dies nicht die eigentliche Art, wie er die Menschen anpackte. Er befragte sie, und *wie* er die Fragen stellte und mit welcher Intensität, das war, wenn man darin eine rationale Überlegung und nicht einfach ein instinkthaftes Verhalten sehen will, die eindrucksvollste Pädagogik. Sie war für den Partner nicht immer bequem, zumal für den, der sich durch Unerwartetes einschüchtern ließ. Nach jeder Unterhaltung mit Bosch habe er das Gefühl gehabt, in einem Examen gewesen zu sein, meinte einmal ein ihm beruflich und menschlich ganz vertrauter jüngerer Bekannter. Mit diesem Examen war es so: sagte man Bosch, das weiß ich nicht, so war er damit zufrieden (wenn es sich nicht gerade um eine Auskunft aus dem sachlichen Geschäftsbereich handelte, die der Befragte wissen mußte). Bosch wußte selber sehr viel, aber er war kein Alleswisser und kannte seine Grenzen. Aber wehe, wenn einer vielleicht ganz harmlos ihm sagte:»Ich glaube, das ist so oder so.« Da bekam er die betonte Antwort:»Was Sie *glauben*, will ich nicht erfahren, sondern was Sie *wissen*.« Und er erinnerte wohl an ein Wort, das die Mutter zu gebrauchen pflegte. »Man muß nicht meinen, glauben oder denken! Gescheite Leute wissen es gewiß.«

Dieses gelegentlich inquirierende Ausfragen hatte bis zu einem gewissen Grade die Art einer pädagogischen Technik. Bosch wollte nicht nur erfahren, *was* die Menschen tatsächlich wissen – natürlich handelte es sich auch oft genug lediglich darum, Lücken der eigenen Kenntnisse durch jemanden schließen zu lassen, bei dem er gerade eine besondere Beschlagenheit vermutete –, sondern er wollte spüren, *wie* sie ein solches Frageturnier aufnehmen und bestehen. Ging es gut, so konnte Bosch behaglich werden, er liebte nicht nur das sachliche, sondern auch das fechtende Männergespräch, wenn der Partner hieb- und stichfest war. Entsprachen aber die menschlichen Voraussetzungen der klaren Präzision nicht, verlief sich das Gespräch in halbdunkeln Behauptungen oder gar in pathetischen Beteuerungen – gegen das Pathos im Gespräch war sein unsentimentaler Sachsinn besonders empfindlich –, so mochte die Geschichte ungemütlich werden oder in einer argen Verlegenheit endigen. Das war das Schicksal einiger historischer Unterhaltungen.

Bosch hielt sich im ganzen für einen guten Menschenkenner. In der Tat hat er im Heranholen seiner entscheidenden Mitarbeiter nicht bloß die berühmte »glückliche Hand« gehabt, sondern er hat nach sehr eingehender gewissenhafter Prüfung entschieden und mit gutem Blick für das Wesentliche die gegebenen Kräfte bei der richtigen Stelle angesetzt. Dann ließ er Freiheit der Entfaltung. Sein herrscherliches Temperament wahrte mit Bewußtheit die Grenzen, wo ein eigener Wille unter ihm und schließlich neben ihm emporwuchs, und gab ihm, gab einer seinem eigenen Naturell vielleicht fremden Individualität Freiheit und jegliche Chance: Sie sollten sich ihre Mitarbeiter selber heraussuchen und anstellen, sie sollten an dem Aufstieg des Werkes auch in den eigenen Einnahmen großzügig beteiligt bleiben. Freilich, was er ihnen zur Pflicht machte, wenn ihre Arbeitsleistung in den normalen Geschäftsgang eingeschaltet war, war die Pünktlichkeit des Tagesbeginns, damit nicht von hier aus Bummelei oder ein kritisches Gefühl in der Gefolgschaft sich einschleiche. Da war er sehr achtsam. Die Leiter der Abteilungen mußten für die Arbeiterschaft Figur bleiben, menschlich, aber auch in Sachen der Arbeitsdisziplin. Die sachliche Anerkennung einer Leistung war für Bosch wesentlich durch das Vertrauen ausgedrückt, das er gab, im unmittelbaren Lob blieb er sparsam. Das mochte Enttäuschung bringen. Als er das neue Verkaufshaus in Frankfurt am Main besichtigte, erwartete dessen Leiter ein anerkennendes Wort über die Einrichtung, erfuhr aber nur, daß die Wasserhähne im Waschraum durch einen Installateur völlig unzweckmäßig angebracht worden seien. Das sah sein kritisches Auge sofort. Es sah überhaupt alles: eine Glühbirne, die in irgendeinem Durchgang nicht ausgeknipst war. Solche Entdeckung konnte zu einem jähen Krach führen. Nur ein Mißverständnis des ganzen Habitus von Bosch möchte das kleinlich nennen. Das war auch nicht lediglich rechenhafte Sparsamkeit, sondern der Wille, Sorgsamkeit und Achtsamkeit auch dem Nebensächlichen zugewandt zu wissen, damit sie im Wichtigen Selbstverständlichkeit würden.

Natürlich gab es bei einem Erziehertum, das wachsen lassen wollte, wo aber dem freien Recht der fremden Individualität die starke Kraft des eigenen Macht- und Herrschertriebes benachbart war, Spannungen, auch harte Konflikte. Derlei blieb unvermeidlich. Bosch hat sich dann herumgequält, ob er sich getäuscht habe in seinem Menschenurteil, ob er getäuscht worden sei – das mochte Zerreiß-Belastungen geben. Jenes Menschenkennertum, dessen Bosch mit seinem prüfenden Auge gewiß zu sein glaubte, wird der gelassene Betrachter, der nicht nur den Beginn, sondern auch den Ausklang einer Beziehung überblickt, manchmal in matteren Tönen schattieren. Man wird nicht gerade sagen dürfen: auf wen alles ist Bosch hereingefallen! Denn seine nächsten Mitarbeiter und Berater hatten ja ihrerseits neben freilich auch sachlicher Einflußnahme oft genug abzubremsen und abzulenken gewußt. Es gibt nur, sieht man diese politische Verbindung, jene Förderung eines wirtschaftlichen Versuchs, manche der weitgehenden medizinischen Untersuchungen, sehr erstaunliche menschliche Kombinationen: man begegnet bei Bosch einer fast intim gefärbten tätigen Hilfswilligkeit gegenüber Menschen, die ihm instinktmäßig ganz fern, ja fremd gegenüberstehen. Hier hat ihn die Übereinstimmung in einem sachlichen Ziel, also etwa »Paneuropa«, oder das Gepacktsein von einer vielleicht abwegig erscheinenden ärztlichen Idee zu einer nicht bloß geldlichen, sondern auch gedanklich-sorgenden Intensität geführt, daß man, historisch den Briefwechsel oder die Natur der Partner betrachtend, sich erstaunt fragt: ja, ging das denn überhaupt so lange? Bosch muß doch gespürt haben, mit wem er es zu tun hatte! Die eigene sachliche Besessenheit hat hier die Skepsis des mißtrauischen Beobachters, die ihm nicht fremd, besiegt oder warnenden Rat erdrückt. Es fehlt in diesem ganzen Lebensbereich nicht an dramatischen und hörbaren Aktschlüssen: eine zugeschlagene Tür korrigiert psychologische Fehlurteile und schafft ein – vorübergehendes Gleichgewicht der Seele.

Unter den mannigfachen Gaben, mit denen Bosch von der Natur ausgestattet war, fehlte eine vollkommen: die Gabe der Verstellung. Das ist in diesem Zusammenhang nicht moralisch gemeint. Auch wenn er sich hätte verstellen wollen, er hätte es nicht fertiggebracht, die psycho-physische Reaktion hätte ausgesetzt. Dieser Mangel, wenn man so will, konnte zwar keine geschäftlichen »Nachteile«, aber gewisse geschäftstechnische Erschwernisse mit sich bringen. Bosch hat im Beginn seines Aufstieges an dem Frederic R. Simms ein Muster der Verstellungskunst vor sich gehabt; er hat natürlich auch an ihm gelernt, schmerzhaft gelernt, daß man beim Verhandeln warten muß, gelegentlich schweigen soll, daß die sehr schwierige Kunst der Geduld bei einem Mann seiner Art fast ein Training fordert. Hier ist die Jagd, überhaupt der Verkehr mit der Natur eine wunderbare Schule für das Temperament. Muß man konventionell höflich sein? Man muß es. Aber man kann es nicht, wenn es bloße Konvention ist und einem seelisch wider den Strich geht. Das ist etwas anderes als die herzliche Ungezwungenheit vor Freunden, wo es ohne Rücksichtnehmerei geht und jenes seelische Bedürfnis nach dem weiten Raum des freien Atmens – im physischen und im geistigen Sinn – keine Beengung erfährt.

Daß er sich nicht verstellen kann, daß die Wahrhaftigkeit bei ihm nicht oder nicht bloß, wenn man das richtig verstehen will, eine moralische Kategorie ist, sondern eine Grundgegebenheit seines seelischen Seins, das ist das entscheidende Element seines Erziehertums. Auch alle die praktisch so wichtigen Stücke in seinem beruflichen Wirken: der untrügliche Sinn für die gute, die beste Arbeit, für den wesenhaften Stoff und die angemessene Form sind nichts anderes als die sich spiegelnden Entsprechungen dieser *einen* Grundkraft. An ihr haben sich die Menschen, die ihm begegneten, gebildet, bewußt, unbewußt, in Dankbarkeit, auch in Scheu, in Ablehnung, manche sind daran zerbrochen, denn es war keine Schule der Empfindsamkeit. Aber es hat sich darin auch ein Typus geformt, der traditionsträchtig wurde.

Im Zwang der großen Politik

Vor dem Sturm

Die geschäftliche Finanzpolitik von Robert Bosch war in seinem Aufstieg denkbar unproblematisch. Es hatte in der Frühzeit mehrfach Engpässe gegeben; da halfen Darlehen und Bürgschaften der Verwandtschaft, typischer Fall des Personalkredits, der in der Entfaltung der württembergischen Mittelindustrie so wichtig gewesen ist. Die Angebote, daß man sich an seinem werdenden Werk beteilige, wie auch die eigenen Überlegungen, die Gesellschaftsform zu wählen, sind nicht zur Reife gediehen. Es schien zudem fast unmöglich, in der stürmischen Entwicklung den »Wert« des Unternehmens ziffernmäßig auszudrücken. Fremdes Geld, als es sich ihm näherte, hatte er nicht mehr nötig, und gegen eine Entpersönlichung des Betriebes wehrte sich ein gewisser herrscherlicher Instinkt. Die riesigen Investitionen in Bauten und Maschinen, die nach 1906 keine Unterbrechung erfuhren, konnten aus laufenden Überschüssen bestritten werden. Von industriellen Beteiligungen, um die er angegangen wurde, hielt er sich zurück. »Ich kann mich nicht entschließen, mich so 25 000-Markweise überall zu beteiligen. Ich kann auch einmal sterben und bringe es nicht übers Herz, meinen Hinterbliebenen einen Wust von kleinen Forderungen zu hinterlassen« (20. Juli 1912). Das ist ein bißchen sentimental formuliert. Aber die »Geldanlage« als solche interessierte ihn damals wenig, wenn es sich nicht um Unternehmungen handelte, die ihn auch technisch-wirtschaftlich reizten wie die Fragen der Torfverwertung, denen er sich 1913 zuwandte; dann sollte das keine halbe Sache sein.

Eine solche halbe Sache aber wurde und blieb Boschs Ausflug in die elektrische *Kraftgewinnung* und *-verteilung*. Den Anlaß bot dazu die schon erwähnte Bemühung, der als selbständiger Rechnungsfaktor abgegliederten Installationsabteilung 1910 und 1911 neuen Auftrieb zu geben und neue Aufgaben zu stellen. Der Versuch mit den Wasserkräften in Munderkingen hatte also, vom Betrieb aus gesehen, schon etwas Wachstümliches, aber er entsprach dann doch nicht mehr den breiteren Tendenzen, die in der Elektrizitätswirtschaft sich bereits gemeldet hatten. Bosch war mit etwas über einer halben Million in das oberschwäbische Geschäft gegangen. Das schien nicht aussichtslos zu sein. Der technische Leiter der Abteilung, L. Kilp, der von dem Büro Kellner zu Bosch gekommen war, hoffte, durch Zusammengehen mit einem Geislinger Werk ein Mittelstück der in Aussicht stehenden Gesamterschließung der Alb leisten zu können. Bosch und auch Gustav Klein waren bereit, diesen Weg mitzugehen; man brauchte dazu einen etwas langen Atem, die Bauern mußten erst belehrt und gewonnen werden, und solchen, die »fortschrittlich«, sich schon irgendeinen Benzin- oder Ölmotor hingestellt hatten, mußte man den erst wieder abkaufen. Schon im Jahre 1912 finden sich Äußerungen von Boschs Ungeduld, ob er nicht die ganze Installationsabteilung fahren lassen solle. Die Größenordnung war für das Jahr 1912/13 so, daß sie einen Kundenumsatz von etwa 973 000 Mark erreichte. Dazu traten noch Installationsaufträge für die eigene Firma im Betrag von 259 000 Mark. Das sah an sich nicht schlecht aus. Und das ist nicht unwichtig, Bosch räumte der Abteilung für Aufträge im eigenen Werk kein Monopol ein, sondern stellte sie in den freien Wettbewerb. Das war geschäftlich wie pädagogisch gedacht: Bosch sollte und wollte nicht an Bosch verdienen, sondern es mochten auch hier die Spielregeln des freien Marktes gelten. Damit aber war es in der eigentlichen Elektrizitätsversorgung nun nicht so einfach bestellt. Denn kurz zuvor, ehe Bosch, in der Nachfolge der Ulmer Firma, von dem Munderkinger Werk aus, zu dem noch einige Wasserkräfte hinzu erworben waren, sich auf einen bescheidenen Eroberungszug machte, hatten die oberschwäbischen Oberämter begonnen, einen Zweckverband, den Bezirksverband Oberschwäbischer Elektrizitätswerke (OEW), zu schaffen, der unter energischer und geschickter Führung sich rasch entwickelte und die Stütze der Landesregierung genoß. Der Bereich, den die Verträge für Bosch gesichert hatten, war in des Wortes wahrem Sinn bald völlig eingekreist. Schien er auch groß genug, um ein Unternehmen, das sich beschied, zu tragen, so genügte der Blick auf die Karte, um zu zeigen, daß es eine zufällige und verwinkelte Sache bleiben müßte, mit ewigen Grenzkämpfen, mit dem drohenden Streit um die Tarife. Der Gegenspieler hatte die besseren Trümpfe in der Hand, nicht bloß in der von vornherein gegebenen geographisch weit größeren Machtstellung, sondern auch mit der Reserve der noch zu erschließenden Wasserkräfte (Iller), zu denen für Bosch der Zugang gesperrt blieb. Bosch wurde sich bald klar, daß er auf gute Art aus der Sache herauskommen müsse. Sein Rechtsberater übernahm die Vermittlung, die Schwierigkeiten genug machte, denn seine dem Trotz abgerungene Willigkeit wurde auf der Gegenseite als Schwäche angesehen. Unwirsch klagte er über die führenden Männer der OEW, daß man mit ihnen nicht wie mit »Geschäftsleuten im engeren Sinn« zu einem Abkommen gelangen kann. »Ich habe mir schon den Kopf darüber zerbrochen«, schrieb er dem Mittelsmann, »woher das komme, und ich glaube, daß es davon herrührt, daß Beamte sich als Diplomaten fühlen, während Adlige das Geschäftemachen etwa mit dem Pferdehandel auf eine Linie stellen wollen. Beides ist natürlich im heutigen Geschäftsverkehr nicht die richtige Manier ...« Dieser unwirsche Brief vom 8. Januar 1914 will die Zurückhaltung erklären, zu der er sich entschlossen habe; einige Monate später, am 4. Mai 1914, kommt aber doch der Abtretungsvertrag zustande, worin die Boschschen Interessen an die OEW überantwortet werden; für eine Übergangszeit bleibt der Installationsabteilung in ihrem bisherigen Bereich das Arbeits- und Lieferungsmonopol noch gesichert. Finanziell war die Auseinandersetzung für Bosch, der zur Resignation ja nicht gezwungen gewesen, nicht ungünstig; sein entgegenkommender Zahlungsmodus ließ aber erhebliche Restkaufgelder in die Inflationsperiode geraten mit den zeitüblichen unguten Aufwertungsstreiten. Darin hat sich aber seine Rechtsauffassung völlig durchgesetzt.

Der ganze Akt Munderkingen ist nur eine Nebensache, aber im Grundsätzlichen nicht unwichtig. Bosch hat in manchen Stücken noch in Arbeitsgebiete gegriffen, die wesenhaft zur Zuständigkeit der öffentlichen Hand gehören, Verkehrspolitik, Moorkultur, sich der Anregungen und der Pflichten bewußt, die privates Pionierstreben zu wecken geeignet sind. Aus der Elektrizitätswirtschaft hat er sich mit klarer Überlegung zurückgezogen, nicht nur im Fall Oberschwaben; er löste auch sonstige Bindungen, die er helfend eingegangen war, und lehnte es ab, neuen Vorschlägen zu folgen; er hat in dieser »ziemlich gefährlichen Sache« genügend »unangenehme Erfahrungen« gemacht (März 1914). Der Rückzug war 1914 angetreten worden aus der Einsicht, daß der Zusammenschluß »für die Elektrizitätsversorgung des ganzen Gebietes förderlich, ja sogar notwendig war«, wie es in einem Schriftsatz formuliert ist. Die sachliche Überlegenheit und Berechtigung der öffentlichen Körperschaften war damit anerkannt. Die private Initiative fand keine Sonderaufgabe mehr. Die Installationsabteilung wurde weitergeführt, von Bosch jetzt mit einer wachsenden Freudlosigkeit betrachtet. Bei dem Umbau, den die finanzielle Konstruktion des ganzen Unternehmens 1917 erfuhr, wurde sie aus dem Gesamtkomplex herausgelöst und geschäftlich völlig verselbständigt.

Ein solcher Umbau war schon seit einigen Jahren Gegenstand von Überlegungen und Vorschlägen. Gustav Klein, seiner Bedeutung für die Firma bewußt, strebte seit 1911 aus dem Angestellten-Verhältnis heraus; er wünschte eine offene Handelsgesellschaft, an der neben Bosch die wichtigsten Mitarbeiter, Honold, Borst, Kayser und er selber, beteiligt sein sollten, ohne Rücksicht auf Boschs Kapitalübergewicht. Einige Vertragsentwürfe wurden von führenden Handelsrechtlern eingefordert. Aber die Sache kam nicht recht voran, so daß sich Klein Ende Dezember 1912 sogar entschloß, »den jetzt bestehenden Vertrag zu kündigen«. Er durfte damit rechnen, daß Bosch nicht auf ihn verzichten werde. Die Verhandlungen kamen damit wieder in ein stärkeres Tempo – von dem Arbeitskampf des Jahres 1913 wohl zunächst unterbrochen, aber eben durch ihn dann auch in eine neue psychologische Situation gerückt. Die geschäftsorganisatorischen und finanzpolitischen Fragen rührten an die schwere menschliche Tragik, die seit einigen Jahren das Leben von Robert Bosch beschattete, ja verdüsterte. Der einzige Sohn, der ihm 1891 als jüngstes Kind geboren war, litt an einer Krankheit, vor der die ärztliche Kunst versagte: quälende Lähmungserscheinungen, für die man wohl in Heilbädern, mit wechselnder Behandlung, Erleichterungen schaffen konnte, die aber immer wieder auftraten, sich verschärften und die Hoffnungen auf eine Genesung mit kalter Grausamkeit zerstörten.

Bosch durfte in seinen Kindern Erbe der eigenen Art erkennen, Unabhängigkeitssinn, Trotz, sachlichen Idealismus; die Dinge, die ihn bewegten, sah er in der jungen Generation aufgenommen und mit dem Willen zur Selbständigkeit entwickelt. Die älteste Tochter, Margarete, studierte Sozialwissenschaften, bei der zweiten Tochter schien das bautechnische Interesse sich zu wiederholen; der Sohn Robert zeigte ihm die Spiegelung der eigenen Jugendliebhaberei, die lebhafteste Teilnahme an den Erscheinungen der Tier- und Pflanzenwelt, an Mineralogie und Geologie. Durch die günstigeren Gegebenheiten hatten die dilettantischen Bemühungen des jungen Menschen einen Zug ins Systematische bekommen. Mit Freude und Stolz verfolgte und förderte der Vater diese Neigung; die Altersrückschau erinnert sich mit Wehmut der selbständigen Feststellungen, die der beobachtende Natursinn des Jungen getroffen hatte. Daß der Sohn beruflich in die Nachfolge des Vaters treten würde, galt für beide als Selbstverständlichkeit: Man wollte und konnte sich Zeit lassen; nach der Reifeprüfung trat der Sohn als Lehrling in die Werkstatt, und Bosch erfuhr nicht ungern, daß der junge Robert sich dort wohl fühlte. Aber die Ausbildung mußte mehrfach unterbrochen werden. Immerhin entschloß man sich noch, 1911 den Sohn auf die Reise nach Amerika mitzunehmen; die neuen Eindrücke mochten helfen, die seelische Gedrücktheit des Anfälligen zu überwinden. Es war ein gewagtes, zumal die Mutter bekümmerndes Unternehmen. Auf sie legte sich in den kommenden Jahren, im kommenden Jahrzehnt die Last der Pflege, in der sie ihre körperlichen und seelischen Kräfte schier verzehrte. Anna Bosch klammerte sich an jede Hoffnung. Der Vater sah in seiner Illusionslosigkeit klarer. Die Briefe sind voll von tapferem Zureden, die er in die Kurorte und Pflegestätten sendet, es hat auch etwas Rührendes, wenn er von den Reisen über Vogelbeobachtungen, über Pflanzenverteilung berichtet oder einmal dem Kranken seitenlang über einen großen Ichthyosaurus erzählt, dessen Ausgrabung und Sicherung Bosch ermöglicht hatte. Das fürsorgliche Eingehen auf die lebhaften Interessen des Sohnes, der vom Krankenlager aus sich wissenschaftlich weiterbildet, verdeckt nicht die schmerzliche Resignation: hier ist nicht mehr mit Gesundung zu rechnen. Es handelt sich um multiple Sklerose, ein hoffnungsloser Fall. Dem Werk, das Bosch erstellt, scheint der männliche Nachfolger aus eigenem Blut versagt.

Der Streikkonflikt des Jahres 1913 riß nun die ganze schmerzhafte Problematik auf in einem anderen Sinn, als bisher von der Geschäftszukunft gesprochen war. Durch die Stellungnahme der beiden Töchter wurden Gustav Klein und Gottlob Honold alarmiert. Sie waren beide politisch kaum interessiert, selbstgewachsene Männer, »leben und leben lassen« mochte als Losung genügen; dort mit stürmisch ausgreifendem Temperament, hier in mehr besinnlich getönter, heiterer Beschaulichkeit. Boschs Sozial- und Lohnpolitik, auf die sie selber keinen Einfluß genommen hatten, war ihnen ganz recht. Sie sahen ja, wie sie den Geschäftsgang nie gehemmt, sondern sein Tempo mit vorangetragen hatte. Klein war bei der Gefolgschaft, auch wenn er in Leistungsforderungen unerbittlich sein konnte, beliebt, Honold respektiert. Um Parteimeinungen kümmerten sie sich beide nicht.

Und nun war ihre Lebensarbeit unvermutet in einen parteipolitischen Meinungskampf gerückt worden, der ihnen ganz und gar nicht behagte und in den sie nicht noch einmal geraten wollten. Wie aber würde es sein, wenn Bosch sterben sollte? Sie ahnten wohl, daß er, auf den kranken Sohn blickend, sich selber manchmal seine schweren Gedanken machte, diese aber dann wieder wegschob. Die Haltung der Töchter gab der Befürchtung Raum, daß außerbetriebliche, politische Einflußnahme bei einem Ausscheiden von Bosch wirksam werden könne. Dem wollten sich die leitenden Männer nicht aussetzen. Sie eröffneten Bosch, daß sie nur dann in den Diensten der Firma bleiben würden, wenn organisatorisch die mögliche Gefahr einer solchen Entwicklung verhindert würde. Das sollte nicht gerade ein Ultimatum sein, aber die Mitteilung war davon nicht sehr weit entfernt. Und Bosch hat die Berechtigung von Wunsch und Forderung keinen Augenblick bestritten, so schwere Entschlüsse sie von ihm forderten. Vor allem war ihm der Gedanke, sich von den vertrauten Männern trennen zu sollen, unerträglich: »Lieber verkaufe ich den ganzen Laden an einen Juden als wieder mit neuen Leuten arbeiten!« Die Sicherung aber, wie sie verlangt wurde, bedeutete eine Neuordnung der Besitzverhältnisse, von der man schon seit zwei Jahren redete.

Gustav Klein drängte immer auf die Form der Offenen Handelsgesellschaft mit unbeschränkter Gesamthaftung der Partner, aber die Juristen widerrieten wegen der möglichen verwickelten Rechtsfolgen bei dem vorzeitigen Abscheiden eines der Partner. Die sachlichen Schwierigkeiten lagen auf der Hand. Waren auch die in Frage kommenden Mitarbeiter recht vermögende Leute geworden, so entsprach doch die Summierung ihrer möglichen Beteiligungen nicht dem Übergewicht, das bei Bosch saß. Ähnliche Überlegungen mochten bei einer Gesellschaft mit beschränkter Haftung gelten. Boschs Rechtsbeistand, *Dr. Paul Scheuing*, schlug die Form der Aktiengesellschaft vor; bei ihr waren Voraussetzungen zu schaffen, daß die neuen Partner in ihren Anteilbesitz sozusagen hineinwuchsen. Natürlich fehlte es auch bei dieser Form nicht an Bedenken: durch Erbgang mochten Anteile dem Betrieb sozusagen entfremdet werden, gar auf den allgemeinen Kapitalmarkt kommen. Dieser Gedanke war für Bosch am unangenehmsten. Da gab es Sicherungen: Namensaktien, die nicht frei verkauft werden durften, sondern für die ein Optionsrecht der gründenden Aktionäre festgelegt wurde. Aber in welchem Verhältnis? Der Ausgangspunkt war gewesen, im Todesfall von Bosch eine Majorisierung der Firmenpolitik durch seine Erben auszuschließen. Die Entscheidung blieb zunächst in der Schwebe, zumal sich Klein, wesentlich aus steuerlichen Gründen, gegen die AG sträubte. Der Ausbruch des Krieges im Sommer 1914 ließ die Angelegenheit ganz wegsinken. Als sie später wieder aufgenommen wurde, war das zeitbedingte Psychologische eines verärgerten Mißtrauens verweht.

Das Jahr 1913, das mit dem Eintreffen von August Utzinger einen wichtigen Zuwachs im Stab von Robert Bosch sah, brachte das Ausscheiden seines ältesten Mitarbeiters. »*Zähringer*«, heißt es in einem Brief vom 27. Februar 1913, »muß auch ein halbes Jahr aussetzen. Er mußte das ja schon einmal. Er ist eben aufgebraucht, und man kann nicht mehr ernsthaft mit ihm rechnen.« Das halbe Jahr dehnte sich dann; schließlich mußte man sich darauf einrichten, daß Zähringer seine Funktionen ganz niederlege. Der formelle Austritt wurde schließlich zum Ausgang des Jahres 1914 angesetzt. Der Betriebsleiter war vorzeitig gealtert, sein Herz machte bei dem Tempo nicht mehr mit, das seit einigen Jahren in der Herstellung verlangt werden mußte. Ein technischer Einfall des damaligen Meisters hatte der Niederspannungszündung zur praktischen Brauchbarkeit beim standortbeweglichen Motor verholfen; das war wichtig genug gewesen. Der Mann war kein Konstrukteur im eigentlichen Sinn, aber er hatte viel technisches Gefühl und Geschick, und auch Honold holte ihn bei seinen Versuchen heran, wenn es sich um den verständigen Rat des handwerklichen Praktikers handelte. Als die Fabrik in der Hoppenlaustraße aufgemacht wurde, zog Zähringer, der schon in der Kanzleistraße neben der »Wickelei«-Werkstatt gehaust hatte, mit in den neuen Komplex: »wie eine Kreuzspinne« überwachte er von der Wohnung aus den Betrieb. Mit Klein stand er sich gut, zu Honold, dessen spezielle Forderungen nun mehr und mehr den Betrieb durchdrangen, blieb das Verhältnis distanzierter. Die halbstudentische Tradition, die von den Klein, Honold, Kempter im geselligen Wesen weitergepflegt wurde, war dem kargen, etwas schwerlebigen Mann fremd.

In die Reihe der das Geschäft tragenden Männer war währenddem *Guido Gutmann* hineingewachsen. Gustav Klein hatte ihn seinerzeit bei Lahmayer in Frankfurt am Main kennengelernt, wo er den Materialeinkauf leitete, und wollte nach seiner Art den Mann 1906 gleich mit nach Stuttgart nehmen; 1907 hatte er ihn auch so weit gebracht. Das wurde eine wichtige, auch organisatorische Entscheidung, die Borst entlastete: für die ungeheuren Anforderungen, die der große Aufschwung der kommenden Jahre stellte, war eine einheitliche Marktbeobachtung für Rohstoff und Halbzeug geschaffen und bei einem gewissenhaft vorsichtigen Mann ein Schatz von Kenntnissen und Erfahrungen gesammelt, der bald, als die kriegsbedingte Verknappung der Materialien eintrat, von höchstem Werte sein mußte.

Aber wer dachte damals, im Jahre 1913, aus diesem Kreise an einen drohenden Krieg? Die Welt war gewiß in wachsende Unruhe geraten, seit Italiens Griff nach Tripolis die Balkanfeldzüge gegen die Türkei, dann gegen Bulgarien ausgelöst hatte. Für den Techniker ließ sich dabei die Beobachtung machen, daß motorisierte Fahrzeuge eine lebhafte Verwendung fanden. Man merkte das auch bei Bosch, aber die Größenordnung war ja noch bescheiden und absatzmäßig ohne Bedeutung. Es hätte sich nicht empfohlen, bei einem Gespräch über Krieg Bosch gegenüber das Wort »Konjunktur« in den Mund zu nehmen; verletzte Empörung, ja Verachtung wäre dem so Redenden entgegengeflammt. Und die Darlegung hätte sich angeschlossen: was mag der mögliche Mengenbedarf des Militärs bedeuten gegenüber den Märkten in aller Welt, die in den letzten acht Jahren erobert waren! Gerade jetzt im Frühjahr 1913 hatte Robert Bosch zum ersten Male die Leiter der eigenen Verkaufshäuser und der selbständigen Vertretungen aus allen Ländern und Kontinenten in Stuttgart um sich versammelt; es war das erste »Bosch-Parlament«, voll Schwung und Optimismus. Den Männern konnte gezeigt werden, was eben an Lichtmaschinen und Anlassern fertigungsreif geworden war und bald aus den wachsenden neuen Hallen in Feuerbach zu ihnen gelangen könne.

Da war für düstere Ängste oder Prognosen kein Raum; eine festlich zuversichtliche Stimmung umfaßte auch die Ausländer, und man tat das Seine, daß sie sich in der schwäbischen Atmosphäre wohl fühlten. Waren Jäger darunter, so mochte Bosch sie selber einladen, Gustav Klein nahm sie mit auf das in einem verschwiegenen Schwarzwaldtal bei Teinach gelegene, entzückend behagliche Gutshaus, das er sich gebaut hatte, oder er führte die Gesellschaft an den »See«; dort, auf der Reichenau, besaß Honold einen Sommersitz, Klein hatte sich in Allensbach angesiedelt, und beide fanden im Motorbootfahren ihre Entspannung.

Aber der Bodensee war nicht nur eine herrliche Landschaftskulisse, wenn man den Fremden zeigen wollte, was das schöne Deutschland sei, oder der Rahmen für stille Buchten, wohin man aus dem Tagesgetrieb fliehen mochte, sondern auch eine Werkstatt künftiger Dinge. Graf Zeppelin baute dort seine Luftschiffe. Es handelte sich jetzt nicht mehr um das drangvolle, opferreiche, in Mißgeschick und Enttäuschung angebrochene Mühen eines starrsinnigen Sonderlings, dem man Respekt oder Ironie oder Mitleid widmete, sondern um einen groß gedachten und von kühnen Planungen berstenden Großbetrieb, durch den Weltluft wehte. Sie war natürlich auch am nahen Untersee spürbar; mit starker menschlicher Teilnahme, aber auch mit wacher technischer Skepsis verfolgte man in dem Landhaus von Allensbach, was die da am Obersee vorhatten und fertigbrachten. Seit im Jahre 1908 in unbeschwertem Enthusiasmus der westfälische Industrielle *Alfred Colsman* an die Seite des Erfinders getreten war und organisatorische Ordnung, eine propagandistische Verve in das Unternehmen brachte, hatte man viel vor; in manchen Zügen, zumal in dem suggestiven Draufgängertum, einander verwandt, mußten Naturen wie Klein und Colsman sich berühren.

Es ist heute wohl kaum mehr ein Zweifel darüber möglich, daß die moralisch und nationalpolitisch so wirkungsvolle Erscheinung, wie sie mit dem Grafen Zeppelin ins breite Volksbewußtsein trat, die deutsche Auseinandersetzung über die Eroberung des Luftraumes zu einseitig beeinflußte. Die Versuche von Otto und Gustav Lilienthal errangen nicht die ihnen gebührende öffentliche Beachtung und Unterstützung. In dem Streit »Leichter als die Luft« oder »Schwerer als die Luft« wanderte die zweite, die zukunftsreichere Losung aus Deutschland aus, um in Amerika, in Frankreich und England zu den ersten sensationellen Leistungen zu gelangen, die wohl auch in Deutschland bald Aufnahme und bedeutende Entwicklung erfuhren, aber erst spät die Erinnerung an den deutschen Beginn der Flugzeugversuche weckten.

Robert Bosch war schon früher, ohne den Weg dorthin selber zu suchen, mit der Luftschiffahrt in Verbindung gekommen. Das ging sehr einfach zu: als man 1900 in das Zeppelin-Luftschiff Daimlersche Motoren einbaute, fand man deren bisherige Glührohrzündung aus guten Gründen etwas feuergefährlich, ein früher Triumph von Bosch, den er gern kostete. Die Ausstattung der Motoren mit Bosch-Zündung war dann eine Selbstverständlichkeit geblieben; es handelte sich dabei aber immer nur um wenige Stücke. Daß der Luftverkehr eine Zukunft haben würde, konnte nach den Flügen der Brüder Wright, nach den Erfolgen von Blériot und Latham nicht zweifelhaft sein. Als Bosch 1910 seine Millionenstiftung für die Technische Hochschule machte, hatte ihn vorher der Gedanke bewegt, das Geld als Grundstock für eine gedachte Forschungsstelle über das Flugwesen in Friedrichshafen zu geben. Daraus war damals nichts geworden. Ob er sich mit Zeppelin näher verbinden sollte? Die Zähigkeit des Grafen hatte auch auf ihn Eindruck gemacht. Doch war er zurückhaltend. In seinen Erinnerungen vermerkt Bosch, daß er, 1910, die Spende für einen »Schwabenflug«, worum er angegangen worden war (es handelte sich um 30000 Mark), ablehnte, da er für derlei Unternehmungen »nichts übrig habe«. Er meinte wohl, das habe in Friedrichshafen verstimmt. Im Sommer 1912 versuchte Colsman seine Teilnahme neu zu wecken; er forderte ihn auf, dem Aufsichtsrat der »Deutschen Luftschiffahrtsgesellschaft« (Delag) beizutreten. Obwohl Bosch die Anregungen, einem Aufsichtsrate anzugehören, prompt abzulehnen pflegte, scheint er hier in der Entscheidung geschwankt zu haben. Er sagte dann doch nein. »Dieser Entschluß ist mir nicht leicht geworden«, antwortete er Colsman am 4. Juni 1912, »als aber von seiten eines meiner Direktoren an mich die Frage gerichtet wurde, ob ich denn noch nicht genug an mir hängen habe, wurde mir klar, was ich zu tun habe.« Man glaubt die Stimme von Gustav Klein zu hören; dessen Sinn suchte damals schon andere Wege.

Zu einer persönlichen Verbindung und unternehmerischen Abrede zwischen Zeppelin und Bosch kam es dann doch im Mai 1914. Der Graf trug ihm bei einem Besuch den Plan vor, ein Großluftschiff aus Stahl zu bauen, das sollte 80 000 cbm umfassen und in zwei Jahren fertig sein, um nach Amerika fliegen zu können. In Claudius Dornier, der seit 1910 als Statiker in der Friedrichshafener Versuchsabteilung arbeitete, glaubte er den geeigneten Konstrukteur zu besitzen. Der alte Herr wollte diese Sache sozusagen in eigener Regie machen, nicht durch den »Luftschiffbau Zeppelin«, wo ihm schon zu viele Leute hereinredeten und vielleicht wieder Schwierigkeiten entstünden. Doch mit der Geldsammlung für diese Sache, deren Kosten er auf eine Million veranschlagte, hatte er bisher wenig Glück gehabt. So fand er den Weg zu Bosch, und dieser war immerhin von dem technischen Problem so beeindruckt, von der Glaubenskraft des Besuchers so angesteckt, daß er ihm die Hälfte des geschätzten Betrages zusagte. Aber, das war die verständige Bedingung, die Leute vom »Luftschiffbau« mit ihren Erfahrungen sollten nicht ausgeschieden werden; damit mußte Zeppelin sich abfinden. Als Gustav Klein von der großzügigen Bereitwilligkeit Boschs hörte, zeigte er sich damit wenig zufrieden; ihm schien das Lufschiff eine überholte Sache zu sein. Er hatte sich selber dem Flugzeug verschrieben; das Auto, am Boden klebend und ewigen Hindernissen ausgesetzt, dünkte ihm, der ein sehr scharfer Fahrer war, nicht schnell genug. War er in Laune, so mochte er Zukunftsbilder entwerfen, wie man vom Dach seines Hauses zu einer Abendfreude an den See fliegen könne. Dort hatte er seinen Flugzeugschuppen, dort auch das eigene Flugzeug.

Die erste technisch-geschäftliche Beziehung zwischen dem Hause Bosch und dem jungen Sport, der, wie ein Vierteljahrhundert früher das Auto, sehr bald eine mächtige Industrie erzeugen sollte, spielte sich auf fremdem Boden ab, in Frankreich. Das ist nach der damaligen Sachlage nicht erstaunlich. Sie fiel nicht ganz nach Wunsch aus. *Louis Blériot* hatte sich einen Magnetzünder bestellt und als Abnahmebedingung einen störungsfreien Dauerbetrieb von 30 Minuten gefordert –

in der 29. Minute brach die zu hoch beanspruchte Unterbrechungsfeder! Das war Pech. Doch konnte dies Mißgeschick den Gang der Entwicklung nicht hemmen. Im gleichen Jahr 1907 war dem Ingenieur *Hans Grade*, der sich schon in der Herstellung von Motorrädern und als Rennfahrer einen Namen gemacht hatte, mit seinem Dreidecker der erste deutsche Motorflug geglückt; das Jahr 1909 brachte ihm mit seinem Eindecker im »Lanz-Preis der Lüfte« den Sieg. Grade aber hatte die Magnetzündung von Bosch verwendet.

Das war deshalb besonders wichtig, weil Grade sich entschloß, bei Bork in der Mark eine Fliegerschule zu begründen; für die erste Generation, zumal der norddeutschen Flieger, die durch seine Lehre ging, war der Bosch-Apparat ein nicht weiter erörtertes Kernstück des Flugzeugmotors geworden. Grade hat in jenen Jahren durch Schauflüge in den deutschen Großstädten die Fliegerei mit volkstümlich gemacht; als er Stuttgart besuchte, sah sich Bosch die Sache an, und es gibt ein köstliches Bild, wie er mit einer schier ungewohnten freundlichen Behaglichkeit sich an der Seite des jungen Fliegers dem Photographen zur Verfügung stellt. Was Grade für den Norden, bedeutete damals *August Euler* für den Süden. Man erinnert sich: Euler hatte von 1903 bis 1908 Boschs Verkaufsvertretung für Deutschland. Die Trennung, von dem verärgerten Klein inszeniert, war in dramatischen Formen verlaufen und von einem kleinen Prozeß begleitet gewesen. Man hat sich später wieder in aller Form ausgesöhnt und vertragen: es wird die hübsche Geschichte überliefert, daß Euler Klein einmal vorgestellt habe: »*Der* hat *mich* bei Bosch hinausgeschmissen.« Das will heißen: Das muß schon ein Kerl sein, der das mit einem Kerl, wie ich es bin, fertigbringt. In der Rückschau wird Euler die erzwungene Trennung von Bosch für kein Unglück gehalten haben. Denn nun kam er zu der Aufgabe, die ihn geschichtlich umrissener markiert als seine bisherige Tätigkeit: mit einem Voisin-Flugzeug, dessen Lizenz er erwarb, machte er bei Darmstadt eine Fliegerschule auf.

Dazu trat nun für den Stuttgarter Kreis Landschaftliches, Landsmannschaftliches. Der 25jährige Hellmuth Hirth aus Heilbronn begann 1911 seine für jene Zeit triumphalen Flüge; 1908 schon hatte er August Euler bei dessen Versuchen assistiert und, was er dort lernen konnte, mit Kühnheit und seltenem technischem Geschick weiterentwickelt. Mit seinem Vater stand Bosch seit Jahren in Verbindung:

Robert Bosch im Gespräch
mit dem Flugpionier Hans Grade, 1910

Albert Hirth war eine der bedeutendsten und anregendsten Erscheinungen im industriellen Leben Württembergs, überaus einfallsreich, fast genialisch als Erfinder, in vielerlei Sätteln gerecht, immer auf neue Dinge losgehend – zum großen Unternehmer fehlte ihm vielleicht die sachliche Stete, aber er hat Industrien begründet und, Besitzer von über hundert Patenten, ausgezeichnete Instrumente entwickelt. Nach einem späten Urteil von Bosch ist die Entwicklung der Präzisionsarbeit durch angelernte Arbeiter ohne das Hirthsche Meßinstrument des »Minimeters« gar nicht zu denken.

Ohne daß zwischen den beiden im Elementaren verschiedenen Naturen ein intimes Verhältnis entstanden wäre, schätzten sie sich in ihren Leistungen. Sie besuchten zusammen gewerbliche Ausstellungen; Bosch konnte, als bei ihm Hochbetrieb war und die Räume nicht ausreichten, eine Zeitlang in dem von Hirth geschaffenen Kugellagerwerk arbeiten lassen. Auf der anderen Seite war es Hirth gelungen, Bosch zur Mitgliedschaft bei dem 1907 geschaffenen »Verband Württembergischer Industrieller« zu gewinnen. Hirth, mit einem wachen, etwas unruhigen Sinn für öffentliche Wirksamkeit, war für die Gründung die treibende Kraft gewesen und dann der erste Vorsitzende geworden. Dessen Sohn nun machte mit einem Schlag die Fliegerei in seiner württembergischen Heimat wahrhaft volkstümlich, weil er noch im gleichen Jahre, 1911, mit der »Rumpler-Taube« die Schnelligkeits-, Höhen- und Flugdauerrekorde Deutschlands auf sich vereinte. Seine Erfolge alarmierten, um so mehr, als auch der jüngere Hans Vollmoeller rasch in der Spitzengruppe der deutschen Fliegerei erschien. Junge schwäbische Techniker wurden von dem hinreißenden Vorbild erfaßt: Heinkel, Klemm – die Namen sind in die Geschichte des Flugwesens eingegangen.

Hellmuth Hirth nun, der nicht nur ein waghalsiger Sportsmann war, sondern auch konstruktive Phantasie besaß (und sich später als glänzender Motorenbauer erwies), hat Gustav Klein das Fliegen beigebracht. Gemeinsam haben sie ihre Pläne in die Zukunft laufen lassen, das neue Verkehrsmittel über die Welt hinweggesandt: warum sollte es nicht, in den richtigen Maßen entworfen, mit tüchtigen Motoren ausgestattet, den Ozean überqueren und die Amerikaner besuchen können? Auch Maybach hielt dies für möglich. Als man im Mai 1914 in Monaco bei einer sportlichen Veranstaltung beisammen war, verband man sich zu diesem Ziel. Kein Wunder, daß Klein nicht sehr davon erbaut war, daß Bosch zur gleichen Zeit dem Grafen Zeppelin seine Unterstützung für eine so »überholte« Sache wie das Luftschiff zugesagt hatte. Daß Klein mit solcher Energie an das Problem heranging, war natürlich auch für die technische Klärung zweckdienlich. Motor ist Motor und braucht eine Zündung, aber Flugzeug ist nicht Auto. In der gleichen Zeit, da man für das Straßenfahrzeug in der Kombination mit Lichtmaschine und Anlasser zur Batteriezündung überging, erwies der alte Magnetzünder sich als besonders geeignet für das Flugzeug. Hier bedurfte es nicht der Schutzbeleuchtung beim Stehen, des im Straßengewühl und seinen Nöten leicht zu bedienenden Anlassers – man brauchte einen Apparat, der möglichst störungsfrei war, zuverlässig und im Gewicht recht leicht. Die Batteriezündung schied dabei aus – ja die ehemalige Abreißzündung kam wieder zu besonderen Ehren. Das Programm war deutlich; mit der Entwicklung der speziellen Flugzeugmotoren und ihrer so verschiedenen Zylinderzahl wurden für Bosch und seine Konstrukteure eh und je neue Aufgaben gestellt. Sie wuchsen, seitdem die Nationalflugspende von 1912, die Millionensammlung des ganzen Volkes, den deutschen Motoren-Industriellen und wagenden Erfindern die Möglichkeit erleichtert hatte, in Deutschland bisher Versäumtes nachzuholen. Daß dabei das Sportlich-Sensationelle, das in den zurückliegenden Jahren zu aller Fliegerei gehörte, still verblich und das Militärisch-Rechenhafte an seine Stelle rückte, war unverkennbar.

Der erste Weltkrieg

Der Krieg, daß er möglich werde, daß er vielleicht sogar notwendig sei, besaß keinen gemäßen Raum in dem politischen Weltbild, das Bosch aus dem Vaterhaus überkommen war und dem er sehr persönliche Züge beigefügt hatte. Die Aufgabe der Politik mußte es sein, den Krieg vermeidbar zu machen, und war nicht durch alle Krisen hindurch, wenigstens zwischen den großen europäischen Mächten, seit über vier Jahrzehnten ein friedlicher Ausgleich erreicht worden?

Diese vier Jahrzehnte hatten das Gesicht der Völker und wohl auch Grundelemente ihres Wesens verwandelt: sie waren, wenn nicht glücklicher, so doch reicher geworden. Der kriegerische Einsatz konnte machtvoller sein, aber die Werte, die auf dem Spiele standen, waren unvergleichlich viel größer als ehedem, durch die wirtschaftliche Verflechtung undurchsichtiger und gegen jede gewaltsame Störung empfindlicher geworden. Der Tripolisfeldzug, die Balkankriege waren wohl als Symptom einer labilen Weltlage zu empfinden, konnten aber nicht als das Modell eines Krieges genommen werden, wie ihn der Zusammenstoß mächtiger, industriell-kapitalistischer Staaten schaffen würde.

Es war nicht die Sache Boschs, sich darüber den Kopf zu zerbrechen. Seine lebhafte seelische Teilnahme an dem öffentlichen Geschehen gehörte den innenpolitischen, den sozialen Fragen. Gerade im Jahre 1914 hatte er sich Friedrich Naumann genähert und war entschlossen, zwar nicht dessen Parteibestrebungen, aber die über den Parteirahmen reichenden Pläne politischer Pädagogik nachhaltig zu unterstützen: Schrifttum, Kurse, Schule. Würde es einmal eine staatspolitisch zuverlässige, sachlich arbeitende »deutsche Linke« geben, so mochten sich auch allerhand andere Sorgen beruhigen. Zum Beispiel die über den Kaiser; ihn konnte Bosch nie leiden, und er hat erst sehr spät mit einer gewissen Nachsicht über ihn zu urteilen gelernt. Von der Außenpolitik hatte er sich kein Bild gemacht – wer hatte es in seiner Generation getan! Hier sollte der Krieg die einschneidendste Wandlung seiner Interessennahme herbeiführen. Was man so »Diplomatie« nennt, lag ihm ferne genug; er kannte keine Diplomaten. Und es fehlte jede Beziehung zum Offizierskorps: er suchte sie nicht, und es wäre damals für Offiziere wenig ratsam gewesen, mit dem »roten Bosch« in Verkehr zu treten. Hätten sie ihm ein gewisses Bild der militärischen, der einen Krieg entscheidenden Kräfte und Voraussetzungen geben können? Da würde ihm einer vielleicht erzählt haben, daß der Generalstabschef Graf Schlieffen eine lange Kriegsdauer mit Ermattungsstrategie für unmöglich erklärte, wenn der Unterhalt von Millionen den Aufwand von Milliarden erfordere, und der Zuhörer würde diese Meinung nicht ungern vernommen haben. Der alte Moltke hatte wohl lange Kriege befürchtet. Seine Nachfolger, Fachleute der Feldzüge und Schlachten, hatten die tiefen

Rückwirkungen sozialer und wirtschaftlicher Natur nicht in den gemäßen Ansatz gebracht.

Wer denn? Eigentlich niemand in der ganzen Welt. Das hat die spätere Generation, nachdrücklich und schmerzhaft belehrt, vergessen, wenn sie von den mangelhaften Vorbereitungen redet. Hatte ein doch damals schon so bedeutendes Unternehmen wie die Werke in Stuttgart und Feuerbach sich auf den Krieg »eingerichtet«? Bosch hätte erstaunt die Benennung abgelehnt, daß er ein nationaler »Rüstungsbetrieb« sei; Krupp und Mauser seien das und die Suhler Unternehmen und noch ein paar andere; er sei ein technisches Spezialgeschäft, das für die ganze Welt arbeite. Über die Wechselwirkung von Wirtschaftspolitik und Kriegslage war wohl diskutiert worden bei dem Kampf um die Getreidezölle. Deren Verfechter sahen in ihnen die Sicherung der Nahrungsfreiheit im Kriegsfall, ihre Bekämpfer erblickten aus einer befürchteten industriellen Stagnation Abwanderung von Arbeitern und Industrien. Auch die statistischen Gefechte zwischen Lujo Brentano und Karl Oldenberg über die Tauglichkeitsziffern auf dem Lande und in den Städten mühten sich um die Zusammenhänge zwischen Wehrkraft und Wirtschaftsstruktur, doch das blieben Gespräche am Rande. Es schien völlig unmöglich, sich ein Bild zu machen, wie ein Krieg auf das gewerbliche Leben zurückwirken werde. Als die radikalen Sozialdemokraten den Plan verfochten, einen Krieg mit dem Ausrufen des Generalstreiks zu beantworten und ihn damit unmöglich zu machen, warf ihnen der alte August Bebel, der sich doch über militärpolitische Dinge seine Gedanken machte, das Argument entgegen, das sei doch Unsinn, mit einem Streik etwas erzwingen zu wollen, da die Fabriken mangels Absatz und Rohstoff ihre Tore selber schließen müßten.

Der damalige Staatssekretär im Reichsamt des Inneren, *Clemens Delbrück*, hat das Verdienst, im Frühjahr 1914 die Frage der »wirtschaftlichen Mobilmachung« angepackt zu haben, um einmal von *einer* Stelle aus den Überblick über Vorrat und Bedarf zu gewinnen. Die Fragen der Ernährung, der Rohstoffverteilung, der Bewirtschaftung der Menschenkraft sollten durchforscht und verwaltungsmäßig in den großen Notwendigkeiten beantwortet werden. Das Unterfangen, bevor es die gesuchten Klärungen gefördert hatte, wurde von der Tatsache des Krieges überrannt, und der Krieg selber wurde dann, hier elastisch, dort spröde, ein Gesetzgeber für tausend neue Aufgaben. Robert Bosch war von Delbrück für den industriellen Beirat berufen worden.

Am 31. Juli 1914 schrieb Bosch an die Gattin: »Ich gebe an und für sich die Hoffnung noch nicht auf, daß es nicht zum Kriege kommt«; bedenklich ist ihm freilich, daß es nicht möglich war, Klarheit zu gewinnen, ob Österreich auf Gebietserweiterungen gegenüber Serbien verzichte und daß Rußland dann von einem Eingreifen absehe. Dessen Mobilisierungen freilich müßten Deutschland zu dem Standpunkt führen: »entweder ihr stellt ein oder wir fangen an. Frankreich wird sich jetzt wohl hinter den Ohren kratzen und sagen: wir haben Schutz gesucht bei Rußland, und nun müssen wir wegen einer panslawistischen Sache in den Krieg zu einer Zeit, die uns gar nicht paßt, und wegen einer Sache, die uns noch weniger paßt.« ... »Ich rechne vor allem damit, daß wir im Falle des Krieges den Feind nicht ins Land bekommen. Rußland und Frankreich sollten wir wohl zurückhalten können. Anders ist es, ob wir im Fall des Eintretens Englands nicht Hungersnot kriegen. Bis dahin vergeht natürlich einige Zeit.« ... »Wenn man gewiß wüßte, daß in absehbarer Zeit ein Krieg kommt, dann wäre es vielleicht besser, jetzt zu schlagen. Da man aber nicht weiß, ob sich ein Krieg nicht vermeiden läßt, da man wohl daran denken kann, daß einmal Deutschland und Frankreich und England sich nähern, um die Slawen zu bekämpfen, so ist ein Aufschub m. E. vorzuziehen.« Das ist inmitten einer erregten Zeit ein fast gelassenes Kalkül; dessen unmittelbare Aufgabe war auch, beruhigend zu wirken.

Der Krieg kam doch. »Es war für mich ein Glück«, notierte Bosch im Jahre 1921, »daß ich die Überzeugung hatte und habe, man hat uns angegriffen.« Die Frage nach den Verantwortungen für das unendliche Menschenleid, das jetzt über die Völker kam, hat ihn später umgetrieben und gequält, er spürte das politische Gewicht der rechten Antwort und wollte mit ihr ins reine kommen. Damals, im Sommer 1914, mochte solche Überlegung noch ferne sein. Da für ihn Politik ohne bestimmte ethische Grundlegung nicht denkbar war, glaubte er, diese wenn nicht in der Art des Kaisers, so doch in dem Wesen des Kanzlers Bethmann Hollweg gesichert zu wissen.

Boschs erste Reaktion auf die Tatsache, daß nun Krieg sei, war sehr unmittelbar und sehr einfach: es wird Not entstehen, und man muß helfen. So erbat er sich am 4. August den Besuch des Stuttgarter Oberbürgermeisters Lautenschlager und drückte ihm hunderttausend Mark bar in die Hand, zur beliebigen Verwendung; Gelegenheit, Sorge zu lindern, werde es schon geben. Das Stadtoberhaupt war erfreut genug über diese Initiative – Sammlungen und Aufrufe erfolgten erst später –, und als er wieder auf dem Rathaus war, schrieb er an Bosch einen wohlgesetzten Dankesbrief. Der ist ihm aber nicht gut bekommen. »Ich erhalte soeben«, antwortete ihm der Adressat, »Ihr Schreiben von gestern und kann nicht umhin, Ihnen zu sagen, daß es sehr unangebracht ist, wenn Sie Ihre Arbeitszeit mit Danksagungen verschwenden, die nicht am Platze sind und die Sie auf bessere Zeiten aufsparen können. Ich tue, was ich für meine Pflicht halte, und es ist mir sehr unangenehm, wenn Sie Ihre Arbeitskraft mit solchen unnötigen Sachen verbrauchen. Ich verkenne Ihre gute Absicht nicht und bitte Sie das Vorstehende nicht übel aufzunehmen; ich will bloß sagen, daß Sie jetzt Wichtigeres zu tun haben als Danksagungen zu schreiben. Ich sage dies im Hinblick auf kommende Fälle, sonst hätte es ja keinen Zweck!« Lautenschlager, der seinen Pappenheimer damals noch nicht so gut kannte wie später, war über die ziemlich grobe Belehrung, die ihm da widerfuhr, etwas erstaunt. Aber man konnte sie hinnehmen. Er überlas auch nicht den »Hinblick auf kommende Fälle«. Als die eintraten, durfte er erstaunliche Erfahrungen machen!

Dieser spontane Akt in den ersten Augusttagen war der Vorläufer einer sehr weitgreifenden, schließlich kaum übersehbaren Hilfstätigkeit, die durch Bosch angeregt und wesentlich durch seine Mittel ermöglicht wurde. Es handelte sich für ihn nicht nur um das nobile officium des wohlhabenden Mannes, einen Teil der allgemeinen Verpflichtung auf sich zu nehmen, sondern um eine Herzensangelegenheit. So schroff er erscheinen mochte und so unsentimentel seine innere Art, es war in sie eine schier grenzenlose Mitleidensfähigkeit gegenüber unverschuldeter Not eingebettet. Das Motiv, daß er am Krieg, der Menschen, der die Menschheit unglücklicher machte, kein Geld verdienen wollte, trat erst später hinzu; zunächst mochte er sich über »das Geschäftliche« mehr Sorgen machen als besondere Zuversicht empfinden. Dabei ging er sehr bewußt seine eigenen Wege. Er sah, wie sich in der Betriebsamkeit der helfenden Organisationen auch ein Jahrmarkt der Eitelkeit auftat, er fürchtete zugleich, daß durch die vielen ungeschulten ehrenamtlichen Kräfte, die jetzt auf den Plan traten, unzweckmäßig, ohne Sach- und Verwaltungskenntnis drauflosgewirtschaftet würde. Mit einer pädagogischen Hartnäckigkeit versagte er sich damals dem »Roten Kreuz«, weil er dort mehr auf guten Willen als auf übersichtliche Disposition und Rechenhaftigkeit stieß – es sollte auch nicht der Eindruck entstehen, daß man halt zum Bosch gehe, wenn es irgendwo fehlt und wenn man irgend etwas braucht. Von seinen Leistungen sollte gemeinhin nicht geredet werden: das »gute Beispiel« stand nicht so hoch im Kurs, er besorgte vielmehr, daß seine Spenden anderen die Ausrede gestatten würden, nun sei ihre sonderliche Leistung nicht mehr erforderlich. Ansuchen, die von Organisationen oder von Einzelnen außerhalb Württembergs kamen, lehnte er grundsätzlich ab; man wollte auch die Übersicht über die sinnvolle Verwendung behalten. Nur an der Ostpreußenhilfe hat er sich beteiligt.

Die wichtige Schöpfung nun, die aus seiner Initiative entstand und der er gleich eine Anlaufspende von 300000 Mark gab, war die *Kriegshilfe von Handel und Industrie*; weitere Spenden folgten. Bosch übernahm selber den Vorsitz und beeinflußte die grundsätzlichen Entscheidungen, besorgt, daß das Verfahren elastisch bleibe und nicht in einer Bürokratisierung erstarre. Die Durchführung lag dann wesentlich in der Verantwortung von Hans Walz; die Aufgaben, die jetzt der Krieg brachte, hoben das »Privatsekretariat« rasch zu einem Kabinett mit einem beweglichen Stab von Beratern und Helfern, in dem man nicht nur Anregungen und Anweisungen zur Verwirklichung brachte, sondern wo jetzt auch eine freie, von Bosch selber erwünschte Planung sich in dem festen Boden eines menschlichen und sachlichen Vertrauens begründete.

Boschs zweite karitative Leistung bei Kriegsbeginn war, daß er kürzlich fertig gewordene neue Fabrikhallen in Feuerbach als Lazarett zur Verfügung stellte und einrichtete. Er sorgte dafür, daß in Küchen- und Wäscheverwaltung die richtigen Kräfte kamen. Noch nach Jahren hat er sich freudig dieses Unternehmens erinnert und des Lobes, in dem sich die Ärzte und die Verwundeten einig waren. Denn jene sorgfältigen Überlegungen über Belichtung und Belüftung, die der Erleichterung des industriellen Arbeitsprozesses galten, erwiesen sich auch hier als fruchtbar. Der Stolz des Bauherrn mischte sich mit der Genugtuung, leidenden Menschen auf gute Weise ihr Los erleichtern zu können. Reinhold Nägele, der schwäbische Meister, hat den lichten Innenraum des großen Fabriksaales in einem witzig behaglichen Bild festgehalten. Freilich, das Ganze war nur die Episode einiger Monate; dann kam der Augenblick, da die Bettstellen von den Werkzeugmaschinen verdrängt wurden. Die »Konjunktur« brach ein.

Sie war nie veranschlagt gewesen. Einem Freunde hatte Bosch im Dezember 1912 – die Balkankrise bedrohte die gesamteuropäische Lage – die Antwort gegeben: »Ich bezahle lieber zehn Millionen Mark, wenn ich dadurch einen Krieg vermeiden kann.« Das war nicht oder nicht bloß ein emphatischer Gefühlsausbruch, sondern ein rechnerisches Urteil: das, was in der Weltwirtschaft an Absatz- und Entwicklungsmöglichkeiten auf ihn wartete, zumal eben die wichtigen Neuerungen, Lichtmaschine und Anlasser, auf dem Wege waren, reichte an solche Größenordnungen heran, ja ließ sie hinter sich. Achtundachtzig Prozent der Stuttgarter Fabrikation gingen über die deutschen Grenzen! Die meisten würden sich jetzt wohl schließen, sicher die zu den gegnerischen Völkern.

Etwas mehr als die Hälfte der Belegschaft der Werke mußte in den Waffendienst einrücken, darunter von den leitenden Männern Gottlob Honold und Hugo Borst. Gustav Klein fand zu seinem Verdruß keine militärische Verwendung, auch nicht als Kraftfahrer. Er war unzufrieden und unfroh, bis sich, nach wenigen Wochen, auch für ihn eine ihn ganz erfüllende Aufgabe fand. Der Führungsstab des Werkes ergänzte sich aber; aus Paris konnten Max Rall und Hermann Fellmeth noch zurückkehren, die, durch die Erfahrungen des Außendienstes geschult, in die Mitleitung der Zentrale hineinwachsen sollten. Mit den verringerten Kräften arbeitete man zunächst eben weiter; viele junge Leute wurden angenommen; man hat auf den Wunsch ausrückender Arbeiter, die gerne ihre Söhne in der Lehre von Bosch wissen wollten, »damals sozusagen in Bausch und Bogen viel mehr eingestellt, als man hätte einstellen sollen« (in einem Brief vom Mai 1915, der ein Gesuch um Lehre ablehnt). Das Arbeiterproblem drückte zunächst nicht. Die Inanspruchnahme des Werkes hatte in den ersten Monaten ungewisse Züge. Es hatte »einen Sturm der Entrüstung« erregt, als Bosch, nachdem die vorhandenen Rohmaterialien aufgebraucht waren, gemäß den erhöhten Gestehungskosten einen zehnprozentigen Preisaufschlag auf die Zündkerzen legte, »so daß man nur bei Flugzeugmotoren und in besonders wichtigen Fällen auf die Bosch-Zündkerze zurückgreift. Während ich die festgesetzten Preise konsequent durchführte, hat meine Konkurrenz sich gegenseitig unterboten« (an Direktor Berge von der Daimler-Motoren AG. im Juni 1915). Boschs Bestreben war es, den Betrieb auch kalkulatorisch nach den Grundsätzen weiterzuführen, die sich bewährt hatten; der Achtstundentag, der Höchstleistungen der Qualität erbracht hatte, wurde gegen mancherlei Zumutung festgehalten.

Die schwerste Problematik der neuen Geschäftspolitik lag nun in der Ausfuhr. Von 88 Prozent der Erzeugung, die über die Grenze gingen, hatte das jetzt feindliche Ausland 82 Prozent aufgenommen; England allein bezog in dem zurückliegenden Jahr 200 000 Zünder. Es war klar: in diesen Ländern mußte Verlegenheit entstehen, zumal für ihre Flugwaffe. Nicht ohne Genugtuung hatte man das Urteil des französischen Fliegers R. Garros gehört, der als erster 1913 das Mittelmeer überquerte: »Si la Magnéto Bosch n'existait pas, il est certain que l'aviation serait de plusieurs années en arrière.« War aber nun diese Leistung einfach nachzuholen? Kein Wunder, daß das Ausland die Boschsche Arbeit weiter begehrte. »Wir stehen auf dem Standpunkt«, schrieb Bosch am 6. Oktober 1914 an den ihm auch befreundeten schwedischen Vertreter Egnell, »daß wir eher einen mehr oder weniger großen Teil unserer Geschäfte künftig verlieren wollen, als daß wir die mit uns im Kriege befindlichen Völker durch Lieferung von Apparaten unterstützen wollen, welche diese für Flugzeuge und dergleichen verwenden können.« Man notierte sich aus diesem Bereich gerne Anekdoten wie diese, daß in Frankreich ein Automobilbesitzer, dessen Bosch-Zündung für Heereszwecke beschlagnahmt war, mit dem Ersatz unzufrieden, eine zusätzliche Entschädigung einklagte, weil der Bosch-Apparat so viel besser sei, und sie vom Richter zuerkannt erhielt. Oder das halb sportliche Spiel zwischen deutschen und englischen Fliegern in Flandern. Die Deutschen hatten Zettel drüben abgeworfen: Gebt uns von Euren Leuchtkugeln! Und die Engländer antworteten im gleichen Verfahren: Gerne, wenn ihr uns Bosch-Magnetos liefert! Die Unterbrechung der Direktbelieferung war nun selbstverständlich; es folgte ihr das Ausfuhrverbot auch an die neutralen Staaten, weil man beobachtet hatte, daß aus dem damals noch neutralen Italien Weiterverkäufe nach Frankreich stattfanden. Erst in einem späteren Zeitpunkt wurde wieder eine begrenzte und kontrollierte Ausfuhr an Zündkerzen zugelassen; sie diente als Äquivalent für den heimischen Nickelbedarf.

Charakteristisch ist die Ruhe, mit der Bosch den französischen und den englischen Versuch, die deutschen industriellen Leistungen zu verfemen, aufgenommen hat. Er hielt wenig davon, sich vor der Welt darüber in eine laute Polemik einzulassen: »es ist vielmehr besser, wenn man möglichst wenig darüber redet. Um so mehr kann man gegen solche Angriffe tun durch gute Ware und entsprechende Preise.« Und in demselben Brief vom 3. Oktober 1914 an einen leitenden Mann der »Continental« in Hannover: »Ich halte es nicht für zweckrichtig, als Kaufmann nationale Leidenschaften aufzustacheln.« Es erschien ihm nicht zweckmäßig, »öffentlich in Patriotismus zu machen« – zwischen jenem Partner und Gustav Klein hatte es darüber eine Fehde gegeben.

Solcherlei Überlegungen der ersten Monate sanken aber allmählich weg, als der Krieg, gegen die ursprüngliche Erwartung und Hoffnung sich darauf einrichtete, ein geschichtliches Unternehmen von langer Dauer zu werden und eine innere Eigengesetzlichkeit zu entwickeln, die auch die Werke von Bosch in ihren Rhythmus zwang. Der Krieg der Technik und des Materials in gebundenen Fronten erwuchs aus den Bewegungsfeldzügen, ein über das Geahnte weit hinausgehender Munitionsbedarf bei dem stärksten Verschleiß an Kriegsgerät. Die Fabriken wurden Rüstungswerkstatt schlechthin, der Staat der große Auftraggeber mit hunderterlei Wünschen, die Anpassung und Umstellung forderten. Die führenden Männer, Honold, Borst, zogen die Uniform wieder aus, um als Konstrukteur, als Leiter der Fertigung oder als Verhandler und Organisator an ihrem Platze zu sein, die Facharbeiter füllten wieder die Fabriksäle, neue kamen hinzu, Angelernte, Ungelernte. Das, was bisher den Ruhm des Werkes begründet hatte, blieb natürlich in dem Programm wichtig genug – Automobile und Flugzeuge waren ja jetzt zu den vornehmsten, zu unentbehrlichen militärischen Werkzeugen geworden. Aber was trat noch alles hinzu, und wie sehr waren gerade die Kernstücke der Bosch-Erzeugung in jenen Jahren der Entwicklung für neue Bedürfnisse unterworfen!

Honold hat damals, so urteilte Bosch später, »die Höchstleistung seines Lebens vollbracht«, indem er, der nachdenkliche, wissenschaftliche Erfinder, auch die Energien der Menschenführung und der organisatorischen Beweglichkeit aus sich herausholte.

Daß Krieg sei, lastete wohl auf der Seele von Robert Bosch, aber er hatte als Deutscher ein freies Gewissen über dessen Ursprung und Sinn, und er ließ seine Zuversicht auf einen nicht zu fernen und guten Ausgang von der allgemeinen Stimmung tragen. Dafür gibt es einige bezeichnende Briefzeugnisse, die man aus der geschichtlichen Erfahrung heraus rührend finden mag – zu veranschlagen bleibt, daß sie ins Ausland gegangen sind und mittelbar wohl auch dem Zwecke dienten, dort deutschfreundlichen Lesern eine Stütze zu sein: »Wenn ich Ihnen jetzt ausspreche«, schrieb er am 28. September 1914 an Egnell in Stockholm, »daß ich die Überzeugung habe, daß wir die Überzahl unserer Feinde niederzwingen werden, so spreche ich damit das aus, was die allgemeine Überzeugung ist. Wir werden England und die Engländer im eigenen Land angreifen. Letzteres ist übrigens, um mich vollständig richtig auszudrücken, nicht jedermanns Überzeugung, denn es gibt Leute, die solche Sache nicht überblicken können und die ein solches Vorgehen für unmöglich halten. Ich habe aber, wie gesagt, die Überzeugung, daß wir das machen werden und daß wir es fertigbringen. Wenn wir aber den Fuß auf Englands Boden setzen, so glaube ich, daß der Friede nicht mehr ferne sein wird, denn wenn man den Engländern einmal beigebracht hat, daß sie nicht unantastbar sind, weil sie in England geboren sind, dann werden sie, die es nie für notwendig gefunden haben, sich selbst verteidigen zu können mit den Waffen in der Hand, nach meiner Überzeugung recht schnell den Mut verlieren. Daß es uns sehr große Opfer kostet und namentlich auch an Menschen, ist außer allem Zweifel. Sie haben vielleicht gelesen, daß der Reichskanzler erklärt haben soll, daß Deutschland unter den jetzigen Umständen einen Frieden nur schließen werde, wenn es so weit gekommen ist, daß es Verhältnisse schaffen könne, welche Deutschland für künftighin unangreifbar machen. Er hat damit ausgesprochen, was weitaus der größte Teil des deutschen Volkes denkt. Der Friedensschluß wird eine sehr schwere Sache sein. Es wird großer Bestimmtheit mit großer Mäßigung bedürfen, um dauerhafte gute Verhältnisse zu schaffen. Ich möchte sagen, ich bin froh, daß ich nicht die Friedensbedingungen zu stellen habe.« Das ist in einer Zeit geschrieben, als der schwere strategische Rückschlag an der Marne, im September 1914, dem deutschen Volksbewußtsein noch verhüllt war; das militärische Schicksal der Kanalküste stand noch offen. Im Januar 1915 heißt es in einem Brief an Heins, den Leiter des amerikanischen Werkes: »Wir rechnen hier alle und sind fest davon überzeugt, daß wir einen günstigen Frieden erringen werden. Hoffen wir, daß dies bald der Fall sein wird.« Wie oft noch hat diese Erwartung Gespräche und Briefe abgeschlossen! Die Skepsis, die manchmal sich melden wollte, wurde unterdrückt. Bosch wußte um die Verantwortung, die in seinem Urteil, in seiner Meinungsäußerung liegen mußte. Die verhaltene Spannung machte ihn ernsthaft krank – eine starke Herzerweiterung, die ihn für Monate außer Aktion setzte und deren Folgen ihn noch jahrelang quälten, trat ein.

Währenddessen war Gustav Klein an die Aufgabe herangekommen, die ihn aus der Verdrossenheit der ersten Kriegsmonate herausriß. »Was konstruktiv und fabrikatorisch zu leisten ist, das bewältigt Honold allein«; es schien da für ihn, den Mann der länderdurcheilenden Beweglichkeit, keine sinnvolle Erfüllung seines Wirkungswillens übrig zu sein. Das Militär hatte auf ihn verzichtet.

Alfred Colsman erzählt in seinem Erinnerungsbuch »Luftschiff voraus!«, wie wenige Tage nach Kriegsausbruch Zeppelin zu ihm kam mit der Forderung, die Friedrichshafener Werft solle jetzt ein Riesenflugzeug bauen, das in die feindlichen Häfen vernichtende Bomben werfen müsse. Der Leiter der Werft konnte diesen Wunsch nur ablehnen: die dringenden Aufträge, die vorlagen, beanspruchten allen Raum, alle Arbeitskräfte; Colsman mißtraute auch der Ansage über die Sprengwirkung, und zudem – wer besaß denn die genügende Erfahrung, um für eine solche Aufgabe die Verantwortung zu übernehmen? Doch der alte Graf ließ nicht locker. Fast schien es, als ob ihm das Luftschiff, das seinen Lebensinhalt gebildet hatte, plötzlich gleichgültig geworden sei; er wollte der Welt noch oder dem kämpfenden Vaterland das Lasten tragende große Flugzeug schenken. War nun, da der Kriegseinsatz der Luftschiffe bevorstand, ein jähes Mißtrauen in ihm aufgewacht? Sollten sie zu leicht verwundbar sein?

Der Gesprächspartner wußte von den Plänen, die einige Monate zuvor Hellmuth Hirth, Gustav Klein und der junge Maybach in Monaco beredet hatten. Deren Sinn war ja nun nicht auf Vernichtung eingestellt; ihr Riesenflugzeug würde im Jahre 1915 zur Weltausstellung nach San Francisco fliegen, also ein richtiger »Schlager«. Maybach hatte es unternommen, die entsprechenden Motoren zu konstruieren. Sollten sich die beiden Pläne nicht zusammenbringen lassen? Colsman wußte: wenn einer dafür in Frage kam, eine Sache zu improvisieren, Menschen anzupacken und sie in Schwung zu halten, Phantasie mit technischer Zuverlässigkeit zu vereinen und im Widerstand mit den Hemmungen nicht zu erlahmen, so war das ein Mann von der Art Gustav Kleins. Colsman gab Zeppelin den Rat, Bosch aufzusuchen und den Verzicht auf Klein zu erbitten. So geschah es. Bosch wußte von den Kleinschen Plänen und daß er ihn nicht würde halten können, wenn ihm hier eine Aufgabe winkte, wie er sie suchte. Zeppelin und Klein wurden rasch einig: Klein übernahm die Gesamtleitung des neuen Unternehmens, Zeppelin machte sich stark, die Arbeitskräfte vom Militär freizubekommen.

Und so setzte man mit Schwung ein. Die Heeresverwaltung, anfänglich erstaunt, daß hier ein Kriegsgerät aus privater Initiative entstehen sollte, gab immerhin Zeppelin und Klein eine Chance, die notwendigen Mitarbeiter heranzuschaffen, Leute aus dem Luftschiffbau oder aus den Bosch-Werken. Sie wurde dann doch ungeduldig, da es mit den gedachten Fristen nicht gleich klappte. Aber als dann im Sommer die ersten Probeflüge gelangen, ging sie lebhaft auf die neue Schöpfung ein, vielleicht etwas mehr, als deren organisatorisch-technischen Urhebern willkommen war. Denn da man im Kriegsministerium traditionell den Vorwurf fürchtete, Monopolbildungen zuzulassen, mußte der Bau des Riesenflugzeugs in Lizenzverträgen auch anderen Großfirmen überlassen werden. Die erste Phase der Arbeit vollzog sich in einer gemieteten Halle der Waggonfabrik Gotha, woraus sich die irrtümliche Bezeichnung des ersten R-Flugzeuges als einer »Gotha« ergab; später verlegte man die Tätigkeit in die geeignete Luftschiff-Werft von Staaken bei Berlin. Kleins ganze suggestive Kraft gehörte dazu, aus den zusammengeholten Leuten eine Art von Einheit zu formen; die konstruktive Hauptarbeit besorgte ein ernsthafter Wissenschaftler, Professor Dr. A. Baumann von der Stuttgarter

Hochschule, neben ihm die Fliegerspezialisten wie Hirth, Vollmoeller, vorübergehend auch Ernst Heinkel, es war eine richtige Schwabenkolonie. Aus dem heimischen Betrieb waren Klein, Erich Hoch und Anton Diemer da, später holte man sich aus dem Felde G. Honolds jüngeren Bruder Fritz herbei, der früher bei Körting in Hannover gearbeitet hatte und jetzt als Statiker Kleins rechte Hand wurde. Aber mit den Fliegern, »exzeptionellen Menschen«, wie er meinte, und gar mit den jungen Offizieren, die man ihm schickte, sachlich ins reine zu kommen, war nicht ganz so einfach; das individuelle sportliche Selbstgefühl jener fliegerischen Frühzeit mußte oft genug erst gebrochen und in die nüchterne Arbeitsdisziplinierung gezwungen werden. Das war kein leichtes Geschäft. Den Elan, den Klein in die Sache gebracht hatte, mußte er dann wohl selber bremsen; er war, bei allem drängenden Temperament, eine zu verantwortungsstarke Natur, um Übereiltes, Halbfertiges freizugeben. Als dann Hellmuth Hirth im Sommer das Flugzeug nach Friedrichshafen brachte, mit Klein als Begleiter, schien der Beweis für die Leistungsfähigkeit der neuen Schöpfung erbracht – auch die schwierige und lehrreiche Zwischen-Notlandung auf dem Rückflug, so programmwidrig sie war, konnte die begründete Zuversicht nicht zerstören.

Jenes erste Versuchsflugzeug vom Frühsommer 1915 ließ alle bisher in der internationalen Fliegerei bekannten Maße weit hinter sich: ausgerüstet mit drei 240-PS-Maybach-Motoren erreichte es eine Spannweite von 43 Metern und konnte 3000 kg Nutzlast tragen. Gewiß mutet es heute schier altertümlich an – in E. Offermanns eingehender technischer Monographie über »Riesenflugzeuge« ist es abgebildet. Während des Krieges hat es eine weitere Mehrung seiner Kapazität erfahren, die Motorenzahl stieg auf vier und fünf, die der Pferdekräfte auf durchschnittlich 1250, die Steighöhen wuchsen, die Steigzeiten verkürzten sich – die Anforderungen des Fronteinsatzes, der zunächst im Osten, später auch gegen englische Hafenanlagen erfolgte, beeinflußte die Typenentwicklung. Natürlich blieb der kriegerische Nutzeffekt, da es sich im ganzen nur um einige Dutzende dieser Riesenflugzeuge handelte, begrenzt. Immerhin sieht die Flugzeuggeschichte in ihnen den Vorläufer der großen Verkehrsflugzeuge, wie sie später, unter anderen technischen Gesichtspunkten, von Hugo Junkers und Claudius Dornier entwickelt wurden. Die fremden Fachleute schenkten nach 1918 diesen deutschen Pionierversuchen die höchste Aufmerksamkeit, mit dem Zwang, ihre Fortsetzung einzustellen.

Gustav Kleins Phantasie hatte, während er den Bau der Kriegsapparate vorantrieb, nie den Transozeanflug vergessen, der im Frühjahr 1914 ausgedacht worden war. Nun gab es gewiß keine Weltausstellung mehr zu besuchen, ja die deutsch-amerikanischen Beziehungen waren im Zusammenhang mit dem Unterseebootkrieg in eine Krise nach der anderen gefallen und in den ersten Monaten des Jahres 1917 in den Zustand einer sehr akuten Spannung getreten. Doch es herrschte noch Frieden, und Klein wollte an den drohenden Krieg nicht recht glauben. Er plane jetzt, setzte er am Abend des 9. März 1917 Robert Bosch bei einem Zusammensein in Berlin auseinander, das 2000-PS-Flugzeug, um mit ihm nach Amerika zu fliegen. Schade, daß Zeppelin dies nun nicht mehr erleben würde: er war gerade am Tage zuvor einer Operation erlegen. Bei der Trauerfeier in Stuttgart würden sie ja nun beide von dem alten Herrn Abschied nehmen, den sie bei allen Gegensätzlichkeiten und trotz aller Wunderlichkeiten um seiner großartigen Energie willen und seiner menschlichen Lauterkeit in ihrer Art liebgewonnen hatten.

An dem folgenden Tag, dem 10. März, war Gustav Klein ein toter Mann. Bosch hatte im Herbst 1914 Zeppelin und Colsman die Bedingung gestellt, dafür zu sorgen, daß Klein nicht selber fliege. Diese Auflage war wohl vorsorgend gedacht, aber sie war nicht mehr als ein Wunschgedanke und mit dem Naturell Kleins gar nicht vereinbar. Von wem ließe er sich Vorschriften machen! Für ihn war es ganz selbstverständlich, eine Sache, wofür er die Verantwortung trug, in ihrer Bewährung zu überprüfen. So hatte er sich an manchem Flug beteiligt – auch an jenem 10. März stieg er wieder ins Flugzeug. Es war ein widriger, kalter und windiger Tag – statt um zehn Uhr kam man erst um zwei Uhr zum Start, die Tore der Halle waren durch die Kälte sperrig geworden. Aber man wollte den Versuch nicht vertagen.

Er scheiterte; das Flugzeug, bei der Rückkehr von seinem Rundflug über das Feld, stieß an ein Ecktor der Halle und zerschellte im Absturz. Der Führer, der junge Vollmoeller, war sofort tot. Klein, schwer verletzt, starb nach harten Stunden. Auch drei begleitende Monteure wurden das Opfer des Unglücks. Die »Schuldfrage« wurde, wie so oft in solchen Fällen, nicht befriedigend geklärt. Hatte eine Steuerung versagt? War der Kurs zu knapp berechnet, der Wind unterschätzt worden, dem man, im Gleitflug niedergehend und aus dem Windschatten der Halle kommend plötzlich ausgesetzt war? Der sterbende Klein wiederholte immer wieder den warnenden Zuruf: »Vollmoeller links!«

Für Robert Bosch, dem Colsman die böse Nachricht zu überbringen hatte, war dies Ende ein furchtbarer Schlag. Er wußte, daß Klein in gewissem Sinn unersetzbar sein würde, wenn es wieder einmal Friedensaufgaben zu lösen gelte; sein expansiver Tatendrang und Unternehmungssinn waren ja die Kraft gewesen, die dem, was Bosch seinem Werk gegeben hatte, Arbeitsgenauigkeit, Leistungsethos, den Weg in die Welt zu bahnen half. Aber das war damals nicht das Entscheidende. Dem Neffen Carl Bosch, dem Chemiker, schrieb er am 24. März: »Der Verlust ist für unser Vaterland zunächst ein größerer als für meine Firma.« Aber ihn persönlich hat der Tod dieses Mitarbeiters ärmer gemacht, auch innerhalb des Betriebes. Honolds zarteres, zurückhaltenderes Wesen wich ihm eher aus und entzog sich den gelegentlichen Schroffheiten (was Bosch selber wohl spürte), Klein aber stand ihm mit unbefangener, selbstbewußter Männlichkeit gegenüber. Und das schätzte er, auch wenn es dabei frank und derb zugehen mochte. Jeder kannte und achtete des anderen Lebensraum; keiner von beiden war ein Philister. Gustav Kleins Name ist in der Firmengeschichte nicht an bestimmte fabrikatorische Neuerungen gebunden wie der von Zähringer und Honold, aber er blieb als ein eigentümliches Fluidum lebendig, frühe schon sein Träger eine halbe Legendenfigur für diejenigen, zwischen denen er gewirkt hatte. Auch für Bosch selber, der sich dann auf den Geschiedenen berufen mochte: Klein hätte mich sofort verstanden, Klein hätte das so gemacht oder doch gewiß anders, als ihr das jetzt vorschlagt! Und umgekehrt: hätte Klein noch mitzureden gehabt, so wäre dieser Sachbeschluß, jene Personalentscheidung nicht gefallen – der Tote wurde zu einem imaginären Maßstab.

Alle hatten ihn geliebt. Die Trauer war tief.

Als der Gemeinderat von Feuerbach Bosch im Juni 1917 die Mitteilung machte, es sei eine Straße nach ihm benannt worden, schrieb er den Vorschlag zurück, es soll die andere, das Werk begrenzende Straße den Namen von Gustav Klein tragen. Man gab der Anregung

Folge. Erst später erfuhr man von dem Echo, das der Tod Kleins bei seinen Freunden im Ausland geweckt hatte. Deren besaß er viele, zumal in England, wo er schon vor Jahren zum Mitglied des Royal Automobil-Clubs berufen worden war: es blieb innerhalb der schlimmen Atmosphäre des Krieges, die menschliche und sachliche Anerkennungen der Gegenseite zu so seltenen Ausnahmen macht, ein bemerkenswerter Vorgang, daß ein Club-Nachruf des Freundes, der jetzt zu den Feinden gerechnet werden mußte, in ehrender Wehmut gedachte.

Bosch hat im Anschluß an das erschütternde Unglück seinen leitenden Beamten verboten, an Flügen teilzunehmen. Es ist schier selbstverständlich, daß dieses »Verbot« allmählich in Vergessenheit geriet, nachdem der Luftverkehr in rascher Entwicklung zu einer ganz alltäglichen Sache geworden war. Bosch selber hat *nie* ein Flugzeug bestiegen! So stark und dauernd wirkte der Schock des Staakener Unglücks in ihm nach.

»Als nun der Krieg und mit ihm die Kriegslieferungen kamen, in welchen selbst Leute Geld verdienten, die von Erzeugung von Waren keine Ahnung hatten, drückte mich der Verdienst, den ich machte, während andere ihr Leben einbüßten. Ich faßte Ende 1916 den Entschluß, meinen Kriegsgewinn zu einer Stiftung für die *Erbauung des Neckarkanals* zu verwenden.« Mit diesen Sätzen vermerken Boschs Erinnerungen jene Tat, die auf die Zeitgenossen den stärksten Eindruck machte und die, wenigstens in Deutschland, als Beispiel ohne Nachfolge geblieben ist. Es handelte sich um den Betrag von 13 Millionen Mark, denen für andere Zwecke mehr als 7 Millionen Mark folgten.

Diese Stiftung, an deren innerem Aufbau Boschs vertrauter Rechtsbeistand, Paul Scheuing, beteiligt wurde, war nicht nur durch ihre Höhe und durch ihre Zwecksetzung ungewöhnlich, sondern höchst bezeichnend in den Bedingungen, unter denen der Staat Württemberg über sie verfügen konnte. Die Frage der Kanalisation des Württemberg durchziehenden Neckars, sein Anschluß an den Binnenschiffahrtsweg des Rheins durch die Ermöglichung größerer Schiffstypen, stand seit einer Reihe von Jahren inmitten der öffentlichen Erörterung des Landes. Waren die landwirtschaftlichen Kreise zurückhaltend, zum Teil gegnerisch, so erklärten die Gewerbe die

Verbilligung der Frachten für die lebenswichtigen Rohstoffe, zumal Kohlen, als einen entscheidenden Gewinn, um ihren Rang, bei standortungünstiger Lage, im deutschen, im welt-wirtschaftlichen Wettbewerb behaupten und fortschreitend ausbauen zu können. Die Zukunft planende Phantasie sah den kanalisierten Fluß als Mittelstück zu einer kühnen Überquerung der Alb, um den Anschluß an die Donau zu erreichen.

An Schwierigkeiten, nicht nur solchen technischer und finanzieller Natur, fehlte es natürlich nicht. Die vordringlichste war staatlicher Art. Verkehrspolitik war damals Sache der einzelnen Bundesstaaten. Der Unterlauf des Neckars gehört Baden; diese Strecke, durch landschaftliche Schönheit ausgezeichnet, ist, oberhalb von Heidelberg, an Industrie ganz arm; die hatte sich erst in dem breiter werdenden Raum um Heilbronn angesiedelt. In Baden hatte wohl Mannheim ein starkes örtliches Interesse an der zu erwartenden Erhöhung des Hafenumschlages, kaum aber das übrige Land. Die traditionell kühlen Beziehungen zwischen den Regierungen in Stuttgart und Karlsruhe ließen die Verhandlungen über distanzierende Unverbindlichkeiten kaum hinauskommen. Unterdessen war man in Württemberg eifrig dabei, durch ein freies Komitee, das schließlich zu einer Vereinsgründung führte, Entwürfe, Gutachten, Kosten- und eine Art von Rentabilitätsberechnungen herstellen zu lassen; namentlich seit der Heilbronner Fabrikant Peter Bruckmann sich der Frage annahm, bekam die Sache eine motorische Kraft.

Robert Bosch hat dem Plan von Anbeginn eine ernsthafte Teilnahme zugewandt. »Geschäftlich« war er an ihr nur recht begrenzt interessiert; das Frachtproblem für Rohstoffe spielt bei der Art seiner Erzeugnisse keine erhebliche Rolle. Aber es freute ihn der starke gewerbliche Drang, den er rings um sich spürte, und es ärgerte ihn der politische Kleinkrieg der beiden Staaten und die fiskalische Bedenklichkeit. Diesen Vorwand zum mindesten wollte er ausräumen. Es hatte ihn einmal, das klingt ziemlich phantastisch, der Gedanke beschäftigt, »den Neckar selbst zu kanalisieren; ich kam aber davon ab, weil ich sah, daß dies einem Bürger große Schwierigkeiten machen würde.« Die Gesamtkosten des Baues Mannheim–Eßlingen wurden damals auf 53 Millionen veranschlagt. Daß fast ein Viertel dieser Summe nun nicht mehr die öffentlichen Ausgaben belastete, mußte oder sollte doch als Anreiz wirken, über die Präliminarien hinauszukommen. Die niedrigeren Baukosten würden sich ja auch auf die spätere Frachtpreispolitik auswirken können.

Der Staat soll das Geld aber erst erhalten, sobald der Ausbau der Strecke Mannheim–Eßlingen gesetzlich festgelegt und mit dem Bau selber in den verschiedenen Abschnitten so begonnen wurde, daß die regelrechte Weiterführung dieser Arbeiten als gesichert gelten kann. Ein Boden-Enteignungsrecht längs des Kanals ist weiterhin zur Bedingung gemacht. Sind die Voraussetzungen – Gesetz, Baubeginn – bis zum 31. Dezember 1926 nicht erfüllt (oder verweigert der württembergische Staat die Annahme der Stiftung), so fällt das ganze Stiftungskapital an das Deutsche Reich zur Erforschung und Bekämpfung verheerender Volkskrankheiten.

Das Kapital ohne die Zinsen! Denn der Staat soll nicht zu der Schlauheit verführt werden, die Erledigung bis zu dem ihm gesetzten Endtermin zu verschleppen, damit sich die Summe inzwischen durch den Anlauf der Zinsen um einige Millionen mehre – es handelte sich ja um 5prozentige Reichsanleihe. Nutznießer des Zinsertrages, bis das Kapital an den Staat überantwortet werden könne, wurde die Stadt Stuttgart; das bedeutete im Jahr 650000 Mark, die als »Robert-Bosch-Kriegsstiftung« durch einen besonderen Stiftungsrat verwaltet werden sollten. Kriegsnotstände und Bedürfnisse, die sonst nicht genügend im öffentlichen Etat oder durch Private befriedigt werden, sollten zuerst bedacht werden. Aber im ganzen wurde das Programm weit genommen: neben den verschiedenen Formen der Sozialfürsorge sollten Bildung und Erziehung, Wohnung und Verkehrswesen, Gesundheitspflege und Verschönerung der Stadt berücksichtigt werden. Gegen eine etwaige Thesaurierung des Zinsenanfalls wandte sich die Bestimmung, daß die Stadt den ganzen Ertrag aus der Stiftung bis zum Ende des Jahres 1940 würde ausgegeben haben müssen.

Die Stiftungsurkunde trägt das Datum des 25. Dezember 1916; am 4. Januar 1917 beschlossen die Gemeindekollegien der Landeshauptstadt in nichtöffentlicher Sitzung einstimmig, Robert Bosch das *Ehrenbürgerrecht* zu verleihen. Der Oberbürgermeister meldete sich danach wieder in der Militärstraße, um persönlich die Mitteilung von diesem Akt zu machen und die baldige Ausfertigung eines künstlerischen Ehrenbürgerbriefes anzukündigen. Bosch hörte sich Lautenschlager gelassen an, verbat sich aber eindringlich jede Art von beschwingter und dekorierter Urkunde, die Sache sei ja jetzt erledigt, und mit solchem Zeug fange er nichts an. Die nachdrückliche Belehrung war unzweideutig – der Oberbürgermeister hatte inzwischen seine Erfahrungen mit diesem Mann gemacht. Die Urkunde wurde nicht gezeichnet und nicht gemalt, vermutlich der einzige Fall, wo solcher Vorgang in erzwungener Formlosigkeit sich abspielte.

Die Geschichte der Neckarkanalisierung ist hier natürlich nicht darzustellen. Bosch, der sich einmal gefreut hatte, als er die Geschichte der Fossa Carolina entdeckte (»danach hat Karl der Große schon vor über 1100 Jahren den Gedanken verfolgt, zu dessen Verwirklichung wir jetzt allmählich durch die Erstrebung des Rhein-Neckar-Donau-Kanals schreiten«, 14. 1. 1916), beschäftigte sich sehr eingehend mit den technischen Fragen der Schiffsgrößen, der Schleusen- und Hebewerke; ein lange gedehnter Briefwechsel mit Paul Reusch suchte aus den Erfahrungen der Gute-Hoffnungs-Hütte Nutzen zu ziehen. Die politischen und finanziellen Voraussetzungen, unter denen die Kanalstiftung erfolgte, waren freilich in einigen Jahren völlig gewandelt: die Weimarer Verfassung entzog die Wasserstraßenpolitik den Gliedstaaten und übergab Ausbau und Betreuung dem Reich. Der badisch-württembergische Gegensatz verlor dadurch seine Bedeutung. Die Stiftung selber, mit starken örtlichen Möglichkeiten der Hilfe einsetzend, wurde für ihren eigentlichen Zweck ziemlich wesenlos; denn die Inflation fraß sie fast gänzlich auf.

Natürlich wurde und wird ihr geschichtlicher und ihr moralischer Sinn dadurch nicht berührt. Bosch durfte sich sagen, daß sein Entschluß vom Dezember 1916 im öffentlichen Bewußtsein eine Tiefenwirkung erzielt hatte, die auch bei den veränderten rechtlichen und finanziellen Gegebenheiten spürbar blieb. Er hielt sich denn auch als Fürsprech der Kanalfreunde für den Fortgang der Arbeit verantwortlich. Denkwürdig die zornige Publizistik, mit der er in den zwanziger Jahren sich mit den Heidelberger Professoren herumschlug, Carl Neumann, Richard Thoma: ungeschickte Äußerungen über die Motive württembergischer Industrieller und ihre Methoden hatten ihn so in Harnisch gebracht, daß er, woran gar nicht gedacht war, sich selber geschmäht fühlte und seinen Ruf mit der Sache, der er diente, mit der Haltung seiner Mitarbeiter gleichsetzte.

Als es im Sommer 1917 Bosch einmal schien, die Kanalsache würde wahrscheinlich von Staats bzw. Reichs wegen erledigt, ohne die Inanspruchnahme seiner Willigkeit, schrieb er Paul Scheuing, man müsse sich vielleicht nach einem anderen Zweck umsehen, »denn es ist selbstverständlich, daß ich mir nicht nachsagen lassen kann, ich habe mich von meiner Verpflichtung zurückgezogen, meinen Kriegsgewinn für einen gemeinnützigen Zweck zu verwenden« (7. Juni 1917).

Jene Vermutung war irrtümlich. Aber der Krieg ging ja auch über das Ende 1916 hinweg weiter, und es warteten Zwecke genug, von weiteren Gewinnen gespeist zu werden, zumal auf dem Gebiet des Gesundheitswesens. Die Ansätze, die dazu schon vor dem Krieg begonnen, in ihm gefestigt, aber nicht zum Abschluß gebracht waren, fanden erst Jahrzehnte später ihre großartige Vollendung.

Doch anderes fällt in die Kriegszeit. In jener Stiftungsurkunde für den Kanal ging die Bestimmung über das Recht zur Bodenenteignung auf Boschs unmittelbaren Wunsch zurück. Der Staat, die Gemeinden oder gemeinnützige Vereine sollten das Recht der Enteignung von Grund und Boden bis zu einem Kilometer rechts und links des Kanales erhalten. Der Sinn der Forderung ist klar: der Kanal mußte zu einer Preissteigerung benachbarter Liegenschaften führen; diese sollte aber nicht einfach den zufälligen Besitzern zugeleitet werden. Zumal dann nicht, wenn sich etwa den gewerblichen Neugründungen mit Notwendigkeit Wohnsiedlungen anschlössen und ein erhöhter Bodenpreis sich in die gesteigerte Miete umsetzte. Man sieht, es ist ein Bekenntnis zu bodenreformerischen Grundsätzen; wollte der Staat die Stiftung annehmen, so mußte er sich diesen, wenn auch geographisch begrenzt, unterwerfen. Private Spekulation sollte zum mindesten ein sehr riskantes Abenteuer sein.

Bosch war *Bodenreformer*, nüchtern genug, um sie nicht als das soziale Allheilmittel zu betrachten, aber wohlwollend bereit, Adolf Damaschkes unablässige Feldzüge zu unterstützen, wenn er sich auch gelegentlich über dessen unpräzise Art in Sonderauskünften ärgern mochte. Die *Wohnungsfrage* erschien ihm als ein Teilstück der Volkshygiene. Aber er hat selber, sehr bewußt, nie für seine Arbeiter und Angestellten Wohnungen erbaut, weil es ihm, wie er es einmal ausdrückte, zuwider war, »daß der Arbeitnehmer durch solcherlei Wohltaten in der Freiheit seiner Arbeitsverhältnisse beschränkt werden könnte«.

Anders stand es mit der *allgemeinen* Förderung des Wohnungsbaues. Seine kommende Dringlichkeit war ja schon im zweiten Kriegsjahr, da er zu ruhen begann, spürbar; er bemächtigte sich des Schlagwortes der »Kriegerheimstätte«. Bosch liebte diese Einschränkung nicht, sondern wollte seine Mitwirkung »allgemein für die minderbemittelten Volksklassen« eingesetzt verstehen, wie er dem Innenminister im Januar 1918 darlegte. Der Weg dazu war ihm der Gemeinnützige Wohnungsbau, unter Erweckung des Selbstbau- und Sparwillens. Um die Angelegenheit aus dem Stand der ewigen Erörterung herauszubringen, ermöglichte er die Gründung des »*Schwäbischen Siedlungsvereins*«, die bereits im Dezember 1915 erfolgte; er stattete ihn mit dem Grundvermögen von einer Million aus, unter der Voraussetzung, daß nicht »die Kenntnis davon nach außen dringt ... vor allem, damit nicht die anderen meinen, es sei jetzt nichts mehr zu tun«. Der Siedlungsverein hat dann viel Gutes geschaffen, indem er im ganzen Lande Gemeinnützige Wohnbaugesellschaften ins Leben rief, bei der Geldbeschaffung half, die Planungen beriet. Daß in Württemberg die halbstädtische, halbländliche Wohnsiedlung nachdrücklicher gepflegt wurde als anderwärts und mithalf, dem Land den sonderlichen Ruf der Krisenfestigkeit zu geben, hat natürlich noch andere Ursachen als die Initiative von Bosch in jenen Kriegsjahren. Doch ist ihr Rhythmus ohne diesen Vorgang schwer zu denken. Dem Staat war dabei in seinen Überlegungen weniger eine finanzielle als eine verwaltungsorganisatorische Mitwirkung zugedacht, keine Zentralisation, keine umständlichen Instanzenwege zwischen den Behörden – wolle der Staat aber helfen, so möge er für billige Baustoffe (Holz aus den Staatswaldungen) besorgt bleiben und *darin* seine finanzielle Mitverpflichtung erkennen. (In einem späten Stadium, 1930, hat die Firma Robert Bosch in begrenztem Umfang dann doch auch Baudarlehen an Bauwillige aus ihrer Gefolgschaft gegeben, womit sich diese in den Rahmen des Gemeinnützigen Wohnungsbaus einfügten.)

Neben die Wohnungspolitik, neben die Pflege des öffentlichen Gesundheitswesens treten in jenen Jahren die teils fördernden, teils führenden Beteiligungen an Zielsetzungen der Kulturpolitik, das Wort in weitem Sinn genommen. Davon wird noch gesondert zu handeln sein. Boschs Arbeit auf diesen Gebieten ruht auf der Verbindung mit zwei Männern, die gerade in jenen Jahren ihm nahetraten: *Ernst Jäckh* und *Theodor Bäuerle*. Jäckh, ein Vetter und Schwager von Hugo Borst, hatte 1912 die Tätigkeit in der heimatlichen württembergischen Publizistik mit der Geschäftsführung des »Deutschen Werkbundes« in Berlin vertauscht und zu gleicher Zeit seine politischen Bemühungen um die Festigung der deutsch-türkischen Freundschaft verstärkt. Für beide Aufgabenkreise, die sonst vielleicht nur sehr mittelbar Boschs Teilnahme gefunden hätten, wußte seine rational-suggestive Art der Argumentation Bosch zu gewinnen. Die ausgreifenden Arbeiten, die dem Deutschen Werkbund jetzt ermöglicht waren, beruhten weithin auf Boschs finanzieller Mithilfe. Innerlich wichtiger war ihm der Aufgabenkreis, dem Bäuerle in den kommenden zwei Jahrzehnten Inhalt und Fülle geben konnte. Dieser hatte bereits als Seminaroberlehrer sich um Fragen der nachschulischen Volksbildung bemüht; Philipp Stein vom Frankfurter »Institut für Gemeinwohl«, dessen Tätigkeit in der Grundhaltung den Zielen von Bosch so vollkommen entsprach, wies ihn auf diese nach Entfaltung strebende heimische Kraft, und so wurde Bäuerle Boschs Vertrauensmann für eine vielfältige und fruchtbare volkspädagogische Wirksamkeit. Das Erziehertum im Beruf, das er selber übte, weitete sich in die Bezirke der Erwachsenenbildung und zu dem während des Krieges schier plötzlich als volkspolitisch wichtig erkannten Problem der Förderung, des Aufstiegs der Begabten. Unter Bäuerles umsichtiger und beweglicher Führung entstand für Württemberg ein vielgliedriges System weiter und freier Bildungs- und Erziehungstätigkeit. Daß diese ganze helfende, vorsorgende, fördernde und unternehmende Tätigkeit, die neben den geschäftlichen Verantwortungen lief, eine in sich geschlossene Haltung bewahrte, das mußte die Sorge von *Hans Walz* bleiben, der für diese Feldzüge in mannigfache Provinzen des Gemeinschaftslebens jetzt in die Rolle des Stabschefs hineinwuchs, wie er bisher der Betreuer der individuellen Sorgen und Hilfsmöglichkeiten gewesen war.

Das Jahr 1917 brachte die sehr eingreifende Änderung in den Besitzverhältnissen des Bosch-Betriebes. Sie war 1913 fest angepackt, doch nicht vollzogen worden, weil man sich über die Form nicht verständigen konnte. Die Krankheit des jungen Bosch und nun der Tod von Klein konnten, wenn man den Gedanken der Vergesellschaftung überhaupt weiter verfolgte, auf die zu wählende Form nicht ohne Einfluß bleiben.

Es wurde auf Scheuings Rat die Aktiengesellschaft gewählt, wobei eine Aufteilung in dem Sinn erfolgte, daß das Stammhaus mit dem in Feuerbach errichteten Licht- und Zündkerzenwerk als »Robert Bosch AG.« firmierte – ihr gehörten auch die auswärtigen Niederlassungen. Das Preßwerk in Feuerbach wurde als »Bosch Metallwerk AG. Feuerbach« verselbständigt; als Halbzeuglieferant auch für fremde Firmen hatte es ja von Anbeginn eine ihm eigene Sonderstellung. Eugen Kayser vor allem wünschte diese Trennung; er hatte an dem Aufstieg dieser Abteilung seine besonderen persönlichen Verdienste, und es war, indem er 49% der Aktien zugesprochen erhielt, die Möglichkeit vorgesehen, daß er, falls er Bosch überlebte, Anteile hinzuerwerben könne, die ihm die Mehrheit sicherten. Die Installationsabteilung wurde bei der Umbildung ganz ausgegliedert und in die neugegründete »Elektra G.m.b.H.« übergeführt – Bosch blieb mit dem technischen und mit dem kaufmännischen Leiter Gesellschafter dieses Geschäfts.

Die Rückblicke Boschs sehen die Gründung in verschiedenen Temperaturen. 1921 erzählt er mit einer gewissen Gelassenheit: »Als Klein tot war, nahmen wir den Gedanken wieder auf ...« Es werde sich noch zu erweisen haben, ob die Gründung richtig war, ihr Zweck sei erreicht, doch wohl nicht für lange Zeit, denn es sei »an sich unmöglich, solche Dinge so zu machen, daß sie sozusagen für ewige Zeiten richtig sind; dazu wechseln die Verhältnisse zu sehr«. Aus solchen gewandelten Verhältnissen heraus klingt das Urteil des Jahres 1930 fast bitter, als ob die Gründung schier gegen seinen Willen geschehen, daß er unter der Wirkung der starken Herzerweiterung des Jahres 1916 »apathisch« gewesen sei, »unfähig, etwas zu unternehmen«. »Nur die Tatsache ist mir bekannt: die Stunde der Gründung war eine der schwersten meines Lebens.«

Dieses Urteil ist unzweifelhaft durchfärbt von den mannigfachen Reibungen und komplizierten Auseinandersetzungen, die bei der Anlage und bei der Sonderart der beteiligten Persönlichkeiten unvermeidbar gewesen waren. Doch umfaßt es nicht die tatsächliche Stimmung der Gründungszeit. Damals, und wesentlich unter dem Druck der fatalen Erkrankung, der heftigen Erregungszustände, denen abgespannte Müdigkeit folgte, war ihm eine Entlastung an unmittelbaren Verantwortungen nicht unwillkommen; er hatte, vorübergehend, auch den Gedanken, sich völlig aus den Geschäften zurückzuziehen, nicht abgelehnt. Und mochte ihm nicht auch der schlechte Zustand seines Herzens sagen, daß es gerade jetzt Zeit sei, die Planung durchzuführen, deren »Leitfaden war: die Firma muß nach meinem Tode gesichert sein gegen unzweckmäßige Einwürfe und Eingriffe meiner Erben« (1930). Das Werk war zu einer in sich ruhenden Größe gewachsen – wollte er es nicht von sich lösen oder sich von ihm, so mußte ihm doch die relative Objektivierung in der Beteiligung der führenden Mitarbeiter als die gemäße Form erscheinen und als die Gewähr, daß seine Schöpfung nicht einfach in die Welt der industriekapitalistischen Spielregeln gerate. Der Gedanke einer völligen Trennung aus dem Geschäft war ihm, ähnlich wie 1906 bei dem Siemens-Konflikt, auch 1917 nicht fremd gewesen – die AEG würde sich vielleicht für das Unternehmen interessieren.

Die Änderung der Besitzverhältnisse erfolgte so, daß Robert Bosch 51 % des auf zwölf Millionen angesetzten Grundkapitals übernahm, wovon 2 % Paul Scheuing treuhänderisch übergeben waren; diese zwei Prozent sollten von den Vorstandsmitgliedern (Honold, Borst, Kempter, Kayser, Ulmer, Rall) nach Boschs Ableben erworben werden können. Sachlich war diese Lösung für die Mitarbeiter außerordentlich entgegenkommend. Er hatte sie mit hohen Gehältern ausgestattet und am Umsatz beteiligt; sie sollten gut verdienen. Als Gottlob Honold ihm einmal anbot, er wolle auf die Sonderprämie von einer Mark, die ihm für jede verkaufte Hochspannungszündung gutgeschrieben wurde, verzichten, lehnte Bosch das ab, er würdigte die Leistung seiner Mitarbeiter. War ihr Anteil an den 49 % nun auch gestuft – Honold stand mit 25 % an der Spitze –, so waren sie doch nicht ohne weiteres in der Lage, die ihnen zufallenden Aktien zu übernehmen. Bosch ermöglichte es durch die Gewährung gewisser Darlehen.

Er selber übernahm den Vorsitz des Aufsichtsrates, in dem neben ihm noch der Schwager Eugen Kayser und Paul Scheuing saßen. Die formale Entmachtung für die laufenden Geschäfte, die Bosch mit dieser Umbildung hatte eintreten lassen, hat zunächst an dem überkommenen Zustand wenig oder fast nichts geändert. Bosch hatte schon bisher in die Einzeldinge der Ressortverantwortungen wenig hineingeredet, wo er Begabung und Eifer am Werk wußte. Die Zusammenschau der Dinge war dem ausgezeichneten Gedächtnis und dem kritischen Verstande nie verlorengegangen, und mit der Überlegenheit seines Willens würde er auch in Zukunft die unbestrittene Führungskraft bleiben – das mochte dann an ihm selber liegen, wie er das abtönen werde. Zudem hatte der Gesellschaftsvertrag eine ganze Anzahl von Punkten aufgeführt (Bauten und Liegenschaftsgeschäfte größeren Umfangs, Änderungen im Erzeugungsprogramm, wichtige Anstellungsverträge u. dgl.), wobei die Mitwirkung des Aufsichtsrates vorgeschrieben blieb. Nicht unbequem war es für Bosch, daß zahlreiche Personalgeschichten, die sonst in Wunsch oder Beschwerde ihn aufgesucht oder an ihm gezerrt hatten, jetzt leichter auf die Seite geschoben werden konnten. Das »dafür sei er nicht mehr zuständig«, das sich durch den Briefwechsel zieht, klingt kaum je nach Bedauern, sondern als Erleichterung. Doch war das Ganze nie eine Flucht aus den Sorgen und Interessen; waren solche im Betriebe selber nicht gerade drängend, so schuf er sie sich ja sonst genug.

Die Regelung setzte optimistisch voraus, daß die Vorstands-Aktionäre untereinander sich vertragen und die Geschäftspolitik auch nach Boschs Tod unter einem einheitlichen Nenner halten würden. Das mochte gelten. Die Aktionäre waren ja, mit der Ausnahme von Kayser, noch junge Leute, um die Vierzig herum. In der Veräußerung der Anteile waren sie nicht frei; der eventuelle Käufer mußte von der Generalversammlung zugelassen sein. Doch das Erbrecht war in den grundlegenden Verträgen nicht berührt. Darin lag in gewissem Sinn ein Risiko. Die Bosch unbekannten Erben der Vorstandsmitglieder waren, als Gesamtheit genommen, für die Zukunft machtmäßig stärker gestellt als die eigenen Erben, und wer mochte etwas aussagen über ihre mögliche Eignung zur entsprechenden Weiterführung des Unternehmens? Diese Überlegung mußte Bosch, je weiter der psychologisch-politische Anlaß der ganzen Umgestaltung in die Vergangenheit, wenn nicht in die Vergessenheit wich, vor das Bewußtsein treten. Sie ist dann auch nicht ohne Auswirkung geblieben.

Der Krieg hat mittelbar Boschs Stellung zur Öffentlichkeit gewandelt. Diese hatte sich, mehr als ihm lieb war, daran gewöhnt, aus diesem oder jenem Anlaß sich mit ihm zu beschäftigen. Er schätzte das sehr wenig und hielt an der Fiktion fest, daß er ein Privatmann sei. In einer Mischung von Scheu und Stolz lehnte er es ab, dem Markte sichtbar zu werden; die Zeitungen, die sein Bild abdrucken wollen, bekommen das höfliche Ersuchen, davon abzusehen – und wenn zur Verzweiflung der Schriftleitung einer illustrierten Zeitschrift er noch 1917 der einzige ist, der vom kompletten Vorstand des Motorfahrzeugverbandes fehlt! Mit einer gelassenen Konsequenz lehnt er seine Unterschrift ab bei Aufrufen und Kundgebungen, wie sie schlechter Stil und später eine wahre Pest in Deutschland werden; auch bei der Nationalen Flugspende von 1912 weigert er sich, mit seinem Namen anzutreten. Das Komitee mag erstaunt genug gewesen sein. Immerhin durfte es zur Kenntnis nehmen, daß er schon viele Zehntausende für Versuche und Wettbewerbe gestiftet habe. Es ist die Angst, zwischen geschäftigen Betriebsmeiern aufzutauchen und mit Dingen zusammenzuhängen, die er in Auswirkung und Durchführung weder verfolgen noch beeinflussen kann.

Diese Haltung, die sie offiziell eine rühmliche Bescheidenheit und privat einen ärgerlichen Eigensinn nennen, macht auch den Behörden Kopfzerbrechen. Sie meinen, es müsse doch etwas geschehen, eine »Anerkennung« der gewerblichen Leistungen und der gemeinnützigen Taten. Das Vorfühlen wegen Titel und Orden endigt immer mit einem mehr oder weniger barschen Nein. Als man Bosch das Eiserne Kreuz am weißen Band, im Frühjahr 1918, ins Haus sandte, hat man vorher nicht angefragt, man wußte, daß er *diese* Auszeichnung im Kriege nicht wieder zurückgeben könne; recht gepaßt hat ihm die zivile Ausdehnung des Kriegsordens auch nicht. Es gibt die bezeichnende Anekdote, deren Präludien bereits in den Jahren vor Kriegsausbruch einsetzen, daß man Bosch durch einen Besuch des württembergischen Königs ehren wolle. Wilhelm II., an sich kein Freund solcher mit seiner Stellung verbundenen Repräsentationspflichten, war willig und bereit, vielleicht sogar neugierig, diesen merkwürdigen Untertan kennenzulernen und in seinem Werk zu besuchen, und dieser war willig und bereit, das Staatsoberhaupt zu empfangen und zu führen; neugierig war er nicht. Da gab es zunächst vorfühlende Mittelsmänner; sie erfahren, der König möge nur kommen! Aber, läßt Bosch wissen, einen Frack ziehe er nicht an! Der Frack wird in drei Verhandlungen zum Problem. Bosch, verärgert, sagt dem Präsidenten der »Zentralstelle«, Mosthaf, diese Sache werde ihm zu dumm, wofür man ihn denn halte mit diesem Diplomatisieren, aber... einen Frack usf. Nun Kompromißvorschlag: schwarzer Rock. Meinetwegen. Der Besuch unterblieb, weil Bosch erkrankt war. Später, als der neue Kabinettchef Neurath die Sache wieder betreiben wollte – und er verlangte nicht einmal den schwarzen Rock! –, ließ man den Besuch des Königs ausfallen. Man fühlte sich der Stimmung in der Kriegsbelegschaft nicht mehr sicher. Diese Geschichte stammt nicht aus dem dünnen deutschen Bilderbuch »Männerstolz vor Königsthronen« – Bosch hatte hier einfach gegenüber der Ministerial- und Hofbürokratie das bessere Stil- und Taktgefühl, daß er nicht in einer Art von Maskerade zwischen seinen Arbeitern durch den Betrieb gehen wollte.

Der Weg in die Öffentlichkeit, auch wenn es nicht die des breiten Marktes war, benutzte in gewissem Sinn den Umweg über Berlin. Die Reichshauptstadt wurde im Krieg und durch den Krieg, ungeachtet der föderativen Verfassung, in vorher kaum geahntem und für die meisten Deutschen wenig beliebtem Maße die Mitte der Entscheidungen, auch für Fragen zweiten und dritten Ranges. Die Fabrikanten lagen fast dauernd auf der Achse: Kriegsämter, Verbandsausschüsse riefen zu Beratungen. Daran sich zu beteiligen, lockte es Bosch wenig. Er überließ diese Notwendigkeit lieber Honold oder Borst oder wen sie sonst ressortmäßig angehen mochte, doch entzog er sich den Verpflichtungen nicht, in den gewichtigen Sachen selber der Sprecher des Werkes zu sein. Und er spürte, daß man seinem Wort Gewicht gab. Man stand ihm dort unbefangener, sachlicher gegenüber als vielfach in der Heimat, wo eine von Klatschsucht nicht freie Legende seinen Aufstieg umwuchert hatte, bis sich auch dies in den Kriegszeiten zu legen begann. Für die Berliner Stellen war er eben der Führer eines Betriebes von starker Kapazität und unbedingter Zuverlässigkeit der Leistung. Solche Haltung machte auch ihn unbefangener und sicherer. Er fand in Berlin einen Kreis, in dem er sich nicht ungerne bewegte. Und darüber hinaus: hatte er bislang mit einer schier betonten Ausschließlichkeit heimatlichen Unternehmungen seine finanzielle Stütze zugewendet, so dehnte er jetzt den Rahmen auf gemeindeutsche Angelegenheiten.

Die Morgengabe, die er, wenn man so sagen will, dem politischen und geistigen Berlin darbrachte, waren die schönen Räume in einem früheren Privatpalais der Wilhelmstraße, das er kaufte und mietefrei der *»Deutschen Gesellschaft von 1914«* überließ. Deren Gründung war der wohlmeinende und zunächst auch wirkungsvolle Versuch, dem im Kriegsbeginn die überlieferten Partei- und Ständegegensätze überwindenden Einheitsbewußtsein der Nation eine Stätte der menschlichen Verfestigung zu geben. Der Staatssekretär Dr. Solf trat an die Spitze der Vereinigung. Deutschland kannte nicht den politischen Klub der angelsächsischen Welt, hier sollte er nachgebildet werden, doch nicht in einem ausschließenden, sondern in einem umfassenden Sinn: der Konservative und der Sozialdemokrat, der Industrielle und der Gelehrte, der Künstler und der Beamte, der Grundbesitzer und der Gewerkschaftsführer, sofern sie aus der Fachenge und Interessenverwicklung herausstrebten und in ihrer Persönlichkeit einen gewissen Rang darstellten, mochten sich hier begegnen, frei, gelöst. Vorausgesetzt war die vaterländische Grundhaltung, die dem Partner auch bei unterschiedlicher Programmatik zuzubilligen war. Für Bosch bedeutete diese Vereinigung mehr und anderes als das Arrangement gesellschaftlicher Gelegenheiten von höherem oder geringerem Niveau – daran war ihm gar nichts gelegen –, er nahm sie sehr ernst als einen Ansatz, halbmorsche Zäune zwischen den Gruppen des öffentlichen und geistigen Lebens zu zerbrechen und endlich auch in Deutschland dem fairen menschlichen Verkehr politischer Gegner eine Chance zu geben. Unwillig hat er später die Verflachung dieser Gemeinschaft beobachtet, als sie von dem gesamtdeutschen Ansatz zu einer schier etwas zufälligen Berliner Konvention abzusinken begann; da zog er sich, nachdem er noch allerhand Opfer gebracht hatte, sachte zurück. Aber der Beginn des Unternehmens muß für ihn sehr wichtig genommen werden. Daß er sich in jenem Hause eine kleine Wohnung vorbehielt, erleichterte an sich die Unbequemlichkeiten der vielen Reiserei; nicht als ob er als Hausherr sich gefühlt hätte, aber er galt doch als solcher. Er lernte Menschen kennen, vorübergehende und bleibende Erscheinungen der sich wandelnden deutschen Geschichte, in ihrem außerdienstlichen, außerberuflichen Gehaben, in ihrer Anfälligkeit oder Widerstandsfähigkeit gegen Gerüchte und Getue – ein Beobachtungsposten, dessen Ertrag an Einsicht und Urteil für den Mann eines scharfen Auges nicht gering sein konnte.

Doch blieb er für Berlin der amtlose Privatmann. Daß er in seiner schwäbischen Heimat diese bisher sorgsam bewahrte Rolle aufgab und im Jahre 1916 ein »Amt« annahm, zeigt, wie stark in ihm durch den Krieg das Gefühl der öffentlichen Verpflichtung gewachsen war. Bosch fand sich bereit, als Nachfolger von Albert Hirth den Vorsitz im *Verband Württembergischer Industrieller* zu übernehmen (April 1916). Die formale Stellvertretung führte er schon einige Zeit. Man mag die Stellung, die er damit bezog, in ihrem Gewicht verschieden beurteilen; *daß* Bosch, aus dem Kreis der rein fachlichen Verbandspolitik heraustretend, der er durch seine Mitwirkung beim Reichsverband der deutschen Automobilindustrie zugehörte, nun für ein industriegeographisches Gesamtinteresse neue Verantwortungen auf sich lud, war einfacher Pflichtsinn. »Ich bin mir von jeher bewußt gewesen«, schrieb er nach einigen Jahren der Amtsführung, am 6. Februar 1919 an den Fabrikanten E. Lilienfein, »daß ich kein geeigneter Vorsitzender bin, abgesehen von meiner Nervosität, und ich habe das auch bei jeder Gelegenheit ausgesprochen und gebeten, einen anderen Vorsitzenden zu wählen. Ich besitze auch keinerlei persönlichen Ehrgeiz, so daß es mir leicht fällt, d. h. so daß ich mit einem Seufzer der Erleichterung den Posten aufgeben würde. Leider wird mir immer entgegengehalten, daß kein geeigneter Ersatz da sei.« Mit dem »Seufzer der Erleichterung« hatte es denn auch gute Weile. Zwölf Jahre lang, bis 1928 dauerte es, ehe er diese Bürde los wurde. Nun machten es ihm tüchtige und kenntnisreiche Geschäftsführer, zu denen er auch persönliches Vertrauen besaß, einigermaßen leicht, sie zu tragen. Aber es war ja nicht seine Natur, solch eine Sache lediglich als Dekoration anzusehen. Wenn er sich um den laufenden Geschäftsgang nicht zu kümmern brauchte, so hielt er doch auf eine gewissenhafte Berichterstattung und vor allem auf eine sparsame Finanzwirtschaft – es war ja fremdes Geld, das es hier zu verwalten galt. Wirtschaftspolitische Konflikte gab es im Innern des Vereins kaum auszutragen. Der Gesamtcharakter der württembergischen Industrie, auf Verarbeitung eingestellt, war in dieser Richtung ziemlich einheitlich. Aber daß ein Mann wie Bosch an der Spitze des Verbandes stand, wurde wichtig genug in den Jahren der erregten sozialen Problematik. Da gewann sein zugleich unbefangen kraftvolles wie sachlich mäßigendes Auftreten eine für die württembergische Gesamtlage sehr förderliche Bedeutung.

Der Geschäftsgang im Stuttgarter und im Feuerbacher Werk wurde völlig von den Kriegsnotwendigkeiten bestimmt; einer oberflächlichen Betrachtung konnte er keine Sorgen machen. Die Kapazität war bis zur Grenze ausgenützt, die Belegschaft hatte sich (für das Berichtsjahr 1916/17) in Stuttgart verdoppelt, in Feuerbach sogar verdreifacht gegenüber dem Stande vom 1. August 1914. Im Metallwerk waren sogar neue Bauten aufgeführt; neben den mancherlei Maschinen, die für die jetzt geforderten Fabrikate nötig geworden, hatte man eine große hydraulische Stangenpresse aufgestellt, eine neue Gießerei eingerichtet, für die organisatorische Umsicht der leitenden Männer Mühen und Verantwortungen genug. Der Gesamtumsatz in Stuttgart erreichte »die ganz außergewöhnliche Höhe von 69 Millionen Mark«, in Feuerbach »rund 20 Millionen Mark«. Die Ziffern werden genannt, um ein Bild von der Größenordnung zu geben, es verbindet sich damit kein Gefühl besonderer Befriedigung. Handelt es sich doch »zum ganz überwiegenden Teil« um Waren, deren Konstruktion und Herstellung erst im Krieg aufgenommen wurden. »Diese Erzeugnisse«, heißt es in dem Bericht des Vorstandes, »sind unter sich sehr verschieden und größtenteils auch ganz anders geartet als die bekannten Bosch-Erzeugnisse ... Näheres darüber zu sagen, verbietet die Lage. Schon jetzt ist bestimmt vorauszusehen, daß wir nach Kriegsschluß den damit belegten Hauptteil unserer Fabrikationseinrichtungen wieder vollständig werden umstellen müssen.« Wie aber wird es dann mit der Ausfuhr stehen? »Es ist uns bekannt geworden, daß bei der langen Dauer des Krieges sowohl in Feindesland wie im neutralen Ausland die Herstellung unserer Friedenserzeugnisse, teilweise unter Enteignung unserer Patente, in sehr erheblichem Umfang aufgenommen worden ist, so daß uns große Aufgaben und Ausgaben bevorstehen, wollen wir nach dem Krieg den Wettbewerb im Weltmarkt wieder aufnehmen.« Diese Einsicht bedingte eine sehr planvolle Politik finanzieller Rücklagen. Auch war man sich darüber klar, daß viel von dem Rohstoffmaterial und Halbzeug, das man vor allem für die spezifische Munitionserzeugung in Feuerbach immerzu bei allmählich peinlich steigenden Preisen zu beschaffen hatte, nach Kriegsende für den Betrieb nahezu wertlos sein würde, ganz davon abgesehen, daß man mit den Maschinen nichts würde anfangen können. Die Entwicklung des kommenden Geschäftsjahres, wiewohl es noch ganz in die Kriegszeit fiel, verdeutlicht diese Tendenz, ein leichtes Absinken des Reingewinns bei gesteigerter Beschäftigung: der Ausweis für Waren ist gestiegen, der für Bankguthaben zusammengeschrumpft. Konnte man noch für das Jahr 1916/17 eine Dividende von 10% ansetzen, so hat man bereits im letzten Kriegsjahr völlig darauf verzichtet.

Da die Zukunft der Ausfuhr, wie auch der Krieg zu Ende gehe, eine Sache mit reichlich viel Unbekannten sein würde, wollte man nichts versäumen, die Stellung im mitteleuropäischen Raum auszubauen. Wien und Budapest erhielten eigene Verkaufsniederlassungen mit Reparatur- und Einbauwerkstätten – das war ein Wunsch der österreichisch-ungarischen Behörden gewesen, wesentlich für die glatte Erledigung des Heeresbedarfes. Vor allem gelang, mitten im Krieg ein repräsentatives Geschäftshaus für Berlin zu erstellen, in der Bismarckstraße zu Charlottenburg; bisher hatte man sich mit Behelfsräumen durchgefunden. An die Spitze der Berliner Niederlassung wurde *Max Dehn* berufen, ein Schulfreund von K. M. Wild, wie dieser und Borst aus Eßlingen stammend. Dehn brachte Sonderkenntnisse mit, seine beruflichen Anfänge lagen bei der Mea; er hat dann den vorgeschobenen Posten durch schwierige Jahrzehnte mit Takt und Umsicht verwaltet.

Die behutsame Art, mit der in dieser Zeit, da Bosch Millionen um Millionen seines Privatvermögens zu gemeinnützigen Zwecken stiftete, die Geschäftspolitik betrieben wurde, ist durchfärbt von der Einsicht, daß man, um bestehen zu können, sich auf *alle* Eventualitäten einrichten müsse. Es ist schwer zu sagen, wann in Boschs sorgenden Überlegungen auch *die* Eventualität Raum gewann, der militärische Sieg könne Deutschland entschwinden. Die großartigen Leistungen der kämpfenden Heere, der gewaltige, noch ungebrochene Schwung der Kriegsorganisation mußte auch ihn, der das Leid des Krieges so lebhaft empfand, stark beeindrucken. Seine Phantasie ließ im Beginn sich zu den kühnsten Erwartungen vorantragen; hatte er doch im

Herbst 1914 an einen erfolgreichen Landungsplan in England geglaubt! Der Respekt vor dem Fachmannstum der soldatischen Führerschicht, der den Deutschen in fast tragischem Maße eigentümlich ist, war auch ihm nicht fremd; seine Skepsis setzte dort ein, wo er glaubte, eine unerwünschte Vermengung militärischer und politischer Zielsetzungen zu erkennen. Das wird erst in den späten Phasen des großen Kampfes deutlich. Gerne läßt er sich von optimistischen Aussagen anstecken. So im August 1916: »Man hört jetzt ebensowohl von der Front als auch z. B. in Berlin im Auswärtigen Amt, daß der Krieg nicht mehr lange dauern werde. Die Engländer sähen ein, daß sie nicht durchbrechen könnten, und die Franzosen haben auch nicht genügend Leute. Möge es so sein.« Und im April 1917, auch an die Gattin: »Hindenburg soll der Ansicht sein, daß man im Juli in Friedensverhandlungen kommt. Es ist merkwürdig, daß man hier (Berlin) allgemein so schlecht von Stimmung ist. An der Front ist die Stimmung nach allgemeiner Ansicht ausgezeichnet.« Das mit Hindenburg komme »aus allererster Quelle«, auch die Mitteilung, daß »an der russischen Front nur noch geschossen wird, wo Japaner oder Engländer den Befehl haben«. Solcherlei Legenden waren damals im Schwange. »Wenn es den Engländern nun nicht doch bald zuviel wird, weiß ich nicht, was sie noch wollen. Allerdings muß es mit den U-Booten so weitergehen.« Das war in der Zeit, als der Unterseebootkrieg mit den sehr hohen Versenkungsziffern den feindlichen Schiffsraum bedrängte und das aktive Eingreifen Amerikas auf dem europäischen Festland durch die U-Boote abschirmbar erschien. Noch im Spätjahr 1917, in einem Brief, der am 17. November an den befreundeten Egnell nach Stockholm geht, wird mit dieser Waffe gerechnet: »Was uns die Revolution in Rußland bringen wird, ist nicht abzusehen. Daß durch dieselbe der Krieg nicht verlängert werden wird, ist ja wohl sicher, es hängt eben immer doch davon ab, was England und Amerika tun werden. Ich glaube, daß die Einwirkungen des Unterseebootkrieges auf England eben doch noch von ausschlaggebenderer Bedeutung sind als unser Vorgehen in Italien und die Revolution in Rußland.«

Solche Meinungen tragen mehr ein zeittypisches als ein individuelles Gepräge. Bosch kannte die Angelsachsen, mit schlechten und mit guten Erfahrungen, aus dem geschäftlichen Verkehr. Er war geneigt, wie wohl fast alle deutschen Kaufleute und Industriellen, sie als

Geschäftsleute zu nehmen, die im Grunde rechnerisch denken und mit denen man bei gegebener Gelegenheit ein vernünftiges Wort reden könne. Die eingeborenen Elemente eines ausgreifenden staatlichen Machtwillens waren ihm selber wesensfremd, so daß er sie nicht in ihrer eigenwüchsigen Dämonie erspürte, und die ideologischen Argumente hielt er für propagandistische Begleitmusik, ihre eigentümliche Tragfähigkeit langehin verkennend. Erst im Laufe des Krieges sah er ihre gefährliche Schlagkraft und die Notwendigkeit einer betonten Gegenwirkung. Das geschah, als er im »Rhein-Verlag« das Instrument schaffen wollte, das über die Schweiz der deutschen Sache und ihrer Gerechtigkeit als Anwalt dienen sollte. Naumann hatte damals in einer großen Denkschrift »Die Freiheit in Deutschland« der feindlichen Propaganda »klar und überzeugend«, wie Bosch ihm am 25. September 1917 schrieb, ein Bild der geistigen und sozialen Sonderwerte und Sonderleistungen Deutschlands entgegengestellt. Das sollte programmatisch aufgenommen werden. Aber der Versuch scheiterte am organisatorischen Versagen von René Schickele, der Bosch empfohlen worden war. Gemeinsam mit Gustav Klein hatte er vorher schon die Ausweitung der Zeitschrift »Deutsche Politik« ermöglicht, die im Kriege von Paul Rohrbach, Ernst Jäckh und Philipp Stein begründet war.

Es wäre unmöglich, für die Kriegsjahre etwas wie eine festumgrenzte außenpolitische Vorstellung zu zeichnen, wie Bosch sie später sich gebildet und öffentlich vertreten hat. Seine freundschaftliche Verehrung für Naumann brachte ihn an die »Mitteleuropa«-Konzeption heran, und dann half er Jäckh bei seiner Orientpolitik. Die Beträge, die er für die Ausbildung junger Türken zur Verfügung stellte, waren beträchtlich. Mit einer großen Stiftung ermöglichte er, den Plan, in Stambul ein »Haus der Freundschaft« zu erstellen, aus allgemeinen Überlegungen heraus zu einem unmittelbaren großen Bauvorhaben voranzutreiben. Diese Sache wurde der Anlaß zu einer längeren, an Eindrücken starken Reise, die Bosch, gesundheitlich einigermaßen wieder genesen, im Frühsommer 1917 mit Jäckh nach Stambul antrat und die ihm bei einem mehrwöchigen Aufenthalt auf den Prinzeninseln im Marmarameer die gesuchte Erholung schenkte. Vorsorglich wurde *vor* der Reise die Mitteilung gegeben, daß Bosch auch einen türkischen Orden ablehnen werde, was für die Regierung am Goldenen Horn sicherlich eine ungewohnte Ankündigung war. Es gab allerhand Feiern und Empfänge, und man konnte mancherlei hören; der gute Wille der jungtürkischen Führerschicht erfuhr freundliche Anerkennung in den Berichten an die Familie, aber die politischen Reflexionen sind darin doch gering. Das Ethnologische, die botanischen und zoologischen Beobachtungen überwiegen. Das sind die Grüße an den kranken Sohn.

Sehr entschieden war Boschs Stellungnahme zu den Fragen der innerdeutschen Entwicklung. Der »Burgfrieden« zwischen den politischen Parteien war ihm nicht nur eine taktische Angelegenheit, sondern eine Glaubenssache. Er hielt dafür, daß es möglich sei, das seelische Gleichgewicht des Volkes zu erhalten, wenn man nur sich bereit fände, die Gemeinsamkeiten im Bewußtsein zu wahren – deshalb sein scharfes Reagieren gegen die Umtriebe der linken Gruppe der Sozialdemokratie wie gegenüber der Rechtsopposition, der sich die Kanzlerschaft Bethmann Hollweg ausgesetzt sah. Hier verließ er die früher in der Tagespolitik geübte Reserve und stellte sich dem »Nationalausschuß« des Grafen Wedel zur Verfügung, der der amtlichen Politik eine moralische Hilfe geben wollte. »Der Nationalausschuß«, schrieb er der Gattin am 10. August 1916, »will den Reichskanzler gegen die Leute unterstützen, die ihn der Wahlreform halber angreifen und zu Fall bringen möchten. Sie werfen ihm Schwäche vor, die alles aufs Spiel setze. In Wirklichkeit kann es sich doch nicht darum handeln, daß wir noch mehr erobern, als wir schon haben, dagegen haben die Engländer doch unsere Kolonien, und um diese wieder zu bekommen, müssen wir eben Belgien auch wieder zurückgeben, wenn man auch bestimmte Bedingungen stellen wird, die Vorkommnisse wie die letzten vermeiden sollen.« In dieser Linie blieb er. Als Hans Delbrück seine publizistischen Feldzüge gegen alldeutsche Forderungen unternahm, fand er bei Bosch nachhaltige Unterstützung.

Psychologisch interessanter ist ein Vorgang, der in die gleiche Zeit fällt. Bosch hatte bisher immer sozialdemokratisch gewählt, war aber nie – auch später nicht – irgendeine Parteibindung eingegangen. Wenn er einmal während des Krieges, bei einer Rundfrage, die auch seine politische Haltung erkunden wollte, den Vermerk »naumännisch« niederschrieb, so war das nicht die Mitteilung einer Parteizugehörigkeit, sondern das Bekenntnis einer grundsätzlichen Sympathie. Diese kam denn auch später zu dem großartigen Ausdruck, daß Bosch das politisch-pädagogische Unternehmen als Möglichkeit sicherte, das Naumann als sein Hauptanliegen für die Nachkriegszeit seit 1916 innerlich vorbereitete: eine politische Hochschule. Bosch erwarb für diesen Zweck im Jahre 1917 ein geeignetes Gebäude am Kronprinzenufer in Berlin. Der Glaube an die Erziehbarkeit des Menschen zum Guten einte die beiden Männer, so verschieden sie nach Temperament und geistiger Herkunft sein mochten. Bei all diesen Überlegungen spielte eine Rolle die Erwartung, daß die positiv-nationale Grundhaltung der Sozialdemokratie, wie der Kriegsbeginn sie erwiesen hatte, als geschichtliche Kraft auch in der Nachkriegszeit wirksam bleiben werde und müsse; deshalb die Sorge, daß die Führungsschicht einer Radikalisierung der Tiefe ausgesetzt sei. Die unerwartete Dauer des Krieges und die Verschlechterung der Versorgungslage nährten solche Befürchtungen. Damals entschloß sich Bosch, als er von den finanziellen Schwierigkeiten erfuhr, die das Stuttgarter sozialdemokratische Blatt, die »Schwäbische Tagwacht«, bedrückten, dieser ein Darlehen anzubieten, das auch angenommen und als Grundschuld im Betrag von 60 000 Mark eingetragen wurde. Knapp drei Jahre waren vergangen, seit Bosch, während des großen Streikes, hier ein Übermaß von bösen Worten über sich hatte lesen können. Das war ihm gleichgültig. Aus sachlich-politischen Gründen schien es ihm gut, die kritische Lage der Zeitung zu erleichtern. Daß der Vorgang damals einen vertraulichen Charakter besaß, ist selbstverständlich. Für die unbefangene Sonderstellung des Mannes mag man aber weniges finden, was so bezeichnend wäre. Denn es ist selbstverständlich, daß die Abmachung ohne jegliche Bindung erfolgte.

Die Illusion des Burgfriedens war im Laufe des Jahres 1916 verblaßt; es begann die Ära der vertraulichen Denkschriften über Kriegsziele, über die Zukunft Belgiens und der französisch-lothringischen Erzvorkommen, über die spätere politische Gestaltung der russischen Randgebiete und ihr Verhältnis zu Deutschland. Die russische Revolution des Frühjahrs 1917, in ihrem Gewicht schwer abzuschätzen, übte eine starke Wirkung aus. Der Kanzler glaubte eine unerwünschte Beeinflussung der Massenstimmung abfangen zu können, wenn er die »Neuorientierung«, die bei Kriegsbeginn angekündigt war, nicht in die ungewisse Friedenszeit verschöbe, sondern jetzt schon anfasse. Als deren Kern galt die Beseitigung des preußischen Dreiklassenwahlrechts. Bethmann Hollweg vermochte Wilhelm II. dazu zu gewinnen, Ostern 1917 die Wahlreform in Preußen zum Regierungsprogramm zu erklären. Damit war eine jetzt offene innerpolitische Kampflage geschaffen, da die Gegnerschaft der preußischen Konservativen unzweideutig feststand. Sie verwirrte sich mit den militärpolitischen Spannungen: die politische Bewertung des unbeschränkten U-Boot-Krieges, die militärische des Kriegseintritts von Nordamerika. Der Gegensatz zwischen politischer und militärischer Führung trat ziemlich unverschleiert in das öffentliche Bewußtsein. Bethmann Hollweg wurde sein Opfer. Bosch hat den Sturz dieses Kanzlers bedauert, gelitten aber hat er unter der Aufrichtung sich befehdender Fronten. Sein Groll gegen Tirpitz, der gelegentlich sehr kompakte Worte wählte, stammte davon, daß dieser sich an die Spitze der »Vaterlandspartei« stellte. Nun begann auch Bosch eindeutig Stellung zu beziehen. Er wollte dabei die drohende Verschärfung vermieden wissen. Das erfuhr der Abgeordnete Professor von Schulze-Gävernitz in der sehr herben Zurückweisung von Darlegungen, daß die großen Kriegsgewinnler der Rechten Zeitungspropaganda für den Krieg finanzieren: »Eine derartige Kampfesweise überschreitet meines Erachtens das zulässige Maß. Bei aller noch so tiefgreifenden Abneigung gegen die Übertreibungen der Alldeutschen halte ich es für sehr gewagt, die Behauptung in die Öffentlichkeit hinauszuschleudern, daß irgendein Alldeutscher an der Kriegsfortsetzung ein geschäftliches Interesse habe und zum Zwecke der Verlängerung des Krieges und zur Erzielung von weiteren Kriegsgewinnen durch Zeitungen die Kriegsleidenschaft aufpeitschen lasse« (26. März 1918). So ferne Bosch sich gerade damals den Tendenzen der westdeutschen Großindustrie fühlte, für die Hugenberg die weitgreifende Zeitungspolitik eingeleitet hatte, so widerstrebte es seinem Rechtssinn, eine gegnerische Auffassung, nur weil sie gegnerisch war, unfairer Motive zu zeihen. Er selber fand sich bereits einige Zeit zuvor, im Spätjahr 1917, an eine Pressefrage herangerückt, freilich in der entgegengesetzten Richtung. Das blieb damals Episode. Es handelte sich um den Versuch, die »Vossische Zeitung« zu erwerben, um sie von der irrlichternden Kriegspolitik ihres Leiters Georg Bernhard freizumachen. Der Plan wurde von einer politischen

Gruppe in Berlin betrieben, und Bosch war bereit, ihm seine nachhaltige Unterstützung zu leihen. Er stellte dabei freilich die Bedingung der vorangegangenen Personalklärung; Friedrich Naumann solle die Oberleitung des in der Bildungsschicht einflußreichen Blattes übernehmen. Naumann versagte sich. Seine Gesundheit hatte unter den Kriegsentbehrungen schon so stark gelitten, daß er mit gutem Gewissen seiner Arbeitskraft, die durch die Mitteleuropa-Werbung und die Vorbereitung der politischen Hochschule schon zusätzlich überlastet war, keine neue zeitraubende Verpflichtung zumuten konnte. Eine voreilige Indiskretion bereitete dem ganzen Plan dann ein Ende.

Der Winter 1917/18 hatte die mit Bethmann Hollwegs Sturz offenkundig gewordene innere Krise, nach dem ungeschickten Zwischenspiel der Kanzlerschaft Michaelis, nur scheinbar geklärt. Die im Herbst aus den Verhandlungen zwischen Krone und Parteien hervorgegangene Regierung Hertling-Payer-Friedberg besaß zwar eine Sozusagen-Stütze im Reichstag. Aber sie erreichte kein Eigengewicht gegenüber der Obersten Heeresleitung, die, ohne greifbare formale Verantwortung, praktisch auch die politische Führung besaß. In ihr wirkten die willensstärkeren Persönlichkeiten, der Hintergrund weltgeschichtlicher Leistungen hatte ihr schier die Kraft der Unabsetzbarkeit gegeben. Das empfand der Kaiser, das erfuhr in den sachlichtaktischen Reibungen der Staatssekretär des Auswärtigen, Kühlmann. Für diesen ganzen Schwebezustand der tatsächlichen deutschen Machtlage ist vielleicht nichts so bezeichnend wie der merkwürdige Versuch, auf die militärischen Entschlüsse des Generalquartiermeisters im Frühjahr 1918 unmittelbaren Einfluß zu gewinnen. Professor Alfred Weber, der im Reichsschatzamt tätig war, entwarf jene Denkschrift, die an *Ludendorff* ging (12. Februar 1918), und die an der Spitze von Bosch als erstem unterzeichnet wurde, neben ihm der Verfasser, dann Naumann und Jäckh sowie die Führer der drei Gewerkschaftsverbände, Legien, Stegerwald, Erkelenz. Damals waren die deutschen Heere im Westen aufmarschiert, Ludendorff glaubte, mit einer gewaltigen Anstrengung die Fronten aus ihrer Erstarrung reißen und im wiedergewonnenen Bewegungskrieg die Gegner niederwerfen zu können. Hier nun trat ihm die Anregung entgegen, auf die militärische Offensive zu verzichten, in der vollen Stärke der Verteidigungskraft aber eine »politische Offensive« einzuleiten oder doch der auf ihn blickenden politischen Führung zu gestatten. Deren Inhalt sollte sein: Verzicht auf Belgien, Bekenntnis zur Reichszugehörigkeit von Elsaß-Lothringen. Als Ziel der Aktion war gedacht: in der Herausarbeitung des Verteidigungscharakters die innere Einheit zu stärken, aber in England, wo die belgische Frage zentral gesehen wurde, den Friedensströmungen eine Chance zu geben. In der belgischen Frage hatte Bosch schon im Januar auf seinen schwäbischen Landsmann, den Vizekanzler Payer, eingewirkt, »ein offenes Wort zu sprechen«. Der Angeredete »gab zu«, heißt es in dem Brief an einen Jugendfreund, »daß meine Anschauung Berechtigung habe, hat natürlich staatsmännische Rücksichten zu nehmen.« Diese »Rücksichten« waren eben die Meinungen der Militärs, darum der schier paradoxe, aber das Gewicht der Dinge erkennende Entschluß, Ludendorff und nicht den Grafen Hertling zum Adressaten dieser Eingabe zu machen. Daß Bosch als einziger Mann der Industrie neben den Arbeiterführern stand, entsprach ungefähr der Sonderstellung, die er in der Kriegszielpolitik innerhalb der industriellen Führerschicht einnahm. Das Schreiben mußte – fast sagt man: natürlich – wirkungslos bleiben. Ludendorffs Antwort war rein soldatischer Art: »Nur Handeln bringt Erfolg. Der Angriff ist noch immer die Fechtweise des Deutschen gewesen.« Das Heer freue sich, aus dem Stellungskrieg herauszukommen. Auf die politischen Überlegungen (nach denen er einige Monate später griff) ging der General damals gar nicht ein. Bosch war von der Erwiderung stark enttäuscht. Er hat später in sehr herbem Groll über Ludendorff geurteilt.

Kriegsausgang

In einem Brief an Paul Reusch vom Oktober 1917 steht die Bemerkung: »Der Krieg nimmt uns doch alle sehr mit, wenigstens diejenigen, die mit dem Herzen bei der Sache sind und sich nicht bloß darauf freuen können, daß sie Kriegsgewinne machen.« Es kommen die Monate, in denen die Sorgen und die Erregungen wachsen – ein Glück, daß eine längere Kur in Wiesbaden die körperlichen Beschwerden des Herzens gemildert hatte. Bosch hat in jener Zeit wiederholt Österreich besucht und war ungünstig beeindruckt, wie salopp auf dem

Lande und in den kleinen Städten die Ernährungsvorschriften gehandhabt wurden; er findet eine gewisse Gleichgültigkeit gegenüber dem Krieg, seine Äußerungen sind voll von scharfem Mißtrauen gegen den Kaiser Karl, aber nicht gegen diesen allein. Der Rücktritt Czernins vom k. u. k. Außenamt beunruhigt ihn stark.

Aber leidenschaftlicher und unmittelbarer bewegte ihn das innere Geschehen in Deutschland und das schwere Ringen an der Westfront. Ludendorffs gewaltige Offensive, die den Krieg zu einem siegreichen Ende führen sollte, war nach starken, doch begrenzten Anfangserfolgen steckengeblieben. Die erwartete operative Auswirkung blieb ihr versagt, die wiederholten Ansätze des Frühsommers, an wechselnden Stellen sie doch zu erzwingen, bekamen etwas Verkrampftes. Währenddessen wurde in Berlin mit allen Knifflichkeiten der parlamentarischen Technik um die Neugestaltung des preußischen Herrenhauses, um das Wahlrecht gekämpft, das auf den Stand der Ordnung im Reiche, in den süddeutschen Bundesstaaten gebracht werden sollte. Bei dem Betrachter weckte das zornige Grundinstinkte, die vom Vater her ererbt waren. Bosch ist natürlich nie das gewesen, was man einen Partikularisten nennt, aber er war, im Sinne etwa des Friedrich Theodor Vischer, von der sonderlichen Vortrefflichkeit der Schwaben überzeugt, sicher in seinem Heimatstolz. Ein Überlegenheitsanspruch der Preußen konnte ihn darum nicht weiter berühren. Aber jetzt war er empfindlich geworden. Als sich im Juli 1918 ein »Bund der Kaisertreuen« auftat, meinte er zunächst, der Kaiser selber müsse dem ein schnelles Ende bereiten: »Wenn der Kaiser ruhig zusieht, daß von Leuten, die den Ruhm besonderer Kaisertreue für sich in Anspruch nehmen, berechtigte Zweifel in die Aufrichtigkeit und Gültigkeit der Kaiserworte ausgestreut werden, so werden aus dieser Saat die schlimmsten Früchte erstehen«, ließ er nach Berlin schreiben. Und: »Es dürfte gelegentlich ruhig auch einmal zur Sprache kommen, wie geradezu aufreizend auf uns Süddeutsche die Betonung eines spezifisch preußisch-deutschen Glaubensbekenntnisses wirken muß.« Einige Monate später lehnte er den etwas paradoxen Vorschlag ab, sich an einer großen Weinsendung für die Soldaten zu beteiligen; das sei jetzt technisch kaum mehr durchführbar, und er glaube auch nicht, daß ein württembergischer Vorgang »in Preußen viel Nachahmung finden würde«. »Und warum jetzt noch die Schwaben, die man

Streikbrecher nennt, aufstacheln, allein, vielleicht nur zwecklos, ihr Blut zu verlieren? ... Lebte in Preußen der Geist, der in uns Schwaben lebt, der Krieg wäre ja überhaupt nicht entstanden!« (24. Oktober 1918).

Als dieser bittere Satz geschrieben wurde, war das deutsche Schicksal durch die von der Obersten Heeresleitung wenige Wochen zuvor der Reichsregierung abgezwungene Waffenstillstandsforderung bereits besiegelt. Bosch sah in dem gleichen Brief die Lage so: »Daß einerseits doch durch Überredung die Front noch wenige Wochen standhält und daß wir vielleicht die Maaslinie halten können, um dadurch noch etwas verbesserte Friedensbedingungen zu erzielen. Mehr, glaube ich, ist nicht möglich.« Daß der Krieg *militärisch* nicht mehr gewinnbar sei, darüber hatte Bosch sich seit Monaten keine Illusionen gemacht. Jetzt war, zumal dem Drängen Ludendorffs auf einen sofortigen Waffenstillstand der Durchbruch der Entente auf dem Balkan folgte, das Friedensangebot von Österreich-Ungarn eine neue Südfront notwendig machte, der Krieg der Schlachtenentscheidungen für jede nüchterne Sicht verloren. Zu lange hatte die offizielle Publizistik des Generalstabs den tödlichen Ernst der Lage vor dem Volksgefühl verschleiert. Um so schlimmer war jetzt die Reaktion der völligen Überraschtheit.

Bosch erlebte die Krise, bei allen Nöten, in einer Art von innerer Befreiung. »Es ist ganz merkwürdig«, schrieb er am 24. Oktober 1918 an den neu ernannten Staatssekretär Conrad Haußmann, den Führer der württembergischen Demokraten, »mich hat das Bewußtsein, daß wir eine schillernde Seifenblase haben, die dem Platzen nahe ist, und daß die überwiegende Mehrzahl des Volkes unsere Verhältnisse als gute und hoffnungsvolle ansah, diesen Sommer in einer Weise umgetrieben, daß ich manchmal nicht mehr wußte, was ich tun sollte. Heute, nachdem die Seifenblase geplatzt ist, bin ich verhältnismäßig ruhig geworden.« Aus der Welt der Ungewißheiten, der halbverdeckten Wahrheiten, der falschen Vermutungen, Behauptungen, Gerüchte herausgetreten, glaubte er, frischer atmen zu können. Die klare, harte Erkenntnis der Lage, die er auch ausgesprochen wissen wollte, schien ihm ein rasches und rücksichtsloses Handeln zu fordern. Vielleicht könnten *politische* Entschlüsse, bevor eine militärische Vollkatastrophe eintrat, der deutschen Gesamtlage dienlich sein.

Conrad Haußmann hatte den Landsmann gebeten, ihm doch mit seinem Rate beizustehen. Bosch nahm den Zuruf auf. In drei ausführlichen Briefen aus der zweiten Hälfte des Oktober 1918 legte er ihm seine Auffassungen vor, seinen Groll gegen die »Hinterhältigkeit des früheren Auswärtigen Amtes« etwa in der U-Boot-Auseinandersetzung mit Wilson. »Im Geschäftsleben, und zwar im großen Geschäftsleben ist Unehrlichkeit und Unglaubwürdigkeit das schlimmste, was man einem Geschäftsmann anhängen kann. Der Krämer lügt, der Kaufmann ist offen und ehrlich.« Das gilt auch für die Politik; er glaubte Bismarck als Zeugen gebrauchen zu können: »Meine Stärke ist keineswegs die Geschichtskunde. Ich kann mich aber trotzdem erinnern, daß Bismarck in seinen Erinnerungen davon spricht, daß das Vertrauen des Zaren ihm sehr viel genützt habe. Ich sage mir aber, wenn er das Vertrauen des Zaren gehabt hat, so muß er es doch wohl verdient haben, und Vertrauen verdient nur der, der offen ist, und deshalb kann ich nicht glauben, daß Bismarck seine Stärke in einer verschlagenen Diplomatie gesehen hat.« Ihm scheint die neue Regierung das noch nicht begriffen zu haben, wenn der Staatssekretär Erzberger jetzt ausgesprochen hat, das Friedensangebot sei keineswegs ein Zeichen unserer Schwäche: »Wer schon einmal versucht hat, anderen etwas weiszumachen, von dem wird man immer annehmen, daß es sich nur um ein Weismachen handelt, und auch der Brustton der Überzeugung wird bei ihm ohne Erfolg in Anwendung gebracht werden.« Es hat keinen Sinn, den Gegnern etwas vertuschen zu wollen, »sie sehen es doch selbst auf dem Schlachtfeld, sie hören die Aussagen unserer Gefangenen.« Den Feinden solle man sagen, sie mögen sich hüten, »uns zum Äußersten zu treiben« ... »vor wenig mehr als hundert Jahren hat die Welt sehen können, was ein bis zur Verzweiflung getriebenes Volk im Kampf um seine Freiheit zu leisten vermag« (15. Oktober 1918).

Aber dieses Motiv, auf eine nationale Erhebung zu rechnen, sinkt nach einigen Tagen wieder ab. Walter Rathenau hatte es in einem öffentlichen Artikel angeschlagen; der Briefwechsel mit einem Berliner Freund redet von dem Versuch, den »deutschen Gambetta« zu spielen. »Ich glaube nicht, daß es uns möglich sein wird«, schreibt Bosch am 24. Oktober an Haußmann, »eine nationale Verteidigung großen Stils einzurichten, dazu ist einesteils das, was wir bieten können, nicht zugkräftig genug. Es fehlt der große Gedanke.« Andernteils ist der nationale Gedanke nicht gesichert genug: »Das nationale Bewußtsein und die materielle Wertung des Staates fehlt bei uns weiten Schichten.« ... »Es wäre denn, daß man größere Gesichtspunkte ins Feld führen könnte, Gesichtspunkte von so weitgehender revolutionärer Bedeutung, daß vielleicht eine ganz links stehende Regierung etwas ausrichten könnte. Unsere heutige, entschuldigen Sie den Ausdruck, viel zu zahme Regierung wird kaum in der Lage sein, solche Volkserhebung durchzuführen.« Das Thema wird am folgenden Tag von einer neuen Seite variiert: »An eine Volkserhebung wie anno 14 (sic) ist nicht zu denken, weil die Technik eine viel zu große Rolle spielt und weil heute der Mannesmut an sich, auch wenn es der Mut der Verzweiflung ist, die Heldentaten nicht mehr verrichten kann wie vor hundert Jahren. Maschinengewehre wirken zu stark. Es muß deshalb unsere Sorge sein, das Heer, so wie es heute im Felde steht, widerstandsfähig zu machen für den Fall, daß die Bedingungen, die uns für den Waffenstillstand auferlegt werden, lediglich darauf abzielen, uns unschädlich zu machen, um uns hinterdrein zu vergewaltigen.«

Seine Frage und sein Rat sind: »Weshalb gehen nicht Leute, die das Vertrauen unserer Soldaten haben – Gewerkschaftler und dergleichen – an die Front, und zwar ungesäumt, und klären unsere Soldaten darüber auf, um was es sich nun für uns handelt?« (24. Oktober 1918). Und am Tag darauf: »Man wird aber Leute hinausschicken müssen, die sehr weit links stehen. Vielleicht ist es aber doch möglich, die Verteidigung des ›Vaterlandes‹ als ein Ziel hinzustellen, für das man sich noch erwärmen wird...«

Es handelt sich um Zeitgewinn. Denn »wenn wir kleingemacht werden, bekommen wir ganz unzweifelhaft eine soziale Revolution nach Art der bolschewistischen in Rußland ... das müssen auch die Gewalthaber bei unseren Feinden, mindestens in Frankreich und England fürchten« ... »Ich will nicht verfehlen«, geht es nun bekenntnishaft weiter, »daß ich sehr weit links stehe und daß ich eine weitergehende Revolution, als wir sie jetzt erleben, nicht für unerwünscht halten würde. Ich kann mir aber nicht vorstellen, daß eine solche weitgehende Revolutionierung erfolgen kann, ohne daß über das Ziel hinausgeschossen wird, wenn sie später vom Volke selbst nach der Art der russischen Revolutionierung in die Hand genommen wird. Nur das Öffnen weiter großer Sicherheitsventile kann uns vor einer Katastrophe bewahren, die mehr Elend im Gefolge haben wird, als sie Gutes nebenbei mitbringt ... je weiter wir nach links gehen, desto eher werden wir Eindruck machen und eine Katastrophe ablenken können.«

Diese Konzeption setzt auch eine Änderung in der traditionellen Haltung des Offizierskorps voraus. Bosch ist beeindruckt von Soldatenerzählungen, zumal aus der Marine, über die Kluft, die da und dort zwischen Offizieren und Mannschaft entstanden sei, zumal in der Lebensführung, und berichtet darüber an Haußmann: »es bedeutet ein vollständiges Umstellen in dem Gedankengang des Soldaten, wenn heute nicht mehr gilt, daß Befehlen gleichbedeutend mit Führen ist.«

Natürlich geht der Blick auch ins Lager der Gegner: »Heute bleibt uns nichts mehr übrig, als zu hoffen, daß Wilson tatsächlich als der ehrliche Mann sich zeigen wird, der uns den Völkerbund bringen wird, und der, wenn er dazu in der Lage ist, der größte Mann in der Geschichte sein wird. Napoleon I. hätte seinerzeit, wenn er nicht den Ehrgeiz gehabt hätte, Beherrscher der ganzen damaligen zivilisierten Welt zu werden, eine ähnliche Rolle spielen können, wie sie Wilson spielen wird, wenn er der Mann ist, den wir hoffen, in ihm sehen zu dürfen« (15. Oktober). Das kehrt nochmals wieder: »Es ist möglich, daß Wilson ein anständiger Mensch sein will. Es ist möglich, daß er es durchsetzen kann, daß man uns verhältnismäßig günstig behandelt, namentlich, wenn man von unserer Seite versteht, die Gefahr, die in dem Bolschewismus liegt, in das richtige Licht zu rücken.« Die unsichere Rolle, die der amerikanische Präsident ein paar Monate später in den Pariser Vorkonferenzen der Alliierten gespielt hat, hat diesem »Es ist möglich« den Stempel illusionärer Fragwürdigkeit gegeben. Das mochte aber damals für den nach den besten Aussichten spähenden Betrachter eine noch offene Sache sein.

Das Kaiserproblem bewegte ihn, wie viele Deutsche in diesen Wochen, zunächst unscharf. In einer allgemeinen Bemerkung voll anschaulicher Drastik, die freilich auch spüren läßt, wie völlig fremd und fern ihm das Grundethos des Monarchischen ist, tauchte es auf: »Was bei uns gefehlt hat, das war der gute Haushalter, der im Hause herumläuft und in jeden Winkel hineinsieht und hineinriecht, ob es nicht stinkt. Das wäre seinem Beruf gemäß der Kaiser gewesen. Nach dem glaubte man, Hindenburg sei ein solcher guter Haushalter. Man hörte davon, daß er im Feld sehr viel in Ordnung gebracht habe. Auf die Dauer scheint der Mann dem aber auch nicht gewachsen gewesen zu sein.« (25. Oktober). Soll der Kaiser nun bleiben? »Verspricht man sich davon eine Einwirkung auf die arbeitenden Klassen? Das Bürgertum scheint für ihn ganz außerordentlich wenig übrig zu haben.« »Der Preuße ist allerdings ein ganz besonders Ding« – und der Briefschreiber gesteht, nicht zu wissen, »was man an die Stelle des Kaisers setzen soll, so mag es vielleicht das Beste sein, er bleibt, wo er ist.« Doch erscheint der Vorschlag, »den Enkel mit einzusetzen mit Max als Regenten ein sehr guter Vorschlag.« »Er läßt dem Preußen seinen Kaiser und nötigt uns nicht in die Republik hinein. Die Umwälzung ist kleiner und läßt sich leichter machen.«

Nach einigen Tagen wurde für Bosch das Problem drängender. Österreich-Ungarns Friedensangebot ließ ihn sorgend nach Südosten blicken, wo bald Italiener an der bayrischen Grenze stehen werden. Am 29. Oktober schreibt er an Naumann, daß es »doch wohl angebracht wäre, wenn man das große Friedenshindernis, den Kaiser, auf die eine oder andere Weise dazu bringen könnte zu gehen.« Der Enkel könne ja sein Nachfolger werden: »Es wäre doch viel besser, wenn vom Reichstag aus das jetzt schon gemacht würde, als wenn man erst darauf wartet, bis in Bayern womöglich auch noch Wünsche für eine Lostrennung laut werden.« Als Bosch diese Bemerkung über den Nachbarstaat machte, konnte er nicht wissen, daß die Münchener Regierung schon einige Tage zuvor, am 25. Oktober, dem preußischen Gesandten ihre Auffassung von dem ihr erwünscht erscheinenden Rücktritt Wilhelms II. vorgelegt hatte! Naumann, der sachlich, um die spürbar gefährdete Monarchie zu retten, selber den Gedanken der persönlichen Resignation des Kaiers vertrat, mußte dem Drängenden die staatsrechtlichen, politischen und personellen Schwierigkeiten auseinandersetzen.

Von diesen Schwierigkeiten bekam Bosch einen unmittelbaren, verwirrenden Eindruck, als er in den ersten Novembertagen nach Berlin fuhr. Das spiegelt sich in einem Brief vom 5. November an die Gattin: die Argumente hin und her werden zitiert, Sorge vor dem Lieferungsstreik des flachen Landes, Ungewißheit über die Haltung des Heeres im Falle eines Aufstandes. »Hat die Abdankung, die vielleicht vor vier Wochen sinnvoll war, heute noch einen Zweck, sagen ihre Gegner; jetzt ist sie von den Feinden erzwungen und muntert nur zu weiteren Forderungen auf.« Es heißt auch, die Waffenstillstandsbedingungen seien schon übergeben, würden aber noch verheimlicht, – was Bosch, wenn es zuträfe, für sinnlos hält.»Daß man nicht fortkämpfen kann, ist jedermann klar, darüber habe ich noch keine andere Meinung gehört.« Der Aufenthalt am Orte der Entscheidungen sollte ihm stärkere Gewißheiten geben, als sie aus Briefen und Erzählungen zu gewinnen waren – er gab ihm »das Gefühl der Machtlosigkeit von sich selbst«. Bosch kündigt die Rückfahrt für den nächsten Tag an: »Ausrichten kann man doch nichts, schließlich sind andere so klug wie man selbst.«

Die Ereignisse des 9. November konnten ihn im Grunde nicht mehr überraschen. Er hatte noch kürzlich gehofft, es werde möglich sein,»die Front, etwa an der Maas, zu halten, bis der Winter größeren Operationen unserer Feinde Schwierigkeiten bereitet. Wenn uns das gelänge, so könnten wir vielleicht immerhin noch einen verhältnismäßig günstigen Frieden erzielen.« Die unselige Art, mit der die Waffenstillstandsforderung eingeleitet war, der Auftrieb, den sie den feindlichen Militärs gab, die seelische Verwirrung, der das deutsche Volk, auf die drohende Lage psychologisch gar nicht vorbereitet, ausgeliefert war, gefährdeten die Voraussetzungen dieser Erwartungen. Die militärischen Ereignisse an der mazedonischen und italienischen Front, ihre Rückwirkung auf die politische Struktur von Österreich-Ungarn vernichteten sie. Alle Überlegungen, ob und wie eine politisch-psychologische Umstellung die gespannte Kriegslage entlasten könne, erwiesen sich als wohl für den sorgenden Mann höchst bezeichnende, aber von der elementaren Wucht der Vorgänge überrannte Spekulationen. Über die sachlichen, über die sozialwirtschaftlichen Folgen des verlorenen Krieges machte Bosch sich keinen Augenblick Illusionen. Politisch betrachtete er, auf lange Sicht gerechnet, die tiefgreifende Änderung der deutschen Dinge nicht ohne Hoffnung, wenn die deutschen Menschen die Lehr- und Lernzeit bestehen würden.

Als Bosch einige Jahre später, 1921, die Erinnerungsnotizen niederlegte – »ich würde am liebsten von dem Kriege gar nichts schreiben« –, urteilte er über Wilhelm II. so: »Der Kaiser wollte den Krieg nicht, er hat aber nicht verstanden, ihn zu vermeiden. Im Gegenteil hat sein persönliches Verhalten in sehr großem Umfang dazu beigetragen, den Krieg heraufzubeschwören, die Einkreisung Deutschlands zu ermöglichen. Wilhelm der Zweite war kein geeigneter Chef für ein Welthaus! Das klingt schnodderig, soll es aber nicht sein. Wer auf so hohem Posten steht, darf nicht eitel sein, er darf auch nicht boshaft, er muß ein ernster Mensch sein, der stets und bei allem weiß, daß das, was er tut, nicht nur er selbst, sondern unter Umständen sein ganzes Volk zu verantworten hat ... Unter einem ernsthaften Menschen, etwa unter Wilhelm I., hätten wir nie so Fürchterliches erlebt.« Seine, Boschs, Kritik an dem politischen und militärischen »System« habe sich »leider als richtig herausgestellt«.

Und an einer anderen Stelle, da er beklagte, wie vielen Leuten, zumal der oberen Ranglisten, das Bewußtsein fehlte, »daß es sich vor allem darum handelte den Krieg zu gewinnen«, vermerkte er, es habe auch Leute gegeben, die den Krieg als »von vornherein verloren bezeichneten. Ich kann dem nicht beipflichten.« Als er diese Sätze schrieb, war schon die Meinung in Umlauf gesetzt und langsam zur politischen Wirkung gekommen, daß der Krieg militärisch zu gewinnen gewesen wäre, wenn die Heimat nicht versagt hätte. »Das deutsche Volk«, schrieb Bosch, »hat sich vier Jahre lang in einer Weise und mit einer Hingabe gewehrt, die einfach ans Unerklärliche geht. Dies um so mehr, als gerade die Führer die Person sozusagen immer vor die Sache stellten. Das Vergehen der Ludendorff und Tirpitz ist deshalb um so niederträchtiger und es gehört eine unglaubliche Frechheit dazu, von einem Dolchstoß in den Rücken der Front zu reden.«

Revolutionszeit

Der Krieg war verloren, die Niederlage riß, gänzlich widerstandslos, die alte Staatlichkeit, die Träger ihrer Hoheit, ihre Symbole mit sich. Es war schlechter Geschmack, diesen Vorgang als »Sieg des Volkes« zu drapieren. Denn revolutionärer Wille saß nur bei einer schier verschwindenden Minderheit, die dabei des suggestiven Führers entbehrte und ihre politische wie sozialwirtschaftliche Anschauungswelt mit fremden Wortanleihen bestritt. Die Massen waren seelisch und körperlich erschöpft, die Oberschicht, noch vor wenigen Monaten mit den vom Hauptquartier dargebotenen Illusionen sich selber über die tragischen Spannungen der Kriegslage hinwegtäuschend, betäubt. Wohl lief, im überkommenen Stil, die Apparatur der Staatsverwaltung weiter, die Behörden erledigten wie bisher die gewohnten Geschäfte. Fragwürdig war die Sinngebung geworden, unsicher das innere Gewicht alles staatlichen Seins, die Macht. Erst nach Jahren konnte sich die Legende bilden, eine entschlossene Haltung der militärischen Befehlshaber in der Heimat, die sachlich und rechtlich über Befehlsgewalt verfügten, hätte dem geschichtlichen Werden einen anderen Rhythmus geben können. Daß solche Entschlossenheit überall fehlte, hatte seinen tieferen Grund: die Männer spürten, daß sie die Kampfmüdigkeit der Soldaten in den Garnisonen jetzt nicht für innere Machtproben aufpeitschen könnten.

Das war auch die Lage in Stuttgart. Für Bosch, der mit schweren Ahnungen aus den bedrückenden Ungewißheiten der Berliner Entscheidungen und Nichtentscheidungen am 6. November 1918 in die Heimat zurückgekehrt war, wurde die dortige Entwicklung in den kommenden Wochen zur Mitte der inneren Teilnahme. Berlin lag jetzt weit, so weit. Man sah wohl, daß dort in einem dem Außenstehenden schwer zu durchschauenden Ringen der sozialistischen Gruppen um die Gestaltung der nächsten deutschen Zukunft gestritten wurde, man erfuhr allerhand neue Namen, mit denen sich keine nähere Vorstellung verband, man spürte, wie der Einfluß nachhaltig in Erregung versetzter hauptstädtischer Massen dem improvisierten Regiment des Reiches das Gepräge geben wollte, als ob örtliche Ehrgeize Berlins die Willensträger für das Gesamtschicksal der Nation seien. Die Aufgabe wurde so gedeutet: das Land, wenn es möglich sei, gegen die Verwirrungen, die von Berlin drohten, zu schützen und es gleichzeitig gegenüber der tragischen Burleske, die von Kurt Eisner im bayrischen Nachbarstaat begonnen war, abzuschirmen. Ähnliches galt ja auch anderswo. Während eine Weltkatastrophe den Kontinent erschütterte, suchte man im kleineren übersehbaren Raum seelische Sicherung zu finden und sachliche Ordnung zu retten oder zu schaffen.

Bosch hatte sich früher um württembergische Politik im einzelnen nicht gekümmert. Nun war er doch, während des Krieges, durch die Stiftungen für das Land, durch den Vorsitz im Industriellenverband, eine öffentliche Figur geworden. Mit der Zurückhaltung gegenüber den leitenden Männern ging es nicht mehr, wenn sie ihn suchten; zu dem im Jahre 1918 neu berufenen Innenminister von Köhler, einem Manne von über die Landesgrenzen reichender Erfahrung, war er in eine Art von achtungsvollem Vertrauensverhältnis gekommen. Man hatte in Stuttgart den Versuch unternommen, eine Regierung zu bilden, in der neben einige der Beamtenminister erfahrene Führer der Parteien traten; die Überlieferung sollte nicht zerbrochen, aber gegenüber dem Kommenden elastisch gemacht werden. Das war eine Lösung, wie sie Bosch erwünscht schien. Doch blieb sie nur ein Zwischenspiel. Die Ereignisse des 9. November löschten sie aus. König Wilhelm II. ebnete der Entwicklung selber den Weg, indem er den Thronverzicht anbot, in der klaren Einsicht, daß nach den Geschehnissen in Berlin und München die Monarchie sich nicht isoliert in Württemberg werde behaupten können.

Für einen Mann von der streng rationalen Denkart Boschs waren mit der Monarchie keine persönlichen Gefühlswerte untergegangen; den menschlichen Respekt hatte er dem letzten König Württembergs nie versagt. Aber jetzt galt es, unsentimental das Nächste und Nötige zu besorgen. Die Verhandlungen, in denen sich zwischen Ministern, Militärs, Stadtoberhaupt, Parteiführern, unter erträglicher Begleitmusik der lärmenden und unruhigen Straße, der Ablauf der Revolution vollzog, die im Grunde ja gar keine echte war und das erst später werden wollte, wirkten damals nicht unmittelbar ins öffentliche Bewußtsein. Der Stuttgarter Stadtvorstand, Lautenschlager, empfand diese Lücke, wußte um die Gefahr der falschen Gerüchte. Er entschloß sich, zum 12. November eine lose Versammlung von Männern der verschiedenen Berufe und Schichten zu sich zu laden und ihr über die Vorgänge, an denen er weithin amtlich beteiligt gewesen – die Polizei war damals noch städtisch – zu berichten. Hier hat Robert Bosch das Wort ergriffen, es war wohl das erste Mal, daß er öffentlich sprach. Seine kurze Rede ist im Wortlaut nicht überliefert; der Oberbürgermeister empfand sie als das Echo der Bürgerschaft in ihrer maßvollen Festigkeit. Einige Sachfragen über Kriegsrohstoffe, die angeschnitten wurden, sollten in einer Sonderbesprechung behandelt werden; das Wichtigste war wohl Boschs Erklärung, daß die zurückkehrenden Soldaten wieder an ihren Arbeitsplätzen eingestellt würden. Das mußte beruhigend wirken. Die Aufforderung des Oberbürgermeisters, »sich willig und mit allen Kräften hinter die neue Regierungsform zu stellen, werde von den Kreisen der Industrie rückhaltlos befolgt werden«. So die Zeitungsnotiz.

Es war ja nicht bloß der Privatunternehmer Bosch, der hier sprach, sondern der Vorsitzende des Instustriellenverbandes, der in einer unbefangenen Auslegung seines Führertums solche Erklärung abgab. Die unmittelbare Wirkung war offenbar stark, aber die Gemeinverbindlichkeit ihrer Geltung fraglich. Denn in einer Sitzung, die am 13. November im Arbeitsministerium stattfand, meldeten sich auch die ängstlichen Gegenströmungen. Bosch wies sie zurück, es gelte jetzt mehr als enge Geschäftssorgen. Es ist darüber zu einem aufschlußreichen Briefwechsel gekommen. Ein eben aus dem Felde zurückgekehrter junger Industrieller beschwor ihn, sich persönlich noch stärker in die Führung der Industrie, zumal der Metallindustriellen, zu begeben, um »frische Luft zu bringen«. Bosch war über den Zuruf erfreut (»leider ist es bis jetzt der einzige geblieben«), aber er kann nicht, die Gesundheit verwehrt es: »Z. B. hat mir eine kleine Ansprache im Rathaus, die mich allerdings im tiefsten Innern bewegte, wieder eine kleine Herzerweiterung zugezogen.« Das Leitmotiv der kommenden Zeit wird in dem langen Schreiben vom 14. November 1918 angeschlagen: die Gewerkschaften müssen in ihren Mitteln anständig werden, vor allem indem sie vermeiden, unter fragwürdigen Losungen die Arbeitsleistungen zurückzuhalten, aber die Unternehmer, die »eben solche unwahren Mittel verwendet haben«, müssen davon lassen: »ich stehe auf dem Standpunkt, daß der Unternehmer in erster Linie die Verpflichtung hat, anständig zu sein.« Der Brief hat ihn »ganz außerordentlich« gefreut. Kam er sich in seiner Haltung mehr oder weniger vereinzelt vor, auch in der engeren Heimat, mochte er dies Gefühl der Sonderstellung gelegentlich mit einer gewissen Bitterkeit übertreiben, so schien sich ihm hier eine Kameradschaft der Gesinnung zu melden. Er horchte während der kommenden Monate und Jahre aufmerksam in das junge Geschlecht der Industriellen, um dann nach einigen Jahren nicht ohne Befriedigung auszusprechen, daß er bei ihnen jetzt öfters freiere Aufgeschlossenheit für die Arbeiterfragen gefunden habe, als umgekehrt bei Gewerkschaftsleuten für die wirtschaftspolitischen, ja sogar für die sozialen Bedürfnisse.

Die politischen Verhältnisse in Württemberg hatten sich im Ausgang des Jahres 1918 verhältnismäßig rasch befestigt, um freilich 1919 mehrmals auf eine sehr harte Probe gestellt zu werden. An die Spitze einer Koalitionsregierung aus Sozialdemokraten, Demokraten und Zentrum trat der alte sozialistische Reichstagsabgeordnete *Wilhelm Blos,* der, ein kenntnisreicher Historiker früherer Revolutionen, über die Begleiterscheinungen und den Stil *der* Revolution, die ihn jetzt in ein wenn auch räumlich begrenztes, so doch wichtiges Staatsmanntum gehoben hatte, ziemlich skeptische Gedanken besaß. Er ging damals schon auf das siebzigste Lebensjahr, hatte den Ehrgeiz hinter sich geworfen, eine klare, innerlich freie Natur, die eine gewisse altfränkische Würde mit dem Zug zum Jovialen verband. Nun übernahm er ohne Zögern in einfachem Pflichtsinn das Amt, das ungerufen auf ihn zukam, um es mit ruhiger Gelassenheit auszufüllen. Bosch ist ihm menschlich nicht näher getreten; als er nach dem Tode von Blos den wesentlichen Beitrag gestiftet hatte, um dem Verstorbenen ein Grabmal zu errichten, schrieb er (1929) an die Witwe von Blos, daß er sich diesem (und Ebert) gegenüber »bedrückt fühle, weil ich die Dankbarkeit und die Anerkennung beiden Männern nicht genügend zum Ausdruck gebracht habe«. Gesundheit, Scheu vor Gesellschaften, Geschäftsüberlastung habe den menschlichen Verkehr in den Nachkriegsjahren so sehr eingeengt; »daß diese beiden Männer in erster Linie ein Denkmal verdient haben, habe ich des öfteren zum Ausdruck gebracht und werde es auch künftig tun.«

Der »Volksbeauftragte« Friedrich Ebert, der in jenen schweren Monaten begann, in dem Berliner Chaos der Gesinnungen und Strömungen sich durchzusetzen, konnte Bosch noch keine deutliche Erscheinung sein. Was sich in der Reichshauptstadt abspielte, bedurfte erst der Klärung; er kümmerte sich unmittelbar wenig darum. Walter Rathenau machte dort den Versuch, einen »demokratischen Volksbund« ins Leben zu rufen und rechnete dabei auf Boschs Mitwirkung. Bosch hatte (20. November 1918) dem Plane lebhaft zugestimmt, aber die Programmatik vertieft gewünscht, die »die Sozialisierung der Gesellschaft als Ziel« zu deuten habe. Er wollte gegenüber der Sozialdemokratie nur eine verschiedene Bewertung des Entwicklungstempos erkennen, aber über das »Geschwindigkeitsmaß« werde eine Verständigung möglich sein, wenn die Sozialisten beim Bürgertum »den ehrlichen Willen zur Tat« spüren. An dem Bürgertum liege es, gedanklich »die materialistisch begrenzten Forderungen des Sozialismus geistig auszuweiten und zu vertiefen«, ihn ethisch zu begründen und »zum Sozialidealismus zu vergeistigen« – es wird sich vor solcher Aufgabe selber geistig erneuern. Das klingt alles sehr entschieden, aber etwas abstrakt. Ein zweiter Brief (12. Dezember 1918) – Rathenau hatte inzwischen seine politischen Pläne auf einen »Gesinnungsbund« eingeschränkt – ermuntert nun, »den vorwärtsdrängenden Führerkräften Anregung und Rückhalt zu bieten und die nach Gewinnung einer sozialen Anschauung strebende Jugend zusammenzuschließen«. Am wichtigsten erscheint ihm, den »lebendigen Verkehr von Persönlichkeit zu Persönlichkeit« zu ermöglichen, zunächst im engsten Kreis, dort sollen »in ernster eindringlicher Gedankenarbeit« die entscheidenden Fragen geklärt werden, um dann »besonders in der Jugend und Frauenwelt zu wirken«. Die Rathenauschen Pläne sind bald versunken. Bosch hat später entsprechende Versuche zur Kreisbildung, etwa von Professor Philipp Stein und August Müller, aus nie versagender Willigkeit gefördert, wo immer er einen Ansatz sah, über die Parteischablonen hinaus Stellungen zu beziehen, die doch eine sachliche Entschiedenheit gestalten. Eine Frucht solcher Bemühungen, wenigstens die gute menschliche Atmosphäre zu ermöglichen und zu pflegen, war die von ihm herbeigeführte Begründung der *»Württembergischen Gesellschaft«*. Was im Auftrieb des nationalen Einheitsgefühls der Einsatz der »Deutschen Gesellschaft von 1914« für Berlin bedeutet hatte, sollte jetzt die Heimat in der »Württembergischen Gesellschaft von 1918« erfahren. Die neue Vereinigung, an deren Beginn er zunächst starken Anteil nahm, lag ihm sehr am Herzen, und sie wirkte wohl auch für eine ausgleichende Atmosphäre. Freilich, der Sprung in der Seele der Nation, die den Kriegsausgang und seine inneren Folgen ganz unvermeidlich verschieden erlebt hatte, war dem schärferen Blick schon sichtbar. So hat auch dieser Schöpfung der wirklich umfassende Charakter gefehlt.

Wollte Bosch mit seiner leidenschaftlichen Teilnahme an dem Zeitgeschehen eigentlich »in die Politik gehen«? Das lag keineswegs in seinem Sinn. Er hat sich wiederholt über seine geringe Eignung zum öffentlichen Auftreten ausgesprochen, und eben ein solches war ja doch mit dem sich durchsetzenden neuen Stil der Staatslenkung verknüpft. An den verfassungsrechtlichen Fragen, die sich jetzt in den Vordergrund schoben, hatte er ein geringes Interesse, für die Dynamik der staatsrechtlichen Ordnungen kein sonderliches Verständnis. Aber Instinkt und Wissen sagten ihm, daß alles Denken und Planen wirtschaftlicher Art für absehbare Zeit an die einfachen Tatsachen der äußeren und inneren Politik gebunden sei. Wer mochte aus dem Zustand der militärischen Entmachtung heraus im Winter 1918/19 irgendein Friedensbild zeichnen? »Präsident Wilsons Aufgabe eines Schiedsspruches«, schrieb Bosch am 13. Dezember 1918 einer ihn befragenden amerikanischen Zeitungsagentur, »stellt Anforderungen, daß man sich fragt, ob es einem Menschen überhaupt möglich ist, so aus der Nähe und unter dem frischen Eindruck der Ereignisse stehend, wirklich vorurteilsfrei und unparteiisch seinen Schiedsspruch durchzuführen«. Und dem Amerikaner wird dann suggestiv versichert: »Das durchaus Ordnung und die Freiheit liebende deutsche Volk wird die innere Krise rasch überwinden, wenn man ihm die Möglichkeit läßt, sein Wirtschaftsleben wieder aufzubauen, und es wird eine der zuverlässigsten und wertvollsten Stützen des Völkerbundes werden.«

Als Bosch diese den Ausländer anredenden Sätze schrieb, war er sich natürlich darüber klar, daß die Voraussetzungen für seinen wirtschaftlichen Optimismus noch recht ungesichert waren. Das galt auch für die Lage der eigenen Unternehmungen. Die Rüstungsaufträge hörten auf, Rohstoffe, Halbzeug, Maschinen, gestern noch für den laufenden Betrieb lebensnotwendig, waren jetzt nur Belastung, zu wenig mehr nütze, Platzbeengungen, Aufräumungsgelegenheiten. In den Gedanken und den Gelddispositionen hatte man sich auf diesen Augenblick eingerichtet, wenn freilich auf günstigere Begleitumstände. Eine weitschichtige Überlegung durfte sich sagen: Der Krieg als solcher konnte dem Zeitalter der Motorisierung keine Bremse aufzwingen, sondern er mußte ihm eher einen Ruck nach vorwärts geben. Er erwies sich auch, zumal in Deutschland, als ein gewisser Lehrmeister: die Vielfältigkeit in der deutschen Erzeugung hatte bei allen Reparaturaufgaben und Teil-Auswechslungen höchst störend gewirkt. Die Bestrebungen zur Normung, freilich zunächst nur zögernd verfolgt, nahmen hier, aus der Kriegserfahrung, ihren Ausgang. Boschs Erzeugnisse hatten sich dabei aufs höchste bewährt. Aber wie nun weiter? Der große Auftraggeber Krieg fiel weg, wann und in welchem Ausmaß würde die »private« Kundschaft wieder antreten können? Und es war frühe zu sehen, daß bei Umstellung auf den Friedensmarkt manche Fabrik, die bislang ausschließlich oder doch vorwiegend Kriegswaffen erzeugt hatte, in die Sphäre der Verkehrswirtschaft sich begeben würde. Hieß es nicht schon bald, Krupp werde statt Mörser und Haubitzen jetzt Lastkraftwagen bauen? Nun, das mochte willkommen sein: ein neuer Abnehmer. Aber da konnte man auch bald anderes hören: Die AEG in Berlin, so verlautete, wird die Herstellung von Zündapparaten in ihr Programm aufnehmen. Da heißt es, sich auf scharfen Wettbewerb einrichten. Man hatte davor aber geringe Angst; denn ein paar Jahrzehnte Erfahrungen sind mehr wert als ein Millionenkapital.

Besorgter blickte man auf das Ausland, das ja *der* große Markt zumal für die Zündapparate gewesen war. Die Anekdoten von dem französischen Fahrer, der vor Gericht für Bosch-Ware erfolgreich eine höhere Entschädigung einklagt, von den englischen Fliegern, die bei ihren deutschen Kameraden Bosch-Zündung erbitten, waren ja sehr farbig gewesen. Doch der Ernst besaß jetzt einen graueren Anstrich. Das hatte man schon während des Krieges verfolgt, wie die fremden Staaten sich um die Errichtung neuer eigener, um den Ausbau vorhandener Unternehmungen mühten. Die Bosch-Patente wurden in England annulliert, ein großes Werk wie Vickers hatte begonnen, Zünder zu konstruieren. In Amerika hatte man die »Bosch Magneto Co« unter Sequester gestellt; der Verwalter des Auslandsvermögens verkaufte den ganzen Komplex an eine amerikanische Gesellschaft, die nun als »American Bosch Magneto Corporation« firmierte und in einer bombastischen Anzeige mitteilte: »Nur die Besitzverhältnisse haben sich geändert«... »I am an American!« Es war damit zu rechnen, daß die Staaten mit Einfuhrverboten oder Prohibitiv-Zöllen das investierte Kapital schützten. Aber davon abgesehen: würde, auch wenn die Freihandelspraxis, wie sie etwa Belgien kannte, weiter gelten sollte, nicht das Publikum durch den Kriegsgroll in einen Käuferstreik gegen deutsche Arbeit treten? Gerade aus Brüssel, wo man seit der Errichtung des eigenen Geschäftshauses eine überragende Stellung besaß, erklangen solche Töne. Nicht genug: die neutralen Länder, von den kriegführenden durch Jahre schlecht bedient, aber in der Konjunktur reicher und anspruchsvoller geworden, hatten den Versuch unternommen, eigene Spezialindustrien zu gründen. Das galt für die Schweiz, das galt für Schweden; von dort erhielt Bosch zunächst geradezu klägliche Berichte. Das mochte und mußte sich alles erst in der kommenden Zeit klären, und dann würde man weiter sehen. Den Schwierigkeiten blickte man klar ins Auge. Die Patente und die Warenzeichen, die zum Teil mit dem Namen Bosch verbunden gewesen, waren entwertet. Damals wurde der vielseitige Gottlob Honold zum Graphiker: er schuf das neue Warenzeichen. Während des Krieges hatte man sich damit begnügt, den Erzeugnissen die Buchstaben R B einzupressen oder einzugravieren. Honold schlug vor, sich davon unabhängig zu machen. Die bisherigen Warenzeichen, ein »flammender Magnet«, ein »zündender Anker« waren völlig auf die Zündung abgestellt, neben die ja nun eine Anzahl anderer Apparate getreten war. Honold löste sich davon, er entwarf den »Zündanker im Kreis«, mit jener außerordentlichen Sicherheit für Maß und Form, die allen seinen Konstruktionen neben dem Rationellen das Durchfühlte gibt. Diese Skizzierung vom Ende November 1918 ist ein scheinbar nebensächlicher Vorgang, aber er erwies sich als eine kluge und bedeutsame Maßnahme. Wollte man wieder in die Welt vordringen, und daß man das wollte, weil man es mußte, war auch in den Wochen ärgster Verwirrung Bosch und seinen Leuten völlig deutlich, dann war ein Gewinn, diesen neuen Feldzug an ein einfaches, sinnfälliges, von allen Schriftarten unabhängiges Fahnenzeichen zu knüpfen. So geschah es.

Zunächst bemühte man sich um eine Klärung auf dem inneren Markte. Bosch hatte, was anfangs manche Schwierigkeit schuf, seine kalkulatorisch überlieferte und bewährte Preispolitik durchgehalten; schließlich konnte man ihn nicht entbehren. Die Wettbewerber, die ihn in der Güte der Ware nicht erreichten, suchten durch Unterbietung im Geschäft zu bleiben; schließlich waren aber die Preise nach dem allgemeinen Empfinden überhöht. Bei Bosch faßte man den Entschluß, ihn selber als einen wagenden Versuch betrachtend, zum

1. Januar 1919 eine 20prozentige Preissenkung vorzunehmen (»ganz unkaufmännisch-gefühlsmäßig«); das sollte ein Beispiel geben und dem kaufenden Publikum wie den gewerblichen Kunden ein ermunterndes Entgegenkommen erweisen. Bemerkenswert an diesem preispolitischen Wagnis erscheint der Rückschau, wie wenig man noch die preisrevolutionäre Wirkung des verlorenen Krieges und der Unsicherheit der Friedensbedingungen einschätzte; wenn man auch sah, daß »wir ganz zweifelsfrei auf jeden Auftrag, den wir zu diesen Bedingungen hereinnehmen, Geld zulegen«. Einige Monate genügten, in denen die Teuerung des Alltagslebens die Zurücknahme der biederen Absicht erzwang. Man begann, das Wort Inflation zu buchstabieren, um dabei sehr merkwürdige Erfahrungen zu machen: der langsam einsetzende Währungsfall zerstörte oder gefährdete doch die Substanz der inneren Betriebsmittel, aber er bahnte ein nicht zu übersehendes Gefälle für die Waren, die über die Grenze strebten.

Einer anderen Schwierigkeit wurde man erst aus der Erfahrung bewußt, der schier plötzlich einsetzenden Verwilderung der Kaufgewohnheiten oder besser der Verkäufersitten. Das betraf natürlich nicht Bosch allein, aber es berührte ihn mit dem vor dem Krieg sorgsam aufgebauten Vertretersystem besonders empfindlich. Die ganze Automobilbranche geriet in eine Deroute. Wenn man später den argen Rückschlag zu beurteilen suchte, dem die deutsche Kraftfahrzeugindustrie nach dem Kriege ausgesetzt war und von dem sie sich nur unter Krisen erholte, dann spielte die Desorganisation des Marktes keine geringe Rolle, die das ungeregelte Abstoßen von Automobilen und Krafträdern aus den Heeresbeständen verursacht hatte. Natürlich wirkten auch andere Elemente hinein: Umschichtung der Einkommen, technische Bedenklichkeiten und Irrwege, unsicherer oder grober Fiskalismus der Steuerpolitik. Das war erst später zu spüren. Aber jetzt gab es viel Ärger und Verdruß über das Schiebertum, das, wer weiß wie, sich in den Besitz von Vorräten bei Heeresstellen oder Zwischenhändlern gesetzt hatte und nun eine eigene Preis- und Marktpolitik einleitete, die vor allem den Vertretern im neutralen Ausland das Geschäft gründlich verdarb. Bosch war voll Zorn auf die Militärverwaltung, die aus den Fugen gegangen schien. Es dauerte wohl über ein Jahr, bis man die Sache wieder einigermaßen fest in die eigenen Hände bekam.

Die fabrikatorische Lage erwies sich bald besser, als man zu fürchten Grund hatte. Die Gesamtbelegschaft, die am 1. August 1914 4210 betragen hatte, belief sich am 1. März 1919 auf 6420; dazu kamen noch über 400 Betriebsangehörige, die man aus dem Heeresdienst, aus Gefangenen- und Internierungslagern zurückerwartete. Ihnen wurden die Plätze offen gehalten. Es fehlte nicht an Aufträgen; der zivile Warenhunger meldete sich. »Die Verhältnisse hier sind verhältnismäßig gut«, wird am 1. Februar an Reusch berichtet. »Wir können dank des Umstandes, daß der Winter nicht gerade wasserarm ist, auch wieder länger arbeiten, trotz des Kohlenmangels.« Um die Kohle wird geklagt und gekämpft; es kam der Augenblick, da Bosch sich hier autark fühlen durfte, als er von seinem oberschwäbischen Werk in Ostrach Torf nach Feuerbach schaffen ließ, um den Betrieb aufrechtzuerhalten. Doch mußte durch das ganze Jahr 1919 hindurch immer wieder ein, zwei Tage gefeiert werden, weil einfach die Kohlen fehlten. Diese Geschichten, noch mehr aber die verschiedenen Ausstände, in denen die Lage nicht mehr »verhältnismäßig ruhig« war, schlugen nicht so sehr unmittelbar zu Buch, aber sie gefährdeten, durch Übelwollen noch krasser dargestellt, in der Welt den Ruf der guten Arbeit, noch mehr der zeitlich zuverlässigen Lieferung.

In der Zeit mit ihrem angestauten Bedarf nach Ware und der Ungewißheit der Währung steckte eine ungeheuer starke Anregung zur kaufmännischen Expansionspolitik: Verfügung über Sachwerte mannigfachster Art mochte als Sicherung, als Stärkung einer geschäftlichen Machtposition gelten. Auch Bosch ließ sich überzeugen, daß hier eine sachliche Aufgabe, eine Chance auf ihn warte; die private Gründung der »Hiranie«-Gesellschaft bot dafür den Rahmen. Es ist eine freudlose Sache geworden, bei der es mehr Verdruß und Verlust gab als Genugtuung und Gewinn. Die Geschäftspolitik des Werkes selber blieb von Experimenten frei.

Als er im September 1918 durch Haußmann gebeten worden war, für die Autographensammlung der Preußischen Staatsbibliothek einiges über seine gewerblichen Erfahrungen niederzuschreiben, hatte er, neben anderen Betrachtungen, die Sätze niedergelegt: »Einen Vertrag abschließen ohne Hintergedanken, ihn aufs pünktlichste erfüllen, ist eine Tat höchster geschäftlicher Klugheit. Immer habe ich nach dem Grundsatz gehandelt: ›Lieber Geld verlieren als Vertrauen.‹ Die Unantastbarkeit meiner Versprechungen, der Glaube an den Wert meiner Ware und den an mein Wort standen mir stets höher als ein vorübergehender Gewinn.« Wenn Bosch an diesem Grundsatz festhielt, dann mußte in erster Linie erreicht werden, daß die Arbeitspräzision bis aufs Letzte gewahrt wurde und kein Stück aus der Werkstatt auf den Markt kam, das nicht der peinlichsten Prüfung gewachsen war. Das bedeutete einen harten und unnachgiebigen Kampf um die Sicherung der Verkaufs- und der Arbeitsmoral, nicht immer leicht in den Monaten, da die politischen Diskussionen, gläubig hoffende, künstlich und ehrlich enttäuschte Stimmungen durch die Fabriksäle gingen. Hier mußte auch in den Monaten, da die Arbeiter sich über das Wesen eines kommenden Sozialismus wund stritten, unerbittlich und straff über das Erzeugnis gewacht werden; jede Schlamperei, auch jede mit Nachsicht behandelte Lässigkeit in der Rohstoff-Frage konnte zunächst ein Kostengewinn sein, um vielleicht bald danach eine Gefährdung zu werden. Sollte es so etwas wie eine sozialistische Wirtschaft geben, dann durfte das Zeichen Bosch nicht die geringste Minderung in der Wertigkeit verantworten. Daß Bosch daran festhielt, hat sein Unternehmen, bei all den Opfern, die der Kriegsausgang brachte, bei all den Krisen, die aus der inneren und äußeren Lage Deutschlands folgen mußten, nicht nur gerettet, sondern ihm den festen Grund für einen neuen, so viel schwereren Eroberungszug in die Welt gegeben.

Das war als Erbe der Kriegspsychose von Anbeginn einzusetzen, daß die staatliche Politik der bisherigen Gegner das Ihrige tun würde, die deutschen Erzeugnisse ihrem Markte nach Möglichkeit ganz ferne zu halten oder doch mit hohen Zöllen eine schwer übersteigbare Barriere zu errichten. Ein forsches Vorgehen konnte psychologisch nur Nachteile erzeugen. Die Frage erhielt eine überraschende Wendung: Bosch brauchte keine Erkunder ins Ausland zu senden, dies führte ihm selber Interessenten zu; man wird sie nicht gerade Überläufer nennen. »Dieser Tage«, konnte schon am 1. Februar 1919 Bosch an den Freund Reusch berichten, »habe ich auch einen Brief erhalten, in dem ein Franzose sich um meine Vertretung bewirbt. Er habe als Heeresautomobilfahrer die Überzeugung gewonnen, daß das ganze Ersatzfabrikat an meine Zünder nicht herankommen könne.« Einer der alten Bosch-Leute, der aus der englischen Internierung eben heimgekehrt war, brachte die Meinung mit nach Hause, Vickers & Co., die die enteigneten Bosch-Patente vom englischen Staat erworben hatten, würden sich auch bald um die Vertretung bewerben, »sie kämen allein nicht durch«. Das stimmte hoffnungsvoller, als man bisher gewesen war, wenn freilich der Board of Trade bald darauf, im April, das totale Einfuhrverbot verlängerte. Man mußte Geduld haben. Es gab immerhin auch noch einen neutralen Boden: bei dem ersten Motorradrennen nach dem Krieg, in der Westschweiz, fuhren 90 % der Beteiligten mit Bosch-Zündung, und sie war die Gehilfin der Sieger. Als im August Holland eine Luftverkehrsausstellung veranstaltete, war unter dem Druck der Entente-Mächte Deutschland nicht eingeladen worden; aber der Bosch-Vertreter, ein Holländer, stellte mit seinem Firmennamen aus und erzielte einen vollen Erfolg. Alte Verbindungen wurden auf diesem Boden neu geknüpft. Ein paar Monate später, am 7. Oktober 1919, konnte Borst an Bosch nach Stockholm schreiben, daß ein Deutsch-Amerikaner mit der Bitte da gewesen sei, man solle doch wieder kommen. Was die American Magneto Bosch liefere, sei schlecht und ihre Geschäftsmethoden nicht besser. »Das Wichtigste: zwei Leute von Peugeot kamen im Auftrag ihrer Direktion, um die Fühlung wieder aufzunehmen.« In Italien zeigte man seit dem 1. Oktober 1919 wieder den alten Firmennamen. Die Außenbeziehungen schienen also überraschend schnell in Ordnung zu kommen. Aber das schien doch nur so, und von Ordnung wollte man bei dem ungewissen Zustand der Währung nicht reden. »Das Geschäft hier in der Firma geht ausgezeichnet«, konnte Ende 1921 Bosch an Egnell schreiben, »aber man hat natürlich keine rechte Freude daran, denn man weiß ja, worauf die starke Beschäftigung gegründet ist. Immerhin sind die Aussichten heute besser als vor drei Jahren, und vielleicht kriegen wir doch einmal Ordnung auf unserem Planeten.« Die großen und schwierigen Auseinandersetzungen über die Weltmarktlage wurden erst notwendig, als die Stabilisierung der Mark erreicht war. Bis zu diesem Zeitpunkt war der Ring der versuchten Diffamierung gesprengt.

Das, was die Welt begehrte, waren vor allem die Zündapparate und Zündkerzen, die den Ruhm der Bosch-Arbeit begründet hatten; knapp vor dem Kriege waren der Anlasser und die Lichtanlagen hinzugetreten, für die jetzt erst der eigentliche große Umsatz begann. Die kommenden Jahre sollten zeigen, daß Bosch noch umfassender das für die »Zubehör«-Teile der Motorfahrzeuge bestimmende Unternehmen werden sollte. Die Kriegsaufträge selber hatten die Firma in manchem branchefremd gemacht. Jetzt, nach dem Krieg, da die Übersicht noch unscharf war, suchte man nach allerhand Erzeugnissen, die einen Markt finden würden und die den geschulten Arbeiterstand erhalten könnten: man konstruierte Schreibmaschinen, Füllfederhalter, Schraubenschlüssel und dergleichen, um im Notfall Beschäftigung geben zu können. Doch das blieb vorsorgendes Zwischenspiel. Eine größere Aussicht versprachen die im August 1919 mit 300 000 Mark Stammkapital gegründeten »Optischen Werke Stuttgart-Feuerbach«. Man war zu ihnen auf eine eigentümliche Weise gekommen: ein während des Krieges hinzugekauftes Fabrikgebäude war in den oberen Stockwerken nicht stabil genug gebaut, um schwere Maschinen zu tragen. Gedacht war an die Massenerzeugung von Brillengläsern. Honold selber wollte sich darum kümmern, nachdem ihn die Scheinwerferarbeit so nahe an die Optik herangebracht hatte. Die Ansätze waren nicht schlecht: 1920 kaufte man die bestehende Firma Julius Faber einschließlich ihres Namens, der schon eingeführt war. Doch hielt das Interesse an dem neuen Artikel nicht vor; bereits 1922 begnügte man sich mit der 49%-Beteiligung, um im Jahre 1926 auch diese an die Fabersche Familie abzustoßen. Das sichere Ausgreifen in neue Erzeugungsaufgaben, bei denen sich auch schwierigere technische und organisatorische Fragen meldeten, sollte erst zu einem späteren Zeitpunkt erfolgen, als auch eine neue Generation von Mitarbeitern angetreten war.

Gustav Klein blieb nicht das einzige Opfer, das der Krieg unter den führenden Männern des Werkes forderte. *Heinrich Kempter*, dem Verunglückten freundschaftlich nahe verbunden, erlitt einen gesundheitlichen Zusammenbruch, aus dem er die frühere Kraft nicht mehr zurückgewann. Erst 48jährig, ist er im Herbst 1919 gestorben. Innerhalb der starken Temperamente unter den Führungskräften bedeutete er den Mann der sachlichen Vermittlung, etwa schwerlebig mit einem Zug zur Ordnung haltenden Pedanterie, darin Klein aufs Glücklichste ergänzend, als Arbeitskraft unermüdlich. Einschneidender war schon vorher der Tod von *Eugen Kayser* gewesen, der im Dezember 1918, von familiärem Leid gebeugt und dann vom Ausgang des Krieges, der sein Lebenswerk zu vernichten schien, völlig erschüttert, in dunkler Stunde das Leben von sich warf. Das Schicksal hatte ihn schwer heimgesucht: der Kriegstod raubte ihm die beiden ältesten Söhne, die Gattin, die Mutter starben, der heitere Sinn seines Wesens versank unter dieser seelischen Last. Trüber, verstellter als die anderen, jüngeren Genossen der Arbeit sah seine im Grunde weiche Natur die Auswegslosigkeit der Lage; er traute sich nicht mehr die Spannkraft zu, dem Metallwerk, das er aufgebaut und mit seiner wendigen, erfahrenen Klugheit geleitet hatte, in den drohenden Krisen die feste Führung zu geben. Honold mußte einspringen. Doch war dessen Vorstandschaft nur als Zwischenspiel gedacht. Der Mann, der ihm diese zusätzliche Bürde wieder abnehmen könnte, war vielleicht schon unterwegs in die Heimat: *K. M. Wild*, der das Werk in Springfield technisch geführt hatte, aber nun, wie die übrigen leitenden Männer des Unternehmens seit Amerikas Eintritt in den Krieg, ausgeschieden war, wurde dringend zurückerwartet. Der Termin zog sich bis Ende 1919. Im Frühjahr 1920 übernahm Wild die neue Aufgabe; an seine Seite trat als kaufmännischer Leiter *Hermann Bosch*, ein Sohn des ältesten Bruders von Robert Bosch. Hermann Bosch hatte seit 1901 für die das deutsche Japangeschäft führende Hamburger Exportfirma Illies & Co. in Japan geweilt; es war ihm geglückt, während des Krieges unentdeckt zunächst nach USA und dann nach Deutschland zu gelangen. Ihm wurde es nicht ganz leicht, sich nach so langer Abwesenheit in der fremden Welt den heimischen Gewohnheiten wieder anzupassen; auch in dem Verhältnis zu Robert Bosch fehlte die richtige menschliche Wärme. Doch gab seine weltläufige Gewandtheit ein anregendes Element.

Ernst Ulmer, der seit dem großen Arbeitskampf von 1913 wesentlich die Personalpolitik zu vertreten hatte, holte sich *Hermann Borst* an seine Seite, der die Angestelltenabteilung ausbaute und systematisierte, sie auch sozialpolitisch lebendig und frei zu entwickeln verstand, ein Mann, in dem eine starke Mitleidensfähigkeit und sachliche Strenge sich mischten. Das Verhältnis zur Gefolgschaft, das war zu spüren, würde in der Erregung der Zeiten mancher Belastungsprobe ausgesetzt sein. Die Zeit forderte eine Kraft, die Vertrauen weckte, aber auch in unangenehmen Verantwortungen fest blieb. Wesentlich der Sicherung des Vertrauensverhältnisses, doch nicht ihr allein, galt auch die Begründung der Werkzeitschrift »*Der Boschzünder*«, deren erste Nummer am 15. März 1919 erschien. Der Gedanke, ein Mitteilungsblatt oder etwas Ähnliches zu schaffen, war schon in den Jahren vor dem Kriege hin- und herbesprochen und grundsätzlich bejaht worden. Der rasche Anstieg der Gefolgschaft bedrohte die Sicherung eines Traditionsgefühls. Aber Bosch lehnte die Ausführung des Planes ab, solange die geeignete Kraft nicht da sei. Er spürte, wie sehr eine solche Sache, sollte sie nicht nach einem langweiligen Schema erledigt werden, von dem Wesen des verantwortlichen Mannes abhängig sei. Den glaubte Hugo Borst in seinen Soldatenmonaten beim Kriegsbeginn auf dem Kasernenhof in Ulm entdeckt zu haben und versicherte sich seiner Bereitwilligkeit für das Kriegsende. Der damals 37jährige *Otto Debatin*, ein Badener, war nach dem Studium der Naturwissenschaften in den Verlag und die Leitung der volkstümlich bildnerischen Zeitschrift »Kosmos« eingetreten; auch ihn lockte die Aufgabe. Die Vorschläge, die er, 1916 verwundet aus dem Felde zurückkehrend, auf Boschs Anregung in einem Schriftsatz niederlegte, und die unbefangene Selbständigkeit, in der dies geschah, gewannen sofort Robert Boschs Zustimmung, der sie mit dem Vermerk versah: »Wenn wir einmal eine Werkzeitung herausbringen sollten, dann wäre das der richtige Mann dafür.« Um sich einzuarbeiten, bevor der Plan Wirklichkeit wurde, trat Debatin im September 1918 seine neue Stellung an.

Der »*Boschzünder*« wurde nun nicht ein beliebiges Anhängsel des großen Geschäftes oder ein Wimpel, der als Zierat wirken sollte; er ist aus der Geschichte der Bosch-Werke gar nicht wegzudenken. Die alten Jahrgänge sind gewiß längst in den Ehrenstand der »Chronik« getreten, als Quellen sehr nützlich, aber man muß sie lesen mit den Augen frischer Gegenwärtigkeit. Dann wird man sich rasch dessen bewußt, wie sehr diese Zeitschrift und ihr Leiter dabei geholfen haben, dem, was man später mit einem Pathos, das den hohen Anspruch aussagen sollte, »Bosch-Geist« nannte, die Form zu geben. Es waltete da mehr als redaktionelle Geschicklichkeit. Die fehlte gewiß nicht in der Mischung von Lehrhaftem und Unterhaltendem, in der unterrichtlichen Darstellung des Werdens und des Sinnes der einzelnen Erzeugnisse der Firma, in den Mitteilungen über die allgemeine Geschäftslage, in den Durchblicken auf die wirtschaftliche Gesetzgebung und ähnliches. Sehr wesentlich war die programmatische Bereitwilligkeit, mit der die Spalten des Blattes auch der Aussprache über die innerbetrieblichen Sorgen geöffnet wurden, in Kontroversen, die gelegentlich einen herben Ton besaßen. Man war entschlossen, nicht zimperlich zu sein, ließ ein kräftiges Wort zu, wußte auch, wenn es darauf ankam, mit einem kräftigen Wort zu erwidern. Zur Mitwirkung wurden die leitenden Männer herangeholt wie die der Aussprache bedürftigen Arbeiter, auch Bosch hat von Zeit zu Zeit zur Feder gegriffen. Man pflegte, bei gegebenen Anlässen, der Sonderart und Sonderleistung einzelner Männer zu gedenken, in einer glücklichen Verbindung von Vertraulichkeit und Respekt – so durfte jeder sich angesprochen fühlen. Und wenn man des feierlichen Tones satt war, ließ man auch Raum für freundwillige Satire und Selbstironie. Im ganzen eine publizistische Meisterleistung, mit einem eigenwilligen Sonderton zwischen den Werkzeitschriften, die es schon gab oder die jetzt zu sprießen begannen. Bosch hatte an der Gestaltung des Blattes seine große Freude, weil die Verbindung des heimatlichen Grundklangs mit dem Rhythmus der Weltweite, das Nebeneinander von aufklärendem wissenschaftlich-technischem Sachreferat und ethisch-erzieherischer Anrede seinem eigenen Wesen entsprach.

Industrieverfassung und Sozialisierung

Anfang Dezember 1918 berief das württembergische Arbeitsministerium, das damals von Hugo Lindemann geleitet wurde, Bosch in die Kommission zur »Vorbereitung der Sozialisierung der Industrie«. Bosch glaubte, obwohl seine Arbeitskraft »sehr geschwächt« sei, »sich der Aufgabe nicht entziehen zu sollen«. Vielleicht werde ihm der Arzt bald verbieten, weiter mitzuarbeiten. Aus dieser Mitarbeit ist dann nicht viel geworden, weil der ganze Ausschuß über wohlwollende Klärungen und Feststellungen und Begutachtungen nicht hinauskam.

Die württembergische Sozialisierungskommission war nicht die einzige ihrer Art. Allenthalben setzte man solche Gremien zusammen, sie gehören ins Bild der Zeit und mußten dem aufmerksamen

Auge schon damals als die Geschöpfe einer schier peinlichen Sachverlegenheit erscheinen. Der »Sozialismus« war als Ziel oder doch als Folge des Umsturzes der politischen Gewalten plakatiert. Männer, die Sozialisten waren, sich wenigstens so nannten und gewiß dafür galten, standen an den sichtbaren Stellen des Reiches und der Staaten. Aber sie wußten plötzlich nicht, so konnte man es deuten, was eigentlich »Sozialismus« sei, oder sie hatten die Einsicht, daß die völlig ungesicherte Lage der deutschen Wirtschaft für »Experimente« sich wenig eigne, daß solche der Erholung Deutschlands schädlich und dem Ansehen des unsicher gedachten Sozialismus wahrscheinlich gefährlich seien. »Sozialismus ist nur möglich, wenn die Schornsteine rauchen.« Dies wurde zu einer Formel der zögernden Vorsicht. Doch die drängende Ungeduld mußte anworten: ist der Sozialismus die überlegene Wirtschaftsordnung, so muß er, gerade er, die Schornsteine wieder zum Rauchen bringen. Im Grunde war das die Frage, über die man sich in Ausschüssen, soweit es dort ernsthaft zuging, beriet und stritt: wo liegt die Gewähr der höheren Produktivität? Und die andere, mehr sinnenfällige: welche Gebiete der gewerblichen Erzeugung heben sich durch ihren monopolistischen Grundcharakter oder durch die Art ihrer Erzeugung heraus, so daß für sie eine Sonderregelung sachlich möglich und nationalpolitisch erwünscht sei? Das heißt, man untersuchte, welche Betriebe »für die Sozialisierung reif« seien, wobei der Begriff der Sozialisierung (Verstaatlichung? Zwangskartell mit behördlicher Kontrolle? Kommunalisierung? Gemischtwirtschaftliche Bildung?) sein schwankendes Wesen behielt. Die praktischen Ergebnisse dieser Bemühungen blieben gering, und auch ihr theoretischer Ertrag kam bald ins Welken; politisch aufschlußreich mußte sein, daß die Vertreter der Sozialdemokratischen Partei in ihren Gutachten mehr als einmal sich trennten. Diese Unentschiedenheit vor der Kernfrage des Programms lähmte den Willen. Dem unbefangenen Betrachter der Lage konnte ihr seelischer Hintergrund nicht verborgen bleiben. Es waren gar nicht sozialistische Triebkräfte, die in die Revolution geführt hatten. In dem militärisch-politischen Zusammenbruch war ein Massenindividualismus entbunden worden, der aus den Beengungen, Verordnungen, Befehlsgewalten herausdrängte und sich von der überkommenen Formelwelt mit ihrem abstrakten Marxismus nicht bannen ließ. So wurden diese Jahre ein Wirbel von

Mißverständnissen und die Menschen in ihr die Beute von unbefriedigenden Schlagworten.

Bosch war nach seiner Art zu schwer, um diesen ganzen Fragenkreis, wie es damals vielfach geschah, nur taktisch zu betrachten: es müsse eben etwas geschehen, einige, wenn möglich zeitlich begrenzte Abschlagszahlungen an die Wünsche der Arbeiterschaft sollen schließlich geleistet werden, bis sich die Erregungen wieder gelegt hätten. Er nahm die Auseinandersetzung über das, was man Sozialismus nennen könne, ernst, nicht mit den Augen des besorgten Unternehmers die Forderungen betrachtend, die da herangetragen wurden, auch nicht von dem Agitatorischen angesteckt, das er, bei aller Einfühlungskraft in das Wesen enttäuschter Massen, sehr kritisch sich ansah, sondern mit dem Blick auf das Volksganze, die deutsche Lebensfähigkeit im Rahmen internationaler Wirtschaftsordnungen und Arbeitsmethoden. Sozialismus als nationalpolitische Begrenzung war ihm schwer ausdenkbar, wollte er sich als Sonderregelung der ökonomischen Verfassung von einer anderen Welt abheben. Das russische Experiment, sachlich damals völlig undurchsichtig und mit politischen Parolen beladen, schien Bosch nur als Gegenzeugnis brauchbar, zum mindesten für die deutschen Dinge ohne alle Beweiskraft. Der Begriff des Sozialismus, dem das utopische Bekennen seiner Jugend, der Amerikajahre, sich zugewandt hatte, besaß auch jetzt, da er sehr plötzlich als gegenwärtige Möglichkeit angesagt war, für ihn nichts Schreckhaftes. »Ich darf mich wohl als Sozialisten ansehen«, schrieb er am 27. März 1919 an einen Führer der Metallarbeitergewerkschaft, Eggert, dem er seine Zustimmung zu maßvollen Ausführungen in der Sozialisierungskommission ausdrücken wollte, »wenn ich mich auch nicht zur Partei der Sozialdemokratie bekenne (ebenso wie man ein Christ sein kann, ohne in die Kirche zu gehen), aber gerade als Sozialist und aus Sozialismus halte ich die Sozialisierungswut, die trotz des abschreckenden russischen Beispiels nun auch die radikalen Kreise unseres Volkes wie ein Fieber erfaßt, für verderblich.« Wenn Bosch sich in dem bemerkenswerten Schreiben an einen Mann, den er vor sechs Jahren, bei dem Streik, unwillig, da er ihn persönlich schätzte, unter seinen Widersachern gesehen hatte, zum Sozialismus bekennt, so will das besagen, daß seine Gedanken um die »allgemeine Wohlfahrt« kreisen. Das ist ein unscharfes Wort, und ganz gewiß wird man in den brieflichen Äußerungen, in den mannigfachen Aufschrieben jener Zeit, die der eigenen Klärung dienen, keine straffe oder steife Dogmatik suchen dürfen.

Die Grundlage seines Denkens bleibt ein realistisches Verantwortungsgefühl: die materielle und politische Notlage des Vaterlandes muß illusionslos ebenso als Gegebenheit genommen werden wie bleibende kapitalistische Grundstruktur der Völker, mit denen Deutschland wirtschaftlich wesentlich zu rechnen hat. Jede unvernünftige Sozialisierung in Deutschland müßte »dem Gedanken des Sozialismus selbst schwersten Abbruch tun«, es würde Deutschland auch »einen bedeutenden Teil seines Kapitals und seiner wirtschaftlichen Intelligenz ans Ausland verlieren«. Sozialisierung darf nicht bedeuten, daß »für die führenden, den eigentlichen Antrieb leitenden Kräfte jeder äußere und innere Anreiz wegfällt«; »Verdienstmöglichkeit« und »Raum für die Entfaltung persönlicher Initiative« müssen bleiben. Das darf auch die staatliche Finanzpolitik nicht vergessen. Dem Schreiben an Eggert waren Betrachtungen beigelegt, in denen Bosch zu grundsätzlichen Formulierungen kommt. Es steckt ein ungewohntes Pathos in ihrem Vorspruch: »Das innigste Streben einer freiheitlich zusammengefaßten Volksgemeinschaft muß sein, alle guten, wertvollen Kräfte des Einzelnen zur Entfaltung und Wirksamkeit und alle diese Kräfte auf jedem Gebiete des Lebens zur Höchstleistung zu bringen. Auch in der Volkswirtschaft. Diesem obersten und leitenden Grundsatz höchster Produktivität müssen beim Aufbau jeden wirtschaftlichen Planes und Gefüges alle anderen Gedanken und Wünsche untergeordnet werden. Höchste Ergiebigkeit ist die Grundforderung für eine vernünftige und freiheitlich verstandene Wirtschaftsverfassung. Dabei ist bedeutsam nicht nur, daß im erreichbaren Höchstmaß Güter erzeugt werden, sondern daß so gut und so billig als nur möglich erzeugt wird.«

Und indem nun »die Arbeitskraft« als »der höchste wirtschaftliche Reichtum des deutschen Volkes« erscheint, wird mit Ernst dargetan, was deren pflegliche Entwicklung bedeutet. Nur mit einem Höchstmaß an Leistung, was heute mancher vergessen hat, kann die kommende schwere Zeit niedergezwungen werden. Aber die gute Arbeitskraft fordert auch »Betriebsmittel, so vollkommen und zahlreich als nur möglich ist«, die besten Arbeitsmethoden, die zweckmäßigste

Organisation müssen verwendet werden. Darin sind wir Herren unserer Entschlüsse, doch nicht von allen Rohstoffen, Hilfsstoffen, Maschinen. Dazu braucht man das Ausland. Aber das gibt nur gegen Leistung. Die Schicksalsfrage der Zukunft bleibt, in Güte und Preis sich wettbewerbsfähig zu halten – die eigenen Bedürfnisse mit der deutschen Apparatur zu befriedigen ist nicht schwer, ein Mehr ist nötig aus Rohstoff- und Ernährungsgründen. Die Betrachtung schließt mit der Überlegung, daß alle Sozialisierungspläne nur unter diese Frage gerückt werden müssen.»Für welche Betriebe ist, immer unter dem Gesichtspunkt der höchsten Ergiebigkeit und Güte, verbunden mit größter Wohlfeilheit, mehr die *kollektivistische* Form der Wirtschaftsweise zweckmäßig und notwendig und für welche Betriebe ist, unbeschadet der später in anderer Richtung sich vollziehenden Entwicklung, die *kapitalistische* Form der Wirtschaftsweise bis auf weiteres beizubehalten?«

In dieser Antithetik steckt manche Zeitgebundenheit, die sozialistisches Denken mit kollektivistischem gleichzusetzen gewohnt war. Sie hat später bei Bosch selber einige Auflockerung erfahren, seine Ablehnung der beamteten und verwalteten Wirtschaft hat die Akzente der freien kapitalistischen Selbstverantwortlichkeit stärker herausgearbeitet. Das »Sozialistische« erfüllte sich in Fragen der Arbeitsverfassung und des Arbeitsethos.

Aus den Kriegsnöten heraus begann Bosch, in Abkehr von der früheren grundsätzlichen Haltung, eine den Betriebsangehörigen, ihren Hinterbliebenen zugewandte Fürsorgepolitik zu entwickeln; das Schicksal der versehrt und nicht voll arbeitsfähig Zurückgekehrten lag ihm besonders am Herzen. Die pflegerische Behandlung der in Not Geratenen wurde in den kommenden Jahren eine neue Aufgabe. Ehedem hatte er ja, bei den sehr hohen Löhnen, mit voller Bewußtheit von all dem Abstand genommen, was Wohlfahrtseinrichtung war und Abhängigkeit oder doch das Gefühl einer Abhängigkeit begründen konnte. Dies sollte auch in Zukunft vermieden bleiben. Aber die Kriegsfolgen hatten individuelle Notstände hinterlassen, deren Linderung er zu seinen Pflichten hinzunahm.

Die Vordergrundfrage der damaligen sozialpolitischen Streit-Erörterungen brauchte ihn gar nicht zu berühren. Denn die gesetzliche Anordnung der achtstündigen Arbeitszeit, durch den Erlaß der

Volksbeauftragten vom 23. November 1918, schuf für ihn keine neue Lage, hatte er doch selbst während des Krieges gegen Schwierigkeiten an der seit Jahren bestehenden Regelung festgehalten. War der Achtstundenarbeitstag ein Kernstück des Sozialismus, dann durfte er sich in der Tat als »Sozialisten« betrachten. Der Erlaß mochte ihn zunächst mit sachlicher Genugtuung erfüllen, Gefühle der Befriedigung, daß nun auch die Wettbewerber auf den gleichen Stand gezwungen seien, schieden aus. Denn er war ja mit dieser kürzeren Arbeitszeit bisher so gut gefahren, daß er die Spitze gehalten hatte. Freilich, die Genugtuung über die gesetzliche Anordnung blieb dann nicht ohne Kritik, als diese gar zu schematisch angefaßt werden sollte: Dem Mann und der Frau, die im dauernden Arbeitsprozeß eingespannt sind, sollten nicht jene Gruppen gleichgestellt werden, die nur im Bereitschaftsdienst ohne gleichbleibende körperliche und geistige Inanspruchnahme eingesetzt sind. Darüber hat sich Bosch später eingehend geäußert.

Schlechthin entscheidend war in jenen Monaten, da zum mindesten gedanklich die Einebnung des vielgegliederten Lohnwesens drohte, daß der Stücklohn, daß das Akkordsystem gerettet wurde. Bosch sollte 1919 und 1920 erleben, wie eine sozusagen nachgeholte revolutionäre Erregung in den eigenen Betrieb die Wogen der Unruhe werfen sollte. Aber über diese Dinge wurde dabei nicht mehr gestritten. Ihre Bedeutung und ihre Berechtigung hatten sich auch im Wissen der Gefolgschaft gefestigt. Ablehnend äußerte sich Bosch zu den Plänen, mit Arbeitsdienstpflicht oder mit Gewinnbeteiligung der sozialen Krisen Herr zu werden. Es habe ja die landwirtschaftliche Dienstpflicht manches für sich und sie lasse sich gesetzlich verwirklichen, schreibt er am 22. Februar 1919. Aber es ist ihm fraglich, ob der praktische Nutzen den Aufwand lohnt. Der größere Teil der Jugendlichen werde über das Anlernestadium nicht hinauskommen, aber was wichtiger: eine erzwungene Arbeit ohne nennenswerte Entlohnung bleibt in der Leistung »erfahrungsgemäß noch immer ganz geringfügig«. Eindringlicher sind seine *Abmahnungen gegen die Gewinnbeteiligung*. Es besteht kein »unmittelbarer, irgendwie abschätzbarer« Zusammenhang zwischen Arbeitsleistung des durchschnittlichen Arbeiters und Angestellten und Geschäftserträgnis, der mittelbare aber, der »durch Geschicklichkeit, Fleiß und Sorgfalt ausgeübt wird, soll bei gerechter

Entlohnung in den Abstufungen zum Ausdruck kommen«. Soll der gute Arbeiter, der zufällig im gerade schlecht gehenden Geschäft tätig ist, sozial benachteiligt bleiben? Ist es zweckmäßig, den Lohnempfänger auf ein unsicheres, schwankendes Mehreinkommen zu verweisen, bei dessen Sinken oder Ausbleiben er nie die allgemeine Zeitlage, sondern immer die Geschäftsleitung verantwortlich machen wird? Und ist nicht die Gefahr, daß alle nicht zur Auszahlung kommenden Überschüsse mißtrauisch beobachtet werden, woraus eine Gefahr für Reservenbildung und Abschreibung, ja für Investitionen entstehen wird? Die Scheidung zwischen der verantwortlichen Führung und dem Mitsprechenwollen in einzelnen Geschäftsdispositionen geht verloren. Die »Steigerung der absoluten Höhe des Lohntarifs und die Verfeinerung der Lohnmethoden« erscheinen ihm auch vom Arbeiter her gesehen ersprießlicher als die »privatwirtschaftlich und volkswirtschaftlich nicht unbedenklichen Schwankungen«.

Als Bosch am 15. April 1919 einem Augsburger Industriellen in breiter Darlegung den Versuch der Gewinnbeteiligung widerrät, war die Frage der Einflußnahme einer Gefolgschaft oder doch ihrer Vertretung auf die gewerbliche Firmenpolitik zur breiten deutschen Erörterung gekommen. Das vollzog sich unter der Losung der sogenannten »*Betriebsräte*«. In dem Kampf um das Rätewesen spiegelten sich die ideologischen, die taktischen und die unmittelbar sachlichen Machtvorgänge, in denen die deutsche Lage aus dem revolutionären Zustand allmählich hinausgeführt wurde. Das »Räte-System« schien als Improvisation für revolutionäre Gruppenbildungen ganz brauchbar zu sein; Rußland hatte dafür eben die Modelle und die Benennungen geliefert, »Arbeiter- und Soldatenrat«, bald auch »Bauernräte«, »Rat geistiger Arbeiter« usf. Den Deutschen, die in dem militärisch-politischen Zusammenbruch nach neuen Formen greifen wollten, fiel Eigenes nicht ein. Die Paradoxie war offensichtlich. Neben den »Räten«, die sich als Träger der Macht, wenn nicht fühlten, so doch ausgaben, kämpften Koalitionsregierungen, die sich auf alte, wenn auch in Umwandlung begriffene Parteien stützten, um den Führungsanspruch. Der stärksten proletarischen Partei, den Mehrheitssozialdemokraten, war diese neue Formel unbequem. Sie gefährdete ihr überkommenes Bild einer demokratischen Staatsführung und Verwaltung, soweit dies überhaupt gesichert war, sie wollte, indem die gewählten Vertreter jederzeit zurückberufen werden oder mit bindenden Aufträgen ausgestattet werden konnten, eine beweglichere Art von Demokratie unter dauernder Gruppenkontrolle schaffen. Es lag auf der Hand, dies mußte die Herrschaft der entschlossenen, aktivistischen Minderheit einleiten. Die Streitlage zwischen M. Bakunin und K. Marx, die Experimente der französischen Kommune mochten sich auf einer anderen Ebene wiederholen. Wer die Revolution »weiterzutreiben« gedachte, mußte sich auf den Rätegedanken werfen. Dieser erfuhr aber das eigentümliche und verwirrende Schicksal, daß sich seiner auch konservative Intellektuelle bemächtigten und, seine antidemokratische Sprengkraft erspürend, berufständische Ziele aus der deutschen Romantik in ihn einzusenken versuchten. Die Entscheidung fiel dort, wo sich der Rest tatsächlicher Macht noch fand oder wieder sammelte: die Haltung des Heeres, der Polizei gab den Ausschlag. Das geschah in den mannigfachsten Abwandlungen, krisenreich, bezirklich sehr verschieden: als durch den entschlossenen, wagenden Willen des Reserveleutnants Paul Hahn, eines Graphikers, in Württemberg aus zuverlässigen Heeresverbänden eine »Sicherheitswehr« aufgebaut war, mochte hier wenigstens der Ansatz zur Entwicklung einer neuen staatlichen Autorität gewonnen sein.

Bosch hat das politische Rätewesen mit unbehaglichem Interesse verfolgt. Man wollte ihn selber, seinen »Radikalismus« keck ausdeutend, in Anspruch nehmen. Er konnte eines schönen Tages lesen, daß er im Zentralvorstand des »Rates geistiger Arbeiter Deutschlands« säße. Solcher Mißbrauch war damals nicht ganz ungewöhnlich, und Bosch hatte dem Mißverständnis, von jenen Kreisen beschlagnahmt zu werden, vielleicht selber die Nahrung gegeben, als er sich, aus der ehedem geübten Reserve heraustretend, einem öffentlichen Protest gegen Karl Liebknechts Erschießung angeschlossen hatte, gewiß nicht aus Sympathie für diesen Fanatiker, sondern erregt über das Zerbrechen des Rechtsweges. Jetzt aber verbat er sich lebhaft, ungefragt als Aushängeschild benützt zu werden. Er spürte die Gefahr, in eine Nachbarschaft des radikalen Literatentums zu geraten, zu dem er ganz und gar nicht paßte. Seine umgrenzte Aufgabe, auch durch Außenwirkung erzieherischen Einfluß auszuüben, lag damals im Bereich der Sozialordnung.

Er konnte sie auf sich nehmen, als der Rätegedanke seines politischrevolutionären Sinns und Anspruchs durch die vorläufige Reichsverfassung beraubt und zu einem Sonderproblem der Industrieordnung verwandelt war. Das geschah in dem sehr eigentümlichen Prozeß, da die Politiker der Linken für die sozialwirtschaftliche Bedeutung der »Räte« zu schwärmen begannen, die Gewerkschaften aber, durch den raschen Zustrom neuer Massen an sich mehr beunruhigt als beglückt, davon wenig wissen wollten. Die politische Bewertung siegte. Sie fand sich zu dem Entgegenkommen bereit, den Rätegedanken in der Verfassung zu »verankern«; was daraus einmal sich ergeben möge für den Gewaltenaufbau des Reiches, bedeutete kaum mehr als ein ungewisses Versprechen an die Zukunft. Für die Gegenwart wurde die Forderung nach den »Räten« abgedrängt in die betriebliche Sozialpolitik. Im Grunde handelte es sich um obligatorische Arbeiter- und Angestelltenausschüsse, um die Regelung ihres Aufbaus, die Umschreibung ihrer Rechte und ihrer Pflichten. Die »konstitutionelle Fabrik«, für die Heinrich Freese in Berlin seit Jahren das Modell entworfen und die Vorprobe gemacht hatte, sollte nun eine gesetzliche Verallgemeinerung erfahren. Sie mußte darüber freilich ihre individuelle Farbe verlieren und schematischer Artung werden.

Im Hause Bosch war man von Anbeginn fest entschlossen, die Frage der Betriebsräte positiv anzupacken, so wenig die Erinnerungen an den ehemaligen Arbeiterausschuß ermunterten. Damals hatte man die Erfahrung gemacht, daß es daran fehlte, der Einsicht den Mut der freien Verantwortung folgen zu lassen. Die Vertrauensleute waren im Betrieb selber zu keiner rechten Autorität gewachsen. Mit den Beamten der Gewerkschaften war man da weitergekommen. Der böse Konflikt von 1913 störte zwar die überkommene Beziehung, aber das Verhältnis hatte sich in den Kriegsjahren wieder ordentlich eingespielt. Nun sollte also eine neue, dem Betriebe nähere Körperschaft geschaffen werden; sicher würde ihr Gewicht nicht bloß von den Paragraphen über Wahlen und Zuständigkeiten abhängig sein, sondern auch von den Männern, die dabei in den Vordergrund traten. An deren Qualität hatte es früher gehapert; auch jetzt war die Gewähr, daß die rechten Leute zum Zuge kämen, nicht gegeben. In der Verwirrung und dem Lärm der Zeit schoben sich nicht die sachlichen, sondern die lauten und geschäftigen Leute in den Vordergrund; der Herd der Unruhen im Stuttgarter Bezirk waren die Daimler-Arbeiter, deren

Zahl von überallher im Krieg stark gewachsen war. Jetzt fuhr in die Leute das Gefühl der Unsicherheit. Schon im Januar 1919 war es in Stuttgart zu Unruhen gekommen, wobei Straßendemonstrationen die Revolution nachholen wollten. Die Lage verschäfte sich im März. Auch bei Bosch kam es zu wilden Streiks, in deren Hintergrund die Erwartungen standen, die sich dem Zauberwort von den »Räten« beigesellt hatten. In dem »Boschzünder« kamen die fordernden und die warnenden Stimmen zu recht lebhaftem Ausdruck.

Stuttgart erlebte damals seinen Sonderfall von sozialorganisatorischem Reformertum. Durch einige Industrielle, die seiner Anthroposophischen Gesellschaft zugehörten, berufen, hielt sich *Rudolf Steiner* in Württemberg auf, durch das ganze Land hin in Versammlungen redend. Mit der Ideologie von der »Dreigliederung des sozialen Organismus«, die den Machtcharakter des staatlichen Wesens nicht sah, suchte er für seine Lehre das Gelände der Erprobung zu gewinnen, und der Sinn für das Spekulative, der im schwäbischen Volkstum steckt, schien ihm vorübergehend Aussichten auf breitere Wirkung zu geben. Es ist eine Zeitanekdote von einigem Gewicht, daß man ihn, dem Drängen seiner eifrigen Freunde nachgebend, einlud, vor der Belegschaft von Bosch einen Vortrag über die Lösung der sozialen Frage zu halten. Sein persönliches Werben um Bosch mußte zu einem vollen Mißerfolg werden. Bosch hatte einen peinlichen Eindruck, wie der Besucher zu ihm von den Rechten des Unternehmers sprach, und brach schroff ab: »er führe über diese Sache keine Auguren-Unterhaltung.« (»Steiner selbst sagte mir bei einer Unterhaltung ...: ›man wirft mir vor, daß die Arbeiter die Rosinen aus meinem Kuchen pickten; machen Sie es doch ebenso.‹ Einer solchen Überlegung kann ich nicht Raum geben.« Aus einem Brief vom 31. Dezember 1919.) Die von Steiner gewünschte Verbindung war, betrachtet man die beiden Männer, eine menschliche Unmöglichkeit. Der Bosch-Kreis zog sich von Steiner zurück. Dessen württembergisches Wirken, das doch nie in die staatlichen Entscheidungen hineinreichte, ging denn auch bald zu Ende, im Politischen nicht mehr als einige seelische Wirrung hinterlassend.

Der tagespolitische, der ideologische und schließlich der parlamentarische Kampf um die Betriebsräte zog sich bis zum 4. Februar 1920 hin, da unter aufgepeitschter Teilnahme der Berliner Straße die Verabschiedung des Gesetzes im Reichstag erfolgte. Bosch hatte bereits am 29. April 1919 an das Präsidium des »Reichsverbandes der deutschen Industrie« ein Schreiben gerichtet, worin er sich den sachlichen Vorschlägen der Württembergischen Sozialisierungskommission anschloß und diese durch persönliche Darlegungen »zum Zusammenarbeiten zwischen Arbeitgeber- und Arbeitnehmertum« ergänzte: »Es ist also die grundsätzliche Kampfstellungnahme zwischen diesen beiden zu beseitigen. Um dies zu erreichen, ist es notwendig, daß in einem möglichst weiten Maße gegenseitiges Vertrauen herrscht. Ein solches gegenseitiges Vertrauen ist aber nur möglich, wenn man sich gegenseitig näher kennenlernt. Zu diesem Zwecke sind die im Gesetz vorgesehenen Betriebsräte verwendbar. Man wird in solchen Betriebsräten den Angestellten und Arbeitern ein Mitbestimmungsrecht über innere Betriebsangelegenheiten sowie bei der Anstellung und Entlassung der Arbeiter und auch der unteren Beamten einräumen müssen.« (Nicht bei den höheren Beamten, bei denen vielleicht der Anruf eines Schlichtungsausschusses möglich sei.) Wegfallen müsse ein Mitbestimmungsrecht »bei allen rein kaufmännischen und technischen Fragen, soweit sie sich auf Konstruktionen, Preise und Art der herzustellenden Waren und dergleichen beziehen«. »Nicht genau« werde sich in diesen Dingen die Auskunftspflicht des Unternehmers festlegen lassen, das werde Sache des gegenseitigen Vertrauens sein. »Von dem Maße der Geschicklichkeit und des Taktes des Unternehmers und auch des Betriebsrates wird es also abhängen, wie weit nach dieser Richtung mit Aufschlüssen gegangen werden kann. Als Kriterium für die Geschicklichkeit und den Takt des Unternehmers wird es stets zu betrachten sein, wie weit Aufschlüsse gegeben werden. Je weitgehender Aufschlüsse gegeben werden können, um so ersprießlicher wird die Zusammenarbeit sein und um so besser wird das Werk blühen.« Auch hier mag im Zweifelsfall ein Schlichtungsausschuß für Beschwerden von beiden Seiten als zuständig erklärt werden. »Die Einführung von Betriebsräten an sich halte ich für eine Notwendigkeit.« Im »Boschzünder« vom 5. Juli 1919 (Nr. 5) wurden Teile dieser Erklärung abgedruckt.

Das Gutachten über die Betriebsräte war an den Reichsverband der deutschen Industrie gerichtet; Robert Bosch saß als Mitglied in dessen

Präsidium. Es bedurfte langer Gewöhnung, bis er sich in dieser neuen Umgebung und vor diesem neuen Amt einigermaßen wohl fühlte.

Der umfassende Zusammenschluß der deutschen Industrie hatte sich im Krieg vorbereitet, im »Kriegsausschuß der Industrie«. Die früheren Gegensätze zwischen dem »Zentralverband« und dem »Bund der Industriellen«, zwischen den Rohstoff- und Halbzeugerzeugern und den Fertigfabrikanten, die wesentlich im Bereich der Handelsvertragspolitik, doch nicht hier allein, kräftig genug waren, hatten in der Kriegslage ihre Bedeutung verloren; Handelspolitik im überkommen Sinn gab es nicht mehr. Aber sie würde wieder einmal kommen; und wie würde sich dann das Gewicht verteilen? Bosch war immer ein mißtrauischer Gegner der politischen Verbindung von Schwerindustrie und Großlandwirtschaft gewesen; er widerriet deshalb der Aufrechterhaltung der Kriegsverbindung und gar ihrer Verfestigung durch eine organisatorische Verschmelzung. Die war im Dezember 1918 provisorisch eingeleitet worden und wurde von den Männern des Zentralverbandes stark betrieben. »Liegt es daran«, schrieb Bosch am 1. Februar 1919, »daß der Zentralverband nach den jetzigen Erfahrungen glaubt, keinen Boden mehr zu haben?« Er hielt den Zusammenschluß »nicht für zweckmäßig« und tauschte darüber seine Gedanken auch mit dem Leiter der Carl-Zeiß-Werke in Jena, Dr. Max Fischer, dem er, selber verhindert, die Führung der Verhandlungen auch in seinem Namen anvertraute. Schließlich kam das neue Gebilde doch zustande; es ist nicht eine bloße Fusion, sondern die mächtigen Gebilde der chemischen und der elektrotechnischen Industrien, die sich bisher mit engeren Fachverbänden begnügt hatten, stoßen hinzu. Auch Bosch fand sich damit ab, wenn er es auch falsch fand, daß »die Menschen solch überstürzte Dinge notwendig machen«.

Die sachliche Entwicklung hat sich im ganzen dann besser angelassen, als Bosch damals fürchtete. Auf dem Boden, den er jetzt betrat, erwuchsen allmählich auch menschliche Vertrauensbeziehungen, die für ihn späterhin wichtig wurden, so zu Dr. Hermann Bücher, der, ursprünglich Botaniker im Kolonialdienst, das Auswärtige Amt verließ und die Geschäftsführung des Reichsverbandes übernahm. Gemeinsame Liebe zur Jagd ebnete den Weg zu einer vertrauensvollen, gelegentlich auch kämpferischen Freundschaft. Doch spürte Bosch in den ersten Jahren vor allem den politischen Gegensatz zu den Männern von der Ruhr, außenpolitisch wie innenpolitisch. Wo das menschliche Vertrauen da war, sah er darüber weg: Reusch, der die Gutehoffnungshütte leitete, hatte bei einer Meinungsverschiedenheit schon vor Jahren die Versicherung erhalten: »Ich bin in der Lage, die politische Überzeugung eines Dritten zu achten«, Bosch gab dem Freund »das Versprechen, daß unsere persönlichen Beziehungen sich dadurch nicht ändern werden«. Aber ein Mann von der Art des Hugo Stinnes, der ihn wohl interessierte, lag ihm nicht, er fand die Beratungen, solange die Tradition der Schwerindustrie den Ton bestimmte, »unerquicklich« und tadelte, daß die eisenschaffende Industrie dem Eisengroßverbraucher Landwirtschaft gegenüber aus egoistischen Gründen zu nachsichtig sei. »Ich komme mir«, schrieb er dem Ulmer Industriellen Philipp Wieland am 15. Juni 1922, »manchmal recht verlassen vor. Was ich tun kann, tue ich ja, um unsere Stellung zu wahren. Ich bin nur leider nicht sehr geschickt, und, was vielleicht noch wichtiger ist, ich bin nicht genügend in Berlin. Im übrigen gehört außerordentlich viel dazu, um Leuten wie Hugenberg usw. die Stange zu halten.« Später milderte sich das Urteil. »Mit der Zeit kamen indessen auch die Überlegenderen selbst in der Schwerindustrie zur Einsicht, daß man gewaltsam nichts ausrichtet, wenn man keine Gewalt mehr hat. Dies gilt ebensowohl gegenüber den Arbeitern als in der Politik«, heißt es in einer rückschauenden Niederschrift des Jahres 1931. Und: »Als die Sache soweit gediehen war, stand ich mit meiner Auffassung im Präsidium des Reichsverbandes der deutschen Industrie lange nicht mehr so isoliert. Ich möchte sagen, dem linken Flügel, den ich früher sozusagen allein einnahm, hatte man sich von rechts her sehr stark genähert.« Das Gefühl der Fremdheit, das Bewußtsein eines Gegensatzes verließ ihn aber auch in den späten Jahren nicht, wenn er wohl nicht mehr wie 1920 davon sprach, daß er in den Kreisen der Industrie »der bestgehaßte Mann sei«. Als im Jahre 1938 in einer Berliner Zeitschrift Jugend- und Altersbildnisse führender Männer gezeigt wurden, vermerkte er in einem Brief: »Merkwürdig ist nur, daß ich ausgerechnet mit Herrn Kirdorf abgebildet werde, der sozusagen immer, was das soziale Verständnis betrifft, mein Gegenfüßler war.« Die unmittelbare Mitarbeit Boschs an den Erörterungen in der Führung des Reichsverbandes war gering: »Ich selbst hielt mich außerordentlich zurück. Ich regte mich maßlos innerlich auf, wenn ich einmal sprach ...« Aber der mittelbare Einfluß hatte in den Jahren gewonnen; man hatte gelernt, mit der zähen und strengen Argumentation seiner Gespräche, die von jenen Beklemmungen frei waren, zu rechnen. Er bedeutete mit den Jahren mehr und Stärkeres auch in diesem Rahmen, als er sich selber bewußt war.

Um den äußeren und inneren Frieden

In einer Niederschrift aus dem Jahre 1931, da Bosch seinen Gegensatz zu den »Herren der Schwerindustrie« behandelte, sagte er: »Nur stand ich immer auf dem Standpunkte, daß wir machtlos waren, und daß wir klugerweise unsere Schwäche als unsere Stärke ausnutzen sollten. Dies entspricht aber nicht der Einstellung des Nordens. Man war der Überzeugung, Trotz, und sei es auch der eines Machtlosen, richte etwas aus.« Hinter diesen Sätzen steht die aus mancherlei Hoffnungen und Enttäuschungen geborene nüchterne Einsicht, daß mit der reinen Prestigepolitik, die die Tatsache der politischen und militärischen Ohnmacht aus dem Bewußtsein verdrängte, die Befriedung des Kontinents und auch die ersehnte innere Beruhigung nicht erreichbar seien.

Sollte es denn nicht möglich sein, der von den chauvinistischen Leidenschaften und von der Haßpropaganda der wechselseitigen Verunglimpfung zertrümmerten einfachen Moral des Anstandes und des guten Willens zwischen den Völkern den Weg neu zu ebnen? Mochte es nicht gelingen, so war doch der Versuch wenigstens notwendig, dieser verworrenen Zeit die Maßstäbe einer Politik unsentimentaler Redlichkeit zu zeigen, nach innen und nach außen. Illusionen durfte man sich keine machen. Die Bedingungen des Waffenstillstandes offenbarten deutlich genug den Charakter des harten Willens, der sich dem späten Kriegserfolg der alliierten Mächte verband, und die ungefestigte innerdeutsche Lage, das spartakistische Treiben und die Erstarkung partikularistischer Empfindungen hemmten die Zuversicht, daß auch in und trotz der äußeren Ohnmacht das Reich und das Volk der Körper einer geschlossenen Politik bleiben könne. Immerhin, so undurchsichtig es war, was sich auf der Gegenseite entfaltete, aus dem Riesenmaß der zu bewältigenden Aufgaben mußten auch dort Schwierigkeiten erwachsen, Abweichungen und Widersprüche in den Absichten und in den Interessen. Es konnte sich jetzt nur darum handeln, die deutschen Thesen zu entwickeln, womöglich bevor sie den Charakter von Gegenthesen annahmen. Das war das Ziel der von dem ehemaligen Reichskanzler, dem Prinzen *Max von Baden*, ins Leben gerufenen »Heidelberger Vereinigung für eine Politik des Rechtes« – Heidelberger Professoren, Max und Alfred Weber, Richard Thoma, auch Lujo Brentano in München waren die moralischen und intellektuellen Träger des Versuches. Robert Bosch nahm an den Gründungsbesprechungen Anfang Februar teil; sie waren ihm so wichtig, daß er deshalb der gleichzeitigen Beratung über die Zukunft der Industrieverbände fernblieb. Aus dieser Begegnung sind einige später fruchtbare Verbindungen erwachsen. Von Männern, die diesem Kreise zugehörten oder nahestanden, Hans Delbrück, Max Montgelas, Paul Rohrbach, wurde unverzüglich die Position bezogen, die für die kommenden politischen Auseinandersetzungen so wichtig werden sollte: die Klärung der »Kriegsschuld«. Bosch hat selber an ihr natürlich nicht teilgenommen, sie aber gut verfolgt, ihre Intensivierung unterstützt und ihre Ergebnisse bejaht, in der Hoffnung, es möchte daraus eine günstige Wirkung kommen. Daß der Kampf um die »Kriegsschuld« (wie um den Kriegsausgang), außenpolitisch unmittelbar ganz wirkungslos, späterhin ein schier ärgerliches Werkzeug in den parteipolitischen Fehden werden sollte, konnte er so wenig wie einer der anderen Beteiligten damals ahnen.

Aber von den Schwierigkeiten, der deutschen Sache eine einigermaßen eindrucksvolle Formulierung zu geben, erhielt Bosch selber bald genug einen lebhaften und ziemlich peinlichen Eindruck. Jener Heidelberger Kreis war in seiner seelischen Grundatmosphäre nicht »pazifistisch« – Delbrück, M. Weber wußten um das Gewicht der Macht im Völkerleben, aber sie wußten auch, leidenschaftliche und jetzt tief leidende Patrioten, um die zerstörerische Gefahr der nationalistischen Hybris. Sie waren in gewissem Maße »Militaristen«, Bosch war es nicht. Sein humanitärer Rationalismus hatte einen unmittelbaren Zug zur pazifistischen Ideologie. Und da er jetzt die Zeit für gekommen erachtete, rückhaltlos zu bekennen, ließ er sich unschwer gewinnen, an einer von den Friedensgesellschaften einberufenen *Konferenz in Bern* im März 1919 teilzunehmen. Das Erscheinen eines der bedeutendsten deutschen Industriellen mit einem Weltnamen müßte vor dieser internationalen Arena ein besonderes Gewicht haben. Die Unternehmung wurde für ihn zu einer schrecklichen Enttäuschung; er fühlte sich von denen, die ihn aufgefordert hatten, »an der Nase herumgeführt« – kein Franzose war da, ein Amerikaner, dessen Wiege Bosch in Galizien vermutete, zwei englische Damen, sonst fast nur Deutsche, vorzugsweise junge intellektualistische Juden, die sich untereinander stritten oder »reine Ideale aufstellten«. »Bei der Frage der Abrüstung«, schreibt Bosch in einem ironisch-verärgerten Bericht aus Bern (12. März 1919), »wundert es mich geradezu, daß nicht der Antrag gestellt wurde, es solle kein Eisen mehr gewonnen werden dürfen, weil daraus ein Gewehr gemacht werden kann. Sie sehen, ich bin auch schon angesteckt ...« Aber der Humor ist bitter: er sieht das betonte Mißtrauen der bisherigen Pazifisten gegen solche, die jetzt erst mit ihren Bekenntnissen beginnen (das sei wohl gelegentlich berechtigt), er spürt deren Neid und die Sorge, von ihrer Stelle verdrängt zu werden, er begegnet Leuten, die ganz offenbar aus dem Pazifismus ein Geschäft machen, und schämt sich über die Deutschen, die in Selbstanklage machen und erzählen, »daß es in Deutschland genau so sei wie früher usw. usw.«

Der einzige Gewinn der Berner Tagung wurde für Bosch das Zusammensein mit *Lujo Brentano*. Den hatte sein unermüdlicher Wirkungswille auch zu dieser Konferenz getrieben, um dort über die Bedingungen der internationalen Nachkriegswirtschaft zu sprechen; es war sein Ziel, eine Freihandelsbewegung in die Wege zu leiten, und sein Glaube, daß mit ihr nicht nur die ökonomische Wirrnis sich glätte, sondern auch die politische Verkrampfung sich löse. Die beiden Männer, in Beweglichkeit und geistiger Artung höchst verschieden, haben sich ausgezeichnet verstanden. Bosch war der Idealtyp des Unternehmers, wie ihn Brentano in seinen frühen Studien über Arbeitszeit und Arbeitsleistung, in seinen Schriften über Gewerkschaften und Tarifverträge vor sich gesehen hatte, und Brentano fesselte den Betrachter durch seinen praktischen politischen Willen. Sie waren sich im Ziele sehr einig, und Bosch hat sich in der kommenden Zeit, gerade auch wenn er die publizistische Behandlung der Kriegsursachen ins Auge faßte, oft auf Brentano berufen. Jetzt war er bereit, dessen Freihandelsthese zu folgen, mit der die Verfemung der deutschen Waren in den Pariser Wirtschaftsverträgen von 1916 überwunden werden könnte, sollte, müßte – der Versailler Vertrag verwandelte ein paar Monate später die gläubigen Pläne in utopische Luftgebilde.

Als die Bestimmungen des Versailler Vertrages veröffentlicht wurden, trat Bosch öffentlich für dessen Ablehnung ein; es erfüllte ihn mit Genugtuung, daß einige der führenden Pazifisten wie Quidde und Schücking, wissend, wie sehr Versailles den Friedensgedanken als solchen treffen mußte, die gleiche Haltung verfochten. Württembergs Meinung war damals sehr zerrissen, der Riß ging mitten durch die Parteien, und das konnte nicht erstaunen. Denn eine solche Frage weltgeschichtlichen Maßes war nicht aus den Sätzen eines Parteiprogramms, sondern nur aus dem persönlichen historischen Instinkt zu beantworten. Die Sorge wurde durch das Land getragen, dem Nein werde eine gewaltsame Loslösung des deutschen Südens vom Reiche folgen, die da oder dort auch eine gefährliche freie Bejahung finden könne. Dieser Einwand focht Bosch wenig an. Denn trotz seiner unbehaglichen Mißbilligung des früheren kaiserlichen Regierungsstiles war er sich darüber klar, daß die geschichtliche Entwicklung zur Reichseinheit nicht mehr rückgängig gemacht werden könne. Seine Rechnung zielte darauf, daß die Ablehnung die Waffe sei, die Kräfte der Vernunft im gegnerischen Lager, die durch den späten militärischen Sieg und die volkstümlichen Rachegefühle niedergehalten waren, zu aktivieren.

Die Entscheidung fiel anders. Für einen Mann von der weltwirtschaftlich realistischen Denkart Boschs gab es keine Täuschung, daß die Reparationspolitik der noch nicht begrenzten Summen die wechselseitigen Handels- und Kreditbeziehungen im ganzen zerrütten werde. Man mußte sehen, wie man sich selber kalkulatorisch und produktions-technisch lebenskräftig erhalten könne, bis unter Wunden und Leiden dieser ganze Versuch seine Absurdität enthülle. Sollte man bis dahin die Gegebenheiten hinnehmen? Das war nicht seine Meinung. Es mußten die Wege und Möglichkeiten gesucht werden, den Charakter der Versailler Bestimmungen von innen heraus zu ändern. Die Ansätze dazu waren spärlich, der Gedanke daran schier hoffnungslos, aber es mußte sinnlos sein, nun, nachdem Tatbestände geschaffen waren, *nur* im Trotz oder im Protest zu verharren. Diese Überlegungen führten Bosch zur aktiven Teilnahme an den Bestrebungen, vom Völkerbund aus, von einem besser aufgebauten Völkerbunde, als der Genfer die gedachte Lösung verwirklichte, eine Umgestaltung der staatlichen Beziehungen vorzubereiten. Als die »Deutsche Liga für Völkerbund« ins Leben trat, stattete Bosch sie mit einem Grundfonds von 300 000 Mark aus. Er wollte wenigstens in Deutschland, die seelischen Schwierigkeiten nicht verkennend, die Einsichten vorangetrieben wissen, daß es doch vielleicht auch eine andere Methode der Politik als die der brutalen Waffenentscheidung gebe. Das idealistische Erbe des Vaters wurde in ihm lebendig.

Die Unterstützung der Gruppe, die nun in Deutschland mit eigenen völkerrechtlichen Arbeiten und Vorschlägen in die zu erwartende internationale Erörterung eintreten wollte, wurde praktisch auch zu einer Absage an die professionellen Pazifisten. Von der Berner Konferenz her hatte Bosch einen schlechten Geschmack im Munde zurückbehalten; er wurde zornig, wenn jemand etwa den Professor Nicolai lobte, und zeigte äußerstes Mißtrauen gegen Friedrich Wilhelm Foerster. Aber er hat sich mit einer fast überraschenden und zähen Hingabe bemüht, zwischen den verschiedenen Richtungen sich durchzufinden, als Persönlichkeit wie als möglicher Geldgeber heftig umworben. Schließlich hat er sich versagt.

Von Ende 1919 zieht sich durch das Jahr 1920 ein merkwürdiger Briefwechsel mit dem damals in Württemberg wirkenden pazifistischen Publizisten *Fritz Röttcher*. Wenn später auch ein sehr schroffer Bruch erfolgte, so bleibt die Intimität erstaunlich, mit der Bosch sich einem Manne gegenüber äußerte, dessen geringe Würdigkeit ihn nach Jahren stark erregte. Röttchers eindringliche und in den Argumenten nicht ungeschickte Art wußte Bosch bei seinem elementaren Rechtssinn zu nehmen; er sollte für geschichtlich Verkannte oder für gegenwärtig Verfemte gewonnen werden. Daraus ergab sich die seltsame Zumutung, der Bosch sich nicht entzog, daß er mitten in den Wirren dieser Monate mit den »berufsstaatlichen« Plänen des halbvergessenen schwäbischen Philosophen Karl Christian Planck, mit den »förderativen« Gedanken des antibismarckischen Konstantin Frantz und mit den Ideologien von Friedrich Wilhelm Foerster sich vertraut machen sollte. Bei diesem Briefwechsel konnte sachlich nicht viel herauskommen. Denn in die Begriffsabstraktionen des denkerischen Planens zu folgen, war Bosch nicht gegeben; er sah die konkreten Menschen vor sich und in der sonderlichen öffentlich-rechtlichen Ausstattung ihrer Berufsverbindungen wesentlich die eine Staats- und Volkseinheit gefährdende Legitimierung barer Wirtschaftsinteressen. Die politischen Parteien, innerlich damals noch nicht von dem Versagen vor den überschweren Aufgaben zermürbt, wie das die Folge der Pariser Nachkriegspolitik werden sollte, und äußerlich noch nicht so zersetzt, wie es durch das Verhältniswahlsystem in wenigen Jahren der Fall war, schienen ihm der bessere, der notwendige Weg, Staatsgesinnung der Tiefe und Staatsführung der Spitze zu formen. Aber davon abgesehen: mochten Plancks Gedanken, den Staat auf die geschlossenen Berufe zu gründen, für seine Zeit noch einigermaßen gepaßt haben: »heute ist die Weltwirtschaft über sie hinausgewachsen.« Die Weltwirtschaft aber ist Wirtschaftskrieg – da hilft eine gegen den Waffenkrieg protestierende pazifistische Gesinnung nicht, sondern nur der Freihandel. Es geht durch diese Auseinandersetzung etwas von der einfachen Formel der alten englischen Bright-Cobden Agitation: free trade and peace. Brentano, der sie liebte und manchmal auch glaubte, mag sie Bosch vordiskutiert haben.

Röttchers drängende Unbefangenheit hat damals den Einfall gehabt, Bosch zum Eintreten für eine Reichspräsidentenkandidatur von Foerster überreden zu wollen; die zunächst nur vorläufige Amtsführung von Friedrich Ebert war durch die Nationalversammlung noch nicht auf fünf Jahre verlängert worden. Diese Episode ist gewiß nur ein Schnörkel. Aber der geschichtliche Rückblick freut sich seiner, denn Bosch mustert nun Namen und Männer (10. und 29. April 1920), und das hat mehr als anekdotischen Reiz. Auf Foerster will er sich nicht einlassen. Ist er nicht ein »Renegat« und hat damit in Glaubenssachen die Sachlichkeit verloren? Kommt überhaupt ein Professor in Frage? »Es ist ein anderes, Systeme auszudenken, als die Menschen zu suchen, um sie durchzuführen. Professoren können Gedanken und vielleicht auch noch Dinge beherrschen. Die Beherrschung d. h. Leitung von Menschen zu *einem* Zwecke und *einem* Ende ist denselben wenigstens nicht durch Erfahrung eigen, ob Foerster sie aus Naturanlage fertig brächte, ist zweifelhaft.« Aber auch Foersters einseitiges Auftreten gegen den deutschen Militarismus (als ob es ihn in Frankreich nicht gegeben hätte) empfiehlt ihn nicht: »Einen solchen Mann hält ein Engländer für einen Narren oder einen Kriecher, der sich durch Kriechen mildernde Umstände erschleichen will.« Den Vorwurf der einseitigen Selbstbeschuldigung hält Bosch in dem späteren Brief nicht aufrecht, aber wird Foerster »nicht nur der Mann der Studierstube sein?« Wer kommt sonst in Frage? Damaschke hat damals seine Kandidatur betrieben, aber Bosch fürchtet, »daß er außer der Bodenreform gar nichts sieht« und »doch nicht genügend Persönlichkeit ist«... »Hindenburg ist gewiß Persönlichkeit, aber er ist alt, er ist Soldat und stirbt als solcher, er ist wohl auch kein Republikaner und ich meine, er würde sich als Verwalter des Thrones für seinen kaiserlichen Herrn betrachten. In seinem Alter lernt man doch nicht mehr um, wenn man Charakter hat, es lohnt sich auch nicht mehr. Hindenburg ist auch kein Politiker...« Von den Soldaten könnte für mich an sich nur allenfalls Gröner in Betracht kommen...« »Ich habe eine gewisse Schwäche für Leute mit Humor, und den hat Ebert. Er hat auch viel geleistet. Zugunsten von Foerster kann ich noch nicht von Ebert loskommen. Man müßte mir vor allem einen Mann bringen, von dem ich weiß, daß er Menschen kennt und sie zu behandeln versteht.«

Diese Sätze muten die Erinnerung an wie präludierende Variationen zu einem Thema, bei dessen Spiel Bosch später kräftige Akkorde geben sollte. Damals war die Erörterung nicht mehr als ein Anhängsel zu der Frage, ob dem Pazifismus eine deutsche Führungsaufgabe zugewiesen werden könne und solle. Röttcher klagt, wie sehr der Pazifismus in Deutschland unter Vorurteilen zu leiden habe, dabei verkennend (oder verschweigend), wie gerade von deutschen Pazifisten die Bemühungen ehrlicher Friedensfreunde in der angelsächsischen Welt gefährdet wurden. »Pazifismus ist gut«, schreibt Bosch am 24. Februar 1920, »aber er ist ein Teil, nicht das Ganze. Er ist Folgeerscheinung, nicht Ursache.«... »Pazifismus ist durchaus gut, wie jede Religion, könnte man sagen, nur seine Priester sind leider häufig ungeschickt, unfähig und auch Streber. Selbstredend sind unter den Priestern auch sehr und durchaus ehrenwerte tüchtige Menschen, die Gutes leisten. Ich finde aber, daß viele Pazifisten neurasthenisch, hysterisch, feminin, kein Maß halten und zum Teil die Folgen ihrer

Handlungen und Reden nicht übersehen.«... »Glauben Sie, ein anständiger Franzose verlange die Erklärungen, die Leute dieses Schlages abgegeben haben? Ja, ein Brentano, ein Montgelas, das sind Männer, im Gegensatz zu so viel anderen. Also den Pazifismus in allen Ehren, aber man fördert ihn durch Erziehung und Bildung des Volkes. Ihn als solchen unterstützen, heißt, sich immer wieder verteidigen zu müssen gegen die Vorwürfe, die einem dann gemacht werden wegen der Fehler jener kein Ziel und keine Würde Kennenden.« Und in diese Rolle wollte er sich nicht drängen lassen, mitverantwortlich gemacht zu werden für Redensarten oder Torheiten oder unverbindliches Schwärmen. In einem der Briefe, vom 31. Dezember 1919, hatte er den hübschen Satz geschrieben: »Ich habe früher auch geschwärmt, heute überlege ich mir, wie ich nützen kann.«

Bosch ist, indem er trotz des eifrigen Werbens um seine Aktivität sich von der erbetenen Unterstützung zurückhielt, aus einer gewissen Zwiespältigkeit nicht herausgekommen. Der *Sache* wollte er dienen, nur die Menschen, die dabei Werkzeuge (oder Nutznießer) werden wollten, behagten ihm nicht. Er setzte seine Kraft späterhin dort ein, wo er für die Friedenspolitik konkret umschriebene Aufgaben glaubte anpacken zu sollen, auch hier nicht immer glücklich in der Wahl der Gruppen, denen er seinen Namen und seine Mittel zur Verfügung stellte. Die Verbindung mit jenen Pazifisten, die 1919 und 1920 eine so lebhafte Aussprache mit ihm gehabt haben, endete mit einem totalen Bruch. Röttcher, der die Herausgabe seiner Zeitschrift »Menschheit« nach Wiesbaden verlegt hatte, erhielt noch einmal Ende 1926 einen Brief von Bosch, er sei »aus innerster Überzeugung pazifistisch eingestellt«, aber »die Art der Selbstbeschuldigung, in der manche Kreise des Pazifismus sich ergehen, ist mir nicht nur persönlich widerlich, sondern ich halte sie auch für sachlich verfehlt«. Röttcher war keck genug zu antworten, das liege »an dem Einfluß ihres Milieus«. Aber Bosch war damals innerlich schon mit ihm fertig. Als man ihn bat, eine Erklärung für den in einen Landesverratsprozeß Verwickelten zu unterzeichnen, lehnte er Anfang Januar 1928 ab: hier sei nicht mehr von lauteren weltanschaulichen Motiven zu sprechen, hier diene ein Mann »seit Jahren nur noch seinem Fanatismus, seiner blinden Rechthaberei«, »gerade wie Foerster auch«. Die Temperatur hatte sich völlig verändert.

Jene Mühen, für das zwischenstaatliche Leben anständige Gesinnungen und brauchbare Rechtsformen vorzubereiten, waren zwecklos, solange das deutsche Volk von den Gefahren eines Bürgerkrieges bedroht war. Denn der mußte die Folgen der äußeren Machtlosigkeit verschärfen und die Ansätze, durch Arbeit die nationalen Existenzgrundlagen wieder zurückzugewinnen, zerstören. Bosch sah die beiden Pole der Schwierigkeiten: den aufgeregten Radikalismus proletarischer Gruppen und das verständnislose Ressentiment bürgerlicher Kreise. Von dem ersten erlebte er im Frühjahr 1919 im eigenen Betrieb die Kraftprobe: ein mehrtägiger jäher Streik, der die Leitung bedrohte und die Gewerkschaften lähmte; Bosch befand sich damals gerade in Bern, und man riet ihm, seinen Aufenthalt auszudehnen. Die Regierung war in der Unruhe, die um sich griff, zunächst unsicher, ob die staatlichen Machtmittel ausreichten; sie konnte dann wieder Ordnung schaffen. In den Industriellenkreisen wuchs die Stimmung zu »scharfem« Durchgreifen. Bosch widerriet sie. »Die Zurückhaltung des Verbandes Württembergischer Industrieller ist, ich scheue mich gar nicht, es zu sagen, von mir veranlaßt«, heißt es in dem Brief an einen Fabrikanten, der zu stärkerer Aktivität drängte. »Jeder soll in seinem Kreise einmal im kleinen wirken, jeder soll ehrlich sich bemühen, ein ehrliches, offenes Einvernehmen herbeizuführen.« Mit Versammlungen sei jetzt nichts erreicht: »Wer will sich gerne den Anwürfen aussetzen, die der Unverstand der Massen der Industriellen gegen den Vortragenden unbedingt loslassen wird. Die Massen wollen nicht die Wahrheit hören.« – »Ob es richtig wäre«, schreibt er ein anderes Mal dem gleichen Mann, »wenn irgendein Unternehmerverband heute schärfere Saiten aufzieht, ich meinesteils bestreite es entschieden. Auch die Regierung kann nur sehr vorsichtig vorgehen, wenn sie nicht erreichen will, daß der ganze Porzellanladen zerschlagen wird. Ich bin sonst ein Mann, der das Ende mit dem Schrecken dem ohne Ende vorzieht. In diesem Fall bin ich aber doch auf dem Standpunkt, daß ein scharfes Vorgehen den Wirrwarr, d. h. den Bolschewismus sicher herbeiführt, während so dem Rausch doch vielleicht der Katzenjammer noch folgt, bevor eben alles hin ist ... Bisher, habe ich die Überzeugung, ist es gut gewesen, abzuwarten, bis auch im ruhigen Teil der Arbeiterschaft sich der Widerstand gegen den Bolschewismus regt.« Und an einer anderen Stelle dieses Briefwechsels mit Ernst

Lilienfein von der »Fortuna«-AG: »So bin ich z. B. nicht überzeugt davon, daß eine Republik für uns das Beste ist, ich halte es aber für den größten Fehler, wenn in der Nationalversammlung in der bürgerlichen Partei Äußerungen gegen die Republik gemacht werden. Jetzt gegen die Republik vorgehen wollen, heißt eine Zwietracht säen, und ich meine, wir müssen doch vor allem *sofort* uns verständigen. Jetzt für die Monarchie Stimmung machen wollen, ist geradeso für das Chaos gearbeitet, wie es die Spartakisten tun. Wenn einmal das Haus brennt, löscht man auch mit Jauche, so man kein Wasser hat. Das ist aber nur bildlich gemeint. Ich stehe persönlich auf dem Standpunkt, daß wir bei der Republik bleiben sollen, nachdem wir sie einmal haben.«

Diese Stellung zu den staatlichen Grundformen behielt er bei, wohl wissend, wie er Anfang Januar 1923 einem rechtsstehenden Freunde schrieb, »daß auch die Republik an sich nicht das Entscheidende ist«. So fremd ihm seelische Bindungen an die monarchischen oder gar an die dynastischen Überlieferungen gewesen waren, so entbehrte auch das Republikanische als solches für ihn der abstrakten Gefühlswerte. Nun war die Republik jetzt einmal die Herberge der deutschen Geschichte geworden. »Wir Deutschen müßten eben zeigen, daß wir in der Lage sind, eine gute Republik zu führen, trotz der Verkommenheit, in der wir uns befinden. Mit ihr müßte eben schließlich aufgeräumt werden. Leider will unser Bürgertum davon nicht allzuviel wissen. Was aber nicht für die Monarchie an sich spricht, sondern lediglich für die Gedankenfaulheit und Trägheit unseres Bürgertums.«

Dieser kritische Ton wiederholt sich, er verschärft sich gelegentlich, wo er schwunglose Bedenklichkeit oder standesgebundene Enge gegen die sozialreformerischen Notwendigkeiten zu spüren glaubt. In der späteren Zeit verlagert sich aber ein Teil der Kritik auf die Schematisierung eben dieser staatlichen Sozialreform. Nun bekommen die Arbeiterführer seinen Tadel zu hören, die Verwaltungen der Krankenkassen, die kommunalen Behörden, denen der Sinn für die Sparsamkeit verloren gegangen sei – manche Blütenträume der ersten Jahre, daß nun nicht mehr von Klassenkampf die Rede sein könne und dürfe, daß der staatlich-nationale Gedanke die Sonderinteressen überwölbe, daß das Gemeinschaftsleben ein Weniger an Verbeamtung und Kontrolle erfahre, daß im freien und redlichen Einvernehmen des

Vertrages die Gruppen sich fänden, solche Hoffnungen und Wunschvorstellungen mußten welk werden.

Jene Sorgen vor unerwünschten Folgen eines scharfen Auftretens der Rechten, die er 1919 ausgesprochen hatte, schienen Bosch durch die Ereignisse des Jahres 1920 bestätigt. In Württemberg war, nach der Niederwerfung der Märzausschreitungen von 1919, eine gewisse Ruhe eingetreten; das Land wurde auch nicht von der Erregung erfaßt, die dem sinnlosen Berliner Kapp-Putsch im März 1920 folgte. Aber dessen Fernwirkung kam im Laufe der Sommermonate zur Geltung; die Gelegenheitsmacher von Revolten fanden wieder Gehör in Arbeiterkreisen, zumal jetzt allmählich gerade der Metallarbeiterverband das Sondergebiet des Machtkampfes zwischen Mehrheitssozialdemokratie, »Unabhängigen« und Kommunisten wurde. Das führte im Hochsommer 1920 zu einem in der deutschen Arbeiterbewegung geradezu tollen Stück, wofür die Betriebe von Bosch und Daimler das Übungsfeld abgeben sollten. Als im Zuge der Reichsfinanzreform das neue Gesetz über die Einkommensteuer, die durch den Betrieb vorzunehmende Einbehaltung der auf den Lohn entfallenden Steuer vorsah und diese nun zum ersten Male fällig wurde, forderten die Belegschaften von Bosch und Daimler, daß die Betriebsleitung diese Maßnahme unterlasse. Ein völlig unsinniger Versuch, ein letztes Aufbäumen der Radikalen, die die ihnen entglittene Führung wieder an sich reißen wollten – das mühevolle gute Zureden der Betriebsleitung war in den Wind gesprochen. Also Arbeitseinstellung. Die Durchführung des Kampfes übernahm der Staat auf eine einfache und robuste Weise: er schloß die beiden Betriebe und besetzte sie polizeilich, um Sabotageakte zu verhindern. Das dauerte vom 26. August bis 5. September 1920. Dann war der Spuk vorbei – eine herbe Belastung für den Glauben, daß die junge Demokratie in die Tiefe des deutschen Volkes schon mitverantwortendes Staatsbewußtsein gesenkt habe.

In das aktive Parteileben griff Bosch nicht ein. Mit Friedrich Naumanns plötzlichem Tode im August 1919 hatte auch er den Mann verloren, an dessen Haltung er weithin in den letzten Jahren die eigenen Entscheidungen orientiert hatte; von ihm war jene Zusammenschau und Mitgestaltung eines Volkslebens erwartet worden, das die persönliche Freiheit und die selbstverständliche Autorität einer staatlichen Ordnung verbinden sollte, eine nicht in den Paragraphen erstarrte, sondern in den Köpfen und Seelen lebendige Sozialverfassung. Die Lockung, wenn es eine hätte sein können, tätig in die politischen Geschäfte eintreten zu können, kam im Oktober 1919, als Conrad Haußmann im Auftrage der deutsch-demokratischen Fraktion Bosch den Antrag stellte, als Wiederaufbauminister in das Reichskabinett einzutreten. Diesem Ministerium war damals die Aufgabe zugedacht, in den vom Krieg verwüsteten Gebieten Belgiens und Nordfrankreichs den »Wiederaufbau« zu organisieren – es sind ihm ja später andere Aufgaben zugewachsen. Der Gedanke war, der Welt an so sichtbarer Stelle einen Mann von internationalem Rang zu zeigen, dessen berufliche Vergangenheit für die Ernsthaftigkeit des Willens und für die Tatkraft des organisatorischen Vermögens sprachen. Haußmann fügte, eine empfindsame Stelle Boschs berührend, hinzu, wie gerne er gerade an dieser Stelle einen Süddeutschen sähe. Der Angefragte hat keinen Augenblick gezögert abzulehnen. Nicht aus unangebrachter Bescheidenheit: »Um Ihnen zu zeigen, daß ich wohl weiß, was mich geeignet machen würde, will ich nicht verschweigen, daß ich wegen meines Namens gewiß etwas für mich hätte« (15. Oktober 1919). Die Erläuterung des Nein besagt, daß er gar nicht in der Lage sei, »auch nur zwei Tage hintereinander angestrengte Verhandlungen zu führen, namentlich wenn diese so wichtig sind wie die in Frage stehenden«. Dafür fehle ihm auch die Sicherheit in der fremden Sprache. Und schließlich halte er einen Mann mit bautechnischen Kenntnissen für besser, der sich auch einen Stab aus seinem Erfahrungskreise bilden könne. Er schlägt einen der führenden Männer der großen Baufirma Ph. Holtzmann vor, für das Verhandeln scheint ihm Rathenau »der richtige Mann« zu sein, wenn ihm auch bekannt sei, daß eine entspechende Anregung »an der Abneigung der Regierung gescheitert sei«. »Ich möchte nicht einen solchen Fehlschlag erleben«, ist das Schlußergebnis, »wie ich ihn hervorrufen würde, wenn ich die Sache annähme.« Bosch besaß ein zu deutliches Grenzgefühl für seine Eignung, als daß er diesen Plan hätte weiter mit verfolgen können. Der praktische Realismus seines Urteils und der zugreifende Wille hätten wohl für solchen Auftrag ein Positivum bedeutet. Aber seine schier nervöse Unfähigkeit zu dem unvermeidlichen Sitzungsbetrieb und die jähen Plötzlichkeiten seines Temperaments, denen er selber mißtraute, mit denen man aber im gegebenen und gewachsenen Kreis zu rechnen gelernt hatte, würden ihn nur unglücklich gemacht und der Sache wenig genützt haben. Die Phantasie versagt, ihn in Kabinettssitzungen oder gar vor dem Parlament sich vorzustellen.

Immerhin brachte ihm das Jahr 1920 eine öffentliche, halbpolitische Stellung, die er nicht zurückwies; auf Antrag der württembergischen Regierung wurde Bosch als Mitglied des vorläufigen *Reichswirtschaftsrates* berufen. Dieses Gremium mit dem Recht des Überprüfens und des Vorschlagens von wirtschafts- und sozialpolitischen Gesetzen war in der Weimarer Verfassung vorgesehen. Wie sein organisatorischer Unterbau gestaltet würde, sollte zunächst späterer Rechtsfindung überlassen bleiben – diese ist nie zustande gekommen. Man wollte die vom politischen Bereich abgedrängte Räte-Ideologie irgendwie befriedigen und der mit plötzlicher Heftigkeit vertretenen Forderung nach einer berufsständischen Vertretung Genüge tun – die taktische Entscheidung mochte auch hoffen, daß der Versuch, war er einmal in Form gebracht, sich durch inhaltliche Leistungen bewähren und festigen würde. Das sachliche Gewicht des Reichswirtschaftsrates blieb gering gegenüber der Dynamik des politischen Parteiwesens, das, wenn auch selber in seiner gedachten Aufgabe beschädigt, dem Wettbewerber wenig Chance gab. Bosch nahm den Ruf an, zumal er nicht der Industrie-Vertretung eingereiht war, sondern der Gruppe der freien Sachverständigen. Das war ihm erwünscht, es bot ihm die Möglichkeit der freien Einflußnahme. Sie behielt aber im Wesentlichen den persönlichen Charakter; als Redner in den Plenarversammlungen ist Bosch nie aufgetreten. Doch hat er, dem sozialpolitischen Ausschuß zugeteilt, an dessen Arbeiten teilgenommen; sein wesentlicher Beitrag wurde ein 1922 erstattetes Gutachten zur gesetzlichen Regelung des Achtstundentages. In seiner Gruppe, die, wie er sich ausdrückte, zwischen den Interessenvertretern als »Zünglein an der Waage« dienen sollte, fühlte Bosch sich im ganzen wohl: »Ich kann sagen, daß ich unter diesen Männern wirklich billig Denkende kennen lernte.« Der Zufall wollte es, daß sein Sitz neben dem von Karl Kautsky war, mit dem er drei Jahrzehnte zuvor die Hausgemeinschaft geteilt hatte. Da wurden alte Familiengeschichten aufgewärmt, Bosch konnte darüber nach Hause berichten. Es wurde natürlich auch politisiert. Aber das sind nicht mehr die wohlwollenden Belehrungen, die um 1890 in der Schwabstraße zu Stuttgart einem jungen, aufgeschlossenen Handwerker gegeben wurden, sondern es ist ein freundschaftliches Kräftemessen zwischen dem Begriffsmenschen, der immer berechenbare und berechnete Erwartungen anbot, und dem Mann, der Welt- und Menschenerfahrung in sich angesammelt hat. Und Kautsky muß zugeben: der deutschen Sozialdemokratie fehlt es an Männern mit der jetzt nötigen Staats- und Wirtschaftskenntnis. In Österreich, meint er aber, sei das anders. Und wenn es so sei, antwortet Bosch, was nützt das uns?

Die Arbeitsmethoden erwiesen sich als »zu schwerfällig und teuer« – Bosch war ganz froh, »als es andere Bewerber um Freifahrkarten genug gab«, sich nach einigen Jahren von dem Amt in guter Form zurückziehen zu können. Zwar hatte ihn nach 1921 eine gewisse Unrast ergriffen, die ihm das häufige Wegreisen von Stuttgart nicht zur eigentlichen Beschwerde machte, der Anlaß, zu Sitzungen nach Berlin fahren zu sollen oder zu müssen, war dann nicht immer unwillkommen, aber eben diese Sitzungen ernsthaft wahrzunehmen wurde ihm »zuwider«. Doch blieb die Gesamterinnerung an die Zeit der Mitgliedschaft freundschaftlicher als etwa an das Präsidium des Reichsverbandes der deutschen Industrie; man konnte im Austausch zugleich lernen und belehren. Das Schlußurteil (in einer Niederschrift von 1931) findet, daß der Reichswirtschaftsrat sich als »sehr brauchbar« erwiesen habe, weil er sehr gut in der Lage war, besser als der Reichstag, Untersuchungen über wirtschaftliche Dinge jeder Art anzustellen. Im Anfange seines Bestehens, als es sich um die Sozialisierung in weitestgehender Form handelte, wirkte der Reichswirtschaftsrat segensreich. Er zwang Arbeitgeber und Arbeitnehmer an *einen* Tisch, und es war dort wohl das erste Mal, daß ernsthaft überlegt wurde, was Sozialisieren bedeutet und was sozialisiert werden kann. Das Ergebnis ist bekannt. »Es kreißte der Berg und gebar eine Maus.«

Der Neu-Aufbau

Fabrikationsprogramm und Geschäftsorganisation in den Nachkriegsjahren

Die Arbeit für den Kriegsbedarf hatte große Teile der Bosch-Werkstätten ihrer ursprünglichen Aufgabe entfremdet. Werksleitung und Belegschaft blieben in der Übergangszeit unsicher, ob der frühere Zustand zurückkehren werde. Das war die Zeit, als in den Sitzungen mit dem Betriebsrat immer wieder die besorgte Frage beantwortet werden mußte, womit man denn die Belegschaft beschäftigen wolle. Im »Boschzünder« war ja zu lesen gewesen, wie das Ausland durch Zölle und gar Verfemung den Bosch-Erzeugnissen den Zugang sperren wollte, daß in Deutschland selber allerhand Firmen sich auf die gleichen oder verwandte Artikel umzustellen begannen – es war schon ein gewisses Gebot, sich über das Was und Wie Gedanken zu machen. Man wird hier nicht gerade die Bemühungen sehen wollen, die in die Kriegszeit zurückreichen, bei der Erstellung guter Prothesen für Kriegsverletzte mitzuwirken. Aber sie sind der Anmerkungen wert. Robert Bosch hat sich persönlich aufs lebhafteste darum gekümmert und mit Genugtuung den kunstvoll beweglichen Arm entstehen sehen, der Kriegsopfern dienlich werden sollte; es würde auch ein Beitrag seiner Werkstätte zur Linderung individueller Kriegsnot sein. Das lang währende Versuchen gedieh schließlich auch wegen des Eigensinns des Konstrukteurs über das Modell nicht hinaus und blieb das Kuriosum einer etwas sentimentalen Legende; denn der Arm war zu schwer geworden und zu teuer. Bosch selber hatte Zehntausende von Mark in die Aufgabe hineingesteckt.

Man hatte sich »für die Aufnahme neuer Erzeugnisse« eine gewisse theoretische Überlegung zurechtgelegt; keine Dinge, die in Deutschland bereits »in genügender Menge und Güte erzeugt« werden. So ließ man auch die Schreibmaschinenpläne fahren, um Abnehmern wie »Adler« und »Wanderer« keinen Wettbewerb zu machen. »Unser Augenmerk«, sagt der Geschäftsbericht von 1921, »ist deshalb darauf gerichtet, die Herstellung solcher Waren aufzunehmen, die bisher überwiegend aus dem Ausland nach Deutschland eingeführt wurden; damit sind wir allerdings auf eine geringere Auswahl beschränkt.« Das hörte sich ganz überzeugend an. Die Verschlechterung der Währung würde, so mußte man urteilen, den Bezug hochwertiger Fabrikate von draußen sowieso einengen und damit einen ungedeckten Bedarf schaffen. Nach ihm hielt man Ausschau. Doch nahm die Entwicklung einen völlig anderen Weg als solche tastende Planung; sie zwang Bosch zunächst wieder ganz auf sein eigentliches Gebiet zurück, der Fahrzeug- und bald auch der Flugzeugindustrie »Zubehör« zu liefern. Dieser Begriff erfuhr eine höchst nachdrückliche Bereicherung. Von den übrigen, sozusagen branchefremden Versuchen wurde nur einer bis zur eigentlichen Marktreife entwickelt; das war ein – verstellbarer Schraubenschlüssel, ein gut durchgedachtes, praktisches Gerät in handlicher Form, mit Elektrizität hatte er nichts zu tun, und die Werkzeugfabrikanten waren nicht wenig erstaunt, als der Name Bosch auch in ihrem Bezirk mit dem Anspruch auf Beachtung antrat. Damals ahnte wohl auch im ganzen Hause Bosch niemand, daß dieses bieder kräftige Stück der unbekümmerte Vorläufer einer späteren, nun freilich technisch höchst durchgebildeten Herstellungsgruppe werden würde.

Es war einfach so: das Ausland frug nach den Bosch-Zündern, und zwar war es der Privatkunde, der die zuverlässigen Apparate wieder haben wollte. Er las zwar in seinen Zeitungen, daß es patriotisch sei, nur mehr französische und englische Apparate zu kaufen, die gerade so gut, ja besser seien, als die aus Stuttgart stammenden. Aber wenn einer dann mit seinem Wagen auf der Straße liegenblieb und mit einer verschmutzten oder ruinierten Kerze nicht zu Rande kam, erinnerte er sich, wie es ehedem war. Die Unbefangenheit, mit der so etwas in England etwa durch Zuschriften an die Fachpresse erörtert wurde, war die wirkungsvollste Werbung. Da halfen auch die amtlichen Gegenbemühungen nichts, die den jungen Industrien mit hohen Zöllen die Anlagekosten sichern wollten: England mit 33⅓%, Frankreich mit 45% des Wertes. Ja dieser Staat ging, als die Inflation in Deutschland voranschritt, bis zu einem Wertzoll von 180%! Das war auch eine, wenn freilich unerwünschte Anerkennung der Leistung. Man glaubte, die Achtung vor dem Namen auch bei dem peinlichen Kontrollbesuch der militärischen Ententekommission zu spüren. (»Man hat uns recht entgegenkommend behandelt«, berichtete Bosch im März 1920 an Egnell nach Stockholm.) Fast am wichtigsten jedoch wurde die nach dem Kriege zunächst zögernd einsetzende Neubelebung des internationalen Rennsports, dessen sich jetzt vor allem Italien annahm. Die Bedeutung der Rennen für die Frühzeit des Kraftfahrwesens ist unbestritten: sie machten, unbekümmert um philiströse oder snobistische Einwände, das Auto volkstümlich, die Sieger zu gefeierten Namen und stellten den Konstrukteuren der einzelnen Werke die nie endende Aufgabe, die letzte Lösung zu übertreffen. Inzwischen waren durch die Selbstverständlichkeit des Kriegsdienstes der Motorfahrzeuge, durch die Banalität des plumpen Lastwagens dem Auto die Reize des Sensationellen längst genommen. Sachlich mochte die Wendung zum erneuten Kräftemessen der Schnelligkeit, der Zuverlässigkeit, der individuellen Fahrergeschicklichkeit als überflüssig erscheinen; es hat in der Folgezeit nicht an ernsthaften Kritikern gemangelt, die darin einen Fehlweg oder doch vermeidbaren Umweg der Entwicklung sehen wollten, daß zumal auch Deutschland übermäßige Mühen und Kosten darauf verwandte, den Sonderbedürfnissen und -wünschen der Rennsportler nachzukommen. Die großartige und teils anziehende, teils bedrückende Leistung von Henry Ford, die nun schier plötzlich in ein allgemeines Wissen trat, hatte sich völlig ohne *diese* Art von Rekordstreben gestaltet. Doch wie dem sei: in Europa machte man wieder Rennen, und bei Bosch konnte man damit zufrieden sein. Denn es erwies sich, daß die Rennfahrer, auch solange die politische Nachkriegsstimmung eine unmittelbare Teilnahme deutscher Wettbewerber ausschloß, ganz überwiegend selbst für die fremdländischen Wagen die Ausstattung mit der Bosch-Zündung forderten, und daß sie damit siegten. 1921 war bei dem Rennen in Sizilien, der Targa Florio, der Bann gebrochen; deutsche Fahrer erschienen wieder am Start. Für Bosch wurde dies Unternehmen zu einem Triumph: 31 der 37 Automobile bedienten sich seiner Ausrüstung, darunter die der fünf Sieger, vier italienische, ein deutscher Wagen. Das wurde der Anfang einer nicht mehr unterbrochenen

Treibriemenwald in einer Bosch-Werkstatt, 1920

Reihe von Siegen. Die internationale Fachpresse konnte, wenn auch gelegentlich widerwillig, an dem Tatbestand nicht vorbeigehen, die Auslandsvertretungen, die wieder Fuß zu fassen begannen, hatten ein sehr brauchbares Argument bekommen.

Damals war im Hause Bosch bereits die Entscheidung gefallen, auf die Versuche, in Neuland vorzudringen, zunächst zu verzichten. Die wirtschaftliche Zukunft erwies sich ja als völlig undurchsichtig: die Siegerländer erfuhren ihre ersten Krisen und Arbeitsschwierigkeiten; in den neutralen Ländern, die als »Kriegsgewinnler« gelten konnten, meldete sich eine stärkere Nachfrage, zumal Spanien trat jetzt deutlicher ins Blickfeld. Die deutsche Lage blieb ewigen Schwankungen unterworfen, die von den politischen Ereignissen, von den manchmal scheinbar gelingenden und dann wieder schier hoffnungslosen Mühen um den Marktkurs abhingen. Die Wirtschaftsgeschichte dieser Jahre mit dem heftigen Wechsel von hektischer Scheinblüte und plötzlichen Stockungen, Kurzarbeit, Arbeitsentlassung, Rohstoffnot und ewiger Preisrevolution brachte fast tägliche Wirrung für den, der in ihr stand, und sie muß auch für den Rückblick etwas Gespenstisches haben. Das aber spürte jeder: die Zeit des Automobils war jetzt erst angebrochen, die des Flugzeugs kündigte sich an. Mochten Zoll- und Steuerpolitik in die Entwicklung eingreifen, hier sie hemmend, dort sie nutzend, mochte man das Kraftfahrzeug mit mißtrauischen, mit freudigen Augen anschauen oder, was in allen Ländern geschah, die neue Gelegenheit, verständig und töricht, wesentlich fiskalisch betrachten, den neuen Steuerträger erkennen: er war zu dem den Rhythmus der Zeit mitbestimmenden Faktor geworden, in Nordamerika bereits in knapp einem Vierteljahrhundert *die* umfangreichste, arbeitsmäßig wichtigste Industrie. Die internationalen Statistiken sahen für den Deutschen betrüblich aus: das Heimatland von G. Daimler und C. Benz lag, die Ziffer der Kraftfahrzeuge auf den Einwohner berechnet, weit zurück. 1921 war bei den registrierten Personenwagen eben die Ziffer von 1914 wieder erreicht worden; so stark wirkte der Einschnitt des Krieges. (Die Lastwagen freilich hatten sich verdreifacht.) Nun gab es wohl Gründe für die langsamere Entwicklung in Deutschland: das enge Eisenbahnnetz, eine oft unfrohe Stellungnahme der mannigfachen staatlichen Behörden – es mochte sehr ungewiß sein, ob und in welchem Tempo das vom verlorenen Krieg niedergedrückte Reich sich zwischen den Ziffernreihen der glücklicheren Länder werde emporarbeiten können. Diese Überlegungen mußten Bosch und seine Leute, wollten sie sich nicht von der »Scheinblüte« der Jahre verwirren lassen – das Wort findet sich oft in den Betrachtungen –, stark beschäftigen. Jetzt, 1923, zog das Ausland bereits wieder 65% der Erzeugung an sich. Würde dieser Zustand bleiben, wenn das Gefälle der Währungsverschlechterung eines Tages gestaut werden könnte? Dann mußte der Zustand des inneren Marktes von erhöhtem Gewicht werden. Gerade hier aber hatte man dann mit einem verstärkten Wettbewerb deutscher Werke zu rechnen. Immerhin: man band sein Schicksal enger an die Fahrzeugindustrie, in dem Glauben, daß der Zwang der Dinge die hundert Schwierigkeiten überwinden werde, und da wollte man nicht nur dabei sein, sondern entscheidend helfen.

Nach einer zehnjährigen Unterbrechung fand im Herbst 1921 wieder eine deutsche Automobilausstellung statt. Die Fachleute konnten in den überkommenen Bosch-Erzeugnissen manche Verbesserung, Verfeinerung, auch Vereinfachung feststellen. Der Zündapparat, in den Grundelementen festgelegt, hatte immer neue Typen gefordert: die Steigerung der Umlaufsgeschwindigkeit der Motoren erzwang immerzu Anpassungen, auch Änderungen in dem der Hitze ausgesetzten Isoliermaterial; neben dem Kraftwagen hatte sich das Kraftrad durchgesetzt und verlangte für Zündung und Beleuchtung seine eigentümliche, räumlich beengte und zugleich widerstandsfähige Konstruktion (Zwerg-Zünder und Zwerg-Kerze). Der Scheinwerfer hatte inzwischen einige Neuerungen erfahren: die Abblendung des scharfen, weiten Lichtes, die für den städtischen Straßenverkehr so viel Sorge machte, war technisch vereinfacht worden. Aber nun war zu diesem, wenn man so will, ein kleiner Bruder getreten, der »Suchscheinwerfer« – der Fahrer konnte ihn, der in Griffnähe an einer Gabel mit Drehgelenken befestigt wurde, benutzen, wenn die Seitenstreuung des vorderen Scheinwerfers zur Orientierung bei Kurven oder bei Straßenkreuzungen und dergleichen nicht zureichte. Die große Neuheit, die 1921 zu sehen und mehr noch zu hören war, bildete jenes Signalinstrument, das umgreifender als die früheren Artikel des Werkes ihm eine breite Volkstümlichkeit schuf: das »*Bosch-Horn*«. Der Name mit seinem Anklang an Posthorn hat wohl einiges dazu beigetragen.

Gottlob Honold war der Schöpfer auch dieses Instrumentes; nach der entscheidenden Tat, dem Hochspannungszünder, und den gelungenen Experimenten in der praktischen Optik wandte er sich zu Fragen der Akustik; er begann damit bereits im Jahre 1919. Die Aufgabe lang nahe genug: mit der Vermehrung der Kraftfahrzeuge im Straßenverkehr, mit der immer stärkeren Beschleunigung ihres Tempos wuchsen für Fahrer und Passanten Gefahren, wenn nicht frühzeitig genug das Herannahen des Wagens oder Rades gemeldet wurde. Die sozusagen historische Radklingel reichte nicht aus. Es gab eine ganze Reihe von Signalmitteln: Hupen mit dem Gummiball, die durch die Hand zum Aufschreien gebracht wurden, Sirenen, Trillerpfeifen, Glocken, eine ganz witzige Kakophonie im Straßenlärm, aber mehr verwirrend als klärend; einige der Instrumente waren für den Gebrauch umständlich und beschwerlich. Das Prinzip, das Honold anwandte, war an sich nicht neu, auch die elektrische Klingel beruht darauf: statt eines Klöppels wurde eine Membran (aus Stahl) mit Eigenschwingung in Bewegung gesetzt und der Ton durch einen auf die Schwingungszahl abgestimmten Schalltrichter verstärkt. Man hatte bei den Versuchen einen kräftigen dunklen Ton erreicht, aber dabei festgestellt, daß man über Richtung und Entfernung unsicher blieb. Die Verlegenheit löste sich (nach der Beratung durch einen Ohrenarzt), als man eine zweite, vom Anker unbelastete Membran darüber anbrachte, die in rascheren Schwingungen einen helleren Ton hinzufügte.

Damit war eine zugleich weitreichende und musikalisch wohlklingende Signalisierung gefunden, der auch alle Schreckwirkung der Hupe fehlte. Das »Horn« erhielt eine gut ausgeglichene Form; den Namen behielt man bei, als in einer späteren Entwicklung, da der Schalltrichter unter der Haube angebracht wurde, die Trichter- oder gar die Dosenform gewählt war. Auch das Bosch-Horn erfuhr seine Verbesserungen: für den inneren Stadtverkehr etwa wurde eine Vorrichtung zur Drosselung des Tones eingebaut. Ein am Lenkrad angebrachter Druckknopf gestattete die bequemste Bedienung mit dem geringsten Kraftaufwand. Im Hause Bosch war man von dem Eindruck, den der neue Ton im Straßenverkehr machte, sehr befriedigt. »Er fiel einem immer sofort wieder auf«, hieß es in Debatins Einführungsaufsatz im »Boschzünder« (1921, 241), »hoffen wir, daß es bald

Bosch-Horn und Bosch-Scheinwerfer, 1921

348

umgekehrt ist: daß das Bosch-Horn die Regel bildet und die andern auffallen.«

Das traf auch, im großen betrachtet, ein. Die Durchbildung des Gerätes und die Anlage der Fabrikation zielte von vornherein auf Massenfertigung, eine verwickelte Sache, da in solchem Horn 130 Teile, die rund 1300 Arbeitsgänge beanspruchen, steckten. Zumal in Deutschland, wo die Behörden Freude und Verdruß an etwas aussichtslosen Reglementierungen gehabt hatten, setzte sich die neue Sache unter freundlicher Begrüßung durch die Polizei bald durch; amtliche Gutachten, ja richterliche Entscheide brachten eine unerwartete, nicht unerwünschte Empfehlung. (Und es gab auch ein lustiges Kuriosum: Der Leiter des Frankfurter Stadtverordnetenkollegiums bediente sich des Bosch-Horns bei turbulenten Sitzungen – als ein Antrag, dies lärmstillende Werkzeug abzuschaffen, abgelehnt wurde, war diese nicht vorgesehene Funktion sozusagen legitimiert!) Nach zwei Jahren hatte man bereits das hunderttausendste Stück erreicht; dabei darf, um die Größenordnung zu greifen, daran erinnert werden, daß 1921 in Deutschland nur etwa 60 000 Personen- und 30 000 Lastwagen liefen (die natürlich bisher auch mit irgendwelchen Signalen ausgestattet waren). Bald fand das Ausland Gefallen an der Sache, bald auch die Konkurrenz, die allerhand Nachahmungen auf den Markt brachte. Im Jahre 1929 konnte die Statistik vermerken, daß mit der Auslieferung des Bosch-Horns die erste Million erreicht war.

Ein gleiches »Jubiläum« konnte in diesem Jahr ein etwas jüngeres Erzeugnis der Werkstätte begehen, das elektrische *Radlicht*, das im Jahre 1923 zur Marktreife gebracht war. Man durfte darin eine gewisse Abschweifung sehen, denn es wurde neben dem Kraftrad, das seine Sonderlösungen schon bekommen hatte, jetzt auch das motorlose Rad bedacht. Die Einsichten, die man bei den Lichtmaschinen gewonnen hatte, lockten auf den Weg, auf dem sich andere bereits versucht hatten. Das Prinzip war einfach genug: der Radler bedient selber, durch seine Tretbewegung, die Lichtmaschine, deren Leuchtstärke von dem Tempo seiner Fahrt, von der Zahl der Umdrehungen abhängt. Die Bosch-Konstruktion, die nichts grundsätzlich Neues brachte, zeichnete sich durch leichtes Gewicht, geringe Raumbeanspruchung, praktische Bedienung und niederen Preis aus – als Massenartikel gedacht, kostete sie nur achtzehn Mark.

In den kommenden Jahren widmete sich die aus den Erfahrungen gespeiste Phantasie den Überlegungen, wie die Sicherheit und die Bequemlichkeit des Fahrens zu steigern seien. Die Fachwelt begann geradezu zu erwarten, daß weitere Vervollkommnungen aus der Stuttgarter Werkstätte angeboten würden. Und man blieb den Erwartungen nichts schuldig. Es fanden sich darunter Einfälle, die, ganz witzig ausgedacht, ohne stärkere praktische Bedeutung blieben. Da war etwa die *»Bosch-Glocke«* (1923), kein elektrisches, ein rein mechanisches Instrument, das, auf der Radfelge montiert, mit einem Fühlhebel den Gummireifen berührte. Begann aus diesem die Luft zu entweichen, was unter dem Druck des Wagens zu einer Entformung des Reifens führte, so setzte der Hebel ein Schaltwerk mit Glockentönen in Bewegung: der Verschleiß des Reifens konnte rechtzeitig gemindert, ein Unfall verhütet werden. Das einfache Ding ist ganz geistreich, aber es hat sich nicht durchgesetzt. Nach Jahren hat man, bei Bosch für diesen Bereich zwar nicht erfinderisch, aber fabrikatorisch eine Apparatur entwickelt, für die man jedoch nicht den eigenen Namen wählte, sondern den der inzwischen eng verbundenen Firma Eisemann: der *»Eisemann-Reifenprüfer«* (1927), ein handliches Federdruck-Instrument, auf den Reifen gepreßt, gibt auf einer Skala den atmosphärischen Luftdruck im Reifen an; eine bequeme Kontrolle für den Fahrer, ob die Sache in Ordnung ist. Für die Herstellung und den Vertrieb hatte man bei der Pariser Firma Repusseau die Lizenz erworben, für Deutschland und einige andere Länder. Kurz zuvor hatte man von der gleichen Stelle einen *»Stoßdämpfer«* übernommen, der vor allem bei schlechten Straßenverhältnissen, mit den Federn verbunden, die für Wagen und Fahrer peinlichen Stöße aufzufangen und zu mildern hat. Beide Artikel lagen nicht in der Linie der Laboratoriumsarbeit, die bei Bosch betrieben wurde. Aber es ist charakteristisch, daß man, von ihrer Brauchbarkeit überzeugt, sie in das Fertigungsprogramm aufnahm. Noch wichtiger war in solchem Betracht der Erwerb der Herstellungslizenz der sogenannten *»Servo-Bremse«* (Bremshelf), wie sie der belgische Ingenieur A. Dewandre entwickelt hatte; sie kam 1927 auf den Markt und setzte stärkere technische Vorarbeiten voraus. Mit dem Wachsen des Autobetriebes, der Schnelligkeit und der Verkehrsdichte war die früher übliche Hinterradbremse durch die Vierradbremse abgelöst worden, die bei flotter Fahrt ein rascheres

Abfangen der Masse und Geschwindigkeit gestattete, aber auch eine erheblich stärkere körperliche Anstrengung erforderte, ermüdend bei kurvenreichen Wegen oder im unsicheren raschen Straßengewühl der Großstadt. Dewandres Konstruktion macht den Unterdruck des Motors als Kraftquelle nutzbar; der Fahrer, wenn er mit seinem Fuß den Bremshebel in Bewegung setzt, spürt den Grad der Bremsung, kann sanft oder kräftig drücken, ohne stärkere Mühe. Der Apparat wurde zum Ausgang für weit großzügigere Konstruktionen von Lastzug-Bremsen.

In das »eigentliche« Gebiet des »elektrischen Zubehörs« führten die Erzeugnisse des Jahres 1926: »*Scheibenwischer*« und des Jahres 1928: »*Winker*«. Beide Artikel waren, ähnlich wie das Bosch-Horn, »Schlager« und gewannen rasch den Rang von Selbstverständlichkeiten. Den Kampf gegen Regentropfen und Schneeflocken hatte man schon frühe begonnen, seitdem das Autofahren auch eine Schlechtwettersache geworden war; der geschlossene Wagen setzte sich durch. Das Abreiben mit der Hand war so lästig wie gefährlich und gab das Wageninnere beim Aufstellen der Schutzscheibe dem Wetter preis. Die mechanischen Scheibenwischer, die an den Unterdruck des Vergasers angeschlossen waren, arbeiteten unregelmäßig und liefen desto langsamer, je schneller der Wagen fuhr. Hier schuf der Bosch-Scheibenwischer mit einem kleinen Elektromotor, der durch Schnecke und Zahngetriebe den Wischer in Bewegung setzt und, durch die Wagenbatterie gespeist, vom Lauf des Motors unabhängig ist, eine radikale Änderung. Der Winker, der einen Wechsel der Fahrtrichtung anzuzeigen hat, war als Möglichkeit schon bei der Verordnung über den Kraftfahrzeugverkehr gedacht; diese sprach davon, daß eine »mechanische Einrichtung« benutzt werden könne, nahm aber das Herausstrecken des Armes noch als das Normale an. Das war natürlich nur ein Übergangszustand. Gerade beim Richtungswechsel ist es zweckdienlich, mit beiden Händen das Steuerrad zu halten. Richtungsanzeiger waren deshalb schon aufgekommen, etwa eine herausragende runde Scheibe, auf der ein roter Pfeil, rechts, links zielend, auf dem dunklen Grund aufleuchtete. Die Lösung, die man bei Bosch wählte, war primitiver, aber wirkungsvoller: es schnappte bei Bedarf an der gewünschten Seite ein Pfeil hervor, so daß er sich am Profil des Wagens unübersehbar markiert; im Dunkel wirkt er als rot leuchtender

Lichtstreifen. Eine leicht zu bedienende Vorrichtung ist vor dem Fahrersitz angebracht; es wurde auch ein Verfahren entwickelt, daß der Winker, ohne daß es eines neuen Griffes bedarf, nach acht Sekunden automatisch in seine Schutzkapsel zurückklappt. In die Reihe der Neukonstruktionen zur erhöhten Sicherheit gehört auch die »*Stoplaterne*«, die, an der Rückseite des Wagens angebracht, dem Nachfolgenden mitteilen soll, daß jetzt langsamer gefahren oder angehalten werden soll. Das Zeichengeben durch erhobenen Arm, an das die Verordnung dachte, war natürlich längst überholt. Es gab schon mancherlei mechanische Signale mit optischer Wirkung. Das Angenehme der Konstruktion, die Bosch (1928) auf den Markt brachte, war die Verbindung der Stoplaterne mit dem Bremspedal durch einen Lichtschalter; die Signalgebung, Aufleuchten eines gelbroten Dreiecks auf einer runden Scheibe, erfolgt also ganz automatisch.

Einige dieser Neuerungen hatten gleich ihre gültige und bleibende Durchformung erhalten, andere kamen in dauernde Entwicklung, wie etwa die Scheinwerfertypen, aber auch die Zündapparate, die im ewigen Zwang der Überprüfung und der Sonderkonstruktionen standen.

Man hatte in dieser Zeit, die in munterer Fülle immer neue Zubehörteile des Kraftfahrzeuges ausbildete, die Genugtuung, auch auf einem Gebiet einen wichtigen Schritt vorantun zu können, wo der Weg bisher immer wieder auf Hemmungen gestoßen war, beim Öler. Für ortsfeste Maschinen fand der Bosch-Öler frühe Aufnahme, wichtiger aber: die württembergischen Staatseisenbahnen waren zu Versuchen bereit, bei denen der Öler so durchkonstruiert wurde, daß fortlaufend die Lokomotivkolben wie auch die Achsen die notwendige Schmierung erhielten. Das bedeutete eine außerordentliche Arbeitsentlastung für das Personal, das etwa die Achsenschmierung noch mit der Kanne zu besorgen hatte, und eine schier automatische Vorbeugung gegen zu frühzeitigen Materialverschleiß. Württembergs Eisenbahnen gingen zum Bosch-Öler über. Der wichtigste Staat, Preußen, blieb verschlossen; bei ihm hatte sich ein anderes System eingebürgert. Die Vereinheitlichung des deutschen Eisenbahnwesens, die Schaffung der Deutschen Reichsbahn 1919, brachte eine neue Lage. Denn aus sehr verständigen Gründen trachtete man danach, für die Zukunft von den unterschiedlichen Typen loszukommen, schon aus

Gründen der Reparatur, des Einfügens von Ersatzteilen, eine gewisse Normung zu erstreben. Im Verfolg dieser Bemühungen wurde auch die Ölerfrage neu gestellt: die Erfahrungen und Wünsche der Reichsbahnverwaltung und die konstruktiven Gedanken der technischen Spezialisten mußten sich finden. Innerhalb der mannigfachen Mühen um die beste und zuverlässigste Lösung, woran natürlich nicht bloß das Stuttgarter Ölerwerk beteiligt war, erwies sich aber der bei Bosch entwickelte Vorschlag als der brauchbarste. Die Zähigkeit, die Robert Bosch in einer gelegentlich unfrohen Sache gezeigt hat, das Vertrauen auf die konstruierenden Techniker lohnte sich. Denn nun war der Bosch-Öler, gegenüber den ersten Plänen wohl gewandelt und an einer anderen Stelle, zu einem Faktor der Verkehrswirtschaft geworden. Im Jahre 1928 hatte das Ölerwerk seine neuen eigenen Räume bekommen, um sich voll entfalten zu können. Seine Erzeugnisse sind, das liegt in der Natur der Dinge, nicht »volkstümlich« geworden. Wer weiß, daß in zahllosen Lokomotiven Bosch-Arbeit eine sehr zentrale Funktion übernommen hat! Was hier erarbeitet und an Erfahrungen gesammelt wurde, erwies sich bei einer späteren Ausweitung der herstellerischen Aufgaben als Gewinn.

Es ist ein anderes, zu erfinden und zu konstruieren, ein anderes, zu fabrizieren, ein anderes, zu verkaufen. Der ingeniöse Kopf, der vor einem Problem sitzt, nachdenkt, mißt, rechnet, probiert, vergleicht, verwirft, einen neuen Weg sucht und noch einen, bis er den richtigen betreten zu haben glaubt, mag sich vielleicht, wenn er auf sein Ziel blickt, frei wissen von allen Überlegungen, die Kosten, Preis, Währung, Markt usf. heißen. Ihm kommt es darauf an, ist er ein guter Techniker, den Kräften und Stoffen, die ihm die Natur bietet, roh oder bereits verarbeitet, Leistungen zu entreißen, die mit möglichster Vollkommenheit menschlichen Zwecken dienstbar gemacht werden können. Wie das in der Durchführung geschehe, braucht ihn nicht mehr unmittelbar zu beschäftigen. Im Grunde war dies auch der Traum von Gottlob Honold gewesen oder geworden, sich aus den organisatorischen Zwängen zu befreien. Aus jüngeren Wissenschaftlern und einigen ausgezeichneten Praktikern der Werkstatt hatte er sich einen Stab von Mitarbeitern heranbilden können, durch den die Versuchswerkstatt ein Eigenleben gewann. Die mannigfachen Verbesserungen und Änderungen an den alten Artikeln, die verschiedenen neuen Dinge, die da herauskamen, trennten sich von dem Namen des Autors, waren zum Teil Gemeinschaftsarbeit. Robert Bosch wußte um die mögliche Fruchtbarkeit des wagenden Erfindens, die Versuchswerkstatt war immer reich dotiert, und man ehrte sie auch mit der Geduld, die auf das Reifen warten kann.

Daß das Erfinden zum Fertigen gedeihe und die Fertigung im Absatz sich lohne, hing in den ersten Nachkriegsjahren an unendlich vielen schwer berechenbaren Faktoren des internationalen Kräfteringens, nicht bloß der Zoll- und der Handelspolitik, an dem wechselvollen und seit dem Januar 1923, da der französische Einbruch in das Ruhrgebiet wichtigste Teile Deutschlands der Geldkontrolle entriß, schier aussichtslosen Kampf um die Währung. Jener frühe optimistische Versuch, den Bosch 1919 gemacht hatte, mit einer Preisherabsetzung ein Beispiel der Bereinigung zu geben, war nur ein kurzes Zwischenspiel gewesen. Das konnte gar nicht anders sein. Das Ineinanderwirken der nominellen Preissteigerungen bei den Grundstoffen und der Lohnerhöhungen schmiß eh und je alle Dispositionen um; es ist eine aussichtslose Sache, zu untersuchen, wo im einzelnen Fall der Anstoß erfolgte, beim Preis, beim Lohn – Ursache und Wirkung sind verfilzt. Das kaufmännische Kalkulieren für den Inlandsmarkt wurde zur Illusion; etwas anders stand es bei der Berechnung für den Auslandsabsatz, soweit mit halbwegs gesicherten Währungen zu rechnen war. Die Firmengeschichte bei Bosch zeigt hier in den großen Linien keine Sonderstellung: auch hier kam man in den Zwang der fortgesetzten Erhöhungen des Grundkapitals und vor die Notwendigkeiten, Mark-Bilanzen niederzulegen, deren im Grund fiktiver Charakter den Beteiligten selber völlig deutlich blieb.

Das *Gesellschaftskapital* der Robert Bosch AG. war 1917 mit zwölf Millionen angesetzt worden, im März 1920 erfolgte die erste Erhöhung auf zwanzig Millionen. Man zögerte zunächst, diesen Weg weiterzubeschreiten, hoffend, daß die Stabilisierungsversuche schließlich doch glücken würden; die Ausgabe von Teil-Schuldverschreibungen während des Jahres 1921 sollte über die Geldklemme hinweghelfen. Mit einem Betrag von schließlich zwanzig Millionen glaubte man durchzukommen – auch den Angestellten und Arbeitern war eine Quote des mit 4½ vom Hundert zu verzinsenden Papiers unter Vorzugsbedingungen angeboten. Im Mai 1922 mußte man sich entschließen, auf fünfzig Millionen Aktienkapital zu gehen; die für das zurückliegende Geschäftsjahr mit 25 % angesetzte Dividende wurde nicht ausgeschüttet, sondern als erste Anzahlung für die neuen Aktien behandelt. Die Firma sollte einen möglichst geringen Kapitalentzug erfahren. Eine neue Ausgabe an Schuldverschreibungen, dreißig Millionen zu 5 %, schloß sich an. Es half natürlich auch nichts. Im Dezember 1922 wurde das Aktienkapital gleich vervierfacht. Dabei beließ man es nun. Denn es schien zwecklos, hinter der Mark herzurasen. Bei Bosch wurden natürlich auch alle jene Unzuträglichkeiten mitgemacht, daß im inländischen Geschäftsverkehr die Frist zwischen Auftrag, Leistung, Bezahlung den Sinn des gemäßen Entgelts verweht hatte. Aber die Firma war doch besser dran als zahllose andere, weil sie, das Auslandsgeschäft trotz aller Schwierigkeiten entschlossen wieder anpackend, durch die Ausfuhr Devisen erhielt. Als man im September 1924 für das siebente Geschäftsjahr, das nun freilich, um mit dem Kalenderjahr zusammenzufallen, über den September hinaus bis zum 31. Dezember sich erstreckte, den vorgeschriebenen Papiermarkabschluß niederlegte, ergab sich für die Vermögensbilanz die tragisch kuriose Summe von 18 990 415 323 717 414 132,77 Mark – es konnte vermutlich auch in jener für sinnlose Ziffern geschulten Zeit kaum jemand den Betrag ohne sorgfältige Vorbereitung richtig aussprechen. Die Goldmark-Eröffnungsbilanz auf den 1. Januar 1924 gab mit dreißig Millionen Goldmark der rechnerischen Aufgabe wieder Sinn und Halt. Aber es ist klar, daß die wüste Zeit mancherlei schwieriges Erbe für die inneren Auseinandersetzungen hinterließ: die Berechnung von innerdeutschen und ausländischen Beteiligungen; welche Maßstäbe in der Berechnung der bleibenden Sachwerte, des Goodwill usf. würden zum Ansatz kommen beim Ausgleich des privaten und des Firmeninteresses?

Noch in die Zeit der Inflation fiel eine organisatorische Maßnahme, die sachlich und personell, wenn auch zunächst nicht mit der besonderen Zwecksetzung, sich bereits länger vorbereitet hatte: die Bosch Metallwerk AG. in Feuerbach verlor ihre geschäftliche Selbständigkeit. Die Sondergründung im Jahre 1917 war wesentlich geschehen, um dem persönlichen Führungsanteil von Eugen Kayser Rechnung zu tragen; auch hatte das Verfahren den Sinn, offenkundig zu machen, daß das Preß- und Metallwerk nicht nur ein Hilfsbetrieb Stuttgarts sei, sondern mit einem freien Kundenkreis arbeiten könne. Das sollte natürlich so bleiben. Auf der anderen Seite war aber das Metallwerk für die Sonderbedürfnisse des Stuttgarter Hauses immer wichtiger geworden, gerade durch den wachsenden Bedarf an genormten Guß- und Preßteilen. In der Personalpolitik, daß Vorstandsmitglieder der einen Firma dem Vorstand oder Aufsichtsrat der anderen angehörten, hatte man schon in den Jahren zuvor die Verwobenheit ausgedrückt. Am 30. Oktober 1923 übernahm die Robert Bosch AG. den Betrieb der Metallwerk AG. in Pacht. Damit war organisatorisch eine Vereinfachung erreicht; die Metallwerk AG. blieb als Rahmen zunächst noch bestehen, wesentlich zur Liegenschaftsverwaltung. Fünf Jahre später, am 25. August 1928, wurde die endgültige Verschmelzung vollzogen; die selbständige AG. verschwand und arbeitete nun als »Abteilung Metallwerk«. Mit der geschäftlichen Vereinheitlichung wurde die Umsatzsteuer hinfällig, da ja nun kein Kaufvorgang mehr sich einschaltete – für die Preispolitik von dem Augenblick an höchst wichtig, da Stabilisierung und Geldverknappung wieder schärfste Kalkulation erzwangen.

Auf dem Feuerbacher Gelände, wo auch das Lichtwerk angesiedelt worden war, erhob sich seit 1923 ein eindrucksvoller Neubau. Schon 1914 hatte Eugen Kayser, von Gustav Klein ermuntert, dem Preßwerk eine »Keramische Abteilung« angegliedert. Robert Boschs Gedanke, Unabhängigkeit von den Lieferanten der Magnete und des Halbzeugs, galt jetzt noch einmal: man ging daran, sich selber für die Zündkerzen die Isolierstoffe zu brennen. Das Metallwerk gab 1917 diese Tochtergründung als Unterabteilung an das Lichtwerk ab, aber dort fühlte sie sich nach geraumer Zeit beengt. Im Frühjahr 1922 wurde der Neubau des *Isolitwerkes* beschlossen. War bisher die wesentliche Aufgabe gewesen, die Isoliermasse für die Zündkerzen zu brennen und die Isolierteile bei Lichtmaschinen, Batterieanschlüssen usf. zu formen, so wurde jetzt auch für die wissenschaftlich-technische Weiterentwicklung des ganzen Bereichs der Werkstoffe das Ziel gesteckt – Bakelit! Hier war wichtiges Neuland zu erkunden. Gerade die immerwährende Entwicklung der Elektrotechnik mit ungeheuren Temperaturansprüchen erzwang intensive weitere Forschung über die stoffliche Widerstandsfähigkeit.

Im Grunde hatte Bosch in Deutschland nur einen Wettbewerber erhalten, den er selber achtete und anerkannte, *Ernst Eisemann*. Der einfallsreiche Mechaniker, der, seit 1884 selbständig, mit allerhand Konstruktionen ins Fabrikatorische hatte vordringen wollen – um einen Phonographen mußte er mit Edison prozessieren! –, war 1899 auch an den Zünderbau herangegangen. Bei der von ihm verwendeten Konstruktion diente der Magnetapparat zur Erzeugung eines niedrig gespannten Primärstroms, der durch einen außerhalb angebrachten Transformator in hochgespannte Elektrizität umgewandelt wurde. War also die von Honold gefundene Form konzentrierter, so verschlug es nichts, daß nicht auch Eisemann seine Liebhaber fand – in Frankreich, in USA besaß Eisemann eine feste Position, und er begann jetzt, in Deutschland Vertretungen zu schaffen. Aber er arbeitete mit fremdem Geld.

Nun waren gewiß seine ersten Geldgeber tüchtige kaufmännische Berater gewesen, aber die Abhängigkeit vom Bankeneinfluß, der allmählich beengend spürbar war, ließ eine Annäherung an Bosch, die einer der Teilhaber suchte, nicht zwecklos erscheinen. Bosch, mit etwa dem zehnfachen Umsatz der weit Mächtigere, versagte sich nicht der Anregung zur Verständigung, die schon vorher in der Vereinbarung von gegenseitigem Kundenschutz vorlag und 1912 zur vertraulichen geschäftlichen Beteiligung geführt hatte: Eisemann & Co. wurde 1916 als AG. neu gegründet. Die Lage nach der Stabilisierung der Mark machte es rätlich, einen weiteren Schritt zu gehen, der der kurz vorher beschlossenen Pachtung des Metallwerks entsprach: man erstrebte die Vereinigung. Die öffentliche Kundmachung gebrauchte aus geschäftstaktischen Gründen zurückhaltende Worte: »Die Frage einer Verständigung innerhalb bestimmter Grenzen« sei besprochen worden und habe eine »Übereinstimmung unserer beiderseitigen Auffassungen erwiesen«. »Vorläufig« sei gedacht an Vereinbarung über Arten und Formen der Erzeugnisse, an gemeinsamen Rohstoffbezug, an verstärkte Abnahme des Halbzeugs aus Metall- und Isolitwerk. Praktisch ging die Entwicklung so, daß die fabrikatorische Leitung bald ganz sich bei Bosch sammelte. Ernst Eisemann trat in die Funktion eines technischen Beraters; die Eisemann-Gesellschaft blieb, um ihres eingespielten Apparates willen, als Vertriebsgesellschaft. Auch sie hatte ja ihre Marken und ihren Kundenkreis. Und ihr Vorgänger hing dazu noch in Entschädigungsansprüchen gegen Amerika!

Diese »Verständigung« war ziemlich glatt verlaufen. Sie hebt sich ab von dem alten langwierigen Wettbewerb mit der anderen württembergischen Zünderfabrik, die im Schatten der Boschschen Leistung entstanden war, dem »Mea«-Werk in Feuerbach. Die »Mea«, 1908 von einem branchefremden Geldgeber, der auch Bosch hatte »gründen« wollen, ins Leben gerufen, führte ein ziemlich bewegtes Finanzleben und wurde Bosch mehr als einmal zur Fusion vorgeschlagen; er hatte sich die Meinung zurechtgelegt, sie sei eigens zu dem Zweck ziemlich heftig aufgepulvert worden, um ihm als Verkaufsobjekt dargereicht zu werden. Er blieb sehr kühl. Aber die »Mea« wurde allmählich schon spürbar, auch Eisemann war mit ihr in Konflikte geraten, die schier zu einem Patentprozeß führten. Die »Mea« ging im Zusammenhang mit der aus Amerika sich wieder verbreitenden Batteriezündung publizistisch gegen Bosch los, und das in der Firmengeschichte etwas ungewöhnliche Spiel begann, daß der Vorstand von Bosch polemische Erklärungen gegen den Nachbar, der sich auch in Feuerbach niedergelassen und Bosch-Arbeiter weggeholt hatte, losließ. Doch das war nur Vordergrundgeplänkel. Industriepolitisch interessanter mußte dies sein, daß, nachdem die Kapitalinteressenten – Gruppen Rosenfeld, Scharrer, Gontard, Max Wild – in ihrem Gewicht verschiedentlich gewechselt hatten, die AEG als Besitzerin des Werkes sich herausschälte; das große Berliner Werk wollte, ähnlich wie früher Siemens durch die Fusion mit Schuckert-Nürnberg, sich in Süddeutschland einen festen fabrikatorischen Stützpunkt schaffen. War die Meinung, es würde gelingen, Bosch selber in ein engeres Verhältnis zu gewinnen, wie das zwei Jahrzehnte zuvor Mix & Genest einmal planten? Als die AEG sich von Rückschlägen der ersten zwanziger Jahre erholt hatte, Bosch selber aber von der Krise auf dem deutschen Automobilmarkt stärker berührt wurde und man glaubte, eine Schwächung seiner Position aus den Geschäftsziffern ablesen zu können, sah es vorübergehend so aus, als ob ein Machtkampf entbrennen könne. Er blieb vermieden. In die Leitung der AEG war 1925 Dr. Hermann Bücher berufen worden. Die persönliche Freundschaft wirkte sich nach Jahren der Spannung und Reibung zwischen den beiden Firmen ins Breite wohltätig aus: die AEG zog sich auf Büchers

Vorschlag, den Bosch »mit gutem Willen« aufnimmt, 1928 aus dem Bereich der Zünder- und Zubehörindustrie ganz zurück, Bosch übernahm Grundstücke, Maschinen und Einrichtungen der »Mea«, doch nicht die Aktiven und Passiven; er zahlte zusätzlich eine Art von Abstandssumme: die AEG verzichtete für 25 Jahre, als Wettbewerber wieder aufzutreten.

Bis es so weit war und mit dem Ausräumen dieser lästigen Geschichte eine gewisse innerdeutsche Bereinigung der Zünderfrage erreicht, hatte das Haus Bosch einen sehr zähen, doch in allen Widrigkeiten mit einem gewissen optimistischen Schwung geführten Kampf um die Erneuerung ihrer Weltstellung führen müssen. Der Zeitabschnitt, in dem die Entwurfsabteilung mit fruchtbarer Phantasie die neuen Erzeugnisse lieferte, forderte auch die Anpassung der Verkaufsorganisation und weithin eine tiefgehende Umgestaltung des Fabrikationsverfahrens.

In den Vorkriegsjahren war es die besondere Leistung von Gustav Klein und Hugo Borst gewesen, das Netz der ausländischen Vertretungen auszubauen und die eben erst im Entstehen befindlichen deutschen Verkaufshäuser zu betreuen. Nun fielen zunächst die wichtigsten im ehemaligen Feindesland aus; die Beschlagnahme der Häuser und Einrichtungen bedeutete einen Millionenverlust, dem gegenüber die Verweisung auf die Entschädigungspflicht des Deutschen Reiches ein sehr fragwürdiger Trost blieb. Ein Glück, daß die Neutralen einen gewissen Absprung ermöglichten. Holland wurde damals besonders wichtig. Auch für die Regelung in Belgien. In der Schweiz wurde Genf ausgebaut; man mußte aber einige Geduld haben, bis sich dort das Geschäft einspielte. In Italien hatte man den Vorzug, daß ein leitender Mann der früheren Vertretung die Wiedereröffnung betrieb. Schwieriger gestalteten sich die Dinge in Frankreich. Rall und Fellmeth saßen jetzt in der Stuttgarter Leitung. Ihre Auslandserfahrung war wohl wichtig genug, Rall machte etwa die Erkundungsfahrt nach Prag, um das Gelände zu sondieren. Undenkbar mußte sein, daß in den ersten Nachkriegsjahren ein Deutscher wieder eine Pariser Filiale führe. Man mußte zufrieden sein, daß ein Franzose, Fernand Péan, die Erzeugnisse auf dem französischen Markt vertrieb, durch Warenkredite von Stuttgart unterstützt. Bis es glatt ging, bedurfte es zuvor der Auseinandersetzung mit dem Spekulanten, der den Bosch-Besitz aus dem Sequester ersteigert hatte und für die Freigabe des Namens Bosch eine halbe Million Francs ertrotzen wollte! Fellmeths Geschick gelang es, den erwerbstüchtigen Mann mit einem Zehntel schließlich abzufertigen. Die englischen Dinge liefen einfacher. Der Streit um den Namen fiel weg; denn dort hatte ein Werk wie Vickers & Co. die Bosch-Rechte ersteigert, ihm erschien der eigene Name tragkräftig genug. Doch was Vickers leistete, blieb hinter den Erwartungen seiner Landsleute zurück. Und wenn auch an anderer Stelle in England allmählich Besseres gefertigt wurde, wenn, unerwünscht genug, »American Bosch« in diesen Markt eindringen wollte und von einem englischen Gericht seinen Namen geschützt erhielt – zwei alte Beamte der Bosch-Vertretung, Engländer, meldeten ihre Bereitschaft, den neuen Start zu wagen. Der frühere technische Leiter, Schwer, war nach der Internierung zurückgekehrt und begann, das neben Berlin damals wichtigste innerdeutsche Verkaufshaus in Frankfurt a. M. aufzubauen. Die in London neugegründete Firma, J. A. Stevens Ltd., übernahm mit tapferem Eifer die Vertretung. 1924 konnte in Glasgow für Schottland eine Bosch Magneto Cy. ins Leben gerufen werden. Der Name war wieder auf dem Markt, aber der Ware fiel der Zugang doch schwerer als früher, weil England Zollschutz eingeführt hatte. Empfahl es sich nicht, zur eigenen Herstellung überzugehen? Versuche, mit Vickers 1925 zu einer Verständigung zu gelangen, schlugen fehl. Als man den Entschluß zur Durchführung brachte, kam von dem leistungsfähigsten Wettbewerber, Joseph Lucas, der Vorschlag, den Marktkampf zu vermeiden ... Die Entscheidung darüber fiel freilich erst 1931; zu diesem Zeitpunkt war auch in Paris eine Änderung in Kraft getreten.

Die Neuordnung der Auslandsvertretungen mit dem ganzen Drum und Dran von schwierigen Verträgen, Hausbau, Personalentscheidung wie die Durchgestaltung der deutschen Verkäufshäuser lag in jenen Nachkriegsjahren auf Hugo Borst; seine Aufgabe war es auch, eine den wechselnden Verhältnissen elastisch angepaßte und doch für die Übersicht einheitliche und durchsichtige Regelung des Kassenwesens, der Abrechnungen, der Werbung aufzubauen. In ein paar Jahren stand in Europa wieder ein durchgebildetes System, und man hatte 1921 erneut den selbständigen Weg nach Übersee gewagt, den zweiten Einbruch in die Vereinigten Staaten. Im gleichen Jahr entschloß sich

Robert Bosch selber, eine große geschäftliche Auslandsreise anzutreten. Er hungerte nach Eindrücken und wollte Weltluft atmen *und* einsam sein. Freilich gab es auch zögerliche Überlegungen. »Ob ich hier abwesend sein darf, wenn etwa die Franzosen hereinkämen, weiß ich selbst nicht recht« (8. Februar 1921). Aber in der Direktion redete man ihm zu. So fuhr er im Frühjahr 1921 auf einem holländischen Schiff nach Südamerika. Die Firma hatte natürlich dort auch längst ihre Vertretungen, aber die persönliche Verbindung mit ihnen war bei der weiten Reise nur locker. Bei den jährlichen kaufmännischen oder technischen Tagungen, den Bosch-Parlamenten, bei denen die Losungen ausgegeben und die Erfahrungen ausgetauscht wurden, fehlten sie. Boschs Besuch hatte also auch einen gewissen repräsentativen Sinn: wenn der jetzt sechzigjährige Chef des Hauses die Beschwerlichkeiten der Reise auf sich nahm, so war das Ehrung und Anerkennung. Es konnte darum auch nicht ausbleiben, daß er gehörig bewillkommnet und gefeiert wurde. Doch stand sein Sinn nicht danach. Er wollte mit seinem scharfen Blick selber sehen, was an Entwicklungskräften in den Ländern steckte, denen das Kriegsgeschäft, bei allen Behinderungen, denen sie ausgesetzt waren, eine stärkere kapitalistische Unabhängigkeit von Europa angebahnt hatte. Rio, Buenos Aires, Santiago wurden besucht. Die Geschäftslage, die er vorfand, war an sich nicht gerade ermunternd, denn die Krisenhaftigkeit der europäischen Politik blieb auch hier immerzu spürbar. Doch steckte ein guter Glaube in dem Urteil der Berater, und Bosch selber, der in seinen Briefen an die Familie wieder zoologische und botanische Beobachtungen notiert, ist beeindruckt von der Weiträumigkeit der Länder und von der technisch-zivilisatorischen Energie, mit der wirtschaftliche Aufgaben angepackt wurden. Die geschäftliche Frucht der Reise war der Entschluß, in Buenos Aires ein eigenes Verkaufshaus zu erstellen, das seinen Betrieb im Frühjahr 1924 eröffnete. Der Geschäftsbericht für eben dieses Jahr kann mitteilen, daß es »nunmehr 21 solcher Häuser (davon 11 in eigenen Gebäuden) sind gegen 13 im Jahre 1914«. Dort kann auch aufgezählt werden, daß im Berichtsjahr »neue Vertretungen vergeben wurden in Ecuador, Honduras, Jamaica, Persien, San Domingo, Trinidad und einigen neuen Gebieten in Ostafrika« – das wirkt wie eine Nachlese und ist es in der Tat. Denn die große Welt ist fünf Jahre nach dem Kriegsende wieder für Bosch offen.

Am längsten hatte sich aus politischem Chauvinismus Australien gesträubt, Bosch-Waren vor allem mit der Namensbezeichnung hereinzulassen – es bedurfte erst eines Präsidentenwechsels, damit sich im Laufe des Sommers 1923 der ferne Erdteil wieder auftat.

Die Geschäftsberichte dieser Jahre konnten von Neubauten in Mailand, Wien, Prag, Budapest, Stockholm, von Niederlassungen in Rom, Turin, Glasgow, Chicago usf. erzählen; seit 1925 traten in Deutschland die bisherigen Vertretungen von Eisemann hinzu. Die Verkaufshäuser wurden in dem Beginn der zwanziger Jahre umrankt von einer Vielzahl von kleineren Reparaturwerkstätten, Prüfstellen, Lagern von Ersatzteilen usf. Es war die freie Konkurrenz des amerikanischen Kapitalismus, die unter der Losung »Dienst am Kunden« für das alte Verfahren allen Kaufmannstums, die Ware an den, der sie braucht, heranzubringen, neue und wirkungsvolle Formen geschaffen hatte. Sie konnten in Deutschland erst aufgenommen werden, als sich das Kraftfahrwesen wieder zu entwickeln begann und, neben die wenigen Fabriken, als Kunden Handelsgeschäfte zum Vertrieb von Ersatzteilen und Zubehör aller Art traten. Dann aber gewannen sie große Bedeutung. Bosch hatte neben Opel damit breit eingesetzt; der *»Bosch-Dienst«*, der in den großen, bald auch in den mittleren Städten eröffnet wurde, setzte sich sehr schnell durch, so daß er nach wenigen Jahren als Selbstverständlichkeit galt und vermißt wurde, wo er fehlte. Ihn aufzustellen war aber keine einfache Aufgabe gewesen, vor allem die geeigneten Menschen zu finden: Bosch mußte, wo er nicht Leute aus der eigenen Schulung mit der Vertretung beauftragen konnte, seinen guten Namen in fremde Hand geben. Denn zumeist handelte es sich darum, ortsansässige Fachleute einzuspannen und sie so mit den eigenen Ansprüchen vertraut zu machen, daß sie wußten, was von ihrer technischen Gewissenhaftigkeit und Geschicklichkeit abhing. Es sollte und mußte nicht nur ein Geschäft, sondern auch eine Ehre sein, das Zeichen »Bosch-Dienst« anbringen zu dürfen.

Der »Bosch-Dienst« war nicht als ein Element der Werbung geschaffen worden, aber als er stand, wurde er einer der wesentlichen Träger. Eine *»Werbe-Abteilung«* hatte es in den Jahren der starken Entwicklung gar nicht gegeben. Das war die Zeit, da Robert Bosch Geld für Werbung auszugeben für Verschwendung hielt – die Aufträge kamen ja von selber und konnten in der Zeit, da der Hochspannungs-

Zünder sich einführte, kaum geleistet werden. Dazu trat eine geschäftstaktische Überlegung: wenn man viel und mit lauten Worten von den Spezialitäten redete, so stieß man nur das elektrotechnische Großkapital darauf, sich dieser Sache auch anzunehmen. Bosch wollte schon groß werden, aber sozusagen in der Stille, und nicht durch Überredung, sondern durch Überzeugung. Mehr vielleicht die ausländischen Vertreter als der Verkaufsbetrieb für Deutschland selber meldeten aber das Bedürfnis nach Werbematerial. Im Jahre 1908, als August Euler die Gesamtvertretung für Deutschland an die Firma zurückgegeben hatte, war man mit einem Plakat, mit einem Bildinserat zum ersten Male an die unmittelbare Kundenwerbung herangegangen. Hugo Borst hat sie dann, im Zusammenhang mit der Durchformung des kaufmännischen Wesens, systematisiert: er holte sich den aus Stuttgart stammenden Graphiker *Lucian Bernhard* zur Mitarbeit heran und begründete, selber künstlerisch empfindsam, für Jahre auf sehr achtbarem Niveau einen einheitlichen Typus für Bild- und Schriftplakate, für die Ausstellungskojen, für Geschäftspapiere und dergleichen. Bernhards Geschick für gute flächige Wirkungen, für eine etwas gedämpfte, doch saubere Farbtönung, die Klarheit, mit der ohne verwirrende Einzeldinge die Grundstruktur der technischen Apparaturen vereinfacht wurde, gab eine sinnfällige, nie laute oder gar überlaute Kennzeichnung der einzelnen Arbeiten. Die bleibende Marke, der »Anker im Kreis«, war Ende 1918 von Gottlob Honold in einer glücklichen Stunde gezeichnet worden. Sie rückte nun, mit dem Namen Bosch, auf alle Erzeugnisse der Werkstätten. Der Magnetzünder bedurfte am wenigsten der Anpreisung. Die Werbung gehörte vor allem den späteren Artikeln, Lichtmaschinen, Scheinwerfern, Bosch-Horn, Bremshelf usf. – man suchte deshalb auch nach einem umfassenden Werbespruch. Der eine davon, mit dem man es versuchte, war keck genug: »Gut, Besser, Bosch!«; er kam als »Good, better, Bosch« aus Amerika, man ließ ihn wieder fallen. Die Belegschaft wurde aufgefordert, sich mit Einfällen zu beteiligen, ein richtiger Wettbewerb mit seltsamen Ergebnissen. Gewählt wurde als Slogan: »Mit Bosch gerüstet gut die Fahrt« – der einprägsame Tonfall blieb leicht haften.
Bosch selber hat sich nicht so sehr um die Einführung der Werbung gekümmert, als er ihr später seine wache kritische Teilnahme widmete:

kein überflüssiges Schmücken, klar lesbare Schrift, möglichst einfache Texte. In einem Schreiben an die »Frankfurter Zeitung« vom 27. Juni 1932 hat er einiges Grundsätzliche angemerkt: »Daß Werbung notwendig ist, ist unbestreitbar. Über den Umfang, den eine Werbung haben muß, kann man der verschiedensten Meinung sein. Ich selbst bin mir bewußt, daß ich durch die Qualität meiner Ware mehr gewirkt habe als durch Werbung. Andere werden sich auf einen anderen Standpunkt stellen müssen und sie werden ihre Ware teuerer verkaufen müssen, je mehr sie werben.« Ganz ablehnend verhielt er sich gegenüber den Wünschen, die Propaganda, wesentlich deutsche Ware zu kaufen, zu unterstützen; sie widersprach seinem Freihändlertum, und grob lehnte er die »Stimmungsmache« ab (11. Juli 1922), mit einem »einheitlichen deutschen Warenzeichen, als welches die schwarzweißrote Flagge verwendet werden soll«, ins Ausland zu gehen. Die Anregung ist für ihn »vollständig abwegig, um nicht zu sagen, irrsinnig. Ich bin stolz darauf, ein Deutscher zu sein, und ich behaupte, mustergültige Ware herzustellen, kann mich aber nicht entschließen, dieselbe mit der schwarzweißroten Fahne zu versehen. Erstens aus politischen Gründen: die deutsche Flagge ist schwarzrotgold. Zweitens weil ich meine Ware verkaufen will und muß, und sie auch an den verkaufen, der lieber eine deutsche Ware nicht kaufen will, wenn er eine gleichwertige nichtdeutsche Ware kriegen kann. Und drittens: weil es auch schlechte deutsche Ware gibt, die ich mit meiner guten nicht decken will.«

Die Beschreibung der fabrikatorischen Leistungen und der organisatorischen Ausweitung in den zwanziger Jahren sieht fast aus wie die Spiegelung einer gleichmäßigen Entwicklung, wie eine Wiederholung, mit vielleicht etwas abgeflachter Kurve, jenes stürmischen Aufschwungs von 1908 bis 1914. Die Kapitalerhöhungen, die Ausgabe von Schuldverschreibungen mögen in diesem Spiegelbild dann als fleckige Reflexe der Zeitlage erscheinen, technische Unumgänglichkeiten des Währungsverfalls – mehr nicht. So aber war es ganz und gar nicht. Robert Bosch ging gewiß gut gerüstet in die neue Fahrt, besser als viele andere, wiewohl er seinen Kriegsgewinn in Millionenstiftungen hingegeben hatte: die Substanz lag in der ungeminderten Güte seiner Arbeit, und diese wurde schließlich mit politischen Verfemungen, mit Abwehrzöllen, mit Nachahmungen fertig. Doch dies Fertigwerden kannte seine sehr schwierigen Stunden und Überlegungen. Denn die Marktlage blieb bei der Unausgeglichenheit der Währungen, bei dem verschiedenen Rhythmus, mit dem die wirtschaftliche Ungewißheit die einzelnen Länder, seien es Sieger, Besiegte, Neutrale, aufsuchte, einem ewigen Wechsel ausgesetzt. Die Inflationszeit, soweit man nicht an das Bilanzierungskunststück dachte oder an die Verluste, die schlechte Zahlung auf dem Binnenmarkt notwendig in sich schloß, mochte noch halbwegs erträglich sein, um draußen Zug um Zug wieder ins Geschäft zu kommen. »Unsere Ausfuhr beträgt jetzt etwa 15%« (gegenüber 90% der Vorkriegszeit) schreibt Bosch im Februar 1921 an Wilhelm von Opel. Das ist eine Belehrung, daß die Automobilfabrikanten sich eine falsche Vorstellung machten von dem schon erreichten Grade der wiedergewonnenen Ausfuhrquote. Diese wuchs freilich in dem kommenden Jahr sehr schnell.

Bosch mußte sich damals den Vorwurf machen lassen, seine Zuschläge zu den Friedensgrundpreisen seien zu hoch. Er wies diesen Vorwurf zurück: die 1500 bzw. 1200% für Lichtmaschinen und Zünder liegen sehr wesentlich unter den 2500%, die zu dem Zeitpunkt in der Elektrotechnik gelten. Aber es wiederholten sich mit manchen Firmen leicht gereizte Auseinandersetzungen, Bosch sei zu teuer, der Anteil des »Zubehörs« an den Gesamtkosten eines Wagens zu hoch. Diese Stimmen durften nicht überhört werden; denn die Anstrengungen der deutschen Fahrzeugindustrie, zu einem neuen Anlauf zu kommen, waren natürlich auch für Bosch von höchster Wichtigkeit. Doch blieb das Verhältnis längere Zeit von Ärgerlichkeiten begleitet, zumal als die Hersteller von Kraftfahrzeugen, nach der Stabilisierung, den Ruf nach Zollschutz erhoben. Der war verständlich. Zwar hatte man im Drauflos des Gründens und Konstruierens manche Fehlentwicklung nicht ohne eigene Schuld gepflegt, ein Rückschlag war unvermeidlich, und wenn auch schmerzhaft, so doch gesund. Viele Firmen verschwanden wieder, die nur eben Spekulationsunternehmen gewesen – als es zur Klärung der Dinge kam, wirkte die kapitalistische und organisatorische Überlegenheit des Auslands, das den Kleinwagen entwickelt hatte, bedrückend, viele fürchteten: erdrückend. Für Bosch war die Lage nicht eindeutig. Es mußte ihm am Gesunden und Erstarken der deutschen Wagenherstellung gelegen sein, aber er mußte auch befürchten, daß eine grobe Abschließungspolitik im Ausland Gegenmaßnahmen wecken würde, die ohne Zweifel nicht so sehr die Automobilfabrikanten als ihn und verwandte Industrien treffen müßten.

Für seine gute Ware hatte Bosch immer gute Preise gefordert und jedem geantwortet, der ihm das verübelte, es stehe ihm ja frei, zu einem anderen zu gehen. Sein »Monopol« war nicht durch kapitalistische Marktbeherrschung oder durch Umschirmung mit Patenten erwachsen, sondern ganz einfach durch die gute Arbeit. Und er durfte sich sagen: ist nicht gerade auch hier die im Einkauf teuerste Arbeit die im Gebrauch billigste? Zuverlässig, haltbar, leicht zu reparieren – wenn die Wagen schlechter werden oder doch nicht mehr auf so lange Lebensdauer berechnet, heißt das, daß er auch bei seinen Erzeugnissen mit der Qualität und dann mit den Preisen heruntergehen solle? Solcher Logik zu folgen, war er nicht gesonnen. Daß man sich schon während der stoßweisen Geschäftsbelebung durch die Inflation jedoch Gedanken über das Nachher der Preispolitik machte, zeigt eine hübsche Formulierung, die Honold in der Geschäftsratssitzung des 22. März 1922 verwendete: »Wir wollen das Beste liefern, aber es braucht nicht gerade das Teuerste zu sein!« Der Kampf um den Preis mußte in den nächsten Jahren aufgenommen werden: er wurde nicht so sehr auf dem Markt in Lieferungsverträgen als in dem Kampf um die inneren Gestehungskosten, in der Umgestaltung der Fertigung geführt.

Die dauernden Ungewißheiten drückten natürlich auch auf die Kontinuität der Belegschaft. Ließen Aufträge auf sich warten, so arbeitete man auf Lager. Das schien ganz probat; es entstanden damit wenigstens gesicherte Sachwerte. So konnte man sich helfen. Doch mit der Stabilisierung verschob sich das Problem in mehr als einer Hinsicht. Da fehlte auf einmal das Betriebskapital, das in den Lagern festgebunden war, und der Absatz stockte. Die Kapitalarmut Deutschlands, an sich keine Überraschung, durch ein Gewölk von sinnentleerten Ziffern verdeckt, enthüllte sich; der Zinsfuß stieg, der Zwang zur knappsten Kalkulation setzte ein. Die Vorräte machten jetzt nur noch halbe Freude. Man durfte und konnte sie nicht in gelassenem Optimismus mehren. Zwar waren die großen Neubauten (Isolitwerk) noch fertig geworden, ehe die Beengung eintrat. Schwierigkeiten ergaben sich, nachdem die Rohstoffpreise in eine Ruhelage gekommen waren, von der Seite des Lohnkontos. Die Belegschaft mußte verkleinert werden; die Statistik dieser Jahre zeigt in den Kurven eine dauernde Unruhe. Selbstverständlich bemühte man sich bei Bosch, die eingeschulten Kräfte nach Möglichkeit zu halten; Kurzarbeit, wenn nicht im ganzen Werk, so doch in einzelnen Abteilungen, mußte über die Schwierigkeit weghelfen, aber an den Generalunkosten war damit nichts eingespart. Und die Lager, bislang mit einer gewissen Genugtuung betrachtet, waren jetzt auch mißtrauischen Urteilen ausgesetzt. Man war bei Bosch gezwungen, Folge der Haltbarkeit der gelieferten Ware, auch weiterhin Teilstücke von Modellen herzustellen, die man selber bereits für überholt hielt; der Nachforderer sollte bei seiner Anfrage nicht enttäuscht sein. Aber jetzt eben, unter dem Druck der Lage, setzte die Umstellung der Fertigung ein, die in der Herabsetzung der Arbeitsvorgänge zu neuen Normungen führte. Die technische Verfeinerung schuf immer entwickeltere Lösungen, die von außen eindringenden Einflüsse nötigten, auch den Kernbezirk, die Zündung, neu zu bearbeiten. Da verbot es sich, im alten Stile auf Lager zu arbeiten, denn, wollte man nicht selber stille stehen, und das wollte und durfte man nicht, so konnte jeder Fortschritt eine Entwertung der eben geschaffenen Vorräte bedeuten. Die innere Betriebsdisposition blieb darum immer aufs höchste angespannt, auf Jahre hinaus. Das fand seinen Ausdruck auch in der Dividendenpolitik. Hatte man in der Inflation mehrmals die Dividende zurückbehalten als Anzahlung für die unumgängliche Kapitalerhöhung, so wurde sie, von dem Verlustjahr 1926 ganz abgesehen, für Jahre gänzlich ausgesetzt und der errechnete Gewinn zur Stärkung der stillen Rücklagen verwandt. Man bedurfte deren für die Umstellung, aber sie reichten dann doch nicht aus.

Die Leitung des Unternehmens erfuhr mit dem Beginn der zwanziger Jahre eine wiederholte Umbildung oder Ergänzung. Zähringers Ausscheiden im Jahre 1914, der Tod von G. Klein, E. Kayser, H. Kempter hatten spürbare Lücken geschaffen. Man konnte, in der Sorge um Ersatz, sich an Männer halten, die durch den Krieg von den Außenposten, auf denen sie sich bewährt hatten, verdrängt wurden; so war vom Pariser Haus Max Rall bereits bei der Gründung der AG. 1917 zum stellvertretenden Vorstandsmitglied berufen worden und dann 1920 in Kempters Stelle im Vorstand eingerückt. Ende 1919 und Anfang 1920 kehrten die »Amerikaner« zurück: K. M. Wild übernahm in Kaysers Nachfolge die Leitung des Metallwerkes. Otto Heins wurde im Dezember 1920 ordentliches Vorstandsmitglied. Sein Aufgabenkreis war nicht näher umschrieben; er hatte die Chance vor sich, ihn zu formen. Würde es ihm gelingen, die Lücke von Gustav Klein zu schließen? Als stellvertretende Mitglieder traten damals in den Vorstand die Kaufleute Gutmann und Fellmeth, der vor allem die Rückgewinnung der Auslandsmärkte zu betreiben hatte, zahlenkundig, ein Verhandler von zäher Nüchternheit, der seine wissenschaftlichen Interessen und musischen Liebhabereien versteckte; neben ihnen als Techniker Richard Hochstetter, der langjährige Stellungen bei Brown-Boveri, Lahmayer und der AEG hinter sich hatte, als er 1914 in die schwäbische Heimat zurückkehrte, um die Leitung des eben fertig werdenden neuen Lichtwerkes zu übernehmen.

Für die Entwicklung der technischen Versuche blieb *Gottlob Honold* die unbestrittene Autorität. Ihm selber lag innerlich die Rolle nicht recht. Sein persönliches Bestreben war, die verantwortliche Bindung an die laufenden Geschäfte zu lockern und im eigenen Laboratorium eine Art von freiem Mitarbeiter und Berater zu werden. Dann mochte seine innere Neigung zum wissenschaftlichen Forschen, zum erfinderischen Versuch sich für ihn persönlich befriedigender entwickeln und gewiß für das Werk so fruchtbar bleiben wie bisher. Zur Ausführung des Gedankens, frei von dem pflichtengebundenen Tagesumtrieb sein Leben und Schaffen neu zu gestalten, ist es nicht gekommen; noch nicht 47jährig ist Gottlob Honold am 17. März 1923 nach kurzer Erkrankung gestorben, der sachlich herbste Verlust, der Bosch und sein Unternehmen seit dem Tode von G. Klein betroffen hatte. Und zwei Jahre später gab es noch einen schmerzlichen Abschied: *Ernst Ulmer* erlag am 23. November 1925 einem Herzschlag. Fast ein Vierteljahrhundert hatte er, neben Borst der erste Kaufmann in dem noch kleinen Betrieb, seine Unermüdlichkeit dem Werke gewidmet – Bosch hatte ihm, nach dem Streik von 1913, ganz die Außenvertretung gegenüber Arbeitgeberverband und Gewerkschaften übergeben und hat das immer für eine seiner glücklichsten Entscheidungen gehalten. Ulmer ging an diese, unmittelbar nach dem Streike wie auch in den Wirren der Nachkriegszeit besonders heikle Aufgabe nicht mit den Kunststücken der Diplomatie und der Vorteile suchenden, kleine Siege genießenden Taktik heran, sondern mit einer warmherzigen Redlichkeit, die auch den Partner in seiner Interessengebundenheit nahm und begriff. Seine Waffe war das Argument und der gesunde Menschenverstand, der irgendwie einen brauchbaren und gerechten Ausgleich in den Gegensätzen zu finden suchte. Das vollzog sich ganz unsentimental; es fehlte nicht an Derbheit, und wo es notwendig war, an sachlicher Härte. Doch war es ihm gelungen, persönlich so viel menschliche Zuneigung zu sammeln, daß diese allein zur Kraftquelle wurde, eine überpersönliche Tradition zu bilden. Robert Bosch sagte an seinem Sarge: »Ich vertraute auf Ernst Ulmer wie er auf mich vertraute.«

Die Nachfolge Honolds verursachte geringere Sorgen, als bei der überragenden Bedeutung des Mannes in den beiden letzten Jahrzehnten vermutet werden könnte: er selber hatte ja schon, im freundschaftlichen Wettbewerb mit G. Klein, als *Karl Martell Wild* »entdeckt« worden war, diesen als den Kopf und die Arbeitskraft bezeichnet, die ihn einmal ersetzen sollte. Das Revirement vom 14. April 1923 bestellte ihn darum, der seit 1920 im Feuerbacher Metallwerk das Erbe Kaysers verwaltet hatte, als ordentliches Vorstandsmitglied; ihm oblag jetzt die technische Gesamtleitung, der er bald genug in den großen Aufgaben seine persönliche Note lieh. Hatte Honold die Ingenieure zu konstruieren gelehrt, so Wild zu rechnen; die Bedürfnisse der Fertigung werden jetzt noch näher an Plan und Entwurf herangerückt. Gleichzeitig rückte Fellmeth in die entsprechende Position als ordentliches Vorstandsmitglied; zu Stellvertretern berief man den Prokuristen *Emil Kirchdörfer*, der seit 1910 von Ulmer als der Leiter der Buchhaltung eingeführt war und diese dem Wachstumstempo des Unternehmens mit elastischer Tatkraft und gutem Sinn für Durchsichtigkeit angepaßt hatte, und *Dr. Erich Raßbach*. Damit trat ein neuer Mann, der nicht die Werksentwicklung mitgemacht hatte, in den Führungskreis, ein Deutsch-Amerikaner, der in Amerika und Deutschland seine Ausbildung genossen hatte, bei Siemens-Schuckert in der Bahn-Abteilung seine Sporen verdiente und vor allem in den Auslandsgeschäften dieser Firma steckte. 1922 war er, nach einigen Zwischenstellungen, zu Bosch gekommen, die technische Bearbeitung des fremdsprachlichen Auslandes wurde seine Sonderaufgabe – in gewissem Sinn übernahm *er* die eigentliche Nachfolge Kleins, mit dem er die Weltläufigkeit teilte. Und es war für die Arbeit, die auf ihn wartete, eine nicht gleichgültige Erleichterung, daß er einen »neutralen« Paß besaß. Der Techniker hatte sich auch in die theoretische Problematik der Wirtschaftsdinge eingearbeitet und diese Studien mit einer staatswissenschaftlichen Promotion abgeschlossen.

Nicht weniger als acht der führenden Angestellten, Kaufleute und Techniker, erhielten zu diesem Zeitpunkt gleichzeitig die Gesamtprokura erteilt, darunter *Ernst Durst*. Er war, gelernter Mechaniker, 1904 mit 27 Jahren bei Bosch eingetreten, nachdem er zuvor in mancherlei Betrieben des In- und Auslandes sich umgesehen hatte. Bei Bosch begegnete er, wie er selber erzählt, zum erstenmal der Akkordarbeit. Seine sonderliche Aufgabe und Leistung in dem Betrieb wurde es, sozusagen experimentell die Entwicklung der Arbeitsverfahren durchzuexerzieren: 1908 zum Meister ernannt, ersetzte er in seiner Werkstatt die bisherige Kolonnenarbeit durch die vollständige Zerlegung des Arbeitsprozesses mit dem Erfolg einer unmittelbaren erheblichen Produktionssteigerung. Diese Leistung gab ihm seine persönliche Note. In der Geschichte des Werkes hatten damals auch andere Meister ihren Namen schon eingetragen: Adolf Krauß, den Geschick und selbständige Erfindungskraft an die Seite Honolds führten: er wurde seit 1898 im Betrieb der zuverlässigste Praktiker bei den vielen Versuchsausführungen, die der Fertigung vorangingen; Otto Grimmeisen, dessen einfallreiche Beweglichkeit, mit sehr schwäbischer Gründlichkeit verknüpft, Rall in Paris unterstützte, bis ihn Gustav Klein zu seinem nächsten Mitarbeiter gemacht hatte. Durst nun, seit 1910 Obermeister, entwickelte vor allem seine organisatorische Begabung: Werkzeugbeschaffung, Werkzeugverwaltung. Der Krieg machte ihn zum Leiter der Anlernwerkstätte. Nicht zuletzt diese Aufgabe vertiefte seine Einsicht in die Methodik des sich wandelnden fabrikatorischen Arbeitsprozesses. Das handwerkliche Element einer umfassenden Grundausbildung für alle qualifizierten Aufgaben blieb für ihn unberührt – er hat später ein kleines Lehrbuch für Feinmechaniker geschrieben, in dem neben dem erzieherischen Geschick das eigene Könnertum spürbar bleibt. Doch wies die Aufgabe, in die er hineinwuchs, auf die Auseinandersetzung mit dem Rhythmus der Massenteilfertigung. Als im Jahre 1918 ein zentrales »Fabrikationsbüro« eingerichtet wurde, um die Herstellung von neuen freigegebenen Konstruktionen vorzubereiten und die überkommenen Gewöhnungen durchzuprüfen, betraute man Durst mit seiner Leitung. Von hier aus blieb er mit den Bedürfnissen und Sonderverhältnissen der einzelnen Abteilungen verbunden. Robert Bosch erlebte und förderte diesen Aufstieg mit innerer Genugtuung. Was Durst fertig brachte, war der ihm täglich sichtbare Gegenbeweis gegen anspruchsvolles Akademikertum. Durst wuchs, nun freilich in den größeren Maßen, die das Werk angenommen hatte, und in scharfer Selbstdisziplinierung seines frischen und zuversichtlichen Temperaments, in die Tradition von Arnold Zähringer.

Als 1917 mit der Begründung der beiden Aktiengesellschaften Robert Bosch seine wichtigsten Mitarbeiter zu Mitbesitzern gemacht hatte, die, außer Eugen Kayser, alle wesentlich jünger waren als er selbst, stand noch im Hintergrund die psychologische Situation, die vor allem Gustav Klein vor dem Krieg zum Betreiben der Vergesellschaftung veranlaßt hatte. Die familiären Spannungen während des großen Arbeitskampfes von 1913 waren längst Geschichte geworden, nicht völlig vergessen, doch verblaßt – die Versachlichung der Lage wurde hingenommen. Aber das Wegsterben einiger jener Männer, die am Aufbau des Werkes führend beteiligt gewesen und Mitbesitzer geworden waren, rollte den Fragenkreis wieder auf. Da waren Erben vorhanden. Sollte und konnte ihnen ein Recht zugestanden werden auf geschäftliche Entscheidungen? Lag in der, wenn auch begrenzten Teilhaberschaft ein Anspruch auf künftige Mitführerschaft im Betrieb? Mit einem gewissen Mißtrauen gegen die Gefahr des Nepotismus wehrte sich Bosch gegen den Gedanken, daß die Söhne seiner Direktoren, weil sie nun eben Söhne seien, in die Firma hineinwachsen wollten und sollten, gleichviel ob die Eignung wirklich gegeben sei. Stellte nicht die Lösung von 1917, die von seinen 51 % zwei Prozent zur treuhänderischen Verwaltung abgezweigt und für späteren Verkauf an die Teilhaber freigestellt hatte, eine offenkundige Hintansetzung der eigenen Nachkommen dar zu Gunsten unbewährter fremder Erben, wenn man den Blick über die jetzige Generation weg in die Lage der nächsten sandte? Das empfand Bosch selber, und es quälte ihn. Die Besitzverhältnisse hatten manche Kompliziertheit erfahren;

denn es gab Beteiligungen, die *vor* 1917 lagen und solche, bei denen die Firma und der Privatmann Bosch getrennt auftraten. Daß er als Kreditgeber für die Firma wirkte, war schon im Gründungsstatut vorgesehen und ist in wechselndem Ausmaße, je nach der Lage, Übung geblieben. Den Ausgleich zwischen den Kapitalbedürfnissen der Firma und dem privaten Besitzstand zu finden, zumal in der Inflationszeit Bewertungen rasch illusorisch wurden und Zahltermine den Sinn der bleibenden Substanz auflösten, erforderte des Geschicks, des festen und guten Willens, das Gemäße zu erreichen.

Nicht zuletzt die Sorge um die Regelung dieser Dinge war es, die Bosch veranlaßte, 1924 den Leiter seines Privatsekretariats zum ordentlichen Vorstandsmitglied zu berufen. *Hans Walz* war seit 1919 Mitglied des Aufsichtsrates und mit der Problematik der Sachlage wie mit den personellen Verhältnissen vertraut. Er hatte in der Pflege der außergeschäftlichen Interessen von Bosch dessen vollstes Vertrauen erworben und sich zugleich ihm gegenüber eine selbständige Stellung bewahrt. Sein kaufmännischer Aufgabenkreis würde sich neben Borst und Fellmeth erst in der Praxis herausformen; zunächst handelte es sich darum, die gewisse Rückbildung in den Besitzverhältnissen zu betreuen. Es fiel denn auch bald die Klausel über die zwei Prozent. Aber die eigentliche Ressort-Abgrenzung ergab sich, unerwünscht genug, nach Ulmers plötzlichem Tode: Walz übernahm in letzter Instanz die Regelung der Personalfragen der ganzen Betriebe. An seine Seite trat am 1. April 1926 Otto Debatin; die Abteilungen »Arbeiterwesen« und »Wirtschaftliches Sekretariat« wurden in dem »Sozialbüro« vereinigt und diesem unterstellt. Die Schriftleitung des »Boschzünders« blieb dabei einstweilen in Debatins Händen. Die technische Führung des Privatsekretariats, in dessen Geschäftsbereich neben den öffentlichen und karitativen Betätigungen Boschs seine gesundheitspolitischen Bestrebungen und landwirtschaftlichen Unternehmungen zu einem umfänglichen Eigengewicht gewachsen waren, ging an Willy Schloßstein, der, aus dem Notariat kommend, Walz' nächster Mitarbeiter gewesen war.

Professor Dr. *Richard Stribeck* löste Walz 1924 im Aufsichtsrat ab. Bosch hatte den Studienfreund, nachdem er sich aus dem Direktorium von Krupp in die schwäbische Heimat zurückgezogen hatte, zur Beratung in Dingen herangeholt, die ihm am Herzen lagen – der erste

Fachmann für Kugellager war zum Erbauer von Silos geworden! Man brauchte ihm, so mochte es scheinen, nur Aufgaben zu stellen, und er fand sich den Reim dazu. So holte ihn das Unternehmen gerne für Sonderaufgaben heran: der Metallurg wurde zum Keramiker, und er hat später in einer entscheidenden Stunde, da es sich um die Lösung der Zündfrage bei Schwerölmotoren handelte, durch physikalische Einsicht den Konstrukteuren über den toten Punkt hinweggeholfen. Indem Bosch den Freund seiner Jugendtage, dessen fachlicher Autorität er sich beugte und dessen unabhängigen gelassenen Sarkasmus er gerne mochte, in den Aufsichtsrat seines Werkes bat, wollte er der erneuerten Verbindung den sinnfälligen Ausdruck geben.

Die Auseinandersetzung mit Amerika

Das amerikanische Geschäft war in den Vorkriegsjahren die wuchtigste Kraft zur schnellen Entfaltung des Stuttgarter Unternehmens gewesen. Nicht zuletzt mit den Dollarbeträgen, die von drüben kamen, konnte man ohne fremdes Geld die großen Feuerbacher Werke errichten. Was würde die künftige Wirkkraft dieses Marktes sein?

Während man sich darüber seit 1917, da die Vereinigten Staaten in den Krieg eingetreten waren, sorgende Gedanken machte, hatte sich in jenem Lande die Entwicklung bereits deutlicher abzuzeichnen begonnen, die für das industrielle Nachkriegswesen Europas, zumal Deutschlands, schicksalhaft wurde und auch die Werke von Robert Bosch elementar berührte: das Schuldnerland verwandelte sich in ein Gläubigerland. Zugleich gaben die Kriegslieferungen mit ihrer gleichbleibenden Typik, der in der fabrikatorischen Ausstattung Amerikas schon vorhandenen Tendenz, die Menschenarbeit durch mechanische Hilfsvorrichtungen zu ersetzen, einen mächtigen Anstoß; das Gesicht der industriellen Arbeit schien sich völlig zu ändern. Amerika wurde in den ersten Nachkriegsjahren wieder einmal neu entdeckt von Professoren der Volkswirtschaft, von Technikern und Journalisten. Keiner versäumte, das Wort »Fließband« niederzuschreiben und zu erläutern, begeistert oder etwas verängstigt. Denn über die sozialen und seelischen Voraussetzungen und Folgen, auch über die ökonomischen Fernwirkungen etwa auf die internationale Marktlage konnte man sich noch nicht gleich einen einheitlichen Vers machen. War das nun die Spezialität eines weiten Landes, dem die aus dem Handwerkertum aufstehenden gelernten Facharbeiter fehlen, und das in einem Vermassungsvorgang alle Differenzierungen auslöscht oder doch einebnet, also undenkbar für das Europa der kleinräumigen kulturellen und nationalen Verschiedenheiten? Oder mußte man hier das Modell einer Zukunft erkennen, vor der es, wollte man bestehen, kein Entrinnen gab, das man darum klug und entschlossen studieren sollte?

Robert Bosch und seine Leute wurden von der Fragestellung nicht überfallen. Bisher schon hatte Bosch selber aus der Rationalität seines Denkens die immerwährende Überprüfung der besten Fertigung gepflegt; Hugo Borst hatte sich Taylor vorgenommen, in Vorträgen dessen Gedanken dargelegt, und wenn man auch während des Streikes von 1913 die als Vorwurf gedachte Meinung zurückwies, daß bei Bosch Taylor Herr sei, so folgte man doch in der Auswahl der Menschen für ihre Aufgaben verwandten Überlegungen. Es ist nicht unwesentlich, daß man bei Bosch etwa der graphologischen Begutachtung der intellektuellen, vor allem der charakterlichen Eigenschaften eines Bewerbers größten Wert beimaß. Auch die Verfeinerung der Akkordentlohnung, die einer Sonderabteilung übergeben war, entsprach einer Grundrichtung, die man nicht neu zu suchen hatte. Doch gewann der ganze Fragenkreis, nachdem erst die Inflation überwunden war und die unlösbare Problematik von Reparationsforderung und gedrosselter Weltwirtschaft sich auswuchtete, eine bedrängende Gegenwärtigkeit. Und er geriet dabei später auch in die innenpolitischen Spannungen der schweren Krisenzeit um 1930: war nicht der Blick nach Amerika Täuschung gewesen, jenes Modell ein Trugbild, das optimistische Gerede der »Technokraten« eine unbewußte Verhöhnung der menschlichen »Ratio« – Rationalisierung die Wegbezeichnung einer menschlichen Elendskurve?

Man hat sich bei Bosch mit der gesamten Frage nicht nur praktisch, sondern auch theoretisch auseinandergesetzt: Robert Bosch selber, Karl Martell Wild, Otto Fischer, Otto Debatin haben sich im »Boschzünder« daran beteiligt, auch in der Abgrenzung zu dem amerikanischen »Vorbild«. Die Folgerungen hatte man mit kühner und kühler

Entschlossenheit gezogen; das war richtig gewesen, aber in der Wirkung nicht jedem und nicht unmittelbar begreiflich. Der technische Fortschritt, in einer Zeit unheilvoller wirtschaftlicher und sozialer Zerrüttung ans Licht tretend, mußte sich vor seinen eigenen Trägern verteidigen.

Hier war Boschs Auseinandersetzung nur Teilstück einer Unterhaltung, die über die Länder, ja Kontinente hinweg geführt wurde; diese hätte wirtschafts- und geistesgeschichtlich einen epochalen Rang besitzen können, wäre sie nicht verwirrt gewesen von den zwischen Furcht und Anmaßung, zwischen Einsicht und Unsinn hin und her gehenden Untertönen des internationalen politischen Gespräches.

Zunächst freilich gab es enger umschriebene Sorgen, die mit dem Weg der nordamerikanischen Politik verknüpft blieben; sie waren zäh, manchmal peinlich, gelegentlich skurril und zogen sich über ein Jahrzehnt hin. Doch stand an ihrem Ende, nach formalen Niederlagen, eine Art von Sieg, der in die Form eines Verständigungsfriedens gekleidet war: es war der Kampf um die Entschädigung der von Heins und Klein auf die Füße gestellten Bosch Magneto Co. und das Ringen Boschs vor amerikanischen Gerichten um seinen – Namen.

Die Sequestrierung und die Liquidation des deutschen Eigentums im Machtbereich der Kriegsgegner kannten, bei überall sich entsprechender Tendenz, verschiedene Verfahrensweisen. Die Zwangsverwaltung stand stets gleich am Anfang, das Tempo des Verkaufs unterschied sich. Die amerikanische Gesetzgebung vom Oktober 1917 wollte den Verkauf nur unter bestimmten Voraussetzungen zulassen; der später so berühmt gewordene »Alien Property Custodian«, A. J. M. Palmer, hatte im November 1917 das Kongreßgesetz als einen Schutzwillen für fremden Besitz ausgelegt und sich selber als Treuhänder bezeichnet: »es liegt gar nicht die Absicht vor, das Eigentum zu verkaufen oder zu schädigen.« Diese schöne Meinung hielt nicht lange vor. Vielleicht wirkten die Berichte ansteckend, die der Mann über die Haltung seiner europäischen Kollegen erhielt, wahrscheinlich war in ihm selber der Machtwille gewachsen: er betrieb nun eine Ausdehnung seiner Befugnisse, so daß ihm seit März 1918 die Verkaufsmöglichkeit freistand. Sie sollte freilich nur Amerikanern zugute kommen. Am 7. Dezember 1918 versteigerte Palmer die Bosch Magneto Co. für den Betrag von 4 150 000 Dollars; als Käufer fungierte formal ein gewisser Martin E. Kern. Der Erlös mochte noch nicht ganz die Hälfte des tatsächlichen Wertes erreichen.

Der Versailler Vertrag hat bekanntlich die Kriegspraxis bestätigt und dazu die Formel gefunden, daß der Erlös aus dem einbehaltenen deutschen Privateigentum nach Abgeltung privater Forderungen gegenüber Deutschland zur Gutschrift auf dem Reparationskonto verwandt würde. Der Reichsregierung wurde die Entschädigungspflicht für ihre Bürger auferlegt; diese Floskel sollte den Vorwurf verscheuchen, daß Wegnahme privaten Besitzes der völkerrechtlichen Übung widerspreche. Diese Bestimmung schuf eine der unseligsten Schwierigkeiten und vergiftete die Innenpolitik wie das internationale Gespräch über tatsächliche Leistung, Leistungswille, Leistungsfähigkeit des unterlegenen Deutschen Reiches. Daß der amerikanische Kongreß dem Präsidenten Wilson nicht folgte und die Ratifikation des Vertrages verweigerte, ergab nun für die weitere Behandlung des deutschen Besitzes in den Staaten eine sonderliche Rechtslage. Sie wurde in dem Berliner Vertrag vom 25. August 1921 noch nicht geklärt. Aber in den kommenden Jahren entwickelte sich das Schicksal des deutschen Eigentums im Hin und Her mit amerikanischen Ansprüchen (Besatzungskosten usf.) drüben zu einer innenpolitischen Angelegenheit erster Ordnung, die zwar kein eindeutig parteipolitisches Gepräge gewann, in die sich aber ein gut Teil der Enttäuschungen über die Resultate der Wilson-Politik ergoß. Das ergab ein zähes Für und Wider in den öffentlichen Erörterungen, in den Kämpfen der Häuser des Kongresses – gewisse idealistische Strömungen kämpften sich durch, daß Palmer doch den ursprünglichen Sinn des Sequesters verdorben und eine Reihe von Korruptionen eingeleitet habe; sehr realistische Interessen traten auf die Bühne, da große Anwaltsfirmen, die auch politischen Einfluß zu nehmen verstanden, die Sache der Geschädigten führten. In halbamtlichen Abmachungen, da die deutschen Interessenten ein Entgegenkommen anboten, wurde die politische Lage entlastet, und nach viel Unsicherheit war man 1928 so weit, daß die »Freigabebill« dem ursprünglichen Eigner bis zu 80% des Erlöses zusprach. Die Feststellungen mußten dabei in langwierigen gerichtlichen Sonderverfahren getroffen werden. Im ganzen wird man sagen können, daß auf die Grundhaltung der amerikanischen Politik eben jene neue Lage wirkte, in die das Land als werdender Weltgläubiger einrückte. In der Zukunft würden die Bürger der USA Gläubiger sein, deren Geld oder deren Anlagen in aller Welt steckten und eines Tages schutzbedürftig werden könnten. Dann sollte nicht die eigene amerikanische Praxis als Vorbild herangezogen werden können, um Verkauf und Verschleuderung privaten Besitzes zu rechtfertigen.

Bosch hatte drüben Freunde zurückgelassen, und die »American Bosch Magneto Corp.«, wie die alte Firma sich jetzt nannte, hatte es nicht verstanden, Freunde zu erhalten und zu erwerben. Es klang sehr optimistisch, daß Bosch bereits im Februar 1921 dem Stockholmer Egnell schrieb: »Die Nachrichten aus Amerika lauten recht günstig. Es kann kaum ein Zweifel darüber bestehen, daß wir unser Eigentum dort zurückbekommen.« Das war damals reichlich voreilig geurteilt, und man mußte mit der A. B. M. C. noch recht unangenehme Erfahrungen machen; nicht nur drüben – sie tauchte in Europa mit Vertretungen auf, in Kopenhagen, Barcelona, Mailand, sie versuchte, in den englischen Markt einzudringen. Es verschlug nichts, daß alte Kunden über die Qualität der Ware klagten oder über das geringe Entgegenkommen der neuen Firma – sie war eben da und eine Quelle des Ärgers und der Mißverständnisse.

Als im Sommer 1921 der Friedenszustand zwischen Deutschland und den Vereinigten Staaten eingetreten, fuhren Borst und Heins nach New York. Man fing einfach noch einmal an. Heins gründete im September 1921 mit dem Deutsch-Amerikaner G. Jahn, der ehedem Treasurer der alten Gesellschaft gewesen war, und mit dem Rechtsanwalt Harvey T. Andrews die Robert Bosch Magneto Company; ihr wurden die alleinigen Herstellungs- und Vertriebsrechte der Bosch-Erzeugnisse übergeben. Geschäftlich war damals gerade eine Flaute: in Springfield, wo ehedem eine Belegschaft von 2000 Mann gewesen war, arbeiteten nur mehr 200, und die feierten einige Tage in der Woche! Aber wenn man auf die Masse der Automobile blickte, die sich durch die Straße schob, wußte man: es wird sich auch für die Bosch-Erzeugnisse wieder ein Markt finden.

Doch das war klar: die Situation blieb auf Kampf gestellt. In der Frage der bestreitbaren Rechtsgültigkeit jener Ersteigerung vom Dezember 1918 glaubte man keinen schlechten Ausgangspunkt zu haben; es war für die Anwälte ein Vergnügen, festzustellen, daß jener aus dem Elsaß stammende Käufer Kern eine gut assortierte kriminelle Vergangenheit hinter sich hatte, beim Kauf Deutscher war, jetzt Franzose sei – aus all diesen Gründen also als Ersteigerer gar nicht zuzulassen. Diese Enthüllungen, die der Presse gegeben wurden, machten schon einigen Eindruck. Doch das war ja nur ein Strohmann gewesen – jetzt saßen in der Leitung handfeste amerikanische Kapitalisten, die dadurch nicht gleich zu erschüttern waren. Dieser Kern bildete für sie nur eine Figur aus der Statisterie. Aber daß jetzt, nachdem er schon seit zwei Jahren ihnen das Recht bestritt, ihren Firmennamen zu führen, der Robert Bosch wieder in New York saß, um nicht nur mit seiner Ware, sondern auch mit Marke und Namen ihnen ins Gehege zu kommen, das wollten sie sich nicht gefallen lassen.

Jener Harvey T. Andrews war für Bosch keine neue Erscheinung. Mit ihm hatte es Gustav Klein zu tun gehabt, als er 1906 mit dem Koffer voll Zündapparaten nach Amerika fuhr, um das Gelände zu sondieren. Andrews verwaltete damals bei der New Yorker Zollbehörde das Amt des General Appraisers, des obersten Schätzers bei den Werkzöllen; Klein mußte sich damals mit ihm gerichtlich auseinandersetzen. Das geschah mit Erfolg. War also, aus einer ganz anderen Sphäre her, Andrews mit der Materie des Zündapparates schon vertraut, so legte er sich jetzt als Anwalt der Bosch-Interessen und Mitbegründer der neuen Vertretung mächtig ins Zeug; er organisierte die öffentliche Meinung, bis es schließlich so weit war, daß ein Regierungsprozeß gegen Palmer wegen seiner Verkaufspraktiken eingeleitet wurde; er holte dann den damit beauftragten Anwalt an seine Seite. Der Kampf um die Besitzrechte von Bosch wurde drüben mit aller Verve geführt: Andrews hatte ihn voll Zuversicht im Beginn aus eigenen Mitteln finanziert – deutsche Währungslage! – und er blieb unverdrossen; neben Geschäftssinn und idealistischer Rechtsauffassung steckte ein Stück sportlichen Ehrgeizes in der Behendigkeit und Beweglichkeit, womit er die wechselnden Gefechtslagen anging. Sein Auftreten und sein Einfluß sind für das Schicksal der Freigabe-Gesetzgebung generell von Bedeutung geworden.

Freilich, in einer der Streitfragen, die Bosch nicht nur geschäftlich, sondern ideell sehr am Herzen lag, kam es vor dem Supreme Court des Staates New York zu einer Niederlage: Bosch sollte in den Vereinigten

Staaten seines Namens beraubt werden, nicht bloß für in Amerika hergestellte, sondern auch für die aus Stuttgart gelieferten Erzeugnisse! Darüber hätte er lachen können, schließlich sogar darauf stolz sein dürfen, daß sein Name in Amerika eine von seiner Person sich trennende Versachlichung erfahren hatte, Bezeichnung einer bestimmten Warengruppe von höchstem Rang. Aber er sah die Geschichte weder ironisch noch romantisch, und auch der beigezogene tüchtige Anwalt Mr. Todd sah sie nicht so. Er rüstete den Feldzug aus, der zur höchsten Instanz führen sollte, und in dem erkennenden Urteil war eine Ausgangsposition gegeben, die, mit Geschick ausgewertet, auf Volksmeinung und Rechtsempfinden Eindruck machen mußte. Denn der Richter hatte die innere Unsicherheit selber kaum verdecken können und die Entscheidung charakterisiert als »drastische und rücksichtslose Willkür, die nur der Krieg rechtfertigen konnte, aber vom nationalen Standpunkt aus hat der Krieg sie in der Tat gerechtfertigt«. Mochte solches Argument noch im Jahre 1928 Geltung besitzen? Die Leiter der American Bosch Magneto Corporation hatten selber ein Gefühl für das Ungesicherte solcher Lösung, um so mehr, als das Mißbehagen gegen Korruptionsfälle in der Umgebung jenes Custodian Palmer weiterhin Presse und Parlament beschäftigte, und der Prozeß gegen diesen Mann unfrohe Aussichten eröffnete. So kam, überraschend genug, von der formal obsiegenden Partei der Vorschlag zu einer außergerichtlichen Verständigung. Robert Bosch ging darauf ein. Ihm waren schon Prozesse in der Heimat zuwider, und die Inanspruchnahme bei dem ihm fremden Verfahren mit Vernehmungen, Aussagen, Protokollen reizte seine Nerven; das hatte er schon ein paarmal durchmachen müssen. Ihm mochte es darum willkommen sein, diese Geschichten, die nun schon fast zehn Jahre dauerten, los zu werden, vorausgesetzt, daß jenes Anerbieten, loyal gemeint, zu einem verständigen Ergebnis führen könne.

Am 26. Oktober 1929 wurde in Paris der »Friedensvertrag« zwischen dem Stuttgarter und dem Springfielder Partner geschlossen – so bezeichnete der »Boschzünder« das Abkommen. Er gliederte sich in mehrere Teile: die A. B. M. C. zog Ansprüche auf den Verkaufserlös zurück und verpflichtete sich, für die Beschleunigung der Freigabe zu wirken. Die Prozesse wurden niedergeschlagen. Den Kern der Verständigung bildete die Regelung der Namensfrage: das Stuttgarter

Haus und seine Vertretungen werden für die Zukunft in Nordamerika unangefochten mit dem vollen Namen »Robert Bosch« auftreten, in der ganzen übrigen Welt gehört die kurze Bezeichnung »Bosch« ihm allein. Die A. B. M. C. darf in Nordamerika ihre Erzeugnisse jetzt ausschließlich mit dem Namen »Bosch« vertreiben; geht sie aber über die Grenzen, so muß sie den Ausdruck »American Bosch« benutzen. Zugunsten der amerikanischen Firma verzichtete die Robert Bosch AG. auch auf die Werbefigur des »roten Bosch-Teufels«; dieser Verzicht konnte nicht zu schwerfallen, da man beim Stammhaus diesen frühen graphischen Werbeversuch längst auf die Seite gelegt hatte. Einige Auslandsvertretungen arbeiteten wohl noch mit ihm. Doch das fiel nicht ins Gewicht. In einer allgemeinen Klausel versicherten sich die Vertragspartner loyalen Wettbewerb und wechselseitige Unterstützung gegenüber Dritten.

Das war eine Lösung, doch nur eine Notlösung. Der Geschäftsbericht der Robert Bosch AG. vom 6. Juni 1930 sprach bereits von der Aussicht auf neue »weitergehende Verständigung«. Die war inzwischen vorbereitet, und zwar ganz realistisch: man begann – die Kurse lagen in der Zeit der nun auch die USA bedrückenden Weltwirtschaftskrise niedrig – mit Hilfe amerikanischer Geschäftsfreunde Aktien der A. B. M. C. zu erwerben. Das ergab eine Verschiebung, schließlich einen Wechsel in den Mehrheitsverhältnissen der amerikanischen Gesellschaft. Im Oktober 1930 waren die Dinge reif zu einem neuen Vertrag: er brachte die Verschmelzung der American Bosch Magneto Corporation in Springfield mit der Robert Bosch Magneto Company Inc. in New York zu der United American Bosch Corporation Springfield; das »Magneto« ließ man weg, weil die Springfielder Fabrik bereits seit geraumer Zeit ihr Programm erweitert, unter anderem auch die Erstellung von Radio-Instrumenten begonnen hatte. Das »United« sollte das Ende des Bruderkampfes und die Gleichberechtigung der beiden fusionierenden Bosch-Firmen ausdrücken. Die Robert Bosch AG. übertrug die Gesamtvertretung für USA und Kanada an die neue Firma und erhielt das Recht, in ihren außeramerikanischen Vertriebsorganisationen die amerikanischen Erzeugnisse zu führen. Die Robert Bosch AG. gewann dabei die Freiheit zurück, in der *ganzen* Welt, also jetzt auch in Nordamerika, den einfachen Namen Bosch zu verwenden, während die amerikanische Gesellschaft für *alle* ihre Erzeugnisse an die Marke »American Bosch« gebunden wurde. Damit konnte man zufrieden sein. Der Erfolg war freilich einstweilen ein Wechsel auf die Zukunft. Denn zunächst hatte man an dem Abstieg der amerikanischen Konjunktur die entsprechenden Verluste mitzutragen.

In knapp zwei Jahrzehnten war die Automobilerzeugung der Vereinigten Staaten zu einer Schlüsselindustrie geworden und hatte das Ansehen des weiten Landes, den Lebensrhythmus und die Gewöhnungen seiner Bevölkerung verwandelt. Jene Entdeckungsfahrer der Nachkriegszeit, die vom Fließband erzählten, redeten natürlich gerade auch davon sehr viel. Sie verfehlten gewiß nicht, mitzuteilen, wie sich die statistischen Ziffern reihten, wie viele marktreife Wagen gerade etwa Henry Fords Werkstätten in Detroit täglich verließen oder doch verlassen konnten. Und dann gab es das Wagengewühl in den Straßen New Yorks zu beschreiben; man sah erstaunt Signaltürme dazwischen stehen, farbige Lichtzeichen lenkten Fahrer und Fußgänger. Verließ man die Stadt, so konnte man breite, asphaltierte Straßen, Ausfallstraßen, benutzen, über denen nachts weit hinaus Laternen ein mildes Licht ausschütteten. Bald stieß man auf eine Tankstelle, bei der es Öl, Treibstoff, Wasser zu fassen gab, wo man Batterien laden oder auswechseln konnte und geschickte Hände sich bereit fanden, schnell kleine Pannen des Wagens wieder in Ordnung zu bringen. Gerade diese Tankstellen fanden das besondere Interesse der Besucher, sie erschienen in der technischen Einrichtung, ob primitiv oder durchgebildet, wie in ihrer organisatorischen Anlage eine der erstaunlichsten Sonderheiten unter den vielen Merkwürdigkeiten. All die Dinge, die einige Jahre später auch in Deutschland zur Banalität geworden, wurden damals erzählt und aufgenommen wie die Märchen aus einem Wunderland. Ohne Zweifel: hier, in den Staaten, war das Kraftfahrzeug zur sozialen Macht geworden, die man sich dienstbar machte, indem man ihr diente. Und Bosch durfte sich sagen, daß er an dieser Entwicklung, gebend wie nehmend, den lebhaftesten Anteil hatte. Aber nach dem ersten stürmischen Aufschwung mußte man beobachten: die meisten der neuen Wagen fuhren gar nicht mit der Magnetzündung, die kurz zuvor noch so stark begehrt war. Sie waren auf Batteriezündung eingestellt, bei der wohl noch die Bosch-Zündkerze

Verwendung finden mochte. Bereits 1912 hatte Otto Heins in einem Bericht diese Bewegung der Absatzkurve beschrieben. Nach dem Krieg hatte sich die Batteriezündung für den Personenwagen glatt durchgesetzt. Jene allgemeinen Voraussetzungen, da das Land rasch von Hilfs- und Versorgungsstellen überzogen war, hatten diese Entwicklung erleichtert. Entscheidend freilich wurde die Preisfrage: die Batteriezündung war billiger, die amerikanische Gesamtentwicklung aber zielte nicht so sehr auf die denkbar höchste technische Vervollkommnung als auf die Darbietung eines ordentlichen Durchschnitts, der für eine immer wachsende Gebraucherzahl erschwinglich und leicht bedienbar bleiben sollte. Von dem Augenblick an, da nun der amerikanische Wagen in den europäischen Markt eindrang, beeinflußte er, zunächst in Frankreich, die Anlage der Zündvorrichtung; bald, nach der Währungsstabilisierung, wurde sie auch eine deutsche Frage. Bosch stand vor der Überlegung, wie er sie beantworten solle. Ihm persönlich ist es gewiß nicht leicht geworden, die Magnetzündung, die Daimlers Glührohr überwunden und schließlich auch Benz gewonnen hatte, in gewissem Sinne fahren zu lassen. Aber es handelte sich schließlich nicht darum, im Technischen ideell recht zu haben, sondern die führende Stellung im Kraftfahrzeugwesen zu behaupten. In der Mitte der zwanziger Jahre begann man bei Bosch die Batteriezündung zu entwickeln und damit zugleich zu verbessern, in Verbindung mit der Lichtmaschine, mit Spannungsregler oder mit Stromregler – man wußte nicht recht, ob diese Wendung endgültig sei oder ob doch wieder der Magnetzünder, was der Geschäftsbericht von 1926 anmerkt, wie in England wieder vorandränge. Eine Betrachtung von 1929 (Boschzünder 10) stellt dann mit einer gewissen Genugtuung fest, daß die Bosch-Batteriezündung »sich nicht nur in Deutschland rasch eingebürgert hat, sie wird jetzt auch schon viel in amerikanischen Wagen verwendet«. Die schließliche Folge dieser technisch-wirtschaftlichen Entwicklung war, daß Bosch, der die Batterien bisher von den Spezialfabriken bezogen hatte, auch auf diesem Gebiet zur Eigenfabrikation überging.

Das Schicksal der Zündvorrichtung bildet nur eine Randerscheinung in dem großen Vorgang der durch Jahre währenden Auseinandersetzung mit Amerika. Diese vollzog sich – und natürlich nicht nur bei Bosch – unter den Stichworten Typisierung, Standardisierung,

Normung, Rationalisierung; jeder dieser Begriffe sammelte um sich eine eigentümliche Atmosphäre; man gebrauchte sie als nüchterne Feststellung, als pathetisch drängende Forderung, doch auch mit Untertönen des kulturellen Mißtrauens und der sozialen Klage oder Anklage. Kündigte sich mit diesen Losungen nicht der Tod des schöpferischen Individualismus an, war die Normung der Gebrauchswelt nicht nur das Vorspiel zur Normung des Menschen selber, bedrohte nicht die Anerkennung der Massen-Gleichartigkeit gerade das, was an persönlichem Geschick, an durchgebildeter Kunstübung aus der handwerklichen Überlieferung den Reiz und die Kraft der jungen deutschen Gewerbe gebildet hatte? Und führte dieser ganze Weg, wenn er schließlich bei der »Automatisierung« endete, nicht zur Entseelung der »menschlichen« Arbeit, die überhaupt noch notwendig war, weiter aber zum Überflüssigmachen von gelernter und ordentlich bezahlter Arbeit? Das wurde zum eifrig gepflegten und manchmal quälenden Gesprächsthema der kommenden Jahre.

Die Vielzahl der Typen und Normen im deutschen Kraftfahrwesen war militärisch während des Krieges sehr störend empfunden worden. Die Folgerungen wurden nur ungenügend und zögernd gezogen. Zwar begründete man ein Reichskuratorium für wirtschaftliche Fertigung, wobei zunächst außer Gutachten und Denkschriften nicht sehr viel herauskam. Erfolgreicher war der Normenausschuß des »Vereins Deutscher Ingenieure« mit seinen Vorschlägen, aber da ihm die Verbindlichkeit fehlte, setzte auch er sich nur in Teilbezirken durch. Gerade auf dem Gebiet der Motorenindustrie brachten die Nachkriegsjahre mit den vielen Neugründungen und Sonderversuchen mehr Verwirrung als Vereinfachung. Die Leistungen, die dabei herauskamen, waren wohl zum Teil interessant und technisch-wissenschaftlich ganz belangvoll, aber marktmäßig zu beengt, um ein einheitliches Fertigungsprogramm anzuregen. Bosch litt unter diesem Zustand. Die Bedürfnisse der Abnehmer zwangen ihn, für die mannigfachen Motorenmodelle in den Maßen Sonderlösungen zu liefern. Dabei war man sich darüber klar, daß dieser Zustand im Grunde Verschwendung von Arbeit und Rohstoff bedeute. Soweit dies möglich, begann man, für den inneren Betrieb die Normung der auswechselbaren Teilstücke voranzutreiben, und als 1923 die große Tagung der technischen Vertreter stattfand, wurde ihr die weitgehende Typenbeschränkung gemeldet. Die Kunden, wenn sie den mäßigeren Preis zugebilligt erhalten wollten, nach dem sie riefen, mußten zur Einsicht erzogen werden.

In Amerika lagen die Dinge insofern einfacher, als, gemessen an dem großen Ausstoß, die Zahl der Firmen gering war und fast alle, Henry Ford voran, nicht auf eine wechselvolle Vielfalt an fesselnden Neuerungen ausgingen, sondern auf eine gleichmäßige durchschnittliche Güte. Der amerikanische Industrie-Kapitalismus zeigte ein schier konservatives Gesicht; er rannte nicht dem Neuesten nach, sondern hielt sich an bewährte Typen, um durch die entgegenkommende Preisgestaltung ihrer Verbreitung zu dienen. Robert Bosch spricht in einer Betrachtung über die Entwicklung, daß Amerika »sich der Erzeugung von Massengütern mit einer, ich möchte schon sagen, Inbrunst hingibt, daß dagegen nur mit ganz außerordentlicher Anstrengung aufzukommen sein wird« (Boschzünder 1926, 10). Das, was Bosch hier, in einem zwischen Ironie und Bewunderung schwebenden Ausdruck »Inbrunst« nannte, war nun freilich nicht bloß rationelle Geschäftspolitik des privaten Unternehmertums, sondern auch eine Funktion eindringlichen staatlichen Willens. Es blieb, da man sich von der bequemen Denkgewöhnung nicht trennte, in den USA das Herrschaftsgebiet eines wilden ungebundenen individuellen Privatkapitalismus ohne wollende Staatlichkeit zu sehen, in Deutschland langehin wenig bemerkt, wie das Handelsdepartement durch Zureden und Propaganda, aber auch durch schwächeren oder stärkeren Druck bei öffentlichen Aufträgen, mit einem jährlichen Millionenaufwand, um die Bereinigung des Marktes von entbehrlichen Typen in tausend Gebrauchsartikeln besorgt war. Und mit Erfolg! Während man die Berichte las über den Verschleiß an halb abgenutzten Erzeugnissen, über das unerfreuliche Bild verkommener Autofriedhöfe, nistete sich die Vorstellung eines ziellosen Verschwendertums ein, und man übersah, daß die Verwendung der Arbeitskraft, die rationellste gleichmäßige Ausnutzung hochwertiger Maschinen durch eine Art von psychologischer staatlicher Lenkung unter das Gesetz der volkswirtschaftlichen Kraft- und Stoffersparnis gezwungen war. Diese Fehlschätzung mußte nach Jahren einen tragischen Akzent erhalten.

Bei Bosch war man sich über die Lage von Anbeginn sehr klar:

wollte man die alte Stellung auf dem Weltmarkt wiedergewinnen oder doch den Rang behaupten, so kam man nicht darum herum, den amerikanischen Wettbewerb so ernst wie möglich zu nehmen. Man war dem, was drüben auf den Markt kam, an Güte überlegen. Nicht ohne Genugtuung notierte Bosch einmal, daß in der Vorkriegszeit, als Ford jährlich 250 000 Wagen herstellte, er in etwa 30 000 nachher als Ersatz für die Detroiter Zündung die Bosch-Zündung einbaute. Vor der *organisatorischen* Leistung von Ford hatte Bosch den größten Respekt, vor der Totalität seines Herstellungsprogramms, das Rohstoff und Halbzeug, Erz, Holz, Glas ebenso umfaßte wie das diffizile Zubehör; möglich war die Durchführung nur einmal und »nur in einem so großen reichen jungen Lande«. »Es kann nicht bestritten werden, Ford hat der Menschheit einen Dienst geleistet. Er hat ihr das Auto in großen Mengen zugänglich gemacht. Man kann ihm nur vorwerfen, daß er in den letzten zwei Jahrzehnten zur technischen Verbesserung des Automobils nicht beigetragen hat« (Boschzünder 1927, 1). Wie aber sind die Vergleichsmaßstäbe: »Ford kann 1½ Millionen Zündvorrichtungen jährlich bauen, Chrysler braucht doch wenigstens 200 000, Deutschland braucht im ganzen etwa 60 000 jährlich. In Frankreich und England bezahle ich 45 bzw. 33⅓ v. H. Eingangszoll, in Italien 30 v. H., in die Vereinigten Staaten muß ich über 30 v. H. wegkommen. Alle europäischen Firmen zusammengenommen bauen jährlich etwa 450 000 Wagen, Fabriken gibt es in Deutschland rund 50, man rechne dazu noch diejenigen der anderen europäischen Länder. Die meisten dieser Firmen wollen Sonderausführungen an ihren Einrichtungen haben. Und nun kommt der deutsche Fabrikant und verlangt von mir, ich soll ihm so billig liefern wie der Amerikaner.«

Als diese Sätze geschrieben wurden, war Bosch schon dabei, dem Amerikaner mit seinen eigenen Waffen entgegenzutreten, um ihn, wenn nicht zu schlagen, so doch ihm den industriellen Sieg, an den drüben viele schon glaubten, zu verwehren. Er trat ihm auch mit amerikanischem Gelde entgegen. Denn zum ersten Male in der Werksgeschichte, abgesehen von den in Gold gerechnet bagatellmäßigen Schuldverschreibungen der Inflationszeit, hatte Bosch den Geldmarkt beansprucht und 1926 eine hypothekarisch gesicherte Amerika-Anleihe von drei Millionen Dollar zu 6 v. H. aufgenommen, rückzahlbar in zwanzig Jahresraten ab 1930. Die Aufgabe dieses Betrages war, die Vorbereitung einer neuen Fabrikation aus dem Bereich des Schwerölmotors, an die man jetzt eben gehen wollte, und die Weiterführung der »Rationalisierung« mit den starken maschinellen Neuausrüstungen zu erleichtern.

Diese war seit Jahren im Gange. Die Verringerung der Typen- und Einzelnormen machte den Anfang, aber sie bedingte im Grundsätzlichen noch keine Änderung des Arbeitsverfahrens, sondern brachte eine Verbilligung in der häufigeren Wiederholung des gleichen technischen Vorgangs und der indirekt sehr spürbaren Vereinfachung der Lagerverwaltung usf. In den generellen Unkosten wirkte sich das schon aus, richtig zu Buche schlug erst der Entschluß, mit der weitestgehenden Arbeitsteilung und der Beseitigung allen unwirtschaftlichen Zeitverlustes die auf das Einzelstück fallenden Kosten bei gleichzeitiger Erhöhung des Ausstoßes zu senken. Dazu bedurfte es vielfach neuer Anlagen in den Werkshallen, neuer Maschinen, neuer Arbeitsverteilung, neuer Werkstoffe, nicht zuletzt auch vielfach einer neuen Gesinnung. Die Durchführung lag wesentlich in den Händen von *Karl Martell Wild*, der den Beginn der »wirtschaftlichen Fertigung« als einer schier neumodischen Programmatik selber noch in Amerika erlebt und beobachtet hatte und ein gutes Grenzgefühl dafür besaß, was an Vereinfachung möglich sei, ohne daß die Qualität darunter leiden durfte. Mit dem weiteren Zerlegen der Arbeit, mit dem Aufbau der arbeit- und zeitsparenden Fließbänder und Förderschienen wuchsen auch die Prüfstellen. Je mehr man mit angelernten Kräften zu rechnen hatte, desto feiner wurden bei Halbzeug und Fertigprodukt die Methoden der Prüfung entwickelt; den Besuchern des Werkes fiel dies immer auf, wie sinnreich und sorgfältig die Kontrolle wahrgenommen wurde, bevor ein Stück zum Versandlager wandern durfte. Gerade wenn, um zur größeren Billigkeit zu kommen, nicht nur lohnsparende Maschinen, sondern neue Rohstoffe verwendet wurden – etwa Weißblech, das man vor einigen Jahren noch als unter der Würde abgelehnt hätte, das sich aber jetzt recht brauchbar erwies –, gerade dann mußte auch dem Kunden Gewähr gegeben sein, daß die Verbilligung, die er nicht ungern feststellte, nicht durch eine Verschlechterung erreicht sei. Wild wurde bei dieser Jahre beanspruchenden Arbeit vor allem von *Ernst Durst* unterstützt, der sich mit der Aufgabe, »die toten Zeiten auszuschalten«, gründlich auseinandergesetzt hatte. In einem

Vortrag vor der »Arbeitsgemeinschaft deutscher Betriebsingenieure« (30. April 1926) hat Durst anschaulich und nüchtern den Übergang zur Fließfertigung dargestellt. Er war der Praktiker, der Zeit- *und* Raumersparnis aus der richtigen Anordnung der Maschinen, der zutreffenden Bevorratung mit Teilstücken usf. gewann; die Entwicklung aus dem früheren Zustand der individuellen Akkord-Stückarbeit lag ihm noch im Blute; er kannte die tiefe Wandlung, doch sah er sie nicht pessimistisch. Den Platzgewinn berechnete er (1926) mit 70 %, die Verkürzung der Fertigungszeiten bis zu 50 %. Das war ein Urteil über die Rationalisierung, als man eben in ihrem ersten Rhythmus steckte. Robert Bosch selber hat sich, das darf nicht verkannt werden, bei grundsätzlicher Zustimmung zu dem Umbau, aus seinem handwerklichen Grundgefühl mit vielem in den technischen Neuerungen zunächst wenig befreunden können. Dieses Pressen und Stanzen von Blechen war doch keine Feinmechanik mehr! In einer Ansprache bei einer Jubilarfeier meinte er einmal, man habe aus seinem Werk eine »Blechbude«, eine bessere »Blechwarenfabrik« gemacht. Das war fast etwas verstimmt, aber auch verstimmend, und Bosch mußte sich belehren lassen, daß dies den Arbeitsstolz nicht gerade hebe. Er kam dann auch nicht mehr darauf zurück, denn er wollte und konnte nicht bestreiten: die neuen Fertigungen erfüllten ihre Pflicht so gut, wie es die alten getan hatten.

Nun bedeutete die »Rationalisierung«, die in der Mitte der zwanziger Jahre so lebhaft gefordert und umstritten war, nichts grundsätzlich Neues. Will man sie begreifen als Steigerung des Wirkungsgrades der unmittelbaren menschlichen oder der abgeleiteten mechanischen Tätigkeit, so ist die ganze Geschichte der Technik ein ununterbrochener Rationalisierungsvorgang, in dem eigentlich nur das Tempo einem Wechsel unterworfen ist, Beharrung von schneller Änderung abgelöst wird, bis wieder eine gewisse Ruhelage eintritt. Der Einbruch der Dampfmaschine, die elektrische Kraftgewinnung und -übertragung waren revolutionierende Rationalisierungsvorgänge; man besaß dafür andere Begriffe, man sprach vom Fortschritt der Technik und glaubte an seine Beseligungen, aber man hatte auch eh und je die Begleitmusik des Widerstandes derer, die von solchem Fortschritt in ihrem Dasein vernichtend getroffen wurden oder sich doch von ihm gefährdet glaubten. Die größeren Maße der interkontinentalen Vergleiche hoben die Vorgänge ins deutlichere Bewußtsein. Die Webmaschine war auch einmal das Ziel von Verfluchung gewesen, die Lokomotive hatte ihre Widersacher gefunden, – die erste Wirkung war immer, Menschen brotlos zu machen, bis sie sich als gewaltige Förderer neuer Arbeitsgelegenheiten auswiesen. Das haben aber nie die unmittelbar Betroffenen, sondern erst die mit der Statistik beweisenden Wirtschaftshistoriker festgestellt. Die alte Frage tauchte jetzt neu auf, nur freilich in einer Welt der organisierten Massen, der durch Kriegsfolgen überall gesteigerten sozialen und politischen Anfälligkeit. Es ist ein zeitsymptomatischer Vorgang, daß der Gesamtbetriebsrat der Robert Bosch AG. im Frühjahr 1926 sich gegen »dieses System« (der Rationalisierung) wendet, die Arbeitslosigkeit befürchtend, »welche in katastrophaler Weise sich an der arbeitenden Klasse auswirken wird«. »Der Gesamtbetriebsrat fordert deshalb von den deutschen Gewerkschaften mit aller Entschiedenheit, daß sie sich dafür einsetzen, daß diesem unheilvollen System mit allen zu Gebote stehenden Mitteln entgegengetreten wird.«

Der Adressat, an den sich dieser Hilferuf wandte, die Leitung der deutschen Gewerkschaften, befand sich gegenüber der heranwachsenden Streitfrage in einer vollkommenen Verlegenheit. Als nach der Stabilisierung der Währung die Absatzschwierigkeiten und in ihrer Folge Arbeitsnöte spürbar wurden, schleuderte man Vorwürfe gegen das Unternehmertum, dessen Mehrheit in den vergangenen Jahren »die technische Vervollkommnung ihrer Werke schwer vernachlässigt« habe. »Infolgedessen ist das Problem der Rationalisierung der Arbeit, auf der die Erfolge der anderen Länder, besonders Amerikas, beruhen, ungelöst geblieben.« Der Allgemeine Deutsche Gewerkschaftsbund forderte also neben der Demokratisierung »betriebstechnische und organisatorische Maßnahmen«, eine »umfassende Rationalisierung der Arbeit«. Das war 1925. Aber wenige Jahre danach kamen die Stimmen, die den »starren Blick auf Amerika« verhöhnten und feststellten, »daß die ganze Herrlichkeit bei der deutschen Art der Produktion und dem kleinen deutschen Markt in dem zersplitterten Europa nicht möglich ist«.

Die Auseinandersetzung mit Amerika ergriff also auch das soziale Gebiet. Es war nicht nur so, daß die Betriebsingenieure von dem Fließband fasziniert waren, auch die Arbeiterführer studierten die Lebensbedingungen und Lohnverhältnisse drüben, fanden den wesentlich höheren durchschnittlichen Reallohn, von dem Einkommen der qualifizierten Arbeiter ganz abgesehen, und kamen mit der Lösung des Rätsels zurück: die hohen Löhne haben die Massenausweitung des Marktes der Gebrauchsgüter geschaffen, sie sind der Motor des wirtschaftlichen Aufschwungs. Die »Kaufkraft-Theorie« war geboren. Sie hat auch Bosch, der ihr gefühlsmäßig eine gewisse Berechtigung zugestand und ihr in seiner traditionellen Lohnpolitik praktisch gedient hatte, manches zu schaffen gemacht.

Als er Ende 1925 in der »Deutschen Allgemeinen Zeitung« zu dem Komplex sich äußerte, unterstrich er wohl, an die Unternehmer sich wendend, das Recht des Arbeiters nach höherem Lohn zu streben, aber er gibt dessen Wirkung nicht die allgemeine volkswirtschaftliche Verbindlichkeit, sondern weist auf die persönliche Befriedigung des Einzelmenschen. Es beschäftigt ihn die Frage, wie es kommt, daß in Amerika die Rationalisierung keinerlei Hemmung durch den Arbeiter erfuhr, »daß er nicht daran denke, sich einer Erhöhung der Leistung entgegenzustellen«. Im Gegenteil: der Amerikaner sei stolz darauf, daß er in einem Werk tätig sei, das eine möglichst hohe Leistungsfähigkeit habe. Er sei stolz darauf, daß er selbst eine hohe Leistung herausbringe! Wie kommt es, daß die seelische Lage in Deutschland anders erscheint? »Es ist nicht der einzelne Arbeiter an sich, d. h. aus seinem eigenen Innern heraus, der zurückhält mit seiner Leistung. Im Gegenteil: der einzelne ist fleißig und er liebt es auch zu verdienen.« Aber er steht in der Sorge, daß man ihm den Stücklohn heruntersetzt, wenn er im Lohneinkommen voranschreitet: »in den meisten Fällen« halte der Unternehmer daran fest, »den Arbeiter über ein Gewisses hinaus nicht verdienen zu lassen«. Das nun drücke auf den Arbeitswillen und auf das Gefühl, im Betrieb als gleichberechtigtes Glied zu gelten. »Und gerade darauf möchte ich besonders hinweisen, daß in den Vereinigten Staaten innerhalb eines Werkes ein Geist der Gleichberechtigung und Kameradschaftlichkeit herrscht, wie man sich in Deutschland kaum vorstellen kann, und in diesem Geist ist ein sehr großer Teil der Leistungsfähigkeit der amerikanischen Industrie begründet.«

Diese Sätze entstammen keiner nationalökonomischen Untersuchung, sie sind, an Unternehmer und Gewerkschaften gewandt, pädagogisch gedacht; erst später unterzog sich Bosch dem Versuch, den Fragenkreis in einer Gesamtwürdigung zu umfassen. Die Bemerkungen sind für die Zeitlage bezeichnend: sie wollen die Aufgabe vor der Versteifung in den anrückenden Schlagworten locker halten. Die laufende Kommentierung der Umstellung, auch ihre ideologische Verteidigung gegenüber romantischen Einwänden, die von der Entseelung der Arbeit, von dem Sinken des Arbeitsethos reden, besorgt im »Boschzünder« Debatin. Dort gibt auch Otto Fischer, der ehedem das Betriebssekretariat verwaltet hatte und jetzt einige Jahre in Detroit saß, anschauliche Darstellungen der amerikanischen Wirklichkeit: ihres Schwungs und Wagemuts wie ihrer schier pedantischen, aber höchst wirkungsvollen Methoden der »wissenschaftlichen« Marktuntersuchung und Marktbearbeitung. Die nüchterne Betrachtung scheidet das dauernd Zweckhafte von dem spekulativ Gefährlichen – die »Konsumfinanzierung« war eben große Mode geworden, um der Konjunktur eine Dauer zu schaffen! – und sie blickt auch auf das Schicksal jener Menschen, die vom Arbeitsplatz weggeschickt, jeglichen Rückhalts in einer staatlich geordneten Sicherung und Versicherung entbehren.

Die Erörterung über die Rationalisierung im Für und Wider hat der »Boschzünder« durch Jahre gepflegt. Man begründete sie nicht bloß mit den sozialökonomischen Argumenten, sondern weckte die technische Teilnahme der Belegschaft. Das war an sich nichts Neues. Immer schon hatte man das praktische Erfindungsgeschick des einzelnen beachtet und gewürdigt – Honold rühmte gerne und willig, was er bei der Bearbeitung seiner Pläne den Anregungen und Einfällen der mitschaffenden Meister und Mechaniker, etwa A. Krauß, verdankte. Jetzt wurde das Vorschlagswesen systematisiert und der Sinn für Änderungen, Erleichterungen im Arbeitsprozeß selber, an den Maschinen, bei der Zuteilung der Stücke, beim Ausbau der Schutzvorrichtungen usf. geweckt. Die Geldprämie war dabei nicht so wichtig wie die Anerkennung: im »Boschzünder« wurden die brauchbaren Vorschläge und ihr Sinn mitgeteilt. Dadurch trat das *Mit*arbeiterverhältnis ins rechte Bewußtsein.

Der »gelernte« Arbeiter blieb Träger und Mitte, wenn freilich mit der Rationalisierung der schon in den Kriegsjahren stärker gewordene Typus der »Angelernten« ziffernmäßig an Bedeutung gewann. Für das »Anlernen« besaß man Erfahrungen. Aber es wurde jetzt wichtig, innerhalb der Belegschaft die richtige Stufung zu erhalten, ein gewisses Unterführertum zu erziehen, das nicht bloß in der Eigenarbeit vorbildlich und zuverlässig war, sondern mit den spezifischen Bedürfnissen des neuen Arbeitsverfahrens vertraut wurde. Innerhalb dieser Überlegungen wird man den im Jahre 1924 gefaßten Beschluß sehen dürfen, die Angehörigen der Lehrlingsabteilung ein *ganzes* Jahr in den Betrieb selber zu stecken, damit sie mit dem Wesen der Vereinigung der Arbeitsvorgänge, zumal auch mit den Sorgen um rechtzeitiges Fertigwerden eines Stückes vertrauter wurden. Die Freiheit ihrer späteren Entscheidungen blieb von dieser stärkeren Bindung unberührt. Die Nachfolge von August Utzinger war an *Adolf Ottmann* gegangen. Diesem oblag auch die Leitung der 1924 neu geschaffenen »Werkfachschule«; er umschrieb deren Aufgabe so, daß »unter möglichster Beschränkung auf praktische Bedürfnisse« aus »befähigten Facharbeitern, Technikern, Meistern, Kalkulatoren, Arbeitsstudienleuten ausgesuchte tüchtige Betriebsbeamte für die besonderen Bedürfnisse unserer feinmechanischen und elektrotechnischen Massenfertigung heranzubilden« seien. Drei Kurse mit insgesamt 270 Stunden wurden eingerichtet, auf je 25 Teilnehmer beschränkt; neben einigen wissenschaftlichen Vorlesungen waren die Unterrichtsfächer ausschließlich betriebskundlicher Art. Leitende Ingenieure des Hauses waren als Lehrkräfte verpflichtet. Die Ausbildung erstreckte sich über anderthalb Jahre; die Bedingungen bei der Aufnahme wie beim Abschluß waren streng. Eine weitblickende und fruchtbare Entscheidung, daß man gleich an den Beginn der technischen Umstellung auch die Menschenausbildung rückte! Denn als die Rationalisierung dann im größeren Stile anlief, hatte man die geschulten »Einrichter« und »Einsteller« zur Verfügung. Die Maßnahme erzielte auch eine soziale Nebenwirkung. Die erfolgreichen Teilnehmer an den Kursen traten in das Angestelltenverhältnis über, für die Struktur der Belegschaft ein nicht unwichtiger Vorgang. Mit guter sachlicher und personeller Rüstung trat der sich umgestaltende Bosch-Betrieb auf den Plan des internationalen Wettbewerbs. Doch bedurfte es des zähen Willens und einer unermüdlichen Anpassung, um zu den erwarteten Früchten der Mühen zu gelangen. Denn der Widersinn der Reparationspolitik, die von Deutschland Werte forderte, aber sich gegen Waren sperrte, und das Zusammensinken des künstlich aufgeblähten Konjunkturgebildes in den Vereinigten Staaten bescherten der Welt zum Ausgang des Jahrzehntes die schwere, über die Länder und Völker wandernde Krise.

Bosch und der Dieselmotor

Die so folgenreiche Beziehung von Robert Bosch zum Schwerölmotor, die in der Mitte der zwanziger Jahre Gestalt gewinnt, besitzt ein Vorspiel, das in Boschs Erinnerung mit dem Anhauch einer heiteren Anekdote weiterlebte. Das lag um drei Jahrzehnte zurück. Rudolf Diesel trat selber darin auf.

Der arbeitete damals mit immer erneuten Versuchen in der Maschinenfabrik Augsburg an seiner großen Aufgabe, den neuen Verbrennungsmotor zu schaffen. Das Öl, der durch starke Verdichtung erhitzten Luft des Arbeitszylinders in kleinsten Partikeln zugeführt, sollte unmittelbar als Lieferant von Kraft und Bewegung dienstbar gemacht werden; es war billiger als Benzin, wirkungsstärker im Nutzeffekt und weniger gefährlich als die für den Explosionsmotor entwikkelten Stoffe. Das Prinzip der Entzündung des zerstäubten Öls im Verbrennungsraum lag schon fest. Aber was gab es an Fehlschlägen, bis die Praxis der wärmetheoretischen Erkenntnis entsprach, bis der Verbrennungsstoff sich entzündete, bis der Motor lief!

Es kam der Augenblick, da Rudolf Diesel nach einem anderen Weg sich umsah. Das war in gewissem Sinn eine Abirrung, das Greifen nach einer möglichen und vielleicht verwendbaren Fremdzündung. Der Ruf der Stuttgarter Werkstätte war 1894, ein bemerkenswert frühes Datum, schon so gefestigt, daß Diesel nach Stuttgart fuhr, um sich den von Bosch gefertigten Magnetzünder anzusehen; der wurde damals für die ortsfesten Ottoschen Gasmotoren geliefert. Bosch war dann wiederholt in Augsburg. Einmal hatte ihn Diesels Wunsch erreicht, als er eben über Sonntag die Mutter in Ulm besuchte. Der Sprung in die Nachbarstadt war nicht weit und wurde gleich gemacht. Aber die Reisekasse war nicht darauf eingerichtet. Bosch erzählte gerne, wie er, nach den Versuchen von Diesel zum gemeinsamen Mittagessen aufgefordert, ihn mit der heimlichen Sorge begleitete, der Weg führe zu dem alten

Hotel Augsburgs, den »Drei Mohren«. Denn Diesel erschien ihm als ein vornehmer Herr, in dem eigenen Geldbeutel steckten aber nur noch drei Mark; er konnte ihn doch nicht anpumpen. Bosch war erleichtert, als man in einem einfachen Gasthof landete. Daß sich die kleine Geschichte ihm so unvergeßlich einprägte – es war seine Diesel-Anekdote – ist bezeichnend genug.

Diesels Besessenheit und Zähigkeit überwanden schließlich alle Enttäuschungen, Fehlschläge, Irrwege: die Selbstentzündung des Brennstoffes in der verdichteten Luft gelang, der Motor lief, eine neue Epoche der Krafterzeugung war eingeleitet. Ihre Entwicklung vollzog sich außerhalb des Arbeitskreises von Bosch; der Dieselmotor, das war offensichtlich, bedurfte nicht der elektrischen Zündapparate, mit denen das Stuttgarter Haus die Explosionsmotoren der verschiedensten Art versorgte. Und das erste sehr sichtbare Verwendungsgebiet des Dieselmotors, im allgemeinen Kraftmaschinenbau, im Schiffsbau, berührte kaum den Kreis, mit dem Bosch zu tun hatte.

Doch man begann schon verhältnismäßig frühe, die Sache mit anderen Augen zu sehen. Wie nun, wenn der neue Verbrennungsmotor sich so entwickeln könnte, daß er die Explosionsmotoren, wenn nicht verdränge, so doch stark einenge? Mit einiger Vorstellungskraft, die sich ein Zukunftsbild entwarf, durfte man die Welt der Motoren gründlich gewandelt sehen. Die Bemühungen *mußten* kommen, das Schweröl auch für das Kraftfahrzeug zu verwenden, vielleicht für das Flugzeug; es empfahl sich etwa für die Lastkraftwagen mit großen Überlandtransporten durch seine größere Wirtschaftlichkeit, gar für das Flugzeug durch die geringere Entzündbarkeit. Nichts natürlicher, als daß Robert Bosch und seine Leute die Verbesserungen und Verfeinerungen, die jetzt der Dieselmotor, wie früher der Ottomotor erfuhr, mit stärkster Anteilnahme verfolgten. Würde einmal, wenn auch nur für Teilgebiete, der elektrische Zünder wegfallen, so wollte das Haus Bosch mit Geräten zur Stelle sein, die dem Motorenbauer künftig ebenso unentbehrlich bleiben mußten wie das, was bisher von Bosch bezogen wurde.

Solches »Zubehör« benötigte in der Tat auch der Dieselmotor, d. h. eine Apparatur, die zu konstruieren und zu fertigen war, ohne daß man mit dem Motorenbau selber begann. Die ersten Erbauer der Dieselmotoren hatten die *ganze* Vorrichtung in den eigenen Werkstätten hergestellt. Nun sich die Fabrikation mit allerhand Abwandlungen ausdehnte, mit dem Streben nach großen, aber auch nach immer kleineren Typen, erwies sich, daß wohl Raum sei für Sonderfertigungen, zumal wenn es sich um Stücke handelte, bei denen die feinmechanische Präzision der Arbeit schlechthin entscheidend ist. Das traf in höchstem Maße zu bei den mechanischen Vorrichtungen, mit denen man den Brennstoff zerstäubt in den Raum der stark verdichteten Luft einzuführen hatte, bei den Düsen und den Pumpen.

Bereits 1912 hatte man bei Bosch an der Frage herumexperimentiert, eine Einspritzpumpe für Benzin zu schaffen, die den Vergaser überflüssig machen könnte. Mit der Technik der regulierten Pumpen war man bei der Herstellung des Ölers vertraut geworden. Die Benzinpumpe führte zu keinem brauchbaren Ergebnis, der wenig schmierfähige Stoff zeigte für solche Verwendung keine Eignung; die Konstruktionen, die man für den Öler gefunden hatte, bedeuteten eine Einengung und Bindung vor der neuen Aufgabe, die ein hohes Maß von beweglicher Unbefangenheit erforderte.

Die Werkgeschichte von 1936 bringt eine eingehende, mit der Selbstkritik nicht sparende Darstellung des Weges, den man seit dem Ausgang des Jahres 1922 beschritt. Indem man eine Motorenentwicklung vorwegnahm, wie sie noch nicht erreicht war, stellte man an die eigene Leistung höhere Anforderungen, als sie vom Stand der Motorentechnik verlangt wurden. Die Rückschau tadelt, daß damals die Entwurfsingenieure zu stark schon einen mehrzylindrigen Kraftwagenmotor mit hoher Umdrehungszahl vor sich sahen, dem ein in sich geschlossenes Mehrpumpensystem zugeordnet werden sollte – es stand dahinter schon etwas wie ein Fertigungsprogramm. Zugleich hatte man, nun eben das Fahrzeug vor Augen, möglichst geringe Abmessungen gewählt. Aber auf den damals gebräuchlichen ortsfesten Kleindieselmotor, mit *einem* Zylinder, mit mäßiger Umlaufszeit, hatte man nicht geblickt. Dort hätte man die praktischen Erfahrungen sammeln können. Als man an die Erprobungen heranging, die immer an das Kraftfahrzeug dachten, konnte man keinen Kraftwagen-Diesel auftreiben; man mühte sich mit umgebauten Vergasermotoren, ohne befriedigt zu sein, und plante, zu Versuchszwecken doch einen eigenen Motor zu konstruieren. Schließlich war im Herbst 1924 einer der von Benz auf den Markt gebrachten Lastwagen mit Dieselmotor zu

Eine der ersten Bosch-Einspritzpumpen
an einem Personenwagen-Dieselmoter, 1927

erwerben. Indem man dessen Apparatur mit der eigenen, die man unverdrossen weiter verfeinert hatte, austauschte, konnte man sehen, wo die bisherige Arbeit gerechtfertigt schien, wo Fehlerquellen auftauchten.

Die Entwicklung der Dinge nahm bei Bosch dann einen anderen Weg, der ein Umweg, man weiß nicht recht, ob ein notwendiger Umweg war. An den gleichen Problemen arbeitete man auch an anderen Stellen: eine Lösung, die sowohl die Gestaltung des Motors mit einem Luftspeicher als die Einspritzpumpe umfaßte, war von dem Münchener Ingenieur *Franz Lang* gefunden worden. Die »Süddeutsche Motorengesellschaft« dachte an ihre Verwertung und trat an Bosch mit der Anregung heran, die Fertigung der Langschen Einspritzpumpe zu übernehmen; sie selber wollte sich für den Motor die Fabrikation bzw. die Vergebung der Baulizenz an andere Werke vorbehalten. Es handelte sich um den Acro-Motor (American Crude Oil Corporation); der Hauptbesitzer der Verwertungsrechte war der Deutsch-Amerikaner Albert Wielich, dessen zwei Brüder bei der Südmotoren-Gesellschaft maßgeblichen Einfluß besaßen, der eine als Techniker, der andere als Rechtsberater.

Im November 1923 war eine Fühlungnahme in Stuttgart erfolgt. Der Amerikaner war auch anwesend, man konnte wohl bald spüren, daß er die wichtigste Figur sein würde; Bosch nahm ihn, um ihn zu studieren, wie ein paar Jahrzehnte zuvor Frederik Simms, mit auf die Gemsjagd. Wielich quittierte das Vergnügen, indem er Bosch für den August des kommenden Jahres einlud, mit ihm in Kanada Bergschafe und Bären zu jagen. Das war klug gedacht. Denn er mochte glauben, daß in dem Abenteuer des Wochen währenden Zusammenseins eine Atmosphäre entstünde, die auch für das Geschäftliche ganz bekömmlich sei. Bosch von seiner Seite sah die Sache nicht viel anders an; die Jagdleidenschaft war wohl durch die Aussicht auf Neues und Ungewohntes gereizt, aber man würde an den Abenden im einsamen Zelt noch von den anderen Dingen reden können.

Freilich, der Gedanke, ein fremdes Modell für eine Motorenfabrik ausführen zu sollen, ohne mit den eigentlichen Verbrauchern in unmittelbare Berührung zu kommen, behagte ihm wenig. Daß Bosch in einer vielleicht höchst wichtig werdenden Sache nur mehr Anlieferer von Teilstücken *fremden* Gepräges sein solle, entsprach eigentlich nicht dem Range seines Werkes; würde man sich in die Sache einlassen, so mußte man schon sehen, sie weitestgehend führen und bestimmen zu können. Aber es war schwer, eine genügend deutliche Vorstellung von den Qualitäten des Motors zu gewinnen. Der Briefwechsel ist voll Ungeduld: man möchte doch einmal den Motor und die Pumpe in Betrieb sehen, überprüfen können. Man blickt gar nicht so sehr »auf die Verdienstmöglichkeit an sich«, heißt es in einem Brief vom Dezember 1923; »damit will ich natürlich nicht sagen, daß der Verdienst für uns Nebensache sei, aber neben dem Kaufmann steckt eben doch in einer Firma wie der meinigen auch der Techniker und nicht in letzter Linie«. »Der Vertrag wird geschlossen werden können, wenn man den Wert der Erfindung, ob patentiert oder nicht, richtig übersieht. Voraussetzung ist, daß eine gute und geschickte Arbeit für das Funktionieren erforderlich« (24. Januar 1924). »Es ist für uns schmerzlich, daß wir nicht wissen, woran wir halten ... Unsere Kundschaft verlangt von uns Angaben über die Pumpen. Wir selbst sind natürlich von der Wichtigkeit der Sache überzeugt« (18. März 1924). »Was unsere Beteiligung an der Acro anlangt, so wissen Sie, daß wir sehr gerne und mehr als gerne bei der Sache mitmachen. Deshalb hat mich Ihr Brief sehr beruhigt und ich danke Ihnen für denselben herzlichst« (11. April 1924).

Das waren bei Bosch ziemlich ungewöhnliche Töne; man wird bezweifeln dürfen, ob ihre Intensität geschäftlich sehr klug war. Wielich mußte sich sagen: der Mann will an den Acro-Motor heran, und er wird sich, auf das Spiel von Angebot und Nachfrage achtend, frühzeitig seine Gedanken über deren preisbestimmendes Gewicht gemacht haben. Er konnte nicht wissen, daß das Direktorium der Bosch-Werke diesem Vorgehen in der Mehrzahl nicht oder nur zögernd folgte. Die Geheimnistuerei des Partners paßte den Technikern nicht, die aus guten Gründen sicher gehen wollten; mit dem Schema der Organisation würde die Trennung von der Kundschaft nicht zusammenstimmen. Eine Beteiligung von 49 % bei den Südmotoren war bei den Verhandlungen in Aussicht genommen. Aber das blieb eine halbe Sache. Von dem Jagdausflug in Kanada brachte Bosch die Bereitwilligkeit Wielichs nach Hause, die Acro-Mehrheit zu verkaufen. Das führte zu einer neuen Lage: Bosch würde der Besitzer einer neuartigen Motorenkonstruktion sein und doch nicht Motorenbauer werden wollen ...

Lästig blieb, daß die endgültigen Beschlüsse in Amerika selber getroffen werden mußten, denn nur dort konnte ein über die in München besichtigten Modelle weiterentwickelter Acro-Motor im Betrieb geprüft werden. Bosch selber fuhr also im Dezember 1924 noch einmal hinüber, Heins war schon drüben, Borst und Wild folgten. Der Augenschein des Motors in Buffalo hatte etwas Überzeugendes, wenn die Techniker auch nicht zu einer völligen inneren Klarheit über die physikalischen Vorgänge gelangten; sie ließen ihren Widerspruch fallen, nachdem Lang, in einem Gentleman-agreement die entscheidende Konstruktionszeichnung auf den Tisch gelegt hatte. Bosch selber war in seiner inneren Zuversicht unsicher geworden; bei der früheren psychologischen Massage, die Wielich an ihm erprobt hatte, war da allerhand Zauber aufgeführt worden mit Hellseherei und Horoskopie, was nicht recht zu seinem menschlichen Stil paßte, aber eine Zeitlang neugierig guten Willens von ihm mitgemacht wurde. Jetzt gab es plötzliche Zweifel, ob man sich auf die Sache, auf *diese* Sache einlassen solle, um so mehr, als die geschäftlichen Verhandlungen, von Borst wesentlich geführt, sich sehr zäh entwickelten, in wechselseitigem Finassieren. Schließlich kam man zu Vertragsentwürfen, die ein paar Monate später in Stuttgart gezeichnet wurden. Die Robert Bosch AG. erwarb die amerikanische Acro-Gesellschaft und die Südmotoren-Gesellschaft. Die Acro-Rechte wurden formal einer neu geschaffenen Acro-Gesellschaft in Küßnacht übereignet, die als Gesamt-Lizenzgeber an Bosch zu fungieren hatte, der sich ja fabrikatorisch nur für die feinmechanische Ausstattung des Motors interessierte, für den Motor selber aber wieder seinerseits Herstellungsrechte an Dritte abtreten wollte. Würde sich die Sache bewähren, dann mußte aus der Aktion eine starke Anregung der Motorisierung mit Schweröltreibstoff folgen. Das würde mittelbar und unmittelbar, volkswirtschaftlich und geschäftspolitisch, nutzbringend sein.

Der Acro-Motor konnte die Erwartungen, die man gehegt hatte, zunächst nicht erfüllen. Denn daß sein Funktionieren beim Anlassen von Mindesttemperaturen abhängig war, verringerte die Brauchbarkeit gerade für den Fahrbetrieb. So gab es Enttäuschung und Mißlichkeit. In Boschs Notizen über diese Angelegenheit wird die Folgerung gezogen: »Man sollte nie eine Kommission schicken, sondern einen Einzelnen mit der Verantwortung belasten.« Nun aber hatte eine

Kommission, deren Haupt er selber gewesen war, die Entschlüsse gefaßt; sie waren auch von der technischen Leitung vertreten und verantwortet worden. In der Sachlage steckte ein gewisser Zwang, mit den Schwierigkeiten, deren Kern man nicht gleich übersehen hatte, fertig zu werden. Nicht nur hatte die Übernahme der Acro-Rechte erhebliche Mittel beansprucht, die Fachwelt wußte davon, daß bei Bosch an der Förderung des Schwerölmotors gearbeitet wurde. Doch durfte nichts Unvollkommenes dem Markte zugeleitet werden. Während man eigentlich an die Fertigung der Acro-Pumpe gehen wollte – ihr Konstrukteur Franz Lang arbeitete seit dem Frühjahr 1925 bei Bosch in Stuttgart, schied aber Ende 1926 wieder aus –, mußte man dem Wesen des Motors recht eigentlich auf den Grund gehen. Das wurde durch Richard Stribeck besorgt. Der war ja kein Motorenbauer – er war für die gesamte Industrie der Mann der Kugellager gewesen, für die Bosch-Werke der Fachmann in den Isolierstoffen geworden. Aber die sachliche Unbefangenheit, der logische Scharfsinn und die wissenschaftlich experimentierende Gründlichkeit halfen über den toten Punkt hinweg; die technischen Folgerungen aus den Erkenntnissen erlaubten, den Motor jetzt von der Prüfstelle, wo er so oft mit etwas unfrohen Augen betrachtet worden war, wegzunehmen und in einen Wagen einzubauen. Im Juni 1926 war man so weit, den Acro-Motor durch den »Boschzünder« der Öffentlichkeit vorzustellen und sein Zubehör, Einspritzpumpe und -düse, als neues Fabrikationserzeugnis anzukündigen. Man hatte begonnen, neben einem Personenwagen – das sollte aber nur einen experimentellen Zweck haben – einen Zweieinhalb-Tonnen-Lastkraftwagen mit dem Acro-Motor auszustatten und für Werkszwecke laufen zu lassen, nach Wien und Berlin, nach Paris und Prag. Daß die Brennstoff-Kostenersparnis gegenüber dem Benzin-Vergasermotor mit etwa 70 v. H. errechnet werden konnte, war über die technische Bewährung hinaus eine eindrucksvolle und wirksame Feststellung.

Der Vorzug des Acro-Motors vor anderen Abwandlungen des Dieselmotors war neben dem Luftspeicher und der rationellen Gestaltung des Verbrennungsraumes dies gewesen, daß er von vornherein auf eine verhältnismäßig hohe Umdrehungszahl angelegt war. Das empfahl ihn für den Kraftwagen, und hier lag der Reiz für Bosch. Denn je größer die Drehzahl, desto größer auch der Anspruch an die feine

Bearbeitung des Zubehörs; *darin* sahen Bosch und seine Leute die Chance für die Zukunft. Sie durften sich, wenn erst das richtige Prinzip gefunden war, den Motorenbauern, die auch die übrige Apparatur selber erzeugten, wie etwaigen Sonderwettbewerbern gewachsen, wenn nicht von vornherein überlegen fühlen. Es ist deshalb nicht erstaunlich, daß das Interesse an dem Acro-Motor selber in dem Maße nachließ, als die Spezialisierung auf seine Bedürfnisse eine gewisse Einschränkung gegenüber anderen Typen, die entstanden, mit sich brachte. Das Geschäft mit den Motorenbau-Lizenzen hatte sich ganz gut angelassen; im Laufe der Jahre waren einige Dutzend erteilt worden. Aber schon seit 1928 beherrschte nicht mehr der Acro-Motor das Prüffeld des Werkes, seit 1931 gab man es völlig auf, sich mit ihm sonderlich zu befassen. Andere Typen des Verbrennungsmotors rückten an: es war wieder ähnlich wie in der Frühzeit der Magnetzündung, wo eine Vielfalt von Motoreneigenart Sonderberücksichtigung forderte. Dabei lernte man und blieb davor bewahrt, eine Lösung als Abschluß zu betrachten. Doch war ein Unterschied gegenüber damals: die eigenen Konstruktionen waren jetzt von vornherein angelegt, um den Anforderungen einer Massenfertigung gewachsen zu sein. Wenn sie kommen würde...

Eine Notiz im »Boschzünder« (Oktober 1928) sagt, daß am 25. September des Jahres die tausendste Einspritzpumpe fertiggestellt wurde; nach der ersten Versuchspumpe von 1925 wird für die hundertste der März 1927 genannt. Gemessen an den sonstigen Stückzahlen sei das wohl »ein sehr bescheidenes Ereignis«. Aber die Nachfrage wachse, so daß man jetzt zum Serienbau übergehen könne. Sie entwuchs in der Tat sehr rasch dem Zustand der Bescheidenheit: der Mai 1930 sah die 10000ste, der März 1934 die 100000ste Einspritzpumpe das Werk verlassen. Man war nicht hinter dem Tempo des Siegeszugs zurückgeblieben, das der Magnetzünder ein Vierteljahrhundert zuvor gehalten hatte, auch nicht hinter der weltweiten Wirkung.

Ziemlich trocken notiert Robert Bosch in einer Niederschrift vom November 1930: »So wie die Sache heute aussieht, hat sich bewahrheitet, d. h. als richtig erwiesen, daß die Acro-Sache übernommen wurde. Sie ist teuer gewesen, aber die Robert Bosch AG. ist heute mit ihren Pumpen und Düsen, nach Ansicht der leitenden Herren der Firma, an erster Stelle, und sie macht heute schon hübsche Umsätze in Düsen. Vielleicht bewahrheitet sich die Aussage des Herrn Wild und die Robert Bosch AG. kann wieder die alte Stellung im Rohölmotoren-Geschäft bekommen.«

Das ist auch gelungen, und das Ergebnis hat fatale Empfindungen vor einigen Zwischenstationen des krümmungsreichen Weges in der Rückschau ausgelöscht. Es ärgerte Bosch wohl gelegentlich das Gefühl, zu »vertrauensselig« gewesen zu sein in einer Sache, die er selber in ihren physikalischen Bedingtheiten nicht überblickte. Dann aber befriedigte ihn doch die Zähigkeit, mit der er gegen manches Widerstreben der Geschichte nachgegangen war, nur von der Sorge geplagt, der Magnetzünder könnte eines Tages technisch ausgeschaltet werden. Das Wort von der »Eintagsfliege«, das er in der Frühzeit mit einigem Mißtrauen gegen die Spezialisierung und mit sehr viel Respekt vor dem erfinderischen Ingenium gerne gebraucht hatte, ist auch jetzt wieder gefallen. Freilich, dieses Geschöpf lebte, und es mehrte sich tüchtig seit Jahrzehnten. Aber immerhin, würde es einmal überflüssig werden, würden Bosch-Magnete und -Kerzen in das historische Museum der Technik wandern, so würde der Erbe ihrer Aufgabe, die Einspritzpumpe und -düse, der Zeuge der Arbeitsleistung bleiben, zu der er seine Mitarbeiter erzogen hatte. Dann mochte ihm die entschlossene und schließlich siegreiche Befassung mit dem Schwerölmotor als *eine zweite Neugründung seines Unternehmens* erscheinen.

Es wurde ja auch Ähnliches erlebt wie vor drei Jahrzehnten. Gottlieb Daimler freute sich wenig, als der Magnetzünder seine Glührohreinrichtung verdrängte, die einmal ein geistreicher Ausweg gewesen war. Jetzt stieß man auf die Skepsis der Dieselfachleute, für die das Haus der bewährten Elektrozündung in ihrem Gebiete etwas wie einen Außenseiter bedeutete. Bosch kam in der Durchgestaltung der Einspritzpumpe mit neuen Gedanken, in denen Absichten der ersten Versuche mit den Anregungen verarbeitet waren, die man aus Franz Langs Lösung gewonnen und bei den Acro-Versuchen abgewandelt hatte. Auch die Art der Einspritzdüse und ihre Verbindung mit dem Verbrennungsraum wich von dem Gewohnten ab. Würde sich das Ganze bewähren? Bei Bosch selber war man nach den weiten Strapazierversuchen mit den verschiedensten Typen guter Zuversicht. Man durfte in Rechnung setzen, daß nun nicht ein wenig bekannter Handwerksbetrieb, wie ehedem, auf den Platz trat, sondern eine Weltfirma, die ihren Namen einsetzte. So mußte wohl erst ein anfängliches Mißtrauen überwunden werden; dann aber kamen die Motorenbauer, und sie waren in der Mehrzahl dankbar, daß ihnen die ganze Apparatur, mit der das Schweröl von dem Vorratsbehälter in den Verbrennungsraum geschafft wurde, zur Verfügung stand. Denn zu den Einspritzvorrichtungen trat eine von Bosch gelieferte Schweröl-Förderpumpe und schließlich das Bosch-Filter. Da die Düsen, zumal bei Kleinmotoren mit hoher Umdrehungszahl, mit winzigen Bohrungen in Bruchteilen von Millimetern rechneten und dadurch die Verschmutzungsgefahr mit allerhand unerwünschten Folgen bestand, schuf man bei Bosch ein Brennstoff-Filter. Es war als zweckdienliches Hilfsgerät für den Dieselfahrer gedacht, entsprach aber offenbar so sehr einem allgemeinen Bedürfnis, daß es sich sozusagen selbständig machte und zu einem über die spezifischen Pumpen- und Düsenlieferungen hinausreichenden Artikel wurde.

Der »Boschzünder« hat die Einzelentwicklung all dieser Apparate und Teilstücke, wie sie geschaffen wurden, in fachmännischen Aufsätzen beschrieben; die Festschrift von 1936 gibt den zusammenfassenden Überblick. Die konstruktive Phantasie kam in jenen Jahren nie zur Ruhe. Denn der Dieselmotor ging jetzt auf die Welteroberung, in vielfacher Verpuppung, in den kleinsten Ausgaben wie in den großen Dimensionen stationärer Kraftmaschinen und riesiger Übersee-Schiffsmaschinen. Der Traktor wurde zu einem landwirtschaftlichen Massenbedürfnis. Im Jahre 1929 ließ Junkers sein erstes Flugzeug mit Schwerölmotor fliegen: die Italiener, in großem Stile die Amerikaner folgten. Es kam trotz der Hemmungen, die in jenen Jahren der drohenden und schließlich ausbrechenden großen Wirtschaftskrise hätten lähmend wirken können, in die Welt des Motorenbaus eine zukunftsgewisse Stimmung. Man teilte sie auch bei Bosch. So beengend die Sorgen gelegentlich sein mochten, man glaubte an die helfende und lindernde Kraft des technisch Vollkommenen; es sollte zur Verfügung stehen, wenn die Welt sich einmal von den Wirrnissen der politischen Nöte und Mißverständnisse frei machen würde.

Sozialpolitik und Sozialfürsorge im Betrieb

Boschs Sozialpolitik in den Jahren seines Aufstiegs war in wenigen Worten zu umschreiben: hohe Löhne und Achtstundentag (1906); dazu kam der freie Samstagnachmittag (1910) und eine gestufte Urlaubsgewährung. Bis 1913 leistete die Firma auch den Arbeiterbeitrag zur Sozialversicherung. Bosch gab zum Einkommen seiner Leute, törichtes Reden zurückweisend, die sehr einfache Kommentierung: »Ich zahle nicht gute Löhne, weil ich viel Geld habe, sondern ich habe viel Geld, weil ich gute Löhne bezahle.« Daß sich die Arbeitszeitverkürzung nicht nur bewähre, sondern auch lohne, hatte die Erfahrung bestätigt; er setzte sie auch in den Kriegsjahren durch. Die Sorgfalt, womit er, Mehrkosten nicht scheuend, Belichtung und Durchlüftung der Arbeitssäle bei den neuen Fabrikbauten anordnete, entsprach seiner urtümlichen Hinneigung zu allem Gesundheitsfördernden wie seinem Sinn für das technisch Rationelle; er würde, daraufhin angesprochen, die Nachahmung empfohlen, aber die Durchführung nicht als etwas sozialpolitisch Wesenhaftes angesehen haben. Denn daß man die Arbeitsbedingungen so günstig gestalte, als es eben gehe, schien ihm ganz selbstverständlich, eine einfache Menschenpflicht und zudem wirtschaftlich lohnend. Denn kranke oder rascher ermüdende Menschen sinken in ihrer Leistung ab.

Der junge Bosch hatte sich, zumal in seiner amerikanischen Gesellenzeit, von der sozialistischen Gedankenwelt stark berühren lassen. Das Utopische war dann in den Nöten und Mühen der eigenen handwerkerlichen Anfänge verflogen. Aber es blieb die Unbefangenheit gegenüber der politischen und wirtschaftlichen Arbeiterbewegung; sie überdauerte im Wesenhaften auch die heftige Belastungsprobe des Konflikts von 1913. Das »Recht« der Arbeiter auf eine Erhöhung ihres Lebensstandards, auf eine Erweiterung ihres Lebensraumes hatte er als eine notwendige Gegebenheit betrachtet. Es kam auf die Wege an, die dabei beschritten wurden. Konnte, sollte nicht der Unternehmer selber ein Wegbereiter sein? Er würde es werden, könnte er für die besten und dauerhaftesten Arbeitsbedingungen sorgen. Eine gute Geschäftsführung mochte dann die beste Sozialpolitik sein; sie umfaßte auch die richtige Menschenführung. Der Arbeiter sollte mehr sein als Lohnempfänger, sollte sich als Mit-Arbeiter anerkannt und geachtet fühlen. Die straffe Disziplin in der Werkstatt mußte ihm dabei so selbstverständlich sein wie das sichere Unabhängigkeitsgefühl seines bürgerlichen Seins.

Als Bosch schon Millionen und Millionen für allgemeine Zwecke, darunter viele sozialfürsorgerischer Natur, gestiftet hatte, blieb der Umkreis des eigenen Werkes davon unberührt. Ein Betriebspatriotismus – das Wort war von Naumann gebraucht worden – mochte wohl wachsen, aber er sollte nicht durch sonderliche Veranstaltungen animiert werden. Es herrschte bei Bosch geradezu eine Scheu vor »Wohlfahrtseinrichtungen«, die den umstrittenen Ruhm mancher deutscher Großunternehmungen bildeten. Wort und Wesen waren verfemt. Nur kein »Abhängigkeits«-Gefühl! Das schloß die Hilfswilligkeit im Einzelfall nicht aus. Damit mochte sich in Erhebung und pflegerischer Betreuung das Privatsekretariat kümmern, in dem unsentimentales Wohlwollen und Sachkunde ihre Heimat gefunden hatten. Der Betrieb blieb davon getrennt. Nichts von dem, was als systematischer »Patriarchalismus« hätte gelten können.

Die unmittelbaren und mittelbaren Kriegsfolgen leiteten hier eine Wandlung ein, die zwar die grundsätzliche Position nicht verlassen wollte, aber im ganzen ein sehr verändertes Bild schuf. Daß am »Schwarzen Brett« in den Jahren der Inflation Anschläge erschienen über den Verkauf von Schuhwaren und Textilien an Werksangehörige und ihre Familien, ist freilich nicht mehr als ein zeitgeschichtlicher Schnörkel – die Firma suchte in der Zeit, da alles nach der knappen Ware unterwegs war und die Preise dem suchenden Käufer davonrannten, durch die Übernahme fester Posten ihren Leuten eine Erleichterung zu schaffen. Daß Bosch sich einen Detailhandel in Bekleidungssachen anhängte, bleibt ein Kuriosum, nicht ganz unwichtig, weil man herauspürt, wie damals auch die familiären Sorgen und Unsicherheiten in das Betriebsleben liefen und zu Ernst Ulmers gutmütigem Herzen kamen. Das blieb Episode.

Wichtiger wurden die Gedanken, die sich den Opfern des Krieges und den Hinterbliebenen ehemaliger Bosch-Leute zuwandten. Die sonderliche Fürsorge für Schwerbeschädigte und Blinde galt als Selbstverständlichkeit. Der erste Ausweis über die Nachkriegsbelegschaft vom 1. März 1919 zeigt, daß man doppelt so viel Schwerbeschädigte eingestellt hatte, als das Gesetz forderte. Darunter galt die Hauptpflege den Kriegsblinden; es waren zu Beginn sechs. Schon vorher hatten bei Bosch zwei Blinde gearbeitet. Für sie schuf man eigene Vorrichtungen, um das sich feiner ausbildende Tast- und Hörvermögen in den Prüfabteilungen nutzbar zu machen. Mit sinnreichen Apparaturen erreichte man erstaunliche Leistungen, so daß schon in einer Betrachtung des Jahres 1920 mitgeteilt werden konnte, daß der Verdienst der Blinden nur um etwa fünf bis zehn Prozent hinter dem der sehenden Hilfsarbeiter zurückblieb. Ein Bericht von 1930 besagt, daß insgesamt 222 Arbeitsplätze von Schwerbeschädigten besetzt sind; jetzt hat man Hilfs- und Schutzeinrichtungen so durchentwickelt, daß nicht nur Arm- oder Beinlose, sondern gelegentlich auch Blinde mit dem besten Ergebnis an Werkzeugmaschinen ihre Aufgabe erfüllen.

Diese Maßnahmen behielten auch in dem Großbetrieb ihren individualisierenden Charakter, mit dem Ziel, gerade diejenigen, denen sie galten, von dem Gefühl, sie seien Wohlfahrtsempfänger, freizuhalten.

Ein in der Grundanlage anderes Wesen zeigte die erste generelle Einrichtung sozialfürsorgerischer Natur, die im Jahre 1921 vorbereitet wurde. Robert Bosch wurde sechzig Jahre alt; was sollte, was wollte man ihm schenken? Das Jahr hatte ihm den kranken Sohn geraubt. Die Erinnerung an ihn sollte, das war der Vorschlag der Werkleitung zum Geburtstag, wachgehalten werden in der »*Robert-Hilfe*«, die für die Kinder von Opfern des Krieges aus der Werksgemeinschaft Erziehungsbeihilfen leisten würde. Im Mai 1922 trat die Robert-Hilfe in Kraft. Sie war nicht als Stiftung mit einem runden Betrag angelegt; solches widerriet der unsichere Geldwert wie auch der zeitlich eingegrenzte Sinn der Gabe. 302 Waisen waren vorhanden (die Zahl der im Kriege gefallenen oder an Kriegsfolgen verstorbenen Gefolgschaftsmitglieder betrug 166). Man übertrug die Betreuung an »Ehrenpaten« aus dem Werke selber, die sich, mehr als 200, bereit fanden, über das Ergehen, die Bedürfnisse, die Entwicklung der Kinder zu berichten. Damit blieb eine gewisse freundschaftliche Bindung. Die Unterstützung hörte mit dem achtzehnten Lebensjahre auf. Als der Kreis der jungen Menschen immer kleiner wurde, wollte man nicht damit sozusagen eine Einsparung errechnen. Seit etwa 1932 betreute man auch begabte Kinder anderer wirtschaftlich schwacher Werksangehöriger;

der Geschäftsbericht für 1934 nennt als für diesen Zweck ausgesetzten Betrag 12 300 Reichsmark. In dieser Höhenlage blieb die Robert-Hilfe aufrechterhalten; sie kennt keinerlei Begrenzung bei der beruflichen Zielsetzung der jungen Menschen.

Neben diese frühe Einrichtung trat, sie in gewissem Sinne ergänzend, im Jahre 1938 die *»Bosch-Jugendhilfe«*, eine Stiftung von 300 000 Reichsmark. Sie denkt vorab an bedürftige Lehrlinge und jugendliche Arbeiter im Betrieb, die nach ihrer Begabung und ihrer sittlichen Führung verdienen, besonders gefördert zu werden, etwa durch die Ermöglichung einer höheren technischen und kaufmännischen Ausbildung. Die Hilfe galt aber auch sonstigen Angehörigen armer Gefolgschaftsmitglieder. Man fordert nicht von den so Bedachten, daß sie später beim Hause Bosch bleiben, aber man erwartet, daß sie ihm ihre Dienste zunächst einmal anbieten. Es sollen nicht nur die Zinsen verwandt werden; der Gesamtbetrag darf in zehn bis fünfzehn Jahren verbraucht sein. Die Leitung der Stiftung wurde den erfahrenen Händen von Theodor Bäuerle anvertraut.

Im Geschäftsbericht von 1923 ist zum erstenmal vom Erwerb und Bau von *Mietshäusern für Werksangehörige* die Rede. Robert Bosch war bisher nie als Bauherr für Wohnungen aufgetreten. Es widersprach seiner Auffassung von wechselseitiger Freiheit der Entscheidung, ein Arbeits- mit einem Mietsverhältnis zu koppeln. Hatte er in dieser Frage seine Gesinnung geändert? So war es nicht. Diese ersten Wohnhäuser *mußten* einfach gebaut werden, weil die Erweiterung der Betriebsanlagen die Wegnahme vorhandenen Wohnraums forderte; dafür mußte Ersatz bereitgestellt werden. Diese »Wohnpolitik« hielt sich in bescheidenen Maßen; verbunden mit einem vorsorglichen Grundstückserwerb in Stuttgart und in Feuerbach, für den 1923 die Bosch-Haus-Gesellschaft m. b. H. gegründet war. Der Akzent lag dabei durchaus auf dem Geschäftlichen; das Sozialpolitische, wenn man es vernehmen wollte, war nur ein schwacher Nachhall.

In einer anderen Tonlage konnte man es ein paar Jahre später doch hören. Etwa von 1926 ab entschloß sich Bosch, den Baulustigen unter seiner Gefolgschaft durch *Baudarlehen* behilflich zu sein. Diese Gelder wurden gegeben als Spitzenzuschuß, wenn der Bewerber aus eigenem Vermögen oder gesicherten Krediten seine Absicht gefestigt hatte.

Als Norm nahm man den Betrag eines Jahreseinkommens, der mit 1½ bis 3 von Hundert zu verzinsen war. Darin lag wohl der Hauptanreiz. In seinen Entschließungen war der Siedler frei; der »Boschzünder« widmete ihm gute Ratschläge, auch für die Inneneinrichtung. Die Größenordnung dieser Einrichtung ergibt sich aus den Angaben des »Leistungsberichtes« von 1941; bis dahin waren etwa 600 Baudarlehen im Gesamtbetrag von 1,9 Mill. Reichsmark geleistet worden. Die allgemeine Entwicklung hat Bosch gezwungen, in den späteren Jahren selber Heimstätten zu erbauen. Als mit der wehr- und wirtschaftspolitischen Dezentralisation des Betriebes in den dreißiger Jahren begonnen wurde, mußten für die neuen Fabriken Gelände gewählt werden, in deren Nachbarschaft alle den geforderten Maßen entsprechende Wohngelegenheit fehlte. Die Notlage, rasch die Gefolgschaft ordentlich unterzubringen, führte zu dem Entschluß, die »Robert-Bosch-Siedlung, gemeinnützige Gesellschaft m. b. H.« ins Leben zu rufen. Sie ist finanziell nicht unmittelbar von dem Werke selber, sondern von der »Bosch-Hilfe« begründet worden.

Die Planung dieser *Bosch-Hilfe* fällt in dieselbe Zeit, da man mit den Baudarlehen begann, so um 1926. Das war an sich ein Verlustjahr gewesen, und die wirtschaftliche Beurteilung, zumal des deutschen Kraftfahrzeuggewerbes, einigermaßen schwierig. Aber man war bei Bosch gerade mit einem zähen Optimismus dabei, die technische Vervollkommnung voranzutreiben und es jetzt auch mit den neuen Dingen für den Dieselmotor zu versuchen. »Stagnation« hatte es ja nie gegeben. Doch in diese Zeit, da auch Hans Walz in den Vordergrund trat, fiel eine neue Regsamkeit, an der Robert Bosch auch selber lebhaften Anteil nahm; sie sollte sich in den kommenden Jahren geschäftspolitisch fast erstaunlich äußern. Zunächst brachte sie die kräftige sozialfürsorgerische Aktivierung. Es handelt sich um die Schaffung einer Alters- und Hinterbliebenen-Versorgung für die Werksangehörigen.

Sie besaß für einen begrenzten Kreis ein Vorspiel in den Lebensversicherungen, die die Firma ab 1. Oktober 1921 für langjährige Angestellte abgeschlossen hatte; beim Inkrafttreten betrug der Personenkreis 222, die Versicherungssumme 4 ½ Millionen Mark; die Inflation stand in früher Blüte. Die Inflation war auch die Verursacherin dieser Maßnahme gewesen. Man hatte bei Bosch gut verdient und etwas sparen können. Aber das war jetzt weggeschmolzen. So meldeten sich Ängste und Sorgen; im »Boschzünder« wurden lebhaft die Möglichkeiten erörtert, ob und wie man Sicherungen schaffen könne. Das Einschalten der Lebensversicherung erschien als die anständigste Form; sie bedurfte auch keiner eigenen Verwaltung. Der Anspruch auf eine solche Leistung der Firma entstand nach zehn Dienstjahren. (Wo wegen Alter oder Krankheit die Versicherungsgesellschaft ablehnen mußte, legte die Firma ein entsprechendes Sparkassenbuch an.) Damit war für den Stamm, der in Büro und Werkstatt den Rückhalt der Arbeit bildete, das Notwendige, wenn noch nicht geschehen, so doch gewollt. Die Inflation brach natürlich auch in diesen Raum und würde damit gerade die ältesten Mitarbeiter getroffen haben. Es wurde darum 1925 die volle Aufwertung der gedachten Beträge auf Goldmark von Bosch übernommen.

Der Geschäftsbericht für 1926 teilte mit – damals waren es 426 Anwärter der Angestelltenhilfe –, man sei zur Zeit damit beschäftigt, »die heute bestehende Fürsorgeeinrichtung einer eingehenden Prüfung zu unterziehen«. Robert Bosch hatte den Auftrag selber erteilt. Zu Weihnachten 1927 konnte Debatin die »Frohe Botschaft« ankündigen, daß eine über die Angestellten hinausgreifende Altersversorgung bevorstehe, keine Pensionskasse, die auch Beiträge des Arbeitnehmers fordere; dem werde durch Steuer und staatliche Sozialversicherung schon genug abgezogen. Für das ablaufende und das kommende Jahr waren je eine Million angesetzt. Mit dem Statut vom 3. Juli 1929 trat die *Bosch-Hilfe* in Kraft, den Termin für Ansprüche auf den 1. Januar 1927 zurückverlegend. Der Geschäftsbericht für 1928 erläuterte die Stiftung so: »Wir sehen in der Schaffung dieser Alters- und Hinterbliebenenunterstützung nicht einen Akt der Wohltätigkeit, sondern auch eine im Interesse der Firma liegende, auf Erhaltung und Steigerung des guten Willens unserer Belegschaft abzielende wirtschaftliche Maßnahme, in der gleichzeitig die Verbundenheit aller derer zum Ausdruck kommen soll, die im Hause Bosch tätig sind.«

Die Anwartschaft beginnt mit dem 40. Lebensjahr, nach zehnjährigem ununterbrochenem Arbeitsverhältnis (für Schwerbeschädigte wurde 1935 diese Frist auf fünf Jahre herabgesetzt). Die Rente bemißt sich, gestuft nach den Dienstjahren, mit 20 vom Hundert des Arbeitseinkommens beginnend, nach 35 Dienstjahren (nach dem Termin, da die Berechnung einsetzt, im 65. Lebensjahr) 45 vom Hundert. Ein Rechtsanspruch besteht nicht, da ja keine Beitragsleistung gefordert war. Eingehende Bestimmungen regeln Witwengelder und Erziehungsbeihilfen. Das Vermögen der Bosch-Hilfe wird vom Betrieb ganz getrennt; im Falle der Liquidation der Firma soll es an die Stadt Stuttgart übergehen, zu einem dem Sinn der Stiftung entsprechenden Zwecke. Den Mitgliedern der Angestelltenhilfe bleibt es überlassen, ob sie die bisherige Sicherung beibehalten, ob sie die neue wählen wollen.

Natürlich waren der Stiftung eingehende statistische Erhebungen vorangegangen über die Zahl und die Kategorie der möglichen Bewerber, über das Tempo des Arbeitswechsels und dergleichen. Die Belegschaft hatte die Ziffer von über zehntausend erreicht; wollte man die Stiftung auf lange Sicht ausbauen, so bedurfte sie weiterer Mittel. Vielleicht ist das das Großartigste an der Bosch-Hilfe, wie ihre Finanzierung durch die Krisenjahre, die nach ihrer Stiftung einbrachen, unbeirrt weitergeführt wurde. Das Ziel war, möglichst rasch zu einem möglichst leistungsstarken Fonds zu kommen. Das geschah in doppelter Weise: für eine Reihe von Jahren übernahm die Firma noch unmittelbar aus den laufenden Erträgnissen die Renten, für die schon berechtigte Ansprüche vorlagen. Jahr um Jahr wurde, auch wenn auf die Zahlung einer Dividende verzichtet worden war, eine weitere, später zwei Millionen an die Bosch-Hilfe abgeführt. Die Bosch-Hilfe sollte kaufmännisch vorsichtig verwaltet werden. Es war vorgesehen, daß sie auch der Bosch AG. gegenüber als Kreditgeber wirken könne; die Beträge mußten mit mindestens sechs v. H. verzinst werden. Würde eine Dividende mit höherem Satz ausgeworfen werden, so sollte dieser Satz auch für die Darlehensverzinsung gelten. In der Tat wurde die Bosch-Hilfe als eine Art von Sparkasse für das Werk im Zur-Verfügung-Stellen von Betriebskapital ganz wichtig; damit war beiden Teilen gedient.

Die Größenordnung, die sich aus Boschs unmittelbaren Leistungen wie aus dem Zinsendienst ergab, ist eindrucksvoll genug: der »Leistungsbericht« von 1940 kann die Ziffer von rund 34 Millionen Reichsmark nennen. Damals bezogen 533 Personen eine Rente, gegen zehntausend aber waren bereits vorhanden, bei denen die Voraussetzungen des Anspruchs zutrafen. Im Jahre 1939 war die »Bosch-Hilfe«

aus steuerrechtlichen Gründen in einen eingetragenen Verein umgewandelt worden; die Aufgabe und das Verfahren, ihr gerecht zu werden, blieben davon unberührt.

Individuelle Jugendpflege und Berufserziehung wie die generelle Alterssicherung waren die beiden Grundelemente in Boschs sozialfürsorgerischen Maßnahmen; sie waren sein persönliches Anliegen. Der Mann, die Frau, die im guten Verdienst standen, bedurften keiner sonderlichen Betreuung. Die Führungsaufgabe, wirtschaftlich und technisch, aber auch sozialpolitisch, lag eben darin, für diesen guten Verdienst immer besorgt zu sein. Die Lohnpolitik bei Bosch, immer mehr verfeinert, hat ihren eigentümlichen Rang durch die Krisen und Kollektivverträge und Reglementierungen hindurch behalten. In der Art der Arbeit lag, daß sie an den meisten Stellen höchste Aufmerksamkeit forderte; es gab Zeiten, in denen das ruckweise Einlaufen der Aufträge zwang, Überstunden zu verlangen. Die mußten geleistet werden. Die Arbeitsdisziplin bedurfte dabei einer herben Strenge. Denn an der Pünktlichkeit der Lieferung hing, zumal international, ein gut Teil des Rufes der Firma, als sie mit den neuen, zum Teil künstlich hochgezüchteten Wettbewerbern sich zu messen hatte. Wurde bei Bosch mehr an Arbeit verlangt als in anderen vergleichbaren Betrieben? Die starke Produktivität in den Epochen der großen Aufträge mochte solche Auffassung stützen: so kam es zu dem halb bewundernden, halb unwirschen Wort vom »Bosch-Tempo«. Bezeichnend genug, daß man sich in der Werkzeitschrift darüber unterhielt; das war so um 1924, als die Präludien zu den großen Umstellungen für die Massenfertigung geübt wurden und mit der Zeitnahme für die einzelnen Arbeitsverrichtungen, mit den Überprüfungen der Werkzeugseignungen und der Stücktransporte innerhalb der Werkstatt, die Verfeinerung des Lohnverfahrens und des Kampfes gegen die toten Kosten begonnen wurde. Man wies das Wort zurück; es handle sich »um nichts anderes als eine allerdings sorgsam vorbereitete und durchdachte, aber durchaus normale Arbeitsleistung ...« Die Ergebnisse der Krankenkassen- und der Unfallstatistik waren eindeutig; die Unfallbekämpfung mit Ratschlägen, Warnungen, vor allem mit immer kontrollierten Schutzeinrichtungen war eine frühe Spezialität des Werkes, an Bedeutung gewinnend mit dem stärkeren

Einsatz der Angelernten wie der Hilfsarbeiter und mit der Ausdehnung der Maschinisierung.

Selbstverständlich hat man bei Bosch auch die ganze Problematik immer wieder durchmachen müssen, die in der Durchprüfung der Akkorde bei neuen Arbeitsverfahren, bei neuen Maschinen oder Werkstoffen, bei der Änderung überkommener Teilstücke usf. entstand. Das blieb ein ewiges genaues Ausprobieren, zwischen der von der Marktlage mitbestimmten Preiskalkulation, den Materialkosten, den Generalien und dem für die gute Durchschnittsleistung anfallenden Lohnanteil das Gemäße zu errechnen, vielfach psychologisch eine Erziehungs- und eine Vertrauensaufgabe.

Der »Boschzünder« ist gelegentlich voll von freimütigen und ernsthaften Erörterungen, ermuntert zur Aussprache, damit nicht verhaltene Beschwerden sich zur Mißstimmung stauen, redet von den Verantwortungen der Unterführerschicht im Betriebe, der Meister, Kalkulatoren, Einsteller; die Personalleitung hält sich selber immer der Überprüfung schwieriger Fälle offen. Aber, was für die Vorkriegszeit schon festgestellt war, galt weiterhin: der »Boschler« lag in seinem Einkommen wesentlich über dem Durchschnitt der Branche-Verwandten, auch wenn jetzt nicht mehr der Typ des gelernten Facharbeiters die Grundnorm gab.

Das Gesetz hatte auch für die anderen Betriebe jetzt den Achtstundentag gebracht; bei Bosch gab es noch den freien Samstagnachmittag und den in den Arbeitsvertrag hineinverwobenen, nach den Dienstjahren gestuften bezahlten Urlaub. Was in dem Aufbau der Firmenleistung fehlte, und sehr bewußt fehlte, war die »Weihnachtsgratifikation«; es werde bei Bosch nichts »geschenkt«, der Entgelt liege ja schon in den guten Löhnen. Der Betrieb wollte nicht einen halb sentimentalen Anspruch sich zum Gewohnheitsrecht auswachsen lassen. Doch entschloß man sich, von den Hingaben an Sonderzwecke wie Bosch-Hilfe usw. abgesehen, in den Zeiten der gleichbleibend starken Beschäftigung, die seit 1934 herrschte, generelle Sondergaben für Leistungen auszuwerfen, deren Stufung und bewegliche Bemessung die Geschäftsleitung sich vorbehielt. Diese Sondergabe sollte ihres freien Charakters nicht beraubt werden. Zu lebhaft blieb man sich, von der Krisenzeit belehrt, dessen bewußt, daß starke Abschreibungen und große Reserven sehr wesentliche Elemente auch einer *sozialen* Politik bilden, wenn man deren Kern darin begreift, überhaupt Arbeit zu beschaffen.

Als im Jahre 1927 der Deutsche Metallarbeiterverband eine Erhebung über die Einkommensverhältnisse seiner Mitglieder machte – Stuttgart erschien dabei beim gelernten Arbeiter unmittelbar hinter dem so viel teureren Berlin, mit starkem Vorsprung vor Frankfurt, Nürnberg und Hamburg –, konnte festgestellt werden, daß der gelernte Bosch-Arbeiter im Stundenverdienst bei Zeitlohn 18%, bei Akkord 13% über dem Stuttgarter Durchschnitt lag, der angelernte beidemal 15%, der Hilfsarbeiter, nur nach Zeit entlohnt, 17%, die Arbeiterin gar 23% bzw. 17%. Das bedeutete ein durchschnittliches Plus im Monatsverdienst zwischen 38 und 22 Reichsmark. Vergleiche zwischen den tarifmäßigen Durchschnittslöhnen von ganz Deutschland und den tatsächlich bei Bosch gezahlten Löhnen, die gelegentlich für eine Reihe von Jahren mitgeteilt wurden, zeigten eine noch eindrucksvollere Spannung in den Größen, entbehrten aber wegen der Nichtberücksichtigung der so verschiedenstufigen Lebenskosten der unmittelbaren Beweiskraft.

Der relativ höhere Stundenverdienst bei Bosch wirkte sich natürlich, beim Vergleichen, für die Lebenshaltung der Bosch-Arbeiter dann besonders vorteilhaft aus, wenn auch sie unter den Druck der gesamtwirtschaftlichen Unsicherheiten gerieten. Mehr als einmal in den anderthalb Jahrzehnten der Nachkriegszeit mußte nach dem Aushilfsmittel der Kurzarbeit gegriffen werden. Daß die Ursache im Mangel an Strom oder Feuerungsmaterial lag, wie etwa 1919, ging meist schnell vorüber. Peinlicher waren die Hemmungen, die der Auftragseingang durch die Hin- und Herbewegungen der Währung erfuhr. Da mußte, etwa als die Stabilisierung kam, sehr elastisch in der Arbeitszuteilung verfügt werden. Das war deshalb nicht ganz ohne innere Schwierigkeiten, weil der Beschäftigungsgrad in den einzelnen Abteilungen sich nicht immer entsprach; die Zündkerzen etwa waren international immer gefragt, während die Lichtanlagen eine gewisse Dauer brauchten, bis sie sich durchgesetzt hatten. Für bestimmte Arbeiten konnte man die Kräfte auswechseln, doch blieb dies, wegen der vorhandenen Werkplätze und auch wegen der Spezialisierung der Arbeitsmethoden begrenzt. Daß auf solche Weise drängende Vollbeschäftigung und vorsichtig angeordnete Kurzarbeit nebeneinander gingen, verlangte Einsicht bei der Belegschaft. Diese Lage hat nie größere Schwierigkeiten gemacht; der Grundstamm der Belegschaft war erzogen genug, diese Notwendigkeiten zu begreifen. Es war eine außerordentliche Leistung, daß »freilich unter weitgehender Einschaltung von Kurzarbeit«, wie der Geschäftsbericht für 1931 sagt, in diesem Jahr der Weltwirtschaftskrise die Belegschaft um 308 Personen auf 8422 erhöht werden konnte. Das will besagen, daß die Geschäftspolitik des Hauses Bosch gerade in jener Zeit, da die Arbeitslosigkeit das wirtschaftliche Leben Deutschlands belastete und das politische zerrüttete, das Ihrige beitrug, die damals vielbesprochene »Krisenfestigkeit« des schwäbischen Raumes darzutun.

Nach der Jahrhundertwende war von einem ebenso wohlmeinenden wie eifrigen Mann ein ganz erfolgreicher Verein für »Kaufmännische Erholungsheime« gegründet worden. Natürlich erbat er auch bei Bosch, der als freigebiger Mann bekannt geworden war, einen Beitrag. Er erhielt, März 1912, eine Ablehnung: »Ich habe die Wahrnehmung gemacht, daß die kaufmännischen Angestellten zur überwiegenden Mehrheit Erholungsheime nicht gern besuchen, da sie den begreiflichen Wunsch haben, während ihrer Ferienzeit auch mit anderen Menschen als mit ihren Kollegen zusammenzutreffen und eine andere als die alltägliche oder sonst gewohnte Gegend zu sehen.« Der Vorgang ist unwichtig, ob Boschs Meinung sachlich richtig war, gleichgültig; die paar Zeilen besagen, daß der exemplarische Individualist, der Bosch als Privatmann war, sich nicht recht vorstellen konnte, daß der Mensch in seinem außerberuflichen Leben die Bindung an das Gewohnte suchen wolle. So sehr er darauf achtete, daß innerhalb seines Betriebes eine gewisse kameradschaftliche Gesinnung herrschte, so ferne lag es ihm, sich um das private Tun und Treiben der Leute zu kümmern, vielleicht es gar zu beeinflussen. Schließlich durfte er dann erfahren, daß ohne sein Zutun etwas wie ein Korpsgeist innerhalb der wachsenden Gefolgschaft erwuchs, der sich seine besonderen geselligen Organe schuf. Da waren Leute, die gerne sangen und die meinten, es wäre ganz hübsch, wenn ihre Kameraden, vielleicht aber auch die anderen, erfuhren, daß man bei Bosch besonders schön singe. Manche hatten Instrumente, deren Töne sie gerne mit anderen mischten, und gewiß fänden sich in dem großen Kreis Arbeitskameraden, die Flöte oder Oboe oder sonst was zu lernen bereit waren – dann würde das ein richtiges Orchester ergeben. Und konnte man nicht in den Zeitungen lesen, daß da in Berlin oder sonstwo Fußballkämpfe sozusagen zwischen Firmen ausgetragen wurden – durfte da Bosch fehlen? Von ihm, Robert Bosch, aus gesehen, durfte er ruhig fehlen, denn er, der alte Turner, pflegte die Leute, die meinten, nun müsse er auch einen Sportplatz stiften, das sei modern und mache einen guten Eindruck, darauf hinzuweisen, es gebe genug Sport- und Turnvereine in der Stadt, bei denen man sich tummeln möge. Aber dann hatten sich eben doch eines Tages die Sportbegeisterten des Betriebes zusammengefunden – einen Sportplatz bekamen sie nicht geschenkt, aber die Firma stiftete dem führenden Fußballklub Stuttgarts ein großes Umkleidehaus, und der überließ dafür den Boschlern sein Gelände an bestimmten Tagen. Die Sänger aber bekamen ihren Dirigenten, die Orchestermusiker natürlich auch und die Instrumente mit dazu – diese Dinge hatten sich aus dem Eifer und guten Willen einzelner Leute entwickelt: Als sie standen, wurden sie freundlich bestätigtes Element des Gemeinschaftslebens. Und die sportlichen Wünsche erfuhren in den dreißiger Jahren, vor allem durch die persönliche Teilnahme einiger Männer des Direktoriums, eine gewisse Verve: auf dem Gelände von Feuerbach erstand Sportplatz und Erholungsgarten, und selbst in der beengten Innenstadt gewann man durch den benachbarten, wenig mehr benutzten alten Park der Liederhalle eine Gelegenheit zum Betriebssport. Man nahm diese neuen Formen der Gemeinschaftspflege, die eine Erscheinung der unübersichtlich werdenden, aber sich selber gliedernden Gefolgschaftsmasse waren, erst spät, aber dann mit Nachdruck in die pflegerische Obhut.

Und schließlich kam es doch auch zu dem werkseigenen *Erholungsheim*! Man hatte sich schon seit langer Zeit darum gekümmert, müden und kränklichen Leuten an die Hand zu gehen bei der Wahl ihres Ferienaufenthalts, hatte da und dort feste Abkommen für Werksangehörige getroffen, es stand dafür auch ein Fonds zur Verfügung. Doch als in den dreißiger Jahren, mit der allgemeinen Intensivierung des Urlaubswesens, mit der Verbindung des Wintersportes die Unterkunftsmöglichkeiten beengter wurden, erstand das Werk in Riezlern (Walsertal) 1940 ein geeignetes Anwesen; für die stark gewachsene Masse der Anwärter mochte es kaum genügen. Doch war es ein Dokument des guten Willens. Mehr aus der Wohnungsnot für junge weibliche Angestellte und Arbeiterinnen war schon zwei Jahre zuvor in Stuttgart ein geeigneter Hauskomplex erworben und zum freundlichen Mädchenwohnheim für dreißig Insassen umgebaut worden; die Sozialarbeiterinnen hatten bei Krankenbesuchen festgestellt, wie trübe und schlecht zu wohnen die Mädchen vielfach gezwungen waren.

Mit solchen Maßnahmen stand Bosch nicht als einzelner da, sie sind auch von anderen und früher als von ihm getroffen worden. Auch Werkbüchereien wurden schon vor oder neben ihm eingerichtet. Doch darf diese Werkbücherei besonders hervorgehoben werden – sie wurde 1919 begründet – wegen ihrer sachlichen und weltanschaulichen Weite. Sie hat ihren fachlichen Kern; wer von den Ingenieuren oder Arbeitern sich über sein oder ein benachbartes Gebiet unterrichten, wer sich weiterbilden wollte, sollte hier jene Bücher finden, die in den allgemeinen Büchereien nicht zu sein pflegen. Doch zielte die Anlage von vornherein auf ein umfassenderes Ziel: geistige Bedürfnisse wie den Wunsch nach Entspannung zu befriedigen. Das galt ja auch sonst. Man hatte schon 1919 und späterhin gute philharmonische Konzerte, ja Opernaufführungen für die Gefolgschaft veranstaltet. Die Werkbücherei erhielt ihre eigentümliche Note durch die vollkommene Unbefangenheit, in der die politische Literatur angeboten wurde. Wer Lust hatte, konnte sich Bismarck, aber er konnte sich auch Lenin holen. Eine kleine Betrachtung im »Boschzünder« (Mai 1923) bemerkt freilich: »Gar nicht verlangt werden auch merkwürdigerweise die vorhandenen Schriften Lenins.« Jene Übersicht über die damals stark ansteigende Benutzung ist beachtenswert: zu den »weitaus am meisten begehrten Büchern« gehören neben den Erzählungen von Ludwig Thoma so zeitlose Werke wie Wilhelm Raabes »Hungerpastor« und Knut Hamsuns »Victoria«! Das erscheint als erstaunliches Niveau. Es hat sich denn auch nicht gehalten; eine spätere überschlägige Statistik schiebt in diesem Bereich die gewohnte Unterhaltungsliteratur und das gängige Tagesschrifttum in den Vordergrund. Die Bücherei blieb immer geldlich sehr stark ausgestattet.

Kulturpolitik in einem fruchtbaren Sinn, mit einem guten Einschlag ins Schwäbisch-Heimatliche, trieb auch der »Boschzünder« in seiner Beilage, bis 1937, da die Verordnung über Gestaltung der Werkzeitschriften deren Inhalt auf die eigentlichen Betriebsvorgänge einschränkte. Debatin holte sich die schwäbischen Dichter H. H. Ehrler und A. Lämmle zur Mitarbeit heran; es gab da eine ausgezeichnete Mischung von Belehrendem und Unterhaltendem, auch die Haustalente, die mit einem witzigen Strich ihre Künste trieben, kamen zum Zug, und die Lichtbildabteilung des Hauses konnte zeigen, daß ihre Mitglieder nicht bloß technische Dinge aufzunehmen verstanden. Das Blatt steckte immer voll munterer und lebhafter Anregung; bei aller recht persönlichen Grundhaltung ist es für die Rückschau doch auch etwas wie das Spiegelbild der allgemeinen geistigen Bewegungen. Dort hatte Debatin auch einen unermüdlichen Kampf gegen die erstarrte oder geschraubte Formelwelt des überkommenen Geschäftsbriefes aufgenommen. Es wurde ein wahrer Feldzug daraus, ein Krieg, der auch kein Ende nehmen wollte, und Bosch selber, der den einfachen Wortschatz liebte, mag seine Freude daran gehabt haben. Der Erfolg hat den Feldherrn freilich enttäuscht. Er glaubt wohl (1938), daß die Firma »in den letzten Jahren etliche Fortschritte erzielt hat ... der Stil, die Schreibweise mancher Leute im Hause Bosch ist seit einiger Zeit nicht besser, sondern schlechter geworden«. Und nun geht es los: die Sünden, die aufgezählt werden, sind alle »hausgemachte« Leistungen. Dieses Bemühen, die Form des inner- und außerbetrieblichen Schriftverkehrs auf den unbestrittenen Rang der Werkerzeugnisse zu bringen, ist nur ein Nebenzug, aber er gehört in das Gesamtbild des erzieherischen Willens.

Die Bände des »Boschzünders« wirken heute wesentlich als die Chronik der technischen Entwicklung des Werkes; die Konstrukteure und Abteilungsleiter berichten über die neuen Artikel, über die Änderung und Verbesserung der alten. Das bleibt die Mitte der Aufgabe, der Gefolgschaft, zumal den Teilarbeitern, aufzuzeigen, was geleistet wird und wie die fertigen Dinge dann funktionieren. Daneben die Berichte über wirtschaftliche und soziale Maßnahmen, über den Erfolgsweg der Bosch-Erzeugnisse, Rennsiege, Anerkennungen usf. – Der Bosch-Arbeiter soll erfahren und mitempfinden, wie seine Leistung draußen gewertet wird. Er soll stolz auf sie sein und auf das Werk. Aber er soll sich auch für dessen Namen mit verantwortlich fühlen. Dieser Name erzählt nun nicht mehr bloß von guter Technik, sondern auch von einer guten inneren Sozialordnung. Deren Wirkungskraft ist, wie alles Menschliche, immer von Mißverständnis, auch von Übelwollen bedroht. Wenn sich dies ansammelt, kann die Luft verdorben werden. Deshalb in dieser Werkzeitschrift die immer erneute Aufforderung an alle, mit Wünschen, Klagen, Anregungen hervorzutreten, sie zur Erörterung zu bringen. Nun ist davon nicht allzu häufig Gebrauch gemacht worden, aber wenn es geschah, dann mit einer runden, klaren Deutlichkeit, wie das wohl in keiner andern Werkzeitschrift zu finden war. Man sprach sich aus; damit war noch nicht alles gut – die sachlichen Spannungen, an denen es nicht fehlte, dürfen nicht verniedlicht werden. Aber es kam, nachdem die kritischen Episoden der ersten Nachkriegsjahre abgeklungen waren, aus dem Werke heraus zu keinen grundsätzlichen Schwierigkeiten mehr. In der Aussprache und mit sachlicher Gerechtigkeit wurden die unvermeidbaren Einzelanstände ausgeglichen. Der »Boschzünder« konnte einmal eine sehr schlagkräftige Statistik geben: aus den in dem württembergischen Metallindustriellenverband zusammengeschlossenen Betrieben kamen 1930 insgesamt 258 Streitfälle vor das Arbeitsgericht, darunter von Bosch – zwei. Das bedeutete umgerechnet im Durchschnitt *ein* Streitfall auf 324 Arbeitnehmer, bei Bosch auf 4823! Und die beiden damals anhängigen Sachen waren überdies von der Firma gewonnen worden. Der Korpsgeist erwies sich auch den parteipolitischen Strömungen, die die Gefolgschaft durchfluteten und schieden, überlegen. Zornig und zugleich kindisch schrieb 1929 das kommunistische Blatt, die »Süddeutsche Arbeiterzeitung« über den »gelben« Boschzünder, dessen Propaganda für die Zusammenarbeit von Kapital und Arbeit der Bosch-Arbeiterschaft »unermeßlichen politischen wie materiellen Schaden zufügt«. Das waren Sprüche, über die man lachte. Es war etwas gewachsen, das man »Bosch-Geist« zu nennen begann.

Seine Träger wurden die Leute vom alten Stamm. In ihnen sammelte sich eine Überlieferung, die bei einigen bis in die bescheidenen Werkstatträume der Kasernenstraße zurückreichte; sie mußten im »Boschzünder« erzählen, wie es damals war, als Herr Bosch noch um die Einzelaufträge und ihre Ausführung sich kümmerte, als er an heißen Nachmittagen einfach die Bude zumachte und vorschlug, die Arbeit bei kühlerem Wetter fortzusetzen – ja, das waren noch idyllische Zeiten. Und da gab es noch die Gelegenheiten, daß der ganze Betrieb eine Wanderung in die Umgebung machte, Herr Bosch vornedran;

natürlich zahlte er dann das Vesper und die Viertele, irgendein Anlaß zum Festen, ein soundsovielter Magnetzünder war ja immer zu greifen. Das ging jetzt nicht mehr, eine Betriebswanderung wäre zur Verkehrsstörung geworden. Aber man ermunterte die »Abteilungen«, den alten Brauch nicht untergehen zu lassen; er wurde schließlich zu einer Art von gemeinschaftspflegerischer Institution erneuert, wobei die Firma an diesem »Bosch-Sonntag« dem freiwilligen Teilnehmer drei oder fünf Mark zuschoß. Das gab nebenher ganz erkleckliche Beträge.

Die Mitarbeiter, die ein Vierteljahrhundert ununterbrochen im Betrieb standen, durften im »Boschzünder« ihr Bild sehen, gleichgültig ob Mitglied des Direktoriums oder Hilfsarbeiter im Packraum. Manche erhielten dabei eine besondere Würdigung. Auch diese Jubilarehrung, die, den kleinen Anfängen entsprechend, zunächst nur eine gelegentliche freundliche Geste wurde, wuchs sich zu einer stattlichen Aufgabe aus, die viel Takt und Taktik forderte. Denn als das Werk zu Jahren kam, gab es nicht mehr einzelne oder Dutzende, sondern Hunderte von Jubilaren. Da ging es mit den Bildern nicht mehr, auch nicht mehr mit den kleinen Feiern und Ehrungen, die den Vorstandsmitgliedern die Zeit weggerissen hätten; man machte die Sache erst monatlich, viertel-, halb-, schließlich jährlich ab und dann mit all dem Zauber froher Feste; jetzt war es schön, die Sänger, die Musiker zu besitzen, aber auch die Hausdichter und Hauszeichner. An diesen Feiern nahm auch Robert Bosch teil; mit den älteren Leuten gab es gemeinsame Erinnerungen zu erneuern.

Diese Gelegenheiten, eine Geldspende des Werkes war damit verbunden, gingen finanziell natürlich nur zu Lasten des Unternehmens. Im Jahre 1938 wurde eine Einrichtung getroffen, die auch die innere Zusammengehörigkeit der Gefolgschaftsmitglieder dartun sollte: eine gemeinsame erste Hilfe bei Todesfall. Die »Bosch-Hilfe« war nach ihrem Statut auf jene begrenzt, die bereits zehn Jahre dem Werke angehörten. So wurde zum 1. Januar 1938 von Betriebsführer und Hauptbetriebsobmann angeordnet, daß in jedem Todesfall von dem Gefolgschaftsmitglied fünf Pfennige gegeben werden; nach dem damaligen Stand von 20000 Leuten ergab das 1000 RM, die von der Firma vorgestreckt wurden; sie sollten nur für jene zur Auszahlung kommen, deren Verdienst unter 500 RM monatlich lag. Berechnet war, daß der einzelne im Jahr mit etwa 2 RM herangezogen würde. Für die Beratung über die zweckdienliche Verwendung der Summe sollte ein Arbeitskamerad des Verstorbenen bestimmt werden.

Robert Bosch hat sich in den späteren Jahren mit den einzelnen Maßnahmen der Sozialpolitik und Sozialfürsorge im Betriebe nicht mehr beschäftigt. Gut, da wurde das Urlaubswesen neu geregelt, ein Betriebsarzt hauptamtlich angestellt, das System der Fabrikpflegerinnen ausgebaut, ein Vertrag mit Kinderkrippen für im Werk arbeitende Mütter abgeschlossen, die Verbindung mit den ausgeschiedenen Arbeitern oder mit Hinterbliebenen gepflegt – in diese Einzelentscheidungen hat er sich nicht mehr vertieft. Aber er stand hinter ihnen und hat sie gebilligt. Das blieb neben dem überragenden Wunsch, das Werk möge fertigungstechnisch und damit wissenschaftlich immer an der Spitze stehen, nicht nur in Deutschland, sein menschlich stärkstes Anliegen, daß die Regelung des Arbeitsverhältnisses, der Geist, der Werkleitung und Gefolgschaft eine, der Gesinnung treu bleibe, die er ihnen zu geben versuchte und verstand.

Daraus hat er keine verbindliche Lehre gemacht. Er war seinem Wesen nach mehr Empiriker als Systematiker, das heißt, er wußte, daß die Fehlerquellen für jedes System in der menschlichen Natur selber liegen und daß man sich mit Annäherungswerten zufrieden geben müsse. Für eine Erscheinung wie Ernst Abbe empfand er wohl Respekt, ja Bewunderung. Aber dessen kunstvoll puritanische Begrenzung des Gewinnstrebens schien ihm einem natürlichen Grundtrieb zuwiderzulaufen. Er selber gab seinen führenden Mitarbeitern gerne die Chance, zu Vermögen zu kommen; es mochte an denen liegen, ob einmal sein Beispiel, *über* dem Gelde zu stehen, Frucht tragen werde. Schulmeistern wollte er sie da nicht. Das Theoretisieren (»Schwärmen« nannte er es einmal in einem Brief) hatte er als junger Mann auch betrieben; später ließ er es. Als er ein Werk über Werner von Siemens als Sozialpolitiker gelesen hatte, 1932, fand er darin »gewisse Parallelismen« zwischen dessen Art und den eigenen Erfahrungen. Doch wird man den Vergleich nicht pressen, denn die Entfaltung von Siemens liegt in der Zeit *vor* der staatlichen Schutzgesetzgebung und dem Auftreten der organisierten wirtschaftlichen Arbeiterbewegung als freiem Machtfaktor.

Ohne also eine verbindliche Anschauung von einer richtigen Sozialordnung aufbauen zu wollen, hat Bosch doch in Briefen, Aufsätzen, Niederschriften seine Auffassungen öfters niedergelegt. Es ging ihm dabei wesentlich darum, daß der Geist der offenen Kameradschaftlichkeit nie gefährdet oder zerstört werde. Daß im Betrieb Führertum herrschen müsse, war ihm eine Selbstverständlichkeit, er war sich, ohne darüber Worte zu verlieren, der eigenen Führerschaft voll Willen und Entscheidungsbereitschaft durchaus bewußt. Dieses Führertum sollte nicht zuletzt aber begründet sein in der freien Anerkennung fremder Werke, gerade auch der kleinen, vielleicht wenig beachteten. Nichts war ihm so ärgerlich als Anmaßung, die nicht auf die unmittelbare Leistung, sondern auf Titel, Examen, Verwandtschaft pochte. Der Gebrauch von Titeln im Hausverkehr war ausdrücklich verpönt. Für das Werden eines guten menschlichen Verkehrstones im Betrieb schien es dem Rückschauenden als eine glückliche Fügung, daß der erste wissenschaftlich durchgebildete Leiter des Werkes, Gottlob Honold, als junger Bursche im Hause Lehrling gewesen war; die Männer, denen er jetzt Anweisungen zu geben hatte, hatten ihm selber ein paar Jahre zuvor diesen Handgriff beigebracht und jenen Irrtum berichtigt. Das war noch nicht vergessen. Von dem Akademiker forderte Bosch eine besondere Bewährung. Es gab einmal den sonderlichen Fall, daß ein Neffe Boschs, Techniker, sich weigerte, unter dem damaligen Obermeister Durst zu arbeiten und dessen Anordnungen auszuführen. Als die Sache vor Bosch gebracht wurde, brauste er auf: das fehle gerade noch, daß die Interessen des Werkes unter solchen Geschichten leiden! Der Mann des Betriebes und der Fertigung stand ihm näher als der Wissenschaftler, der im Laboratorium und in der Versuchsabteilung experimentierte, rechnete, prüfte, entwickelte; er sah dessen Notwendigkeit wohl ein und konnte im Warten auf Ergebnisse Geduld zeigen, was sonst nicht gerade seine hervorstechende Tugend war. Der Typus des reinen Forschers blieb ihm entfernter: ein Glück, daß er in dem befreundeten Stribeck das Maß eines hohen Ranges vor sich hatte und sah, wie Erkenntnis in Wirkung sich umsetzt.

Bis die Belegschaft einen Bestand von etwa 1500 umfaßte, meinte er später gelegentlich, habe er den einzelnen beim Namen, in Art und Leistung gekannt. Das außerordentliche Gedächtnis half, der Beziehung zu Meistern und Arbeitern langehin eine persönliche Färbung zu geben, und dies blieb so auch im Großbetrieb gegenüber den alten Leuten. Man soll jedoch diese Beziehung nicht in der Art eines liebenswürdigen oder sentimentalen oder pathetischen Genrebildes sehen wollen. Seine Besuche in den Betrieben waren mehr gefürchtet als mit Freude erwartet. Kam er etwa nach Feuerbach, so lief, nach dem hübschen Wort eines Mannes, der solche Szene miterlebt, die Nachricht durch die Werkhallen in der Art, wie die Neger durch den Urwald Botschaft geben, und die Leute an den Maschinen rissen sich zusammen. Eine gewisse Spannung trat ein. »Hast Du schon Herrn Bosch gesehen?« – »Nein, aber gehört.« Das mochte nun eine freundliche Begrüßung sein, ein heiteres oder derbes Scherzwort – denn Bosch wußte, wie man die schwäbischen Arbeiter nehmen konnte –, wenn es sich gerade traf, eine familiäre Erkundigung. Solches durfte dann schon, auch wenn es nicht so gedacht war, als eine Auszeichnung empfunden werden. Doch die Unterhaltung konnte auch zu einer sachlichen Inquisition über die Arbeit werden, die da gerade gemacht wurde, in der Fabrik oder in der Entwurfswerkstatt, und diese war dann weniger gemütlich. Denn die unbestechliche kritische Anlage entdeckte jede Lässigkeit, jeden Mangel an Ordnung, und sie forderte von jedem eine präzise Rechenschaft über Arbeitsmethodik und technische Sinngebung.

Irgendwann wurde im Betrieb der »Herr Bosch« zum »Vater Bosch« – man spricht das aber besser schwäbisch aus: »d'r Vadder« und bewahrt sich das Gedehnte und Korrekte für feierliche Gelegenheiten. Es war eine gemütvolle und dankbare Annäherung der Empfindungen, ein Wissen um den steten Fürsorgewillen des Mannes, der nun das Schicksal von Tausenden als Aufgabe und Verantwortung in seinem Lebenswerk trug. Doch wäre der fehlgegangen, der dem schüchtern zärtlichen Namen über den verehrenden Respekt hinaus eine unerbetene Vertraulichkeit geliehen hätte.

Als 1918 nach dem militärischen Zusammenbruch die »Volksbeauftragten« den Achtstundentag als eine »Errungenschaft der Revolution« verordneten, gab es im Hause Bosch keine Erregung, keinen Streit um Für und Wider. Denn man besaß ihn schon seit zwölf Jahren. Und auch das spätere Betriebsrätegesetz schuf weiter keine Bekümmernisse; es brachte, neben einigen zusätzlichen Neuerungen, Dinge in Paragraphenform, die sinngemäß bei Bosch schon längst Übung geworden waren.

Nicht viel anders stellten sich die Dinge nach 1933 dar, als mit der Gründung der »Deutschen Arbeitsfront«, mit ihren Schöpfungen »Kraft durch Freude«, »Schönheit der Arbeit« usf. neue Forderungen und Leistungen in die sozialpolitische und sozialfürsorgerische Wirklichkeit traten. Für Bosch handelte es sich vielfach nur um neue Benennungen alter Einrichtungen und Gewohnheiten. Otto Debatin schrieb damals, Januar 1934, im »Boschzünder« den netten Satz: »Unser Vater Bosch ist schon als Paulus zur Welt gekommen.«

Der Weg durch die Weltwirtschaftskrise

In der Krisenhaftigkeit des Nachkriegsjahrzehnts überschneiden und verwirren sich die Motive. Wohl traf die Meinung zu, daß die Jahre dauernder Vernachlässigung des zivilen Bedarfs in schier allen Ländern einen außerordentlichen Warenhunger haben entstehen lassen. Die Nachfrage war übergroß, die Produktionsstätten hatten gewiß allenthalben Verschleiß der Maschinen erfahren, doch standen sie, von einigen verwüsteten Landstrichen abgesehen, unversehrt da und warteten nur auf die Rohstoffe. Dann würde ein Aufschwung einsetzen...

Diese Erwartung, die sich auf die bescheidene Logik des gesunden Menschenverstandes und auf einige geschichtliche Erfahrungen stützte, wurde im Wesenhaften von der Wirklichkeit betrogen. Sie lebte noch aus den eingespielten Vorstellungen einer internationalen Markt- und Tauschwirtschaft, einer Freizügigkeit von Waren und Arbeitskräften. Diese wurde zwar nie völlig erreicht, aber durch die englische Freihandelsbewegung war sie zu einer Art von Ideal geworden und hatte in der »Meistbegünstigung« bei Handelsverträgen seit den sechziger Jahren weithin Anerkennung gefunden. Die Schutzzölle erschienen, so heftig sie innenpolitisch in Frankreich, Deutschland, in den Vereinigten Staaten eh und je umkämpft waren, aus weiterer Sicht mehr als Störung denn als wahre Behinderung des immer stärker werdenden weltwirtschaftlichen Gesamtrhythmus. Es gab die periodischen Schwankungen, es gab Stockungen, Rückschläge, Krisen, man spielte mit den Begriffen der Überproduktion und des Unterkonsums, betrachtete die Wirkung von guten und schlechten Ernten in den wichtigsten Kulturpflanzen, würdigte die »Erschließung« neuer Gebiete, die als Lieferanten oder als Abnehmer in Frage kämen, stritt um die Bedeutung, die der so stark wachsenden Ausbeute neu entdeckter Edelmetallvorräte zukomme, errechnete den Einfluß, den die erstaunliche Intensivierung des Verkehrs, große schnelle Schiffstypen, unübersehbare Bahnanlagen usf. auf den Umfang und den Wert des Warenumschlages ausübten. Im ganzen wurde diese Entwicklung, die man wohl mit dem zweiten Drittel des 19. Jahrhunderts einsetzen sah, mit einer gewissen gläubigen Gelassenheit betrachtet. Die Bevölkerung wuchs, die Sorgen des Malthus, sie würde dem Hunger entgegenwachsen, wurden von allen Tatbeständen widerlegt, es lebten mehr Menschen, und diese Mehr lebten durchschnittlich besser als ihre Ahnen. Daß sich dieser »Aufstieg« nicht ganz glatt vollzog, daß die Kurve, in der man ihn zeichnete, auch Täler besaß, gehörte zu der Vorstellung von einer gewissen zyklischen Gesetzmäßigkeit in dem Ab und Auf – das nächste Auf würde immer etwas höher liegen, die Selbstheilkräfte der Wirtschaft waren vorausgesetzt. Man konnte ihre Wirkung von der Geldseite beeinflussen durch die Diskontpolitik der zentralen Notenbanken; der gedachte Automatismus der Goldwährung in den entscheidend wichtigen Ländern erschien als genügend brauchbares Werkzeug.

Diese ganze Denk- und Tatwelt war im Krieg zerbrochen und wurde durch den Frieden vollends zerstört. Zwar arbeitete der Versailler Vertrag scheinbar noch mit den Ideologien der abgesunkenen Zeit, und alle die zahllosen Konferenzen, die ihm folgten, mühten sich um den Versuch, die Leistungskraft, die aus der internationalen freien Marktwirtschaft herausgetreten war, in die Forderungen an Deutschland hineinzupressen. Der Mißerfolg war unvermeidlich, nicht nur durch die Größenordnung, an die man für Deutschlands Belastung von Anbeginn dachte, nicht nur durch die Jahre dauernder Unsicherheit, dieser Größe eine endgültige Grenze zu geben, so daß der Schuldner abschließend mit festen Zahlen rechnen konnte, sondern durch die Überlagerung des wirtschaftlichen und finanziellen

Anspruchs mit rein machtpolitischen Zielen und Methoden. Zum ersten Opfer dieser Politik wurde die durch die eigenen Kriegskosten und deren Kreditfinanzierung schon höchst anfällige deutsche Währung. Alle teils energischen, teils unsicheren Mühen der Reichsregierungen, den öffentlichen Haushalt in Ordnung zu bringen, scheiterten psychologisch und sachlich an den politischen Bedrohungen. Sie hatten dabei freilich nicht bloß mit dem harten Sinn der französischen Politik, sondern auch mit der Haltung interessierter verschuldeter Sachwertbesitzer zu rechnen. Wie sehr die Inflation, indem sie der deutschen Ware half, im Währungsgefälle wieder auf den Märkten der Welt zu erscheinen, die Grundgedanken der Schöpfer von Versailles verwirrte, ging diesen erst sehr spät auf. In dem Ruhreinbruch überschlug sich dieser Widersinn. Er hinterließ die Vernichtung der deutschen Mark und schuf, von den seelischen Reizungen abgesehen, mit der Auspowerung der Mittelschichten die geistigen und sozialen Voraussetzungen für die tiefe innenpolitische Unruhe, aus der heraus das deutsche Schicksal ein Jahrzehnt später im nationalsozialistischen Durchstoß seine neue Prägung erfahren sollte.

Das Eingreifen der amerikanischen Finanzwelt in der Wende von 23 zu 24, die Versuche, mit sachverständigen Gutachten die deutsche Leistungsfähigkeit zu klären und die Zahlungen zu limitieren, konnten nur ungenügend Abhilfe schaffen. Die Ziffern des Dawes-Planes und später des Young-Planes mochte man verschieden beurteilen, als halbwegs tragbar, als weithin übertrieben, als zynisches Verfahren, in der Form der »Entpolitisierung« die deutschen Abhängigkeiten noch drückender zu machen. Immerhin, es trat eine gewisse Erholung ein, eine Rückkehr des Unternehmungsgeistes, der sich dann bald genug auch durch Fehlgeschäfte festlegte oder in eine gewisse Großmannssucht mündete. Die Zeit der Inflation hatte vielfach den Sinn für knappe Geldmaße verdorben; das galt auch für Teile der öffentlichen Verwaltung. Die deutsche Wirtschaft lief wieder an, ihrer in dem hohen Zins sich ausdrückenden Verarmung nicht voll bewußt. Eine baldige Stockung aber war unausbleiblich, weil die Aufnahmewilligkeit für die deutsche Ware draußen in dem nötigen Maße fehlte. Das war der tiefste Widerspruch, in dem das ganze »Reparationssystem« verstrickt blieb: die Deutschland abgezwungenen Zahlungen waren nur möglich, wenn man sich bereit zeigte, deutsche Ware anzunehmen.

Daran aber fehlte es. Während des Krieges hatten agrarische Rohstoffländer, da ihnen gewerbliche Gebrauchswaren nicht mehr geliefert wurden, mit dem Aufbau eigener Industrien begonnen; diese begehrten nun von ihren Regierungen Schutz. Und in den neuen Staaten, die aus dem ehedem einheitlichen Zollgebiet Österreich-Ungarn entstanden waren oder große Teile sich angliedern konnten, lebte, aus Sorge und Ehrgeiz gemischt, das Bestreben, die übernommenen Industrieanlagen auch im kleineren Bezirk zu entwickeln; der wirtschaftliche Schutzgedanke erhielt hier einen militärpolitischen und kriegstechnischen Akzent.

Der äußeren und inneren Lage Deutschlands blieb also die Krisenhaftigkeit wirtschaftlich wie politisch eingebaut, auch nachdem mit Locarno-Vertrag und Völkerbundsversuch die Methodik des zwischenstaatlichen Verkehrs sich zu ändern begann. Gerade Perioden verhältnismäßiger Beruhigung, Erholung, Kräftigung Deutschlands, die man bei den Kriegsgegnern des Reiches dann wünschen mußte, wenn man die Zahlungen geleistet wissen wollte, schufen aus unsicherem Gewissen oder eigener Lethargie wieder Ängste, die sich in zäher und meist kleinlicher Politik an die dumm und vielen draußen selbst längst recht lästig gewordenen Buchstaben des Versailler Vertrages klammerten. So blieb über dem System zu kurz gedachter wirtschaftlicher Möglichkeiten und Notwendigkeiten immer noch die Wolke unmittelbarer politischer Bedrohung hängen; der Leidensweg der internationalen Konferenzen über die Rüstungsbeschränkung wurde zum symbolhaften Ausdruck dieses Zustandes.

Man muß sich das alles ins Bewußtsein heben, um den Hintergrund zu sehen, vor dem die deutsche Wirtschaft sich um die Lebenserhaltung und Erneuerung abmühte, unter schier ununterbrochenen und im Grunde kaum vermeidbaren Reibungen mit einer Staatlichkeit, die zwischen dem äußeren Druck und der inneren Beengung und Befehdung die Wirksamkeit ihrer Autorität fast täglich neu erkämpfen mußte. Was war neben dem Landverlust das Erbe von Versailles und seiner Folgen geworden! Ansprüche der Auslandsgeschädigten, Kriegsopferversorgung, Rentnerelend. Dazu trat der Drang der Massen, die soziale Lebenssicherung zu festigen – sehr robuste Interessen rangen miteinander, konnten sich aber auch verständigen, indem sie den Staat zurückzudrängen suchten. Wohl war für die großen Regelungen in der Vereinheitlichung des Finanzwesens und der öffentlichen Verkehrsdinge zugunsten des Reiches eine an sich sehr brauchbare Apparatur geschaffen. Aber die fehlerhaften Konstruktionen der Weimarer Verfassung bei der Herausarbeitung eines parlamentarischen Führungswillens und deren Mißbrauch in der Vervielfältigung eines widerspruchsvollen und anspruchsvollen Länderparlamentarismus mußten lähmend wirken.

In diesen bedrängten Zeiten blieben die Entscheidungen und Maßnahmen bei Bosch nicht bloß von den Bewegungen des allgemeinen politischen und wirtschaftlichen Schicksals mitbedingt, sondern an die *Sonderkrisen* gebunden, denen die deutsche *Fahrzeugindustrie* ausgesetzt war. Darüber ist ein ganzes weitschichtiges Schrifttum entstanden, wer denn eigentlich »Schuld« hatte, daß die deutsche Automobilindustrie so herbe Rückschläge erfuhr, daß es nicht gelang, dem Kraftfahrwesen den Rang zu gewinnen, der ihm in seinem Heimatland angemessen gewesen wäre. Der gängigste Vorwurf – und mit Polemik wurde in dieser Auseinandersetzung nicht gespart – zielte auf das Verhalten des Staates; er habe das Automobil steuerlich, beim Kauf und beim Betrieb, überlastet, teils aus sozialer Voreingenommenheit proletarischer oder kleinagrarischer Schichten, auf die von Regierung und Parlament gehört wurde, teils weil man den Wettbewerb habe unterbinden wollen, von dem das sehr entwickelte Reichsbahnwesen (auf dem jetzt eine Hauptlast der Reparationen lag) sich bedroht fühlte. Mag man die Darstellung der Motive überspitzt finden, der Tatbestand einer zusätzlichen Belastung, an den meisten anderen Ländern gemessen, war unverkennbar. Der Personenkraftwagen als Steuerträger ist so wenig eine deutsche Sondereinrichtung gewesen wie die staatliche Abgabe von Treibstoff, sie galt auch für Nordamerika, nun aber in einer völlig anderen Größenordnung. Das Reich erhob zudem durch Jahre noch die 15 % Luxussteuer bei stärkeren Personenwagen; die Spezialisierung in den Teilherstellungen durch getrennte Firmen vermehrte, etwa gemessen an Ford, den sozusagen unsichtbaren, aber sehr wirksamen Anteil der *allgemeinen* zweiprozentigen Umsatzsteuer bei der Preisbildung; Beimischungszwang von Sprit war nebenher als Hilfsmaßnahme für die Kartoffelbauern gedacht. Noch bevor die industrielle Eigenerzeugung des synthetischen Treibstoffes im großen eingeleitet war, aus Devisen – und dann aus wehrpolitischen Gründen, riß die Diskussion über dieses Zuviel nicht ab, was dann auch die Konstrukteure beeinflußte.

Umgekehrt mußten sich diese sagen lassen, daß ihre unwirtschaftliche Neuerungs- und Verfeinerungssucht der Verbilligung des Kraftwagens selber hinderlich geworden war. Mit wieviel weniger Typen begnügte sich das so viel größere und reichere Amerika! Deutschland mußte hier zuerst nach der Stabilisierung der Währung und dann in der Deflationsperiode sehr schmerzhafte Kuren durchmachen. Zahlreiche Rüstungswerke, große, aber auch kleine, hatten sich nach 1919 auf den Motorwagen »umgestellt«, als ob das so ganz einfach wäre. Sie versuchten es mit dieser, mit jener Eigentümlichkeit. Das mochte technisch recht anregend sein. Der Zubehörindustrie waren diese neuen Kunden mit neuen Sonderwünschen nur bedingt willkommen, zumal man den Individualismus der alten schon als beschwerlich empfand; denn sie störten den Vereinheitlichungsprozeß, der zugleich zur Verbilligung strebte. Die Stimmung von Robert Bosch kommt deutlich zum Ausdruck in einem Brief an Wilhelm von Opel, der ihm aus Amerika über seine Eindrücke geschrieben hatte: »Die deutschen Automobilfabrikanten haben ganz andere Grundsätze befolgt als die amerikanischen. Die deutschen Zubehörfabrikanten, ich will die Namen nennen, es sind Tischbein, Sachs und ich, haben seit mehr als zehn Jahren den deutschen Kollegen im Vorstand des Reichsverbandes der Automobilindustrie bei jeder günstigen Gelegenheit gesagt, was kommen werde. Wir waren Prediger in der Wüste. Die Automobilfabrikanten waren klüger. Solange sie Geld verdienten, sah keiner die Zukunft, sah keiner über die Grenze. Sie sahen aber nicht nur nicht über die Grenze, sie sahen nicht einmal die Zubehörfabriken im eigenen Lande ... Überzeugen Sie sich, daß auch in der deutschen Zünderindustrie so anstrengend und wirtschaftlich gearbeitet wird wie in der amerikanischen« (18. Sept. 1925).

Das Jahr 1924 und die Folgezeit löschten Dutzende von solchen neuen Marken wieder aus. Doch war damit die feste Grundlage noch nicht erreicht. Es bedurfte innerhalb der Kraftfahrzeugindustrie großer Zusammenschlüsse alter wichtiger Werke, um die innere Festigung zu gewinnen, oder kühner neuer Planung, die auf den Absatz eines nicht mehr teuren Gebrauchswagens abzielte, um aus dem Zustand der Kapitalnöte und Arbeiterentlassungen herauszugelangen.

Die relative Schwäche der deutschen Gesamtposition bei der Verhandlung über Handelsverträge hatte zur Folge, daß der deutsche Zollschutz für Autos gegenüber einer Reihe von Ländern *unter* den Wertsätzen lag, die der deutsche Exporteur zu überwinden hatte. So drang das fremde Auto verhältnismäßig stark in den deutschen Markt ein, zum Teil mit eigener Montage auf deutschem Boden oder auch mit fremder Kapitalbeteiligung bei deutschen Werken. Das führte dazu, daß, ungewöhnlich genug für eine Gruppe der deutschen Fertigindustrie, die Hersteller von Kraftwagen unter die Schutzzöllner gingen.

Die Lage war für Bosch nicht einfach. Man konnte sich nicht ohne weiteres den Klagen der Motorindustriellen anschließen; man glaubte, ihre Versäumnisse oder Fehlunternehmungen zu erkennen. Und ärgerlich wurde Bosch, wenn der Vorwurf kam: *uns* würde es besser gehen, wenn *ihr* billiger wäret. Mit der Differenzierung und Ausdehnung des »Zubehörs«, eben den Signalen, Wischern, Winkern, Bremsen u. dgl. war der Kostenanteil des »Zubehörs« am fertigen Wagen größer geworden, einfach weil der Käufer diese Hilfsmittel seiner Sicherheit und Bequemlichkeit begehrte. *Sie* waren es ja vor allem gewesen, die den Kraftwagen volkstümlich zu machen geholfen hatten. Bosch wollte nicht als Nutznießer einer sich von selber vollziehenden Motorisierung genommen werden, sondern, wenn schon solche Erörterung beliebt wurde, als ihr entscheidend hilfreicher Förderer. Verbilligung? Ja. Doch nicht auf Kosten der Güte. Man muß eben Geduld haben, bis die Rationalisierung ihre Früchte trug. Vollends unbehaglich aber war ihm, die Errettung aus der Bedrängnis von der Schutzzollpropaganda zu erwarten. Denn so wichtig ihm das Wohlergehen der deutschen Abnehmer sein mußte, so überragend blieb, gerade auch nationalwirtschaftlich, der Weltmarkt. Man mußte immer befürchten, daß der Ruf nach Industriezöllen auch von den Interessenten der Fremde gehört und ausgenützt werde, um gegen deutsche Einfuhr drastische Gegenmaßnahmen zu fordern.

Diese ewige zollpolitische Bedrohung der Außenhandelslage war zwar nicht der unmittelbare Anlaß, doch ein nicht unwesentliches Motiv bei der Entschließung, in wichtigen Abnehmerstaaten das bisherige kommerzielle Vertretungssystem fabrikatorisch auszubauen. In den ersten Nachkriegsjahren wäre das unmöglich gewesen. Die psychologischen Hemmungen hatten sich einigermaßen gelegt; sie waren nicht völlig verschwunden. Es kam darauf an, wie sich die industriellen Partner verhalten würden. 1928 kam die Anregung des *französischen* Konstrukteurs und Industriellen *H. Comte de Lavalette* zur Zusammenarbeit; Bosch beteiligte sich an der Société des Ateliers de Construction Lavalette, und man schritt gleich dazu, im Jahre 1929 in St. Ouen bei Paris eine stattliche Fabrik zu eröffnen unter der Leitung von Lobjoy, Gönnewein und Höhne. Die beiden Vorkriegsbetreuer des französischen Geschäftes, Rall und Fellmeth, traten in den Aufsichtsrat der neuen Gesellschaft. Aber es erwies sich, so loyal die Zusammenarbeit mit dem unmittelbaren Partner war, daß das amtliche Frankreich, zumal wenn öffentliche Aufträge in Frage kamen, von der mißtrauischen Enge nicht frei wurde. Das mußte in Rechnung gesetzt bleiben, in der Personalpolitik wie in der Firmenzeichnung.

Die *englische* Entwicklung erwies sich anfänglich schwieriger als die französische. Zwar kamen, nach englischer Art, immer einmal wieder in der Fachpresse Urteile zum Ausdruck wie etwa: man könne zwar die Deutschen nicht leiden, aber die Zünder des Herrn Bosch seien eben doch die besten, und ähnliches. Das las man in Stuttgart ganz gerne. Bis sich solche Meinung einzelner Fachleute durchsetzte, dauerte es Jahre. Im Krieg hatte die englische Eigenerzeugung beginnen müssen, und eine Firma hatte ein Fabrikat herausgebracht, »das an Zuverlässigkeit dem meinen zwar nicht gleichkam, aber immerhin brauchbar war« (so Bosch in einer Notiz vom Jahre 1940). Seit England den Freihandel endgültig verlassen hatte, war für Bosch die Frage gestellt, ob er drüben mit der Eigenfertigung beginnen solle; vortastende Versuche ließen erkennen, es würde sich wohl lohnen, doch der Einstand müßte in einem zähen Ringen erkämpft werden. Man war deshalb nicht unfroh, bemerken zu können, daß der führende Mann auf der Gegenseite, ein Bewunderer der Bosch-Arbeit, für eine kostspielige Auseinandersetzung auch nicht viel übrig hatte. »Wenn die Motorradfabrikanten von Coventry wüßten, was sich gehört«, hatte der einmal zu den dortigen Industriellen gesagt, »so hätten sie dem Bosch in Stuttgart schon längst auf dem Marktplatz in Coventry ein Denkmal errichtet.« Denn der Bosch habe sie mit seinem Hochspannungszünder vor dem Ruin gerettet. Bosch hat diese Anekdote gerne notiert und sein Urteil (1940) in den Satz zusammengefaßt:

»Unsere Freunde waren sehr großzügige Geschäftsleute und vertragstreu in vollem Umfang und Sinne des Wortes.« Diese Verbindung, die nach eingehenden Vorverhandlungen im Juli 1931 zu abschließenden Verträgen führte, erwies sich in den kommenden Jahren als überaus fruchtbar. Die *Joseph Lucas Ltd.* in Birmingham war über die Lampen- und Radlicht-Herstellung in die Zubehörindustrie für den Kraftwagen gewachsen; 1914 mit der Thomson-Bennet Magnetos-Ltd. vereinigt, wurde sie in einer Konzernentwicklung nach 1922 das führende Haus in England, zumal sie im Jahre 1926 die C. A. Vandervelt & Co. Ltd. übernahm, die in Acton bei London elektrisches Zubehör vor allem für schwere Kraftwagen usf. erzeugte. Aus den Verhandlungen ging die *C. A. V.-Bosch Ltd.* hervor, an der Bosch mit 49 vom Hundert beteiligt war. Dieser neuen gemeinsamen Unternehmung wurde die elektrische Ausrüstung der Nutzwagen und das Dieselgeschäft reserviert, sonst schuf man zwischen J. Lucas und R. Bosch Marktabkommen: Europa im wesentlichen für Bosch, das britische Empire für Lucas, in der übrigen Welt freundschaftlicher Wettbewerb. Gleichzeitig wurde gegenseitiger Erfahrungsaustausch verabredet, der sich auch darauf erstreckte, daß Ingenieure, Meister und Arbeiter für längere Zeiten ausgetauscht wurden. So arbeiteten Engländer in Stuttgart, Deutsche in Acton. Die Abmachungen haben beiden Partnern sehr großen Nutzen gebracht. Der Belegschaft in Stuttgart selber wollte das offenbar nicht in allen Teilen einleuchten, daß *ihre* Arbeit von englischen Händen geleistet werde, jetzt, in einer Zeitlage, da man die volle Wucht der Weltkrise zu spüren bekam. Der »Boschzünder« unternahm es, den Zwang der Zollpolitik darzustellen und darzutun, wie wichtig die Gesamtstärkung der Bosch-Position auch für die heimischen Arbeiter werden mußte. Man durfte annehmen, daß das nicht ohne Eindruck bleibe.

Völlig anderer Art als die Beziehungen zu Frankreich und England waren natürlich die zu dem *sowjetischen Rußland*. In der Vorkriegszeit war der unmittelbare Absatz in das weite Zarenreich verhältnismäßig unbedeutend gewesen. Auch dort hatte der Krieg als Erzieher zur Motorisierung gewirkt, und die Planwirtschaft des Sowjetsystems ging mit Macht daran, staatliche Automobil- und Traktorenwerke ins Leben zu rufen; das Wirtschaftlich-Nationale verknüpfte sich mit dem kommenden Militärtechnischen der Panzerfabrikation. Man wurde denn auch in der Herstellung der Automobile bald fast völlig autark, aber (das besagte ein Prawda-Bericht von 1926) die Radfelgen bezog man aus England, die Magnetzünder von – Bosch. Die Verhandlungen liefen wie üblich über die russische Handelsvertretung in Berlin; eigene Leute nach Moskau zu senden, um dort eine Produktion aufzubauen, lehnte man in Stuttgart ab. Dieser wenn auch nicht bequeme, so doch mengenmäßig erhebliche Kunde half durch die relative Stabilität seiner Aufträge mit zur Überwindung der Krise, die in dem Bereich der freien Marktwirtschaft heftigere Ausschläge zeitigte.

Die Frage, ob solche vermeidbar wären oder mit dem Wesen der kapitalistischen Erzeugung untrennbar verbunden blieben, wollte schon lange beantwortet werden. Die Auseinandersetzung um die »geplante«, um die »gelenkte« Wirtschaft, von den Utopien immer in sauberer geregelter Gesetzlichkeit zum guten Schluß gebracht, hatte eine gewisse Aktualität bekommen. Nicht nur daß die Literatur darüber zu wuchern begann: Regierungen und Parlamente sahen sich Aufgaben des staatlichen Interventionismus gestellt, vor denen sie früher zurückgescheut wären. Da kam es etwa in Deutschland zu der Gesetzgebung über Kohle und Kali, später zu den Maßnahmen im Bereich der Getreidebewirtschaftung, der Müllereibetriebe, der Milchversorgung usf. Sie waren, mit dem Namen der »Gemeinwirtschaft«, zum Teil nur Abschlagszahlungen an eine ungenaue sozialistische Ideologie, zum Teil drastische und fast improvisierte Versuche, einen einbrechenden Notstand der Landwirtschaft abzufangen. Neben dem staatlichen Eingreifen, das seine Spitze in Bankenstützung und landwirtschaftlichen Entschuldungsaktionen fand, dehnte sich die halb freie, halb zwingende Marktregelung durch Rohstoff- und Halbzeugkartelle aus – was um 1900 herum heftig umstrittene Problematik der Monopolbildung im Preisdiktat gewesen, wurde jetzt, über staatliche Grenzen hinaus, in internationalen Abmachungen als Beruhigungsmittel für schwankende Konjunkturen erdacht und praktiziert.

Die Wirtschaftstheoretiker standen unter der Suggestion vom Osten und Westen. Kein Zweifel: das außerordentliche Unterfangen der sowjetischen Staatsführung, mit ihren Fünfjahresplänen das weite russische Agrarland zu industrialisieren, begann ernsthaft Eindruck zu machen. Langehin hatte man es für undurchführbar gehalten, die

Zahlen für Phantasie; aber die Potemkinschen Dörfer, von denen man sprach, schienen allmählich feste Mauern und Stützen zu erhalten. Das Experiment, nannte man es Sozialismus oder Staatskapitalismus, war auf dem Weg, Wirklichkeit zu werden, wenn es auch mit den Entbehrungen und der niedrigen Lebenshaltung einer Generation bezahlt wurde. Die Staatsplanung sorgte für Aufträge und Arbeit. Konnte das nicht auch ein Beispiel für Deutschland werden? Doch der Blick nach Westen gab eine andere Lehre. Dort wuchs die Industrie, wie es schien, nicht aus einer erzwungenen Lebensarmseligkeit, sondern aus dem frei wachsenden Wohlstand der Massen; nicht die simple Deckung des Bedarfes, sondern die wagende Weckung des Bedürfnisses war der Motor des sich kräftig entfaltenden Geschäftslebens. Das war geradezu zu einer Wissenschaft geworden, wie man drüben in Amerika die noch kaum spürbaren Bewegungen der Nachfrage zu erkunden suchte, um das Angebot darauf abzustimmen, wie man die Kauflust zu lenken suchte und zugleich die Technik des Verkaufs psychologisch durchbildete. Nicht nur in der Durchdenkung von Norm und Typ für die fabrikatorische Mengenfertigung schien Amerika vorbildlich geworden zu sein, sondern auch für die werdenden neuen Formen der Handelsgewöhnung. Man hat bei Robert Bosch diese Entwicklung aufmerksam beobachtet; im »Boschzünder« war eingehend davon erzählt, wie der Verkäufer besonders durchgebildet werde. Die Folgerungen wurden gezogen. Die Firma richtete 1929 eine Verkäuferschule ein und gliederte sich 1930 eine Abteilung für Marktuntersuchungen an. Diese Dinge wurden nicht überschätzt, aber sie halfen, zumal die intelligenteren Leute der Bosch-Dienststellen in aller Welt zu Beobachtung und Bericht mit herangezogen waren, rasch sich über die kommenden Konjunkturströmungen zu unterrichten. Gewicht erhielten diese Versuche nicht so sehr für die traditionellen Erzeugnisse der Bosch-Werke. Da besaß man eine Summe von Erfahrungen und hatte es im Grunde nur mit einem übersehbaren Kreis von Abnehmern zu tun, den Fahrzeug- und Motorenwerken der verschiedenen Kategorien. Doch befand man sich eben auf dem Wege, in ganz neues Gelände vorzudringen. Hier erwies sich bald die neue Methodik als eine sehr fruchtbare Hilfswaffe in der Auseinandersetzung mit der Krise.

Mit der »Prosperity for ever«, die in Amerika verkündet wurde, ging es zum Ende der zwanziger Jahre schief. Die europäische, die deutsche Krisenhaftigkeit, die durch die internationalen Finanzabkommen nur vorübergehend gebannt war und immer neu ausbrechen mußte, solange politische Unruhe und der Widersinn der Reparationsüberlastung den Kontinent beherrschten, erhielt ihre zusätzliche Verschärfung, als auch in Amerika Hochschutzzoll, Kaufkrafttheorie und Konsumfinanzierung am Ende ihrer konjunkturellen Wirkungsmöglichkeit anlangten. Die allzu einfache Folgerung: hoher Lohn gleich Belebung der Verbrauchsgüterwirtschaft hatte auch in Deutschland, zumal auf manche Gewerkschaftsführer, ansteckend gewirkt. Robert Bosch selber war in seinem Verhalten und in seinen Überlegungen geneigt, einen Kern Wahrheit der These zuzusprechen. Doch warnte er davor, hier die Mitte der Krisenbekämpfung zu erblicken. Zwingend erschien ihm das Beispiel Australiens, das mit seinen hohen Löhnen und seiner staatlich durchgebildeten Sozialpolitik nicht weniger unter dem Druck der Weltkrise niederbrach als die übrigen Länder, gleichviel ob gewerblicher oder landwirtschaftlicher Struktur. Von Grund aus skeptisch war man im Hause Bosch gegen das Verfahren, das in Amerika die wesentliche Triebkraft für die Dauer des guten Geschäftsganges geworden war und das nun auch in Deutschland seine Propheten fand: das sachlich-suggestiv klingende Wort der »Konsumfinanzierung« hatte den wenig geachteten Begriff des »Abzahlungsgeschäftes« in die Ecke gedrängt; im Grunde handelte es sich um das gleiche. Die Kreditierung von Sachgütern des laufenden Bedarfs, unter Einsetzung des späteren Einkommens, mußte die Erzeugung außerordentlich anregen. Doch der Augenblick, da die Nachfrage gesättigt war, trat ein, das gesamte künstliche Gebilde des »Booms« geriet ins Rutschen, Besitz wurde verschleudert, die Bestellungen blieben aus, die Arbeitslosigkeit, für die eine entsprechende gesetzliche Sicherungsmaßnahme fehlte, überfiel das Land und machte es reif für die der amerikanischen Überlieferung so fremden Versuche des 1932 neu gewählten Präsidenten Franklin D. Roosevelt, nun auch mit einem zentralen staatlichen Interventionismus die freie Marktwirtschaft einzugrenzen.

Boschs Weg durch die unsichere Periode der Jahre nach der Stabilisierung ist einigermaßen an der *Ziffer der Belegschaft* abzulesen; die Geschäftsberichte teilen sie für den Jahresschluß mit. Die Vergleichbarkeit leidet darunter, daß man, trotz vieler Mühen und Erziehungsversuche an den Kunden, von dem Saisoncharakter des Auftraganfalls nicht herunterkam, der die Kurve der Beschäftigten zwischen Mai und Juli zu heben pflegte. Doch sind die Maße aufschlußreich. Man hatte 1923 mit 10564 Angestellten und Arbeitern geschlossen, blieb zu Ende 1924 mit 10857 in der gleichen Größenordnung und stieg dann auf 12862. Das Jahr 1926, das erste Verlustjahr, brachte ein schroffes Absinken auf 7031. Doch währte dieses Tief nicht lange; es setzte jetzt die Arbeit für den Dieselmotor fruchtbar ein, so daß die beiden Jahre 1927 und 1928 mit einer ziemlich gleich starken Belegschaft von etwas über 10550 endigten. 1929 wurde dann zuerst der deutsche Markt schwächer, die entsprechende Zahl lautet 9500. 1930, 1931, 1932 sind 8114, 8422, 8332 Beschäftigte notiert, darunter natürlich auch Kurzarbeit!

Diese scheinbar schwachen Zahlen sind die eindrucksvollsten Belege für die Widerstandsfähigkeit des Werkes; sie stehen als stille Zeugen für die Geschäftspolitik gerade jener Jahre, die sich nicht damit begnügte, in zähem Verharren die alte Stellung zu verteidigen, sondern gerade in der allgemeinen Marktschwäche mit großer Beweglichkeit dazu übergegangen war, neue Aufgaben anzufassen. Freilich, man darf auch diese Zahlen nicht ganz ohne Kommentar nehmen: der Geschäftsbericht über 1930 etwa besagt: »Im Jahresdurchschnitt 1930 betrug denn auch die durchschnittliche Wochenarbeitszeit unserer Arbeiterschaft nur 39,1 Stunden, wodurch wir 1263 Arbeiter mehr beschäftigen konnten als bei 48stündiger Arbeitszeit.« Für 1932 war der Durchschnitt 38 Wochenstunden. Es ging also nicht ohne Opfer ab. Doch blieben sie bei den relativ erhöhten Bosch-Löhnen für den einzelnen erträglich. Der Rückblick aus den späteren Jahren, die im vorantragenden Rhythmus einer staatlich geförderten Konjunktur standen, hat, wenn man schon etwas wie Stolz und Befriedigung zeigen wollte, gerade diesen Jahren gegolten.

Und schon in jener Zeit selber wandte sich das Urteil gegen eine allzu pessimistische Beurteilung, vor allem gegen die Versuche, die Rationalisierung der Gewerbe, wie das im allzuschnellen Denken üblich geworden war, für den Einbruch der Massenarbeitslosigkeit verantwortlich zu machen. In einem nachdenksamen Vortrag über den

Die Bosch-Werkanlage in Stuttgart-Feuerbach, 1929

»Sinn der Technik« hat Karl Martell Wild die Gesamtlage so erläutert: »Deutschland hat nach dem Krieg und nach überstandener Inflation sehr schnell rationalisieren müssen, um nicht seine Ausfuhrmöglichkeit zu verlieren und dadurch an Beschäftigungsmöglichkeit einzubüßen. Wir haben zwischen fünf und sechs Millionen Arbeitslose, die heute gegenüber früher wohl bis auf den letzten Mann registriert werden. Wir haben gegenüber der Vorkriegszeit aber auch, und das wird fast immer außer acht gelassen, ebensoviel, d. h. fünf bis sechs Millionen mehr Erwerbstätige. Hätten wir also nicht diesen Zuwachs an Erwerbstätigen gegenüber der Vorkriegszeit, so hätten wir auch bei der heutigen Wirtschaftskrise und trotz Rationalisierung keine Erwerbslosen. Ohne Rationalisierung wäre ohne Zweifel die Arbeitslosenziffer höher als sie heute ist, weil wir eben dann unsere Ausfuhr wegen zu hoher Gestehungskosten verloren hätten.«

Freilich, rationalisiert haben mit technischem und auch wirtschaftlichem Erfolg zahlreiche Unternehmen, um dann doch, im Unterschiede zu Bosch, notleidend zu werden. Vielleicht liegt der tiefste Grund für die ungebrochene Sicherheit, mit der die Bosch-Werke durch diese Zeit hindurchkamen, in der *Finanzpolitik* des Hauses. Robert Bosch ist nicht als »Kriegsgewinnler« aus der großen Konjunktur herausgetreten, die, unerwünscht und unerbeten, der August 1914 für ihn eingeleitet hatte; er hatte in Stiftungen für das gemeine Wohl über zwanzig Millionen Mark hingegeben. Er konnte auch nicht Inflationsgewinnler größeren Stils werden; denn er arbeitete ja nicht mit fremdem Geld. Aber eben deshalb traf ihn auch die Deflation nicht wie so zahlreiche Betriebe, die ihre Expansion mit geliehenem Geld besorgt hatten. Außer der amerikanischen Drei-Millionen-Dollar-Anleihe von 1926 waren keine Verbindlichkeiten an Fremde, deren Verzinsung nun bei Rückgang der Einnahmen Beschwernis verursacht hätte. Nach den dividendenlosen Jahren der hohen Inflation waren für die Geschäftsjahre 1924 und 1925 8% beschlossen; die Auszahlung des anfallenden Betrages für 1925 wurde aber, da man über die Entwicklung unsicher war, bis 1929 und 1930 zurückgestellt. Von 1926 bis zum Geschäftsjahr 1932 einschließlich wurde überhaupt keine Dividende ausgeschüttet, wiewohl, von den Verlustjahren 1926 und 1931 abgesehen, einige der Jahre sehr stattliche Erträgnisse aufwiesen. Aus den Überschüssen wurde die 1926 beschlossene »Bosch-

Hilfe« regelmäßig dotiert, dann neben der gesetzlichen (4 Millionen RM) eine Sonderrücklage von 5 Millionen RM geschaffen. Das Hauptziel blieb Werkerneuerung und Werkerweiterung; im Rahmen des Möglichen wurden die Anlagen, zumal der Maschinenpark, scharf abgeschrieben, so daß man gegenüber technischen Umstellungen keine Verlegenheit durch alte Belastungen erfuhr.

Bosch konnte diese allein dem Wohl und der Flüssigkeit des Unternehmens zugedachte Politik um so mehr durchführen, als er den Aktienbesitz unter Rückerwerb früherer Beteiligung der Mitgründer oder ihrer Erben wieder an sich gezogen hatte. Seine Generalversammlungen kannten keine Bankvertreter oder Oppositionsgruppen. Wohl galten auch für ihn die Spielregeln des Aktienunternehmens, aber sie waren im Wesenhaften denaturiert. Denn, so interessant für die Wirtschaftspolitiker die Bilanzen und Geschäftsberichte eines so großen Betriebes in den offenen Darlegungen sein mußten – das Werk stand eigentümlich fremd zwischen der Unruhe der Bank- und Börsenwelt und lebte aus einer eigenen Art von Gesetzlichkeit, die eben die Natur ihres Schöpfers war.

Im Frühjahr 1932 fühlte Robert Bosch das Bedürfnis oder die Pflicht, sich mit den sozialen und wirtschaftlichen Erscheinungen der Weltkrise auseinanderzusetzen. Das geschah durch die Schrift: »*Die Verhütung künftiger Krisen in der Weltwirtschaft*«. Es war eine größere Abhandlung vorangegangen für das Sammelwerk von Davis-Lüdecke, der er kühn den Titel gab: »Die Lösung der sozialen Frage.« Aber diese Arbeit, in der er sich zu der Fortschrittsleistung eines sich selber zähmenden Kapitalismus bekennt, sich zugleich den tiefen Grimm über Oswald Spenglers pessimistische Beurteilung der Technik von der Seele wegschreibt und das Fehldenken des Lassalleschen »ehernen Lohngesetzes« dartut, hatte ihn offenbar selber nicht ganz befriedigt. Denn er nahm einzelne Motive, die darin anklingen, in den breiteren Zusammenhang der größeren Schrift erneut auf und gab ihnen eine gewisse systematisierte Stelle. Der Betrachtung ist folgende Zielsetzung vorangestellt: »Sie soll darlegen, daß die Fortschritte in der Entwicklung der Technik im vollen Umfang des Wortes dazu dienen, der Menschheit die größten Dienste zu leisten. Der Technik, die dazu bestimmt und in der Lage ist, der gesamten Menschheit ein Höchstmaß an Lebensmöglichkeit und Lebensglück zu verschaffen. – Sie will zeigen, daß der soziale, der Klassenkampf unsinnig ist, und daß er nur dazu dient, den Lebensstandard zu kürzen. Sie will darauf hinweisen, daß Freihandel das Lebensniveau der Erdenbewohner hebt, Schutzzoll aber, im Gegensatz dazu, jeden Menschen, und sei er von der Zivilisation auch noch kaum berührt, eines Teils seiner Lebensmöglichkeiten beraubt. – Als letztes aber und nicht zum wenigsten will sie darauf hinweisen, daß schon eine Änderung in der inneren Einstellung des Menschen zum Menschen und der Völker untereinander eine grundlegende Änderung im Weltgeschehen herbeiführen kann.«

Das Ziel war also hoch genug gesteckt. Doch hat der Schriftsteller Bosch einen geringeren Erfolg gehabt als der Industrielle. Man wird schon sagen dürfen, daß ihn das ärgerte. Konnte nicht die »Frankfurter Zeitung«, konnte nicht der »Deutsche Volkswirt«, wie er das gerne gesehen hätte, die Abhandlung, wenn auch mit Fortsetzungen, abdrucken und sich dann mit seinen Theorien befassen? Daß der Journalismus in der Straffung und in der Rhythmisierung der Beiträge eigenen Gesetzen zu folgen hat und vor dem für seine Bedürfnisse unförmigen Konvolut in einiger Verlegenheit stand, wollte Bosch nicht recht in den Kopf. Er fühlte sich von denen, mit deren Unterstützung oder doch sachlichen Auseinandersetzung er gerechnet hatte, im Stiche gelassen. Warum wollte man ihn nicht hören? Fand man, daß seine Offenheit in einigen Fragen zu unzeitgemäß wirkte? Die Arbeit wurde als Privatdruck verschickt, auch in einer englischen und französischen Übertragung; daß ihm wenigstens einige führenden Wissenschaftler wie Carl Bosch, wie Köttgen ihre Zustimmung aussprachen, vermerkte er gelegentlich mit sachlicher Zufriedenheit und nahm es hin, daß die Arbeit »in den Tageszeitungen keine Beachtung fand«, wie er im Juni 1933 notierte.

Die merkwürdige Schrift ist eine eigentümliche Mischung von persönlichem Bekennertum und kühler, nüchterner Argumentation. Sie beginnt mit einer Apologie der Technik und der Wissenschaft, die das durchschnittliche Lebensalter des Menschen so sehr erhöht, die überaus starke Vergrößerung der Bevölkerung eingeleitet haben und mit den Verkehrsmitteln die Hungersnöte aus der Welt vertrieben hätten, wenn nicht »die Torheit der Menschen« diese Möglichkeit verhinderte. Diese Torheit, eine der althergebrachten Geiseln der Menschheit, ist der Neid zwischen den Einzelmenschen wie zwischen den Völkern. Er führt unmittelbar zur Schutzzöllnerei: »Der nach dem Krieg so üppig ins Kraut geschossene Nationalismus schreit nach Autarkie, nach Selbstversorgung.« Und nachdem die Thesen des Freihandelsarguments dargelegt sind: »Der Schutzzoll ist, unvoreingenommen betrachtet, ein Hemmnis für die Weltwirtschaft, wie es schlimmer keines geben kann.« – »Autarkie würde Deutschland aus der Reihe der fortschrittlichen Länder streichen.« Sie würde möglich sein, wenn Deutschland in Kleinbauernstellen aufgeteilt würde, auf denen das Volk »recht und schlecht armselig sich ernähren könnte«. Mit Deutschlands führender Stellung in der Wissenschaft – 50% der Nobelpreisträger gehören ihm an – wäre es vorbei. Und dem Verlust der Freizügigkeit der Ware würde der wechselseitige Ausschluß der Menschen folgen, und das in einer Zeit, da der Erdball durch die technischen Fortschritte kleiner geworden ist. »Wir müssen uns dem Freihandel hingeben.« Bosch spürt, daß es »merkwürdig erscheinen mag, heute auch nur davon zu reden«, da man nie weiter von ihm entfernt war. »Aber dieser Zustand ist gerade mit an der Weltkrise schuldig« – der Betrachter glaubt, Stimmen der Erkenntnis auch im hochschutzzöllnerischen Amerika vernehmen zu können.

An der akuten Krise ist nicht der Weltkrieg allein schuldig. Daß ein Krieg Warenhunger hinterläßt, der dann eine überstarke Konjunktur erzeugt und mit einem Rückschlag endigt, ist wohl ein typisches Bild der Geschichte. Aber in und nach diesem Krieg hat sich durch seine Dimensionen nicht nur überall die Zahl und Größe der Produktionsstätten gemehrt, sondern die gleichzeitige »Vervollkommnung der Warenerzeugungsmittel«, über deren Stand sich die Menschheit noch gar nicht bewußt ist, hat die Sachlage im Grunde geändert. Man kann in der bisherigen täglichen Arbeitszeit alle Arbeitsfähigen nicht mehr beschäftigen. Aber es handelt sich darum, möglichst alle in Arbeit zu halten. Denn »die Beschäftigungslosen müssen verkommen, körperlich und seelisch«. Das Radikalmittel heißt: Herabsetzung der industriellen Arbeitszeit von acht auf sechs Stunden – in einer früheren Betrachtung, die diese Schrift präludierte, hat Bosch die Möglichkeit von fünf Stunden angesetzt. Und zwar muß der Kapitalismus in der Lösung dieser Frage vorangehen, er muß »sich anpassen«. Denn sonst wird man ihn mit Recht verantwortlich machen, und die Gegenwehr kommt mit Naturnotwendigkeit. »Unhaltbar« ist die Meinung, der Vervollkommnung der Technik die Schuld zuzuweisen; es ist Unsinn, sie, die den Menschen von so viel Last und Mühe befreit hat, als Unsegen anzuprangern. Man muß nur aus den Tatsachen, die sie geschaffen hat, die zweckvollen allgemeinen Folgerungen ziehen.

Zu diesen Folgerungen rechnet Bosch die Abkehr von dem wirtschaftlichen Nationalismus, die Einschränkung des Völkerkampfes auf einen »anständigen Wettbewerb«, die Freizügigkeit des arbeitenden Menschen, die Anerkennung der individuellenLeistung. Mit dem »sozialistischen Staat« können Weltkrisen auch nicht verhindert werden. Mit einiger Skepsis spricht Bosch von der Eignung der Menschen, »lediglich aus innerem Antrieb, aus Verantwortungsbewußtsein und Gemeinsinn ihre Pflicht zu tun« ... »Der Mensch arbeitet nur unter Zwang«, aber, setzt der Verfasser hinzu: »Es ist noch nicht einmal notwendig, daß es viele Stunden am Tage sind.« Wenn die Sozialisten von einer Weltwirtschaftsplanung reden, so ist der Wunsch nach solcher Planung schon verständlich. Aber wer soll planen? »Schon eine staatliche Wirtschaftsplanung taugt nicht. In einem Beamtenstaat fehlt die persönliche materielle Verantwortung, und nur diese läßt eine Höchstleistung erwarten.«

Unter den »Maßnahmen« steht also an der Spitze die Senkung der Jahresarbeitszeit von durchschnittlich 2400 auf 1800 Stunden. Das braucht nicht schematisch zu gelten, sondern soll nur eine Richtlinie sein. Kontinuierliche Betriebe können sich passende Fristen für den Schichtwechsel errechnen. Bosch hatte, da er ja als Spezialist für Arbeitszeitfragen galt, zehn Jahre zuvor dem Reichswirtschaftsrat ein Gutachten über den Achtstundentag erstattet; damals lag der Nachdruck auf einer anderen Fragestellung, der durchschnittlichen Arbeitsleistung. Jene Betrachtung hatte zwischen den intensiv an der Maschine Arbeitenden und den Beschäftigungskategorien der bloßen Bereitschaft scharf geschieden und einer gewissen Elastizität innerhalb der Betriebe oder bei den verschiedenen Gewerben das Wort geredet. So schränkt er auch hier ein: möglich, daß der Sechsstundentag erst durchführbar nach einem Weltabkommen, nach europäischer Abrede, vielleicht mag man ihn auch national versuchen oder in einzelnen Bereichen. Es würde immerhin besser sein als der heutige Zustand (mit Millionen-Arbeitslosigkeit in der ganzen industriellen

Welt). Schroff lehnt Bosch den Einwand ab, »den namentlich Studierte, sogenannte Höherstehende machen«: Der Arbeiter wisse mit der größer gewordenen Freizeit nichts anzufangen. Das hatte man vor dem Übergang zum Achtstundentag auch gesagt! Er wird das schon lernen, wie er sich auch vom Fusel getrennt hat, der ehedem der Begleiter einer überlangen Arbeitszeit gewesen.

Kürzung der Arbeitszeit bezweckt »neben der moralischen Wirkung« die Beschäftigung aller, die Schaffung höherer Kaufkraft. Die Lohnhöhe an sich ist nicht entscheidend. Vollbeschäftigung beseitigt zunächst die Abgabe für Arbeitslosenunterstützung; es ist auch im Krankenkassenwesen bei guter Verwaltung viel einzusparen, entscheidend ist die Herabsetzung der Warenpreise. »Das Verhältnis Lohnhöhe – Warenpreis ist ausschlaggebend.« Da in zahlreichen Gewerben der Lohn einen starken Anteil an den Gestehungskosten besitzt (im Kohlenbergbau etwa 50%, in der Fertigindustrie 25%), ist Schaffung neuer Kaufkraft durch Lohnerhöhung »nur sehr bedingt möglich«. Denn diese wandert ja in den Preis ab. Für die unbedingt erforderlich werdende Senkung des Warenpreises stehen zum Glück noch andere Möglichkeiten zur Verfügung: »Senkung der Unkosten beim Verkauf«, »bessere Organisation der Erzeugung, und zwar über Kartelle.«

Das Ausmaß der Werbung ist für Bosch »nüchtern betrachtet« ein »Unfug«, die Erleichterung des Verkaufs nur sinnvoll, wo sie wirtschaftlich berechtigt – auch ihm sind wie so manchen Kritikern die vielen Zigarrenläden anstößig –, die Spanne zwischen Einkaufs- und Verkaufspreisen erscheint »viel zu hoch«. Der Betrachter glaubt, daß mit einer Umstellung im Vertriebsapparat, auch mit seiner Bereinigung, die Warenpreise um 15% gesenkt werden können. Dazu nun die Kartellierung der einzelnen Gewerbe, freilich nicht um Preise festzusetzen, die auch den minderen Betrieben das Dasein sichern (und den guten die Kartellrente sichern), sondern um die zurückgebliebenen Betriebe auszumerzen. Dann können die guten ihre Kapazität voll ausnutzen, d. h. am billigsten liefern. Doch kein »Gildensozialismus«, der mit hohen Arbeiterlöhnen und hohem Unternehmernutzen der Losung folgt: »Alles auf Kosten des Verbrauchers.« Diese Kartelle müssen planen und den Markt studieren, sie müssen besorgt sein, daß ihre Mitglieder »fabrikatorisch auf der Höhe bleiben« und voll ausgenützt werden. Deshalb weist ihnen Bosch – und hier ist eine Abweichung von seinem alten Bekenntnis zum freien Wettbewerb spürbar – auch die Pflicht zu, »darüber zu wachen, daß nicht unnötigerweise neue Anlagen errichtet oder alte vergrößert werden«. Das Kartell, um seine Pflicht nicht zu vernachlässigen, muß überwacht werden. Durch wen? Vielleicht durch ein von den Abnehmern geschaffenes Gebilde, sicher nicht von einem paritätisch aus Arbeitern und Unternehmern zusammengesetzten Organ. Und da taucht bei Bosch doch der Beamte auf, den er als Planer und Führer der Wirtschaft verwirft, aber hier als Prüfer am rechten Platz findet: »Die einzige Notwendigkeit ist Sachkenntnis.« »Der Beamte muß unabhängig sein.« Eine obere Instanz mag eingerichtet werden, »wenn ein Kartell gegen den Bescheid des Prüfers angeht«.

Und nun noch das Allgemeine: die Ausmerzung des Klassenkampfgedankens. Es wird schon mit der weiteren Kürzung der Arbeitszeit viel von der Bitterkeit, die heute besteht, wegfallen. Dann aber, wenn die Produktivität mit der Verbesserung der maschinellen Verfahren wächst, kommt der Augenblick, wo der Unternehmer »doch im Arbeiter, im Erzeuger, auch den Verbraucher sehen und pflegen muß«. Der Wirtschaftsführer, auf dem die Verantwortung für den Gang der Geschäfte, für das Funktionieren der Weltwirtschaft ruht, hat kein Interesse daran, die Löhne niedrig zu halten. Daß der Plan nicht als Utopie erscheine, dazu bedarf es freilich einer Wiederherstellung des Vertrauens und einer Sanierung des öffentlichen Haushalts wie der Zinssenkung für die Auslandsdarlehen – sonst fehlen die erforderlichen Mittel. Die zivilisierte Welt hat »eingesehen, daß es so nicht weitergehen kann. Da ist doch zu hoffen, daß auch die Politiker einmal einlenken werden.« Wir müßten, meint Bosch – es ist der März 1932 – »durch Einigkeit im Innern Vertrauen bei den andern Völkern erlangen«. »Sind unsere politischen Verhältnisse einmal geordnet, dann kann mit vollem Recht gesagt werden: Nun geht es wieder aufwärts, und dann wird es auch der ganzen Menschheit möglich sein, einmal mit Befriedigung festzustellen, daß das Maschinenzeitalter letzten Endes für das Menschengeschlecht zum Segen geworden ist.«

Die Beurteilung dieser Schrift von Bosch wird nicht übersehen, daß der Blickpunkt bei der Erforschung der Weltkrise etwas zu ausschließlich auf den Sektor der großindustriellen Massenerzeugung gerichtet bleibt, daß die landwirtschaftliche Problematik außer acht gelassen wird, und daß Bosch an der staatlichen Regulierkraft für die Wirtschaft vorbeiblickt, wie sie im öffentlichen Auftragwesen, in der Währungsmanipulation und Diskontpolitik doch schon seit einer Reihe von Jahren international erörtert und mit wechselndem Erfolg praktiziert wurde. Man wird vielleicht vermissen, daß auch der Fragenkreis nicht aufgenommen ist, der die Entwicklung neuer gewerblicher Stoffe im Zusammenhang mit der Devisenpolitik umschreibt und der manche der alten Formungen des Freihandelsarguments von der technischen Seite her entwertet. Das Wesentliche der Schrift steckt in der Stoßkraft, mit der die Arbeitszeitverkürzung als Mitte der Aufgabe angefaßt wird, nicht nur als eine vorübergehende Maßnahme begriffen, mit der man sich selber im Betrieb durchgeholfen hatte, sondern als sozial erstrebenswerter, ja durch den technischen Rationalismus der erleichterten Gütererzeugung geradezu geforderter Dauerzustand. Der Glaube an die menschheitsbeglückende Sendung der Technik, an die erziehende und fördernde Wirkung des Freihandels wirken im Rückblick aus der Atmosphäre, die ein Jahrzehnt später herrschte, wie der Abschiedsgesang eines verjährt erscheinenden sozialen Liberalismus, als solcher von einer menschlich großartigen Eindeutigkeit.

Bosch selber blieb bei seiner inneren Haltung. Ein Geschäftsfreund hatte ihm, als die Verhältnisse sich änderten und der Mangel an Arbeit durch Mangel an Arbeitern abgelöst wurde, die Frage vorgelegt, wie er denn selber jetzt von seiner damaligen Schrift denke. Über diese Auseinandersetzung berichtete Bosch am 6. Februar 1940 – also schon im neuen Krieg – an den befreundeten Eugen Diesel: »Ich sagte ihm natürlich, jetzt erst recht. Es hat mich aber doch selber interessiert, meine Schrift wieder zur Hand zu nehmen, und nachdem ich sie gelesen habe, sage ich natürlich, wie übrigens auch Herr Walz sagte, dem ich davon sprach, jetzt erst recht, und in verhältnismäßig kurzer Zeit wohl um so mehr.«

Der Bosch-Konzern

Der Geschäftsbericht für das Jahr 1925, der am 13. August 1926 vorgelegt wurde, war von elf (ordentlichen und stellvertretenden) Vorstandsmitgliedern unterzeichnet. Wenige Monate später erschien eine Mitteilung über die Umgestaltung der Geschäftsleitung: sie sollte künftig nur mehr aus drei ordentlichen Mitgliedern (Fellmeth, Walz, Wild) und drei stellvertretenden (Gutmann, Rall, Raßbach) gebildet werden. Auch die Zahl der Prokuristen wurde verringert. Diese »organisatorische Maßnahme« wurde in die allgemeine, damals scharf betriebene Einsparungs- und Rationalisierungstendenz eingebettet.

Sie war aber doch auch noch anderes. Denn die Männer, die jetzt ausschieden, waren zum Teil mit der Geschichte und dem Aufstieg des Werkes aufs engste verknüpft gewesen. Heins hatte die frühe amerikanische Position gehalten, Hugo Borst war die führende Kraft in der Durchgestaltung der innerbetrieblichen kaufmännischen Organisation und beim Aufbau des deutschen, des weltweiten Vertretungssystems gewesen. Boschs Verhältnis zu dem Neffen hatte eine Trübung erfahren, über deren letzte Verursachung aus den Quellen, den Niederschriften, den Erzählungen eine überzeugende Klarheit nicht zu gewinnen ist. Ob Bosch argwöhnte, Borsts vielseitige Interessennahme, sein bedeutendes und anregendes Mäcenatentum gegenüber der zeitgenössischen Malerei und Plastik, seine gepflegte Bibliophilie, könnte ihn der Firma, die jetzt vor so wesentlichen Aufgaben stand, entfremden? Der Tod von Honold und Ulmer, die auch mit von Anfang dabei gewesen waren, hatte im Direktorium die alte Intimität etwas gelockert. So überquerten sich einige Spannungen; eine Zeitlang mochte es möglich sein, sie aufzuheben, wenn Borst mit Sonderaufträgen in den Aufsichtsrat träte. Bosch, in einer sich verhärtenden Unzugänglichkeit, wies alle Mittlerversuche ab. Schroff entschloß er sich, sich von Hugo Borst, auch von dem anderen Neffen, Hermann Bosch, zu trennen.

Der Erwerb des Acro-Motors und die Entwicklung von Pumpen und Düsen für den Schwerölmotor waren von grundsätzlicher Bedeutung gewesen: man wollte und mußte in der Fertigung von Zündvorrichtungen für Fahrzeugmotoren die Führung behalten. Der Erfolg rechtfertigte die Kosten und die Mühen. Bosch hatte, wie schon früher bei den Ölern, mit den Einspritzpumpen die Elektroapparatur verlassen, auf der sein Ruf ruhte. Doch blieb er im Rahmen jenes Gesamtprogramms, den Fahrzeugen, den Flugzeugen das »Zubehör« im weitesten Sinn zu liefern. Dabei war ständige Wandlung das ewige Gesetz. Der Übergang zur Batteriezündung, dem die Eigenfabrikation von Batterien folgte, schuf neue Aufgaben. Die wachsende Geschwindigkeit des durchschnittlichen Fahrens führte zur Vervollkommnung der Bremsvorrichtungen. Die Scheinwerfer erhielten bei wachsender Kraft verfeinerte Abblendungen; eigene Durchbildungen dienten dem Mann am Steuerrad, wenn Nebel unerwünschte Gefährdung brachte. Man blieb auch für die Bequemlichkeit besorgt: aus dem geschlossenen Wagen konnte bei Nacht der Bosch-Innenlenk-Sucher Aufschriften usf. ableuchten. Eine Sicherung gegen Diebstahl wurde entwickelt. Und auch die Erwärmung der Wagen war nicht vergessen worden.

Dann tauchen in den Geschäftsberichten und in den Aufsätzen des »Boschzünders« Apparate auf, die aus einer ganz anderen industriellen Welt stammen: 1928 werden *Spinnpumpen* für die Herstellung von Kunstseide erwähnt, 1932 ist man in der Lage, von einem Hammer und anderen Geräten zu erzählen; mancher mag zunächst gelächelt haben, darunter auch Haarschneidemaschinen zu finden. Ein Gasschalter wird angekündigt. Es ist bald von Radioteilen die Rede und von einem Kühlschrank, von Arbeiten in der Kinotechnik und von Versuchen über das Fernsehen. Das Bild der Gesamtunternehmung erfährt einen tiefen Wandel.

Worin liegen die Motive dieser Expansion? In der Werksgeschichte von 1936 steht mehrmals beim Beginn neuer Abschnitte die etwas stereotype Floskel: »auf der Suche nach neuen Erzeugnissen.« Man war 1926 mit der organisatorisch-technischen Umstellung auf Mengenfertigung in Schwung gekommen, hatte aber im eigentlichen Arbeitsgebiet eine Verschlechterung der Geschäftslage in Kauf nehmen müssen. Da hielt man Ausschau, wie man die vergrößerte Kapazität der Anlagen ausnutzen und der Gefolgschaft den Arbeitsplatz sichern könne. Die Anregungen kamen zum Teil von außen: nichts fast selbstverständlicher als dies, daß, mehr noch als ehedem, einem Unternehmen wie Bosch sich Erfinder und Konstrukteure näherten. So war es mit der *Spinnpumpe für Kunstseide*; im Grunde eine feinmechanische Arbeit, die ähnliche Genauigkeiten erforderte, wie sie in den Vorstudien für das Acro-Motor-Zubehör erprobt waren. Die Kunstseide-Industrie war damals in einer starken Entfaltung, Bosch konnte also mit einer guten Abnahme rechnen. Aber die Sache blieb doch nur eine kurze Episode. Als, Wirkung der Weltdepression, die Nachfrage nachließ, verzichtete man auf diesen Artikel; das war um so leichter möglich, als das Ölerwerk, wo die Pumpen bearbeitet wurden, mit den immer stärker einströmenden Aufträgen für Dieselmotoren vollauf beschäftigt war.

Äußerst wichtig nun wurde der Entschluß (1927), an die Fertigung von *Handwerkzeug* heranzugehen; doch erst nach Jahren kam man damit auf den Markt, um binnen kurzem eine führende Stellung zu erobern. Die Aufgabe war, dem beweglichen Handwerkzeug fremde Kraft zuzuführen, um die Kraftanstrengung des arbeitenden Menschen herabzusetzen oder ganz einzusparen; dessen Bemühung beschränkte sich dann auf die zweckentsprechende und aufmerksame Führung des Gerätes. Als Kraftquelle dienten Preßluft oder Elektromotoren. In Stuttgart hatte die Firma Fein, deren Begründer ein so vielseitiger Anreger in der Frühzeit der Elektrotechnik gewesen war, sich auf Elektrowerkzeuge, zumal für den Hoch- und Tiefbau, spezialisiert. In der Fabrikation wurden auch bei Bosch schon Elektrowerkzeuge benutzt; man war also in der Lage, bei deren Handhabung Erfahrungen zu sammeln. Solche Handkraftwerkzeuge waren für umlaufende Bewegungen (Bohren, Einschrauben, Schleifen) wie für geradlinige (Hämmern, Nieten, Scheren usf.) zu schaffen; sie waren vielfach schon im Gebrauch, oft in der Weise, daß das Handwerkzeug durch eine biegsame Welle mit dem Antrieb des Motors verbunden war. Bei Bosch legte man von Anbeginn Wert darauf, den Motor in den Handgriff des Werkzeugs selber zu verlegen. Das bedeutete, um des Gewichtes willen, eine höchst minuziöse Arbeit, um so mehr als Vorkehrungen notwendig waren, die den Anschluß der Apparatur an eine beliebige Kraftquelle, gleichviel ob Dreh- oder Gleichstrom, gestattete.

Die biedere Haarschneidemaschine Forfex, deren Vertrieb man der Eisemann-Tochtergesellschaft übergab, wirkt, blickt man auf die wei-

Robert Bosch auf der Berliner Automobil-Ausstellung 1931

tere Geschichte dieser Abteilung, wie ein scherzhaftes Präludium zu einer sehr gewichtigen Sache, die ihren festen und kräftigen Rhythmus erhielt, als Bosch 1931 von einer schwedischen Firma einen *Elektrohammer* mit Drallgetriebe zur Alleinfertigung erwarb und sich mit der Firma *Ernst Heubach & Co.* in Berlin verständigte, die ihm eine Anzahl von Patenten für Elektrowerkzeuge mit Hochfrequenz abtrat. Heubach hatte hier sehr wichtige Vorarbeit geleistet. Die Ausweitung seines Absatzes mußte begrenzt bleiben, da sein verhältnismäßig junger Spezialbetrieb einer umfassenden Verkaufsorganisation entbehrte.

Bosch erschien im Herbst 1931 auf der Technischen Messe in Leipzig mit den neuen Artikeln, und es ergab sich, daß, ähnlich wie bei der Automobil-Ausstellung, erwartet wurde, daß er auch künftig an Neuerungen und Überraschungen nichts schuldig bleibe. Steinhart, ein Mann aus Honolds Schule, sorgte in einfallsreicher Beweglichkeit, daß die Meinung bestätigt wurde. War das, was die Firma brachte, zunächst auch nichts grundsätzlich Neues, so empfahl es sich doch sofort durch die eingängige Handlichkeit, die hohe Leistung und durch die Preisgestaltung. Denn wiewohl damals der Wirtschaftshimmel ziemlich düster verhangen war, hatte man sich in der fabrikatorischen Zurichtung gleich auf Mengenfertigung eingerichtet, in der optimistischen Rechnung, daß gerade diese neuen technischen Hilfsmittel dazu beitragen müßten, Arbeitsleistungen zu erhöhen und zu beschleunigen und damit die Gestehungskosten für ein Einzelstück in den Betrieben zu senken. Der Kundenkreis war unübersehbar: in den Großbetrieben der Maschinenindustrie wie der Holzbearbeitung, in der Bauwirtschaft, bei Werften und Flugzeugfabriken, im Edelmetallgewerbe und der Glasbehandlung (Gravieren) würde man nach solchen Menschenkraft sparenden und zugleich präzis arbeitenden Apparaturen fragen! Aber auch der kleine Handwerker, wenn er nur einen Stromanschluß besaß – und inzwischen besaß so ziemlich jeder einen solchen –, fühlte sich angesprochen, seine Werkzeuge zu ergänzen. Reihte man das Elektrowerkzeug in die große Folge des allgemeinen Rationalisierungsprozesses ein, dem es zugehört, so sollte und würde doch die Heimat seiner Zukunft nicht bloß die weite Werkhalle mit Förderschienen und Fließbändern sein, sondern ebenso die Werkstatt mit ein paar Gehilfen.

Zwei Reihen von Werkzeugen kommen in Frage: solche für Gleichstrom und Einphasenwechselstrom (»Universalmotor«) und solche für Drehstrom erhöhter Frequenz (»Hochfrequenz-Werkzeuge«). Die Werksgeschichte von 1936 zählt für die erste Gruppe auf: »Handmotoren, Gravierer, Schrauber und Schleifer, Polierer, Blechscheren und Hämmer; als Forfex-Geräte stellen wir in der Hauptsache Haarschneidemaschinen, Teppich- und Tierscheren her. Das Gebiet der Hochfrequenz-Werkzeuge umfaßt wesentlich Werkzeuge höherer Leistung, Bohrmaschinen, Schrauber, Gewindeschneider, Tellerschleifer, Polierer und Blechscheren in verschiedenen Größen.« Hinter dieser Aufzählung verbirgt sich eine mühevolle Arbeit. Denn es gab auch Enttäuschungen, zumal mit dem Hammer, den man von der A. B. Nordiska Armaturfabrikema erworben hatte: er mußte, so geistreich er in seiner Anlage ersonnen war, in seiner elektrischen Zurüstung völlig überarbeitet werden. Schließlich, nach Jahren, war man auf diesen Bosch-Hammer sehr stolz, weil er in der Schlagkraft wunderbar auf das Material abgestellt werden konnte, im eigentlichen Sinn ein Schlagbohrer für Gestein und Beton, auch zum Meißeln, Stampfen usf. verwendbar, bei der Metallbearbeitung zum Nieten und Meißeln, ein technisches Kunstwerk, das doch einfach und handgerecht gebaut sein mußte für die rauhen Arbeiten, denen es zu dienen hatte. Der Export setzte verhältnismäßig frühe ein; denn nach dem Vorgang von Amerika und Deutschland folgten jene Industrieländer, die zunächst nur zögernd die Rationalisierung mitgemacht hatten, stärker mit arbeitsparenden Verfahren. Eine Betrachtung des »Boschzünders« aus dem Jahre 1938 konnte anmerken: »Unsere Firma ist in wenigen Jahren zur größten Elektro-Werkzeugfabrik des Kontinents herangewachsen ...«

Dieser Fabrikationszweig wurde und blieb eine Abteilung des Stammhauses; die wichtigsten Werkzeuge erhielten den Namen der Firma vorangesetzt. Das geschah auch mit dem hauswirtschaftlichen Gerät, das 1929 als Aufgabe angepackt wurde und bei der Leipziger Frühjahrsmesse 1933 marktreif war: dem *Bosch-Kühlschrank*. Die Überlegung, die zum Beschreiten dieses neuen Weges führte, war ziemlich einfach. Man sah, wie die Technisierung den Einzelhaushalt ergriff. Amerika gab auch hier, aus seiner Sonderlage heraus, das Beispiel, die übrige Welt folgte. Aber noch haftete an dem elektrischen

Gerät im Haushalt, dessen sich auch die führenden deutschen Firmen angenommen hatten, ein wenig vom Charakter des Luxus: Staubsauger, Kühlschränke und dergleichen sind etwas für die reichen Leute mit den vielen Teppichen und den großen Vorräten! Und blickte man auf die Preise für solche Artikel, so konnte man die Begrenzung des Absatzes ungefähr berechnen. Es war das Ziel von Bosch, diese Grenze auszuweiten und so etwas zu schaffen wie den Kühlschrank des kleinen Mannes: das Gerät sollte in einer engen Küche seinen Platz finden, billig sein und doch genügenden Fassungsraum haben. Man wählte für den ersten Typ eine Trommelform mit 60 Litern, ging aber nach einigen Jahren, von der Nachfrage veranlaßt, dazu über, zwei weitere Größen mit 90 und 120 Litern Fassungsvermögen, nun in der üblichen eckigen Form, herauszubringen. Das Grundsätzliche des wärmetechnischen Verfahrens lag fest. Die Schwierigkeiten steckten in der Aufgabe, die Einzelteile der komplizierten Kühlapparatur einer Mengenfertigung anzupassen, damit die erstrebte Preispolitik durchgeführt werden könne. Die Spezialisten haben Jahre hindurch an dem Schrank herumexperimentiert und manches Lehrgeld zahlen müssen, bis sie auch auf diesem Gebiet sicher geworden waren. Die Kühlmaschine und das Schrankgehäuse wurden in der Fertigung später getrennt; die Kühlmaschine entwickelte sich als Sonderlieferung zum ganz beachtlichen Ausfuhrartikel.

Folgenreicher und industriepolitisch interessanter wurde ein zweiter Ausflug in die Hauswirtschaft zum *Gasschalter*; er führte darüber hinaus zu gastechnischen Erzeugungen für gewerbliche Betriebe, denen Gas als Kraft- und Wärmequelle dient. Ein Konstrukteur hatte der Firma 1926 ein zündsicheres Gasventil angeboten. Beim Erlöschen der Flamme sollte selbständig ein weiteres Ausströmen des Gases aufhören. Man sah sich das Modell gründlich an, konnte sich aber von der Brauchbarkeit der Lösung nicht überzeugen. So blieb die Sache einige Jahre liegen. Doch die Lockung, mit einer Aufgabe, um die sich schon so viele gemüht hatten, auf eine bessere Weise fertig zu werden, verschwand nicht völlig. Also griff man 1929 auf den Plan zurück. Alfred Meyer, der sich schon 1926 damit gemüht hatte, war die treibende Kraft. Würde etwas Gutes herauskommen, so konnte mit einem or-

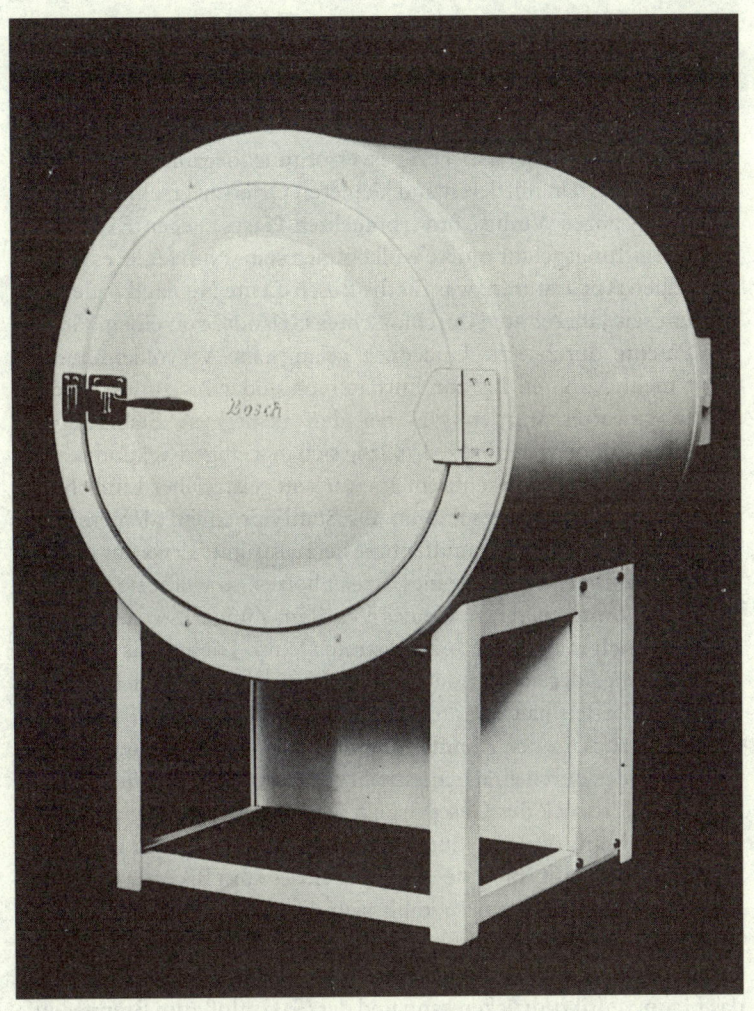

Der erste Bosch-Kühlschrank auf der Leipziger Messe, 1933

dentlichen Absatz gerechnet werden. Der Wettbewerb zwischen den Gas- und den Stromlieferanten, mochten auch beide öffentliche Körperschaften sein, kam in Blüte und schuf erleichterte Bezugsbedingungen; kaum ein Neubau, in dem nicht die entsprechenden Geräte angebracht wurden. Die Ferngasversorgung begann, einen neuen Markt auch in den mittleren und kleineren Orten zu erschließen. Eine Sicherung gegen Verlust unverbrauchten Gases, gegen Explosions- und Vergiftungsgefahr mußte willkommen sein. Nun fehlte es ja nicht an solchen Apparaturen: was für die Bosch-Leute Neuland bedeutete, war ein seit Jahrzehnten durchforschtes Gelände, von einem Gehege der Patente durchsetzt. Und doch gelang eine Vervollkommnung: nicht mehr Minuten bis zur Entflammung oder bis zum Erlöschen mußte gewartet werden wie bei den bisherigen Sicherungsapparaturen, sondern der Prozeß vollzog sich in wenigen Sekunden. Das Prinzip des Zündflammenbrenners war von geistreicher Einfachheit. »Er enthält eine Spreizmembran aus Stahl mit einem kleinen Loch, aus dem das Gas für die Zündflamme herausströmt. Erwärmt man die Membran mit der Flamme eines Streichholzes, so wölbt sie sich nach außen und öffnet dabei ein kleines Ventil im Zünder, so daß jetzt Gas aus dem Loch in der Membran austreten kann. Dieses Gas ergibt die Zündflamme, deren Wärme die Membran gewölbt und damit das Zündventil offen hält. Dadurch, daß das Gas frei ausströmen kann, fällt der Druck in der Zündleitung und in der einen Kammer eines Gehäuses, das durch eine Ledermembran in zwei Kammern unterteilt ist. Der Netzdruck des Gases drückt dann nur mehr einseitig auf die Ledermembran, öffnet dadurch das Hauptventil, das auf der Membran sitzt, und gibt somit den Weg des Gases zum Brenner frei. Beim Erlöschen der Zündflamme kühlt sich die stählerne Zündmembran wieder ab, das Zündventil schließt sich, und der Druck zu beiden Seiten der Ledermembran gleicht sich wieder aus, so daß eine Feder das Hauptventil zudrücken kann und der Gaszufluß zum Brenner aufhört.« So die Werksgeschichte von 1936.

Wie würde sich die Industrie für Gasgeräte zu diesem Vorstoß der Bosch-Werke in ein neues Gebiet stellen? Ihr führender Kopf war Professor Hugo Junkers in Dessau. Der geniale Konstrukteur hatte sich seit vielen Jahren dem Flugzeug zugewandt und dessen Bau durch revolutionäre Kühnheit aufs stärkste beeinflußt; sein erfinderischer und gewerblicher Beginn aber lag beim Gasgerät. Die Firma *Junker & Co.* (»Jco«) war in der schwankenden Unruhe seiner Unternehmungen eine verhältnismäßig fest gegründete Sache geworden und geblieben; sie hatte nicht gerade ein Monopol gewonnen, doch war, etwa für den Gasbadeofen, der Name fast zu einem Sachbegriff geworden. In Dessau zeigte man sich, der eigenen Tradition stolz bewußt, zunächst wenig geneigt, sich dem Bosch-Gerät zuzuwenden und erhob sogar Patenteinwände. Das Angebot von Bosch, auf die Apparatur eine Lizenz zu geben, erfuhr eine Ablehnung. Die Lage wurde unbehaglich. Man entschloß sich bei Bosch ungern dazu, gegen den Patenteinwand der Junkersleute Nichtigkeitsklage einzureichen, sah sich aber dazu gezwungen, um nicht die Arbeit der letzten Jahre zu gefährden. Der Prozeß wurde nicht durchgeführt. Junkers nahm die Lizenz. Das spielte sich 1931 ab.

Dieses Jahr wurde wie für so viele angespannten deutschen Unternehmungen auch für Junkers in Dessau, der tief in Verpflichtungen verstrickt war, zum Krisenjahr voll persönlicher Tragik. Er mußte sich, um wieder liquide zu werden, entlasten und stand vor der Entscheidung, sich von dem Flugzeugbau oder von den Gasgeräten zu trennen. Er blieb beim Flugzeugbau, der ihm wichtiger geworden, dem er noch Leistungen schuldig zu sein glaubte. Man hatte bei Bosch, als Meyer mit dem Gasschalter angefangen hatte, nur eben an eine mehr beiläufige Ausweitung der Fabrikation gedacht. Jetzt fand sich, völlig unerwartet, die Gelegenheit zu einer neuen und bedeutenden Aufgabe. Eine Untersuchung über den technischen Stand der Dessauer Werkstätten, die von K. M. Wild besorgt wurde, erbrachte ein im ganzen befriedigendes Ergebnis. So kam es im Frühjahr 1932 zu dem Beschluß, Junkers & Co. in Dessau ganz zu erwerben; Bosch als Privatmann und die Firma Robert Bosch AG. waren an dem Erwerb gemeinsam beteiligt. Hatte man ursprünglich die Absicht gehabt, den Gasschalter in Stuttgart, wo man sich darauf eingerichtet hatte, selber zu fertigen, so trat man ihn jetzt der neuen Tochtergesellschaft ab. Nicht als Bosch-, sondern als Junkers-Gasschalter wurde er weiter entwickelt und in Dessau auch zum selbständigen Vertrieb an sonstige Hersteller von Gasgeräten fabriziert.

Erprobte alte Bosch-Leute übernahmen die kaufmännische und technische Leitung. Eine eingespielte Vertriebsorganisation war vorhanden, die auch ins Ausland reichte; Junkers besaß eine Niederlassung in England. Nur schien die Kapitalbasis, drei Millionen, zu schmal für größere Aufgaben. Als Bosch 1931 die Verhandlungen mit Junkers aufnahm, lag die schwere Depression auf der ganzen Wirtschaft; als der Erwerb im November 1932 erfolgte, zählte das Dessauer Werk 725 Beschäftigte statt ehedem 1100. Doch war dem durch den politischen Lärm Hindurchhorchenden bereits das Ausklingen der bösen Krise vernehmbar. Der Geschäftsbericht für 1933 rechtfertigte den Optimismus; man war »nicht enttäuscht« worden, aber um die Firma »schlagfertig und widerstandsfähig« zu machen, erhöhte man ihr Kapital 1933 auf 4,5, 1934 auf 5 Millionen. Die Umsätze stiegen. Zwar blieb die Bewegung der Kurve nicht einheitlich, es gab Abflachungen und Senkungen, als die Tätigkeit am Baumarkt in der zweiten Hälfte der dreißiger Jahre rückläufig wurde oder mehr den Kleinhaustyp ohne zentrale Gasausstattung bevorzugte. Doch war man sehr zufrieden, daß das Mühen um das Auslandsgeschäft Früchte trug; für 1937 wird mitgeteilt, daß 44% des Gesamtumsatzes der Ausfuhr gehörten. Diese günstige Entwicklung ruhte neben dem allgemeinen Anlauf der Weltkonjunktur, zumal der deutschen, auf zwei Voraussetzungen. Zum einen: die intensive Durchrationalisierung des Betriebes übertrug Boschs Fertigungserfahrungen auch auf dies Werk, mit dem doppelten Ergebnis: Vereinfachung *und* Verbilligung der Geräte. Zum andern: obwohl die Junkers-Werke von Anbeginn einen Überschuß erbrachten, wurde all die Jahre hindurch auf die Ausschüttung einer Dividende verzichtet und der ganze Ertrag der inneren Festigung des Werkes zugeführt. Junkers wurde von Stuttgart nicht nach dem Maß und Tempo einer erhöhten Kapitalrente betrachtet, sondern nach den Erfordernissen der betrieblichen Eigengesetzlichkeit gepflegt. Natürlich war der Ankauf des gefährdeten Werkes keine philanthropische Aktion gewesen, sondern sehr überlegte Geschäftspolitik. Die Eigenständigkeit des Werkes wurde mit höchstem Bedacht gewahrt: man wußte, daß der Name Junkers eine Kraft und eine Verpflichtung bedeutete.

So ergab sich, daß die Junkers-Werke, die durch eine doch schier zufällige Schickung, das Gelingen des zündsicheren Gasschalters, in den Gesichtskreis von Bosch getreten waren und zunächst als ein Unternehmen am Rande gelten mochten, selber mehr und mehr zu einer

Mitte wurden, stärker als unter ihrem Gründer, und Anziehungs- wie Ausgreifkräfte entwickelten. Das kam am stärksten zum Ausdruck durch die 1937 erfolgende Einbeziehung der Gasgeräte-Abteilung der *Askania*-Werke in Dessau und Berlin-Friedenau; diese Firma war neben Junkers das bedeutendste Spezialunternehmen. Im Zusammenhang mit diesem Erwerb erfolgte 1937 die Erhöhung des Junkers-Kapitals auf zehn, 1938 auf zwölf Millionen, aber zugleich auch die Ausweitung der technischen Aufgaben: neben den Heißwassergeräten, Badeöfen und dergleichen, standen jetzt noch Kochherde und ähnliche Artikel. Die alten eingeführten Firmennamen blieben. Dem Einzelkäufer wurde es nicht bewußt, daß nun auch im Gasgerätegeschäft das Stuttgarter Haus, mit dem das Wissen um das Kraftfahrzeug volkstümlich verbunden blieb, das schlechthin führende Unternehmen geworden war.

Es gibt eine kleine Geschichte aus dem Beginn der zwanziger Jahre. Bei Freunden auf dem Rotenberg bei Stuttgart wurde ein Geburtstag gefeiert, und die Gesellschaft freute sich, als sie auf dem Pfade zu dem Landhaus Robert Bosch erkannte. Sie saß um einen Radio-Kasten herum, an den ein Lautsprecher angekoppelt war. Das sehr neumodische Geschenk fand die erstaunte Bewunderung der Gäste, die von dieser merkwürdigen Erfindung wohl schon viel gelesen und gehört hatten, sich aber nun zum ersten Male mit ihren Wundern vertraut machen konnten. Ein Freund des Hauses, Eugen Kaiser aus Heilbronn, hatte die Apparatur geliefert und selber montiert. Er war vor Jahrzehnten, in dessen Volontärzeit, Gustav Kleins Lehrmeister gewesen und stand mit den Bosch-Leuten auf vertrautem Fuße; ihn freute es jetzt, auch dem großen Berufskollegen die Sache vorführen zu können. Aber da gab es eine arge, verwirrende Enttäuschung. »So, Ihr habt jetzt auch so einen Teufelskasten angeschafft, daß man kein vernünftiges Wort mehr zusammen reden kann – da geh ich weiter.« Bosch legte erst gar nicht ab, sondern ging in unwirscher Verstimmtheit seines Weges. Kaiser war verzweifelt: »Herr Bosch, seien Sie nicht so ... das wird eine große Sache und wäre etwas für Sie.« Es war als Rat der Verlegenheit gedacht und wurde zur Prophezeiung.

Als die ersten *Radio-Geräte* aufkamen, noch mit all ihren Tücken und Unvollkommenheiten, betrachtete Bosch sie weder als Techniker noch als Geschäftsmann. Seine erste, sehr persönliche Reaktion war die unbehagliche Ablehnung dieses indiskreten Instruments, das nun mit seinen Ansprüchen in die Häuser eindringen wollte, eine verständige freie Geselligkeit unterjochen, ein gutes Männergespräch gefährden würde. Der Lobredner der Technik, der doch auch ein urtümlicher Freiluftmensch war, empfand etwas Angst, daß ein weiteres Gebiet des menschlichen Lebens, seines Seelenraumes, in Bindungen und Abhängigkeiten gerate. Hätte man ihm etwas von Musikliteratur oder ähnlichem erzählt, würde er wohl gesagt haben: »Meinetwegen, aber...« Und die Ankündigung, welche Macht mit der Erfindung in die Hand privater oder öffentlicher Stellen gegeben sei, hätte ihn geradezu mißtrauisch gemacht. Mit einem verärgerten Zuge im Gesicht wanderte er allein an jenem späten Maitage über die Rebenhügel weiter.

In der Firma sah man die Dinge anders. Man fühlte sich verpflichtet, sie anders zu sehen. Hier blickte man schon 1925 in dieses Gebiet hinüber. Sich da zurechtzufinden, war nicht ganz einfach; denn der Bezirk war mit vielen Patenten ziemlich dicht eingezäunt. Zugleich aber befand sich die neue Sache noch in der vollen Entwicklung und technischen Durchgestaltung, mit immer neuen Einfällen der Konstrukteure. Es konnte sich zunächst nur darum handeln, sich mit der ganzen Problematik der Ätherwellen auf dem laufenden zu halten.

Zunächst hatte man sich praktisch, wenn man so sagen will, mit einer negativen Seite der Radiotechnik zu befassen. Das geschah im Zusammenhang mit dem Flugwesen. In die neuen Flugzeuge wurden Funkgeräte mit Empfänger und Sender eingebaut. Diese aber vertrugen sich schlecht mit der Nachbarschaft der elektrischen Zündervorrichtungen und Lichtanlagen, es haperte in den Anfängen oft, bis bei Bosch eine die Störung ausschaltende Abschirmung geschaffen wurde. Dabei konnten Einsichten gesammelt werden. Doch weiter kam man erst, nachdem der endgültige Friedensvertrag mit der American Bosch Magneto Corp. abgeschlossen war. Dessen wichtiges Ziel lag ja in einer ganz anderen Richtung: man wollte und mußte aus dem ärgerlichen Streit um den Firmennamen herauskommen. Beim »Friedensschluß« war ein Austausch fabrikatorischer Erfahrungen verabredet. Die American Bosch Magneto Corp. hatte sich schon seit Jahren mit der Erzeugung von Radiogeräten befaßt, etwas nebenher; immerhin, das Lehrgeld war drüben schon bezahlt worden. Man sah in Stuttgart, wo technisch am besten der Ansatz zu nehmen sei, und man suchte, ihn möglichst bald zu gewinnen, um Arbeiterentlassungen vermeiden zu können – man schrieb 1930! Die Aufgabe war, zu einer der schon vorhandenen, unabhängigen Unternehmungen die Verbindung zu finden. Das gelang. Die im Jahre 1923 gegründeten *»Ideal-Werke für drahtlose Telegraphie«* in Berlin-Hohenschönhausen waren weniger ein umfassender Fabrikationsbetrieb als eine Montageanstalt, die die Einzelteile des Gerätes von Unterlieferanten bezog, sie sachkundig montierte und mit einer tüchtigen Vertriebsorganisation ihrer Marke »Blaupunkt« einen guten Namen geschaffen hatte. Bei einem Kapital von 1,5 Millionen RM hatte man 1929 einen Umsatz von etwa 800000 RM gemacht, 64% der Lieferungen gingen ins Ausland. Im September 1930 kam es zu einem Fabrikationsvertrag, der das Stuttgarter Haus zum alleinigen Lieferer der Radioteile machte. Man hatte für ein paar hundert Arbeiter die Weiterbeschäftigung gerettet! Darüber war in den Laboratorien und in der Versuchsabteilung die Freude an der neuen Aufgabe gewachsen. Bosch lehnte es natürlich nicht ab, Lieferant von Teilstücken zu sein, doch das Verhältnis trug in sich ein schier natürliches Gefälle zur vollen, freien und eigenverantworteten Verfügung. Die Berliner *Funkausstellung* vom August 1932 zeigte zum ersten Male einen »Bosch-Stand« und kündigte damit an, daß in Stuttgart nun auch dieses Gebiet in Angriff genommen war.

1933 konnten die Anteile der Idealwerke erworben werden. Die pflegliche Behandlung der neuen Tochtergesellschaft erfolgte nach den gleichen Grundsätzen, wie sie der Junkers & Co. zugute kamen: obwohl das Geschäft sich befriedigend anließ, verzichtete man auf die Abführung der Gewinne. Die Kapitalerhöhungen gingen 1934 auf 3, 1935 auf 5, 1936 auf 6, 1938 auf 10, 1940 auf 12 Millionen. Sie waren vor allem nötig geworden, weil man sich, nach der stärkeren sonstigen Ausnutzung der Stuttgarter Raum- und Maschinenkapazität entschloß, die Gesamtfertigung von Stuttgart wegzulagern; die Räume in Hohenschönhausen genügten dem wachsenden Bedürfnis sowieso nicht mehr. In Berlin-Wilmersdorf entstand 1935 eine völlig neue, geschlossen durchdachte Fabrik in Shedbau. Man hatte die Genugtuung, daß die aufsteigende Linie anhielt, als 1937 eine gewisse rückläufige Bewegung in der deutschen Rundfunkindustrie spürbar wurde;

der Geschäftsbericht vermerkt, daß trotzdem die Ausfuhr gegenüber dem Vorjahr sich um fast 25 % hob. Und für 1938 konnte eine erneute Steigerung von 23 % gemeldet werden. Die Marke »Blaupunkt« hatte sich vor allem in Südamerika einen festen Platz gesichert, sie lief als Blue Point, als Point Bleu und so fort durch viele Sprachen. Das veranlaßte die Leitung, den etwas blassen Namen »Ideal-Werke« aufzugeben; seit 1938 firmierte man mit »*Blaupunkt G.m.b.H.*« – die Rechtsform wurde zugleich umgeändert. Die Firma entwickelte sich außerordentlich günstig: neben den großen sehr subtilen Apparaten spezialisierte sie sich auf Geräte, die im Auto *und* in der Wohnung, also mit Batterie- und mit Leitungsanschluß verwendbar sind.

Jene Funkausstellung von 1932 hatte noch ein weiteres Bosch-Erzeugnis gezeigt, das in die Nachbarschaft des Rundfunks gehört und gleich geschaffen wurde, als man die ersten Schritte in dieser Richtung ging: den *Bosch-Plattenspieler*. Innerhalb der Gesamtproduktion des Hauses blieb das handliche und sorgfältig durchkonstruierte Gerät nur eine Nebenerscheinung, ein Anhängsel der allgemeinen Entwicklungsarbeit am Radio. Doch hatte es sich einen guten Platz zwischen den verwandten Apparaten gewonnen, wurde aber später wieder aufgegeben.

Der Weg zum Gasgerät, zum Radio war zuerst wesentlich arbeitspolitisch bestimmt gewesen, von der Krise im Kraftfahrzeugbau veranlaßt. Dieser Gesichtspunkt galt nur noch bedingt bei dem nächsten Entschluß, den Aufgabenkreis auszudehnen und *Filmgeräte* zu schaffen. Der Plan selber war bereits in der Krisenzeit erwogen. Der immer wieder gerne an neuen Konstruktionsgeschichten bosselnde Ernst Eisemann hatte einen Projektionsapparat für Schmalfilme entwickelt, und man war drauf und dran, seine Herstellung aufzunehmen, etwas zögernd freilich bei der Ungewißheit über den Marktzustand in dieser Branche. Eine zufällige Beziehung gab dann dem Plan eine andere Wendung: Julius Faber, Mitglied des Aufsichtsrates, war namhaft an einer schon bestehenden Unternehmung in Untertürkheim beteiligt – das brachte die Gelegenheit, 1932 die Anteile der *Eugen Bauer G.m.b.H.* zu erwerben. Die neuen Besitzverhältnisse wurden erst 1934 mitgeteilt.

Eugen Bauer, der sich 1902 als Feinmechaniker in Stuttgart selbständig gemacht hatte, war schon frühe, wenn auch zufällig, an die Filmsache herangekommen; man hatte ihm 1905 einen Vorführungsapparat von Pathé Frères zum Reparieren gebracht, und da er nun mit der Maschinerie vertraut wurde, begann er, selber zu bauen. Die Bestellungen kamen, die Erfahrungen wuchsen, es wurde aus der Werkstatt eine kleine Spezialfabrik, die sich 1928 in Untertürkheim eine größere, gute Unterkunft besorgte. Etwa 200 Leute fanden dort Arbeit. Mit einem Tonfilmgerät, das 1929 marktreif wurde, kam Bauer unter die ersten Firmen in diesem jungen, etwas wild wuchernden Gewerbe; 75–80 % seiner Erzeugung gingen ins Ausland.

Auch hier mußte, um den Entwicklungsplänen gerecht zu werden, die allzuschmale Kapitalbasis, 130000 RM, eine Verbreiterung erfahren auf 2 Millionen. Man hatte bei Bosch an der technischen Aufgabe viel Freude, das Vergnügen an den Handelsusancen in dieser Branche war geringer, und es gab manchen Ärger, bis sich hier die Ansprüche, die Bosch zu stellen gewohnt war, durchsetzten. Die ersten Jahre brachten Verluste, die zum Teil mit den Umstellungen zusammenhingen; Bauer war Spezialist für die Schmalfilm-Projektoren gewesen, jetzt wurde das Fabrikationsprogramm breiter gefaßt, auch für normale Lichtspielbühnen bestimmte Projektoren erschienen auf dem Markt, und eine wesentliche Pflege galt den Apparaten für Unterrichtszwecke, die transportabel und mit besonders zuverlässigem Feuerschutz gefertigt wurden. Im Jahre 1937 arbeitete man zum ersten Male ohne Verlust. Für 1938 notiert der Bericht, daß 50 % der Normal-Tonbild-Projektoren ins Ausland gingen. Die Fertigung geschah zum Teil in den alten Bosch-Werkstätten, aber zum Ende des Jahrzehnts wurde sie mehr und mehr im Untertürkheimer Betrieb zusammengefaßt.

Aus den Versuchsräumen der Physiker waren die Erkenntnisse hervorgegangen, mit denen die Techniker zu experimentieren begannen; ihre Geschicklichkeit ebnete den Weg zu neuen Industrien. So war in wenigen Jahrzehnten das bewegte, das sprechende Bild entstanden, die Wortübermittlung hatte sich vom Draht getrennt und kannte keine Entfernungen mehr. Und nun war man auch dabei, nicht nur den Ton, sondern auch das Bild durch die Ätherwellen auf weite Strecken zu übertragen. Eine in der theoretischen Reichweite und in der praktischen Begrenzung, auch in der Sinngebung noch schwer zu beurteilende neue Möglichkeit bot sich an. Sie mußte Männer mit technischem Verstand und mit der Phantasie, die in embryonalen Anfängen die Wachstumskräfte erkennen will, lebhaft erregen. Im Jahre 1928 erhielten K. M. Wild und E. Raßbach bei der Baird Television Ltd. Fernsehversuche vorgeführt. Sie waren stark beeindruckt. Ganz offenkundig handelte es sich hier um eine Sache, die eine Zukunft haben konnte; es mußte die beiden Beobachter reizen, in die noch so notwendige Entwicklungsarbeit die Kräfte von Bosch einzuschalten. Deshalb schlug man Baird ein Zusammenwirken vor. Baird fand sich für den Plan bereit, aber er war nicht mehr ganz frei, da schon Abreden von ihm mit der Berliner Radio-Gesellschaft Ludwig Loewe liefen. Zugleich hielt er es für sachlich erwünscht, wenn schon eine Gemeinschaftsarbeit auf diesem Gebiet unternommen würde, ein bedeutendes optisches Werk heranzuziehen, dessen wissenschaftliche Erfahrungen vorteilhaft sein könnten. So kam es im Januar 1929 zur Begründung der »Fernseh A. G.« in Berlin. Das Grundkapital wurde mit 100000 RM mäßig angesetzt, Baird, Loewe, Bosch und die optischen Werkstätten Zeiß-Ikon in Dresden besaßen je ein Viertel. Der bescheidene Betrag zeigt an, daß man noch nicht an eigentliche Fabrikation dachte; es handelte sich um die Finanzierung von Forschungsarbeiten, die freilich nach ein paar Jahren, durch Nachschüsse, das Mehrfache des Grundvermögens erfordert hatten. Die Beteiligungen verschoben sich. Da Reichspostverwaltung und Militär, die an den Ergebnissen sich natürlich lebhaft interessiert zeigten, die Kapitalunterlage rein deutsch wünschten, schied Baird 1935 aus; sein Anteil ging an Bosch und Zeiß-Ikon. Loewe zog sich 1938 zurück, 1939 hatte auch Zeiß-Ikon die Geduld verloren und bot seine Anteile Bosch an, der nun Alleinbesitzer wurde. Der Weg, den man in den zehn Jahren zurückzulegen hatte, bedurfte des zähen Willens und Glaubens und auch der Opferbereitschaft. »An Erträge ist in absehbarer Zeit nicht zu denken«, vermerkte der Geschäftsbericht für 1935; der Satz ist ohne jeden Unterton der Enttäuschung geschrieben. Die sparsamen Notizen redeten von dem planmäßigen Fortgang der Forschungsarbeit. Seit 1938 hieß es, daß die Erzeugung gebrauchsfähiger Geräte gesteigert werden konnte, im Jahre 1939 wurde der Bericht voller, sprach von »größeren Aufträgen« und der »tatkräftigen«

Arbeit an der Entwicklung eines »Einheitsfernsehempfängers«; man war nach zehn Jahren den vorzugsweise wissenschaftlichen Vorstadien entwachsen, das Unternehmen konnte zum ersten Male ohne neue Zuschüsse arbeiten. Aber es waren in diese Vorbereitung auch Millionen gesteckt worden. Hatte man mit einem kühnen Entschluß die Sache angefaßt, so wurde es jetzt zum nobile officium gegenüber Wissenschaft und Vaterland, sie nicht fahren zu lassen. Denn sie war zu einem Gegenstande internationaler Bemühungen gewachsen. Den friedlichen Wettstreit, zu dem man eben mit einem guten Gefühl für den Rang des gewonnenen Könnens sich bereit hielt, zerbrach der neue Weltkrieg.

Die Persönlichkeit

Öffentliches Leben und privates Schicksal

Der erste Weltkrieg und sein Ausgang hatten Robert Bosch zur bewußten Beteiligung am öffentlichen Geschehen geführt, zur bekennenden Stellungnahme in politischen Entscheidungen. Er war dadurch kein »Politiker« geworden. »Ich bin innerlich nicht robust genug, um mich politisch betätigen zu können, und war nie an eine Partei gebunden. Auf meine alten Tage hierin eine Änderung vorzunehmen, bringe ich nicht fertig«, schrieb er im Februar 1932 einem preußischen Landtagsabgeordneten. Er kannte die Grenzen seines Wesens, seine Unfähigkeit zu öffentlichem Auftreten, er hatte, in diesem Bereich völlig ehrgeizlos, zu viel eigenbrötlerische Züge und ein unbekümmertes Freiheitsbedürfnis, um sich in die taktischen Zwänge einer Partei pressen zu wollen. So blieb er ein Einzelgänger, viel umworben, auch gelegentlich gefürchtet wegen seiner deutlichen Kritik; vor dem inneren Parteibetrieb, zumal wenn man seine finanzielle Willigkeit beanspruchte, sehr zurückhaltend. Gewiß hat er nach 1919 reichlich viele Gelder auch für politische Zwecke zur Verfügung gestellt, doch nicht für die eigentlichen Parteiorganisationen, sondern für diesen oder jenen freien Verband, dessen Zwecke oder leitende Personen ihm unterstützungswert erschienen, für diese oder jene bestimmte Tagesaktion. Nichts mochte ihm widerwärtiger sein, als daß man glaubte, mit seinen Beihilfen rechnen zu können, und wie viele hatten sich daran gewöhnt, dies zu tun!

Man wußte im allgemeinen und durfte es wissen, daß er, um die überkommene Bezeichnung zu gebrauchen, »links« stand. Zwar hatte er, in den Wirren nach 1918, gelegentlich geäußert, nun müsse man »konservativ« werden. Aber der Begriff zielte dabei nicht auf einen Parteisinn, sondern auf einen antirevolutionären, die wiedergewonnene Staatlichkeit festigenden Ordnungswillen. So sah er für Württemberg in Wilhelm Blos, für das Reich in Friedrich Ebert konservative Elemente, die jetzt verdienstlich genug wirkten. Die verstärkte Kritik an der Sozialdemokratie, die im Beginn der dreißiger Jahre eine unüberhörbare Milderung erfuhr, richtete sich gegen demagogische Unsicherheit, die der peinlichen Last der Staatsführung, unvolkstümlichen Entschlüssen, ausweichen wollte. Der Klassenkampfgedanke blieb ihm mit staatlich-volklicher Gesamtverantwortung unvereinbar.

Doch sah Bosch solche Einengungen nicht bloß bei den marxistischen Gruppen. Die Deutsche Demokratische Partei erhielt die Belehrung, daß sie nicht mit seiner aktiven Sympathie rechnen könne, wenn ihre Politik den Arbeitern das Mitgehen erschwere; die Deutsche Volkspartei erfuhr bei Annäherungen kalte Absage. Der (offensiv oder defensiv gedachte) Begriff einer »bürgerlichen Politik« war ihm ein Greuel; die ihn gebrauchten, spürten offenbar selber nicht recht, wie sie von den überkommenen sozialistischen Sprachformen angesteckt waren. Dem demokratischen Abgeordneten August Weber, mit dem er sich gut verstand, gelang es immerhin, ihn 1928 für seine Versuche einer »liberalen Einigung« zu gewinnen. Aber Bosch wollte einen Aufruf nicht unterzeichnen, da er nicht mit Leuten – er nannte den Volksparteiler Scholz – zusammenstehen mochte, die »die Zündeleien des Monarchismus spielen«: »Unser Heil liegt bei einer sozialen Demokratie, die auch Zustimmung und Zuzug aus der Arbeiterklasse kriegen kann, und unser Ziel muß sein, den sozialen Graben wenigstens zu verflachen, wenn wir auch nicht in der Lage sein werden, ihn einzuebnen« (2. Juli 1928).

Dies ungefähr blieb durch all die Jahre die Grundstimmung, die er nicht müde wurde, warnend und beschwörend vorzutragen. Seine mißtrauische Ablehnung der bürgerlichen Parteien der Rechten, der Deutschnationalen, war sehr eindeutig, von persönlichen Abneigungen verschärft, die Alfred Hugenberg galten und dessen damaligem Gefolgsmann in Württemberg, Wilhelm Bazille. Als dieser 1924 Staatspräsident geworden, machte Bosch die Teilnahme an einer Ulmer Feierlichkeit, zu der er geladen war, geradezu davon abhängig, daß er mit dem Mann, dessen pathetische Art ihm freilich gar nicht lag, persönlich nicht zusammentreffen müsse. Besser kam im Urteil dessen Kollege, der sachlich-nüchterne deutschnationale Finanzminister Dehlinger weg; den mochte er gelten lassen.

Nicht als ob er mit der von Links- und Mittelgruppen wesentlich getragenen Politik zufrieden gewesen sei. Er beklagte, daß die Gewerkschaften, und zwar die *aller* Richtungen, eine zu sehr auf das Sonderinteresse ihrer Mitgliederschaft abgestellte Politik betrieben, worunter Staatsführung und Wirtschaftsbewegung, wie er sie verstand, litten. Die Querverbindungen zwischen den konkurrierenden Gruppen durchschaute er völlig. Auch fehlte es nie an mißmutigen Äußerungen, zumal in den Krisenjahren, daß die sozialistischen Gemeinden, daß die Krankenkassenverwaltungen zu aufwendig bauten; es ärgerte ihn, wenn die Zeitungen von »vorbildlichen« Stadien und ähnlichem schrieben, während die Steuerlast die Gewerbe beengte. Als öffentliche Arbeitsbeschaffung schlug er solche Unternehmungen nicht hoch an, zumal sie den Sinn für verantwortete Sparsamkeit verdürben. Der Stimmenkampf der Parteien war ihm wohl eine leidige Notwendigkeit, aber er sah ihn freudlos und mit wachsendem Verdruß. Über die Fehlkonstruktionen der Weimarer Verfassung, die wohl einen staatlich-geschichtlichen Bergrutsch mit mancher Entsagung und einigem Geschick 1919 aufgefangen, aber die Entwicklungskräfte zu einfachen Spielregeln der staatlichen Führung allzu kunstvoll abgeschnürt hatte, gab sich Bosch im einzelnen keine Rechenschaft. Er fand nicht die Persönlichkeit, auf die er noch mit Vertrauen blicken konnte: »Ich bin der Meinung«, schrieb er am 28. Juni 1930 dem demokratischen Führer A. Erkelenz, »daß der verstorbene Naumann durchaus nicht gut zu dem sehen würde, was unser Parlament und unsere Gewerkschaften ... sich geleistet haben und heute noch leisten.« Und mit herben Worten zwei Jahre später an denselben (19. September 1932): »Wer hat mit der Weimarer Verfassung uns dahin gebracht, wo wir heute sind? Ich sage, das Luderleben, das die politischen Parteien in unserem Parlament geführt haben.« »Nur die Narren, die Hugenberge«, wollen der Arbeiterschaft, hieß es früher an einer anderen Stelle des temperamentvollen Briefwechsels, »den Einfluß auf Staat und Gesellschaft« wieder nehmen: »wenn es je so weit kommen sollte, so nur, weil die Sozialdemokratie den Bogen so weit überspannt hatte, daß nach der alten Phrase Druck Gegendruck erzeugt ... Die Sozialdemokratie hat keine Führer, die wagen, den

Finger in die schwärende Wunde zu legen« (29. August 1930). Doch war dies nicht das letzte Wort. Es ist sehr charakteristisch, daß er in der Kritik der Linken am schärfsten wird, wenn er zu einem ihrer Vertreter spricht, aber einem milderen Urteil über sie geneigt ist, wenn ein Mann von der Rechten diese Mängel hervorhebt. Es war in jener Zeit auch eine »Zentralstelle für bürgerliche Politik« aufgemacht worden, unter volksparteilicher Beeinflussung, die heftig um Robert Boschs Teilnahme warb. Er versagte sich: »Herr Dingeldey ist kein Kristallisationspunkt – eine Gallerte hat noch nie zur Bildung eines Kristalls geführt.« In dieser Auseinandersetzung, die mitten in die mühseligen, zwischen sachlichem Erfolg und psychologischer Niederlage sich zerreibenden Sanierungsversuche des Reichskabinetts Brüning-Dietrich fällt, schrieb Bosch in einer lapidaren Antwort: »Die Sozialisten haben einsehen gelernt, daß sie große Fehler gemacht haben. Sie haben schon seit langer Zeit alles getan, was sie tun konnten, um die Fehler möglichst wieder gut zu machen, die sie gemacht haben. Sie haben das getan, wenn auch nur in passiver Weise durch Duldung der Notverordnungen. Sie haben jedenfalls mehr zur Gesundung unserer inneren Zustände getan als irgendwelche Heißsporne. In der Politik kann man nur das Mögliche erreichen wollen. Möglich ist nur eine langsame Besserung.«

Wohl verfolgte Bosch mit wachem Mißtrauen in all diesen Jahren, was handels- und sozialpolitisch geschah, kein Freund des staatlichen Interventionismus, wie ihn die Unternehmungen zur Osthilfe und Agrarentschuldung brachten. Doch trat er in diesen Dingen nicht öffentlich hervor. Seine innenpolitische Aktivität beschränkte sich auf die Förderung einiger republikanischer Gruppen und einiger Zeitschriften; es lag ihm sehr viel daran, daß die »Sozialistischen Monatshefte«, das parteiunabhängige reformistische Organ der Sozialdemokratie weiter erscheinen könne. Deren wesentliche Mitarbeiter waren ihm im Reichswirtschaftsrat bekannt geworden. Für die Stützung dieses Blattes warb er sogar in seinem Bekanntenkreise. Der Naumannschen »Hilfe« ermöglichte er nach dem Tode des Begründers, eine größere Anzahl von Freistücken zu liefern.

In eine engere Verbindung war Bosch nach 1920 mit dem heimatlichen Pressewesen getreten; das bedeutete nun freilich keine bloß beiläufige Entscheidung. Der frühere Versuch, Bosch zu einer Wirkungskraft im Berliner Zeitungsbetrieb zu machen, war versackt, war ihm auch selber, wenn nicht gerade unheimlich, so doch fremd gewesen. Jetzt, nach 1920, schien es so, als ob Hugo Stinnes, in der Blütezeit seiner pressepolitischen Expansion, auch nach Stuttgart dringen werde. Hier wollte man vorbeugen. Durch befreundete Mittelsmänner, die den Auftraggeber verdeckt hielten, erwarb Robert Bosch die Aktienmehrheit der »Deutschen Verlags-Anstalt« in Stuttgart. Da diese Majoritätsbesitzerin des »Zeitungsverlages« war, kam die führende Stuttgarter Zeitung, das »Neue Tagblatt«, neben ihr auch die »Württemberger Zeitung« in die Sphäre von Bosch. Das war im Motiv eine Art von Vorsichtsmaßnahme gewesen. Bosch hielt im allgemeinen sehr wenig von besorgtem »Überfremdungs«-Gerede, über die Grenzen gehende Kapitalverflechtungen hatte für ihn nichts Erschreckendes, ja sie mochten hilfreich sein für die wirtschaftliche Unterbauung einer Friedenspolitik. Aber diese Ansicht hatte eine sehr bezeichnende Grenze; die öffentliche Meinung der engeren Heimat sollte nicht von norddeutschem Einfluß abhängig werden können! War er damit – um 1920 – zu einem Faktor im württembergischen Pressewesen geworden, so hatte er sich doch nicht als Pressemagnat gefühlt. »Direktiven« sind von ihm nie ausgegangen. Er hatte zwar keine zu große Meinung von den Zeitungen schlechthin, aber doch einen zurückhaltenden Respekt vor der Einzelverantwortung, und er wollte sich das freie Recht des Lesers, sich zu ärgern und zu schimpfen, nicht verkümmern lassen, indem er selber für Presseäußerungen eine auch nur entfernte Verantwortung mittrug.

War diese ganze Entscheidung, die er übrigens rein geschäftlich nie zu bedauern hatte, von einem partikularistischen Motiv bestimmt? Es ging ihm wie in jenen Jahren nach 1918 vielen Schwaben: daß sie mit der Einsicht die zentralisierenden Entwicklungen bejahten, im Gefühl aber Vorbehalte machten. Es fehlt in seinen Notizen nicht an drastischen Äußerungen des Unmuts über das Norddeutsche, das Preußische, das Berlinerische. Man darf sie nicht zu vollgewichtig nehmen. Wenn es nur mit der süddeutschen Übereinstimmung kräftiger bestellt wäre, daß man gelegentlich Widerpart bieten könne! Als Bosch sich bei Oskar von Miller in München bedankte, es war im Januar 1922, daß dieser für die Freizügigkeit des elektrischen Stromes vom Bayernwerk eintrat, fügte er die bezeichnenden Sätze hinzu:

»Wir im Süden sollten uns zusammenfinden, um unsere berechtigte Eigenart besser zur Geltung zu bringen. Bisher waren wir in Württemberg zu klein und zu groß, als daß man sich mit uns zusammenzufinden für diesen Zweck als wichtig gehalten hätte. Zu klein, so daß die Bayern sich sagten, die Schwaben können uns doch nicht helfen. Zu groß, so daß Baden sich sagt, die wollen uns doch nur an die Wand drücken. Und doch wären wir vereint mehr, als wenn wir getrennt schlagen.« Diese Frage beschäftigt ihn wiederholt, aber er weiß um die traditionelle Empfindlichkeit von Karlsruhe gegenüber Stuttgart. Als die »Kölnische Zeitung« einmal (1930) im Rahmen der Reichsreform-Erörterung das Thema Württemberg-Baden zur Sprache brachte, fand Bosch das zwar »außerordentlich dankenswert«, aber er sprach zugleich aus, »wir (in Württemberg) müssen uns absolut abwartend verhalten, bis die Stimmung in Baden teils von innen heraus, teils auch durch einen gewissen Überredungsdruck von außen sich geändert hat.« Diese Sachlage ergab sich für ihn aus einem gewissen politischen Spürgefühl. In die Problematik der Reichsreform hat sich Bosch nicht tiefer versenkt, und es ist wohl nicht allzu hoch zu bewerten, wenn er die Bestrebungen des »Schwabenkapitels« unterstützte, jenes wohlmeinend gedachten Versuches, die getrennten schwäbischen Elemente der süddeutschen Staaten zu einer Einheitlichkeit zu führen. Darin steckte ein romantisches Element, das seiner rationalen Grundlage nicht entsprach. Doch mag es ein Stück seines schwäbischen Bewußtseins berührt haben. Dies selber war in manchen Kreisen schon Legende oder Zwecklegende geworden. So mußte er sich einmal (1931) geradezu gegen die Behauptung verwahren, daß er in seinem Unternehmen nur Schwaben einstelle!

Dem Machtkampf der Parteien abgewandt, hat Bosch seine Scheu, zur inneren Politik öffentlich Stellung zu nehmen, nur bei ihm wichtig dünkenden Fragen abgelegt, und nur dann, wenn er sie in der Verknüpfung mit der außenpolitischen Lage faßte. So im Jahre 1925 nach dem frühen Tod des ersten Reichspräsidenten. Er hatte für *Friedrich Eberts* gesamtpolitische Haltung immer Verständnis besessen und für sein Menschentum bei den gelegentlichen Begegnungen achtungsvolle Sympathie gewonnen; noch nach vielen Jahren sprach er mit Wärme von ihm, sein Abscheiden in jener Zeit als deutschen Verlust beklagend. Er ehrte den Toten durch den Entschluß, im Zeitpunkt der Beisetzung für alle seine Betriebe eine Arbeitsruhe von fünf Minuten anzuordnen: das war weniger eine politische Geste als eine menschliche Empfindung.

Schon vor Jahren, 1920, hatte er einmal in einem persönlichen Briefwechsel erörtert, wen er und wen er nicht an der Spitze des Reiches sehen wolle; damals schien ihm Ebert nach wie vor der gemäße Mann zu sein. Das Kandidatenspiel der Parteien im Jahre 1925 offenbarte zunächst die völlige Unzulänglichkeit der Fraktionspolitik, aus ihren Verengungen herauszutreten. Mißgunst und Ängste verdarben die Möglichkeit fruchtbarer Kombinationen. So wurde der erste Wahlgang mit seiner Vielfalt von Parteibewerbern ein schier müßiges Stimmenzählen, ein Leerlauf. Die Nominierung des Generalfeldmarschalls *von Hindenburg* für den zweiten Wahlgang brachte dann den eigentlichen politischen Akzent, der dem ersten Kräftemessen fast gänzlich gefehlt hatte. Die Willigkeit des greisen unpolitischen Soldaten schuf manche Wirrung und viel inneres Durcheinander bei den Gegengruppen. In einer gewissen Verlegenheit fanden sie sich bereit, den Vertreter der Zentrumspartei, Wilhelm Marx, als ihren gemeinsamen Kandidaten anzuerkennen. Es war eine unfrohe Sache, denn Marx hatte, wenngleich die Erfahrung der Führung manches mildern mochte, einen ziemlich betonten Konfessionalismus hinter sich. Der brachte Hemmungen für ein freies Ja mit sich.

Das galt auch für Robert Bosch. Doch zauderte er nicht, einen Aufruf für Marx zu unterschreiben. Der Hindenburg-Mythos konnte eine nüchterne Natur wie ihn nicht tiefer berühren, er machte ihn eher mißtrauisch; die volle Sorge aber weckten die Kräfte, die er als die eigentlichen Wahlmacher des Marschalls zu sehen glaubte. Er befürchtete den Eindruck, den Hindenburgs Wahl in der Welt machen würde, eine »sehr ungünstige« Beeinflussung der internationalen Kreditverhandlungen, die damals im Gange waren: »Ich hoffe noch, daß Hindenburg nicht durchkommt, und tue selbst das meinige dazu, so gut ich es kann« (aus einem Brief vom 22. April 1925).

Hindenburg wurde am 26. April 1925 zum deutschen Reichspräsidenten gewählt. Die Entscheidung der Volksmehrheit ergab eine von den meisten unerwartete Entwicklung. So bedeutungsvolle Folgen sie für den Rhythmus der deutschen Gesamtgeschichte späterhin nach sich ziehen würde, jene Hoffnungen oder Befürchtungen, die sich um den Wahltag gesammelt hatten, traten nicht ein. Dem Amt des Reichsoberhauptes wuchs wohl mehr an repräsentativem Glanz zu, als Ebert ihm geben konnte und wollte. Aber die Chancen einer machtpolitischen Erhöhung des Amtes, die an sich der Verfassung eingegliedert waren, blieben von Hindenburg ungenutzt. Er wollte sie gar nicht wahrnehmen. Denn ein solcher Entschluß setzte ein persönlich umgrenztes und verantwortetes innen- und außenpolitisches Ziel voraus. Dies aber fehlte dem neuen Reichspräsidenten, und wenn die politischen Entscheidungen auch gelegentlich auf Sonderwünsche von ihm einzugehen bereit sein oder gefürchteten Verstimmungen ausweichen mußten, so vollzogen sie sich in den großen Fragen in dem alten parlamentarischen Kräftespiel. Deutschlands Eintritt in den Völkerbund, die Luther-Stresemannsche Locarno-Politik, die Überleitung der Reparationspolitik in den sogenannten Young-Plan wurden die Etappen mühsamer außenpolitischer Versuche, denen Hindenburg die Deckung durch die Autorität seines Namens nicht versagte. Manche gesellschaftlichen oder sonstigen Spannungen schienen sich schier von selber zu mildern, da der Feldherr des Kaisers, der Träger einer royalistischen Familien- und Standesüberlieferung, die Würde seines republikanischen Amtes streng zu wahren, in gewissen Zügen zu mehren bestrebt war. Seine gelassene, im ganzen ausgleichende Alterspassivität machte vielen früheren Gegnern die parlamentarische Republik zu etwas wie einem seelischen Gewohnheitszustand.

Bosch, der Hindenburg wohl bei gelegentlichen offiziellen Anlässen begegnete, aber keine irgendwie persönlich getönte Beziehung zu ihm gewann, war mit dieser Entwicklung zufrieden. So brauchte er auch vor sich selber keinerlei Hemmung zu empfinden, als er 1932, bei der von dem Reichskanzler Brüning betriebenen zweiten Kandidatur Hindenburg, nunmehr *für* diese ebenso öffentlich eintrat, wie er sie sieben Jahre zuvor abgelehnt hatte. Der Verhöhnung und den Angriffen, denen er sich damit aussetzte, antwortete er mit einer sehr bezeichnenden öffentlichen Erklärung in Stuttgarter Zeitungen: »Warum charakterlos?« Er habe sich 1925 geirrt in seiner Befürchtung, Hindenburg werde sich von seinen Wahlmachern bestimmen lassen, das zu tun, was sie erreichen wollten. Auch jene haben sich geirrt, denn Hindenburg tat ja nicht, was sie wollten, sondern sah die

Staatsnotwendigkeiten. »Einen Irrtum zuzugeben, ist nicht charakterlos, sondern das Gegenteil. Daß ich heute *für* Hindenburg eintreten kann, gereicht mir gewiß zur größeren Genugtuung als sie jene empfinden, die ihn seiner Zeit auf den Schild hoben und ihn jetzt bekämpfen, weil er selber seiner Ansicht und seinem Gewissen folgt.« Bosch ging einen Schritt weiter und trat dem von Carl Duisberg gebildeten Wahlausschuß bei; das sollte ein öffentliches Bekenntnis sein, wobei eigentliche Mitarbeit von ihm nicht erwartet und auch nicht geleistet wurde. Einige Sitzungen hat er mitgemacht und an dem Drum und Dran, wie sich aus späteren Bemerkungen ergibt, keine Freude gehabt. Aber auch Hindenburgs sachliche Stellungnahme *nach* seiner Wiederwahl machte ihn bedenklich. In etwas gepreßter Selbstironie schrieb Bosch damals an Georg Escherich, der mit ihm in jenem Ausschuß gesessen hatte: »Mit unserem Freunde Hindenburg habe ich eine wenig glückliche Hand ...« Das bezog sich auf die von dem Reichspräsidenten geforderte Sonderaktion für die ostdeutsche Landwirtschaft; schärfer noch präzisiert in einem Brief vom 20. September 1932 (an Kurt Hahn): »Das Eintreten Hindenburgs für seine Standesgenossen in Ostpreußen hat mich sehr enttäuscht. Letzten Endes kann man nicht einer kleinen Handvoll Menschen helfen wollen auf Kosten des ganzen Volkes, namentlich wenn diese Menschen auf ihre Art geholfen haben wollen, eine Art, die sich eben mit dem Gemeinwohl des deutschen Volkes nicht verträgt.« Als er sich für Hindenburg einsetzte, hatte er sich natürlich auch nicht der verhängnisvollen Entwicklung versehen, die mit Brünings Entlassung, mit Papens Berufung eingeleitet war. Bosch ist unsicher: »Man sieht nicht hinter die Kulissen, man kennt die Herren der Regierung nicht, man weiß nicht, was sie tun.«

Boschs Hauptanliegen in den Nachkriegsjahren war gewesen und blieb dies auch fernerhin, durch eine zugleich sachliche und würdige *Außenpolitik* die Stellung Deutschlands auf friedlichem Wege wieder zu festigen. Von den Leitern des deutschen Auswärtigen Amtes war ihm Simons wohl am sympathischsten geworden – Briefe an Reusch und andere plädieren für sein Verbleiben –, die Ermordung von Rathenau hatte ihn sehr stark beeindruckt und erregt, nur allmählich konnte er sich an Stresemann gewöhnen, dessen sentimental-pathetisches

Menschentum ihm wenig lag. Früher, schrieb er 1927 einem Industrievertreter nach Düsseldorf, sei er ein Verehrer von Luther gewesen, aber dessen »Verhalten in der Flaggenfrage und verschiedenes anderes« hätten ihn »sehr stark abgekühlt«. Dafür müsse man Stresemann »für seine Geschäftsführung sehr dankbar sein, sogar außerordentlich dankbar sein. Ich hatte nach seiner Vergangenheit gefürchtet, daß er sie nicht so gut führen würde, als er das getan hat.« Er führe durch, was die Männer angefangen, die er früher bekämpfte. Die Anerkennung geschah ohne menschliche Zuneigung. Bosch lehnte 1931 ab, sich an den Kosten für ein Ehrenmal zu beteiligen. Die mochten von jenen aufgebracht werden, die dem Verstorbenen näherstanden.

Boschs Einflußnahme auf den Gang der auswärtigen Beziehungen war mittelbarer Art: er förderte Vereinigungen, die (mit tauglichen oder untauglichen Mitteln) dem Gedanken der zwischenstaatlichen Verständigung dienen wollten. Von den berufsmäßigen Pazifisten hatte er sich im Beginn der zwanziger Jahre getrennt, da ihm die Art ihrer Tätigkeit, ihrer rechthaberischen Polemik und das Wesen einiger hervortretender Repräsentanten mißfiel. Er blieb der Umworbene und der Ablehnende. Noch im Dezember 1930 schrieb er der Deutschen Friedensgesellschaft eine Belehrung über ihre falsche Art, »einen Gegner wortreich zu bekämpfen«, und meinte zugleich: »Dabei eignet sich vielleicht keine Idee so sehr für werbende, überzeugende, gewinnende Propaganda wie die Bewegung gegen den Krieg.« Und irgendeiner »Kommission gegen den wissenschaftlichen Krieg« läßt er noch im gleichen Jahr ein paar tausend Mark überweisen!

Wesentlicher wurde seine Teilnahme an einigen der Gesinnungsverbände, die entweder das wechselseitige Verständnis zwischen den Völkern pflegen wollten, ohne unmittelbaren politischen Ehrgeiz, oder sich um Einfluß auf Staatsmänner und Parlamente mühten. Zur ersten Gruppe gehörte die von dem demokratischen Parlamentarier Anton Erkelenz 1926 geschaffene *»Carl-Schurz-Vereinigung«*; es gelang dem Gründer, Bosch sogar als Vorsitzenden zu gewinnen. Das war aber nur eine Gefälligkeit, die er, »wie man so sagt, in Gottes Namen« (1930) durch Jahre übte, von Zeit zu Zeit seine mangelhafte Eignung versichernd. Den umgrenzten Aufgaben, amerikanischen Studenten oder sonstigen Reisegruppen die deutschen Dinge einleuchtend zu zeigen, stimmte er natürlich gerne zu.

Lebhafter war Boschs Fürsorge für zwei Organisationen, die in ihrem politischen Gewicht anspruchsvoller auftraten, in der Sinngebung aber nicht recht zusammenstimmten: dem *»New Commonwealth«*, den der englische Kohlenmagnat, Lord Davies, aus der Gefolgschaft von Lloyd George, ins Leben gerufen hatte, und der *»Paneuropa-Union«* des Grafen Coudenhove-Kalergi. Bosch kann sich nicht im unklaren darüber gewesen sein, daß sich die Bestrebungen der beiden Gründungen nicht nur nicht deckten, sondern in gewissem Ausmaße widersprachen. Die britisch geführte Vereinigung, als deren Endziel die etwas utopisch umschriebene Schaffung einer internationalen Polizei zur Befriedung kriegslustiger Völker gedacht war, setzte Englands See- und Luftflotte als wesenhafte Führungsmacht voraus. Coudenhoves Konzeption aber besaß einen, wenn auch mit allerhand Geopolitik umkleideten und historisch verzierten antienglischen Grundzug: sein Paneuropa war ein irgendwie bündisch gedachter Kontinent *ohne* England, auch *ohne* Rußland. Beide Reiche wurden als europafremd gedeutet, von Natur aus und durch die Geschichte noch mehr geworden. Dieser Gegensatz der Grundthesen hat Bosch nicht weiter gestört. Er blickte auf den vorausgesetzten guten Willen, evolutionär die Welt aus dem Versailler System herauszuführen. Denn mit dem Völkerbund allein ging das offenbar nicht, auch nicht mit den Zusammenkünften und Denkschriften der nationalen Völkerbunds-Ligen. Der »New Commonwealth« hatte weniger die rechtliche Interpretation des Genfer Statutes auf sich genommen als den Gedanken, über Genf hinauszuführen und einen neuen Ansatz zu finden. Das schien einleuchtend. Ernst Jäckh wurde auch hier für Bosch der Verbindungsmann. Die Beziehung zu Davies bekam eine persönliche Färbung, als sich herausstellte, daß auch der Engländer in den Bergen seine Jagdreviere besaß; man holte den Lord zur Gemsjagd ins Allgäu und folgte gerne seiner Einladung nach Schottland.

Intensiver und in manchem geradezu erstaunlich war das Verhältnis Boschs zu *Coudenhove*. Sie waren ja in ihrer Substanz denkbar verschieden: Coudenhove, im Wesentlichen ein Literat mit spielerischer Eleganz und antithetischem Formuliertalent, eifrig um eine öffentliche Rolle bemüht, von dem Ehrgeiz seiner Frau in eine Selbstüberschätzung getrieben, die ihn das Gewicht der realen Dinge nicht mehr abwägen ließ. Er besaß die wunderbare Fähigkeit, dann, wenn sich etwa die Schwierigkeiten der konkreten Wirtschaftsinteressen meldeten oder die Abgründigkeiten eines nationalen Geschichtsgefühls, die Magie des Wortes spielen zu lassen, die mit allem fertig wurde und auch nüchterne Realisten bezauberte oder verblüffte. Es wäre zu hart ausgedrückt, wollte man sagen, daß Bosch auf den Grafen Coudenhove-Kalergi hereingefallen sei. Denn es steckten in der rational-optimistischen Beurteilung einer europäischen Union ihm selber eingeborene Glaubenskräfte, auch wenn sie ein anderes Wachstum gezeigt hatten: »Schon vor mehr als dreißig Jahren«, schrieb er am 12. April 1928 einem württembergischen Schildhalter des Grafen, »habe ich gelegentlich ausgesprochen, daß wir Westeuropäer uns zusammenschließen müßten, um Rußland aufzumachen und zu liberalisieren.« Diese Berufung war nun zu diesem Zeitpunkt verjährt, sicher entsprach sie nicht den Motiven der vorliegenden Paneuropa-Konzeption.

Was Bosch, als er mit Coudenhove in Berührung kam, zunächst so lebhaft anzog, war dessen eindringliche und bewegte Apologie der Technik. Der Leser fand sie »außerordentlich interessant und geistreich«, war erfreut, daß zwei Menschen so verschiedenen Entwicklungsganges »so weit übereinstimmen können als dies bei uns beiden der Fall ist«. Es war ihm reizvoll, daß Coudenhove »rein spekulativ« zu Dingen kam, die er als praktischer Wirtschaftler erkannt oder doch »sozusagen im Unterbewußtsein empfunden habe« (23. Juli 1928). Und er schließt an: »Ich bin gespannt zu erfahren, was Sie unter praktischem Idealismus verstehen. Sie erinnern sich vielleicht meiner Definition: der Idealist ist ein Materialist, klug genug einzusehen, daß es nicht ihm allein gut gehen kann.« Man sieht, Bosch hält mit im Spiel der Antithesen; es wird gut sein, sie nicht allzu genau nachzuwiegen. Unzweifelhaft hat Coudenhove ihn im Beginn ihrer Beziehungen charmiert; Bosch schreibt an manche Bekannte als Werber für den Grafen (»seine Bücher sind ganz vorzüglich ... begeistert auch Leute, die nicht allzuleicht zu begeistern sind«), als Werber für dessen Vereinigung: »Ich nehme keinen Anstand zu sagen, daß das Geld, das wir dem Grafen für seine Sache zur Verfügung stellen, für uns Europäer gut angelegtes Kapital ist« (Juni 1929).

Die persönliche Willigkeit Boschs, Coudenhoves Vereinigung aufrechtzuerhalten und auszubauen, hielt lange an. Er war in dem Kreis, der sie finanziell trug, auch für eine großzügige und unpedantische Behandlung der individuellen Ausgaben und schloß sich noch im Januar 1933 der Bemühung an, Coudenhove bei dem norwegischen Komitee für den Friedens-Nobelpreis vorzuschlagen. Praktisch schälte sich für ihn aus der Mitarbeit an dieser Bewegung sein Eintreten für die deutsch-französische Verständigung heraus, die dann auch nach dem Ende der Coudenhove-Verbindung die Mitte seines außenpolitischen Denkens blieb. Als Coudenhove 1932 empfunden hatte, daß man in der zünftigen Diplomatie der europäischen Staaten seiner Betriebsamkeit mit Kongressen und Publizistik nicht jene Bedeutung beimaß, die er glaubte beanspruchen zu können, faßte er, der Kenntnis des politischen Lebens in der Breite der Völker völlig bar, den illusionistischen Plan, in den einzelnen Staaten »europäische Parteien« zu begründen. Von ihnen aus sollte dann vielleicht ein Druck auf die Regierungen möglich sein. Das nun widerriet Bosch eindringlich: »ein großer Umweg, wenn nicht ein Fehlschlag«, das Gelingen »außerordentlich fraglich«. Ja, in Frankreich und Deutschland solle man »eine Volksbewegung in Gang bringen«: »Wenn dann diese beiden mächtigsten Staaten Europas sich verständigt haben und erklären, wir sind bereit, mit jedem anderen europäischen Staat ein Abkommen zu treffen, und wenn sie dann weise genug sind, jedem den ihm nötigen Lebens- und Spielraum zu lassen, so wird das Gebilde rasch sich vergrößern. Ich denke mir, daß Belgien und die Schweiz und wohl auch gleich Holland und Skandinavien sich rasch anschließen werden, die Polen und die Tschechen werden ja auch nichts anderes tun können, wenn Frankreich mit uns den Pakt schließt, von Österreich will ich gleich gar nicht reden.«

So unmittelbar und vereinfacht sah Bosch damals die möglichen Folgen eines aufrichtigen Ausgleichs zwischen Paris und Berlin. Wie wird die englische Welt darauf reagieren? Einige der Bekannten, die er angesprochen hatte, glaubten, wie etwa Ludwig Roselius, daß der Weg nicht an London vorbeiführen könne, und Reusch warnte, die Bereitschaft Frankreichs, Coudenhoves Stellung in Frankreich und seine Eignung zu wirtschaftlichem Denken zu überschätzen (August 1932). Auch Bosch fand es (April 1928) »taktisch nicht richtig, daß man England von vornherein ausschließt«. Man müsse es völlig England überlassen, wie es sich einstellen wolle. »Tut man das nicht, so hat man viel eher ein England, das *gegen* Paneuropa arbeitet, als wenn man eben von vornherein die Rücksicht auf England nimmt.« Der Einwand war verständig. Aber er mußte ziemlich wirkungslos sein, da Coudenhove in der Grundkonzeption, mochte sie eng oder weit ausgelegt werden, anti-angelsächsisch orientiert blieb. Es war ein Irrtum, als Bosch (im Juli 1931) Coudenhove gegenüber annahm, in der angelsächsischen Welt sei niemand mehr, der dem »paneuropäischen Zusammenschluß widerspreche«. Die Bindungen und die Stimmungen im europäischen Kräftefeld waren hier offenbar verkannt.

Jene Bemühungen, im Zeichen von Paneuropa die deutsch-französische Entspannung, wie sie durch die Briand-Stresemann-Politik eingeleitet war, wirklich zu fördern, blieben im Grunde erfolglos. Sie waren durch den Plan der österreichisch-deutschen Zollunion gefährdet worden. Bosch erkannte diese psychologische Fernwirkung, stimmte aber der Regierungspolitik doch zu, weil irgendeinmal handelspolitisch ein Anfang gemacht werden mußte. (»Wir haben keine Zeit zu verlieren.« An Bücher, 6. April 1931). In Frankreich kam man stimmungsmäßig nicht recht voran. »Es war vielleicht ein Fehler«, notierte Bosch 1935, »daß Coudenhove wesentlich von Deutschland unterstützt wurde ... Eine Sache, die von Deutschland unterstützt wird, läuft zu sehr Gefahr, als eine Sache angesehen zu werden, die nach Landesverrat riecht.« Immerhin hatte es nicht an Zustimmung gefehlt; im Dezember 1931 konnte er dem Pariser Automobilindustriellen Renault für einen Brief danken, der sich für ein deutsch-französisches Zusammengehen aussprach: »andere Industrielle meinten, das sei vielleicht in 150 Jahren möglich«.

Die Haltung der kapitalistischen Oberschicht mußte ihm wichtig sein, denn er sah, wenn er sich die Dinge im großen klar machen wollte, gerade in der internationalen kapitalistischen Entwicklung eigentlich die stärksten Friedensgarantien. Das war materialistisch gedacht und widersprach doch zugleich der durch den Marxismus gelehrten und weiterhin aufgenommenen These, daß dem ausgreifenden Kapitalismus die Zielrichtung auf Kriege eingeboren sei. Werden erst die Kontinente zusammengefaßt sein in großen wirtschaftlichen Zusammenschlüssen und ein »Weltbürgertum« in allen Staaten gleichberechtigt, »so ist zweifellos an einen Krieg nicht mehr zu denken«, hatte er 1928 einmal an Coudenhove geschrieben. Und die Utopie argumentierend fortgesetzt: »Wenn erst einmal bei uns in Europa die Menschen so weit gekommen sind, daß sie sich von ihren Dynastien nicht mehr dumm machen lassen, dann werden sie um so weniger geneigt sein, einen Krieg anzufangen, denn ›war does not pay‹ werden dann die Kapitalisten sagen, wenn es sich darum handelt, irgendwelche Mineralschätze, Wälder oder was es sonst noch sei, sich anzueignen. Die kapitalistischen Interessen werden sich bis dorthin auf der ganzen Welt so ineinander schon verflochten haben, daß an Krieg nicht mehr zu denken sein wird, aus kapitalistischen Gründen, und die dynastischen werden lange vorher schon erledigt sein. Ich möchte sagen, in Wirklichkeit sind sie schon erledigt.« Das ist übrigens ein Thema, das er auch sonst gelegentlich vorträgt: »Die Völker sind friedliebend, Ehrgeiz oder Machtwille oder Leichtsinn der Regierenden sind die Verursacher der Kriege« – überflüssig zu sagen, daß diese Deutung geschichtlich zu kurzatmig ist und übersieht, daß gerade auch in der vorangegangenen Zeit Regierungen, wie auch die Technik der Beeinflussung gewesen sein mag, wider ihre eigene Einsicht von »den Völkern« in den Krieg gezwungen wurden.

Indem nun Bosch in all diesen Zusammenhängen, ungeachtet der Beziehungen zu Lord Davies, den Blick vorzugsweise auf Frankreich gerichtet hielt, auch um die italienischen Aspirationen und um die russische Problematik sich nicht oder wenig kümmerte, förderte er alle Ansätze, zwischen der deutschen und französischen Nation wechselseitige Einsicht zu mehren. So kam er auch zu *Paul Distelbarth*, dem württembergischen Kaufmann und Landwirt, der eine Art von Gegenfigur zu dem Grafen Coudenhove wurde. Ohne Vereinigung, ohne große Formeln, ohne Kongreß und Publizistik hatte Distelbarth begonnen, in Frankreich für die deutschen Besorgnisse, in Deutschland für die französischen Ängste Verständnis zu wecken; Anschluß hatte er dabei gewonnen bei den organisierten Gruppen der ehemaligen Kriegsteilnehmer. Sein einziger Auftraggeber war sein nationales, humanitäres und christliches Gewissen. Bosch stattete ihn, aufs stärkste beeindruckt von der beweglichen Intensität des Mannes, mit der Möglichkeit aus, diesen individuellen, fast privaten Versuch von den Tagessorgen frei zu halten. Da war nun freilich kein Einfluß auf Diplomaten zu erwarten, auch nicht auf Kapitalisten, die nach Anlagen strebten: Distelbarth suchte und fand den Kleinbürger der Provinzstadt, den Arbeiter, Bauern, mittleren Beamten. Es gab also auch den andern Weg »von unten her«. Er sollte nicht unbeschritten bleiben.

Das in allen Mühen und Sorgen der Nachkriegsjahre doch äußerlich glückhafte Leben von Robert Bosch, sein Fertigwerden mit den sachlichen Schwierigkeiten und mit den Gefährdungen des Werkes, die vom frühen Abscheiden alter und wichtiger Mitarbeiter drohten, ist von einem Schatten der Resignation, von der intimen Tragik des familiären Schicksals begleitet. Die lange Krankheit des einzigen Sohnes war wohl von den Gatten in gemeinsamer Angst erlebt worden; Bosch hatte sich, als das Unabänderliche, die Unmöglichkeit einer Genesung feststand, mit der Härte des Verzichts auf seine Lebenshoffnung umgürtet und in den Pflichten gegenüber Beruf und Allgemeinheit die Tage, Monate, Jahre bis an den Rand ausgefüllt. Die Mutter verzehrte sich in dem Leid der Pflege, die von Arzt zu Arzt, von Kuranstalt zu Krankenhaus führte: wo war Rettung zu finden?

Der Dreißigjährige starb am 6. April 1921. Der Vater weilte damals auf seiner Reise durch Südamerika, die Nachricht erreichte ihn in Buenos Aires. »So sehr man auch einen solchen friedlichen Ausgang seines Daseins erwünschen mußte, hat mich doch die Tatsache, daß er nun verschieden ist, aufs tiefste bewegt ... Ihm und uns ist viel erspart geblieben. Aber der Schmerz, daß das früher so hoffnungsvolle Leben nun dahin ist, ist bitter, trotzdem man Jahre hatte, sich auf den Verlust vorzubereiten, sich an ihn zu gewöhnen. Wie oft fragte ich mich, warum ich das Leben weiter habe und er, der junge, muß dahinsiechen? Hart ist das Leben, aber man muß es leben. Muß man es? Ich glaube, ja.« Und der Brief beschwört die Gattin, nun an sich, an ihre Erhaltung und Erholung zu denken.

Doch er verkannte die Tiefe des Getroffenseins. Ihn erwarteten nach der Rückkehr neue Aufgaben. Er hatte aus Südamerika vor allem große landwirtschaftliche Eindrücke mit nach Hause gebracht, die sich jetzt zu weit gedachten Planungen verdichteten. Aber die Mutter schien mit dem Tode des Sohnes des erfüllenden Sinns ihres Lebens beraubt. Trug er weniger schwer an dem Verlust? Sicher nicht. Aber der Versuch, mit dem Schicksal fertig werden zu wollen, war bei dem tätigen Mann anderer Art als bei der an sich schwerlebigen Gattin, die von der Klage um den Toten nicht frei wurde und nun ein Echo ihrer Empfindungen vermißte. Bosch schrieb ihr darüber, Ende Juni 1921, einige aufrichtige Zeilen: »Über Robert spreche ich in der Tat nicht gerne. Solche Sachen mache ich wohl am besten mit mir selbst ab. Du hast Dich ja natürlich sehr viel mehr mit ihm beschäftigt als ich, das ergaben schon die Verhältnisse. Ich habe in den zehn Jahren, die seine Krankheit dauerte, Zeit genug gehabt, mich an den Verlust zu gewöhnen und die Folgen zu überlegen. Für mich starb Robert allmählich, und der Ausgang war schließlich die vollendete Tatsache, die kommen mußte. In Wunden wühlen und in Schmerzen sich ergehen, das bringe ich nicht fertig. Ich kann das nicht ändern, und für mich ist das Unabänderliche etwas, in das ich mich finde.«

Anna Bosch fand sich nicht darein. Sie, die in der Pflege des geliebten Kranken ihre Aufgabe gefunden und sich fast verbraucht hatte, wurde selber der Pflege bedürftig, körperlich anfällig und von schweren Depressionen niedergeworfen. Nun begann für sie die tragische Wanderung von Heilanstalt zu Sanatorium; Bosch begleitete den Weg mit sorgsamen Anweisungen, das rechte Verhältnis zur Erkrankung zu finden, mit dem Sinn der ärztlichen Vorschriften sich vertraut zu machen, sie aber auch gewissenhaft und willig zu erfüllen. Dieses briefliche Erziehertum, lehrhaft und fast pedantisch, hat etwas Rührendes. Er will mit nachsichtigem und dann auch wieder festem Zureden den Willen zur Gesundung wecken. Handelte es sich um eine Flucht in die Krankheit? Die Angstvorstellungen mit ihren Erregungen waren so bedrängend, daß Bosch, der ehedem in den Briefen von unterwegs geschäftliche Pläne oder Sorgen vortrug, jetzt karg wird in den Mitteilungen. Als er, August 1924, wegen der Acro-Sache nach Amerika fuhr, teilte er dies erst in einem Brief von drüben mit, weil sie jede größere Reise, auch der Töchter, so schwer nahm. Diese Schwarzseherei linderte sich wohl, aber es blieb die Angst vor der Rückkehr in die Pflichten, die sie spürte, denen sie sich aber nicht mehr gewachsen fühlte, zumal diese sich mit der Ausweitung von Boschs Stellung gemehrt hatten.

Das stattliche Haus im alten Hackländerpark des Heidehofs wurde zu einem Rahmen der menschlichen Vereinsamung. Zwar war das Verhältnis zu den Töchtern, das durch 1913 einer so starken Belastung ausgesetzt gewesen, wieder in Ordnung gekommen. Aber diese hatten sich ihr eigenes Leben aufgebaut, das den Schwerpunkt außerhalb Stuttgarts fand. Bosch litt unter diesen Dingen mehr, als er sich selber eingestand; eine reizbare Unrast plagte ihn, er war viel unterwegs, Ablenkung, Aussprache, Ansprache suchend. In den großen Räumen war er schier heimatlos geworden, und es sah so aus, als ob er es bleiben sollte.

Der mehrjährigen Trennung der beiden Gatten folgte 1926 in für beide Menschen schwerem Entschluß die Scheidung. Robert Bosch ging eine zweite Ehe ein mit Margarete Wörz, der Tochter einer württembergischen Försterfamilie. Nun fand er wieder Ausgleich in der Unrast, sorgende Betreuung in der Krankheit, ein einfühlsames und mitdenkendes Verständnis bei den sorgenden Überlegungen und Entschlüssen, die eine intime Aussprache zur Klärung forderten. Er wurde in vielem ausgeglichener und ruhiger. Die improvisierte unkonventionelle Geselligkeit, die er liebte und brauchte, hielt in dem Hause Einkehr; sie gewann auch, wenn die Lage es forderte, den sicheren repräsentativen Charakter. Die Gattin wurde ihm in vielem zur Mitarbeiterin, dies ihm abnehmend, jenes ratend oder widerratend, Vermittlerin vor allem auch zu der neuen Generation, die jetzt im Haus für kommende Führungsaufgaben heranwuchs. Die Entspannung wurde auch von der Geschäftsleitung dankbar empfunden.

Aber dies vor allem: junge Stimmen hallten durch das langehin schier tote Haus. Bosch hatte die Freude, daß ihm noch zwei Kinder geboren wurden, der Sohn Robert (1928) und die Tochter Eva (1931). Daß das Schicksal, das ihm mit dem Sterben des ersten Sohnes so viel Leid und Verzicht aufgebürdet hatte, ihm nun den männlichen Erben des Namens und der Aufgabe schenkte, wurde die sorgende Freude seines Alters; in den Anlagen, Liebhabereien, Fertigkeiten des heranwachsenden Knaben durfte er Züge der eigenen Jugend und Elemente des eigenen Wesens erkennen.

Studien zu einem Bildnis

Im Gespräch über Robert Bosch erinnerte einer seiner Mitarbeiter an das Wort eines Unterländer Lehrers, den der Beruf eine Zeitlang auf die Schwäbische Alb gesetzt hatte und der mit der Erfahrung ins Neckartal zurückkehrte: die ersten Worte, die da oben die Kinder zu sprechen lernen, heißen: »noi, ette« – »nein, nicht«. Der heitere Hinweis meinte, Bosch sei ein rechter Älbler gewesen und geblieben. Das Wort muß natürlich mit der behaglichen Ironie des Dialektes genommen werden. Der Mann so außerordentlicher Leistungen war kein »Negativist«. Doch durch die Anekdote schwingt jener Wesenszug, den viele bei der ersten Begegnung mit Bosch stark und gelegentlich schier verletzend empfanden, der in seinem sehr aufmerksamen Blick steckte: die wache, gelegentlich jähe Bereitschaft zum Widerspruch. Er war wenig autoritätsgläubig; als junger Mensch hat er darüber reflektiert, daß man ihm Schärfe und Schroffheit vorwerfe. Das hat sich später etwas gegeben; er hat in Urteil und Sachentscheidung Grenzen zu achten und zu beachten gelernt. Doch eine intellektuelle Angriffsbereitschaft, nicht eine eigentliche Angriffslust, blieb; sie mag, neben der Freude am logisch gestrafften Disput, an der auch beim Partner willkommenen und wohlgelittenen Schlagfertigkeit, auch als Abwehrbereitschaft begriffen werden. Man wollte einmal mit ihm den Termin eines Empfangs verabreden, wobei erwartet wurde, daß er selber die Repräsentation übernehme. Derlei liegt ihm an sich gar nicht. Randnotiz für die Antwort des Büros, Oktober 1932: »Ich hätte eine krankhafte Abneigung gegen solche Angriffe auf meine persönliche Freiheit.« Das Büro wird gewiß eine andere Formel der Ablehnung gefunden haben. Doch der Satz in seiner Schwingung zwischen Ärger und Selbstironie weist in den Grund seiner Seele.

Er war aus dem Stoff derer gemacht, die besser befehlen können als gehorchen. Das war Erbe vom Vater her. Auch Servatius Bosch, Bauer, Bierbrauer und Fuhrhalter in Albeck, war in der Gemeinde als Herr gestanden, unabhängig, selbstsicher, bei persönlicher Gutherzigkeit trotzig. Wenn Robert Bosch auf den ländlichen Hintergrund der Herkunft blickte, so war da keine Dorfidylle zu erkennen oder mühsames Abgeracker kleiner Ackersleute; er legte gar keinen Wert darauf, daß ein romantischer Kontrast gesteigert werde, wie nun aus einer bisher gleichgültigen, unbekannten Familie in ihm selber, in dem Neffen, dem großen Chemiker und Organisator Carl Bosch, zwei Männer heraustraten, um diesen Namen mit Deutschlands Industrie- und Sozialgeschichte zu verbinden. Die Sippentradition ruhte in ihrem eigenen, nicht in einem erborgten oder neu erworbenen Stolz. Er hat sie im übrigen nicht sentimental betrachtet. Die engere Familie war dem Vater auf dem Weg zur Verstädterung gefolgt; keines ihrer späteren Glieder blieb auf dem Lande. Das war ein Stück weit Zeiterscheinung, Binnenwanderung der Nähe. (Bosch machte einmal die ihn offenbar interessierende Entdeckung – er vermerkte sie 1931 in einem Brief –, daß 1886 sein Name nur vier- bis fünfmal im Stuttgarter Adreßbuch vorkam, jetzt aber mit 105 Vertretern verzeichnet war.)

Das herrenhafte Selbstbewußtsein des Großbauernsohnes, das in der Lehrlings- und Gehilfenzeit manchmal gegen subalterne Zumutungen rebellierte, hatte in der großen Spannung dieser Natur eine merkwürdige Kehrseite, eine Scheu nicht bloß gegenüber der Öffentlichkeit, sondern vor allem konventionellen Betrieb, vor nicht vertrauten Menschen. Aus einer Unterhaltung: »Sie haben einmal geschrieben, daß ich im Grunde ein schüchterner Mensch sei.« Und nach einer nachdenksamen Pause: »Eigentlich haben Sie ganz recht.« Er hat viel Welt gesehen, aber er ist nie weltläufig geworden, er begegnete zahllosen Menschen aus vielen Schichten und Herkünften, doch verlor er nie ganz eine gewisse Spröde im Umgang und im Gehabe, eine gewisse unbehagliche Beengtheit, wenn er sich nicht in einer vertrauten Luft fand, wo er »sich gehenlassen« konnte. Das ist an sich ein schwäbischer Zug; er hat bei ihm die besondere Färbung durch die Feinnervigkeit, womit er auf allen Zwang, dessen das Gesellschaftliche bedarf, schier körperlich ablehnend reagierte. Dies »Sichgehenlassen« war wohltuende Entspannung, doch nicht jene sozusagen gepflegte Formlosigkeit, der man im Württembergischen oft begegnet. Bosch hatte ein Bedürfnis nach Menschen, hörte gerne zu, wenn jemand gut erzählen konnte, hatte selber seinen Sack voll Geschichten und Anekdoten, derbe darunter, Stücke der Volksweisheit und des Volkshumors. Auch in solchem gelockerten Zusammensein, das er liebte, hielt er eine gewisse Distanz; das Maß der Vertraulichkeit bestimmte nicht der Partner, sondern ausschließlich er selber.

Wenn es sich nicht um einen alten Freund handelte! Paul Reusch erzählt, sie seien manchmal hochgegangen und hätten einander angeschrieen, beide temperamentstarke Männer. Aber sie haben sich dann immer wieder vertragen, weil sie sich von den Jugendjahren her kannten, achteten und liebten. Bosch hatte nicht viele Freunde; er war sparsam mit diesem Gefühl und konnte einmal einem alten Schulgenossen, der ihm nicht lag, deutlich mitteilen, daß diese Jugendbegegnung ihm noch kein Recht gebe, ihn als seinen Freund anzusprechen. Neben solchem groben Strich aber steht eine treue Anhänglichkeit an den Gesamtkreis der alten Schulkameraden in Ulm, deren periodische Zusammenkünfte er nicht versäumte (auch wenn ihn eine Präsidialsitzung des Reichsverbandes der deutschen Industrie erwartete!). Mit einigen pflegte er vertrauten Briefverkehr und vergaß nicht, auf der Durchfahrt durch die Stadt sie zu besuchen. Aber sie mußten Substanz haben! Und sie durften nicht meinen, gerade sie nicht, weil sie einmal mit ihm die Schule besucht, hätten sie ein Sonderrecht, ihn anzupumpen; wie komme er dazu, antwortete er auf die entsprechende Anregung eines Dritten, »dem seinem Weib ihren Staat zu bezahlen«. Er erzwang immer Respekt. Doch seinem Bedürfnis nach Vertraulichkeit stand sein jähes Wesen oft genug selber im Wege. Und er konnte ein zäher und unerbittlicher Hasser sein und bleiben, hatte sich einmal eine Abneigung in ihm festgefressen. Das verhärtete Temperament erdrückte dann die Argumente der Billigkeit.

Die außerordentliche Schärfe von Boschs *kritischem Verstand* war auf das Dingliche gerichtet, das Faßbare, Greifbare, Sichtbare, ganz ungewöhnlich die *visuelle Wahrnehmungskraft,* die Eindrücke schnell erfaßte und fast unverwischbar festhielt. Das diente ihm mit überraschendem Erfolg etwa bei botanischen Feststellungen, damit verblüffte er, wenn er nach Jahren wieder eine Strecke fuhr, indem er die Einzelzüge der Landschaft, denen man jetzt begegnen werde, ihre Flora, ihre Formen, ihre geologische Struktur, beschrieb; sie hafteten in seinem Gedächtnis wie die präzisen Notizen eines Filmstreifens. Hermann Bücher erzählt von einem gemeinsamen Jagdgang: »Im Aufstieg durch den Buchenwald sah ich ein Schneeglöckchen und machte Bosch darauf aufmerksam: ›ein Leucojum‹. Sofort die Antwort: ›Galanthus‹; es war natürlich ein Galanthus und kein Leucojum.« Bosch hat in dem Bereich der Naturwissenschaften auch vielerlei gelesen, doch nicht eigentlich systematisch; wichtiger war ihm das Sehen und am liebsten, wenn dann ein Sachkenner gleich zur Hand, der mit Gewinn auszufragen war; da ließen sich Unklarheiten und Unsicherheiten sofort bereinigen. Denn man war gründlich, doch nicht gelehrt in einem anspruchsvolleren Sinn. Wenn die Dinge an den Bezirk der mathematischen Formeln gingen, die Anschaulichkeit verschwand und die Sprach- und Denkwelt etwa der neueren theoretischen Physik sich einstellte, hielt Bosch den gemäßen Abstand. Als ein junger Forscher einmal seinen »biologischen Weitblick« rühmte und ihm Schriften der Kaiser-Wilhelm-Gesellschaft sandte (1941), lehnte er seine Eignung zu einem Urteil ab, »weil ich eigentlich nur ein ›Ahnungsvermögen‹ in dieser Richtung habe«. Und sehr freimütig hatte er dem Übersetzer von J. C. Maxwells grundlegenden Studien über Elektrizität und Magnetismus, der sie ihm übersandte, geantwortet (1916): »Ein flüchtiger Einblick in das Buch zeigte mir ohne weiteres, daß ich außer dem Vorwort nichts verstehen könne ...« Mit liebenswürdiger Selbstironie schilderte er in einem Brief an Eugen Diesel (10. März 1941) die belehrende Unterhaltung mit dem vierzehnjährigen Sohne – diese kleine Geschichte bezeichnet über das Familiär-Biographische hinaus auch die große Veränderung, die seit seiner eigenen Lernzeit die wissenschaftliche Fragestellung und die pädagogische Darreichung der Erkenntnisse erfahren hat. Bosch hatte im Bastelzimmer des Jungen einige Magnete aus Alni-Stahl gefunden und ihm darauf einen kleinen Vortrag gehalten, man habe bei Philips in Eindhoven ein neues Verfahren herausgebracht, womit Magnete um ein Mehrfaches verstärkt würden, indem man sie in Dunkelrotglut magnetisiere. »Darauf sagte Robert sofort, hängt das vielleicht damit zusammen, daß beim absoluten Nullpunkt absolute Ruhe in den Molekülen herrscht, daß also keine Elektronen mehr um den Atomkern kreisen, d. h. daß in dem erhitzten Zustand es leichter sei, die Atome gleichzurichten als im kalten Zustand. Als ich meinem Freunde Stribeck ... dies erzählte, schüttelte er den Kopf und sagte, wenn ich schon von Elektron höre, laufe ich davon, worauf ich ihm sagte: Du darfst ja nicht glauben, daß ich mich mit Robert in eine weitere Untersuchung über diese Sache eingelassen habe. Ich sagte mir, ich könne mich dabei doch nur blamieren.«

Über den eigenen Weg in die *Technik* hat Bosch sehr nüchtern gesprochen: der Vater hatte ihn vorgeschlagen, und die Schule fesselte ihn nicht sonderlich. Sein Beispiel, meinte er einmal (1913) in einem Brief, da er um Berufsberatung für einen jungen Menschen gebeten war, zeige, daß es nicht gar so schlimm sein könne, »wenn man ohne Liebe eine Branche ergreift«. »Eine besondere Befriedigung hat mir mein Beruf auch nie gebracht, ich habe eben immer gearbeitet, wenn ich so sagen soll, weil es nun eben einmal notwendig war. Meine Liebhabereien lagen immer auf einer anderen Seite.« Es sei nie sein Ehrgeiz gewesen, etwas erfunden zu haben, hat er immer wieder gesagt, wenn ihn wohlmeinender Irrtum unter die Erfinder reihte. Solche Äußerungen dürfen aber nicht dazu verführen, ein geringes inneres Beteiligtsein an den Fragen der Technik zu vermuten. Er ist an ihre Einzeldinge als Praktiker und Empiriker herangegangen, mit dem guten Blick für das Zweckvolle, Sparsame, Solide, Handliche; die Gesamterscheinung der Technik erfaßte er als Zivilisations-Optimist. Die Problematisierung des Sinns der Technik erschien ihm mehr oder weniger als ein Literatenunfug, als die Beschäftigung von Leuten, die nie mit dem Handwerk etwas zu tun hatten, die, über die Verderbnis des Menschen durch die Maschine klagend, in harmloser Unbefangenheit alle Gegebenheiten des mechanisierten Lebens als Selbstverständlichkeiten hinnehmen und, indem sie von der Versklavung des Menschen durch die Technik reden, nicht wissen oder wissen wollen, wie mühsam und kärglich ein Leben der Masse mit 16 und 18 Stunden Arbeit, Arbeit, Arbeit gewesen ist: die sinnvoll verwertete Maschine ist ihm im letzten Grunde eine Befreierin von Not und Bürde.

Daß sein Freund Paul Reusch so nahe mit Oswald Spengler verbunden war und ihm eine sehr hohe Meinung über diesen Mann vortrug, konnte er nie ganz begreifen. Für ihn war es, wie er (1941) einmal schrieb, eine »Anmaßung«, die er »leider allerdings« mit »Studierten« teile, daß Spengler sich ein Urteil erlaubt über »Sachen wie die Technik, die doch ein Werk der Hände, also der handwerklichen Geschicklichkeit ist, was er gar nicht kennt« ... »Für mich scheint die Frage, ob die Technik zum Segen oder zum Unsegen da sei, müßig zu sein. Wenn der Mensch der Sklave der Maschine geworden ist, so ist lediglich *er* daran schuld.« Spengler hatte in seiner Abhandlung »Der Mensch und die Technik« 1930 die pessimistische Durchleuchtung der gegenwärtigen Situation gegeben, das Zu-Ende-Kommen des technischen Gedankens als solchen und – in einem romantisierenden Irrtum – die Setzung neuer Werte zu spüren geglaubt oder sie selber zu setzen gesucht.

Alle spekulative und gar metaphysische Deutung der sozialen Erscheinungen lag der konkret-sinnlichen Art von Bosch denkbar fern; er mochte sie als »müßiges« Gedankenspiel hinnehmen, ergrimmte aber, wenn sich damit ethische Wertungen verbanden, bei denen die technische Fortschrittsleistung in ein Minus geriet. Deshalb schalt er so gerne und so heftig auf die Spenglerschen Urteile. Im Spätjahr 1932 war Bosch mit der Biographin des großen schwäbischen Technikers und Organisators Max Eyth, Lili du Bois Reymond, in einen Briefwechsel getreten; sie hatte ihm unter anderem geschrieben, daß sie, bei aller Verehrung für Eyth, dessen begeisterte Meinung über die Gaben der Technik nicht teile. Bosch holte in seinen zum Teil launigen Briefen breit aus, um darzutun, wie selbstverständlich der Partnerin alles Technische, dem sie gram ist, geworden ist, und brachte alle jene Argumente herbei, die den Weg vom primitiven Werkzeug zum Röntgenapparat und Mikroskop, zur ausgreifenden Gesundheitspolitik dartun. Dabei ging er auch auf Spengler los: »Ein Oswald Spengler hat in einem Vortrag am Deutschen Museum sich in Geistreichigkeiten ergangen, die nicht überboten werden können. Man sollte wirklich nicht glauben, daß gebildete Menschen so einseitig über Dinge urteilen, an welchen das Menschengeschlecht seit vielen Jahrtausenden gearbeitet hat, lediglich aus einer gewissen kurzsichtigen Romantik heraus, und weil man nicht die Mittel sieht, wie man die langersehnten Errungenschaften der Technik nun auch der ganzen Menschheit nutzbar machen kann. Es ist gar nicht zu bezweifeln, daß jedes Zeitalter und jede Kulturstufe ihre Reize gehabt hat. Welchen Sinn hat es aber, so weltschmerzlich schließlich zu beklagen, daß es der Menschheit gelungen ist, Nahrungsmittel für diese Menschheit zu erzeugen in einem Ausmaße, wie man sich das früher nicht hat denken können? Wie leicht ist es der Technik geworden, nachzuweisen, daß die Malthus'schen Befürchtungen vollständig grundlos gewesen sind. – Ich habe nie ein philosophisches Werk gelesen, ich weiß nicht, was unsere Philosophen über den Wert des Menschentums sagen, ich stelle mich auf den Standpunkt, daß die Menschen da sind, daß ihre Aufgabe ist, die Naturkräfte sich zu Nutzen zu machen, und daß sie selbst sich zivilisieren, sich mit anderen Lebewesen, ob Mensch oder Tier, auf einen möglichst vernünftigen Standpunkt zu stellen haben. Und wenn ich mich auf diesen Standpunkt stelle, so muß ich mit einem Achselzucken über die Ansicht des Herrn Oswald Spengler hinweggehen, daß es besser sei, das Leben des Achill zu erstreben, als sich feige darein zu finden, daß die Menschheit kulturell fortschreitet. Nebenbei bemerkt, ich weiß nicht, was Herr Oswald Spengler damit meint, daß es besser sei, das Leben eines Helden zu leben. Ich weiß auch nicht einmal, ob er Achill als ein Ideal hinstellt, es könnte auch ein anderer alter Grieche sein. Bedauerlicherweise würden doch wohl auch die neuen Helden etwas anders aussehen in ihrer Rüstung, denn mit Schwert und Lanze könnten sie heute auch nicht mehr kämpfen. Heute allen Gewalten zum Trotz sich erhalten, erfordert nach meinem Dafürhalten zuweilen einen höheren Mannesmut und eine größere Ausdauer, wenn auch wohl nicht dieselbe Muskelkraft, wobei auch wieder nachgewiesen werden müßte, ob die heutigen Menschen nicht selbst an Muskelkraft jene Helden überragen würden. Entschuldigen Sie freundlichst, wenn ich Ihnen selber etwas vorphilosophiere, in einer zweifellos nicht einwandfreien Form ...« (25. Oktober 1932).

Nein, das *Philosophieren* war nicht seine Sache, und wenn er im April 1918 einem Bekannten, der ihn auf die Arbeiten des Landsmanns Hans Vaihinger stark hingewiesen hatte, schrieb, er werde sich die »Philosophie des Als ob« anschaffen, da sie ihn »sehr lebhaft« interessiere, so darf füglich bezweifelt werden, ob der brave Vorsatz auch brav durchgeführt wurde. Denn, so stark das rein logische Vermögen, so wich doch sein Wesen vor der abstrakten Begrifflichkeit zurück, das Element der spekulativen Phantasie war ihm versagt. Er vertraute gegenüber den Naturerscheinungen, den Lebensgrundtatsachen seinem »Ahnungsvermögen«, war aber mißtrauisch gegenüber der natur-philosophischen Systematik, ob es sich um romantischen Vitalismus oder mechanistischen Materialismus handle. Das war eine Scheu gegenüber aller Dogmatisierung, die mit Gewißheitsansprüchen auftrat oder auftreten wollte und »Glauben« verlangte. Am nächsten kam er ihr wohl als Jünger von Gustav Jäger und von Samuel Hahnemann, doch nie, ohne sich den Eigenraum des Erkenntnisstrebens beengen zu lassen.

Solche Zurückhaltung galt auch gegenüber dem *Religiösen*. Für den Vater mochte sich der Sinn einer Religion in dem Schatz ihrer moralischen Wertungen und Forderungen erschöpfen. Das Verhältnis des Elternhauses zur Kirche war blaß, konventionell; man kümmerte sich nicht weiter um sie, empfand aber auch nicht das Bedürfnis der Auseinandersetzung. In seinen jungen Jahren wurde Robert Bosch von der religiös-kirchlichen Problematik lebhaft beschäftigt, man wird nicht sagen dürfen gequält; denn die metaphysischen Fragen drangen ja nicht in eine tiefere Schicht seines Bewußtseins. Der in den Antworten ziemlich zuversichtliche Positivismus seiner Generation und der Drang, die innere Erkenntnis mit dem äußeren Bekenntnis in Übereinstimmung zu halten, führten ihn aus der kirchlichen Gemeinschaft hinaus; es ist derselbe Vorgang wie bei Ernst Abbe. Er wollte, mehr noch vor sich selber als vor den anderen, nicht für das gelten, was er nicht war und nicht sein konnte, ein Kirchenchrist. Auf der anderen Seite aber war das religiöse Bedürfnis nicht stark genug, sich eine eigene Position zu erkämpfen oder zu klären. Es ist dabei kein antikirchliches Rebellentum herausgekommen. Dazu war die jugendliche Bindung nicht stark genug gewesen, um nun lebhafte Gegensätze frei zu machen; es war eine einfache Trennung. Der Eifer freidenkerischer Rechthaberei war ihm nicht weniger verdächtig und fremd als klerikale Grenzüberschreitung. In seiner sozialkaritativen Betätigung half er finanziell rein weltlichen wie rein religiösen Unternehmungen, wenn nur die Sache sinnvoll war und vertrauenswürdige Leute sie in der Hand hatten. Und er machte eines Tages, nicht ohne ein gewisses Erstaunen, die Feststellung, daß sein engster Mitarbeiterkreis durch Männer von starkem christlichem, ja kirchlichem Lebensgefühl gebildet wurde.

Wie er dem religiösen Gespräch auswich, sofern es das Dogmatische berührte, so sind auch die schriftlichen Äußerungen über religiöse Fragen nur selten. Es fehlte nicht an Menschen, die das gemeinnützige Wirken als wahrhaft christlich empfanden und meinten, mit religiösen Schriften ihn zu den Quellen seines Tuns zurückzuführen. Aber solche wohlmeinende Hilfe zu religiöser Belehrung oder Erbauung lehnte er freundschaftlich ab: »Für mich ist der Begriff Gott etwas so Großes, daß ich nicht glaube, daß es einen Menschen gibt, der mir sagen kann, was Gott ist« (September 1931). Ob er die Bibel lesen soll? – Ein alter Schulkamerad, der Freidenker gewesen, hat zu ihr zurückgefunden. Sie sei sicher »interessant«, aber »wir haben zur Zeit Dinge zu lesen, die wir kennen müssen, wenn wir einigermaßen ein Urteil haben wollen über andere als rein menschliche Dinge« (Dezember 1932). Das ist sicher nicht ohne Bedacht geschrieben: die Bibel ist ihm das Buch der Menschenkunde und der Menschenlehre, – was ihn bewegte, ist das Geheimnis der Natur. Aber er suchte und versuchte nie, es mit der Magie des Wortes zu umfassen.

Ein Musiker in Stuttgart war, als Bosch 1916 und 1917 mit den großen Stiftungen hervortrat, auf den Einfall gekommen, seine Achtung dadurch auszudrücken, daß er Robert Bosch eine Komposition widmete. Daraus entstand eine kleine Verlegenheit. Dem Mann mußte mitgeteilt werden, daß seine Absicht wohl löblich gewesen, doch in der Adresse sich geirrt habe. Denn der Bedachte interessiere sich gar nicht für *Musik*. Bosch selber versicherte oft genug, er sei »ganz unmusikalisch«; damit wurde er auch Bittsteller los, da er nur helfen wollte, »wo eine gewisse innere Beteiligung zur Sache gegeben ist« (Februar 1936). Immerhin, wenn ihm von Sachkennern förderungswürdige junge Menschen nahegebracht waren, hat er auch hier für ihre Ausbildung Mittel freigemacht und sich über die Ergebnisse berichten lassen. Doch Meinungen in der bei ihm üblichen entschiedenen Form zu geben, hat er vor der Musik sich gehütet. Sie war ihm, mochte er auch als junger Mensch mit den Kameraden wacker, richtig oder falsch, mitgesungen haben, innerlich fremd oder doch gleichgültig.
Anders lag es bei der *bildenden Kunst*. Denn er war ja ein Augenmensch und zugleich von den handwerklich-technischen Dingen ganz allgemein beschäftigt. Die gewisse Scheu, abgebildet zu werden, die ihn lange hin zur Ablehnung von Bildgesuchen der Presse veranlaßte, mußte er schließlich fahrenlassen, als der Wunsch entstand, für diesen, für jenen repräsentativen Zweck ein Porträt von ihm zu erhalten, Gemälde, Radierung, Skulptur. So ist er wiederholt gemalt und modelliert worden. Er war dabei nicht leicht zufrieden zu stellen. Denn wenn er sich schon zu der Unbequemlichkeit bereit fand, zu sitzen, so sollte präzis gearbeitet werden. Die »Auffassung« des

Künstlers interessierte ihn nicht sehr; als ihm etwa ein schwäbischer Kunstfreund geschrieben hatte, Leo Samberger sei heute der einzige Porträtist von Rang und der *müsse* ihn malen, sah er sich wohl Bilder des Mannes an, lehnte es aber dann sehr entschieden ab, Gegenstand solcher Interpretation zu werden. Ein Bildhauer wurde einmal »darauf aufmerksam gemacht«: »Durch eine Messung habe ich festgestellt, daß die Nase und die Ohren bei meiner Büste etwa 1 Zentimeter zu lang sind« (Januar 1918). Die fast verbindliche Resignation, daß da »zweifellos daran nichts mehr zu machen sei«, wurde aber nicht die Norm der Auseinandersetzung; neben dankbarer Anerkennung einer Leistung, wobei man, wie etwa bei Carl Bauer in München, auch menschliche Sympathie durchspürt, gab es recht grobe Zurechtweisungen. Bosch war für die Künstler wohl ein überaus interessantes, in der wechselvollen Gespanntheit der Züge fesselndes, aber sicher kein bequemes Modell; seine sehr geringe Begabung, etwas Schmeichelhaftes zu sagen, schuf nicht ohne weiteres die günstige Atmosphäre.

Er verlangte jedoch nie, als »Kenner« genommen zu werden. Wenn man von einer Liebhaberei reden will, dann mag man finden, daß Bosch Landschaftsbilder bevorzugte, aus dem Schwäbischen, aus dem Bayrischen, solche zumal, deren Raum ihm lieb und vertraut war. Das Geschichtliche im Ausdruck der Kunst hat ihn nicht beschäftigt. Aber auch das Gedankliche oder gar Allegorische, das mit dem Pinsel oder durch die Skulptur dargestellt werden sollte, war ihm fremd. Er hat darüber einmal in einem Brief ein paar sachlich sehr verständige Sätze geschrieben: »An den Entwurf von B. müßte man also auch gleich eine Erklärung hinzusetzen, damit man sich nicht unnötigerweise den Kopf zerbricht. Dies halte ich aber nicht für angängig, denn ein Bild sollte für sich selbst sprechen und einer Erklärung nicht bedürfen. Das ist meine ketzerische, aber für mich maßgebende Auffassung« (21. Februar 1918). In solchem Sinn war er der anspruchslose Freund eines soliden Realismus.

Bosch hat, zumal in den späteren Jahren, viel gelesen; die sogenannte *»schöne Literatur«* spielte dabei eine ziemlich geringe Rolle. Daß er zur Lyrik ein besonderes Verhältnis besessen habe, wird nach seiner ganzen Art füglich niemand erwarten. Es gibt ein ganz amüsantes Dokument, da er an einem großen Gedicht von Cäsar Flaischlen – aus der Kriegszeit – mit Laune und Ärger sprachlich und inhaltlich herumverbessert hat. In das Theater ist er wenig gegangen; vermutlich war seinem Bewegungsbedürfnis das ruhige In-der-Reihe-Sitzen schon körperlich unleidlich. Mit einer freundschaftlichen Teilnahme verfolgte er die Arbeit der zeitgenössischen schwäbischen Erzähler und förderte sie ohne scharfe Qualitätsuntersuchungen. Er hielt es da ähnlich wie bei den Malern der württembergischen Landschaft, die ihn thematisch ansprach. Wer aus dem schwäbischen Volkstum, aus Art und Sitte, aus Schicksalen und überkommener Spruchweisheit, ein dichterisches Bild zu formen wußte, durfte der freundlichen Teilnahme gewiß sein.

Einen erheblichen Raum seiner Lektüre beanspruchte, neben naturkundlichen Schriften, die *zeitgenössische Geschichtsliteratur*, und zwar mehr Lebensbeschreibungen, Memoiren, Briefsammlungen als kritische Gesamtwürdigungen oder Einzeluntersuchungen. Hier sollte und durfte man ihn auf Neuerscheinungen immerzu aufmerksam machen. Es mußte für ihn einen gewissen Reiz bilden, Menschen, deren Wirken ihm bekannt gewesen, die seine Phantasie, seine kritischen Kräfte bewegt hatten, in ihrem menschlichen Gehaben, in den Motiven ihrer Entscheidung kennen zu lernen; so war er ein besonderer Liebhaber der illustrativen Anekdote, die in einem Gespräch, in einer Begegnung, in einer zugespitzten Charakterisierung auskunftsreicher sein mochte als die sorgsam belegte Abhandlung. Hier wurde der Tübinger Historiker *Johannes Haller*, der nach Stuttgart übergesiedelt war, in den letzten Lebensjahren ein anregender Berater – es bildete sich zwischen den beiden, nach geistiger Herkunft und politischer Grundhaltung so verschiedenen Männern eine auf gegenseitiger Achtung begründete Altersfreundschaft, bei beiden, die im Temperament sich wenig nachgaben, wohl mit einem Zuschuß von skeptischer Resignation, wenn sie auf das ihr Alter umwogende Menschengetriebe blickten. In einem Brief an Haller, den heftigen publizistischen Widersacher der Bülowschen Politik, findet sich auch, nach der Lektüre des Hallerschen Eulenburg-Buches, der Vermerk, daß er »über Wilhelm II. in seinem Urteil schon früher etwas schwankend geworden« sei (April 1939). Am lebhaftesten war Boschs Austausch mit Eugen Diesel, dessen literarisches Schaffen, dessen Deutung der Zeitströmungen ihn sehr stark bewegten; er fand durch ihn Empfindungen und Auffassungen des eigenen Unterbewußtseins zum klaren und vollkommenen Ausdruck gebracht. Ob der Versuch Diesels gelang, Bosch für die Schriftstellerkunst Schopenhauers, für die »Parerga und Paralipomena« zu gewinnen?

Mit den *sprachlichen* Dingen hat sich Bosch gerne und eigenwillig auseinandergesetzt. Er sah in der Sprache wesentlich das Handwerkszeug einer genauen und zuverlässigen Verständigung, im mündlichen und im schriftlichen Verkehr; wie ein Werkzeug sollte sie immer gut im Stande gehalten und zweckvoll knapp gehandhabt werden. Keiner war sicher, daß Bosch ihm nicht, mit unerbetener Belehrung, über den Mund fuhr, wenn er vielleicht bei einer Treffensabrede »hinüber« oder »herüber«, »hinunter« oder »herunter« falsch verwandte. Das galt als unerlaubte Schlamperei. Er selber sprach mit kräftiger Dialektfärbung; die heimatlichen Mundarten und Sprachübercommenheiten waren ihm die Quelle einer unverdorbenen Art zu reden. So besaß er auch ein lebhaftes Standortgefühl für das gewachsene Sprachgut – es ärgerte ihn etwa, wenn einer bei einer im Schwäbischen spielenden Erzählung vom »Kittchen« redet statt vom »Arrest«, wie man hierzulande diese Aufenthaltsgelegenheit nennt. Die kräftige Farbe der schwäbischen Ausdrucksfähigkeit erschien ihm als das Maß eines guten und richtigen Deutsch; es konnte da geschehen, daß er Zeitungen mahnende Zuschriften sandte, die bis ins Grammatikalische gingen. So etwa, ob man, die Mehrzahl nehmend, »die Meiers«, die »Trupps« sagen dürfe. »Ähnlich wie bei Trupp ist es bei Park. Warum nicht Parke in der Mehrzahl? Uns Süddeutsche, soweit wir noch nicht durch das schlechte norddeutsche Deutsch in unserem Sprachgefühl wankend wurden, würde Trupps so wenig einfallen wie Jungs oder gar Jungens, und nicht nur ungebildete, sondern leider auch solche Süddeutsche, die Anspruch auf Bildung machen können, sagen so was Scheußliches und halten es womöglich noch für fein« (11. März 1918). Er meinte, es wäre lohnend für die Zeitungen, sich dauernd mit diesen Sachen zu befassen; der »Boschzünder« hat das später mit Grimm und Witz und mit schier unerschöpflicher Geduld besorgt.

Wenn er selber zur Feder griff, in seiner bis ins hohe Alter prachtvoll zügigen, großen Handschrift, dann ging das zunächst sicher und kräftig voran, mit einer leichten Neigung, Einfällen nachzugeben, die das, was er sagen wollte, verdeutlichen konnten. Natürlich hat er auch viel diktiert, zumal Briefe. Aber da war er oft nicht mit sich zufrieden; er meinte auch einmal, 1931, gegenüber dem Neffen Carl, daß beim Diktieren »manchmal etwas weniger gut herauskomme«, als wenn er selbst schreibe. In Zusätzen wird dann ein Ausdruck erläutert, verdichtet, abgeschwächt, damit nicht der Partner ein schiefes Bild von dem erhalte, was eigentlich gemeint sei. In dem Briefwechsel wimmelt es von solchen Bemühungen, einem Ausdruck die gerade gewünschte Kraft zu geben, meist handelt es sich dabei um die Milderung einer Formel. Als auch inhaltlich bezeichnendes Beispiel mögen einige Sätze an den Berliner Geologen Hausmann gelten, einen Ulmer Schulkameraden: »Was mich betrifft, so muß ich mich ja noch freuen, weil ich wohl oder übel auf dem Standpunkt stehen muß, ich habe meine Mission noch nicht erfüllt. Stoße Dich aber an dem Wort Mission nicht. Es ist eine Aufgabe, die aber mit einer höheren Berufung nichts zu tun hat« (1931). Man spürt geradezu, wie er mit einem guten Selbstbewußtsein an das Wort »Mission« gerät, aber dann erschrickt, daß es als falsche Anmaßung wirken könne. Das ist die Angst vor dem Pathos in den privaten Dingen, eine sehr schwäbische Eigentümlichkeit. Bosch *kann* vor allgemeinen Fragen oder in menschlichen Dingen auch pathetisch werden, in ein paar gefühlsbeladenen oder zornigen Sätzen. Aber das ist selten. Die starken Empfindungen, die bei der persönlichen Begegnung jäh ausbrechen mochten, wurden im schriftlichen Ausdruck verdeckt.

Kurze Betrachtungen, Anweisungen, auch Teilstücke der Erinnerungen, die er mit raschem Entschluß niederschrieb, bekamen das Tempo einer gedrängten Sachlichkeit; er gab dabei seinem Wortschatz gerne einige Färbung durch einen Spruch der Volksweisheit oder würzte die Darlegung mit trockenem Sarkasmus. »Ich bin einer von jenen Geschäftsleuten, denen ein guter Abnehmer mehr wert ist als ein schlechter Lieferant« (Juli 1912). Gelegentlich fand er eine ausdrucksstarke Bildhaftigkeit. In einem Brief an die Tochter Margarete aus dem August 1941, der über den Krieg, über die Stellung der USA zu Großbritannien, zur sonstigen angelsächsischen und zur lateinamerikanischen Welt Gedanken ausspann, heißt es: »Die Amerikaner sind in der Lage eines jungen, an sich sehr starken Volkes oder sagen wir eines jungen kräftigen Mannes, der einem die Hand drückt, daß man schreien möchte und sich wundert, daß man sich nicht über diesen Beweis seiner überlegenen Stärke freut, aus lauter Bewunderung für ihn, den Helden.« (Der Krieg zwischen Deutschland und USA war damals noch nicht im Gange.)

Im ganzen schrieb Bosch die größeren Stücke mit einer gewissen Schwerflüssigkeit und ohne den schriftstellerischen Ehrgeiz, die Maße richtig zu nehmen. Als er die »Erinnerungen«, die während der Seereise nach Südamerika 1921 niedergelegt waren, im Jahre 1930 weiterführte, hatte er wohl einen Zeitabschnitt von größter geschäftlicher und persönlicher Bedeutung zu behandeln, darunter die Mitarbeit im Reichsverband der deutschen Industrie und im Reichswirtschaftsrat, die Acro-Sache, die verschiedenen bedeutsamen Änderungen im engeren Mitarbeiterkreis. Aber mitten drin griff das Gedächtnis nach einer Jagdpartie in Kanada und gab sie, in lebhafter Vergegenwärtigung einzelner Situationen, wieder, so daß diese Geschichte fast ein Viertel der ganzen Niederschrift ausmachte; sie steht eigentümlich und völlig fremd in der großen Lebens- und Arbeitsübersicht. Der Leser spürt: das ist eigentlich eine ziemlich nebensächliche Sache, Jagden hat er doch sonst genug mitgemacht, ohne davon zu reden. Aber an den Leser hat Bosch nicht gedacht. Ihm waren diese Tage des Reitens und Wanderns auf einmal wieder so wichtig, das fremde Bergland, das ungewohnte Wild, daß er alles niederschrieb, sachlich, kein Jagd- oder Naturpoet, der es mit dem Schwärmen oder mit dem kunstvollen Schildern versucht, fast ohne Pointen oder doch nur mit solchen, die einen Jäger berühren. Aber ihn packte die Erinnerung dermaßen, daß ihm dies Erlebnis in der eingehenden Behandlung so wichtig erschien wie die ganze Acro-Sache.

Es gibt eine kleine Geschichte, die vor 1913 liegen muß – in diesem Jahr wird sie neben anderen in einem Brief des Schriftleiters der »Lese« an Cäsar Flaischlen erwähnt, um Bosch zu charakterisieren. Da ist dieser auf einer Sommerreise und soll sich in das Fremdenbuch des Gasthofs eintragen. Die Spalte mit der Bezeichnung »Stand« ist wohl gesegnet mit Commerzienrat, Oberstleutnant, Consul, Amtsgerichtsdirektor usf. Bosch setzt auf die Zeile das Wort »Mensch«. Er hat das später nicht mehr getan, sondern eine Art von Verständigungsfrieden mit derartigen Gewohnheiten und Vorschriften geschlossen. Aber diese Anekdote bezeichnet eine urtümliche Spannung seines Wesens: Rebellion gegen die Konvention. Man könnte meinen, es sei ein Stück Koketterie Rousseauschen Geblütes. Aber das ist es nicht. Sondern plötzlicher Ärger, den er in eine Art von Humor abbiegt, mit dem Ziel, den späteren Gästen eine drastische erzieherische Demonstration vorzusetzen, über die sie sich besinnen mochten.

Über sich selber hat Bosch oft reflektiert, über seine Begabungen, sein Temperament, über die Gründe des Erfolges. Er bedurfte für sein Selbstbewußtsein nicht der Bestätigung durch Dritte – langehin war es ihm durchaus zuwider, wenn sich die Öffentlichkeit mit ihm beschäftigte, er verweigerte Bildnisse, lehnte es ab, »Objekt für Autogrammsammler« zu werden. Manche seiner Mitarbeiter vermuteten, daß er auch das, was in Zeitungen und Zeitschriften über ihn erschien an den Jubiläen, gar nicht las, wenn er es aber las, unempfindlich gegen das Lob und herb gegen sachliche Fehler. Als ein Literat um Unterlagen bat, um über den »Schlosser« von Albeck zu schreiben, hatte er es gleich verdorben; er war doch kein »Schlosser«. »Der Herr scheint mehr auf Stimmungsmache als Wahrheit zu arbeiten.« Doch freute sich Bosch natürlich auch über sachliche Anerkennung. Über die zur Nachfolge reizende Wirkung des Beispiels hat er lange hin sich skeptisch geäußert, aber immer doch gefunden, daß in der Einstellung der Unternehmerschaft »in dem letzten Jahrzehnt (nach dem ersten Weltkrieg) sich ein gewisser Aufschwung vollzogen hat«. »Ich war immer Prediger in der Wüste«, schrieb er am 2. Juli 1930 an Gerhard von Schulze-Gävernitz, »womit ich nicht sagen will, daß ich viel gepredigt habe. Ich habe mich nie gescheut, meine Meinung und Auffassung bekannt zu geben und zu vertreten, ich habe sozusagen meine Überzeugung gelebt und habe doch den Eindruck, daß ich einigermaßen Schule gemacht habe.« Dieses Gefühl ging mit ihm durch die Jahre seines Alters.

An den Rand eines Gesuches schrieb er einmal 1937: »Ablehnen. Ich habe keinen Betätigungsdrang mehr.« Das stimmte nicht ganz. Denn trotz allerhand Beschwernissen und Leiden, die ihn plagten und hemmten, war die Spannkraft des Temperaments schier ungebrochen, und wenn er sich auch schon lange nicht mehr um die geschäftlichen Einzelfragen kümmerte, wenn man sie nicht mehr an ihn heranbrachte, so blieben die Anteilnahme an dem öffentlichen Geschehen, seine Fürsorge für die Pläne, die ihn bewegten, lebendig genug, und allein, daß man um seine wache Aufmerksamkeit wußte, hielt die Dinge in Schwung. Er hatte einmal, schon vor Jahren, 1919, an die Gattin geschrieben: »Es ist meine Gewohnheit, von mir und meiner Umgebung nicht gerade wenig zu verlangen, das ist meine Eigenart, die ich nicht aufgeben kann, ohne mich selbst aufzugeben.« So blieb es. Er hat sich nicht aufgegeben.

Jäger und Heger

Man kann, auf Boschs Art und Lebensführung blickend, nicht einfach sagen, er sei auch ein Jäger gewesen. Denn dieses »auch« einer Nebenbemerkung ist zu dünn für Leidenschaft und Lustgefühl, womit er der Jägerei anhing, und für die sorgsame planende Arbeitsleistung, die er ihr, zumal in den späten Jahren, widmete. Wer den Anteil des Briefwechsels um Jagdgebiete, Personalgeschichten der Jäger, Auseinandersetzungen mit Gemeinden und Behörden, wer die Erörterungen über Büchsen und Flinten, über Jagden und Trophäen bemißt, könnte, leicht übertreibend, sagen: dieser war ein Jäger und auch ein Fabrikherr. Bosch hat erst, als er die Vierzig schon hinter sich gebracht, eine Jagd gepachtet – vorher, in der Gespanntheit der Arbeitsjahre, mangelte es ihm an der freien Muße. Vielleicht scheute er auch vor sich selber oder den andern den Eindruck eines untätigen Luxus. Dann aber kam er bald dahinter, daß gerade in der Jagd für ihn die gemäße Kraftquelle stecke für die Arbeitsleistung, die er in den Entscheidungsjahren von sich forderte. Schließlich wurde sie für ihn eine Art von selbständigem Lebensbereich, mit eigenen Ansprüchen und Geboten, dem man sich nicht bloß um der Gelegenheit der rasch gewonnenen Erholung willen hingab, sondern mit einer sorgsam bedachten und planenden Ernsthaftigkeit. Das entwickelte sich im Laufe der Jahre.

In der Bubenzeit durfte er den Vater auf den Jagdgängen begleiten; Servatius Bosch hatte, auch als er zum Privatisieren nach Ulm gezogen war, sein altes Jagdrecht nicht aufgegeben. Der Sohn ertrotzte

Robert Bosch auf der Jagd, 1931

sich den Besitz einer Flobert-Büchse, die ihm der Vater einmal »in einer schwachen Stunde« als Mitbringsel von Stuttgart versprochen hatte, die er aber systematisch vergaß. »Heute nehme ich an«, heißt es in den Erinnerungen, »er wollte in mir die Jagdleidenschaft nicht wachrufen.« Durch eine geflissentlich schlechte Stimmung, die den Eltern unleidlich wurde, setzte der Junge, er mochte 15 bis 16 Jahre sein, den Erwerb einer Büchse durch, für den er sich den Betrag von seinem Taschengeld abgespart hatte. Nun ging es den Ulmer Spatzen ans Leben. Alles, was mit Schießen zusammenhing, sicheres Auge und sichere Hand verlangte, war schon die Mitte der Bubenspiele gewesen: Pfeil und Bogen, Zwille, das Blasrohr mit der Lehmkugel, der Gerwurf, worin er anerkannt war – jetzt, da er das eigene Gewehr besaß, wurde der Schießsport systematisiert: »vielleicht ist meine Schießfertigkeit auf diese Übung zurückzuführen.« »Etwa in meinem 40. Lebensjahr fing ich an zu jagen und war ein ebenso guter Schrot- als Kugelschütze, ohne zu wissen, daß ich besser schösse als andere. Ich war deshalb überrascht, als ich einmal, es mag jetzt 30 Jahre her sein (wohl 1936 geschrieben), bei einem Jagdschießen auf die Scheibe den ersten Preis erhielt. Das spielte sich in der Sommerfrische in Tirol ab.«

Die Erkenntnis, die damals eine »Überraschung« war, wurde für ihn später zur Selbstverständlichkeit, daß er, wenn vielleicht auch nicht immer »der beste«, so doch immer ein sehr guter Schütze war. Darauf war er ordentlich stolz, und es tat ihm wohl, wenn er erfuhr, daß man in Gebieten, wo er einmal gejagt hatte, noch nach Jahren die Treffsicherheit seiner Kugel nicht vergessen hatte: »In Berlin hörte ich eines Tages, man sage, es sei noch kein so guter Schütze in den Karpaten gewesen wie ich.« Wenn er auf den wenigen Seiten Notizen, die er gelegentlich der Jagd widmete, von seinen Treffern redete, kommt ein Klang des selbstgewissen Renommierens, dem man sonst kaum begegnet: »Ein Schußbuch führte ich nie. Ich erinnere mich aber aus früheren Jahren an Schußreihen von 20 Stück und mehr, die ich ohne Fehlschuß auf alle Entfernungen bis zu 300 Metern machte.« »Im vorigen Jahre schoß ich bei einer Treibjagd 9 Hasen mit 9 Schuß ohne Fehlschuß.« »Von 5 Gemsböcken, auf die ich gegen 200 Meter anfing zu schießen, schoß ich drei. Den letzten, also den dritten, auf etwa 300 Meter.« »Ich habe in meinem Jägerleben sicher keine 2% zu Holz

geschossen mit der Kugel.« »Auch im Pistolenschießen suchte ich meinesgleichen. Einmal war ich im Sommer mit meinem Freunde Faber im Jagdhause, als sich ein Räupchen des Goldafterschmetterlings von etwa 30 mm Länge und 2,5 bis 3 mm Durchmesser an einem Faden von einem Baume herunterließ. Ich machte auf dieses aufmerksam und schoß auf etwa 4–5 Meter mittendurch.«
Auch in den Briefen an die Freunde, die er in den Zeiten, da er dem »blutigen Handwerk« nachgeht (so an Reusch), lockerer an den einsamen Abenden schreibt, kehrt das Bedürfnis fröhlich-stolzer Mitteilung wieder. »Hier habe ich bis jetzt«, schrieb im Januar 1941 der bald Achtzigjährige seinem Züricher Arzt Dr. Bircher, »sechs Stück Rotwild auf Entfernungen bis zu 300 Metern geschossen mit sechs Patronen. Erzählen Sie das aber keinem Jäger, namentlich keinem Schweizer. Es glaubt das nur, wer es sieht. Mit den Büchsen, die in der Schweiz vorgeschrieben sind, kann man es nicht machen, natürlich auch nicht ohne Fernrohr; doch das ist ja in der Schweiz nicht verboten.« (In der Schweiz waren Büchsen mit verhältnismäßig kleinem Kaliber, großer Geschoßgeschwindigkeit und daher gut gestreckter Laufgeschwindigkeit auf Hochwild nicht zugelassen.) In Otto Mezgers Studie über den Jäger heißt es einmal: »Eine besondere Liebhaberei von Bosch ist es, im Winter bei Schnee Füchse im Schlitten anzufahren und diese auf hundert bis zweihundert Meter mit einer Kleinkaliberkugel zu erlegen. So schoß er einmal in mehreren Albrevieren in zwei Tagen sechsundzwanzig Füchse mit der Kugel, eine Leistung, die wohl wenige Jäger aufweisen können, in einem anderen Jahre schoß er einmal in zwei Tagen auf Anstand und Pirsch sechs Füchse mit der Kugel.«
Übung und sichere Hand tun es nicht allein, es kommt natürlich auch auf die Waffe an. Bosch besaß ein ganzes Arsenal von Jagdgewehren und wußte sich hier als Fachmann, mit einer kritischen Leidenschaft die Neuerungen und Verbesserungen beobachtend und erprobend, ein heftiger Tadler von Büchsen und Flinten, die ihm veraltet und untauglich erschienen.
Das Schießen, gar das Abschießen, war nun aber bei seiner Jägerei durchaus nicht das Primäre. Daß er selber bis ins hohe Alter eine so feste Hand besaß, gab ihm in den jagdlichen Dingen ein sehr ausgesprochenes Gefühl der Überlegenheit. Das Können blieb ihm wichti-

ger als Statistik, und die bloßen »Schießer« verachtete er. Als er in Hochgebirgsferien mit dem Jagen begann, trieb ihn sein Bedürfnis nach Bewegung, nach Aufenthalt in der freien Luft, nach körperlicher Anstrengung, mit der er die Schlacken der Stadtmonate hinter sich brachte; darüber erwachte die Freude an der Beobachtung des Tierlebens und der Pflanzenwelt, und die mit dem Jagen verbundene Spannung der Sinne gab eine wohltätige Umschaltung der Gedanken. Bosch hat die Bewahrung seiner körperlichen Leistungskraft und geistigen Frische auf die Jagd zurückgeführt.

1904 hatte er sich in der Nähe Stuttgarts das Jagdrevier Magstadt gepachtet, in dessen bescheidenem Jagdhaus er sich ziemlich regelmäßig Samstag und Sonntag aufhielt – auch um seines Verdrusses über Simms ledig zu werden. Auch am unteren Neckar, bei Walheim, besaß er eine Zeitlang Jagdrechte. Doch die Heimat der neuen Passion war das Hochgebirge gewesen; dort konnte sie sich auch ansiedeln, als Bosch 1906 im Tiroler Halltal die Jagd pachtete und 1908 bei Scharnitz, im bayrischen Grenzgebiet, einen mit Jagdrecht verbundenen kleinen Landbesitz, den »Kasten«, erwarb. Es gelang, durch Zupachten das Revier abzurunden. Daß man es einmal mit den Tiroler und dann mit den bayrischen Behörden und Gesetzen zu tun hatte, war nicht immer bequem. Aber man fand schon die Formen, damit fertig zu werden; die Gemsen, die dort nun in pfleglicher Schonung heranwuchsen, interessierten sich ja auch nicht für die politischen Landesgrenzen.

Ein zweites ausgedehntes, gebirgiges Jagdrevier pachtete er später im bayrischen Allgäu, im langgezogenen Pfrontener Tal mit seinen waldreichen Hängen. Das wurde schließlich sein wertvollster Jagdbesitz, mit einem starken Bestand an Hochwild; er selber versäumte dort nie die Hirschbrunst und lud sich dazu die vertrauten Jagdgenossen. Dort waltete durch Jahrzehnte der Oberjäger Franz Schöll, der mit seiner hageren Gestalt, mit seinem langen Bart wie das Modell zu einem volkstümlichen Gebirglerroman aussah – für alle Jagdfreunde eine unvergeßliche Figur; wortkarg, seiner Sache sicher, mit beobachtender Klugheit. Bosch hing sehr an ihm, sie respektierten gegenseitig ihre Eigenheiten. Das Gebiet hatte seine gewissen Schwierigkeiten, denn die Allgäuer Bauern sind mit ihrer Schlauheit kein ganz leicht zu nehmender Schlag. Schöll war da nicht nur der Betreuer des Wildes, der kenntnisreiche Begleiter auf den Pirschgängen des Jagdherrn oder wichtiger Gäste, sondern auch Diplomat und streitbarer Verwalter der Gerechtsame. »Er ärgert und sorgt sich mit; habe ich Schöll nicht, dann entleidet mir die Sache auch« (25. August 1911).

Der Besuch der bayrischen Berge war, mochte wohl das Auto die Wege kürzen, immer eine Unternehmung mit allerhand Vorbereitung. So baute sich Bosch in der Nähe, auf der Uracher Alb, im Wespental eine kleinere Jagd auf. Dort gab es vor allem Rehe und Füchse. Eine ganz primitive Jagdhütte, die erst später einem wohnlicheren Jagdhaus wich, war die Rückzugsstätte, wenn Bosch rasch die Stadt und die Geschäfte hinter sich lassen wollte.

Für diese Jagdreviere, die er nun ganz genau kannte, nicht nur geographisch, sondern auch sozusagen psychologisch, die Art der Menschen, die zuverlässigen, brauchbaren und die schwierigen Nachbarn und Kontrahenten, fühlte sich Bosch in dem lautersten Ehrgeiz verantwortlich. Die seine Tätigkeit verfolgten und beurteilen konnten, fanden, daß er als Heger fast noch eifriger gewesen sei denn als Jäger. Ob er ein an sich günstiges Gebiet in fragwürdigem oder gar devastiertem Zustande übernahm, scherte ihn wenig; er würde es durch Schonung und Pflege sicher wieder in die Höhe bringen. Er blieb scharf dahinter her, daß für genügend Futter gesorgt war und daß es rechtzeitig und ausreichend an die Plätze kam. Nach harten Wintern kürzte er sich selber und seinen Gästen die Abschußzahlen. Die Erhaltung eines guten Wildstandes, der nicht bloß den Jägern, sondern auch den Wanderern Freude schenken mochte, war ihm so wichtig oder gar wichtiger als eine Mehrung der Trophäen.

Natürlich lockte es Bosch, auch fremde Jagden kennenzulernen. Doch sollte es sich da schon um Außergewöhnliches handeln, um Wild, das ihm nicht vertraut war, um Landschaften, deren Reiz erst gewonnen werden mußte. Im Jahre 1913 spielte er in einem Brief an den Neffen Carl mit dem Gedanken, das innere Afrika aufzusuchen und dort zu jagen – daraus ist nie etwas geworden. Bei Besuchen in Schweden veranlaßte der ihm gut vertraute Vertreter der Firma, Egnell, jagdliche Unternehmungen; er wußte, daß dies auch für die geschäftlichen Besprechungen eine gute Atmosphäre schaffe. Von Stockholm berichtete Bosch im September 1917 an den Sohn, daß er in den Schären auf der Seehundjagd gewesen ist und ihm einen Schädel mitbringen will. Die für seine Alterserinnerung wichtigste Jagd war die in Kanada, 1924, die den 63jährigen einige Wochen im Sattel und in Zeltlagern sah: »Ich gewöhnte mich allmählich daran und habe wohl 300 Kilometer auf diese Weise, auch zuweilen pfadlos, aber fast immer nur auf Saumpfaden zurückgelegt.« Das Jagdziel waren Bergschafe, Bären und Elche. Einige Berufsjäger erwarteten die Expedition dort, wo die Bergschafe gesichtet waren. »Man gab mir nun Unterricht, der mir, der ich etwa 200 Gemsen schon geschossen hatte, Vergnügen machte.« Schließlich kam es so, daß nicht die Einheimischen, mit der Jagdlage Vertrauten, das gesuchte Rudel sichteten, sondern daß er, der fremde Gast, mit gutem Instinkt es ihnen wies und daß er auch mit dem ersten Schuß den Widder streckte. Über beides war »mein innerlicher Triumph« groß. Ein zweiter, noch besserer Bock folgte am andern Tag. Auf die Bergziegenjagd verzichtete er, das Gehörn war ihm zu unscheinbar. Man ritt dann wieder eine Woche, um in das Bärengebiet zu kommen. Aber alle Streifen blieben erfolglos. Schließlich wurden Elche gesichtet, und es gelang Bosch, einen Elchhirsch zu erlegen, dessen Geweih eine Auslage von 145 Zentimetern besaß; das wurde später im Stuttgarter Haus eine Mitte der Trophäen. Rein jagdlich hatte das mühsame Unternehmen nicht ganz erbracht, was Bosch davon erwartete; doch war er zufrieden, weil er seinen Begleiter, Wielich, in den Wochen des gemeinsamen Lagerns in Indianerzelten zu seiner Auffassung für die Behandlung der Acro-Sache gewonnen hatte. (Die zweifelnden Erkenntnisse kamen erst später.)

Die Jagd in Kanada ist von Bosch selber erzählt worden. Über sein Jägertum und einzelne seiner Reviere haben Otto Mezger, Hermann Bücher und Georg Escherich berichtet, Bücher vor allem aus den Pfrontener Bergen und in einer farbigen Darstellung über eine Alpen-Steinbockjagd im Val di Cogne, dem italienischen Nationalpark (1930), Escherich über das Uracher Jagdgebiet. 1936 führte eine Einladung des Lord Davies in das schottische Hochland.

Die gemeinsame Liebe zur Jagd hat bei Bosch starke menschliche Beziehungen begründet, zumal mit Männern, die nicht bloß faire Jäger waren, sondern auch sonst in Tier- und Pflanzenkunde Bescheid wußten und ein gutes Gespräch über diese Dinge schätzten, belehren konnten und lernen wollten. Das galt vor allem von Otto Mezger, dem

Leiter des Stuttgarter Nahrungsmittelamtes, galt von Hermann Bücher und Georg Escherich. Bücher, der vor seiner politischen und später industriellen Tätigkeit als Botaniker in Ostafrika gearbeitet hatte, führte Oktober 1930 den alten afrikanischen Forstmann Escherich bei Bosch ein. Daraus entwickelte sich eine gute späte Männerfreundschaft. Bosch wird wohl vorher mit Respekt von Escherichs Wirken in Afrika, von seinem Soldatentum im Weltkrieg und seinen forstwirtschaftlichen Leistungen im Byalistoker Waldgebiet sich habe erzählen lassen. Aber der Politiker Escherich, der Begründer der bayrischen Heimatwehren, der Führer der »Orgesch«, mag ihm durch die Legende der ersten Nachkriegsjahre ziemlich fremd gewesen sein. Steckten in all dem nicht bayrischer Partikularismus, verdecktes monarchisches Restaurationsspiel, militärischer Dilettantismus, lauter Dinge, die Bosch wenig gefallen konnten? Aber nun traf er auf einen Mann von herzhafter, tapferer Redlichkeit, warmherzig und begeisterungsfähig. Er hielt es für eine Selbsttäuschung Escherichs, daß dieser im politischen Wirken, so lauter die Motive gewesen waren, eine ihn erwartende Aufgabe gesehen hatte; er begriff ihn als den Freund und Kenner der Natur, den bürokratisch unverbogenen Verwaltungsmann, und er begann ihn zu lieben. Seit 1934 galt das brüderliche Du zwischen den beiden alten Männern – Escherich war 9 Jahre jünger als Bosch. Sein Tod, 1941, hat Bosch stark bewegt; denn Escherich war regelmäßiger Gast bei den Jagden, kam nach Stuttgart und auf den Boschhof, Bosch fuhr im Frühjahr zum Schnepfenstrich nach Isen, ein lebhafter Briefwechsel, in dem auch die allgemeinen Sorgen ihr Echo fanden, ging zwischen Stuttgart und dem oberbayrischen Forsthaus hin und her.

Im Stab der Firma waren G. Honold und E. Ulmer von Boschs Jagdleidenschaft mit erfaßt worden; darüber hatte Gustav Klein in den früheren Zeiten gelegentlich ironisch geseufzt, daß die Entscheidungen über Geschäftsberatungen von den Jagdterminen abhängig wurden! Das Erbe von Honold und Ulmer wurde später durch Alfred Knoerzer angetreten; Bosch war froh, daß im engeren Kreis die Jagdtradition nicht untergehen würde und daß nun wieder ein jüngerer Sachverständiger, Berater und Schüler in einem, an seiner Seite stand. Kleins Sorgen waren inzwischen hinfällig geworden; es hatte sich eine Gewöhnung der Termine eingespielt. Für Bosch selber blieb die Jagd eine schöne, feste Verpflichtung und gelegentlich eine nicht unwillkommene Ausflucht – eigentlich mußte er ja zu einer Sitzung des Reichsverbandes der Industrie nach Berlin fahren, aber in Pfronten wartete Franz Schöll. Eigentlich hatte er Coudenhove versprochen, an einer Paneuropa-Zusammenkunft teilzunehmen – doch warum legt dieser den Zeitpunkt so ungeschickt, daß da gerade die Rehjagd aufgeht?

Bosch war ein großzügiger Jagdherr und ließ seinen Gästen, zumal wenn er sie auf die Hochwildjagd geladen hatte, gute Stücke zuweisen. Aber er war auch anspruchsvoll in seinem waidmännischen Kodex und konnte, wurde dem nicht Genüge getan, unwirsch und grob werden. Er unterschied sehr deutlich zwischen Jägern und Schießern und war in der Auswahl, über den vertrauten Kreis hinaus, sehr zurückhaltend, mancher hat wohl vergebens darauf gewartet, von ihm gebeten zu werden. Aber da sah er, auch wo die Jagd als ein Stück Repräsentation genommen werden konnte, nicht auf Rang oder Stellung, sondern nur auf waidmännischen Ruf, und mancher hat wohl auch ein zweites Mal umsonst mit einer Einladung gerechnet. Bosch meinte, daß man auf der Jagd den Menschen richtig kennenlerne – er hat ja auch nicht ohne Grund schwierige Geschäftsverbindungen bei Jagden eingeleitet, weil sich da ein menschliches und sachliches Gehaben gut beobachten ließ. Man konnte auch ihn selber kennenlernen, in seiner sachlichen Großartigkeit wie in den jähen Schroffheiten! Die Jagd wurde für ihn der Rahmen, in dem sich gute Freundschaften zusammenfügten, aber auch die Gelegenheit, bei der alte Beziehungen, und wenn es sich so gab, mit Krach in die Brüche gingen.

Agrarpolitisches Denken im landwirtschaftlichen Planen

Man kann das Bild mit einer sentimentalen Romantik malen: Der Fabrikherr, auf der Höhe seiner industriellen Erfolge, ist aus dem Lärm der Werkhallen geflohen und zu dem mütterlichen Boden der Nahrung spendenden Erde zurückgekehrt. Er wandert nachdenksam und ausruhend über das hügelige Land, das sein eigener Grund ist, freut sich des Standes der Roggenfelder, die im guten Wuchs sich leicht bewegen, und blickt prüfend zu den ungewissen Wetterzeichen des nahen Gebirges: Bringt man die Heuernte, die jetzt im Gange ist, noch gut in die Scheuern? Der abendliche Heimweg wird ihn dann noch zu den luftigen Ställen führen, er wird der gedrungenen Wucht und starken Form des Zuchtstieres einen anerkennenden Blick schenken – der Kerl hat ja einmal einen Preis bekommen und darauf ist ein rechter Bauer stolz –; ein letzter Gruß gilt den Pferden, die sich ihm zuwenden, als ob sie seinen Besuch noch erwartet hätten. Werden die Kindheitserinnerungen in ihm wach, da die Fuhrleute an der Steige von Albeck ausspannten und ihre Gäule einstellten?

Bosch schreibt in seiner Rückschau dort, wo er sich einer kurzen Darstellung seiner landwirtschaftlichen Interessennahme zuwendet, er habe »Sachen unterstützt, für die wohl meine Abstammung verantwortlich zu machen ist«, also das Blut der bäuerlichen Ahnengeschlechter. Die nüchterne Fassung des Satzes warnt davor, Boschs Teilnahme an den landwirtschaftlichen Fragen, schließlich seine eigene großartig wagende Betätigung in einen poetisierenden Lyrismus einzukleiden. Es ist da nichts von Rousseauscher »Rückkehr zur Natur«.

Die Motive verschränken sich. Zunächst mag man die ganz elementare, von der Jugend an frische Hinneigung zu den Erscheinungen der pflanzlichen und tierischen Lebewelt nehmen. Das scharfe Auge beobachtet, das außergewöhnliche Formgedächtnis registriert, der Ordnungssinn vergleicht, der Erkenntnistrieb will der Zusammenhänge inne werden. Otto Mezger erzählt, daß er in den Büchern des Jagdhauses stöbernd, auf ein altes vergriffenes Bändchen gestoßen sei: »Anleitung zur Bestimmung von Pflanzen.« Auf der Titelseite prangte der Stempel »Robert Bosch, mechanische Werkstätte, Stuttgart« – der Besitzer hatte es also schon vor Jahrzehnten auf seinen Sonntagswanderungen bei sich geführt. Er wollte immer lernen, nicht bloß nutzen. Später variierte er gerne das Wort: Landwirtschaft ist angewandte Naturwissenschaft. Oder er schrieb, 1931, als er freilich schon fest in eigenen Unternehmungen steckte: »Die Landwirtschaft als solche ist einer der interessantesten Erwerbszweige, die es gibt. Er ist so mannigfaltig wie kaum ein anderer, denn er ist verhängt mit Zoologie, Geologie, Chemie, Meteorologie in den verschiedensten

Auswirkungen.« Solche Sätze sind der Nachhall des urtümlichen Sachsinns der Beobachtung.

Dicht daneben nun stehen schon frühe Auseinandersetzungen über die Agrarpolitik, die mit geringen Ausnahmen eine scharf polemische Färbung haben. Bosch ist Freihändler. Man würde es sich zu leicht machen mit der einfachen Formel: hier ist er halt bloß der Sprecher seines gewerblichen Sonderinteresses, das von der deutschen agrarischen Schutzzollpolitik repressive Maßnahmen der fremden Staaten erwartet und damit Einschränkung der Ausfuhr des eigenen Erzeugnisses befürchten muß. Natürlich spielen solche Empfindungen mit herein: auch daß die industrielle Gesamtleistung in Arbeitsbeschaffung und Steueraufbringen vom Staat und den partei-politischen Gruppen nicht genügend gewürdigt werde. Aber das ist es nicht allein. Der Feind aller staatlichen Subventionspolitik wehrte sich dagegen, der These von der »Not der Landwirtschaft«, die den Zollkämpfen der Jahrhundertwende den Rhythmus gab und die auch *nach* den neuen Handelsverträgen von 1906 mit den erhöhten Getreidezöllen im Schwange blieb, Glauben zu schenken. Gewiß, diesem, jenem Landwirt mochte es schlecht gehen, der sein Gut zu teuer übernommen hatte, der zu kapitalschwach war, um sich neues Gerät anzuschaffen, der bei den überkommenen Gewohnheiten blieb, ohne sich nach den wechselnden Bedürfnissen des Marktes umzusehen und die Lehren der Wissenschaft zu verwerten. Gemeinhin trifft solches Urteil gar nicht zu: »Ich bin aber doch zu nahe mit der Landwirtschaft verwandt«, heißt es in einem Brief vom Februar 1912 an einen Industriellen, »daß ich recht gut weiß, daß unsere Landwirtschaft so schlecht nicht dran ist, wie man das immer macht, und deshalb verstehe ich auch nicht, weshalb man unsere Landwirtschaft so künstlich aufpäppeln muß auf unsere Kosten, wofür man dann auf uns herumreitet...« »Wenn es sich darum handelt, für die Landwirtschaft Millionen aufzuwenden, vielleicht mehr, als unsere ganzen Bauern Steuern zahlen, so kräht kein Hahn danach, denn die Landwirtschaft muß erhalten bleiben.«

Gegen solche Schlagworte ist er besonders empfindlich. Später wird ein Aufsatz zur Variation über den längst fatalen Spruch: »Hat der Bauer Geld, so hat's die ganze Welt.« Er wird nicht müde, in Briefen und Aufzeichnungen die Fälle herauszuheben, wo Bauern oder Rittergutsbesitzer entgegen allen öffentlichen Klagen in diesen

Jahrzehnten vorangekommen sind, schuldenfrei wurden, sich vergrößert haben, einfach weil sie von ihrer Aufgabe etwas verstanden und sich rührten. Vor diesen Landwirten hatte er den größten Respekt, er wünschte nur, daß sie öffentlich das fast standesgemäße Klagen ablehnten. Als in späteren Jahren sein Freund Paul Reusch einen Ausschuß von Führern der Industrie und Landwirtschaft zusammenbrachte, machte Bosch zunächst mit starkem Eifer mit. Denn eine verständige Aussprache schien ihm förderlich und notwendig. Aber er beschränkte sich dann doch nur aufs Zuhören, weil er sich ärgerte, fast immer bloß die alten Geschichten zu hören – in Briefen, in Denkschriften geht der Grimm weiter. »Ob ich mir nur meinen Jammer von der Seele schreibe oder tatsächlich einmal meine Erfahrungen (in der Landwirtschaft) der Öffentlichkeit bekannt geben werde, weiß ich noch nicht, jedenfalls aber weiß ich, daß der größte Feind der Landwirtschaft die Landwirte sind« (Oktober 1930).

Man wird von Bosch keine systematische Darstellung seiner agrarwirtschaftlichen Auffassung erwarten. Er hat sich nie ganz »seinen Jammer« von der Seele geschrieben. Um dem Grimm die Wendung ins Positive zu geben, fehlte es ihm an der die vielfältigen Überlegungen und Einfälle ordnenden Gelassenheit und an betriebstechnischen Sonderkenntnissen. Seine zahlreichen, über die Jahrzehnte sich erstreckenden Bemerkungen zu landwirtschaftlichen Fragen vor den Augen, muß man sich auch bewußt bleiben, daß sie sehr wechselnden zeitlichen Situationen entstammen; Preislage und Preispolitik für die verschiedenen Erzeugnisse haben in den politisch so unruhigen Zeiten sehr wechselvolle Kurven gezeigt. Die wesentliche Linie seiner Kritik galt der staatlichen Bevorzugung des Getreidebaus. Daß Deutschland in dessen Leistungssteigerung an der Spitze steht, wird von ihm anerkannt. Aber das geht auf Kosten der Veredelungswirtschaft. »Merkwürdig« sei es nur, schrieb er im März 1938 an *Georg Escherich*, daß es so lange möglich gewesen sei, »unseren Kleinbauern beizubringen, daß sie mit den großen Getreidebauern solidarisch seien.« »Man bedenke nur, daß alle die, welche Milch und Eier erzeugen, welche Schweine mästen und dergleichen, darunter leiden müssen, daß wir Kraftfuttermittelzölle haben.« Und dieser Brief geht dann mit Vehemenz und plastischer Anschaulichkeit auf das Lieblingsthema ein: was bedeutet der industrielle Aufschwung für die bäuerliche Marktbildung? »Wir haben hier in Württemberg so viel Gelegenheit, etwa auf der Jagd, zu beobachten, daß in einer Gegend, wo Industrie ist, auch rote Dächer zu sehen sind und schon in der Vorkriegszeit zu sehen waren. War keine Industrie in der Nähe, so sah man auch kein rotes Dach. Ich denke da zum Beispiel an Schillers Geburtsort, an Marbach. Mir erzählte einmal ein Unteroffizier, sie seien dort im Manöver gelegen und er brauchte den schönen Ausdruck: ›da kamen die Mäuse mit verheulten Augen die Bühnentreppe herunter‹. Im Gegensatz dazu stehen die auf 700 und 800 Meter Meereshöhe liegenden Ortschaften um die Oberamtsstadt Urach herum, wo Holzbearbeitung, Bleicherei, Spinnerei und Weberei zu Hause ist ... Ohne Industrie tun wir schwer, es geht überhaupt nicht. Wenn wir nicht exportieren können, geht es auch nicht. Wir müssen den Schutzzoll beseitigen und müssen die Schranken beseitigen, die die Freizügigkeit der Menschen hemmen.« Daß das nur mit einer internationalen Verständigung möglich sein wird, ist ihm klar.

Bosch hatte sich mit den Gedankengängen des führenden landwirtschaftlichen Betriebswissenschaftlers, *Friedrich Aereboe* vertraut gemacht. Im Jahre 1928 las er dessen »Agrarpolitik«: »Diese ist sehr interessant, aber nicht gerade leicht zu lesen und ich habe schon noch einige Zeit damit zu tun« (6. September 1928). Aereboe wird ihm auch gelegentlich zum Berater; die vom Überkommenen unabhängige Natur des Mannes, die ordnende Gründlichkeit mit einer fruchtbaren Phantasie und unbekümmerter Begeisterungsfähigkeit verband, beeindruckte ihn. Es ist der Nachhall von Aereboe, wenn Bosch in seinen Betrachtungen und Briefen die Spezialisierung der Landwirtschaft auf die Marktbedürfnisse forderte, die Rationalisierung nicht nur der Betriebe, sondern auch der Verkaufsgewöhnungen – entscheidend freilich war ihm die unbefangene Haltung des Gelehrten zu den Agrarschutzzöllen. Schon im Jahre 1924 hatte er Aereboe geradezu zu Hilfe gerufen, und zwar gegen die »Kollegen von der Industrie«, die »außerordentlich urteilslos in der Sache« sind und nur mit »Ladenhütern« arbeiten. Zu den »Ladenhütern« rechnet der Hinweis auf den Krieg, den man ohne starke Landwirtschaft nicht führen könne. Von diesem Einwand will Bosch nichts wissen. Denn erstens ist es eine der Aufgaben der Politik, den Krieg zu vermeiden, und zweitens gehört zur starken Landwirtschaft nicht bloß der Getreideboden, sondern auch die Produktion von Fleisch, Milch und Fett.

Und der Mensch, der sie besorgt! Auf ihn blickt Bosch mit einem scharfen Auge, mit einem dankbar anerkennenden, wo er dem kenntnisreichen, umtriebigen, dem sparsamen oder dem mit Verstand wagenden Landwirt begegnet, unmutig, wo er altem Trott, Schlendrian oder unwirtschaftlicher, theoretischer Organisationswütigkeit begegnet, die gegebene Grenzen mißachtet; hier mußte er freilich zuvor mancherlei eigene Erfahrungen machen. Nirgends scheint ihm die Menschenfrage so entscheidend wie gerade in der Landwirtschaft, wo immerzu auf eigene Verantwortung unkontrollierte Entscheidungen in der Arbeitsdisposition getroffen werden müssen, im Anbau, in der Ernte, im Verkauf, von dem hundertfachen Drum und Dran der Gerätepflege, der Düngung usf. abgesehen – was nutzt der beste Boden, die günstigste Marktlage, wenn nicht Einsicht, Umsicht, Charakter, willig zugreifende Bereitschaft dem Betrieb seinen Stil geben? Der Schluß ist bei Boschs pädagogischem Temperament und seiner Gläubigkeit in Sachen der erzieherischen Beeinflussung naheliegend, und er stützte ihn immer mit dem Hinweis auf Dänemarks landwirtschaftlichen Aufschwung, auch mit den Erfahrungen der Schweiz: schafft gute, schafft bessere Schulen auf dem Dorf, errichtet Ackerbauschulen und gebt den landwirtschaftlichen Hochschulen einen praktischen Unterbau und Ausbau im Betrieb! Das ist ihm ein besonderes Anliegen: im Handwerk, in der Kaufmannschaft steht die praktische Lehre des jungen Menschen am Anfang, und sie steht immer im Zusammenhang mit unmittelbar praktischen Bedürfnissen und Verantwortungen, während dem Landwirt, der später etwa Güter zu betreuen hat, diese Verbindung mit der Praxis nicht die gegebene Voraussetzung ist. Das bleibt bei Bosch ein Kapitel voll Zorn und Eiferung – er trug es übrigens nicht *nur* bei der Landwirtschaft vor.

Erst verhältnismäßig sehr spät ist Robert Bosch unter die Bauern gegangen, auf seltsamen Wegen, die Umwege waren – er war Landbesitzer geworden, bevor er die Absicht hatte, Landwirt zu werden. Eine frühe Überlegung hatte er wieder fahrenlassen: im Jahre 1909 dachte er, in der Nähe Stuttgarts die Domäne Klein-Hohenheim zu kaufen. »Die Abneigung meiner Frau gegen solche Dinge hielt mich von der

Ausführung dieses Planes ab. Ich habe das später bereut.« Anna Bosch mochte wohl in Sorge sein, was ihr, bei den häufigen Reisen des Gatten, an zusätzlichen Sorgen und Mühen zuwachsen würde, wenn man dann noch den Wohnsitz dort nehme – die ausgreifende Art des Mannes mußte sie manchmal ängstigen und bedrücken.

Immerhin, das landwirtschaftliche Interesse von Bosch war geweckt, und man konnte es fruchtbar machen, wenn die Sinngebung einer Arbeit über das Privatwirtschaftliche hinausreichte. So war es zu verstehen, daß er einem unternehmungslustigen Landwirt, den er auf der Jagd kennenlernte, Otto Jäger vom Lindenhof bei Eningen, nicht unbeträchtliche Mittel zur Verfügung stellte, um die sogenannte »*Eninger Viehweide*«, ein am Albrand liegendes, etwa 400 Hektar großes Weidegelände, zu erwerben und in intensive Kultur überzuleiten. Diese Geschichte hat damals in Württemberg einiges Aufsehen gemacht: man bestritt die wirtschaftliche Möglichkeit, und da es bald bekannt war, daß Bosch als Geldgeber hinter dem gewagten Versuch stand, mußte er die Adresse abgeben für alle die Vorwürfe, daß er ein Stück Naturdenkmal zu zerstören helfe – ein vielbegangener Wanderweg führte an der »Viehweide« vorbei, sie hatte Heidekrautbewuchs, alten Buchenbestand, und mit ihren weidenden Schafen war sie vielen Besuchern der Alb ein freundlich-idyllisches Erinnerungsbild geblieben. Bosch ärgerte sich nicht wenig, daß man gerade ihn, den kundigen Freund schöner Natur, mit Vorwürfen bedachte: »Ein wogendes Getreidefeld und ein Kleeacker von 20 Hektar in Blüte«, schrieb er damals den Unzufriedenen, »ist so schön wie ein blühendes Stück Heide.« Er ließ sich die Genugtuung über das volkswirtschaftliche Gelingen des Unternehmens nicht verderben – privatwirtschaftlich hatte er freilich eine sehr viel geringere Freude an dem Ausgang des von ihm so großzügig ermöglichten Versuches. Denn er verwickelte sich in langwierigen und sehr unfrohen Aufwertungsverhandlungen. An deren Abschluß stand, daß der Staat Württemberg 1936 das ganze Areal für gutes teures Geld von dem Besitzer übernahm – vor Jahrzehnten, vor der Melioration, war es ihm zu dürftig gewesen.

Der Weg, der Bosch schließlich zur agraren Eigenwirtschaft führte, ist in seinem Beginn von halbindustriellen Gesichtspunkten bestimmt worden; ein lebhaftes technisches Interesse stand daneben und, wie Bosch mit der Ironisierung der getäuschten Erwartungen später sagte,

»schnöde Gewinnsucht«. Es handelte sich um die Ausbeute von Torfmooren.

Die *Torfverwertung* schien durch ein neues Verfahren in ein aussichtsreiches Stadium getreten zu sein. Der Schwede Ekenberg hatte es erdacht, und eine englische Gesellschaft begann es auszuprobieren, gleichzeitig mit Lizenzvergebung zu propagieren. Es war ganz geistreich erdacht: durch elektrischen Gegenstrom sollte das Wasser aus dem Moor entfernt werden, das dort als Hydrozellulose enthalten ist. Bei einer Erhitzung auf 300 Grad wird diese gesprengt – unter Druck, im Filter, in der Zentrifuge wird das Wasser ausgeschieden; der mehlige Rest kann dann brikettiert werden. Die Sache schien theoretisch in Ordnung zu sein. Bosch hatte dafür seinen Neffen Carl zu interessieren gewußt, der damals an den Arbeiten über Ammoniak und über Stickstoffgewinnung saß. Auch Carl Bosch bejahte die günstige Meinung, die man von der Beschreibung des technischen Prozesses gewinnen konnte. Freilich, die geschäftlichen Bedingungen der Engländer, die bei der Lizenzbegebung die Gründung von Aktiengesellschaften und für sich 50 % forderten, war nicht derart, daß Bosch sich unmittelbar mit ihnen einlassen wollte. Mochte man einmal zusehen, wie die Sache – eine Versuchsanlage war auch in Deutschland geschaffen worden – sich bewähren würde! Bosch nahm Aktien der Stammgesellschaft, aber keine Lizenz. Eilig war es ihm nicht. »Ich hatte«, schrieb er 1931, »zu jener Zeit große Einnahmen, die Verwandlung von Sümpfen in fruchtbares Land reizte mich, namentlich da es noch möglich schien, mit dem Ekenberg-Verfahren große Gewinne zu machen. Zunächst kaufte ich Moorgründe.« In Oberschwaben (Ostrach), in Oberbayern (Beuerberg) standen Moorgebiete zum Kauf – er erwarb sie.

Diese Aktion wurde in dem ursprünglich gedachten Sinne ein voller Mißerfolg. Sie hat Bosch durch zehn Jahre beschäftigt, und er hat auch später noch die mannigfachen Versuche der wirtschaftlicheren Torfgewinnung verfolgt, gelegentlich sogar finanziell unterstützt, wo ihn die Lösung fesselte. Aber die frühen Erfahrungen hatten doch auch vorsichtig gemacht. Die Engländer hatten nach dem Ekenbergschen Patent in Dumfries (Schottland) Anlagen aufgestellt und in Betrieb genommen. Doch es war nie recht möglich, eine genauere Vorstellung davon zu gewinnen, ob dem technischen Gelingen auch eine

Rente entspreche. Immer war, was man so hörte, an der Apparatur etwas kaputt; es scheint, daß die Anlage nur während des Krieges sich lohnte, als die englische Regierung dort schwefelfreie Briketts für die Beheizung flandrischer Schützengräben bezog und sie teuer bezahlte. An den Zahlen einer Kriegskonjunktur lag Bosch aber nichts; der Brennstoffbedarf des Krieges hatte auch seinen eigenen Torfmoorbesitz rentabel gemacht. Die abschließende Einsicht – sie entstammte dem Gutachten eines deutschen Ingenieurs, der vor dem Krieg bei den Engländern gearbeitet hatte – ergab, daß der, mit allerhand Tükken und Unterbrechungen im Ekenberg-Verfahren gewonnene Brennstoffvorrat durchschnittlich gerade für die Krafterzeugung ausreiche, die man vorher zu seiner Gewinnung benötigt hatte! Ein bißchen Ammoniak blieb allein als Überschuß zurück. Das lohnte die Mühe und den Aufwand nicht. Bosch konnte froh sein, daß er sich nicht tiefer in eine, wenn auch technisch interessante, so doch unfertige Sache eingelassen hatte.

Solange während des Krieges und in den ersten Folgejahren die deutsche Kohlenförderung den Brennstoffbedarf nicht deckte, gab es wegen der Verwertung des Moorbesitzes keine Verlegenheit: die Torfausbeute war gesetzlich angeordnet, die Abnahme gesichert, man brauchte keine besonderen Experimente und Investitionen. (»Wir arbeiten inzwischen nach dem alten Verfahren, d. h. wir trocknen durch Sonne und Licht, bis wir etwas Besseres haben. Wir geben uns aber alle Mühe, etwas Besseres ausfindig zu machen« [März 1920].) Das Bessere wurde nicht gefunden. Eines Tages hatte sich die Kohlengewinnung und Kohlenverfrachtung wieder eingespielt – der Torf als Brennmaterial sank auf seine örtliche Bedeutung zurück. Denn die Transportkosten waren, an seinem geringen Heizwert gemessen, zu hoch. Der Fehlschlag der industriell gedachten Torf-Politik wurde offenkundig.

Aber hatte es Bosch nicht gereizt, »Sümpfe in fruchtbares Land zu verwandeln«? An Professor Bach war im März 1918 die Bitte um eine Auskunft gegangen; er möge ein Urteil geben, ob einer seiner Schüler für die Torfmoorsache geeignet sei, wenn sie nach dem Kriege größer in Angriff genommen würde. Dort steht der Satz: »Das Torfmoor soll in Wiesen umgewandelt werden, die ich schon mit einigen Tausend Stück Vieh vor Augen sehe. Ganz werde ich diesen Traum wohl kaum erleben.« Seiner Verwirklichung hat Bosch zwei Jahrzehnte von Sorge und Freude, von Resignation und Zuversicht, von Trotz und Stolz gewidmet. Aus der fragwürdigen Geschichte der industriellen Torfgewinnung ist ein großartiges, unendlich vielfältiges, in den kühnen Versuchen anregendes, ja aufregendes und in den letzten Ergebnissen imponierendes landwirtschaftliches Unternehmen erwachsen. Es war ein Stück faustischen Triebes, der Natur verborgene oder verdorbene Fruchtbarkeiten abzuringen, in dem Bewußtsein, daß es auch ein Kampf *gegen* die Natur werden würde. Der Wagende gab dem Ganzen seinen Namen: *Boschhof.*

Das Gelände liegt etwa vierzig Kilometer südlich von München. Verbindungsweg ist die Isartalbahn, der es gemeinhin nicht sehr eilt, die aber doch brav ihre Pflichten erfüllt. Der Nebenfluß der Isar, die Loisach, dem Kochelsee entströmend, führt ihr starkes, dunkles Wasser durch den Bezirk. Der ausgedehnte Moorgrund heißt nach der sehr alten Gemeinde, die an seinem Nordrand liegt, das »Königsdorfer Filz«; verwaltungstechnisch unbequem ist, daß er von der Grenze der beiden Kreise Wolfratshausen und Tölz durchschnitten wird. Die Landschaft hat eine angenehme Wellung, Wiesenland und Waldstücke wechseln, die Vorberge der Alpen sinken zu ihr herab: das Bild wird wunderbar abgeschlossen von den Gruppen der Benediktenwand, des Karwendels, der Zugspitze. Es besitzt eine stille ruhige Würde, seine großlinige Einfachheit birgt einen schier unerschöpflichen Reichtum an farbiger Abtönung.

Die Struktur des Landes ist von der Eiszeit bestimmt; Moränehügel, die über den Moorgrund ragen, geben ihr das Gepräge. Sie liegen wie Inseln in der Fläche; wenn der Nebel über der dunkeln, feuchten Niederung braut, ragen ihre Kuppen wie aus einem Meer heraus. Man mag sich an die Halligen erinnert fühlen. Diese Kuppen sind seit alters mit Gehöften besetzt: der mineralische Boden an ihren Hängen bot einem Bauern, bei den größeren Hügeln auch zwei und dreien, Weideland und Getreidefeld; lehmiger Boden, in den auch steiniges Geschiebegeröll hineingebacken ist. Mäßig befestigte Sträßchen verbanden die Wohnstätten untereinander und mit der Außenwelt.

Die Siedlungsgeschichte gibt eine sparsame Auskunft. Das gesamte Anwesen umfaßt heute sieben Höfe: Fletzen, Nantesbuch, Karpfsee,

Der Boschhof südlich von München

Höfen, Mooseurach, Sterz, Boschhof. Der letztere, der dem Ganzen den Namen gibt, ist eine neue Gründung in der Niederung, aus dem Fabrikgebäude der Beuerberger Torfverwertungsgesellschaft entwikkelt; er ist heute die Zentrale der Verwaltung, der Sitz der großen Molkerei, und hat, zu dem Verkehrsstrang der Isartalbahn am günstigsten gelegen, auch Bahnanschluß. Geschichtlich interessanter sind natürlich die alten Höfe. Die vier erstgenannten gehörten zu dem Besitz der alten, für die frühe Geschichte Oberbayerns so bedeutungsvollen Abtei Benediktbeuren, die bereits 740 gegründet wurde. Ihr verdankt das Land die Erschließung. Alte Namen wie Chunitzdorf, Wendenau und andere legen die Vermutung nahe, daß christianisierte Slawen (Kriegsgefangene?) hier mit angesetzt wurden, die dann von der bajuwarischen Bevölkerung aufgesogen wurden. Die Höfe werden von dem Chronisten des Klosters, Meichelbeck, zu dessen Urbesitz gerechnet; sie nehmen an dem Schicksal der Gründung, ihrer frühen Verwüstung in der Zeit der Ungarnzüge und an der großzügigen Restitution durch Heinrich III. teil. Das Steuerbuch des Klosters, von 1441 an erhalten, verzeichnet die Gefälle der einzelnen Höfe, die als bäuerliche Erblehen ausgegeben waren: wieviel Scheffel Roggen, wieviel Pfund Schmalz oder Butter, was an Eiern oder Honig jährlich abzuliefern war. Die Naturalien sind seit dem Ende des 15. Jahrhunderts in einen Geldsatz umgewandelt. Der Vergleich mit anderem Besitz des Klosters zeigt, daß die Moosbauern als verhältnismäßig leistungsstark gelten können.

Die baulichen Zeugnisse der alten Jahrhunderte sind gering. In Nantesbuch steht, halbe Ruine, eine frühgotische Kapelle. In Fletzen eine alte Scheuer aus dem 16. Jahrhundert. Eindrucksvoll und schön sind die Eichenalleen, die auf der Kuppe der Hügel die wichtigen Anfahrtswege begrenzen, sie mögen im 18. Jahrhundert angelegt worden sein; sie reden von einer gewissen repräsentativen Behäbigkeit. Das neunzehnte Jahrhundert hat aber offenbar nach der Säkularisation die Situation gelegentlich krisenhaft gestaltet – die Höfe sind häufigem Besitzwechsel unterlegen. Es tritt auch kleiner Adel und städtisches Element unter den Erwerbern auf, bei denen der Zweck des landwirtschaftlichen Umtriebes nicht mehr im Vordergrund steht. Natürlich hat es dabei auch an Versuchen einer systematischen Nutzung des Moores nicht ganz gefehlt; die Chronik weiß von einem in

Australien reich gewordenen Schwaben Fischer, der, von Mooseurach aus, in den sechziger Jahren damit begonnen habe, aber bald die Lust daran verlor.

Robert Bosch war die Gegend vertraut von seinen Fahrten in sein ältestes Jagdgebiet, den »Kasten« bei Scharnitz. Er erzählte später, daß es ihm zuerst die bunte Vegetation des Moores angetan habe, das auf den kargen Stellen auch Bewuchs von Heidekraut trägt. Doch ein schönes Landschaftsbild, das jedem Wanderer offen steht, ist noch kein Anlaß, sich das Stück Natur zu kaufen. Die Ermunterung dazu gab eher ein Gebäudekomplex, der weniger schön war: er stand ziemlich grob und ungeschlacht, mit einem hohen Schornstein, am Rande des Moores, nahe bei dem Dorf und Kloster Beuerberg. Das war jene Fabrikanlage zur Torfverwertung. Deren Begründer hatten damit gerechnet, Torf, den sie stechen und dann trocknen lassen wollten, zu Ammoniak zu verschwelen; sie hatten sich für ein großes Geschäft, dem die Weite der Anlage diente, genügenden Moorgrund gesichert. Aber mit dem Erfolg haperte es. Vielleicht hätte man sich das Meteorologische vorher genauer überlegen müssen: das Gebiet ist mit Niederschlägen wahrhaft gesegnet, im Jahresdurchschnitt etwa 1500 Millimeter. Da ist das mit dem Trocknen in Luft und Sonne eine Glückssache. Für den begrenzten Bedarf der Umwohner wird es mit den guten Tagen und Wochen ja immer reichen. Aber für einen regelmäßigen Fabrikbetrieb, der mit Massen, mit fixen Kosten und Amortisation zu rechnen hat, steckte das Unternehmen voll von Unsicherheiten; in regenreichen Jahren war das für die Verschwelung erforderliche Material überhaupt nicht zu gewinnen. Das Unternehmen stockte. Bosch kaufte es 1912. Wenn das Ekenbergsche Verfahren erst einmal eingespielt sein würde, brauchte ihm die offenkundige Wetterungunst keine Sorgen mehr zu machen – die Ausscheidung der Wassermengen, sie betragen um 90 % des torfigen Moorbodens, würde ja die Folge der elektrischen Erhitzung sein. Da das Verfahren zur wirklichen Entwicklungsreife nicht gedieh, hat Bosch, nicht mehr der Torfindustrielle, sondern der Landwirt, die Schwierigkeiten der sonderlichen Wetterlage dieses Voralpengebietes noch recht nachhaltig zu spüren bekommen. Zunächst war er eben der Besitzer der Beuerberger Torfverwertungsgesellschaft geworden, nicht nur ihres klobigen Fabrikbaus, sondern auch ihres Moorgrundes. Den erweiterte er. Beim Kriegsende betrug das Gut etwa 1200 Hektar. Durch Zukauf weiterer frei werdender Höfe kam es im Lauf der Jahre auf ein Gesamtareal von über 1700 Hektar.

Die *Moorkultur* war, im Zusammenhang mit dem Torfabstich, schon während des Krieges aufgenommen worden; doch nur in geringem Maße. Man baute Kartoffeln, Roggen, auch Hafer. Das war deutlich: sollte die Bewirtschaftung marktmäßig ausgerichtet sein, so mußte ihr Schwerpunkt in der Viehhaltung, in Milch- und Buttererzeugung gefunden werden, vielleicht auch in Schweinemast, in Eierlieferung. Die leicht erreichbare Großstadt München, die Kurorte der Umgebung, Tölz, Heilbrunn usf. würden für derlei einen dauernden Absatz ohne unangenehme Zwischenkosten bieten. Die wirtschaftsgeographische Lage des Gutes erwies sich also als günstig. Einer Klärung bedurfte zunächst die Sicherung der Futterbasis. Viehhaltung war auf den hügeligen Höfen natürlich von alters her beheimatet, doch nur begrenzt. Denn bei der starken Regendichte blieb ein günstiger Heuertrag mehr oder weniger Glückssache; es mangelte an Winterfutter für einen größeren Viehstapel.

Boschs Reise nach Südamerika im Frühjahr 1921 war nun gewiß nicht als landwirtschaftliche Studienfahrt gedacht gewesen. War ihr geschäftlicher Sinn mehr repräsentativ, ihr persönlicher der Wunsch, durch neue Eindrücke sich von mancher seelischen Bedrückung zu lösen, so ist sie für die neue agrarische Aufgabe, vor die Bosch sich gestellt sah, wichtig geworden. Er begegnete dort der Silierung von Mais, der Möglichkeit, das Futtergetreide »einzumachen« und zu lagern, ohne daß es dem Verderb ausgesetzt war. Das wurde ihm in rascher Kombination das Mittel, um seine Futterernte in nassen Jahren zu sichern, das heißt, das Gras hereinzubringen, ehe es durch zu langes Stehen verholzte und damit an Nährwert verlor. Nach der Rückkehr kümmerte er sich um diese Frage; sie war für Europa noch verhältnismäßig neu, große Anlagen fehlten. Doch war vor nicht zu langer Zeit ein Verfahren erfunden worden, durch elektrischen Strom zu silieren. Siemens und Halske hatte es übernommen und in einer Dresdener Untergesellschaft, Elfu, weiter entwickelt; diese vergab die Lizenzen.

Das war etwas für Boschs technische Phantasie, auch eine Lockung, der Landwirtschaft durch eine Pionierleistung ein Beispiel zu geben. War es mit dem Ekenbergschen System der Moorerhitzung zu keinem befriedigenden Ergebnis gekommen, so lagen die Dinge hier doch einfacher und übersichtlicher. »Die Höhe der Kosten können für mich nicht ausschlaggebend sein«, schrieb er am 4. Juli 1921 an den Neffen Carl Bosch, der ihm Auskünfte gegeben hat. Bei der Feuchtigkeit des Landes könne er das Futter auch nicht anwelken lassen; ein Verfahren ohne elektrische Heizung scheide aus. Er brauchte nur jemanden, der die Sache in die Hand nahm und überwachte. Den fand er in seinem alten Studienfreund Stribeck – der war in die Heimat zurückgekehrt, ein Ruheständler, der sich aber rasch gewinnen ließ, auf die Ruhe zu verzichten und in die auch für ihn neue Aufgabe sich hineinzuarbeiten. Unter seiner Leitung begann gleich der Bau von Silotürmen, je mit einem Fassungsraum von 120 Kubikmetern. Technisch schien sich das Prinzip zu bewähren. Das Hindurchleiten des Stromes durch das festgepreßte Futtergras schafft rasch eine Temperatur von 40 Grad, in der sich die Milchsäurebakterien entwickeln. Sie sind für die Haltbarkeit des Grases als Futtermittel entscheidend und erhöhen dessen Nährwert über den des Heues. Auch sind die Arbeitskosten (Löhne), wenn die Anlagen einmal stehen, beim Silieren geringer als bei der Heuernte mit ihrer wiederholten Inanspruchnahme der Menschenkraft. Vom ersten Schnitt im Frühjahr bis in den Herbst kann man sein Winterfutter einbringen und ist der ungewissen Wetter- und Arbeitssorgen ledig.

Die Anlagen müssen freilich vorher stehen! Mit einer bewundernswerten Großzügigkeit, die eine erwartete Entwicklung schier vorwegnahm, ging Bosch daran, auf den Höfen des Betriebes Silotürme aufführen zu lassen, in Reihen aneinandergekuppelt, luftig überdacht, sehr charakteristische architektonische Gebilde. Sie sind das Kernstück der Wirtschaft, wenn man so will, sein Knochenbau; mit den fünfzig Türmen gilt der Boschhof heute als die größte geschlossene Silowirtschaft Deutschlands, vielleicht Europas. Er wurde, über die unmittelbare Bedeutung der Futterpflege für den Eigenbetrieb hinaus, zu einer sehr wirksamen Lehr- und Studienanstalt für diese Seite des landwirtschaftlichen Fortschritts. Die staatlichen Stellen nahmen an den Versuchen und ihren Ergebnissen lebhaften Anteil. Nur hieß es auch hier Erfahrungen sammeln. Und diese führten eine technische Wendung herbei, der Bosch sich nur zögernd und ungern anschloß. Die elektrische Silierung, die Bosch mit so viel programmatischem Willen angepackt hatte, setzte an sich, kalkulatorisch, einen billigeren Strompreis voraus, als er zur Verfügung stand. Aber das war es nicht allein, was eine Abkehr einleitete. Die Forschung hatte festgestellt, daß es ein Optimum der Milchsäurebildung nicht nur bei der Erhitzung auf 40 Grad, sondern auch bei 10 Grad ergab (Kaltsilierung) – es wird Melasse, bzw. eine für diesen Zweck neu entwickelte Ameisensäureverbindung dem Gras, während es in den Behälter kommt, beigemischt. Die Arbeit wird bei kühlem Wetter erledigt, in drängender Zeit auch bei Nacht; sie vollzieht sich rasch, zuverlässig und billiger als die Elektrosilierung; die erhöhte Futterqualität, stärkerer Eiweißgehalt als beim Heu, bleibt gewahrt.

Das aus dem Moorgrund gewonnene Grünland sollte vor allem die Winterfuttervorräte für die Silos erbringen. Denn für den Weidebetrieb eignet sich seine bei dem weichen Boden sehr empfindliche Grasnarbe nur wenig und nur bei längerer Trockenheit. Als Weideland kommen und kamen seit alters zuvörderst die Wiesenhänge auf den Mineralböden der Hofhügel in Frage. Es mußte später die Sorge sein, auch deren Futterwüchsigkeit durch die Zufuhr von gut vorbereiteter Gülle zu heben. Sie wird aus einer Mischgrube durch ein Röhrensystem zugeleitet. Die Vergrößerung des Viehstapels, mehr noch die züchterische Sorge um seine bleibende Qualität, führten nach 1931, als der Betrieb neu organisiert wurde, dazu, am oberen Isartal das große Gut Hohenburg mit seinen Almen zu pachten. Für die Sömmerung hatte der Boschhof schon vorher einige Almen nutzen können; sie waren zu gering. Die Erweiterung durch die Höhenlagen mit den Strahlungen, mit dem kalkreichen Boden, mit ihren aromatischen Kräutern, hat sich für die Gesundheit der Tiere und ihren Aufbau, auch für die Qualität des Milchertrages aufs höchste bewährt.

Diese spätere Zupacht erfolgte aus betriebswirtschaftlicher Einsicht. Die zentrale Aufgabe des Beginns war die Moorkultivierung, und man stellte sich das Programm, jedes Jahr 100 Hektar Neuland zu gewinnen. Das war kühn gedacht, zu kühn, denn die Gefahr bestand, daß man, um Boschs Grundgedanken zu entsprechen und die statistische Ziffer zu erreichen, drauflos kultiviere! Die Arbeit freilich war nun nicht aus dem Handgelenk zu machen; sie ist mühsam und langwierig und voll von verborgenen Gefährdungen des Erfolges. Das »Königsdorfer Filz« ist überwiegend Hochmoor, d. h., es sind im natürlichen Gefälle des Geländes, auch durch die Bäche, die es durchziehen, die Abflußmöglichkeiten des Wassers gegeben, zur Loisach. Es bedarf keiner Pumpen. Zunächst wird das zur Kultivierung bestimmte Gelände von Latschen, Birken, Strauchwerk befreit, von einem tiefen Graben umgeben, dem »Vorfluter«, schmale Drainagegräben werden mit leichtem Gefälle durch das Landstück gezogen – so beginnt die Entwässerung. Die Vorfluter werden vertieft, die Drainagegräben auch, in etwa anderthalb Meter Tiefe werden Röhren in sie hineingebettet, die zur Sohle des Vorfluters führen. Langsam und stetig entströmt das Wasser, die Fläche des Moores sinkt einen halben Meter, einen Meter, sie ist jetzt einigermaßen tragfest, man kann den Motorpflug darübergehen lassen, Kartoffeln werden eingelegt, sie sind die erste Aussaat, es folgt Roggen, auch Hafer und Hanf. Das Ziel ist, nach dem Bearbeiten des Bodens durch den Fruchtwechsel, die Gewinnung von dauerndem Grünland, das der Pflege und Bestellung im gleichen Maße nicht bedarf.

Der Humusgehalt des durch Verrottung der Vegetabilien entstandenen Bodens ist sein wesentliches Aktivum. Aber es fehlt an den mineralischen Bestandteilen. Stickstoff, Phosphor, Kalisalze müssen beigemischt werden. Die Frage einer dauernden Anreicherung durch Kalk hat Bosch immerzu beschäftigt, und er war hier zu neuen Versuchen der Bodenverbesserung stets bereit. Die Erfahrung nun lehrte, daß auch der kultivierte Moorboden keine zuverlässige Norm darstellt; manche Felder wurden, wenn man so sagen darf, wieder rückfällig, Mühe und Aufwand waren vergebens. Der Boden blieb für die Bearbeitung durch altes Wurzelwerk störrisch oder versauerte wieder. Man mußte sich entschließen, ihn aus der Bestellung herauszunehmen, mit Erlen aufzuforsten, als Streuwiese auszuwerten. Boschs Ziel war gewesen, das *ganze* Ödland in einem bestimmten über die Jahre gedehnten Plan der Bewirtschaftung zuzuführen; besonders charakteristische Stücke sollten im bisherigen Stand erhalten bleiben, in freiwilligem Naturschutz – das Ziel wurde nicht aufgegeben, aber der Anmarsch zu ihm temperiert und die Aufgabe als Lückenbeschäftigung der Arbeitssituation angepaßt. Denn betriebswirtschaftlich mußte es besser sein, den kultivierten Boden in günstiger Lage zu den

Höfen ertragreicher zu gestalten, als wesentlich der Statistik einer neugewonnenen Fläche zu dienen. War doch eine der wichtigsten Aufgaben gewesen, das weite Gelände wegemäßig erst zu erschließen; geringe Wege, im Moor selber nur fragwürdige Pfade, wurden durch ein Straßensystem ersetzt, über 22 Kilometer wurden angelegt, mußten befestigt werden, Brücken bedurften sehr komplizierter Fundierungen – eine Schmalspur-Feldeisenbahn wurde geschaffen, die sehr nützliche Arbeit zu verrichten hatte in der Heranschaffung von Kies, Erde, Stein für den Straßenbau, die unentbehrlich war bei der Lastenbewegung während der Melioration. Ursprünglich war auch daran gedacht, mit der Bahn die rasche Anlieferung der Milch zur Zentrale zu ermöglichen. Das war an dauernder technischer Apparatur unzweifelhaft zu viel. Denn *so* groß war der Betrieb doch nicht und sein Gelände dazuhin schwierig. Auf einigen der »Linien« verkehrt jetzt noch ein vom Pferd gezogener Milchtransportzug, die anderen ruhen als langsam überwucherndes Denkmal einer zu kühnen Planung.

Mit der Bosch eigenen Liebe zu sorgsamem Bauen wurden die Stallungen angelegt. Alle der Verschmutzung wehrenden Vorrichtungen sind vorhanden, die einem viehwirtschaftlichen Großbetrieb zugehören, Bosch hat aber auch hier wie bei den Fabrikbauten in der besten Durchlüftung ein vornehmstes Erfordernis gesehen: regelmäßige Absaugung der verbrauchten und Zufuhr von frischer Luft – was sich für das Lebensgefühl der Menschen im geschlossenen Raum bewährt hat, wird auch der Gesundheit der Tiere bekömmlich sein! Eine liebenswürdige Berühmtheit gewann der Boschhof durch die Besiedelung der Ställe, der Höfe, des ganzen Wald- und Wiesenlandes mit vielen Tausenden von Vögeln, die sich in die Zehntausende vermehrt haben. Diese Vogelwelt ist von Bosch sozusagen angestellt worden als Polizei gegen die Fliegenplage und gegen das übrige Insektenvolk, woran ja eine Moorgegend überreich ist. Der Ornithologe Staats v. Wacquant hatte von ihm den Auftrag bekommen, Schwalben und Meisen einzubürgern; der Kenner der Vögel, ihrer Lebensbedürfnisse und Nistgewohnheiten hat dies im vollkommensten Maße erreicht. Der Zweck ist ganz einfach: das Vieh vor der früher übermäßigen Quälerei durch Fliegen zu schützen, ein nicht nur tierfreundliches, sondern auch ökonomisch zweckhaftes Unterfangen: der Milchertrag steigt, wenn die Kuh des Energieaufwandes enthoben ist, den die Abwehr der Plage immerzu von ihr fordert. Auch Fledermäuse sind, damit Nachtschicht gehalten werden kann, angesiedelt. Bei einem Naturfreunde wie Bosch ist dieser Vogelschutz über das Zweckhafte hinausgewachsen – er freute sich darüber, daß sein Land eine Vogellandschaft geworden ist; nicht nur die Höfe, auch die Straßen und die Waldstücke sind mit sehr mannigfaltigen Nestern oder Nistgelegenheiten besetzt. Man hat jetzt einhundertundsiebzehn Vogelarten festgestellt. Über den Eigenbesitz hinaus hat Bosch auch die Nachbarn zur Mitwirkung herangezogen – für manches Ungeziefer sind sozusagen Spezialisten engagiert worden wie die Staren gegen die Tipola, ein gefährliches Moorinsekt. Und es hat etwas Rührendes, wenn Bosch für den alten Fabrikturm – der ist während des Krieges beseitigt worden – von dem Jugendfreund Gebhardt sich Dohlen vom Ulmer Münster erbittet!

Für die Milchverwertung wurde 1930 auf dem zentralen Boschhof eine große Molkerei errichtet – die Trinkmilch, zumal die Kinder-Vorzugsmilch, wird für die Versorgung Münchens behandelt, Butter wird gewonnen; 1931 bei der Neugestaltung des Betriebes wurden Spezialkäse entwickelt, die als Marke sich durchsetzten. Die Molkerei verarbeitet auch die Milch der umliegenden Bauerngemeinden, ihre Einrichtung ist auf täglich 10 000 Liter Trinkmilch und 4000 Liter zu verarbeitender Milch eingerichtet. Das Nebenprodukt der Molkerei, die Molke, dient der Ferkelaufzucht. Schweinezucht und Schweinemast sind nur begrenzt möglich, sofern sie auf wirtschaftseigene Futterbasis angewiesen sind. Jedoch ist der Kartoffelertrag, der, soweit er nicht in den Marktverbrauch übergeleitet wird, zentral zu Futterzwecken verarbeitet, für einen starken Schweinebestand ausreichend. Eine Metzgerei sollte, sofern nicht Zucht- oder Masttiere auf den Markt gebracht werden, die Verarbeitung besorgen.

Ein ungewohntes Bild bietet sich in der Nähe der Höfe dar: auf den Wiesen, auf den abgeernteten Äckern stehen seltsam konstruierte Wagen; es sind fahrbare Hühnerställe. Ihr Platz wechselt. Das Geflügel hat seinen Auslauf und wird, neben dem in einer Art von Automaten untergebrachten Körnerfutter, Selbstversorger. Selbstverständlich wird auf die gute Zucht der größte Wert gelegt; Zuchthähne sind ein Handelsartikel, einige tausend Hühner – das schwankt nach Jahreszeit und Marktlage – sind als Eierlieferanten tätig. Bosch ließ auch den Versuch machen, dem rauhen Klima angepaßtes Obst hochzubringen, aber dies konnte nur eine Randbemerkung des Gesamtplanes sein; wichtiger wurde der feldmäßige Anbau einiger Gemüsesorten. In einem so mannigfaltigen Betrieb konnte eine recht stattliche Imkerei kaum fehlen! Und als man für den Wegebau festen Boden ausheben mußte, gewann man einige Seen – sollte sich da nicht eine Fischzucht entwickeln lassen?

Wie aber? Bosch hatte doch in seinen Niederschriften den Bauern Spezialisierung empfohlen. Die Weite des Produktionsprogramms im eigenen Unternehmen entsprach dieser Losung ganz und gar nicht. Nun liegt auf der Hand, daß bei all der überragenden Bedeutung von Grünlandwirtschaft und Viehhaltung das riesige Anwesen mit seiner geologischen Vielgestaltigkeit und wechselreichen Oberflächengliederung nicht einfach für eine Art von »Monokultur« geeignet ist. Aber das, was er erst später als Gegengewicht gegen die »Spezialisierung« in der Landwirtschaft zu würdigen lernte, die Risikoverteilung, war bei jener Buntheit der Ziele nicht entscheidend gewesen. Es drängte ihn damals, ernährungswirtschaftlich und marktpolitisch ein sehr sichtbares Beispiel zu geben. Hatte er schon alle greifbaren Elemente eines technisch-industriellen Verfahrens in den Landbau mit aufgenommen – freilich daneben auch ein so einleuchtend »natürliches« wie die Vogelpflege –, so wollte er auch im Organisatorischen einen Schritt weitergehen: was sich im Aufbau seines industriellen Werkes bewährt hatte, die eigenen Verkaufshäuser, der »Bosch-Dienst« im weitesten Sinn des Wortes, sollte nun auch bei seinen landwirtschaftlichen Erzeugnissen Anwendung finden. Er ging mit dem Namen Bosch unmittelbar auf den Münchener Lebensmittelmarkt, ja er ließ Erhebungen anstellen über Transportkosten und Verkehrsgeschwindigkeit, wenn man sich an der Nahrungsversorgung nordfränkischer und sächsischer Industriebezirke beteiligen würde. Das Publikum wußte, wenn man ein Produkt von Bosch erwarb, war man gut dran: das zündete, strahlte, tönte nach Wunsch, der Käufer war gewohnt, mit dem Namen das Beste verknüpft zu wissen, und zahlte für Güte, Zuverlässigkeit, Dauerhaftigkeit. Er sollte, wenn er Milch, Butter, Käse, Eier, Gemüse, Wurst, selbst ein besonderes, mit Magermilch gebackenes Brot holte, die alle unter dem Namen »Boschhof« angeboten wurden, auch wissen, daß er nur beste Ware erhalte, frisch, gesundheitlich einwandfrei. In München also wurde eine Verkaufszentrale mit Kühlanlagen erbaut, acht Boschhof-Läden wurden gemietet und eingerichtet, zwei Milchtrinkhallen eröffnet; »Boschhof« war zu einer Marke geworden. Die großen Autos mit dem Namen durchquerten die Stadt.

Die Marke ist geblieben. Sie gewann seinerzeit raschen Ruhm. Aber der Plan, unter Ausschaltung des Zwischenhandels unmittelbar die großstädtische Bevölkerung zu versorgen, ist wieder aufgegeben worden. Selbstverständlich hatte das Unternehmen einige Gegenbewegung ausgelöst. Die sogenannte Mittelstandspolitik hatte gerade damals einen besonders sentimentalen oder agitatorisch gereizten Charakter. Davor nun wäre Bosch niemals zurückgewichen. Aber die Aufrechnung war ziemlich einfach: die Münchener Verwaltung, die Ladenmieten, das ausgedehnte Angestelltenpersonal, bei dem das persönliche Mitinteresse eines eigentlichen Ladeninhabers ausgeschaltet ist, schufen ein Mehr von festen Spesen, dem der Umsatz nicht entsprechen konnte. Höhere Preise aber, die vielleicht bei dem Industrieprodukt bezahlt werden, weil man die Gewähr der langen Dauer mitbezahlt, werden für die gewohnten Lebensmittel nicht gegeben, wenn es sich nicht um ausgesprochene Luxusware handelt. Diese aber war ja nicht das Ziel von Bosch, sondern der allgemeine Beitrag. Für eine ganz breite Verkaufsorganisation aber war die Basis zu schmal. Der Versuch, mit der Hereinnahme fremder Ware den Umsatz zu erweitern, hatte seine Grenzen und entsprach nicht der Grundlage des Planes. So mußte man, die Sache rein kaufmännisch betrachtend, den individuellen Versuch, in den Markt hineinzustoßen, aufgeben und sich mit einer der großen, eingeführten Milchverwertungsgenossenschaften verbinden, ihren eingespielten Verkaufsapparat mitbenutzend, bei Aufrechterhaltung der Marke. Die Bosch-Läden blieben Episode; sie haben auf den hygienischen Habitus der kleinen Lebensmittelgeschäfte, die sich zunächst bedroht fühlten, förderlich eingewirkt. Dies war nicht gerade die Absicht gewesen, als man die Verkaufsorganisation aufzog. Doch wird Bosch, wenn man es ihm erzählte, diesen erzieherischen Nebenerfolg nicht unzufrieden angehört haben.

Denn daß er mit der Entwicklung und mit der Lage des Boschhofes im übrigen sehr zufrieden gewesen sei, kann man nicht sagen. Er hatte das Unternehmen nicht aus irgendeiner »Liebhaberei« begonnen, sondern mit dem nüchternen Ziel, aus einem ziemlich ertraglosen Besitz ein Maximum an volkswirtschaftlich nützlichen Werten herauszuholen, und er war sich des Zwangs zu starken Investitionen dabei bewußt. Das Ergebnis war an eine Geduldsprobe gebunden. Denkbar weit entfernt war er von dem Typus des Industriellen, des erfolgreichen Bankmannes, der in den Nachkriegsjahren danach strebte, irgendein Gut zu kaufen, als Sachwert oder zu repräsentativen Zwekken. Da hätte Bosch sich ja günstigere Gelegenheiten genug heraussuchen können. Von Luxus war bei der ganzen aufs Rationale angelegten Ausstattung der Höfe mit Bauten und Nutzgeräten nirgends die Rede. Die Geduldsprobe nun erforderte Zeit, sehr viel Zeit, die Unternehmungslust der technischen Leiter des Betriebes (und des Besitzers!) kostete Geld, sehr viel Geld. Bosch hat darüber nicht gejammert, an den Anlagen, den Leistungen hatte er seine Freude, es war doch was geschafft worden; aber allmählich spürte er, daß man beim Entwerfen und Experimentieren nicht so sehr an die Tragfähigkeit des Betriebes als an die Leistungsfähigkeit seines Besitzers dachte. Das verstimmte, und es ärgerte ihn, daß das volkswirtschaftliche Gelingen, das trotz einzelner Fehlschläge offenkundig war, keinerlei Spiegelung in der privatwirtschaftlichen Rentabilität fand. Wo lag die Schuld? Er war ja bereit, Vertrauen zu geben und freie Hand zu lassen. Hatte er sich in der Qualität seiner Leute so getäuscht und Unfähige berufen? Aber so bequem, die »Schuld« nur bei den andern zu suchen, machte er es sich nicht. Er hatte ja alles mitgemacht, war geneigt gewesen, die theoretischen Planungen zu überschätzen, hatte sich von ihnen selber anregen und vorantragen lassen; es fehlte der Mann, der ihm mit tapferem Realismus widersprochen hätte. So war er in ein eigentümlich unfrohes Verhältnis zu dieser Schöpfung gekommen, die ihm so sehr am Herzen gelegen war – er fühlte sich selber mit verantwortlich. Damals, 1931, schrieb er, daß er »jedem abrate, sich mit Landwirtschaft zu beschäftigen, der nicht selbst die nötigen Kenntnisse besitzt und die Zeit hat, sich eingehend mit seinem Betriebe zu beschäftigen, und seine Beamten zu überwachen«. War das das Resümee? Da kamen doch die Leute, um das Gut kennenzulernen, die Fachmänner studierten seine Einrichtungen, die »Deutsche Landwirtschaftsgesellschaft« legte 1929 eine Besichtigungsfahrt hierher: man sagte Bosch schöne Dinge über die große Kulturleistung, die er hier vollbracht habe, die Minister lobten ihn und fanden es recht anerkennenswert, wie er nun seinen sozialen Gemeinsinn auch den landwirtschaftlichen Dingen zuwende und so lehrreiche Versuche vornehmen lasse. Das war ganz schön und gut, aber nicht immer. Gelegentlich glaubte er den Unterton hindurchzuhören: Ja, *Sie* können sich das gestatten. Sie leben nicht von der Landwirtschaft. Ihre beste Kuh steht in Ihrem Stall in Stuttgart. So etwas verstimmte. War es nun eigentlich ein Vorwurf, daß er unter die Bauern gegangen sei? Oder waren Beispiel und Muster schließlich doch ein Mißverständnis, wenn es sich um einen Zuschußbetrieb handelte? Es gab nicht nur die Bewunderer der großartigen technischen Anlagen, sondern auch ihre Kritiker, und neben verehrende Anerkennung für den Opferwillen und den sachlichen Trotz, womit Bosch das Unternehmen hielt und immer mit Neuem in Schwung bringen wollte, trat die besorgte Frage: mag man das ökonomische Muster dort finden, wo sich die Betriebskalkulation im Letzten an Faktoren orientiert, die nicht landwirtschaftlicher Art sind? Diese Situation sah Bosch selber seit einigen Jahren ganz klar. Es mußte doch möglich sein, die volkswirtschaftlichen Ziele und die betriebswirtschaftlichen Bedingtheiten aufeinander abzustimmen!

Im Sommer 1931 übergab Bosch die Güterdirektion einem jungen Landwirt aus Aereboes Schule, der aus Baden und der Rheinpfalz, aus Sachsen und Pommern Praxis mitbrachte und im Hannoverschen, in Mecklenburg schon größere Betriebe geleitet hatte. Jetzt verwaltete er in der Mark Brandenburg eine Administration der Stadt Berlin. Der damals 32jährige *Walther Mauk* aus Freiburg i. B. hatte sozusagen in den Randbezirken seiner Arbeit auch schon mit Moorwirtschaft zu tun gehabt. Ihn reizte die Aufgabe mit ihren seltsamen Mißverhältnissen zwischen Freiheit der Investition und Betriebsergebnis, ihn reizte auch der Mann, der jetzt vor ihm stand und ihm sein Vertrauen anbot. Es war nicht der erste Mann aus der Welt des großen industriellen Unternehmertums, dem er beruflich begegnete; er war als ganz junger Anfänger durch Hugo Stinnes gerufen worden; die Jahre in seinem Dienst hatten den Sinn geschärft für das Ineinander oder auch Gegeneinander eines kommerziellen, industriellen und landwirtschaftlichen Denkens und Entscheidens. Das war, auch im Psychologischen, eine im Ganzen gute und wichtige Schule gewesen. Es würde auch bei

Bosch eine nicht immer leichte Sache sein; denn man spürte, wie die Erfahrungen einen Mann von Weltleistung vor diesem Stück Boden, das er zu lieben gelernt hatte, innerlich unsicher gemacht hatten. Mauk sagte zu. Eine Notiz von Bosch aus den ersten Wochen, da der neue Güterdirektor mit der Arbeit einsetzte, sagt von ihm, daß er »in bezug auf die Erziehung der Menschen, und auch wirtschaftlich zu denken scheint wie ich. Ihm muß ich nun mein Vertrauen schenken. Hoffend, daß er das Gut so leitet, daß es sich lohnt, den Betrieb aufrecht zu erhalten. Der Anfang befriedigt mich zunächst. Die zu überwindenden Schwierigkeiten sind aber groß!«

Diese Schwierigkeiten lagen natürlich mit an der allgemeinen Krise, durch die auch die Landwirtschaft in der Deflationsperiode hindurch mußte. Von dem Schicksal, das damals viele Grundbesitzer bedrängte, Kampf mit den Gläubigern, blieb die Boschhofleitung freilich verschont. Aber der Verfall der Produktenpreise verdarb auch hier die Erwartungen. Daß es dann doch möglich war, eine Bilanz zu schaffen, worin sich die Wendung in einem Verlustrückgang gleich von Hunderttausenden spiegelte, war um so erstaunlicher und für Bosch wohltuend. Die vordringlichste Sorge war, den Ausgabenetat zu senken, um die Spanne zum Betrag der Einnahmen zu mindern. Ein sehr hartes Geschäft. Wo war der Aufbau unwirtschaftlich? Der Personaletat erwies sich als stark überhöht mit einem Stab von Verwaltern und Assistenten für die einzelnen Höfe. Bedurfte es wirklich des eigenen Tierarztes? Und es lohnte sich, einmal bei den Stromlieferanten, bei den Eisenbahnleuten über Spezialtarife zu verhandeln – wer sagte, daß man die Abmachungen einfach so hinnehmen müsse! Doch handelte es sich nicht bloß um Abstriche. Die Molkerei, die bisher fast ganz auf den Absatz von Flaschenfrischmilch abgestellt war, erfuhr eine folgenreiche Umstellung durch die Aufnahme der Käserei. Der Münchener Verkaufsapparat wurde überprüft; noch fiel er nicht gleich, ja eine Umsatzsteigerung sollte ihn zunächst beleben. Aber die Grenzen wurden in einigen Jahren sichtbar.

Bosch mußte sich von mancher Lieblingsvorstellung trennen, aber er tat es mit einem gewissen Gefühl der Befreiung, weil ihm jetzt ein Wille und eine klare, zugleich unbefangene Verantwortungsfreudigkeit gegenüberstand. »Die Verhältnisse haben sich«, schrieb er im Oktober 1934, »so gründlich geändert, als es nur irgendwie sein kann.

Es ist jetzt für mich eine Freude, auf den Boschhof zu kommen, und früher war es ein ständiges Hinunterschlucken von Ärger und anderen Unannehmlichkeiten, wenn ich auf dem Boschhof war.« Natürlich ging der Wandel nicht so schnell, auch jetzt waren noch, vor allem für den weiteren Aufbau des geeigneten Viehstapels, Investitionen nötig. Der Anschluß an die bayrische Landestierzucht wurde wieder enger genommen, der in den Versuchen mit den schwarzbunten ostpreußischen Niederungsschlägen etwas vernachlässigt worden war. Die Aufgabe, in der Umstellung qualitätsmäßig an der Spitze zu bleiben, wurde erreicht; nicht ohne Genugtuung konnte eh und je vermerkt werden, daß bei den Gemeinden, denen die Höfe zugehören, die Boschhofställe den höchsten Milchertrag aufweisen.

Der neue Leiter hatte Einfälle, die dem Besitzer gefielen. Da war Mauk bei einer Fahrt in der Nähe einer Schafherde begegnet, die auf kümmerlicher, vertrockneter und steiniger Weide einen jämmerlichen Eindruck machte. Er schlug dem Schafhalter vor, sie dem Boschhof in Pension zu geben, es solle gar kein Geld kosten, er möge dann nur das fünfte Mutterschaf abtreten, das er *so* doch nicht recht durchbringen könne. Der Mann ging gerne darauf ein; er hatte noch eine zweite Herde, und so kam der Boschhof zur Schafzucht ohne die Sorgen, die mit der Akklimatisierung verbunden sind. Die Sache war Bosch wichtig genug, daß er (1936) seinem Stockholmer Freund Egnell eingehend darüber berichtete: »Da wir danach streben müssen, möglichst autark zu sein ... Wir lassen uns durch Mutterschafe bezahlen und rechnen damit, daß wir bis zum Jahre 1940 eine Herde von 1000 bis 1200 Stück haben werden.«

Einschneidender war der Übergang zur Pferdezucht. Vor vielen Jahren, 1913, hatte einer der oberschwäbischen Magnaten Bosch dafür zu gewinnen versucht – es war die Zeit, da man von allen Seiten für alle Dinge seine Unterstützung in Anspruch zu nehmen sich gewöhnt hatte. Die Antwort hatte gelautet: »Die Sache liegt mir fern. Obgleich Sohn eines Bauern habe ich sozusagen nie etwas mit Pferden zu tun gehabt ...« Das war natürlich übertrieben; er brauchte nur an die großen Ausspann-Stallungen des väterlichen Betriebs zu denken. Aber er argwöhnte wohl, der feudale Briefschreiber denke an Rennpferde und ähnliches; das lag nicht in seiner Linie. Die Anregung aber, mit der Walther Mauk kam, hatte einen anderen Sinn. Die Umwandlung der Militärtechnik, der Rückgang der Kavallerie, würde das Pferd im Heeresdienst nicht völlig ausschalten. Die Gebirgsartillerie bedurfte zäher, anspruchsloser Pferde, auch Tragtiere waren notwendig – das würde eine gewisse Umlagerung der Remontebezirke in bergiges Land nach sich ziehen. Wurde ein solcher Pferdetyp entwickelt, so mußte das auch für die Bergbauern nützlich sein. Gerade dies aber war für Bosch ein bestechender Gedanke. Die Haflinger Pferde im Tirolischen, klein, stark, unverwüstlich, waren vorhanden: man mußte sich ihrer Zucht annehmen.

So erschienen auf dem Boschhof Pferderudel und Mauleseltrupps. Die Futterbasis ertrug diese Neuerung, wenn der Plan mit den Schafen begrenzt und eine gewisse Reduzierung der Viehhaltung vorgenommen wurde. Das bedeutete zunächst eine Einsparung an Menschenkräften. Pferde und Maulesel bedurften nur ein Viertel Menschenkraft der Wartung. Die Pachtung von Hohenburg und weiteren Hochalmen bewährte sich jetzt in doppeltem Sinn: nicht mehr bloß für Knochenbau, Gesundheit der Rinder, Güte der Milch, – den Pferden und Mauleseln war mit dem trittfesten Boden, mit Hängen und Steinen, die notwendige Anpassung und Gewöhnung ermöglicht.

Lange Zeit wurde auch erwogen, das landwirtschaftliche Gesamtunternehmen noch auszudehnen und die Risikoverteilung im Erwerb von norddeutschen Getreide- und Zuckerrübenflächen zu festigen. Bosch hat sich in seinen letzten Jahren noch sehr mit diesem Gedanken beschäftigt und Güter besichtigt. Er wollte ein Gut kaufen, »das auf der Sonnenseite liegt« (August 1936), das heißt besserer Boden, günstigeres Klima und der Art, daß seine Erzeugung mit einer entgegenkommenderen Regierungspreispolitik rechnen darf als die bäuerliche Veredelungswirtschaft. »Ich armes Luder liege hier auf der Schattenseite ...« Der Plan ist nicht mehr zur Durchführung gekommen.

Man wird Robert Bosch, den Bauernsohn, der Kornfelder und Wiesen aus Ödland und Sumpf gewinnt, nicht einen Landwirt nennen. Er selber würde sich in seinen beiden letzten Jahrzehnten gegen die Bezeichnung wahrscheinlich gar nicht sehr gesträubt haben. Es klingt natürlich etwas von Selbstironie hindurch, wenn er in den Niederschriften über Begegnungen mit den »Kollegen« von der Landwirtschaft redet; aber wenn er sich zu ihnen setzt, will er als ihresgleichen genommen werden, bereit, aus Erfahrungen, die mitgeteilt werden, zu lernen, aber auch mit dem Anspruch, gehört zu werden. Wo der ihm versagt wurde, wo man ihn eben als den Industriellen ansah, der »es sich leisten kann«, Auch-Landwirt zu sein, wurde er böse. Nicht als ob er Dank erwartet hätte oder Anerkennung, daß er dauernd so umfangreiche Mittel in die Landeskultur steckte – das Sentimentale lag ihm ja nicht. Aber er meinte, man könne, man müsse von dem lernen, was er da hatte aufführen lassen, nicht um seines Ruhmes willen, sondern um der deutschen Volksernährung und der deutschen Landwirtschaft willen. Das war doch gar nicht so selbstverständlich gewesen, daß er Sümpfe entwässerte. Er nahm Aufgaben auf sich, die der Allgemeinheit, dem Staat oblagen. (Und er mochte denen, die meinten, das sei nur eine Geldfrage, klar machen: ganz so sei es nicht, und im übrigen arbeite man bei *seinen* Meliorationen immer noch sehr wesentlich billiger als bei den staatlichen Landeskulturverwaltungen!)

Das industrielle Element in die landwirtschaftliche Erzeugung zu tragen ist eine ausgesprochene Programmatik bei Bosch. Nicht als ob er »Industrie« mit »Überlegenheit« und »Industrieller« mit dem Manne unbefangener Fortschrittlichkeit gleichsetze – auch von diesen »Kollegen« muß er sich von Zeit zu Zeit mit herber Bewußtheit distanzieren. Aber die Industrie ist in der Luft des Wettbewerbes zu Einsparung, zur technischen Entwicklung gezwungen gewesen; daß die Landwirtschaft mit den Mitteln der parlamentarischen Machtbeeinflussung sich mit hohen Zöllen sichern und begünstigen ließ, gilt ja für Bosch als eine der Ursünden. Zähe verwarf er den Einwand, den Paul Reusch ihm öfters vortrug, daß erst eine gewisse Kapital- und Reservenbildung hinter den Zollmauern die Möglichkeiten der technischen Intensivierung geschaffen hätte. Wenn man nun aber schon von einem »industriellen Element« sprechen will, so hat es natürlich die Boschsche Färbung: Menschenpflege, die hier auf dem Land Siedlungsanlagen usf. bedeutet, und Ausrichtung auf die beste technische Apparatur, auf die möglichst rasche und einfache Massenanfertigung. Der Stalltyp, die Siloanlagen werden in Serien erstellt, mit einer phantasievollen Dispositionskraft, der die Geduld fehlt, erst einmal Erfahrungen zu sammeln. Man hat sich auf diese Weise manche Fehlschläge, die sozusagen gemacht werden *mußten*, gleich mehrfach bestellt. Bosch hat hier lernen müssen. In der großartigen Unbefangenheit des wagenden und auch des trotzigen Willens, der die gewerblichkapitalistische Erfahrung in der Technik der Gütererzeugung wie des Vertriebes nutzen wollte, fehlte ihm vor den landwirtschaftlichen Ur- und Grundformen das Grenzgefühl für das Ökonomisch-Nützliche, ja gelegentlich auch für das ökonomisch und technisch Zweckhafte. Das kann man nicht einfach nachlernen. Aber die Einsicht hat dann die Programme gewandelt, elastischer gemacht und schließlich zu dem Ziel geführt, das Bosch wohl von vornherein als gegeben sah, aber lange nicht erreichen konnte: den Sinn des allgemeinen Nutzens mit der betriebswirtschaftlichen Kraft und Rente zur Übereinstimmung zu bringen. Denn erst damit, daß dies möglich wird und wurde, ist das in sich geschlossene und überzeugende Beispiel geschaffen.

Gesundheitspflege

Als Paul Reusch im Spätjahr 1941 die Erwerbung des wichtigen Bildes eines altschwäbischen Meisters für die Stuttgarter Galerie betrieb, bat er den Freund, ihm beim Sammeln der Mittel behilflich zu sein. Bosch antwortete ihm, daß er bei solchen Versuchen »eigentümlicher Weise nie Verständnis gefunden habe«. Er sammelte also nicht, sondern stiftete den noch notwendigen Betrag aus eigenen Mitteln. Das geschah, um Reusch eine Freude zu machen. Denn zur mittelalterlichen Malerei hatte Bosch kein Verhältnis: wir wissen, wenn er Geld für Kunstwerke ausgab, sollte das den noch Schaffenden zugute kommen. In diesem Brief aus dem letzten Lebensjahr stehen die Sätze: »Mein lieber Freund! Wir denken über solche Sachen in bezug auf unsere Heimat gleich. Nur hast Du mehr Interesse für Kunst und Geschichte. Ich in meinem Drang zu helfen, begünstige die Heilkunde.«

Die innerdeutsche Entwicklung hatte damals den volksbildnerischen Bestrebungen der freien privaten Initiative und dem persönlichen Einsatz in der außenpolitischen Gestaltung ein Ende bereitet, Verbände und Arbeitsgemeinschaften, denen Bosch seine warme oder seine kritisch-fördernde Teilnahme geschenkt hatte, waren verschwunden – es blieb der Raum für Maßnahmen der Gesundheitspolitik. Sie treten somit in Boschs Alter in den Vordergrund seines gemeinnützigen Wirkens, dieses bekrönend, ihn selber damals ganz erfüllend, aber sie sind doch nur der Ausklang des durch Jahrzehnte gehenden »Drangs zum Helfen« gerade auch in diesem Bereich des persönlichen und des sozialen Lebens.

In der Haltung zu den Dingen der Heilkunde äußern sich die Kräfte seines rationalen Denkens, seines auf Gerechtigkeit und Billigkeit drängenden Charakters und auch die Elemente seiner eigenen individuell-gesundheitlichen Konstitution. Wie war es mit dieser bestellt? In den Briefen ist sehr viel von seinem Befinden die Rede, von Krankheitssymptomen, von wiedergewonnener Frische, vom schlechten oder guten Schlaf, von den Herznöten, nicht gerade im klagenden, doch oft im besorgten Ton – die Unsicherheit über die Zuverlässigkeit der Leistungskraft scheint ihn immerzu zu hemmen; manchmal mag sie auch als Schutzvorstellung gegenüber unerwünschten Zumutungen gedient haben. Er ist mit seiner Gesundheit immerzu beschäftigt, und das möchte manchmal den Eindruck des »Wehleidigen«, eines Zugs zum Hypochondrischen machen. Dann gehen die Äußerungen über in eine Bestandsaufnahme rein sachlicher Interessiertheit. So konnte er auch von seinen Krankheiten ganz unpersönlich erzählen, wenn er nur erst über ihre Ursachen und über ihre biologischen Bedingtheiten einigermaßen glaubhaften Bescheid wußte. Er hat sich selber immerzu beobachtet, ängstlich, wenn ein Unbehagen heranrückte, gelassen und überlegen auch in der schweren Erkrankung, wenn er wußte, wo er dran war. In seiner Grundkonstitution war Bosch gesund, der leistungsfähige, im Turnen und Wandern trainierte Körper behielt bis ins hohe Alter eine gespannte, fast elegante Elastizität der Bewegung. Der hochgewachsene Mann zeigte den Typ feingliedriger Schlankheit. Mochte er gelegentlich robust wirken in der unbedingten Art seines Auftretens, so sprach daraus nicht eine selbstgewisse animalische Naivität, sondern das war dann ein Befreiungsakt der leicht zu erregenden Nerven. Seine Physis war empfindlich, reizbar gegen Temperaturen, Gerüche, vielleicht überempfindlich. Es gibt Anekdoten in seiner Lebensführung, die des Skurrilen nicht entbehren. Da ist die Sache mit dem Leder und den Schuhen. Bosch leidet öfters unter dem Wechsel von Kälte und Wärme der Füße; besonders bei den Jagdgängen wirkt das störend und bringt Erkältungsgefahr. Er vermutet die Ursache davon in der Chromgerbung! Aber die Auskunft, die ihm der alte Gustav Jäger 1914 geben konnte, war in der Sache nicht völlig sicher; nun werden in der Firma allerhand Gerbversuche veranstaltet. Schließlich wurde ein dörflicher Schuhmacher gefunden, der in kleinen ländlichen Gerbereien lohgegerbtes Leder aufzutreiben versprach und verstand – der blieb dann durch Jahrzehnte, so umständlich die Geschichte war, der Lieferant, und Bosch versicherte, die Unannehmlichkeiten nicht mehr so zu spüren.

Gustav Jäger war es gewesen, der seiner Zeit durch Vorlesungen den jungen Studenten für seine Gesundheitslehre gewonnen und aus ihm einen dankbaren Jünger geformt hatte. Die frühen Bilder von Bosch mit dem hochgeschlossenen, zweireihigen Kittel zeigen, daß er auch lange in seiner Kleidung dem Schnitt treu blieb, den Jäger als den gesundheitlich richtigen angegeben hatte. So schien Bosch, obwohl er weder die Absicht noch die Begabung besaß, eifernd Proselyten des Wollglaubens zu machen, in seiner Erscheinung der bekennende Propagandist der Gruppe. Später, als die offiziellen Dinge an ihn heran kamen, die Sitzungen in Berlin, die schließlich unvermeidlichen Einladungen und dergleichen, hat er seinen Frieden mit der modischen Schneiderei gemacht, etwas unfroh, doch der Welt sich bequemend, damit die Äußerlichkeiten nicht Neugier oder Verdruß schaffen. Aber die Lebensführung blieb beim Gewohnten. Sie hatte im übrigen von den Eltern her im häuslichen Alltag einen sehr gepflegten, aber nie üppigen Zuschnitt. Gegenüber allen Reizmitteln war Bosch, mit seiner Empfindlichkeit, sehr zurückhaltend; er rauchte nicht und trank nur sehr wenig.

Der Weltkrieg hat seiner im ganzen ungestörten Gesundheit heftig zugesetzt. Im Jahre 1917 erlitt er eine sehr starke Herzerweiterung, die ihn für Monate aus der Arbeit herauswarf, mit Schmerzen, Beklemmungen, Mattigkeiten, Schlafstörungen. Das kam durch Kuren in Wiesbaden und durch den Versuch, den Arbeitsrhythmus der Sachlage anzupassen, einigermaßen wieder in Ordnung, doch erst nach Jahren. Einer Niederschrift aus dem Jahre 1931 zufolge hat das Leiden auch die ersten Jahre nach dem Krieg überschattet, Entschlußlosigkeiten und Apathien verursacht, worin Bosch den Grund für später bereute Entscheidungen sah. Sicher haben ihn die Erinnerungen an diese Erkrankung noch mehr gegen sich selber und die Tragfähigkeit seiner Konstitution vor Erregungen mißtrauisch gemacht. Dabei blieb er in wirklich kritischen Augenblicken kaltblütig und besonnen. So, als im Jahr 1920 einmal, da er in seinem Jagdhaus bei Urach nächtigte, ein Überfall ihn bedrohte und durchs Fenster Schüsse fielen – es wurde nie deutlich, ob das die Tat eines politischen Fanatikers oder eines Wilderers war. Dies Abenteuer ging ohne Schädigung vorbei wie auch ein schwerer Eisenbahnunfall, dessen Opfer er im Januar 1920 schier geworden wäre (da er unter dem Eindruck aufwachte, »ich befinde mich in einem Erdbeben, und feststellte, daß die Seiten hereinkommen, und nun darauf wartete, daß auch die Decke herunterkomme, und daß es dann ja wohl aus sein werde. Ich habe aber immerhin doch keinen Schreck in der Art davon getragen, daß ich irgendwie darunter zu leiden hätte.« Aus einem Brief vom 15. Januar 1920). Die seelischen Nöte, mit denen er nicht fertig wurde, schufen oder weckten die Erkrankung des Herzens. Ein Brief an den Neffen Carl Bosch vom 13. März 1933 spricht davon: »Wie im Krieg 1917 Herzerweiterung wegen der Aufregungen und Sorgen über die politische Lage: Das Herumliegen und Spintisieren über unsere heutigen Verhältnisse macht mich ganz krank und leer.«

Bewundernswert blieb bei dieser nervösen Anfälligkeit doch im ganzen die körperliche Leistungsfähigkeit bis ins hohe Alter. Sie bekam etwas Temperiertes, die Wanderungen wählten sich nähere Ziele, abgestimmt auf Altersbeschwerden, die ihm zu schaffen machten; wenn die Jagd aufging, wurde er irgendwie, auch in gesundheitlich verstimmten Zeiten, wieder unternehmungslustig und unternehmungsfähig. Als bald Achtzigjähriger erschien er noch auf dem Golfplatz; er sei »kein hervorragender Spieler«, meinte er in einem Brief, er habe damit zu spät, erst mit 67 Jahren, begonnen; das gelassene Training bewahrt die Beweglichkeit. Unbeschädigt bleibt im Altern die Frische der visuellen Beobachtungsgabe und das Gedächtnis. Auf das Gedächtnis ist er stolz. Wenn er mit etwas koketter Selbstironie in den späteren Jahren über dies oder jenes klagte, was er vergessen habe, auch daß die Schlagfertigkeit nicht mehr die alte sei, hatte er sich die öfters gebrauchte Formel zurechtgelegt: »Mein Gedächtnis ist nachgerade so schlecht geworden wie das der jungen Leute.«

Die eigene Konstitution, ihr Gesundheitsgefühl und ihre Antwort auf Angriffe, bilden den Hintergrund seiner Anteilnahme an den Fragen der öffentlichen Hygiene und an den Methoden der Heilkunde. Vor diesen freilich war er zunächst von der Gewöhnung des Elternhauses festgelegt; dort war man, wie in vielen Ulmer Bürgerhäusern, unter dem Einfluß eines sehr tätigen und erfolgreichen Arztes, Widemann, Anhänger des homöopathischen Verfahrens. Sich dessen zu bedienen, war denn auch für Bosch eine sozusagen ererbte Selbstverständlichkeit. Daß der verehrte Gustav Jäger eine kleine Sonderschrift herausgab, die Hahnemanns Grundgedanken eine Berechtigung zusprach und ihre experimentelle Überprüfung entwickelte, konnte er nur als eine willkommene Bestätigung empfinden. Doch war das noch kein Anlaß, sich aktiv der Homöopathie als einer besonderer Stützung würdigen Angelegenheit anzunehmen. Denn deren bedurfte sie damals in Württemberg, zumal in Stuttgart, nicht. Die Stellung der württembergischen Königin Olga, einer russischen Prinzessin, zu den ärztlichen Dingen, hatte in dem Schwaben der zweiten Jahrhunderthälfte die Homöopathie, die sich anderwärts bedrängt oder mißachtet fühlen mochte, sozusagen hoffähig gemacht; der Adel des Landes hing ihr vielfach an, und in den Landständen war man ihr freundlich gesonnen, nur die Landesuniversität war ihr, trotz mannigfacher Bemühungen, verschlossen geblieben. Denn die von Wunderlich und Griesinger dort eingeleitete »Revolution« der Medizin, auch wenn ihre Urheber nicht mehr in Tübingen wirkten oder schon gestorben waren, hatte eine Abwehrstellung begründet.

Bosch folgte in seinen Anfängen stärker den Fußtapfen Gustav Jägers in seiner allgemeinen Hinneigung zur »naturgemäßen Lebensweise«. Man darf auch in der sehr bedachten Fürsorge für die Arbeitsplätze, die seit dem ersten selbständigen Fabrikbau von 1900 nun die Errichtung der zahllosen Werkstätten begleitete, das Belichten und Entlüften, eine Nachwirkung der Jägerschen Anregungen sehen. Als Bosch begann, in seinem hygienischen Mitdenken über den Betrieb hinauszugehen, unterstützte er Wander- und Turnvereine; er erinnerte sich ja selber gerne der eigenen jugendlichen Turnerei und blieb ihr in seiner Förderung zugetan, als ihre Stellung durch den Sport verdrängt zu werden begann. Diesen betrachtete er, oder doch seine Wertung, nicht ohne Skepsis, natürlich wissend, welche sachlichen, technischen, psychologischen Anregungen gerade für sein gewerbliches Arbeitsgebiet den mit Motoren rechnenden Sportarten zu danken war. (Bezeichnend etwa die glatte Ablehnung, sich an einer »Gesellschaft der Freunde des deutschen Sportes« zu beteiligen, vom Oktober 1931, »da man nicht mehr von einer Unter-, wohl aber von einer Überschätzung desselben sprechen könne«.)

Die großen Geldhingaben während des Krieges kamen zum Teil unmittelbar, zum Teil mittelbar der Gesundheitspflege zugute. Der schon seit geraumer Zeit geplante Bau eines homöopathischen Krankenhauses konnte freilich nicht durchgeführt werden. Aber es waren in die große Dreizehn-Millionenstiftung für den Neckarkanal hygienische Anregungen eingebaut, ja die Schlußbestimmung lautete, daß, wenn die Stiftung vom Staate abgelehnt oder ihr Zweck nicht verwirklicht würde, der gesamte Betrag an das Reichsamt des Inneren übertragen würde, Grundstock zur Bekämpfung von Volkskrankheiten. Dabei mochte wesentlich an die Tuberkulosebekämpfung gedacht werden. Die Stadt Stuttgart, der die Zinsen zur freien Verfügung zuflossen, konnte damals einige Mütter- und Kinderheime erwerben und einrichten; die wichtigste Unternehmung in diesem Zusammenhang war, daß mit den Bosch-Zinsen das alte reizende Solbad Rappenau gekauft und als Kinderanstalt erneuert werden konnte, ein bleibendes Denkmal der Kriegsfürsorge jener Jahre. Diese Leistungen liefen wohl nicht mehr unter Boschs Namen und waren auch seinem unmittelbaren Verwaltungsentscheid entzogen, aber sie sind auf seiner helfenden Initiative gegründet.

Seit dem Herbst 1890, da er ihn im Gustav-Jaeger-Verein kennengelernt hatte, war *Dr. Heinrich Göhrum* in den Kreis von Bosch getreten als Hausarzt, als Berater in den medizinischen Unternehmungen, schließlich naher Vertrauter. Dem wenige Monate Älteren schreibt Bosch nach fast einem halben Jahrhundert der Gemeinsamkeit Glückwünsche als der »alte Freund, dem Du in den Zeiten der Not immer hilfreich beigestanden bist und der Dir dafür dankbar ist bis ans Ende!« (9. Juni 1936). Göhrum war als junger Mediziner auch unter den Einfluß Jägers gekommen, an dessen neutralanalytischen Arbeiten er teilnahm; Bosch fand in ihm den Mann, der, über die homöopathische Therapie hinausdenkend, ohne Enge einem breiteren lebensreformerischen Willen diente, etwa auch für Wohnungshygiene und Bodenreform sich einsetzte. Hier ist sein selbstloser Rat und sein organisatorischer Eifer, zumal er auf eine innere Bereitschaft Boschs traf, von sehr wesentlichem Einfluß geworden und geblieben. Das gilt wesentlich für die Förderung der Homöopathie. Doch war Göhrums Teilnahme nicht auf diese begrenzt. Mit einer suchenden Wachheit hielt er Umschau, wo neue medizinische Fragestellungen und Versuche der Beantwortung auftauchten, und führte sie an Bosch heran oder fand sich bereit, wenn an Bosch Anregungen und Wünsche gebracht wurden, sich mit vorgetragenen Ansichten, vorgeschlagenen Verfahren bis zur eigenen Urteilsfindung vertraut zu machen. Die nahe ärztliche Beziehung weitete sich zu einem medizinwissenschaftlichen Treuhändertum, das von Gewicht wurde, wenn es sich darum handelte, Forschungen zu unterstützen oder die Linie zu bestimmen, in der ein später gegründetes Verlagsunternehmen gehalten werden sollte. Namentlich für die Krebsforschung, gleichviel, welche Wege sie einzuschlagen unternahm, sind von Bosch Hunderttausende hingegeben worden. Die Ergebnisse und die Erfahrungen waren nun freilich nicht eindeutig. Göhrum, mit einer gewissen freundwilligen Neigung für interessantes wissenschaftliches Außenseitertum, ließ sich gelegentlich von den Problemen, die da angeregt waren, stärker fesseln als die unternehmenden Leute, für die er Boschs Hilfe befürwortet hatte, in ihrer Geschäftsführung rechtfertigen. So kam es, daß Bosch mehr als einmal sich finanziell mißbraucht fühlte und seine Hand zurückzog. Er hatte die Beträge natürlich immer à fonds perdu gegeben. Denn er wußte, daß wissenschaftliches Versuchen, zumal in neuen Bahnen, kostspielig sei, und forderte darüber keine Rechnungslegung. Anders aber, wenn er so weit gegangen war, die Unterlagen für klinische Einrichtungen zur Verfügung zu stellen, damit das Experiment vor die praktische Bewährung gebracht werden könne. Dann erwartete er, damit auch die Tragbarkeit in der laufenden Praxis sich erweise, eine durchsichtige und überprüfbare Verwendung der Gelder. Mancher meinte nun, auf das Geld komme es ihm ja nicht an! Darauf kam es ihm ja auch nicht an, aber doch darauf, daß es sinngemäß verwendet werde und daß man seine »Gutmütigkeit« nicht als Legende oder als Spekulationsobjekt benütze. So gab es mehr als einmal Bruch; eine Tür wurde krachend zugeschlagen! Es ist schwer abzumessen, was aus diesem freien medizinischen Mäcenatentum, das in München und in der Schweiz, am Rhein und in Berlin seine Kostgänger besaß, an festen Werten für die Heilkunde herausgekommen ist.

Bosch selber als Patient hat dann wohl eh und je seine Auffassungen über Lebensgesetze, über Krankheiten, über die Voraussetzungen eines Gesundungsprozesses schriftlich oder mündlich seinen Ärzten vorgetragen, aber, so eigenwillig er war, sich ihren Vorschriften unterworfen, auch wenn er sich selber als Experimentierobjekt vorkam, das er mit etwas schmerzhafter Neugier betrachtete. Schließlich war auch das ein Gewinn, in den Krankheitsjahren von 1937 und 1938 nach diesem, nach jenem Versuch zu wissen »Das war nicht das Richtige für mich.« Mit Diätkuren, mit Ozonisieren, mit Massage und anderem hatte man, da er einer Operation mißtraute und auch die ärztliche Meinung unsicher blieb, die peinlichen Alterserscheinungen zu beheben sich bemüht. Er schuf sich allmählich zu den Beschwerden ein erträgliches Verhältnis.

Dieser Kampf um Gesundung und Lebenserhaltung vollzog sich nicht mehr im Rahmen der Homöopathie; Göhrum hatte selber die Befragung verschiedener Spezialisten unterstützt. Das bedeutete nun nicht eine Absage an die gewohnte Heilweise, aber doch eine bezeichnende Ausweitung seiner Pläne. An einen Arzt, der ihn vorübergehend behandelt hatte, schrieb er (Herbst 1939): »Ich bin aber, ich möchte fast sagen, froh, daß ich durch meine schwere Erkrankung so viele Erfahrungen gemacht habe, daß ich bezüglich meines Krankenhauses mich auf den Standpunkt stelle, daß in diesem Krankenhaus nicht nur nach homöopathischen Grundsätzen geheilt werden soll, sondern es sollen alle Disziplinen angewendet werden, die sich bewährt haben. Für mich persönlich stehe ich auf dem Standpunkt, daß namentlich in akuten Fällen man zuweilen zu Spritzen, ja zum Messer wird greifen müssen, während ich allerdings für chronische Behandlungen ... die Homöopathie vorziehe. Das ist die Ansicht eines Laien, und eine andere kann ich natürlich auch als solcher nicht haben.«

Als dieser Brief geschrieben wurde, stand schon der Rohbau des mächtigen Hauses, das zur Bekrönung von Boschs gesundheitspolitischem Wirken werden sollte. Der Weg zu seiner Vollendung mußte mancherlei Schwierigkeit ausweichen, aber daß es Schwierigkeiten gegeben hatte, nutzte im Endergebnis dem ganzen Unternehmen, nach der Anlage wie nach der inneren Sinngebung. Man mag von einer fast vierzigjährigen Wanderung zu diesem Ziele reden. Bosch war zur Homöopathie durch familiäre Überlieferung gekommen, nicht durch irgendwelche unangenehme Erfahrung mit der »Schulmedizin«. Vermutlich hat er sich in den frühen Jahren mit den Streitsätzen der heilkundlichen Lehren nicht weiter auseinandergesetzt, mit dem »contraria contrariis curentur« und dem »similia similibus curentur«, wie S. Hahnemann die Gegensätze formuliert hatte. Hatte er sich mit der Geschichte der homöopathischen Lehre beschäftigt, so mußte gewiß die Unbefangenheit, Selbständigkeit und der Spürsinn in den exakten Beobachtungen des jungen Hahnemann ihn nahe berühren, seine Angriffslust gegen Autoritäten und die Bindung an Naturgesetzlichkeiten, die er suchte. Die weltanschaulichen Verallgemeinerungen des alten Hahnemann mochten seinem realistischen Sinn fremd bleiben. Für ihn sprachen die persönlichen Erfahrungen, die er mit den homöopathischen Mitteln gemacht hatte; sie schienen, die »Nichtse«, für eine so fein und empfindlich geartete Konstitution gerade das Rechte zu sein, um mit leisem Reiz die Gesundungskräfte des Körpers zu wecken und zu fördern.

An die homöopathische »Bewegung«, wenn man so sagen will, schloß er sich mit dem aktiven Einsatz 1901 an. Bis 1900 war in einem der großen Krankenhäuser Stuttgarts, dem Paulinenhospital, homöopathisch behandelt worden; der Leiter starb, der Nachfolger versagte sich, und die Anhänger der Lehre sahen sich klinisch verwaist. Damals wurde der Verein »Stuttgarter homöopathisches Krankenhaus« gegründet, dem Bosch sofort beitrat; seine Mitgliedschaft, zunächst nur ein Bekenntnis der Zustimmung, wurde bald zur tragenden Kraft. Denn mit der Erstarkung seiner finanziellen Mittel bekam der Plan, hier entscheidend zu helfen, frühe Gestalt. Bosch hielt sich nur, einer alten Erfahrung entsprechend, zunächst zurück, damit nicht der Eifer und Opferwille der anderen, auf ihn weisend, erlahme. Ja, er machte sein wirksames Eingreifen davon abhängig, daß zunächst einmal ein Grundbetrag von hunderttausend Mark gesichert sei. 1914 ging man ans Planen. In dem Jahre der großen Stiftungen, 1916, setzte Bosch dann drei Millionen aus; ein Teil der Summe, eineinviertel Millionen, wurde so verwendet, daß Bosch »auf Grund der Selbsteinschätzung« lebenslängliches Mitglied der beiden homöopathischen Vereine, die den Rechtsträger bildeten, wurde. Diese hatte inzwischen, in Erwartung der angekündigten Stiftung, die Grundstücke erworben und mit dem Bau begonnen, im südlichen Hügelgelände, am Trauberg.

Die optimistische Rechnung, daß hier nun bald ein stattliches Haus erstehen werde, ging in der Enttäuschung unter, sie hatte den Krieg, seinen Menschen-, seinen Materialbedarf nicht veranschlagt. Die Grundmauern traten eben über den Boden heraus, da kam das Verbot des Weiterbaues. Konnte man darauf hoffen, nach dem Kriegsende einfach fortzufahren? Das war zuerst die Meinung, aber eben dies Kriegsende hatte dann den Plan völlig umgeworfen. Man entschloß sich im Dezember 1919, auf den Neubau zunächst zu verzichten, einen Häuserkomplex in der Innenstadt, in der Marienstraße, zu erwerben und umzugestalten: so war denn zunächst der Gedanke des homöopathischen Krankenhauses gerettet, wenn auch die Verwirklichung mit 66, später 73 Betten nur als Zwischenspiel empfunden wurde. In die Leitung wurde Dr. A. Stiegele berufen. Der Einspruch der Nachbarschaft schloß die Aufnahme von meldepflichtigen Krankheiten aus; man empfand dies wohl als Einengung der forschenden und heilenden Tätigkeit. Bereits vor dem Entschluß zu diesem Ausweg waren von der Stiftung im Allgäu zwei kleine Lungenheilstätten, Riedackerhof und Riedhof, eingerichtet worden.

Bosch hat sich über seine Motive zur Begründung eines homöopathischen Krankenhauses in Niederschriften und Briefen wiederholt geäußert. Als Junge schon habe er gehört, »daß der Einführung und Ausbreitung der Homöopathie von seiten der Schulmedizin jede mögliche Schwierigkeit in den Weg gelegt wurde«. Ein »offener Widerstand« sei ihr zwar gerade in Württemberg, wegen der Stellungnahme des Königshauses, »nicht ratsam erschienen«. »Äußerlich hatte sich auch die rein materialistisch eingestellte Schulmedizin allmählich so durchgesetzt, daß kein Arzt Mittel verwenden konnte, die nicht von einem Priester der reinen Wissenschaft als wissenschaftlich begründet bezeichnet und damit zugelassen waren.« »Die Homöopathie war Aberglaube.« Diese Stellungnahme »empörte« Bosch, er war »durch die Ungerechtigkeit der Behandlung der Homöopathie gereizt« – so entstand der Entschluß, »mit Gleichgesinnten ein homöopathisches Krankenhaus zu bauen.« Noch ein Brief aus dem Juni 1941 holt die Erinnerung an die ersten Motive hervor: »Ursprünglich sollte das Haus ein Haus des Kampfes werden...«; der starke Einsatz kannte also eine wesentlich moralische Spannung, das Bedürfnis, einer Gruppe beizuspringen, die Bosch unbillig befehdet empfand, und ihr selber aus den »unberechtigten Minderwertigkeitsgefühlen« herauszuhelfen, die ein Brief vom Juli 1938 bei den Homöopathen feststellt. Der Weg dazu sollte über eine freie Forschungsstätte führen.

Wenn die Temperatur seiner Äußerungen sich in den späteren Jahren etwas änderte, so war das keine Absage an die Lehre, der er von Kindheit anhing (»Homöopathie ist bei internen Erkrankungen natürlich in der Vorhand«, hieß es in jenem Brief vom Juni 1941), aber aus den Arbeiten des interimistischen Krankenhauses selber wie aus der allgemeinen Entwicklung der medizin-wissenschaftlichen Betrachtungsweise war eine gewisse Erweichung der Grenzen zwischen den ärztlichen Fronten eingetreten. Die reformerische Publizistik von Lieck, das der Homöopathie freundliche Gutachten des Berliner Chirurgen Bier aus dem Jahre 1929 blieben nicht ohne Folgen – in Stuttgart schmeichelte man sich, Biers Hervortreten beruhe zum nicht geringen Teil auf den Erfahrungen und Erfolgen, die aus der Systematisierung der dortigen Arbeit herauskam. Man war dort nicht bei der Betreuung der in dem »Notbehelf« der Marienstraße Heilung suchenden Kranken stehengeblieben. Auf Anregung des Oberarztes Dr. Heinrich Meng (1925–1929) waren nicht nur, von Bosch finanziert, regelmäßige Lehrkurse für homöopathische Behandlungsweise eingeführt worden, die im Zusammenhang mit der Klinik Ärzten gleichviel welcher wissenschaftlichen Herkunft oder Sondermeinung ermöglichen sollten, sich theoretische und praktische Vertrautheit zu erwerben, es kam auch durch Mengs beweglichen und organisatorischen Willen 1925 zur Begründung eines medizinischen Buchunternehmens, des »Hippokrates-Verlags«, dem sich 1928 dann die Zeitschrift »Hippokrates« anschloß. Bosch hat dafür die Gelder gegeben, und es waren nicht wenige, bis die Sache einigermaßen stand. Denn der Verlagszweck war, gleichzeitig wissenschaftliche und volkstümliche Literatur zu erzeugen, billige und leicht verständliche gesundheitliche Aufklärungsliteratur in die Hand von jedermann und medizinisches Fachschrifttum. Das wichtigste Unternehmen war ein von Meng besorgtes Sammelwerk »Ärztliches Volksbuch«, mit dem der Verlag, um einiger Mitarbeiter willen, nach 1933 in Schwierigkeiten geriet; es ohne tiefe Krise abzustoßen war nur möglich, weil Bosch den Rückhalt bot. Als es im Jahre 1936 darüber zu Auseinandersetzungen mit der mißtrauischen Reichsärzteführung kam, die hinter der volksgesundheitlichen Propaganda »merkantile Interessen« argwöhnte, konnte ihr vom Verlag geantwortet werden, »Bosch hat nie Verzinsung gefordert, sondern Überschüsse uns überlassen«; er habe im ganzen nahezu 500000 Mark geopfert. Es ist selbstverständlich, daß Bosch sich, zumal nachdem einige personelle Krisen erledigt waren und die Geschäftsführung sich gut eingespielt hatte, um die Einzeldinge des Verlags nicht gekümmert hat. Die internen Reibungen sollten ausgeschieden werden, indem Göhrum die ehedem mehrköpfige wissenschaftliche Beratung allein übernahm. Die Gesamtlinie wurde (1936) für die Zeitschrift so festgelegt: »Der ›Hippokrates‹ soll nicht nach der Seite der Volksheilkunde hinübergleiten, sondern den Einheitsbestrebungen der Medizin dienen.«

Indem man den Namen des großen griechischen Arztes, der den zeitgenössischen Richtungskämpfen enthoben war, als Losung wählte, gab man dem Unternehmen einen gewissen historisierenden Akzent; es war ein Versuch, nach einer gemeinsamen Tradition des Heilertums zu greifen. Bosch selber hatte seinen Sinn, im Gegensatz zu den Anfängen, stärker der Geschichte zugewandt, zumal dem Werden der Naturerkenntnis. So versagte er sich nicht den Anregungen, auch für Dokumente der Medizingeschichte, ihre Sammlung und Bewahrung besorgt zu sein. Ein Stuttgarter Arzt, Dr. Richard Haehl, der die große Biographie von S. Hahnemann geschrieben hat, war durch viele Jahre unermüdlich bemüht gewesen, Erinnerungsstücke seines Meisters, vor allem Manuskripte, Briefe, auch Möbel, Bilder usw. zu sammeln. Damit dieser Besitz nicht eines Tages wieder auseinanderfalle, wurde er im Jahre 1926 gegen die Zusicherung einer Altersrente erworben; auch erhielt Haehl die Mittel, um sein Sammlertum fortzusetzen. Und in der gleichen Linie lag später die Willigkeit, an der geschichtlichen Sicherung, wissenschaftlichen Durchforschung und sinnfälligen Darstellung einer Erscheinung wie der des Theophrast von Hohenheim mitzuwirken. Kolbenheyers Paracelsus-Roman hatte ihn gefesselt; er fand die Bände »sehr lesenswert« (1926) und gebrauchte sie gerne als Geschenk. Das Heimatinteresse an dem großartigen Mann aus schwäbischem Stamme trat hinzu. Mit Lebhaftigkeit griff er deshalb den Gedanken auf, im Zeichen des Paracelsus in

Stuttgart ein Museum für die Geschichte der Heilkunst zu begründen, dankbar, daß die Stadt, indem sie die Räume zur Verfügung stellte, an diesem Plane fördernden Anteil nahm. Bosch stattete ihn so aus, daß der Grundstock für eine bedeutende zukunftsreiche Entwicklung gesichert war.

Alle diese Unternehmungen waren jedoch nur Vorläufer, Begleiter, Nachfolger des großen Planes, der in der Mitte blieb: Begründung eines großen Krankenhauses, das er jetzt – so war die innere Meinung Boschs gewesen – schlechthin »auf biologische Heilverfahren umstellte«; die Homöopathie habe sich »so weit eingeführt« in den Zeitläuften nach dem Weltkrieg, daß eine ausschließende Sonderaufgabe nicht mehr gegeben war. Immerhin sollte sie, zumal auch für die systematische Forschung, zentral gesehen bleiben und im Vergleichen-Können ihre Ebenbürtigkeit neben der Allopathie erweisen und bestätigen. Das fünfzigjährige Geschäftsjubiläum brachte den Anstoß, dem immer wieder erörterten und gedehnten Plan die Verwirklichung zu geben; man hatte sich schon zuvor entschlossen, auf den alten Baugrund am Trauberg zu verzichten und erwarb am Südhang des »Kalten Berges« auf Cannstatter Markung, in günstiger Verkehrslage, einen wunderbaren Platz; hier gab es auf dem alten Weinberggelände keine Einsprüche und Ansprüche von Nachbarn, ein großer Gebäudetrakt mit Terrassen konnte errichtet werden, von denen sich ein schöner Blick über die Wipfel der »Anlagen« hinweg zu den Hügeln des Stuttgarter Tales auftut. Die Stiftung betrug 5½ Millionen, sie wurde verdoppelt, als man neben dem Heilzweck die forscherliche Aufgabe straffte. Und auch dieser Betrag wuchs während der Durchführung nicht bloß, weil aus der Wendung in der allgemeinen Lage Erschwerungen kamen, sondern weil der Ehrgeiz wuchs, das Vielseitigste und Vollkommenste in der Technik eines Krankenhauses zu erreichen. Das gilt vor allem für die Durchgestaltung der Badeeinrichtungen. Der Bau selber, im Mai 1937 begonnen, brachte unvorhergesehene Schwierigkeiten: die geologischen Verhältnisse erzwangen eine viel umständlichere Fundamentierung als berechnet war. Schlimmer aber: die politische Lage erhielt ihre dunklen Aspekte, und dies bekam zuerst der west- und südwestdeutsche Baumarkt zu spüren. Mit der Anlage des Westwalls entstand Rohstoff- und Arbeitermangel, die Verwendung von Eisen wurde beschränkt. Es mochte fast so

Robert Bosch im Gespräch mit Oberbürgermeister Strölin bei der Besichtigung des Robert-Bosch-Krankenhauses durch den Stuttgarter Gemeinderat, 1940

aussehen, daß das Schicksal, das 1916 die Errichtung der Gebäude am Trauberg verhindert hatte, nun auch den zweiten Anlauf bedrohe. Der Plan, zum 1. Juli 1939 die Anlage betriebsfertig zu haben, mußte aufgegeben werden. Doch wirkte natürlich auch die drohende Kriegsgefahr anspornend, sich nicht mit dem Rohbau zu begnügen: Bosch hatte den ehemaligen Polizeidirektor Paul Hahn, der ihm in seiner Tatkraft, Unerschrockenheit und Begabung der Menschenführung aus den Unruhejahren 1919/20 wohl vertraut war, als leitende Kraft in der Bauausführung herangeholt. Dessen Geschick und Zähigkeit gelang es, die Aufgabe zu lösen: im April 1940 konnte das »Robert-Bosch-Krankenhaus« eröffnet werden. Für den Stifter war es eine stolze Freude, das Werk, an das er jetzt, da manche anderen Bestrebungen, denen er diente, dem privaten Bereich entzogen waren, sein Herz gehängt hatte, vollendet zu sehen.

Natürlich verfolgte er die Entwicklung des Betriebes, für den er bei einer kurzen Weiherede feste Richtlinien gegeben hatte, mit lebhafter Teilnahme. Eine briefliche Äußerung an den Züricher Arzt Dr. Bircher, dessen Hilfe er einige Jahre zuvor in Anspruch genommen hatte, berichtete darüber in der bezeichnend nüchtern-sachlichen Art (10. Januar 1941): »Es kommen Patienten auch vom Rhein und aus Mitteldeutschland, aber auch ambulant gibt es Tage mit 50 Hilfesuchenden. Das oberste Stockwerk konnte mit Leuten, die dauernd bleiben, sozusagen als Sanatorium belegt werden. Manchmal dachte ich schon, ich hätte die Sache nicht machen sollen. Es macht mir aber doch auch Freude und gibt eine gewisse Befriedigung. Auch über die Kost höre ich Gutes und das habe ich, offen gestanden, in der kurzen Zeit nicht erwartet. Die wirtschaftliche Seite ist auch besser, als ich zu wagen hoffte. Es läßt sich vielleicht erreichen, daß auch notwendige neue Anschaffungen künftig selbst getragen werden können. Verzinsung und Abschreibung gibt es natürlich nicht.«

Das »Robert-Bosch-Krankenhaus« ist neben der »Bosch-Hilfe« das sinnfälligste Denkmal geworden, das in der Stadt seiner Mühen und Erfolge von der großartigen Denkart des Mannes kündet; über das Individuelle hinaus entwickelte es sich zu einer Herberge der unbefangen vergleichenden wissenschaftlichen Forschung, mit größerem Nutzen wohl das erreichend, was an anderer Stelle programmatisch erstrebt wurde.

Die medizinische Fakultät Tübingens hat Bosch zu seinem achtzigsten Geburtstage den Ehrendoktor der Medizin verliehen. Als der Plan ruchbar wurde, wartete er mit einer gewissen Neugier, ob das in der Tat geschehe. Solche Erörterungen, wie sie vor drei Jahrzehnten mit der Stuttgarter Technischen Hochschule gepflogen wurden, gab es diesmal nicht. Die Ehrung ist dann erfolgt, und sie hat ihn gefreut; er deutete sie sachlich als eine Geste der Versöhnung zwischen den ärztlichen Lehrmeinungen.

Förderung der Kulturpolitik

Mit der Millionenstiftung für die *Technische Hochschule* Stuttgarts im Jahre 1910 hatte Bosch den ersten weithin sichtbaren Schritt in den Bereich der Wissenschaftspflege und Erziehung getan. Die Teilnahme an den fachlichen Sonderfragen hatte dabei mitgesprochen, der Rat von Carl Bosch ihn beeinflußt. Die sonderliche Bindung an die Stuttgarter Anstalt, die er selber einmal besucht hatte, der eine Anzahl seiner hervorragendsten Mitarbeiter die Lehre dankten, blieb bis zum Schluß. Sie war nicht immer ganz reibungslos: er mochte sich gelegentlich über diese oder jene Entscheidung ärgern, und dann mußten die alten Freunde der Jugend, Reusch oder Stribeck, seinen Unmut sänftigen. Aber es war selbstverständlich, daß er an der Carl-Bach-Stiftung sich beteiligte und kräftig bei der Vereinigung der Freunde der Hochschule beisteuerte. So blieb sie ihm bei der Erweiterung ihres Lehrplans zu Dank verpflichtet. Von »Gastvorlesungen« berühmter Leute für allgemein bildende Fächer, als man sein Votum erbat, hielt er dabei nicht viel: »mit solchen kleinen Mittelchen« sei nichts auszurichten, man solle »Männer von Tatkraft und Charakter« herholen, um die Anstalt hochzukriegen.

Die technischen und naturwissenschaftlichen Erziehungsfragen blieben für ihn persönlich auch fernerhin wesentlich. Natürlich beanspruchte man ihn, nachdem seine Willigkeit bekannt geworden, für unendlich vielerlei Unternehmungen und Menschen; er hat nie wahllos gegeben, selten aus sogenannter »Gutmütigkeit« – die rein karitativen Hilfen bei Notlagen stehen dabei auf einem anderen Blatt als die fördernden Zweckgaben. Auch seine Ablehnungen sind charakteristisch. Die Geschichtswissenschaft ist sicher eine gute und notwendige Sache, aber für so etwas wie ein Reichskriegsmuseum oder Dokumente des 19. Jahrhunderts, für die Erich Marcks ihn gewinnen wollte, da mögen andere sich bereitfinden. Und mit der Vorgeschichte ist es ähnlich; – gibt es denn da über die »Vorgeschichte unserer Heimat, unserer germanischen Kultur« noch viel zu forschen? Die Hochschulen mögen das Erkannte erst einmal volkstümlich machen. Bosch legte sich dabei nicht fest; für Paläontologie hatte er immer etwas übrig. Auch geographische Unternehmungen mochte er gelegentlich unterstützen, doch mehr aus Zufall, so 1927 eine Expedition nach Abessinien, deren Ergebnisse er aber etwas skeptisch ansah.

Von den Leistungen für die technische Bildung bleibt charakteristisch ein hoher Betrag zur Verfügung des Kultministeriums (1917): die Lehrerseminare und die Volksschulen sollten mit mehr und mit besseren Lehrmitteln für den naturwissenschaftlichen Unterricht ausgestattet werden können. Gottlob Honold hatte für die mittleren und höheren Schulen aus eigenen Mitteln eine entsprechende Aktion eingeleitet. Natürlich hat sich Bosch auch an der Errichtung und Ausstattung des *Deutschen Museums* in München beteiligt, doch nicht so, wie Oskar von Miller sich das gedacht hatte. Es gehörte zu den von Bosch gelegentlich erzählten Anekdoten, wie dieses Genie der Geldsammler glaubte, ihn inter pocula hereinlegen und für den Neubau der Bücherei verpflichten zu können. Der Draufgänger verfing sich in der Schlinge, die er dem Partner hatte legen wollen. Bosch kannte natürlich die Verdienste des Mannes, aber dieser täuschte sich, wenn er glaubte, mit fröhlicher Ironie über Boschs Mittel verfügen zu können.

In dem Jahre der großen Stiftungen, 1917, wandte sich Bosch auch dem *»Deutschen Werkbunde«* zu. Die sachliche Übereinstimmung mit dessen Leitsätzen wurde durch eine Reihe persönlicher Beziehungen verdichtet: in dem Stuttgarter Arbeitskreis hatte Hugo Borst seine später so nachdrückliche Pflege der jungen Künstlerbewegung begonnen und die Achtsamkeit auch auf die Durchgestaltung der langsam einsetzenden Werbung ausgedehnt. Gottlob Honold gab mit einem eingeborenen Formgefühl seinen Konstruktionen einen knappen und überzeugenden Umriß. In der Führung des Bundes wirkten als aktivste Männer der Heilbronner Industrielle Peter Bruckmann, der eben auch der Frage der Neckarkanalisierung neuen Schwung gegeben hatte, und Ernst Jäckh, Borsts Schwager, der damals über mancherlei öffentliche und nichtöffentliche Begebenheiten und Ansichten im politischen Geschehen unterrichtete und Boschs Teilnahme für seine vielfältigen Bestrebungen und Unternehmungen gewonnen hatte. Jene Grundziele des Werkbundes, den Erzeuger wie den Verbraucher im Sinne der besten Qualität zu erziehen, der guten Arbeit und der sauberen Form, entsprachen den menschlichen Grundinstinkten und den praktischen Erfahrungen Boschs. Naumann hatte auf der Kölner Tagung des Werkbundes im Sommer 1914 die weltwirtschaftliche Bedeutung dieser ganzen Zielsetzung herausgearbeitet, und nicht zuletzt die Einsicht, daß gerade nach dem Krieg eine Straffung der Kräfte und der Verantwortungen notwendig sei, um die deutsche Stellung zu wahren und zu erweitern, ließ Bosch hier eine Aufgabe erkennen. Er verpflichtete sich zu einem sehr stattlichen Jahresbeitrag, der dem Werkbund eine Intensivierung seiner Arbeit ermöglichen sollte und zunächst auch ermöglichte.

Das Verhältnis des Patrons wurde frühzeitig zur zornigen Liebe. Jene eingängigen Thesen von dem formalen Gesetz der Zweckgebundenheit, von dem Ruf nach dem »echten« Stoff, der seine umgrenzten Ausdruckswerte in sich selber trage, waren in eine Krise geraten und zwar nicht erst jetzt. Die Spannung der Geister währte schon länger, sie mußte sich verschärfen in einer Zeitlage, da das individuelle Schöpfertum, mit Recht oder Unrecht, seinen Raum von den kollektiven Ordnungen und dem Rechenhaften, was aller Technik zugehört, auch im Geistigen bedroht fühlte. War das nicht geradezu ein verwirrendes Mißverständnis, wenn man von Maschinen oder von maschinellen Erscheinungen so redete, als ob es sich um Ausdruck eines künstlerischen Gestaltungsvermögens handle, um einen neuen, um den neuen »Stil«? Meldete sich hier nicht eine Art von Ersatzromantik, die nicht mehr in die Vergangenheiten floh, um sich in deren Formenwelt mit ziemlich wahllosem Historismus Zeichen und Symbole zu sammeln, sondern die mit einem jungen Selbstgefühl der Gegenwärtigkeit auftrumpfte und eine sichere Prophetie in die Zukunft entsandte? Diese Fragen, zumal in ihren Folgerungen für eine Grundlegung der ästhetischen Werte, lagen gewiß nur am Rande von Boschs innerer Teilnahme. Doch hat es mehr als das Gewicht anekdotischer Beiläufigkeit, wie empfindlich er darauf reagierte, als Hans Poelzig 1919 in seinem Stuttgarter Werkbundvortrag dartat, gerade auf die Formenentwicklung im Kraftfahrzeug hinweisend, daß Kunst und rationale Industrietechnik im Wesenhaften nichts miteinander zu tun hätten. Während jene in ihren echten Schöpfungen, handle es sich um das Werk der großen Persönlichkeiten oder um gekonntes Handwerkertum, ihre ewige Gültigkeit bewahrt, steht diese unter dem Gesetz der dauernden Formentwertung durch neue Erfindungen, neue Stoffe, zweckhaft überlegte Verbesserungen und Einsparungen. Ein paar Jahre mögen vergehen, und das bewunderte Neueste wird zur historischen Merkwürdigkeit oder zur Verlegenheit auf dem Schutthaufen geworden sein. Bosch empfand damals diese Ausführungen geradezu als einen Angriff auf seine Leistung, konnte schwer darüber beruhigt werden, und es ist bezeichnend, daß er nach Jahren noch öfters unwirsch darauf zu sprechen kam. Hier war für seine rationale Verständigkeit die Grenze gesetzt, sich in das Elementare des künstlerischen Schöpfertums einzufühlen. Doch hat er aus seinem Verdruß keine unmittelbaren Folgerungen gezogen. Er schimpfte wohl gelegentlich über den »Tummelplatz der Unvergorenen«, wenn er auf ein tastendes Experimentieren oder ein lärmendes Propagieren stieß, er antwortete auf manche Versuche mit einem »inneren Kopfschütteln«, wie es in einem Brief vom Juni 1930 hieß; im ganzen darf man sagen, daß die organisatorische Stoßkraft des Werkbundes, womit er nach 1918 durch alle Wirrnis hindurch und in aller ihn selber bedrohenden Problematisiererei die Linie der gutgeformten und gut gekonnten Arbeit lebendig hielt, ohne den Hintergrund der Boschschen Stütze nicht recht zu denken ist.

Die breite Hinwendung zur Pflege der allgemeinen Volksbildung erfolgte bei Bosch, als er auf den Mann gestoßen war, dessen Sachverstand und Charakter er Vertrauen schenkte. Das galt ja auch sonst: die Lehrwerkstätte förderte er, weil er von August Utzingers erzieherischen Fähigkeiten eine große Meinung hatte; mit der Begründung der Werkzeitschrift, die mehrfach erörtert worden war, hielt er zurück, bis in Otto Debatin die Persönlichkeit in Erscheinung trat, in deren Hand er die Aufgabe mit einem guten Gefühl legen konnte. Als ein

Präludium der Anteilnahme mochte gelten, daß Bosch bereits im Jahre 1912 den sehr verständig gedachten Versuch von Theodor Etzel und Georg Muschner unterstützte, mit der 1910 gegründeten, jetzt schwer ringenden Wochenschrift »*Die Lese*« ein volkstümlich gemeintes, aber im Kern ganz anspruchsvolles Blatt an bildungswillige Massen heranzubringen. Er hat sich um diese Sache zunächst lebhaft bemüht, industriellen Freunden geschrieben, sie möchten ihm bei der Einführung der »Lese« behilflich sein; es war enttäuschend, daß er das Echo nicht fand, mit dem er gerechnet hatte, und daß er selber in literarischen Streitereien in Anspruch genommen werden sollte, behagte ihm wenig. Das Unternehmen blieb, so beachtenswert seine Leistung im einzelnen, von ihm aus betrachtet eine Halbheit. Es sollte immerhin dazu gebracht werden, sich irgendwann einmal zu tragen, nicht damit eine Rente daraus flösse, sondern daß es sich erweise, ob bei guter Finanzwirtschaft ein solches, an keine Partei und keine Konfession gebundenes, alte Schätze neben gutem Neuen sammelndes Organ seinen Kreis sich schaffen könne. Schließlich, nach sechs Jahren, ließ er den Versuch fahren; es wurde offenkundig, daß die Publizistik solcher Art entweder eines stärkeren persönlich-literarischen Reizes bedurfte oder in den Ansprüchen bescheidener sein müßte. Die Schicht war in Deutschland – man wird sagen dürfen: war – bereits zu dünn für solches Unterfangen einer betrachtsamen Gediegenheit; die Zeitschriften mit »Richtungen« verlegten den Platz, und bald sollte das Kraut und Unkraut der »Illustrierten« zu wuchern beginnen, um das Wachstum zarterer Pflanzen zu ersticken.

Ein Zwischenspiel blieb auch Boschs Teilnahme an der Gründung der *Universum-Film A.G.* (Ufa). Diese war eine Schöpfung des Krieges, entstanden aus der Erkenntnis der propagandistischen Möglichkeiten, die in der noch jungen Technik steckten, und aus der Einsicht, daß Deutschland auf diesem Gebiete den Westmächten den Vorsprung gelassen hatte. Als Ziel galt, ein leistungsfähiges Unternehmen auf die Beine zu stellen; die Reichsregierung ermunterte mit freundlichem Druck, die damals für fast alles zuständige Autorität Ludendorffs wurde für die Beschleunigung der Gründung bemüht. Das eigene Bedürfnis, als Beteiligter in die werdende Filmindustrie zu steigen, war bei Bosch an sich gering, doch galt es als vaterländisches nobile officium, sich nicht auszuschließen. Die kapitalistischen Möglichkeiten, die hier vielleicht ruhten (und die man selbstverständlich zunächst groß ausmalte, um nachher schauderhafte Erfahrungen zu machen), interessierten Bosch gar nicht; der vielleicht zu erwartende Erlös sollte, wie Hans Walz am 2. August 1918 dem Berliner Vertrauensmann schrieb, ganz den volksbildnerischen Bestrebungen zufließen, die man kurz zuvor in Form gebracht hatte. Steckte im Film, neben der Propagandawirkung und dem Unterhaltungsbetrieb, nicht gerade auch eine ursprünglich volksbildnerische Macht? Diese zu pflegen, war das sachliche, aber damals ziemlich ergebnislose Anliegen, das man von Stuttgart aus immer wieder meldete. Der Optimismus glaubte anfänglich, »daß bald eine wirkliche Inangriffnahme der reformerischen und volksbildnerischen Arbeit möglich ist«. Als die Entwicklung der Filmindustrie eine Angelegenheit großer kapitalistischer Transaktionen wurde und Mächte und Männer in ihr die Führung erkämpften, denen Bosch in mißtrauischer Fremdheit gegenüberstand, zog er sich von dieser Bühne nach einer ihn nicht sehr befriedigenden Gastrolle wieder zurück.

Der Mann nun, der Boschs wartendem volkserzieherischem Willen die Form und eine reiche Ausgestaltung gab, wurde vom Jahre 1916 ab *Theodor Bäuerle*. Bäuerle amtete vor dem Krieg als Seminaroberlehrer in Backnang; er hatte sich schon frühe mit den Fragen der nachschulischen Volksbildung auseinandergesetzt, und die Erfahrungen im Felde hatten sein Wissen um die Dringlichkeit der Beantwortung vertieft. Zumal eine weitere Erkenntnis hinzutrat: der Krieg erwies sich weithin als eine Auslese im unerwünschten Sinn, riß aus der Volkssubstanz besonders fähige, tatkräftige, entschlossene Männer im Offizierskorps wie unter den Mannschaften; das kämpfende Heer bildete zugleich auch den eindrucksvollsten Anschauungsunterricht über das Wesen und die Notwendigkeit eines gestuften Führertums.

Bosch war gerade für solche Fragestellung besonders aufgeschlossen. Er hatte im eigenen Betrieb Erfahrungen genug gemacht, daß Tüchtigkeit nicht durch ein besonderes Examen ausgewiesen wird und daß die Fähigkeit, höhere Posten zu bekleiden, nicht in ein ständisches Monopol eingeschlossen ist – freute er sich doch am meisten über diejenigen seiner Mitarbeiter, die aus einer Volks- oder Mittelschule in Verantwortungen wuchsen und sich bewährten.

Der gemeinnützige Verein »*Förderung der Begabten*«, mit einer

Grundsumme von zwei Millionen ausgestattet, war 1916 die Frucht dieser Überlegungen. Schon früher hatte Bosch die Ausbildung einzelner Talente unterstützt oder überhaupt ermöglicht; durch die Akten gehen Berichte und Gutachten über die Fortschritte von diesem oder jenem Künstler. Solches persönliche Mäcenatentum hatte offenkundig den Charakter des Zufälligen, einer Freundlichkeit, die mehr dem Empfehlenden, Beratenden galt als dieser Stimmbegabung oder jenem literarischen Talent. Nun wurde solche Aufgabe systematisiert, mit dem Schwerpunkt, hervorragende Kräfte für das wirtschaftliche Leben herauszufinden, doch nicht in einem engen und ausschließlichen Sinn. Eine gewisse Menschenerforschung, Beratung, Lenkung der Ausbildung, Unterstützung der Würdigen – der Versuch hing zunächst ganz an der Hingabe von Bäuerle; erst allmählich mochte sich eine gewisse Methodik entwickeln, und gegen Enttäuschungen war man gewappnet. Denn die Menschennatur ist, bei aller Verfeinerung der psychologischen Bewertungen, keine berechenbare Größe, Lernklugheit heißt noch nicht Bewährung im Leben; für den Charakter gibt es keinen Psychometer. Sehr wesentlich nur dies, daß man von Anbeginn die Gefahr sah, die über solchem Unternehmen schwebt (und die in späteren, breiteren, auch staatlichen Unternehmungen verwandter Natur recht deutlich wurde): führt »Förderung der Begabten« notwendig zu einem sozialen Platzwechsel, wenn man so sagen darf? So selbstverständlich es ist, und die Nachkriegsjahre haben das ja deutlich genug erwiesen, daß die »oberen Schichten«, zumal bei ihrer relativen Kinderarmut, in ihren Aufgaben der Ergänzung und Verjüngung durch die Zufuhr »neuen Blutes« bedürfen, so verhängnisvoll müßte es sein, etwa die handarbeitenden Berufe, das Bauerntum, die mittlere Kaufmannschaft ihrer besonderen Begabungen zu berauben. Nichts lag dem Denken von Bosch ferner, als ein Wünschelrutengänger für Staatsfunktionäre, für akademische Beamte zu werden! Die individuelle Begabung schloß natürlich den Weg ins Beamtentum nicht aus – auch der Staat bedarf der hervorragenden Begabungen –, aber solche Entwicklung durfte nicht die Norm sein. Die Förderung sollte wesentlich *im* Beruf tüchtiger machen, nicht aus ihm weglocken. Die Inflation fraß diese Stiftung auf. Bosch entschloß sich, um dem Gedanken als solchem weiter zu dienen, die 1920 gegründete und im gleichen Sinne wirkende Markel-Stiftung, eine

Schöpfung des Deutsch-Engländers Dr. Markel, regelmäßig zu unterstützen; ihre Verwaltung war auch in Bäuerles Hand gegeben.

Am 1. Mai 1918 erfolgte nach längeren Vorarbeiten und mit tatkräftiger Unterstützung des Kultministeriums, zumal des damaligen Ministerialdirektors Dr. v. Marquard, die Begründung des »*Vereins zur Förderung der Volksbildung*«. Auch hier darf der Vergleich mit Ernst Abbe gezogen werden, der statutarisch Teilerträge der Carl-Zeiß-Stiftung für die Zwecke der freien Volksbildung abzweigte. Ihm, der selber gelegentlich bei Veranstaltungen des freien Bildungswesens als Redner auftrat, lagen alle derartigen Unternehmen, deren beengte Finanzlage er kannte, am Herzen. Abbe ließ die Frage nach der Organisation offen. In Stuttgart schuf man sich das eigene Werkzeug; das Arbeitsgebiet wurde auf die württembergische Heimat begrenzt. Bosch übernahm selber, gegen seine sonstigen Gewohnheiten, aus eigenem Entschluß den ersten Vorsitz, nicht aus einem sonderlichen pädagogischen oder organisatorischen Betätigungsdrang, sondern um von vornherein vor der Öffentlichkeit, vor allem auch gegenüber den behördlichen Stellen, das neue Unterfangen mit der Autorität seines Namens zu stützen. Marquard, ein unbefangener, weitsichtiger Mann von starkem schöpferischem Willen, wurde sein Stellvertreter.

Durch Bäuerle war Bosch auf die Grundtvigschen Leistungen für Dänemark nach 1864 hingewiesen worden, die so höchst wirkungsvolle Ausdehnung der ländlichen »Volkshochschulen« – mit diesem Begriff fand sich Bosch nicht leicht ab, nahm ihn aber schließlich als gegeben hin. Grundtvigs sachlicher Erfolg, den er in dem hohen Stand der dänischen Landwirtschaft sah, sprach ihn unmittelbar an; in einer Niederschrift aus dem Jahre 1923 über den ganzen Fragenkreis kommt das zum Ausdruck, daß die Ausdehnung der bisher überwiegend städtischen Versuche auf das flache Land, die Hebung der bäuerlichen Allgemein- und Fachschulung der einzige Weg zur Gewinnung der Nahrungsfreiheit sei. Doch ist solche vorwiegende Nützlichkeitserwägung nicht ausschlaggebend. Im deutschen Industrieland lag es nahe genug, zunächst mehr an die Arbeitermassen zu denken, wo auch ein stärkerer und drängenderer Bildungshunger zu erkennen war. Bosch spürte wohl, daß die dem staatlichen Umschwung folgenden vielfältigen Gründungen von »Volkshochschulen« einer vorübergehenden Konjunktur entsproßten, die auch wieder abflaute. Aber dort, wo Substanz vorhanden war, hielt sich die Sache, über die »Mode« hinweg. Man betonte in Stuttgart gelegentlich, daß die Pläne zu der Arbeit, die im Mai 1918 einsetzte, auf das Jahr 1916 zurückgehen, wo sie noch nicht »in der Luft lagen«. Es ist sehr bezeichnend, daß Bosch als einen wesentlichen Gewinn der Bildungsveranstaltungen nicht das Sammeln anlernbaren Wissens betrachtet, sondern bei den ehrlichen Menschen die Einsicht des *Nicht-Wissens*. Das führt, so wünscht er, zur Sicherung der eigenen Fundamente und zur Achtung vor der überlegenen fremden Leistung. Es handelt sich nicht um eine forcierte Intellektualisierung, sondern um eine von ständischen Vorurteilen und Überheblichkeiten freie Auseinandersetzung mit den Wirklichkeiten, mit dem überlieferten Kulturgut der Heimat.

Die wesentlichen Sätze jener Betrachtung lauten: »Das Ziel der Volkshochschule muß sein, jedem Menschen das Bewußtsein zu geben, daß er zwar als Mensch gewisse unveräußerliche Rechte besitzt, die sich zu verschaffen und zu erkämpfen er ein unbedingtes Recht und die Pflicht hat. Die Bildung, die er besitzt, muß aber auch ihm das Bewußtsein verschaffen, daß es nicht angeht, Dinge zu verlangen, die unerreichbar sind, und als besondere Notwendigkeit und als erstrebenswertestes Ziel der Bildung ist die Erreichung einer Bildung des Herzens, einer Anerkennung des Rechtes und des Wertes anderer. Doch will ich, um nicht mißverstanden zu werden, sagen, daß ich gerade die Herzensbildung als ein besonders erstrebenswertes Ziel insbesondere auch der Universitäten ansehen würde. Das Ziel der Volkshochschule soll nicht sein, die Menschen vollzutrichtern mit allen möglichen Dingen, die mechanisch gelernt werden, um ein Examen bestehen zu können. Wer ein solches Examen bestanden hat, der ist geneigt, auf den hinunterzusehen, der ein solches nicht machte. Wer aber als reiferer Mensch, vom richtigen Lehrer geführt, eine Vorlesung hört über irgendwelche Dinge, dem werden mit der Zeit die Zusammenhänge zwischen den geschichtlichen, wirtschaftlichen und rein menschlichen Dingen klar werden. Er wird einen eigenen Standpunkt, eine gefestigte Anschauung über Ereignisse aller Art bekommen. Solche Leute wissen aber auch, was möglich ist. Sie bekommen die Fähigkeit, die Wirklichkeit zu sehen und dementsprechend zu handeln.« Und Boschs Schluß hält sich an den überkommenen Optimismus: »Bildung macht frei.« Sie »hebt« das Volk und gibt ihm die

Kraft, »sich wirtschaftlich zu behaupten«, »politisch richtig zu handeln«, »Irrlehren als solche zu erkennen«.

Der Verein hatte wenige Mitglieder, er legte darauf auch geringen Wert. Man stellte sich einen Vorstand zusammen mit einigen erzieherisch interessierten und für die einzelnen Sachgebiete fachkundigen Männern. Als das Unternehmen stand und für Württemberg eine Quelle mannigfacher Anregungen und Leistungen geworden war, drückte der Staat seine Anerkennung aus – er leistete einen dem Boschschen Jahresbeitrag entsprechenden Zuschuß von 40 000 Mark, das Kultministerium entsandte einen Vertreter in die Geschäftsführung. Deren bewegende Kraft war und blieb Bäuerle; niemand hat das nachdrücklicher unterstrichen als Bosch, der es ablehnte, für die Arbeit Anerkennung entgegenzunehmen und solche seinem Vertrauensmann zuwies.

Ein reichgegliedertes Bildungswesen erwuchs, zunächst örtlich in der Stuttgarter Volkshochschule, dann in den Volkshochschulheimen von Denkendorf und Comburg; längere und kürzere Kurse, zum Teil für Sonderzwecke, folgten einander. Die herrliche Comburg bei Schwäbisch-Hall wurde bald zu einer gastlichen Herberge und Mittelpunkt für Freizeiten und Singwochen, für Verbandslehrgänge und Erzieherkonferenzen. Es lag nahe, die Büchereipflege aufzubauen, auf die Presse mit Sonderbeilagen einzuwirken; ein eigener Verlag wurde begründet, das Laienspiel unmittelbar und mittelbar gefördert. Eine »Heimatabteilung« unter der Leitung des Ulmer Dichters und Lehrers Hans Reyhing blühte auf: ein Heimatkalender, der manche Nachfolge im Reich fand, wurde eine seelische Bindekraft. Gründungen, die dann zu selbständigen Faktoren sich entwickelten, das Konservatorium für Musik, die Volksbühne, die Bildstelle, gingen auf die Initiative des Vereins zurück.

Über die »Bildungspflege« hinaus, die ja nie enge gefaßt, sondern hier auf die beruflichen, dort auf die allgemein menschlichen Dinge ausgedehnt war, strebte der Verein durch Bäuerles rege Teilnahme an der geistigen und dann an der organisatorischen Vorbereitung des *freiwilligen Arbeitsdienstes*. Der Gedanke des Arbeitsdienstes war unmittelbar nach dem Zusammenbruch von 1918 erwachsen, damals auch als ein Ersatz für die verlorengegangene allgemeine Militärpflicht gedacht, doch von Anbeginn mit für das weibliche Geschlecht bestimmt. Ein Antrag des demokratischen Reichstagsabgeordneten Walter Schücking (1920), so beredt er begründet war, blieb im Parlament echolos; die Gewerkschaften befürchteten eine Gefährdung der tariflichen Lohnpolitik. Sie haben bekanntlich sehr lange gebraucht, bis auch aus ihren Reihen eine positive Bewertung des ganzen Fragenkreises hörbar wurde. Bosch hatte in der Frühzeit den Gedanken abgelehnt aus sehr realistischen Gründen: Brauchbares im Sinne eines Zuwachses an Kenntnissen und Fertigkeiten werde doch nicht erworben, und unbezahlte, angeordnete Arbeit erweise sich im Ergebnis meist kostspieliger als die andere, freie, entlohnte. Die Wirtschaftskrise mit ihrer Folge, der Arbeitslosigkeit, mußte solche Betrachtung verschieben: das seelische Schicksal einer Jugend ohne die erzieherische Disziplinierung durch geordnete Arbeit war nicht mehr nach dem Wirtschaftsertrag oder dem Mehr und dem Weniger des technischen Vermögens zu beurteilen. Die sozialpädagogische Pflicht brannte auf dem Gewissen. Schien der Staat selber in den eigenen finanziellen Bedrängnissen wenig geeignet und bereit, jetzt solche Aufgabe anzufassen, so mußte sie Kräfte wecken mit Pionierwillen und Verantwortungsgefühl. Es handelte sich darum, die Modelle einer Möglichkeit hinzustellen, die ihre ethische Überzeugungsstärke aus der Freiwilligkeit der Hingabe und Mitarbeit gewönne. An den verschiedensten Stellen Deutschlands mühte man sich um die Verwirklichung, und es entstand in der freien Begegnung von Studenten und Arbeitern, von Städtern und Jungbauern eine lebendige Veranschaulichung volkhafter Gemeinschaft in vernünftigem sachlichem Wirken für öffentliche Zwecke. Bäuerle hatte bereits im Mai 1921 durch einen Vortrag vor dem Landesausschuß für Jugendpflege den Arbeitsdienst gefordert als Willensschule – nicht wirtschaftliche Erwägungen, sondern die volkserzieherischen mußten leitend sein. Das war damals Zukunftsmusik. Aber nun in der Krise schuf er mit Boschs jetzt lebhafter Zustimmung den organisatorischen Rahmen im »Heimatwerk«, das durch seine ausgezeichneten Leistungen den Rang eines gemeinverbindlichen Vorbildes gewann.

Durch die gesetzliche Einführung des Arbeitsdienstes wurde dieses Unternehmen abgelöst. Aber auch der »Verein zur Förderung der Volksbildung« war in der Art, wie er bislang seine Aufgaben angefaßt hatte, durch die innere Umwälzung problematisch geworden – ein gewisser Austausch, der nach 1933 unter den Männern des Vorstandes vorgenommen war, änderte daran nichts. Als im Jahre 1936 Bäuerle ernsthaft erkrankte und er um die Entbindung von den Pflichten bitten mußte, entschloß sich Bosch, den Verein aufzugeben. Dieser Schritt ist Bosch nicht leicht gefallen, denn es hatte ihm persönliche Freude gemacht und sachliche Genugtuung gewährt, wie die Unternehmungen durch kritische Jahre gesteuert worden waren. Aber er wollte nicht ein bisheriges Vertrauensverhältnis durch irgendeine ihm fremde äußerliche Amtsbeziehung abgelöst wissen. Einen Nachfolger, wie er ihn wünschte, sah er nicht, einen Geschäftsführer, den ihm gewiß die Nationalsozialisten dringlich präsentieren würden, wollte er nicht. So ließ er im Juni 1936 den Verein auflösen, damit in dessen Geschichte kein seelischer Bruch käme. Dieses bewußte Zerbrechen einer Schöpfung, die vor bald zwei Jahrzehnten so verheißungsvoll begonnen und dann so manche schöne Frucht getragen hatte, war für Bosch selber nicht ohne tragische Spannung.

Das Dritte Reich

Die politische Wende von 1933

Im Beginn des Jahres 1932 gab der Reichskanzler Brüning die Erklärung ab, Deutschland werde nicht in der Lage sein, weiterhin die Reparationszahlungen zu leisten. Der mühselige Weg hatte von den imaginären Sätzen der Versailler Paragraphen über den Dawes-Plan zum Young-Plan geführt, der den Anspruch der Siegermächte in der Größenordnung auf feste Ziffern, in den Zahlungsleistungen auf sichere Fristen bringen sollte und formal auch brachte. Diese Umgrenzung mochte als Fortschritt in der Richtung auf sein sachliches Beurteilen gelten, so erschreckend hoch die Zahlen blieben und so lang gedehnt die Termine gesetzt waren. Für die deutschen Erwartungen verbanden sich auch mit diesem Zwischenstück bittere Erfahrungen, zumal bei der Anrechnung des beschlagnahmten deutschen Auslandsbesitzes. Eine leidenschaftliche innerdeutsche Kraftprobe, der Kampf um das Volksbegehren gegen den Young-Plan, riß das Volk in der Tiefe auf und schuf verquerte Fronten. Jede Argumentation, die den neuen Zustand gegenüber dem bisherigen abhob, wurde von dem bedenkenlosen Vorwurf des Landesverrats usf. betroffen.

Daß auch dem Young-Plan sein vorübergehender Charakter ins Gesicht geschrieben stand, daß der Reichspräsident von Hindenburg ihn deckte, focht seine Gegner nicht an. Die »Privatisierung« eines Teils der politischen Schuldverpflichtungen durfte in ihren Folgen verschieden gedeutet werden: wurde mit der »Kommerzialisierung« deutscher Schuldtitel ein rein geschäftliches, unpolitisches Interesse geweckt, so mochte darin auch eine dauernde Fesselung Deutschlands, außerhalb des möglichen Wechsels weltpolitischer Kombinationen und seiner Folgen, gesehen werden. Die Bindung der deutschen Annuitäten an die Zinsverpflichtungen, die England, Frankreich usf.

während des Krieges gegenüber den USA eingegangen waren, konnte in ihrer späteren Wirkung kaum beurteilt werden, um so weniger, als Deutschland an deren Eventualregelung nicht beteiligt war. Der Young-Plan, der die deutsche Finanz- und Wirtschaftshoheit formal von der durch die Dawes-Gesetze geschaffenen Kontrolle des Reparationsagenten befreite, ist praktisch nur zwei Jahre in Wirkung gewesen. So kunstvoll oder raffiniert sein Mechanismus gebaut war, so entsagungsreich die Bemühungen der deutschen Reichsregierung, innerhalb seines Rahmens den öffentlichen Haushalt durch eine rücksichtslose Spar- und Deflationspolitik zu sichern. Die Verwirrung der Weltwirtschaft war durch die vorangegangenen Jahre der Reparationspolitik schon zu groß geworden. Die amerikanische Sonderkrise mit ihrer Breitenwirkung trat hinzu; im Sommer 1931 löste die akute Wiener Finanznot die große deutsche Bankenkrise aus. Der Vorschlag des amerikanischen Präsidenten Hoover, im Juni 1931 ein allgemeines Schuldenfeierjahr zwischen den Staaten zu vereinbaren, drang nicht gleich durch, aber ihm folgte doch ein »Stillhalteabkommen« mit erneuter Prüfung der Sanierungsmöglichkeit. Der Kapitalentzug wurde von Steuerrückgang, sinkender Ausfuhr, wachsender Beschäftigungslosigkeit begleitet. Die Gefährdung der Massenexistenzen wuchs zum internationalen Problem, am stärksten spürbar in Deutschland, wo durch die Inflation die Sparrücklagen aufgezehrt waren, am schwächsten in dem Frankreich der kleinbäuerlich-mittelgewerblichen Struktur. Die Weltkrise als grausamer Lehrmeister der wirtschaftlichen Vernunft hatte also gerade in dem Land, auf dessen psychologische Haltung es immer am meisten und auch jetzt ankam, den zum Lernen am wenigsten aufgerufenen Schüler.

Brüning eröffnete also sein politisches Schicksalsjahr 1932 mit der Ankündigung, daß das baldige Ende der Tributzahlungen erreicht werden müsse, sollte die Weltwirtschaft, von deren Beruhigung bei den zahllosen Begegnungen der Staatsmänner im abgelaufenen Jahr so einsichtsvoll geredet wurde, sich wieder halbwegs normalisieren. In diesem Sinne legte er seine Politik an und betrieb deshalb auch die erneute Reichspräsidentenkandidatur Hindenburgs. Dabei täuschte er sich völlig über den Grad der inneren Bindung Hindenburgs an seine Person und an die von ihm geführte, von dem Präsidenten bisher mitgetragene Gesamtpolitik. Hindenburgs Stellungnahme gegen den Reichswehr- und Innenminister Gröner sowie die kalte Weigerung, dem Kanzler bei den Plänen gegenüber überschuldetem ostdeutschem Grundbesitz zu folgen, erzwang den Rücktritt des Kabinetts Brüning-Dietrich. Die auswärtige Politik spielte dabei keine Rolle. Das neuernannte Kabinett Papen trat hier eine im ganzen wohl vorbereitete Erbschaft an. Auf der Lausanner Konferenz wurden die nicht privatisierten deutschen Tributverpflichtungen, nachdem Frankreich noch die Zusage einer Sonderleistung erreicht hatte, gestrichen.

Jene Entwicklung des ersten Halbjahres 1932 hatte Bosch aufs stärkste bewegt; war er doch in der Präsidentenfrage aus seiner gewohnten Zurückhaltung herausgetreten. Was er an Brüning geschätzt hatte, war dessen schier rücksichtsloser Mut zu unpopulären Maßnahmen. Mochten diese im einzelnen umstrittbar sein, die Gesamtrichtung, zumal die Maßnahmen in der Sozialversicherung, hielt Bosch für notwendig, auch den Weg über das System der Notverordnungen für angemessen, da dem im Grunde mehrheitslosen Parlament die Kräfte zu einer raschen und entschlossenen Willensbildung mangelten. Ob nicht Brünings Vorgehen psychologisch eine Überspannung bedeute, mochten die Parteileute entscheiden. Boschs Sorge galt der Führung der Außenpolitik. Es beruhigte ihn einigermaßen, daß der immerhin als nüchtern bekannte deutsche Boschafter in London, Freiherr von Neurath, jetzt in der Wilhelmstraße Einkehr hielt und dort der kluge Staatssekretär B. W. von Bülow auch weiterhin als maßgeblicher Berater blieb. Denn den neuen Reichskanzler betrachtete Bosch mit unsicherem Mißbehagen. Dessen täppisches Ungeschick in Amerika, während des Weltkrieges, galt ihm nicht als Empfehlung.

Das Lausanner Abkommen vom 9. Juli 1932 brachte noch nicht den Umschwung in der Weltwirtschaftskrise. Diese hatte zu tiefe Risse in dem Handels- und Kreditverkehr zwischen den Völkern verursacht, die Frage der Schulden der Alliierten an USA blieb noch offen, und es war nicht abzusehen, ob und wann aus den seit dem Anfang des Jahres laufenden Abrüstungsverhandlungen vor dem Genfer Völkerbund neue Wirrnis in das erstrebte Ausgleichsverhältnis zwischen den Staaten fahren würde. Brüning hatte den Anspruch auf Gleichberechtigung angemeldet. Doch soviel war sicher: die Streichung der politischen Reparationsschulden hätte die gefährlichste Belastung für eine mögliche Wirtschaftsgesundung beseitigt. Wann würde eine solche spürbar werden? Die sorgsamen statistischen Beobachtungen des Arbeitsmarktes, der Auftragserteilung, der Preisbewegung fanden bereits in der zweiten Hälfte des Jahres, zumal zu dessen Ausgang, die Anzeichen der Beruhigung und Erholung: »Bis Ende Juli 1932« beurteilte der Bosch-Geschäftsbericht vom 9. März 1933, »hielt der ... Geschäftsrückgang an, der im Jahre 1930 eingesetzt hatte. In den folgenden drei Monaten kam die Abwärtsbewegung zum Stillstand und in den beiden letzten Monaten des Geschäftsjahres war gegenüber dem Vorjahr eine leichte Besserung zu verzeichnen.«

Das war behutsam aus den begrenzten Erfahrungen der eigenen Unternehmen niedergeschrieben. Doch die Grenzen reichten ja in alle Welt und jetzt auch in die mannigfachsten Sachbereiche; man durfte sie schon als die Aufzeichnungen an einem empfindlichen wirtschaftspolitischen Seismographen fassen. Mit der größten Beweglichkeit und Anpassungsfähigkeit war die Betriebsführung der Weltkrise entgegengetreten, hatten ihre Leute durchgehalten; Früchte der besonnenen Finanzpolitik, der vorsorglichen Bereitschaft, womit man in den verschiedenen stoßweisen Konjunkturen der zurückliegenden anderthalb Jahrzehnte operiert hatte. Dabei war natürlich die Gesamtatmosphäre des Umlandes psychologisch nicht ohne Bedeutung gewesen. Denn Württemberg, von den Nöten gewiß nicht verschont, hatte eine eigenwillige Beharrungskraft erwiesen. Die gute Mischung der Gewerbe, ihre Verteilung fast über das ganze Land, der kleinbäuerliche Rückhalt, der einen großen Teil der dorfsässigen Arbeiterschaft stützte, erwiesen sich jetzt als glückhaft, sozial und politisch. Die verzweifelte Stimmung, die in rebellischen Radikalismus nach rechts oder nach links anschlug, konnte sich nicht in gleichem Maße festnisten wie in anderen durchindustrialisierten oder mit Agrarschulden überlasteten Landesteilen des Reiches. Die Arbeitslosigkeit blieb durch all die bösen Jahre stark unter dem Reichsdurchschnitt. Damals kam das Wort auf, daß Württemberg »krisenfest« sei, die Legende konnte sich bilden, daß hier das Modell einer Wirtschaftsstruktur gegeben sei, das man eben nur zu übernehmen habe, um bevölkerungs- und wirtschaftspolitisch das Gemäße zu erreichen. Jener ökonomisch wie seelisch gleich phantastische und törichte Versuch des Nationalsozialismus, Jahre hindurch propagandistisch betrieben, war die Folge, Ostpreußen à la Württemberg umzuarbeiten!

Im Frühjahr 1932 hatte Robert Bosch seine Denkschrift über die Krisenbekämpfung niedergeschrieben. Das Echo blieb aus. Die innenpolitische Leidenschaft und die Ungewißheit der auswärtigen Beziehungen überlagerte alle rationalen Argumentationen. Boschs Glaube, Hindenburgs Wiederwahl werde einen Akt der Beruhigung bilden, wich der Enttäuschung. Doch zeigte sich, so verdrießlich ihm, in ihren Motiven und in ihrem Stil, die staatspolitischen Unternehmungen des Kabinetts Papen sein mochten und so völlig fern ihm die halb romantischen Ideologien waren, die sich der neue Reichskanzler von jüngeren konservativen Literaten liefern ließ, daß die außenpolitische Linie nicht aufgegeben werde. Das ermutigte die eigene Tätigkeit. Mit diplomatischen Berührungen allein, mit den fast gespenstisch gewordenen Kulissenübungen der Genfer Verfahrensweise, aber auch mit den umständlichen und lauten Coudenhove-Tagungen kam man offenbar nicht rasch genug voran. Bosch entschloß sich, ermuntert durch jüngere Freunde aus dem Kreise der Rotarier, einen persönlichen Schritt zu gehen: er fuhr im Dezember 1932 nach Paris, um mit deutschfreundlichen Industriellen und mit Männern des sogenannten »Mayrisch-Komitees«, das der wirtschaftlichen Zusammenarbeit der beiden Völker die Wege ebnen sollte, vertrauliche Aussprache zu pflegen. Der Plan und die Aufgabe hatten ihn sehr bewegt. Nun fehlte wohl unter den französischen Gesprächspartnern der Mann von einem vergleichbaren industriellen Rang, aber der Gesamteindruck der ohne offizielles Brimborium geführten Unterhaltungen, die auch die Kreise der von Paul Distelbarth herangeführten »Anciens combattants« erreichten, war im ganzen befriedigend. Bosch versprach sich von der Fortsetzung und Pflege solcher lockeren Versuche gute Früchte. »Ich habe mich in Frankreich überzeugt«, schrieb er am 3. Januar 1933 an G. Escherich, »daß dort eine außerordentlich starke Strömung zur Verständigung mit Deutschland ist.« Eine entsprechende »Bewegung« soll nun auch in Deutschland organisiert werden; um so mehr, als die Franzosen durch die Haltung des dortigen Frontkämpferverbandes »uns sehr viel voraus haben«. »Bei der Besprechung, die ich in Paris hatte, war ein Vertreter der Information da, und Graf d'Ormesson, der im ›Temps‹ schreibt, will unsere Bewegung auch unterstützen. Die Bewegung geht also durch das Volk und selbst durch die Großindustriellen. Letztere sind allerdings erst seit sechs bis acht Wochen zu einer solchen Verständigung nicht nur geneigt, sondern wollen selber mitmachen.« »Diese Sache also beschäftigt mich zur Zeit sehr stark und ich hoffe, daß wir uns werden durchsetzen können.«

Als Ergebnis des erstrebten »innigen Zusammenschlusses« der beiden Nationen sah Bosch die Möglichkeit, »aus Europa einen großen Wirtschaftsblock zu machen«, und in der optimistischen Bereitschaft, diesem Ziel zu dienen, veröffentlichte er zur Jahreswende 1932 im »Stuttgarter Neuen Tagblatt« eine größere Betrachtung, die zu seiner Freude auch anderwärts, so in der »Kölnischen Zeitung«, nachgedruckt wurde. Dieser Aufsatz plädiert für das gegenseitige Verständnis: »Es gibt in Frankreich Hasser, das Volk als Ganzes aber haßt Deutschland nicht.« Die Zahl derer, »die den Haß schüren, aus politischen oder aus materiellen Gründen, ist im Schwinden.« Daß die Franzosen, nachdem es ihnen geglückt war, Deutschland Versailles aufzuzwingen, sich in eine ungeheure Festung verwandelten und auch ihre Verbündeten ausrüsteten, ist zu verstehen; es »blieb ihnen nichts anderes übrig«. »Es zeigte sich aber im Laufe eines Jahrzehnts: Man kann 65 Millionen eines Volkes nicht entehren und für ewig mit dem Schandmal der Schmach belasten. Ein Volk wie die Deutschen, das im Revolutionswinter zum Beispiel Brücken baute, nicht etwa strategische, sondern zu friedlichen Zwecken: ein Volk, das, anschließend an die Niederlage, seine Felder entwässerte, das Wasserleitungen baute und Gasfernleitungen und Elektrizitätswerke und Krankenhäuser, ein Volk, das die Hälfte der Nobelpreisträger zu den Seinigen zählt, ein solches Volk ist unüberwindlich!« Das spürten auch die Franzosen, daß »dieses Volk wieder einmal hochkommt – und was dann? Krieg will niemand mehr.« So sind die Entschließungen der Kriegsteilnehmerverbände zu würdigen, so die späten Einsichten der Unternehmerschaft, so die mannigfachen Äußerungen französischer Politiker im abgelaufenen Jahr. »Wenn wir die Bilanz des verflossenen Jahres ziehen, so sehen wir drei große Aktivposten: das Verschwinden der Reparationen, die endgültig erledigt sind . . .; die Bereitwilligkeit Frankreichs, uns in der Form einer Miliz eine neue Wehrverfassung zuzugestehen, die Anerkennung unserer Gleichberechtigung.« Bosch sah in all dem nicht bloß einen »Silberstreifen am Horizont«, sondern »eine neue Morgenröte«. Die Gesamtlage für eine Verständigung ist so günstig wie kaum je zuvor. »Wir haben unverkennbar eine seit Monaten sich allmählich steigernde Besserung unserer Wirtschaftslage. Einigen sich Deutschland und Frankreich, so steigt das allgemeine Vertrauen und die ganze Welt kann und wird aufatmen.« Er sei »etwas verwundert«, schrieb er einige Tage darauf an Friedrich Mück in Heilbronn, daß ihm »irgendwelche chauvinistische Vorwürfe« bis jetzt nicht gemacht wurden.

Diese optimistische Grundstimmung erfuhr einen jähen Schock, als wenige Wochen später Adolf Hitler zum Reichskanzler berufen wurde. »Was bei uns innenpolitisch vorgeht«, hatte es in dem Neujahrsbrief an Escherich vom 3. Januar 1933 geheißen, »interessiert mich zur Zeit weniger, wohl nur aus dem Grunde, weil ich sehe, daß ich da nichts helfen kann.« Das verdeckte Berliner Kulissenspiel dieser entscheidungsschwangeren Wochen, das die Kombination des neuen Kanzlers von Schleicher mit dem nationalsozialistischen Führer Gregor Strasser, das die neue Annäherung zwischen Papen und Hitler, das die Zwischenträgerdienste von Hindenburgs anpassungsfähigem Staatssekretär Meißner sah, mußte ihm aus dem Stuttgarter Blickfeld verborgen bleiben oder doch von einer Wolke unprüfbarer Gerüchte getrübt. Jetzt verflog diese Wolke. Eine von Bosch nicht erwartete Wirklichkeit war gegeben.

Die bisherigen Beziehungen von Robert Bosch zur Nationalsozialistischen Deutschen Arbeiterpartei waren sehr einseitiger Natur gewesen. Er hatte einmal vor einigen Jahren von der Stuttgarter Landesgeschäftsstelle ein Schreiben erhalten, in dem ihm mitgeteilt wurde, daß wir »über kurz oder lang mit Gewalttätigkeit von links rechnen müssen«, daß der »Ausbruch von Unruhen bevorstehe«. Die NSDAP habe »außer vielen Punkten auch den Schutz des rechtmäßig erworbenen Eigentums auf ihr Programm geschrieben«, sie allein sei »durch die Begeisterung ihrer Anhänger« usf. in der Lage, dem Terror entgegenzutreten. »Leider ist dies ohne bedeutende Geldmittel nicht zu machen.« Es bleibe daher, zumal »die reichen Kreise des Judentums uns verschlossen sind«, nichts anderes übrig, »als uns an die deutsch und deutsch-völkisch gesinnten Kreise aus Industrie und Handel mit der Bitte um Unterstützung zu wenden« usf. »Wir hoffen, daß Sie sich unserer dringenden Bitte nicht verschließen.« Mit der Überschrift »Ein Brief, der nicht beantwortet wurde« übergab man dies Schreiben im »Boschzünder« vom 31. März 1927 der Öffentlichkeit. Schon vorher hatte das Schweigen verstimmend gewirkt; ein paar kommentierende Sätze, die der Mitteilung beigefügt waren, erzählen, daß die Parteizeitung sich über das »in Geldsäcken versteinerte Herz« des Herrn Bosch aufrege. Man lachte darüber wie auch über den internen Parteistreit, den dieses Bittgesuch verursachte – einer schob die Schuld auf den andern. Als ein paar Jahre später, 1930, ein Berliner Montagsblatt Robert Bosch unter den industriellen Geldgebern der Nationalsozialisten nannte, überlegte er sich, ob er eine Berichtigung schicken solle. Aber, meinte er in einem Brief an den Neffen Carl (26. September 1930): »man kann sich auch schließlich auf den Standpunkt stellen, laß sie schwätzen, denn es dürfte wohl zur Genüge bekannt sein, daß ich nicht Nationalsozialist bin.«

Natürlich interessierte ihn das Phänomen des Unterfangens, nationalistische und sozialistische Gefühlskräfte und Forderungen ineinanderzuschmelzen, aber die Formen, wie das geschah, erschreckten ihn. Leidenschaftlich hatte er sich seiner Zeit gegen alle Versuche gewehrt, die Ermordung Rathenaus zu beschönigen oder zu erklären. Das galt ihm einfach als der Verzicht auf den sittlichen Maßstab gegenüber dem öffentlichen Handeln. Daß ein Teil der jugendlichen Bildungsschicht an den Hochschulen solchen Gesinnungen ausgeliefert sei, erfüllte ihn mit ernster Sorge. Er lehnte es schroff ab, für Gruppierungen wie den Hochschulring deutscher Art in Anspruch genommen zu werden – schon die Benennung machte ihn mißtrauisch, er verwarf die über körperliche Stählung hinausgehenden militanten Veranstaltungen. Überhaupt schien ihm, der so viel für Erziehungsaufgaben übrig hatte, die propagandistische Behandlung der Jugend ein Unfug. Als man ihn, seltsames Mißverständnis, 1930 einmal bat, im Rundfunk zur Jugend zu sprechen, schüttelte er den Kopf. Da wird doch nur »der Jugend nach dem Munde geredet«, »man bestärkt sie in dem Glauben, daß man heute springen kann, bevor man laufen gelernt habe.« Er wollte in diesem Rahmen nicht »als Prediger in der Wüste auftreten«, um schließlich »ausgelacht« zu werden. Aber hat sich nicht inzwischen, während die Älteren die Jüngeren umschmeicheln, teilweise eine psychologische Verschiebung vollzogen? »Man kann heute allgemein hören«, heißt es in einem nachdenksamen Brief vom 8. Dezember 1931 an die »Frankfurter Zeitung«, »daß die jungen Leute wieder unter eine strenge Führung kommen wollen. Man kann hören, daß junge Leute sagen, bei den Nationalsozialisten finden wir das, was wir wollen und was wir brauchen, wir wollen uns unterordnen. Es scheint demnach, als ob die Periode, in welcher sich die jungen Leute berufen fühlten, die ganze Welt umzuorgeln, so, wie dies unmittelbar nach der Staatsumwälzung der Fall war, vorübergehe.«

Diese sozialpsychologische Bemerkung am Rande war nicht von ungefähr. Sie traf eine Wandlung im deutschen Gefühlsbestand: war nach 1918 eine Sprengung von Bindungen, wenn auch unter sozialistischen Namensgebungen, durch ausbrechende, die Kriegszwänge des militärischen und zivilen Lebens abtuende Individualkräfte erfolgt, so entwickelte sich, mit wechselnden Vorzeichen, in Bünden und Gruppierungen und Formationen das Bedürfnis nach Gliederung und Stufung. Soldatische Tradition, hier romantisch verklärt, dort spießerhaft gepflegt, in den Freikorps, in dem System der Zeitfreiwilligen eine sehr lebendige Nachkriegswirklichkeit, gewann notwendig erneute Macht bei einem Volk, das über ein Jahrhundert der allgemeinen Wehrpflicht hinter sich hatte und dessen Jugend von den Leistungen der vier Weltkriegsjahre, nachdem zum Leid ein Abstand gewonnen war, seine Phantasie nährte. Blieb solcher Vorgang auch dem inneren Wesen Boschs fremd, so bewegte ihn doch die Beobachtung.

Mit dem ideologischen Schrifttum des Nationalsozialismus hatte er sich nie auseinandergesetzt. Er hielt sich in seinem politischen Urteil an die Erscheinungsweisen und an die Menschen, die er in Aktion sah, wohl kritisch geworden gegen die Leistungsfähigkeit des deutschen Parlamentarismus und seiner Fraktionenvielfalt, aber doch zuversichtlich, daß durch Erfahrung und Erziehung in einer Welt, die vom Krieg und seinen Folgen sich entferne, geordnete Spielregeln sich bilden mögen, die dem politischen Führer bedeutendere Chancen geben als dies bislang der Fall gewesen war. Mit Paul Reusch, der in den Wirren von 1919 den Ruf nach einem »zweiten Bismarck« erhob und von ihm die Wendung der deutschen Not erwartete, hatte er über diesen ganzen Komplex manchen Austausch gepflogen. An ihn war auch (10. Februar 1932) das nüchterne Wort gerichtet: »Durch einen Diktator kann man wohl ein Volk regieren, nicht aber die Weltwirtschaft. Einen Diktator könnte man für ein Menschenleben sich denken. Wie soll sich aber nach dem Ableben des ersten ein weiterer Diktator aufzwingen?«

Nun war, eben ein Jahr nach diesen Zeilen, aus dem theoretischen Gedankenspiel eine greifbare Wirklichkeit geworden. Sie verfemte zwar mit Geflissentlichkeit diesen Begriff der Diktatur, sie pflegte zunächst die überkommenen Formen der Verfassungssätze, um sie auszuhöhlen, bis sie widerstandslos einstürzten. Viel Ungewißheit lag über jenen ersten Wochen: der Reichstagsbrand und seine Auswertung gegen die bürgerlichen Grundrechte, die Verordnung über die Reichsfahne, die Aktionen gegen die Länderregierungen usf. kündigten den Rhythmus und den Charakter der kommenden Dinge an. Man war sich bei Bosch über die Wucht der Ereignisse nicht gleich klar und keineswegs gesonnen, einfach vor ihnen zu kapitulieren: die Hakenkreuzfahne wurde nicht gehißt, und Bosch durfte wieder einmal die Süßigkeiten anonymer Schmähungen genießen. Es setzte die Welle der planmäßigen und der willkürlichen Verfolgungen, Amtssuspendierungen, Verhaftungen ein; sie griff auch in den Bekannten- und Freundeskreis von Bosch, ihn tief erregend, da es sich zumeist um Männer handelte, deren menschliche Unantastbarkeit er schätzte. »Mich bedrückt unsere Lage sehr«, schrieb er am 12. April 1933 aus Mooseurach an einen jungen schwäbischen Bekannten nach Paris, Frank Rümelin, der an der Verständigungskonferenz mitgewirkt hatte. »Ich habe wieder eine Herzerweiterung wie 1917 und bin deshalb hier. Ich sehe die Not bei uns jeden Tag. Persönlich erhalte ich täglich Briefe mit Bitten um Hilfe, um Geld oder Arbeit. Es ist nicht unmöglich, daß es einem meiner Freunde gelingt, mich in ein Konzentrationslager zu bringen, wenn auch nur auf kurze Zeit. Für meine Herzerweiterung wäre solche Aufregung natürlich nicht das Richtige. Aber in Zeiten wie den gegenwärtigen gelingt es manchem, sein persönliches Rachebedürfnis zu befriedigen. Ich selbst gehe jedenfalls nicht außer Landes, auch nicht auf die Gefahr hin, daß ich interniert werden sollte. Denn lange kann die Internierung nicht dauern ... So müßte ich eben mein altes Herz eine weitere Belastungsprobe beste-

hen lassen, die übrigens durch die politische Lage sowieso nicht ausbleiben wird.«
Dieser Brief sah die persönliche Lage zu düster. Unter den Verfolgten jener Wochen befand sich auch Boschs Vertrauensmann in den deutsch-französischen Dingen. Man war damals rasch bei der Hand mit dem Vorwurf des Landesverrats, und Bosch rechnete damit, auch in diesen Komplex hereingezogen zu werden. Das legte sich wieder, und Distelbarth, in der Wirrung der Zeit nicht gerade besonnen agierend, erhielt seine volle Rehabilitation. Für Bosch ergab sich, daß nun gerade jene außenpolitische Interessennahme, die ihn zum Ende 1932 so völlig ausgefüllt hatte, zu ersten persönlichen Beziehungen zu Nationalsozialisten führte. Denn wiewohl Hitlers programmatische Äußerungen in »Mein Kampf« mit bösen Worten von der Verkommenheit des französischen Volkes geredet und die Vernichtung der französischen Staatsmacht als Voraussetzung für eine ausgreifende deutsche Ostpolitik bezeichnet hatten, war in der Abtönung gegenüber dem westlichen Nachbarn eine Änderung eingetreten. Man mochte streiten, ob es sich dabei um eine taktische Finte oder um eine tiefergehende Sinnwandlung handle; hatte Bosch bisher befürchtet, man werde ihm seine auf Paris blickenden Bemühungen stören, so erfuhr er gerade hier, wenn auch nicht Ermunterung, seine privaten Versuche fortzusetzen – diese vertrugen sich nicht mit dem schroffen Totalitätsanspruch und der »Gleichschaltung« aller öffentlichen Betätigung –, so doch mancherlei Zustimmung. Auf dem Umweg über Münchener Bekannte entstand eine persönliche Beziehung zu dem badischen Industriellen Wilhelm Keppler, damals einer der Berater Hitlers in Wirtschaftsdingen. Mit ihm kam Bosch bereits im Februar 1933 in einen Briefwechsel; an der zum 20. Februar durch Göring einberufenen Industriellenversammlung, vor der Hitler sprechen sollte, teilzunehmen, hatte er abgelehnt. »Wenn ich nicht in Rede und Gegenrede dem Herrn Reichskanzler meine schweren Sorgen und die Begründung derselben darlegen kann, in einer Besprechung mit vielen richte ich sicher nichts aus« (20. Februar 1933). Und ein paar Tage später, am 23. Februar 1933: »Sehr gerne werde ich, wenn Sie dies ermöglichen können, mich mit Herrn Hitler über unsere Außenpolitik unterhalten. Ich sehe in derselben geradezu die Lösung der Schwierigkeiten, in denen wir stehen.« Und er setzt dem Adressaten auseinander, daß

eine *rasche* Verständigung mit Frankreich gute Früchte trage, auch wenn man im Auswärtigen Amt der Meinung sei, jetzt nur 50 % der Ziele zu erreichen; mit Beihilfe von England, Amerika oder »gar noch Italien« zu rechnen, sei trügerisch. »Die haben jetzt ihre eigenen Sorgen.«

Bis es zu der von Keppler beschriebenen Besprechung zwischen Bosch und Hitler kam, verging noch über ein halbes Jahr. Inzwischen hatte sich auch der Freiherr von Lersner an Bosch gewandt, um Geldunterstützung für die Papengruppe der Regierung zu erhalten. Er stieß auf Ablehnung. Papen sei ja wohl verständigungsbereit, aber wie ist es mit Hitler, mit Hugenberg? »Wie wird der künftige Kurs sein? Hierüber möchte ich Gewißheit haben« (8. März 1933). Durch den Absagebrief weht das Mißtrauen vor allem gegen Hugenberg, den er sehr ungern an der Spitze des Wirtschafts- und Ernährungsministeriums sah: »... muß es aber ablehnen, auf die Seite derjenigen zu treten, die durch einseitige Bevorzugung des Bodenmonopols – ich meine ebensowohl diejenigen, die auf der Erdoberfläche, wie diejenigen, die in unserer Erdkruste arbeiten – die Arbeiterbevölkerung verelenden... Kontingentierungspolitik hilft weder der Landwirtschaft noch der Industrie.« Der Empfänger wird mit diesem Brief nicht viel haben anfangen können.

Boschs außenpolitische Sorgen waren durch die Kanzlererklärung vom 17. Mai über den deutschen Friedenswillen zunächst beruhigt. »In der Verständigungsfrage«, schrieb er am 26. Mai an Escherich, »hat Hitler die richtigen Worte gefunden. Wer findet sie in der Judensache?« Doch die Verschärfung der Beziehungen zu Wien, die gerade Ende Mai eintrat und zu der Reisesperre gegen Österreich führte, wo der Bundeskanzler Dollfuß seine autoritäre Regierung gegen linken *und* rechten Radikalismus festigen wollte, verstimmte ihn. Man solle jetzt die Hände von Österreich lassen, schrieb er am 9. Juni an Hans Walz; schroff den Anschluß betreiben, erschwere nur den Ausgleich mit Frankreich, *nach* der Verständigung mit dem Westen werde es leicht sein, ein entsprechendes Abkommen zu treffen. »Müssen wir denn unsere Nazi und noch dazu in Uniform nach Österreich lassen? Warum warten wir nicht ab? Österreich macht es uns doch sowieso nach.« Und dazu die grundsätzliche Überlegung: »Man soll doch nicht immer meinen, man muß seine Macht zeigen. Gerade das Gegenteil ist richtig. Wenn England etwas will, dann sagen die Engländer nicht, wir sind in der Lage, das und das zu tun, also tun wir es. Sie warten vielmehr, bis sie sagen können, da gibt es keine Ruhe, da muß geholfen werden, oder es ist gottgewollt, daß wir die Ordnung schaffen und dergleichen.«

Unbehaglich war für Bosch auch die Aussicht auf wirtschaftsorganisatorische Experimente; er mochte sich wohl der fruchtlosen Debatten und Denkschriften im ehemaligen Reichswirtschaftsrat erinnern. Da wurde ja auch immer wie jetzt wieder die »berufsständische Gliederung« erörtert: »Es wird in dieser Frage eine ›gereche Lösung‹ ebensowenig geben wie es einen ›gerechten Preis‹ für das Getreide nicht geben kann. Was des einen Eule, ist des andern Nachtigall« (9. Juni 1933). Größere Bedenken machte ihm die Ungewißheit, wie die Wirtschaftspolitik geleitet werden sollte. Daß es mit Hugenberg nicht lange gehen würde, war spürbar. Bosch, der ihn nicht leiden mochte, sähe ihn gern bald scheiden. »Keppler möchte vielleicht gut sein, aber ob er sich durchsetzt, ist mir zweifelhaft. Hitler gegenüber wäre er wohl zu nachgiebig. Ob er es Dritten gegenüber auch ist?« In einer Verkennung der ausschließlich auf den Willen Hitlers sich ausbildenden Dynamik versprach sich Bosch damals noch etwas von einer Aktion in diesen Dingen bei Hindenburg, wenngleich er es »tieftraurig« fand, daß »das Bürgertum so wenig Mut hat«. »Immer Rücksichtnahme, immer Diplomatie.« Das war im Frühsommer 1933.

Die Aussprache mit Adolf Hitler fand am 22. September 1933 statt. Man hatte Bosch offenbar mitgeteilt, daß der Kanzler über ihn unterrichtet sei. Denn in einem Brief an Bücher vom 9. September meinte er: »Vielleicht gelingt es mir, einen gewissen Eindruck zu machen. Er soll mich aber nach meinen Handlungen sehr genau kennen und in Bayern soll man der Meinung sein, ich hörte das auch aussprechen, ich sei von jeher national und sozial gewesen, und im Grunde haben die Leute ja recht. Früher bin ich für meine soziale Einstellung verlacht, verspottet und gehaßt worden, heute scheine ich dafür Anerkennung zu finden. Könnte ich damit nützen, Sie glauben gar nicht, wie mich das freuen würde.« Über die Unterhaltung, die nur kurz dauerte, liegen Aufzeichnungen nicht vor, sie war nach Boschs Eindruck sachlich ergebnislos. Bosch ärgerte sich gleich zu Beginn, als Hitler ihn frug, welche Wünsche er vorzutragen habe. Keine; die Aufforderung zum Besuch sei ja vom Kanzler ausgegangen. Der fuhr dann fort, Lobendes über die Schwaben zu sagen, sie seien zwar Demokraten, aber anderer Art als die Berliner – was Bosch auch schon wußte, aber jetzt »als Brei ums Maul schmieren« empfand. Mit seinem Anliegen, die Verständigungspolitik zu empfehlen, schien er heute offene Türen einzustoßen. Hitler gab ihm nach seiner Art ein Exposé über die Politik, die er betreiben werde, mit der suggestiven Selbstgewißheit, die manche Menschen im Gespräch so beeindruckte, manche andere ermüdete oder langweilte. Bosch äußerte, als der Kanzler einmal eine Pause machte, um nun selber auch etwas zu sagen: »Sie müssen sich auf dem Stuhle Bismarcks doch recht merkwürdig vorkommen«, was gewiß nicht boshaft gemeint, sondern eben ein Stück der gesellschaftlichen Ungewandtheit war. Hitler trat wütend ans Fenster und trommelte mit den Fingern auf die Scheiben. Es war, gewiß nicht erstaunlich, keinerlei Atmosphäre zwischen den beiden Männern entstanden. Ein paar Wochen später, nach seinem Eindruck befragt, antwortete Bosch einem Bekannten: »Das will ein Staatsmann sein und weiß nicht, was die Gerechtigkeit ist.« In dem Satz steckt das tiefe Gefühl der menschlichen Fremdheit. Einen gewissen historisch-dokumentarischen Reiz besitzt eine briefliche Äußerung Boschs gegenüber Keppler, kurz nach der Besprechung; sie bekundet auch, mit welcherlei Art von Argumentation Hitler damals Besucher von der Art Boschs zu gewinnen suchte. »Die Verhältnisse, wie sie zur Zeit herrschen, bedrücken mich wieder ziemlich stark, so daß ich nachts viel Zeit habe, mir Gedanken zu machen und auch Lebensgeschichten, Erinnerungen usw. zu lesen. Nun hat der Führer in der Unterredung, die ich mit ihm hatte, zum Ausdruck gebracht, daß er der Meinung sei, daß für Deutschland die Monarchie doch wohl die richtige Regierungsform sein werde. Ich selbst halte die konstitutionelle Monarchie tatsächlich auch für das Beste, sie muß aber nach Art der englischen eingerichtet sein. Die Konstitution muß Dinge verhindern, wie wir sie unter Wilhelm II. gehabt haben.« (Und er empfiehlt dem Adressaten das Lesen des Buches »Eduard VI. und seine Zeit«.)

Bosch ist noch einige Male Hitler persönlich begegnet, bei Automobilausstellungen, bei Staatsempfängen in Stuttgart, ohne daß die Berührung über das Konventionelle hinausgegangen wäre. Den Einladungen zu den Parteitagen und ähnlichem hat er nie Folge geleistet.

Inzwischen hatte die Firma selber versuchen und lernen müssen, mit den neuen Tatbeständen, die der Nationalsozialismus schuf, sich nicht nur abzufinden, sondern sich auf sie als auf einen Geschichtsvorgang von längerer Dauer einzurichten. Die große Sorge vor einer schroffen, wesentlich den groß-agrarischen und schwerindustriellen Sektor begünstigenden Wirtschaftspolitik, die man von Alfred Hugenberg befürchtet hatte, war mit dessen verdrossenem Rücktritt bereits im Juni 1933 gewichen. Blieb die Geschäftsführung des Nachfolgers, des Versicherungsmannes Kurt Schmitt, zunächst farblos, so hatte Bosch wieder mehr Zutrauen, als der von früher bekannte Hjalmar Schacht, seit 16. März 1933 erneut Präsident der Reichsbank, Ende Januar 1935 auch das Reichswirtschaftsministerium übernahm. Bosch war durch Ernst Jäckh schon während des Weltkrieges mit Schacht in Verbindung gekommen und hatte sich in Fragen politisch-publizistischer Unterstützungswürdigkeit gelegentlich von ihm beraten lassen. Mochte er auch über den politischen Weg des ehrgeizigen Mannes, der den Mitbegründer der Demokratischen Partei in die Waffengemeinschaft mit Hugenberg und Hitler geführt hatte, den Kopf schütteln, so würdigte er dessen kalte Gescheitheit, technische Geschäftskunde und zähe, wenn es sein mußte, auch stoßbereite Willenskraft. Was er unternehmen mochte, würde vermutlich nicht immer ganz durchsichtig sein. Aber so viel schien gewiß: von Dilettanten oder Romantikern oder Privatinteressenten würde Schacht sich nicht an die Wand spielen lassen. Schacht selber empfand für Bosch, soweit das seiner Natur gegeben war, eine respektvolle Wärme.

In der staatlichen Konjunktur

Hätte Bosch die innenpolitische Entwicklung mit den Augen des Geschäftsmannes betrachtet, so wäre er dem Beispiel mancher rheinisch-westfälischer Industrieller gefolgt und hätte sich kräftig an der Finanzierung des Nationalsozialismus beteiligt. Denn schon durch die ersten gesetzgeberischen Maßnahmen der neuen Regierung erfuhr gerade der Wirtschaftszweig, in dem Bosch selber stand und für den er Anlieferer war, Kraftwagen, Kraftrad, eine sehr wesentliche Anregung. Zu der deutschen Automobilausstellung vom Februar 1933 hatte Bosch einige Leitsätze niedergeschrieben, in denen er die Verständnislosigkeit, ja die gelegentliche Mißgunst beklagte, die das Automobil in Deutschland bei Regierungen und Parlamenten zu überwinden hatte. Zu den früheren Rechtsschikanen trat immer wieder ein unliebsames und hemmendes Interesse der Finanzminister. Trotz dieser ungünstigen Lage habe die Autoindustrie in den letzten Jahren Ausgezeichnetes geleistet. Mit einer »vernünftigen Handelspolitik« könne auch wieder eine größere Ausfuhr erreicht werden.

Der Anstoß kam von einer anderen Seite. Hitler kündigte bei eben jener Ausstellung seine der Motorisierung zugeneigte Politik an, darunter vor allem die »allmähliche steuerliche Entlastung« und die »Inangriffnahme und Durchführung eines großzügigen Straßenbauplanes«; ihr folgte in der Neufassung des Kraftfahrsteuergesetzes vom 11. April 1933 die Bestimmung, daß Personenkraftwagen und -räder, die nach dem 31. März 1933 erstmalig zum Verkehr zugelassen werden, von der Steuer befreit sein sollten. Das war eine gute Botschaft für die Industrie, die im Laufe der beiden letzten Krisenjahre durchschnittlich fast auf die Hälfte ihrer Erzeugung gesunken war. Sie durfte ja schon *vor* dieser Rede das Abklingen der großen Krise spüren und mit wachsenden Aufträgen wieder Arbeitskräfte einstellen. Aber gerade die völlige Befreiung *neuer* Wagen von der Steuer, mochte diese selber ja auch nicht so beschwerlich sein wie die mit der staatlichen Preispolitik bei den Treibstoffen verbundene Dauerbelastung, wirkte psychologisch außerordentlich befruchtend; Daimler Benz, Auto-Union, Opel konnten Anfang April mitteilen, daß sie voll beschäftigt seien. Das gleiche galt natürlich auch für Bosch, die Kurzarbeit, mit der man seinen Stamm durch die schwierige Zeit durchgehalten, verschwand, die Belegschaft wuchs wieder: Hatte das Jahr mit 8332 Arbeitern und Angestellten bei durchschnittlich 45 Stunden Wochen-Arbeitszeit begonnen, so schloß es mit 11235 bei 48stündiger Arbeitsleistung. Im April 1934 hatte man 13000 erreicht; auf dieser Höhe war man schon einmal im August 1925 gewesen. (Die Ziffern beziehen sich auf Stuttgart und Feuerbach, nicht auch auf die seit kurzem angegliederten Werke in Berlin und Dessau.) Der vor allem binnenländische Kern dieser Konjunktur zeigt sich in einer Bemerkung des Geschäftsberichtes vom 6. März 1934: die Umsatzsteigerung auf dem Inlandsmarkt betrug beinahe 80%. Der Export sank: hatte er 1932 noch über 60% des gesamten Verkaufserlöses erreicht, so jetzt nur noch etwa 40%. Im Sommer 1933 entschloß sich die Firma, auf dem seit Jahren durch Zukäufe erweiterten Grund einen großen Neubau für das örtliche Verkaufshaus und für Fabrikationszwecke aufzuführen. Der Bau Ecke Rosenberg- und Seidenstraße war schon seit geraumer Zeit geplant, die Gelder dafür warteten nur auf Abruf, aber bislang behalf man sich. Nun, da die Bautätigkeit durch einige Jahre geruht hatte, wirkte der Beginn auch propagandistisch: man rückte ihn in die Losung des Tages; Arbeitsbeschaffung, und die gute Zuversicht, die aus der großen Investierung sprach, teilte sich dem allgemeinen Bewußtsein mit. Als der Bau fertig war, in den wieder alle Erfahrung gesteckt wurde, zeigte sich, wie notwendig die Erweiterung gewesen. Denn die Zahl der Arbeitsplätze wuchs. Auch in Feuerbach ging es in den kommenden Jahren mit Umbau, Ausbau, Neubau weiter – dort wurde vor allem die interessante Aufgabe einer zentralen Heizanlage gelöst. Die spätere Entwicklung, als zu den bisherigen Aufträgen der zivilen Wirtschaft die Anforderungen des Militärs, zumal auch der Luftwaffe, traten, beeinflußte den Charakter der Ausdehnung in einem Sinn, wie Bosch selber das nie gedacht hatte, als er die großen Anlagen in Feuerbach schuf: neue Fabriken wurden, als »Ausweichstellen« für den Kriegsfall, um durch Dezentralisation der Gefahr von Luftangriffen einigermaßen zu begegnen, in den kommenden Jahren auch außerhalb des Stuttgarter Bezirkes, in der Nähe Berlins (Dreilinden), in Hildesheim, in württembergischen Landstädten aufgeführt.

Es ist bezeichnend, daß man die starke Belebung, die mit dem Jahre 1933 eingetreten war, bilanzmäßig vorsichtig bewertete. Die Abschreibungen rechneten immer mit dem Zwang zu neuen Betriebsinvestitionen. So hielt man den ganzen großen Maschinenpark, wie auch die Patente, Lizenzen und ähnliches, auf dem Buchwert von je einer Mark. Der Reingewinn war von 832 000 RM für 1932 – dem für 1931 ein Verlust von 553 000 RM gegenüberstand – um etwa eine Million gestiegen; man verzichtete auf eine Dividende, stattete dafür die Bosch-Hilfe mit einer Million aus. Erst für 1934, nach neunjähriger Pause, nachdem der Reingewinn infolge der vollen Ausnutzung der Werkskapazität dreieinhalb Millionen überschritten hatte – wozu noch über 700 000 RM Gewinnvortrag traten –, wurde wieder eine

Dividende von 6% auf das Stammkapital von 30 Millionen angesetzt, die auch für 1935 galt. Vier Jahre, bei steigenden Reingewinnen, blieben dann 8% angesetzt; für 1940 ging man auf 5% zurück. In all diesen Jahren wurden aus dem Gewinn erhebliche ordentliche und Sonderrücklagen beschlossen, um für unvorhergesehene Steuern, für Neuanschaffungen, zumal auch seit 1940 für die von Jahr zu Jahr erwartete Möglichkeit der Umstellung auf die Friedenserzeugung gewappnet zu sein.

Waren gerade die Jahre um 1933 durch ein bewegtes Suchen nach frischen Aufgaben und durch ein kühnes Betreten fabrikatorischen Neulandes charakterisiert gewesen, so hielt man sich jetzt bewußt zurück, wie der Geschäftsbericht für 1936 das ausdrückte, und von »grundsätzlich neuen Erzeugungsgebieten« weiterhin fern. Das bedeutete natürlich keinen Stillstand. Gerade diese Zeit bekam ihre besondere Note durch die Intensivierung des wissenschaftlichen Erforschens und des praktischen Erprobens der mannigfachsten Austauschstoffe. Die Zahl der Neuerungen, die man auf den Ausstellungen zu erwarten gewohnt war, wurde geringer. Manche Aufgaben kamen aus der Weitung der Bedürfnisse. Das galt vor allem für Scheinwerfer. Es war noch in die Zeit vor 1933 gefallen, daß man einen Nebenweg beschritt, um die Erfahrungen mit dem Scheinwerfer, die man jetzt seit Jahrzehnten gesammelt hatte, auch außerhalb des Kraftwagens nutzbar zu machen; das geschah durch tragbare Scheinwerfergeräte, die für Feuerwehr, Polizei, Technische Nothilfe, Eisenbahn usf. gedacht waren, brauchbar für nächtliche Arbeit, einigermaßen handlich, trotzdem eine Akkumulatorenbatterie als Stromquelle erforderlich, und von kräftiger Lichtwirkung. Nun hatte 1933, im Zusammenfassen von Arbeitsbeschaffung und Motorisierungspolitik, der Bau der Autobahnen eingesetzt; das mußte über kurz oder lang zur Verlagerung des Kraftwagenfernverkehrs aus dem bisherigen Straßennetz führen und eröffnete den Fahrern die Möglichkeit weit größerer Durchschnittsgeschwindigkeit, als sie bisher üblich gewesen. Zumal für die Abend- und Nachtstunden mit schwindender und mangelnder Sicht ergaben sich dadurch neue Gefahrenmomente, wenn Wagen mit unterschiedlichem Fahrtempo sich folgten und rasches Abbremsen notwendig wurde; der Bremsweg war doppelt so lang wie das gewohnte Abblendlicht. Hier ersann man nun in einer geistreichen Kombination den »Bosch-Weitstrahler« (1936), der das Fernlicht der beiden Frontscheinwerfer auf 800 bis 1000 Meter scharf zusammenbündelte. So weiß der Fahrer, was vor ihm los ist; taucht ein Gegenlicht auf und müssen die Hauptscheinwerfer abgeblendet werden, so geht der Weitstrahler durch eine geschickte Kippvorrichtung nach unten und zur rechten Seite, so daß er, ohne Blendwirkung auf den Entgegenfahrer, weitreichende Kontrolle der rechten Fahrbahnseite behält – wichtig genug, wenn etwa ein Personenwagen mit 80 bis 100 Kilometern einen ungenügend beleuchteten langsamer fahrenden Lastkraftwagenzug vor sich hat. Fast gleichzeitig, nachdem man diese Aufgaben angefaßt hatte, entwickelte das Werk einen Breitstrahler für kurvenreiche Straßen. Als die herannahende Kriegsgefahr die Verdunkelung der Fahrzeuge erforderte, brachte Bosch »Tarn-Einsätze« auf den Markt: unter Belassung der normalen elektrischen Scheinwerfer-Einrichtung ersetzten sie, eine Vorderhaube und ein mattierter Fassungsteller, die Streuscheibe und den blankversilberten Teller der gültigen Anlage.

Die Chronik der Zubehörerzeugung nennt für die Zeit um 1933 eine Vorrichtung des Kraftwagens, die in ihrem Wesen außerhalb der eigentlichen Überlieferung lag: Bosch begann *Lenkräder* zu fabrizieren. Der lackierte Holz- oder Metallrohrreifen, seit Jahrzehnten im Gebrauch, war an sich schon geraume Zeit in Mißkredit gekommen: der Lack nutzte sich ab, bei Unfällen gab es Splittergefahr, die Maße mußten, damit die Anlage stabil sei, ziemlich unförmig genommen werden. So war man dazu übergegangen, neue, nicht splitternde Werkstoffe zu verwenden. Bei Bosch wurde die Anregung eifrig aufgenommen; hatte man doch in der Feuerbacher Bakelit-Abteilung in der Behandlung der Kunstharze reiche Erfahrung gesammelt. Auf ein Stahlgerippe, in verschiedenen Größen, wurde Hartgummi mit Fingerrillen für den festen Griff gepaßt, Druckknopf und Hebel für Licht oder für Gaszufuhr auf der Nabenbüchse montiert – das ganze Geräte, in den schlanken Maßen schier elegant, praktisch, weil es das Blickfeld zum Instrumentenbrett freier läßt, wurde gleich in großem Stil serienmäßig hergestellt und hat sich außerordentlich schnell durchgesetzt. Im Jahre 1935 wurde dem noch als Neuheit ein an der Lenksäule montiertes »Bosch-Lenkschloß« gezeigt, eine Diebstahlssicherung mit allerhand Finessen in der Verbindung mit der Zündung.

Zwei Aufgaben aus dem staatlichen Raum gewannen in der zweiten Hälfte der dreißiger Jahre für die Konstrukteure und für die Fertigungsmänner eine besondere Bedeutung: die Schaffung der deutschen *Luftflotte* und die Erstellung des sogenannten *Volkswagens*. Mit der Zündapparatur für das Flugzeug hatte sich Bosch schon lange beschäftigt. Sie war der Umweg gewesen zum Studium der Radiotechnik, die triumphalen Fahrten der Zeppelin-Luftschiffe ergaben auch Bewährungen der Stuttgarter Arbeit. Hatte es sich bei diesen Leistungen um mengenmäßig begrenzte Aufträge gehandelt, so stiegen sie jetzt stark an. Beim Flugzeug hatte sich, aus Gründen der Zuverlässigkeit, des Gewichts und der Raumbeanspruchung, der Magnetzünder gehalten; Bosch hatte schon für die Verkehrs- und Sportflugzeuge eine besondere Type herausgebracht. Dazu war der Anlasser getreten, der, da die Batterie fehlte, als Schwungmassenanlasser mit einem besonderen Elektromotor entwickelt worden war. Seine Durchgestaltung, die rasche Leistungsfähigkeit, auch bei kaltem Wetter den Motor zum Anspringen zu bringen, erwies sich so schwierig wie erfolgreich. Als die militärischen Flugzeuge zur serienmäßigen Herstellung kamen, bildete sich in ihrer Montage zugleich ein Markt für die Bosch-Elektrowerkzeuge. Ohne deren Zuhilfenahme war das Tempo, womit die Fabriken zu ihrem Ausstoß kommen sollten und in wenigen Jahren kommen mußten, gar nicht denkbar.

Daß die Aufgabe, die elektrische Ausrüstung für den Volkswagen einheitlich zu gestalten, an Bosch kam, war fast selbstverständlich. Man besaß dort die meisten Erfahrungen, die Apparatur für Mengenfertigung stand zur Verfügung und damit auch die erforderliche Elastizität für die Kosten- und Preisberechnung. Doch zogen sich die Arbeiten und Versuche seit 1936 durch Jahre hin, bis man die Planungen abschloß. Der Chefkonstrukteur von Daimler-Benz, Dr. Porsche, wohnte auch in Stuttgart; dies erleichterte das Zusammenwirken. Die größte Mühe verursachte natürlich der Zwang, die Leistung in eine sehr knapp bemessene Kostensumme zu pressen; was man an Mustern für Lichtmaschinen und Anlasser besaß, als einheitliche oder getrennte Anlage, war wohl erprobt, aber zu teuer; zugleich mußte erstrebt werden, die Bedienung möglichst einfach zu halten. So wurden sowohl der Anlasser wie die Lichtmaschine, diese in kleinsten Ausmaßen und geringem Gewicht bei 130 Watt Leistung, völlig neu konstruiert und auch der Zündverteiler an der Batteriezündung so entwickelt, daß seine Schmierung automatisch vom Motor her erfolgte. Denn die Sache mußte so eingerichtet sein, daß ein Mindestmaß an fachlicher Schulung erforderlich wurde und der Wagen auch bei mäßiger Pflege einer strapaziösen Inanspruchnahme gewachsen blieb.

Der »Boschzünder« konnte in diesen Jahren einige Jubiläen der Erzeugungsstatistik vermerken: im August 1936 wurde der fünfmillionste Magnetzünder fertig, im März 1938 der fünfmillionste Scheinwerfer; die Bosch-Zündkerzen erreichten im März 1937 die Zahl von 100 Millionen. Und Dezember 1935 hatte die Werkstatt die erste Million der Einspritzdüsen für Dieselmotoren ausgeliefert.

Die Wirkung der staatlichen Konjunktur drückt sich am anschaulichsten in der wachsenden Ziffer der Gefolgschaftsmitglieder aus, die bis zum Beginn des Zweiten Weltkrieges mitgeteilt wird: 1933 waren es in den Stuttgarter und Feuerbacher Werken 11 235 Arbeiter und Angestellte, 1934 14 980, 1935 16 117, 1936 18 292, 1937 19 722, 1938 23 233. Der starke Sprung zu dem letzten Termin offenbart den jetzt mächtig einsetzenden Charakter der motorisierten Rüstung. Für 1935 wird angegeben, daß mit Hinzunahme der »Tochtergesellschaften« die Zahl sich auf etwa 19 000 belaufe; für die kommenden Jahre gelten die Ziffern 22 276, 24 315, 30 443. Der Anstieg bei den Konzernfirmen betraf vor allem das Radiowerk »Blaupunkt«, das nun natürlich auch von der staatlichen Propaganda für den Rundfunk Nutzen zog. Die Entwicklung der Junkers & Co. hielt, was vor allem die Gaswasserheizer betrifft, mengenmäßig nicht die gleiche Linie. Der Geschäftsbericht für 1938 sieht die Gründe »in der Beschränkung des privaten Wohnungsbaus« bzw. in der Umstellung auf Kleinwohnungen ohne hygienisches Zubehör.

Der Vermerk des Berichtes für 1934, daß bei der stürmischen Entwicklung »geeignete Arbeitskräfte nur schwer gefunden werden konnten«, weist auf eine Verlegenheit, die nur mit Mühe zu überwinden war. Wie zum Ausgang jenes ersten Jahrzehnts nach 1900 mußte man auf den Facharbeiter vielfach verzichten; doch wie hatten sich die Dinge seitdem geändert! Der Arbeitsprozeß war mit höchster Überlegung durchgegliedert, die berufspädagogischen Beobachtungen und Folgerungen hatten sich verfeinert; das »Anlernen« war eine höchst

Robert Bosch prüft im Verkaufshaus Frankfurt
die Arbeit eines Lehrlings, 1936

rationale Übung geworden, sehr systematisiert; aus dem Stamm der alten Leute holte man sich jetzt in genügender Zahl die Anlernkräfte. Der Prozeß der Hereinnahme einer neuen Arbeiterschicht in den Werkrhythmus vollzog sich also ohne die sozialen innerbetrieblichen Spannungen, die vor dem Arbeitskampf von 1913 die kritische Lage mit bestimmt hatten. Auch hatte sich gerade in den beengten Zeiten der Kurzarbeit, da es größte Mühe machte, Arbeiterentlassungen zu vermeiden, die Werkgesinnung, der »Bosch-Geist«, gefestigt und bewährt. Man erntete jetzt nicht nur bloß die Früchte der soliden Finanz- und der entschlossenen Rationalisierungspolitik, sondern auch der Erziehungsarbeit von anderthalb Jahrzehnten, die nicht zuletzt durch den »Boschzünder« geleistet worden war.

Bei Bosch hatte man sich um die politische Betätigung oder Meinung der Gefolgschaftsmitglieder nie gekümmert, aber natürlich gelegentlich auch zu spüren bekommen, daß der Deutsche Metallarbeiterverband das bevorzugte Kampffeld blieb, auf dem die sozialdemokratische und die kommunistische Partei ihren bald stillen, bald lauten Machtkampf führten. Die distanzierende, einmal wohlwollend belehrende, dann polemisch-kritische Stimme des »Boschzünders« kam jetzt zum Schweigen; der Totalitätsanspruch brach auch in eine Tradition so eigentümlicher Artung ein. Sachlich hatte er, tadelnd oder fordernd, wenig zu rügen. Denn die Thesen, die jetzt als »sozialistisch« aufgestellt waren, hatten weithin in der Praxis von Boschs Haltung zu den Arbeiterfragen ihre Geschichte und ihre Bewährung hinter sich. So vollzog sich der Übergang, daß man in den sozialpolitischen Dingen nicht mehr mit den Gewerkschaften und mit den Schlichter, sondern mit der Deutschen Arbeitsfront und dem Treuhänder der Arbeit zu tun hatte, ohne wesenhaften Einschnitt: es gab einen Austausch der Personen in der Vertretung der Angestellten- und Arbeiterschaft, eine Änderung der Benennungen für diese oder jene Institution, eine Verschiebung im Ton. Bosch selber wurde von den politischen Führern des Landes zunächst mit mißtrauischer Vorsicht behandelt, während man von außen her seine sozialpolitische Haltung mehr oder weniger als Modell hervorhob. Der Leiter der Deutschen Arbeitsfront, Dr. Robert Ley, besuchte das Feuerbacher Werk im Oktober 1933. Wie weit nun freilich die jetzt so eifrig geschriebene und heftig gesprochene sozialpolitische Programmatik verwehtes Papier oder verhalltes

Wort bleibe, wie tief sie wirklich die Menschen erfasse, gewönne, vielleicht verwandle, das war schwer zu beurteilen. Denn es begann das Stück der deutschen Geschichte, da mit dem ausschließlichen Gesinnungsmonopol nur noch die herrschende Schicht öffentlich zum Worte kam.

Das galt auch für die Welt um Bosch. Man kann das – ein Stück Zeit-Typik – fast exemplarisch an dem »Boschzünder« verfolgen; er wehrt sich zwar, um sein bewegtes individuelles Gesicht nicht zu verlieren, aber die Zeit, da sich in der Aussprache These wider These setzt, da eine unbefangene Publizistik Umschau hält in mannigfachen Wissensgebieten, ist vorbei. Eine Reichsverordnung über die Werkzeitungen engt ihn thematisch auf Betriebsvorgänge ein, die Infiltration mit dem zeitgängigen Sprachschatz erscheint unvermeidlich, die Merkworte, die ehedem etwa aus Schriften von Ford, Rathenau, Naumann und anderen genommen waren, weichen Zitaten aus den Reden und Schriften der Zeit-Größen. Das ist überall so in Deutschland. Das objektive Gesetz einer Mimikry übte seine Macht. Es hat das auch seine heiteren Episoden: auf denselben Blättern, auf denen vor wenigen Jahren mit gutem Grund die sich übersteigernde Bau- und Repräsentationssucht von Krankenkassen und Gewerkschaften bei der Errichtung ihrer Bürohäuser getadelt wurde, prangte ganz harmlos, durch die Macht der prophetischen Ansage legitimiert, nationalsozialistische Großmannssucht, wie sie in dem so »gigantisch« gedachten als langweilig geplanten »Nationalhaus der deutschen Arbeit« zu Tage trat, das Robert Ley am rechten Rheinufer bei Köln zu errichten gedachte. Das Pathos des Kommentars durfte mit Bewunderung, Ironie oder Grimm gelesen werden.

Entwicklung der Werkstoffe

Als Robert Bosch 1910 seinen Schwager Eugen Kayser herbeiholte, um das Metallwerk in Feuerbach zu begründen, war das ein erster, doch höchst folgenreicher Schritt für die Rohstoff- und Halbzeugbewirtschaftung. Der Eigenbedarf war groß genug, um dem Übergang zur Eigenfertigung als sichere Grundlage zu dienen. Im übrigen sollte die neue Fabrik nicht bloß ein Anhängsel des Stuttgarter Werkes sein, sondern auch selbständiger Lieferant für fremde Kunden. So wuchs die Anlage mit den großen Metallpressen, den Walzen und Gießereien. Stuttgart verlangte nicht nur Magnete, sondern auch sonstige Metallstücke, deren einheitliche Massenformung mit der Auswechselbarkeit von Teilstücken am vorteilhaftesten in eigener Regie besorgt wurde. Die Grundstoffe waren Stahl, Eisen, Kupfer, rein und in verschiedenen Legierungen.

Man brauchte aber nicht nur Metalle. Zumal bei der Zündkerze war das nicht leitende Isoliermaterial, das zugleich den wachsenden Beanspruchungen bei der Funkenbildung standhielt, von äußerster Wichtigkeit in den höher gezüchteten Motoren, Speckstein, Glimmer, Porzellan. Mit den auf dem Markt käuflichen Sorten konnte man zunächst zufrieden sein. Doch mit der technischen Entwicklung stiegen die Ansprüche. Würde es möglich sein, in eigenem Forschen, Versuchen, Erzeugen ihnen zu genügen? Gustav Klein regte an, dem Preßwerk eine »Keramische Abteilung« anzugliedern. Das geschah im Frühjahr 1914. Der Weltkrieg verzögerte ihre rasche Entfaltung; erst 1918 wurde der erste Ofen in Betrieb genommen. Das Unterfangen erbrachte manche Schwierigkeiten; in der sozusagen metallischen Vergangenheit des Werkes fehlten die technisch-wissenschaftlichen Erfahrungen, fehlten auch die handwerklich vertrauten Fachkräfte. Das galt nur für eine Übergangszeit. Sehr bald erwies sich die Nützlichkeit des Beginns: die keramische Abteilung lieferte, eine Nebenaufgabe, die Schamottegefäße für den Eigenbedarf der Gießereiwerkstätten, sie rückte aber auch in ihrer zentralen Bedeutung voran, war nach wenigen Jahren nicht mehr bloß eine »Abteilung«, die vom Preßwerk zum Lichtwerk gewandert war, sondern sie gedieh als »Isolitwerk« zur Selbständigkeit. 1922 wurde ein stattlicher Neubau beschlossen und im kommenden schwersten Inflationsjahr auch aufgeführt, gleich großräumig angelegt, da auch die Kunsthart-Verarbeitung in Aussicht genommen war. Das ist die Zeit, da die Unvollkommenheiten von allerhand »Ersatzstoffen«, womit man sich während des Krieges durchgeholfen hatte, durch wissenschaftliche Vertiefung und technische Verfeinerung ausgeglichen wurden, an sich ein internationaler Vorgang, für das Deutschland, das unter der Pressung der Reparationssummen stand, von besonderer Dringlichkeit. Es mußte nun möglich werden, nicht nur das peinliche Wort »Ersatz« zu überwinden in der Beherrschung neuer Werkstoffe mit bester Eignung, sondern für diese die stofflichen Unterlagen im eigenen wirtschaftlichen Hoheitsbereich zu beschaffen, also die Zahlung an die Fremde zu vermeiden. Der neue technische Impuls, der in die chemischen Laboratorien gefahren war, der die Physiker bewegte, wenn sie die Festigkeiten, Wärmereaktionen und dergleichen zu überprüfen hatten, begegnete in Deutschland dem Gebot der Devisenpolitik.

Hatte schon vor dem Weltkrieg die Stickstoffgewinnung aus der Luft, woran Carl Bosch entscheidend beteiligt gewesen war, weltwirtschaftliche, nicht bloß kriegspolitische Bedeutung besessen, so trat jetzt neben diese Leistung die Gewinnung des synthetischen Treibstoffes aus Steinkohle und Braunkohle; im Bezirk des Gummibedarfs die »Buna«, beides bekanntlich deutsche Erfindungen. Für Deutschland, das ohne Baumwolle und Seide, arm an Wolle ist, gewannen Kunstseide und Zellwolle eine besondere Aufgabe. Mit dem Bakelit und anderen Kunstharzen meldete sich eine ganz neue Industrie, die nicht erst den Kampf gegen den Begriff des »Ersatzes« führen mußte.

Die Erzeugung bei Bosch selber wurde von diesen Neuerungen, auch wenn sie sehr stark in die »Motorisierung« hineinwirken (wie Treibstoff- und Bereifungsfrage), nur mittelbar berührt. Man machte immerhin auch auf diesem Gebiete Versuche und sammelte erstaunliche Erfahrungen: galt bisher etwa für die Isolierung der Kupferspule gerade Baumwolle als *der* gegebene Stoff, so erwies sich ein Papierband mit eingelegten Hanffäden als ebenso tauglich, auch sonst konnte der Baumwollbedarf zurückgeschraubt werden. Das waren aber natürlich nur Präludien oder Nebenerscheinungen eines in den zwanziger Jahren beginnenden, doch erst in den dreißiger Jahren zur vollen Wucht kommenden zweiten Rationalisierungsprozesses, der nicht so sehr die Art der Fertigung als die Tauglichkeit und Preiswürdigkeit von Rohstoff und Halbzeug, auch deren Herkunft ins Auge faßte. Das geschah vor allem im Rahmen des sogenannten »Vierjahresplans«. Man kann nicht sagen, daß die ideologischen Ouvertüren dieser Entwicklung zu der wirtschaftlichen Hausmusik, wie sie in den häufigen Bekundungen von Robert Bosch und den Berichten der Geschäftsleitung überkommen waren, gut paßten. Denn alles, was nach wirtschaftlicher Selbstgenügsamkeit, nach Schutzzoll und erstrebter

Autarkie aussah, wurde bei Bosch bekämpft und abgelehnt. Man setzte die zwischenvölkische Arbeitsteilung mit den Spielregeln des Weltmarktes, mit Austausch von Fertigwaren und Rohstoff, mehr oder weniger als gegeben oder sagte sich doch: wer in der »Welt« verkaufen will, muß auch der Welt das abzunehmen bereit sein, was sie anbietet und wonach ein eigener Bedarf vorhanden. Boschs Stellung in der Welt war ein schier einzigartiger Nachweis von der Eroberungskraft der guten, zuverlässigen Arbeit. Doch war das Reden von seinem Monopol, das immer übertrieben gewesen, trügerisch, Lust und auch gelegentlich Fähigkeit zum Wettbewerb, zumal in den Preisen, war in der Welt genug vorhanden. Mit sorgendem Grimm beobachtete man die überall spürbaren Kräfte der nationalwirtschaftlichen Abkapselung und wehrte sich gegen die Stimmen, die gerade Deutschland auch hier eine sonderliche Aufgabe zuwiesen.

Doch die Zerstörung des Automatismus der Goldwährungen, die Verwirrung in der Handelspolitik, in der die Meistbegünstigungstradition durch bilaterale, zum Teil kontingentierte Abkommen verdrängt wurde, waren stärker als die rationalen Grundvorstellungen, wie man zu einem Optimum der Wirtschaftlichkeit gelange; seltsame Folge des Versailler Vertrages, zumal der in Gold abgeforderten Reparationssummen, daß sie die deutsche Außenwirtschaft auf den Binnencharakter ihrer Grundlagen zurückzwangen. Die öffentliche Devisenbewirtschaftung mit Zuteilung und Anlieferungsgebot wurde zu dessen Ausdruck.

Ein eigentümliches geschichtliches Zusammentreffen wollte es, daß jener Verknappung der internationalen Geldbeweglichkeit zeitlich eine sehr intensive technisch-wissenschaftliche Aktivität entsprach. Hatte voreilig-leichtfertige Wirtschaftspublizistik eben dargelegt, daß die Zeit der Erfindungen abgeschlossen und damit das »Ende des Kapitalismus« gekommen sei, dessen Motor eben wesenhaft in dem technischen Neuerungstaumel begriffen wurde, so lagen die Dinge gerade umgekehrt: die Technik erzwang schier revolutionäre Einbrüche in das überkommene Wirtschaftsgefüge und gab der kapitalistischen Expansion durch das Erfordernis neuer Investitionen die stärksten Impulse. Der Vorgang vollzog sich, mit Gradunterschieden, international, doch nicht einheitlich im Charakter; neben der noch mehr oder weniger freien Entscheidung ergaben sich Stufungen, die etwa vom englischen Typ über die neue Interventionspolitik in USA zu der staatlichen Lenkungspraxis Deutschlands und schließlich zu den russischen Staatsunternehmungen führten.

In diesem allgemeinen Rahmen der Zeitlage muß man die Entwicklung der Grundstoffe betrachten, woran nun auch bei Bosch mit der zähen Leidenschaft gearbeitet wurde, die diese neuen Aufgaben forderten. Man hat natürlich auch hier den Austausch des Kupfers durch Aluminium zunächst mit einigem Mißbehagen angefaßt, denn Kupfer war ja für alle Elektriker der sozusagen klassische Stoff. Aber es erwies sich: die theoretisch vor Jahren schon gefundene Eignung des Aluminiums als Stromleiter bewährte sich auch in der Praxis; das jetzt erst wesentlich aus einheimischen Erden entwickelte Metall ließ sich, entsprechend legiert, für die verschiedensten Arbeitsprozesse der Feinmechanik aufs beste verwenden. Die größere Raumbeanspruchung, die am Beginn der Aluminiumverwertung eine so große Rolle spielte, fand ihren Ausgleich in dem leichteren Gewicht. Mit der Entwicklung des Elektronmetalls war neben das Aluminium ein neuer Werkstoff getreten; die Ära der »Leichtmetalle« schien eine neue Periode einzuleiten, in der viele alte technische Lösungen frisch durchdacht werden mußten. Sie kam in dem Zeitpunkt, da, wie ein paar Jahrzehnte zuvor der Kraftwagen, jetzt das Flugzeug zur Mitte einer jungen Weltindustrie wurde. Hier bedeutete jede Gewichtsersparnis einen technischen und betriebswirtschaftlichen Gewinn.

Bosch hat nicht selber begonnen, Aluminium und sonstige Leichtmetalle zu erzeugen, aber ihre Verwendbarkeit für die eigene Fabrikation wurde mit einer suchenden Umsicht überprüft, technisch wie ökonomisch. Ein wissenschaftlicher Sonderstab für die Materialentwicklung entstand, aber auch ein höchst weitschichtiges System der dauernden chemischen und physikalischen Überprüfungen der verschiedenen Legierungen: wie reagieren sie selber, wie die Schmieröle usf. auf verschiedene Temperaturen usf. Da konstruierte man Kältezellen und Tropenzellen mit trockener, mit feuchter, mit staubiger und reiner Luft; eine wunderbare und wunderliche Fülle von Prüfmethoden, von den primitiv-mechanischen bis zu der Inanspruchnahme der Spektralanalyse für die chemischen, der Röntgenaufnahme für die physikalischen Feststellungen. Robert Bosch mag selber erstaunt auf diese Dinge geblickt haben, die ja nun keine Besonderheit des eigenen Betriebes waren, sondern dem wissenschaftlichen Durchdringen der neuen großindustriellen Erzeugung schlechthin zugehören. Seine eigene urtümliche Zuneigung gehörte ja dem einfallreichen und zuverlässigen handwerklichen Praktiker, der den Sinn für das Stoffliche, was man von ihm erwartete, was man ihm zumuten konnte, sozusagen im Gefühl besaß. Aber das Stoffliche stand ja in einem außerordentlichen Wandel, mit dem Gefühl oder Instinkt allein war es da nicht getan – als das Metall- und Preßwerk geschaffen worden war, hatte Bosch an derlei nicht, noch nicht gedacht. Doch der Anstoß war gegeben. Und die Gläubigkeit an den Fortschritt der rationalen Erkenntnis, das Bewußtsein, auch hier eine Führerverpflichtung erfüllen zu müssen, hat diesem ganzen Arbeitsbezirk die höchsten Chancen der Forschung zugewiesen.

Vielleicht das für den Betrieb unmittelbar Wichtigste erwuchs aus dem Isolit-Werk, wo man vor allem für die immer stärkerer Beanspruchung ausgesetzte Zündkerze das brauchbarste Material zu finden und zu schaffen hatte. Der Kerzenstein blieb der Gegenstand immer erneuter Versuche, an denen auch Richard Stribeck forschend, klärend und entwickelnd lebhaften Anteil hatte; eine der Lösungen erhielt seinen Namen »Stribit«. – »Pyranit 2«, aus dem gleichen Grundstoff Bauxit gewonnen wie das Aluminium – die seltsame Gegebenheit, daß Stromleiter und Isolation der gleichen Tonerde entnommen waren. In einer anschaulichen Betrachtung, die den Isolationen bei der Zündkerze gilt (Boschzünder 1940, Heft 7/8), schreibt der Leiter der Zündkerzen-Abteilung, G. Werner, das hübsche Wort: »Für uns gilt der Satz: ›Etwas, das beim Versuch ganz bleibt, ist nicht erprobt, weil wir seine Grenzen nicht kennen!‹«

Hier lagen unmittelbare Leistungen der eigenen Laboratorien vor. Bosch hat aber nie dem Glauben gehuldigt, man müsse alles selber erfunden haben; in den Zubehör-Artikeln für den Kraftwagen fertigte das Werk Geräte (Anlasser, Bremse usf.), deren Grundidee erworben und dann fabrikationsreif gemacht wurde. Bei der Beobachtung metallurgischer Fortschritte war man nun auf die Arbeit eines japanischen Gelehrten, des Professors Mischima, gestoßen, der mit einer neuen Stahllegierung, Beimischung von Aluminium und Nickel, eine außerordentliche Steigerung der magnetischen Kraft erreicht hatte: gegenüber dem Chromstahl ein Mehr von 550 Prozent; bei einem

Kobalt-Zusatz ergaben sich für den Alni-Stahl (der Name von Aluminium und Nickel) 680 Prozent magnetischer Energie, wenn der 3 Prozent Chromstahl mit 100 genommen war. Eine höchst erstaunliche Sache. Die Untersuchungen, zu denen Stribeck wieder stark herangezogen wurde, befriedigten auch die Erfordernisse der technischen Bearbeitung: es zeigte sich, daß der neue Stahl, selbst bei sehr hohen Temperaturen, bis zu 500 Grad, im Unterschied zu anderen Stahlen, nichts von seinem Magnetismus verliert und dadurch gerade für die Bedürfnisse der mannigfaltigen Formung der elektrischen Geräte geeignet war. Er war auch der Alterung ganz wenig ausgesetzt. Die relative Schwierigkeit der mechanischen Behandlung, aus seiner Spröde und Härte stammend, nahm man gegenüber solchen dauernden Vorzügen in Kauf. Bosch erwarb 1935 die Alnistahl-Schutzrechte für alle europäischen Länder. Für die Eigenerzeugung bedeutete der neue Stoff, daß man Zug um Zug zu kleineren Maßen mit geringeren Gewichten übergehen konnte, recht wesentlich bei der immer intensiveren Durchbildung der Flugzeugapparaturen. Aber darüber hinaus war mit diesem Entschluß Bosch in einen Sektor der Stahlwirtschaft eingetreten, der, wenn auch mengenmäßig begrenzt, für Spezialitäten hohe Wichtigkeit gewann. Daß Bosch sich der Sache angenommen hatte, gab ihr sofort den entsprechenden Hintergrund. Binnen kurzer Frist konnten an alle europäischen Staaten Lizenzen zur Erzeugung des Alnistahles vergeben werden. Die japanische Erfindung entwikkelte sich zu einem beachtlichen Devisenbringer für die deutsche Nationalwirtschaft.

Die Bemühungen, die im Inland vorhandenen Metallrohstoffe im möglichsten Ausmaße nutzbar zu machen, führten Bosch 1937 dazu, nun selber sozusagen unter die Hüttenleute zu gehen. Im Rahmen des Vierjahresplanes sollten die deutschen Erzvorkommen, alte und neue, erschlossen werden. An der Mosel und im Hunsrück war man längst einiger Blei- und Zinklager fündig geworden. Von der deutschen Montan-G. m. b. H. in Wiesbaden kaufte Bosch Pachtrechte an verschiedenen Grubenfeldern und begründete die Metallerzbergbau Westmark G. m. b. H. in Traben-Trarbach mit 200000 Mark Stammkapital. Es war mehr ein nobile officium, der Gesamtrichtung der Wirtschaftspolitik sich anzuschließen, als eine geschäftlich rationale Entscheidung. Denn im Eigenbedarf spielten diese Metalle nicht die wesenhafte Bedeutung, daß Bosch das Bedürfnis hätte haben können, betriebspolitisch gerade hier autark zu werden. Das Unternehmen blieb – das ergibt sich ja schon aus dem Kapitalbetrag – eine Angelegenheit des Randes. Doch hat man aus den Feldern herausgeholt, was zu schaffen war.

Forscher und Techniker der Versuchswerkstätten waren von den neuen Aufgaben völlig erfüllt und stolz, was man da fertigbrachte; die innere Betriebsorganisation, die Leitung der Fertigung usf. zog ihrerseits die Folgerung aus den Zwängen der Rohstofflage. Die Materialersparnis, die gewissenhafte Sammlung, Sortierung, Aufarbeitung der Abfälle wurden zu einem kunstvollen System ausgebaut. Man konnte ganz erstaunliche Zahlenreihen aufführen, welche Mengen an fremdem (und heimischem) Material im Rahmen dieser Austauschpolitik gespart wurden. Für den Vertrieb der fertigen Erzeugnisse lagen die Dinge nicht so einfach. Die lebhafte Propaganda und gelegentlich überlaute Selbstzufriedenheit, womit die Leistungen der deutschen Stoffwirtschaft verkündet wurden, blieben nicht ohne Gegenwirkungen bei den ausländischen Wettbewerbern und auch Abnehmern: die deutsche Erzeugung arbeite eben nur mit »Ersatz«, verliere dadurch ihre alte Zuverlässigkeit usf., ein künstlich verstärktes und ein natürliches Mißtrauen wurde spürbar, peinlich genug für die Unternehmungen, denen die ganze Welt zum Markt geworden war. Man hatte sich auch bei Bosch damit auseinanderzusetzen und den Vorurteilen Rechnung zu tragen, das heißt, bei der Auslandsware die überkommenen Grundstoffe zu verwenden. Doch war dies nur ein Zwischenzustand. Denn die Erfahrungen gaben hinreichende Gewißheit, daß der Übergang zu den neuen und zu den weiterentwickelten Grundstoffen keinerlei Minderung in der Dauerhaftigkeit und Zuverlässigkeit der Geräte bedeutete, zumal sie ja zuvor, wie es in einer Betrachtung des »Boschzünders« heißt, gerade bei den neuen Werkstoffen und sonstigen Änderungen »in geradezu barbarischer Weise« geprüft worden waren (1940, Heft 9/10). So wurde man auch den ausländischen Kunden gegenüber sicher.

Die Ansätze zu dieser Entwicklung liegen bei Bosch schon im Ausgang der zwanziger Jahre, wenn man nicht geradezu auf Honolds Materialstudien um 1901 zurückgreifen will, die so wichtig waren wie sein konstruktives Beginnen. Die Devisenfrage und die Programmatik des »Vierjahresplans« haben ihr Tempo und ihre Ausweitung stark beeinflußt. So hatte man in der Behandlung der Werkstoffe, auch ihrer zunächst noch nicht durchgeprobten mechanischen Eigenschaften, eine Überlegenheit gewonnen, die nun den wachsenden Materialverknappungen bei Beginn des Zweiten Weltkrieges gewachsen blieb. Das bedeutete auch Vorbereitung für die irgendwann wieder einmal kommende Friedensarbeit, über deren Schwierigkeit sich niemand bei Bosch Illusionen machte, für die man aber wissenschaftlich-technisch aufs Beste gerüstet sein sollte. Deshalb wurde, ohne Rücksicht auf rasch sichtbare Wirtschaftlichkeit, gerade dieser Bezirk der Stofferforschung und Stoffbehandlung laufend mit großen Mitteln ausgestattet, Anlage für künftige Wirkungsmöglichkeit.

Politische Sorgen und geschäftliche Entscheidungen

Am 11. Oktober 1933 wandte sich Bosch mit einem eindringlichen Bekenntnis an den Außenminister von Neurath. Der Brief beginnt mit dem bei ihm ungewöhnlich pathetischen Satz:»Ich schreibe mit meinem Herzblut.« Er will dem Empfänger für die bevorstehenden Kabinettsberatungen nicht seinen Rat aufdrängen; der Minister wisse ja selbst ganz genau, wie die Dinge stehen: »Es könnte aber sein, daß es Ihnen nicht unerwünscht ist, wenn ein alter Mann bestätigt, was Sie schon selbst wissen, was aber zweifelsohne von manchen anderen als falsch, ja als landesverräterisch angesehen wird.« Der Reichskanzler sehe wohl heute eine deutsch-französische Verständigung als notwendig an; »es gibt aber jedenfalls in seiner Umgebung Männer, die der Meinung sind, jetzt sei der Augenblick, in dem man stark bleiben müsse, die Franzosen fürchten uns, jetzt heißt es durchhalten, dann liegt alles vor uns, was wir wünschen!«

Die Sorgen bezogen sich auf die Schwierigkeiten, die sich in der Auslegung der grundsätzlich im Dezember 1932 zugestandenen »Gleichberechtigung« Deutschlands in den Rüstungsfragen ergeben hatten. Bosch hat sich um die Einzeldinge der militärpolitischen Formulierungen, um das mehr künstliche als sinnvolle Spiel der verdeckten Ja und Nein, der halben Zugeständnisse und schiefen Interpretationen nicht gekümmert; diese ganze Begriffswelt lag ihm nicht. Seinerzeit, im November 1932, hatte er einem Bekannten geschrieben: »Im Augenblick habe ich nur den dringenden Wunsch, daß unsere Regierung auf die Anregung Herriots eingeht und den Traum meines alten demokratischen Vaters durchführt, nämlich den eines Milizheeres.« Dieser Gedanke war ohne Folge geblieben; er schmeckte den militärischen Fachleuten zu sehr nach verjährter Romantik und paßte nicht recht zu ihrem mit den modernen Waffen rechnenden kriegstechnischen Denken. Und so war eine Versteifung eingetreten, die Bosch beklagte. Er verstehe, schrieb er Neurath, eine »solche Einstellung«, die »noch länger zuwarten«, noch Zeit der eigenen Erstarkung gewinnen will, »sie ist aber nicht in unserem Interesse«. »Wir dürfen nicht einen neuen Gewaltfrieden anstreben, sondern müssen es machen wie Bismarck zum Beispiel im Jahre 66.« Und dann variiert der Brief das Thema: »Der Michel muß die Marianne heiraten und wenn die Ehe gut sein soll, muß schon der Heiratsvertrag in liebenswürdiger Form geschlossen werden. Kein guter Deutscher wird dafür sein, daß wir uns etwas vergeben. Es ist aber nicht so wichtig, daß jetzt alles herausgeholt wird, was erreicht werden kann. Die Zukunft gehört uns, wenn Deutschland und Frankreich zusammengehen. Denn die wirtschaftliche Überlegenheit Deutschlands ist stark. Wir werden künftig sehr klug sein müssen, damit die Ehe gut wird. Die Marianne muß gerne ihr Geld aus dem Strumpf geben, damit der Michel säen und ernten kann. Deshalb Mäßigung in unseren Forderungen jetzt, soweit wir mäßig sein können und soweit wir zurückhaltend sein müssen, soll die Ehe zustande kommen.«

Der Brief hat den tatsächlichen Einfluß des Außenministers auf die großen Entscheidungen ebenso überschätzt, wie den dramatischen Stil der Hitlerschen Politik verkannt, damals noch verkannt: die beschwörenden Darlegungen mögen eben in die Hand des Adressaten gelangt sein, da erfolgte am 14. Oktober 1933 Deutschlands Austritt aus dem Völkerbund. Bosch, der vor bald anderthalb Jahrzehnten den Arbeitsbeginn der »Deutschen Liga für den Völkerbund« durch seine große Stiftung ermöglicht hatte, war davon erschreckt, so wenig das Genfer Arbeitsverfahren und sein Ertrag befriedigen konnten, er befürchtete eine deutsche Isolierung. Doch wirkten die Beteuerungen der Regierungsvertreter in Reden, in Presse-Interviews zunächst einigermaßen beruhigend; bei Keppler war Bosch schon im Frühjahr einmal mit dem damaligen Sonderbeauftragten des Kanzlers, Ribbentrop, beisammen gewesen; der frug ihn (7. Dezember 1933), ob ihm sein Interview in einer Pariser Zeitung »gefallen« habe. »Wir kämpfen weiter, bis das Ziel erreicht ist.« Er sei, antwortete Bosch, »selbstverständlich außerordentlich erfreut« und »wünsche nur, daß ihm (Hitler) die Verständigung bald gelingen möge«. Gerade aber vor Ribbentrop hatte er ein unbehagliches Gefühl. Denn dieser hatte jene These vertreten, der Bosch so mißtraute: »wir müßten erst stark geworden sein vor der Verständigung.« (Aus einem Brief Boschs an Fr. Rümelin vom 12. April 1933.) Der Begriff der »Stärke« war ihm zu ausdeutungsfähig. Der Optimismus, den er seinerzeit von der Pariser Reise mit nach Hause gebracht hatte, hielt sich an die Erwartung, es würden in Deutschland keine psychologischen Fehler gemacht und man komme in williger Bereitschaft bald zu halbwegs brauchbaren Abschlüssen. Deren Früchte, würde man dem Reifen Zeit lassen, mochte man dann später einmal ernten.

Immerhin, Bosch durfte jetzt damit rechnen, daß man die Fortsetzung seiner Bemühungen nicht stören und auch nicht als Störung empfinden werde. Es war eine halb private Politik, für die er gerne Opfer brachte; sein Herz hing daran, und er sah in ihr seinen Beitrag, dem Friedensbedürfnis der Völker zu dienen. Die Form dafür gewann einen persönlichen, wenn auch gelegentlich repräsentativen Charakter. Das Grundsatz-Diskutieren, wie es in den Kongressen und Druckschriften von »Paneuropa« gepflegt worden war, schrumpfte dabei ein: die Menschen der beiden Nationen, das »Volk«, sollten einander nähergebracht werden. Die Verbindung zu Coudenhove-Kalergi war zudem in die Brüche gegangen. Der Graf hatte in der Baseler Zeitschrift »Der schweizerische Beobachter« einen Aufsatz veröffentlicht, der Nationalsozialismus, der die Vereinigung aller deutschsprechenden Gebiete verlange, werde die Zerreißung und Aufteilung der Schweiz betreiben. Diese Betrachtungen hatte Bosch, wie er am 23. Oktober 1933 dem Verfasser schrieb, »nicht nur mit Kopfschütteln, sondern mit Entsetzen« gelesen. Er empfand darin eine Gefährdung des möglichen Gesprächs zwischen Berlin und Paris. Alle, die früher Coudenhove unterstützt haben, begrüßen es, »wenn Hitler in

Zusammenarbeit mit Daladier uns dieses (Paneuropa) verschafft«. Man fragt sich: »Wie kann Coudenhove durch sein Vorgehen alle bloßstellen, die ihn bisher unterstützten?« Er drückt den Bekämpfern seiner Gedanken geradezu die Waffen in die Hand, gegen sich selber und seine früheren Anhänger. »Ich unterstreiche das *frühere*, denn das Tischtuch zwischen den Befürwortern der Verständigung zwischen Deutschland und Frankreich und Ihnen, Herr Graf, ist zerschnitten.« Eine Verbindung, die bei allem guten Willen Boschs immer ihre persönlich problematischen Züge haben mußte, war damit zu Ende.

Nun wurde der Weg »von unten her« gesucht. Paul Distelbarth hatte ihn gezeigt und beschritten: die Teilnehmer des Weltkrieges von 1914 bis 18 sollten die Pioniere der Aussöhnung zwischen den beiden Völkern sein. Und dies nicht so sehr im Rahmen des leicht erstarrten Verbandswesens mit den mehr oder weniger genormten Reden als in der menschlichen Fühlungnahme. Der Höhepunkt in diesen Bestrebungen war der Besuch von 45 französischen Frontkämpfern im Frühsommer 1935; Bosch hatte sie eingeladen, es war der erste solche Versuch kameradschaftlicher Annäherung, und sie wurde eben nur ermöglicht, weil Bosch in der freien Initiative das Wagnis unternahm. Einige Vorproben gingen voran: die Fußballer des Geschäftes hatten im September 1933 mit ihren Sportkollegen vom Pariser Haus Bosch-Lavalette in Straßburg ein Freundschaftsspiel ausgetragen; jene besuchten das Jahr darauf Stuttgart. 25 Kinder aus der Boschgefolgschaft weilten 1934 zwei Wochen in der Kriegsbeschädigtensiedlung Clairvivre, und kleine Franzosen kamen als Gäste nach Stuttgart. Alles war in schöner Eintracht verlaufen, und so entschloß man sich zu jenem größeren Unterfangen, dessen teils glänzender, teils rührender Verlauf Robert Bosch tief befriedigte. Hier gab es auch den amtlichen Beiklang. Depeschenwechsel mit Hitler, Empfang durch den Stuttgarter Oberbürgermeister Strölin (wie auch bei dem anschließenden Gegenbesuch durch Herriot in Lyon), Mitwirken der Kriegsopferverbände – das sollte nun, so war die Hoffnung, sich wiederholen, die seelische Fernwirkung solcher Verständigung von Mensch zu Mensch würde die gute Grundlage bilden für eine politische Führung, die den loyalen Ausgleich erstrebte. Es ist die einzige solche Friedensreise geblieben. Denn schon im nächsten Jahre hatten am politischen

Himmel die Sterne eine Konstellation, die der unbefangenen Wiederholung nicht mehr recht günstig schien. Auch die außenpolitische Aktivität, die Bosch in den vergangenen Jahren gezeigt hatte, welkte ab. Man wird nicht sagen wollen, daß sie in Resignation verfiel, die innere Teilnahme zwischen Ängsten und Hoffnungen hielt sich kräftig genug. Aber er mußte spüren, daß Rat oder Meinungsäußerung gegenüber den entscheidenden Leuten völlig in die Luft gesprochen waren.

Bosch hatte dabei immer wesentlich an die *europäische* Lage gedacht, *ihre* Bereinigung mußte den Frieden sichern, und sie war nur unmittelbar zwischen Paris und Berlin zu erreichen. Die Fragen, die mit dem Aufwachen eines aggressiven italienischen Kolonialimperialismus in Bewegung kamen, die Reaktion der britischen und französischen Welt darauf, die Spannungen, die Japans Mandschukuo-Durchdringung in Ostasien folgten, berührten seine Phantasie weniger. Aber so viel war doch unverkennbar: die »Lokalisierung« möglicher Konflikte wurde immer unwahrscheinlicher, und es lohnte sich schon, auch darüber sich Gedanken zu machen. Mit dem Völkerbund von Deutschland aus zu rechnen war hinfällig geworden. Würde es gelingen, die Fesseln seines Verfahrens zu lockern in einer von den Zweckparagraphen der antideutschen Stimmung gelockerten Gesamtschau der Entwicklung? Bosch förderte jetzt die durch den Admiral von Freyberg geleitete deutsche Sektion des »New Commonwealth«; durch Jäckh war ja auch die persönliche Verbindung mit dem Begründer Lord Davies hergestellt. In ihrem Sinn wandte sich Bosch im Juni 1935 an Henry Ford, mit der Bitte, mitzuwirken bei der Sicherung der Welt vor einem neuen Krieg. »Ich denke, Sie und ich sind zwei der ältesten Industriellen in der Welt, die damit beschäftigt gewesen sind, Wissenschaft und Industrie zusammenzubringen, und in der Einführung neuer Ideen in der industriellen Sphäre unserer Länder und sonst der Welt.« Ein unparteiisches Schiedsgericht in Europa für alle Fragen, die aus dem Versailler Vertrag gefährlich werden, und die Schaffung einer Luftflotte zur Verfügung dieses Gerichtshofes sei der Plan. Wenn Ford einmal nach Europa komme, wolle ihn Bosch mit den leitenden Männern der Bewegung zusammenbringen; vielleicht entschließe er sich auch, einen Repräsentanten zu schicken. Der Versuch, Ford in die Arena der weltpolitischen Sicherheitspolitik zu rufen, mißlang. Der Amerikaner, skeptisch gegen die damalige Politik des eigenen Landes, zeigte kein Bedürfnis, zu drohenden Händeln der Völker und zu den Plänen einer besseren Weltorganisation hilfreiche Meinungen zu haben.

Die innenpolitische Lage schuf weiterhin seelisches Mißbehagen. Zwar hatte am 6. Juli 1933 eine Erklärung Hitlers die nationalsozialistische Revolution für »beendet« erklärt. Aber das war nicht viel mehr als eine Zeitungsnotiz. Bosch hätte sie dankbar aufgenommen, wären nicht noch von ihm geachtete Männer in den Konzentrationslagern gesessen, der beruflichen Verfolgung, der öffentlichen Verfemung unterworfen geblieben. Es gab hier zu raten, dort zu helfen. Wie er vor einigen Jahrzehnten flüchtigen russischen Revolutionären einen Arbeitsplatz gegeben, so eröffnete er jetzt jungen Juden, die von der Schule verwiesen waren, Lehrlingsstellen, was zu einem Krach mit der Deutschen Arbeitsfront führte: Debatin hatte ihn durchzukämpfen. Später, als die »Christengemeinschaft«, die von Friedrich Rittelmeyer in Stuttgart begründet worden war, zerstört und ihre Leiter in ein Lager gesteckt worden waren, bot er ihnen nach der Entlassung Arbeit und bürgerliche Existenz. Er lernte in jenen Jahren die aufrechte Haltung kirchlicher Würdenträger zu werten, die ihm tiefen Eindruck machte. Stark bewegte ihn als Einzelvorgang das Schicksal des Landerziehungsheimes von Schloß Salem. Im Jahre 1925 hatte der schwäbische Dichter Ludwig Finckh erfolgreich um Boschs Teilnahme für die erzieherischen Ziele und Fähigkeiten des Leiters Kurt Hahn geworben; Bosch hatte sich mit Hahn brieflich und mündlich oft ausgesprochen, Schüler von Salem im Werk untergebracht, sich auch politisch von Hahn beraten lassen in der Beurteilung englischer Dinge. Bosch selber erschien dem viel Jüngeren als der Idealtyp des unverwirrbar nüchternen und doch zugleich hochgesinnten Deutschen, zu dem er seine englischen Freunde sandte, um sie auch nach 1933 von dem Weiterleben eines anderen Deutschland zu überzeugen. Weil Hahn Jude war, wurde ihm sein im Schutze des Prinzen Max von Baden errichtetes Werk brüsk aus den Händen genommen; er eröffnete dann in den schottischen Bergen eine neue Schule. »Der Treuhänder der Arbeit sagte mir«, schrieb Bosch am 22. Februar 1934 einer gemeinsamen Bekannten, »daß die Schule in Salem das Vorbild für die Hitlerschulen abgegeben habe. Ich hoffe, daß das richtig und der Fall ist, und ich möchte sagen, daß Hahn dies noch mehr als Fall von ausgleichender Gerechtigkeit ansehen wird, mindestens könnte, als die Tatsache, daß er nun seine Pläne in Schottland verwirklichen muß, statt daß ihm das hier möglich ist.« Das war nun wohl ein zu optimistisches Urteil, Hahns sehr bedeutendes, wenn auch teilweise umstreitbares pädagogisches Unternehmen als Modell für die neuen Partei-Schulgattungen zu betrachten; Bosch empfand Hahns Abschied als einen sachlichen und persönlichen Verlust. Als er 1936 nach England reiste, fuhr er, gleichgültig gegen die Bespitzelung durch deutsche Agenten, auch zu Hahn, um sich die Schule in Schottland zu betrachten; es war für ihn so rührend als erregend, als er vor den jungen Schülern von seinem Leben und von Deutschland erzählen sollte.

Ihm, dem schroffen Individualisten, war es besonders ärgerlich, daß nun auch ein schematisches Denken in einem tagesgängigen Wortschatz um sich griff. Darüber erfuhr gerade auch Finckh eine sehr deutliche Belehrung, als er Bosch, der ihm wohlwollend gegenüberstand, für seinen an sich so löblichen Kampf zur Erhaltung der Hegauer Landschaftsschönheit gewinnen wollte. »Ich muß es mir leider versagen«, schrieb er am 28. Februar 1934, »Ihren Aufruf zugunsten des Hohenstoffeln zu unterschreiben. Es ist in dem Aufruf gesagt, im alten Staat sei einer liberalistischen Wirtschaft alles und jedes gestattet gewesen. Ganz abgesehen davon, daß diese Behauptung eine maßlose Übertreibung darstellt, erblicke ich in der heute freilich zum alltäglichen Schlagwort gewordenen Bezeichnung ›liberalistisch‹ eine Herabwürdigung der Wirtschaft, der ich als Geschäftsmann fünf Jahrzehnte – und ich denke, in Ehren – angehört habe.« »Ich darf Sie auch«, fügt er mit etwas grimmem Humor hinzu, »wenn schon die frühere und die heutige Zeit einander gegenübergestellt werden muß, darauf aufmerksam machen, daß nach Ihrem eigenen Flugblatt die Hauptsprengung des Hohenstoffeln nicht in der ›liberalistischen‹ Zeit, sondern im Dezember 1933 freigegeben wurde.« Diese Episode ist eine Lappalie, aber sie charakterisiert nicht bloß die beiden Männer, sondern die Zeitlage.

Freilich, dieser Brief ist einer der letzten mit politischen Anspielungen, und auch das ist für jene Zeit typisch. Die späteren Geschichtsschreiber der nationalsozialistischen Jahre Deutschlands werden in großer Verlegenheit sein, intime Tatsachen oder persönliche Urteile aus den Briefen dieser Epoche zu entnehmen. Denn die Deutschen, die in geistiger Opposition standen, hatten sich mit gutem Grunde das offenherzige Briefschreiben abgewöhnt. Die praktische Aufhebung des Briefgeheimnisses, der alle Persönlichkeiten des öffentlichen Lebens ausgesetzt waren, schuf Schreibern und Empfängern dauernde Gefährdung; – wieviel Leid und Verdruß entquoll diesem Verfahren! Komplizierte Umschreibungen, wie man sie sich dann wohl angewöhnte, waren nicht Boschs Sache. Also fehlte, wenn es sich nicht gerade um theoretisierende oder historische Anmerkungen handelt, wie etwa in den Briefen an Eugen Diesel, an Johannes Haller, von jetzt ab jegliche Bezugnahme auf die aktuellen Dinge; Georg Escherich war von Mißtrauen umgeben, mehr noch Paul Reusch, dessen führende Stellung im Ruhrgebiet von der Partei untergraben und schließlich zum Einsturz gebracht wurde. Bosch lernte, es mag ihm schwergefallen sein, in seinen Briefen zu schweigen. Wie bescheiden etwa klingt die Notiz zu dem alarmierenden englischen Flug von Rudolf Heß in einem Brief an Escherich: »Der Fall Heß veranlaßt viel Kopfzerbrechen« (15. Mai 1941).

In Boschs Umgebung bestand keine einhellige Auffassung und Stimmung. Neben grimmigen Hassern gab es auch Menschen mit einer wohlmeinenden Bereitschaft, die Ausschreitungen und Taktlosigkeiten nur den unteren Parteiorganen zuzuschreiben; andere hielten es mit der kühlen Gleichgültigkeit, die die Dinge nicht recht an sich herankommen ließ, sie wünschten auch, daß die bösen Geschichten und ungewissen Gerüchte, um ihn nicht zu erregen, möglichst wenig an Bosch selber herangebracht würden. Das Werk selber mußte irgendwelchen Akkord mit den neuen Gewalten finden, um nicht auch durch Eingriffe bedroht zu werden; in der verschiedenen Stufung des verwundeten inneren Widerstrebens und der bloß taktischen Entscheidung traten einige der führenden Männer der Firma der Partei bei, wurden »fördernde Mitglieder der SS«, man übernahm die Patronage einer »Sturm-Abteilung« – das war, wie in ganz Deutschland als eine Art Schutzmaßnahme betrachtet, Vorbeugung gegen die Gefahr, einen staatlichen Parteikommissar ins Haus gesetzt zu erhalten. Damit war immer zu rechnen; das hätte auch das Ende der Beschäftigung von gegnerischen Beamten und Lehrern bedeutet.

Bosch erlebte eine tiefe Verärgerung, als ihm die nationalsozialistische Zweckgesetzgebung über die Presse die Vermögensanteile an der »Deutschen Verlags-Anstalt« und damit an dem »Württembergischen Zeitungsverlag« abzwang. Er hatte sich zu der Aktion seinerzeit entschlossen, um die Stuttgarter Presse von norddeutschen Kapitaleinflüssen freizuhalten. Jetzt setzte man ihn unter starken Druck, sich dieses seines Besitzes zu entäußern, oder, wie man etwas höhnisch meinte: er könne sich ja aus seiner Firma zurückziehen und Zeitungsverleger werden! Die Gegenwehr war zähe, von der Parteiseite wurde gar Göring eingesetzt, um die Abpressung und den Ausgleich zu erreichen – was nutzte es, das Prinzip des gewährleisteten Privateigentums auszuspielen, wenn die Gesetzgebung so angelegt war, den Großteil der deutschen Presse in die Hand der Partei oder der vom Staat finanzierten bzw. kontrollierten Schachtelgesellschaften zu bringen! Die Auseinandersetzung war verstimmend. Ihr Eindruck sollte ausgeglichen werden durch eine Jagdeinladung nach Urach. Aber damit wurde nichts verbessert. Denn als Göring eintraf, war der Gastgeber nicht mehr da. Der Reichsjägermeister hatte sich unterwegs so oft feiern lassen, daß er sich um zwei Stunden verspätete, und so lange auf den viel Jüngeren zu warten, schien dem viel älteren Mann unter seiner Würde.

Mit den örtlichen Parteigrößen mied er die Begegnungen; er konnte weder mit dem Gauleiter Murr, wiewohl sich dieser auch auf die Jägerei warf, noch mit dem verdrossenen Ministerpräsidenten Mergenthaler etwas anfangen. Nur zu dem neuen Oberbürgermeister Dr. Strölin, der ihm achtungsvoll und mit Wärme begegnete, gestaltete sich das Verhältnis vertrauter. Der vergaß nicht, was die Stadt früher, was sie jetzt Bosch zu verdanken hatte, erbat gelegentlich seinen Rat, erwies ihm kleine Aufmerksamkeiten – Bosch würdigte seinen mit den Jahren sachlicher werdenden Leistungswillen. Als einmal Bosch mit Hitler zusammen im Gespräch bei einer Automobil-Ausstellung photographiert wurde und das Bild im »Boschzünder« erschien, schrieb Strölin, wie er sich darüber »besonders« freue, weil es geeignet sei, »alle Mißdeutung von vornherein auszuschließen« (19. März 1941). (Wie verärgert Bosch auf dem Bilde aussieht, hat der Briefschreiber nicht bemerkt.) An solchen Mißdeutungen hatte es nie gefehlt. Ein wenig komisch wirkt es, daß Göhrum »als Hausarzt und Freund« einem ihm bekannten Nationalsozialisten einmal fast feierlich schrieb, es sei unmöglich, wie man in Kreisen der Partei erzähle, daß Bosch von dem Führer als einem Verrückten gesprochen habe – das müsse dann wohl »einer der vielen sonstigen Träger des Namens Bosch oder auch eine Person mit ähnlichem oder anderem Namen sein« (1935). Man hatte so seine Sorgen! Über das Groteske hinaus wuchsen sie, als im September 1936 die Firma ihr fünfzigjähriges Bestehen in einer sehr eindrucksvollen Feier beging: die württembergischen Minister blieben demonstrativ weg, die Parteistellen gaben am Tag zuvor die Einladungen zurück, weil in der Festschrift nur von Bosch und nicht auch von – Hitler gehandelt wurde.

Es fehlte auch nicht an dem Versuch, er ging über den Landesjägermeister, Bosch zur Mitgliedschaft in der NSDAP zu veranlassen. Doch das war ein Mißgriff. Sein Geldbeitrag wäre nicht unerwünscht gewesen; man war zumal in den zentralen Stellen nicht zimperlich, das bewährte Umlageverfahren auch auf Bosch auszudehnen. Ihm war das unangenehm. Er hatte Millionen für das gemeine Wohl hingegeben und wußte, daß innerer Opfersinn nicht von politischen Kombinationen abhängig sei. Aber es kränkte ihn, wenn man glaubte, mit festen Taxen über ihn verfügen zu können. Der Briefwechsel ergibt, daß er für das Münchener Haus der Kunst 100000 RM gestiftet hat, für das Berliner Haus der Technik 50000 RM, dies nur widerstrebend, weil er gegen Todts Methoden argen Unwillen empfand. Das waren aber immerhin greifbare Pläne. Als einer der eifrigen Geldbeschaffer für Hitlers Liebhabereien, von Schröder, mit kräftig dosierten Umlagewünschen kam, zeigte er ihm die kalte Schulter: Er finde es, angesichts der Sonderaufgabe mit der Erstellung von Ausweichfabriken und anderen Belastungen, »sagen wir unverständlich, daß uns von Schröder Anforderungen gestellt werden«, notiert er für Walz (24. April 1936). Der Bau des Krankenhauses, die Erhaltung des Boschhofes stehen als Aufgaben vor ihm; derweilen soll er sein Geld in die Hand eines Fremden geben. »Ich kann mich aber dazu nicht verstehen, denn meine Verpflichtungen, moralische und lebenswichtige, wie dem Boschhof gegenüber, *müssen* mir denen gegenüber vorangehen, die der Führer hat, und die ich gar nicht kenne, wie auch der Fortbestand der Firma für Deutschland von größter Wichtigkeit ist.«

Die außenpolitische Entwicklung der ersten Jahre nach 1933, wenn man von einer solchen sprechen will, zeigt einen unruhigen Schwebezustand. Den psychologischen Ungewißheiten, die von der Machtänderung in Deutschland gefolgt waren, versuchte Mussolini zu begegnen, indem er eine Rahmenverständigung der Weststaaten und Italiens mit Deutschland vorschlug: der »Viermächtepakt« vom 15. Juli 1933 mochte, indem auch Deutschland ihm beitrat, dazu ganz dienlich sein. Er hatte auch den Nebenzweck, das Prestige des italienischen Staatsführers zu erhöhen. Italiens bisherige Politik war in entscheidenden Fragen bislang Deutschland wenig entgegenkommend gewesen. Aber Mussolini durfte damit rechnen, daß die offenkundigen Sympathien, die seine innere Staatspraxis bei den neuen Lenkern des Deutschen Reiches genoß, ihm seine Bemühungen erleichtern würden. Darin täuschte er sich nicht. Die von beiden Seiten gesuchte Annäherung war ja von Hitler literarisch schon längst vertreten worden in der These, daß ein englisch-deutsch-italienisches Bündnis zunächst einmal Frankreich niederzwingen müsse, damit Deutschland rückenfrei sei für seine Aufgabe, im Osten neuen Boden zu gewinnen. (Durch das auf 10 Jahre geschlossene deutsch-polnische Abkommen wurde diese These zunächst, im Januar 1934, entschärft.) Mussolini seinerseits mußte eine Stärkung der deutschen Stellung wünschen, da die Inangriffnahme seiner imperialen Pläne in Nordafrika unzweifelhaft zur Krise gegenüber London und Paris führen würde. Die Begegnung zwischen Hitler und Mussolini in Venedig, Juni 1934, bestätigte diese Entwicklung, wenn freilich damals die Beurteilung der österreichischen Frage noch erheblich auseinanderging. Der deutsche Kanzler wurde inzwischen nicht müde, seine friedlichen Absichten gegenüber Frankreich auszusprechen; außer dem Saargebiet (dessen Abstimmungsvotum zu keinem Zeitpunkt zweifelhaft sein konnte) kenne das Reich gegenüber dem Westen keine territorialen Ansprüche.

Mit dem Ausscheiden aus dem Völkerbund hatte sich Deutschland formalrechtlich die Handlungsfreiheit wieder genommen und war entschlossen, jene »Gleichberechtigung«, die in Genf wohl anerkannt, aber in künstlichen Sätzen eingewickelt war, auf eigene Gefahr zu interpretieren: der März 1935 brachte die Ankündigung, daß das Reich neben die zivile jetzt auch eine militärische Luftfahrt stellen werde, wenige Tage darnach, am 16. März 1935, daß die allgemeine Wehrpflicht wieder eingeführt werde. Das sah zunächst wesentlich nach der Bereitschaft aus, sich auf europäisch-territoriale Auseinandersetzungen einzurichten; der kurz danach erfolgende Besuch der englischen Minister Simon und Eden wollte und sollte darüber auch Klarheit schaffen, was jedoch nur unvollkommen gelang. Immerhin glaubte Hitler, England für seine Kombination zu gewinnen, indem er, ungeachtet der ausgesprochenen Wehrhoheit, über den Neuaufbau der Kriegsflotte ein Abkommen mit London erstrebte und erreichte, das über die Typen, über das Bautempo der deutschen Marine feste Abreden enthielt.

Deutschlands Politik gegenüber Genf hatte die Folge gehabt, in Paris die Bemühungen um Rußland zu steigern. Nicht nur daß die Sowjets 1934 dem Völkerbund als Mitglied beitraten, es kommt nach den Moskaureisen von Barthou und Laval, trotz der ungeklärten Vorkriegsfinanzfragen der beiden Staaten, zu einem militärpolitischen Vertrag zwischen Rußland und Frankreich. Die deutsche Regierung antwortet darauf, 7. März 1936, mit dem Einmarsch der jungen Regimenter in die »entmilitarisierte« Zone des Rheinlandes und erklärt den Locarnopakt für erloschen. Die Wirkung ist unverkennbar: man mochte das deutsche »Recht« anerkennen oder bestreiten, die Argumentationen und Verhandlungsangebote Hitlers als sachlich gewichtig oder als taktische Maßnahmen einschätzen – die Voraussetzungen, unter denen Bosch seine private Außenpolitik betrieben hatte, wenn man so sagen will, die volksmäßige Verständigung zwischen Frankreich und Deutschland war stark getroffen, wenn nicht psychologisch unmöglich gemacht. Große Militärparaden in Deutschland belebten den Soldatengeist, in Frankreich gewannen, hier mit Angstgefühl und dort mit angriffslustiger Stimmung, antideutsche Grundströmungen wieder an Bedeutung; das Ressentiment gegen innenpolitische Maßnahmen der deutschen Regierung trat hinzu, vor allem in den angelsächsischen Ländern. In der offiziellen Welt Deutschlands glaubte man, diese Erscheinungen in ihrem Gewicht bagatellisieren, als bloße Parteienranküne mißachten zu können.

Bei Robert Bosch spürte man, was Rüstung heißt. Für die neue Luftwaffe, für die Apparaturen einer modernen motorisierten Armee waren die Werkstätten in Stuttgart und Feuerbach, waren die dezentralisierten Fabriken, die man sonst im Reich errichtete, unentbehrlich. Jetzt wurde man nicht, wie 1914, von einer Kriegskonjunktur sozusagen überrascht, sondern man stand sehr ernsthaft mitten in ihr drin. Sie machte Bosch große Sorgen. Denn er fürchtete die Automatik der wechselseitigen Rüstungsbeschleunigung. War darauf Einfluß zu gewinnen? Bei den politischen Stellen mußte das aussichtslos erscheinen. Vielleicht würde eine Aussprache mit den militärischen Fachberatern sinnvoll sein. Baurat Albrecht Fischer, der kenntnisreiche frühere Leiter des württembergischen Metall-Industriellenverbandes, der seit einigen Jahren die Firma in sozialpolitischen Fragen vertrat, hatte Fühlung mit dem Oberkommando der Wehrmacht. In seiner Begleitung machte Bosch nach ersten Erwägungen eine Demarche bei dem Reichswehrminister Generaloberst von Blomberg (16. September 1936). Der Zweck war, mit wirtschaftlichen und politischen Argumenten sich einen Bundesgenossen gegen die Einseitigkeit und das Tempo der Rüstung zu gewinnen und ihm, mit dem Blick auf die weltpolitischen Spannungen und die Weltrohstofflage, die Gefahr eines neuen Krieges und seines Verlaufes zu veranschaulichen. Die Besprechung war gänzlich ergebnislos. Bosch hatte die Empfindung, der Soldat habe ihn einfach »abfahren« lassen. Blomberg lehnte es rundweg ab, die eigentliche Sacherörterung aufzunehmen, seine Aufgabe sei es, die Befehle des Führers zu verwirklichen. Bosch behielt von dem Besuch einen schlechten Geschmack im Munde und ärgerte sich, den Schritt überhaupt getan zu haben, zu dem die Sorge um die kommenden Dinge ihn gedrängt hatte.

Es war natürlich nicht einfach die Folge dieses unbefriedigenden Gespräches, sondern überhaupt der ernsten Beurteilung der weltpolitischen Spannungen, die das Haus Bosch veranlaßte, einschneidende Änderungen in der außerdeutschen Verkaufs- und Erzeugungsorganisation vorzubereiten. Man rechnete nicht gerade mit dem Ausbruch eines neuen Machtringens, man hoffte, daß die Erinnerung an kaum vernarbtes Leid, daß die Einsicht in das ungeheure Risiko auf die Staatsführer hemmend wirkte. Doch die Welt roch nach Krieg. Seit Anfang Oktober 1935 waren die »Grenzzwischenfälle« in Nordostafrika zu dem italienischen Feldzug gegen Abessinien ausgewachsen; zwei Monate, nachdem im Mai 1936 das »Kaiserreich Äthiopien« Italien einverleibt war, bekam der in Agrarunruhen, separatistischen

Aktionen und ewigen Kabinettswechseln schwärende Krisenzustand Spaniens durch das Vorgehen des Generals Franco den Charakter eines Bürgerkrieges, der das Land zu einem Exerzierfeld auch der übrigen Mächte machte: in Freiwilligen-Verbänden wurden die neuen Waffen technisch und taktisch ausprobiert. Vor beiden Fällen erwies sich die diplomatisierende Politik in Genf oder in London, Beschluß über Sanktionen, über »Nichteinmischung«, als praktisch wirkungslos gegenüber der Dynamik des rein machtmäßigen Willenseinsatzes. Solche Erfahrungen, mochte man sie als Vorspiele empfinden, mußten skeptisch stimmen gegenüber der Ernsthaftigkeit und der Kraft von politischen Wortbeteuerungen des guten Willens und der kulturellen Verantwortungen, womit natürlich auch dies Geschehen von allen Beteiligten umrankt wurde.

Das Jahr 1935 hatte noch einmal eine organisatorische Ausweitung des Auslandsgeschäftes gesehen; Italiens kolonisatorische Anstrengungen in dem weiträumigen Nordafrika schufen dort einen neuen Markt. Es erfolgte darum, da ja auch zunächst die politischen Risiken geringer schienen, eine Verständigung mit der führenden italienischen Firma Fabbrica Italiana Magneti Marelli; durch eine neubegründete Gesellschaft Mabo in Mailand wurde für Italien und seine Kolonien ein gemeinsamer Vertrieb der Erzeugnisse beider Werke beschlossen. Einschneidender war der Rückzug aus der französischen und englischen Beteiligung; dort war man ja auch an der Erzeugung beteiligt gewesen. Eine holländische Tochtergesellschaft von Mendelssohn & Co. in Amsterdam, das N. V. Administratiekantoor voor Internationale Belegging (Nakib) erwarb 1937 Boschs Anteile an dem Hause Lavalette; seit einigen Jahren war der Name Bosch, um die nationale Reizbarkeit nicht zu wecken, der ausschließlichen Bezeichnung Lavalette gewichen. Zugleich schieden, um die Firma in der jetzt auch für Frankreich wichtiger werdenden Rüstungskonjunktur nicht zu beeinträchtigen, die in der Geschäftsleitung tätigen Deutschen aus. Einige andere geringere Auslandsbeteiligungen von Bosch wurden von dem Nakib erworben; die Erfahrungen nach dem letzten Krieg waren zu herbe gewesen, und die Größenordnungen inzwischen gewaltig gewachsen. Der Aktienanteil an der C. A. V.-Bosch Ltd., London-Acton, wurde an den englischen Partner unmittelbar verkauft. Der Geschäftsbericht für 1937 teilte diese Transaktion mit, zugleich auch, daß der Erfahrungs- und Patentaustausch mit dieser Firma und der ihr nahestehenden Joseph Lucas Ltd. Birmingham durch langjährige Verträge gesichert bleibe und der weitere Export keine Störung durch diese Änderung erfahre. In einem Gentlemen's Agreement war der Weitergang und die mögliche erneute Intensivierung der Beziehung, die beiden nützlich und auch menschlich erfreulich gewesen war, festgelegt.

Waren diese Umbildungen, die unter Boschs Billigung von Hans Walz durchgeführt wurden, wesentlich als Begleiterscheinungen der undurchsichtiger werdenden auswärtigen Lage zu verstehen, so kam der Umgestaltung der Robert Bosch AG. in eine G.m.b.H., die am 10. Dezember 1937 vollzogen wurde, wesentlich eine formale Bedeutung zu. Denn auch als Aktiengesellschaft hatte das Unternehmen, zumal seit dem planmäßigen Rückerwerb der bei dem Gründungsakt an die damaligen Direktoren gegebenen Anteile durchaus den Charakter eines Personal- und Familienunternehmens. Dieser erfuhr nun seine Unterstreichung und Festigung: Robert Bosch, bisher Vorsitzender des Aufsichtsrats, trat als alleinzeichnungsberechtigter Geschäftsführer in die Geschäftsleitung ein. In dem praktischen Betrieb änderte sich nichts. Man benutzte die Gelegenheit, die Eisemann-Werke AG., die Bosch gehörten, als solche aufzulösen und sie auch samt ihren bisher als Eisemann-Zweigstellen zeichnenden Außenposten ganz mit Bosch zu verschmelzen. Eine neu gegründete Eisemann G.m.b.H. sollte einige aus der Eigenüberlieferung des Unternehmens stammende Spezialitäten (Forfex-Artikel wie Haarschneidemaschinen, auch Handleuchten, Bootsbeleuchtungen und dergleichen) weiter herstellen und vertreiben. Der bisherige Vorstand der Bosch AG. blieb: neben Walz, den Betriebsführer, Wild und Fellmeth trat jetzt, bisher stellvertretend, Dr. Raßbach als ordentlicher Geschäftsführer; Ernst Durst, der Leiter des technischen Betriebes, wurde neben Gutmann und Rall zum stellvertretenden Geschäftsführer berufen.

Zu dem Mitarbeiterkreis des Hauses stieß jetzt auch Dr. *Karl Gördeler*. Er hatte im Frühjahr 1937 das Amt des Leipziger Oberbürgermeisters niedergelegt, da er sich Eingriffen und Übergriffen nationalsozialistischer Parteistellen nicht weiterhin aussetzen wollte. Zweimal war der bewegliche, rasch begreifende und mit starker Intensität arbeitende Mann von der Reichsregierung mit einem Sonderkommissariat für Preisprüfung und Preisüberwachung betraut worden: von Brüning im Dezember 1931 – das Amt ging damals bis Dezember 1932. Auch die Regierung Hitler griff im November 1934 nochmals auf Gördeler zurück, bis Sommer 1935. Diese Aufgaben, unter so verschiedenen konjunkturellen Voraussetzungen, hatten Gördelers wirtschaftliche Übersicht geschärft, ihn mit zahllosen Dienststellen und Unternehmungstypen in Verbindung gebracht – als die Friedrich Krupp AG. in Essen ihn in ihren Vorstand berufen wollte, legte sich die Partei quer, und Krupp wich zurück. Die Verbindung zwischen Gördeler und Bosch wurde durch Theodor Bäuerle hergestellt. Es war ein zunächst lockeres Verhältnis der Beratung in Finanzfragen und der Vertretung bei den Behörden, wichtig zumal in der Zeit, da die Anforderungen an die Bosch-Erzeugung mengenmäßig wuchsen. Daß die Partei scheel dazu sah, nahm man in Stuttgart weniger schwer als in Essen. Gördeler wurde, ähnlich wie Jäckh während des Ersten Weltkrieges und in den folgenden Jahren es gewesen war, der politische Informator, der über die Tendenzen und Kräftegruppen in der hohen Bürokratie, in den führenden militärischen Kreisen zu erzählen wußte. Er sah die deutsche Entwicklung frühe genug sehr trübe. Bosch würdigte mit freundschaftlicher Zuneigung sein Urteil, freilich in dem Zwiespalt, daß sich gegen die rationalen Erkenntnisse, die er teilte, wenn sie die Außenpolitik, wenn sie die Finanzlage betrafen, gegen ihre düsteren Folgerungen eine innere Hoffnung wehrte: das darf nicht, das kann nicht sein.

Höhe und Ausklang

Bosch hätte von sich sagen können, daß ihm »der Sinn für Feierlichkeit« fehle. Doch nicht in der Weise ironischer Überlegenheit wie Theodor Fontane, sich selber betrachtend, das Wort gebraucht hatte. Bosch fühlte sich von dem bewußt Feierlichen, schon von dem Anspruch des konventionell Geformten beengt. Er empfand es als seiner nicht gemäß. Natürlich hatte er es lernen müssen, Zugeständnisse zu machen, er kam ja seit Jahren gelegentlich mit Geheimräten, Ministern und Exzellenzen zusammen, und er wich dem nicht mehr aus; seine Lebensneugier, sein Bedürfnis nach geselligem Gespräch ließ ihn an solchen Begegnungen Freude haben. So knüpfte sich spät eine gerne gepflegte Beziehung an zu dem langjährigen Bundesratsgesandten Württembergs, dem skeptisch-weltmännischen Freiherrn von Varnbüler. Aber sie sollte ja nicht im Würdevollen erstarren. Das geht bis zu Bitten über Toilettefragen.

Die Feierlichkeit hat sich aber dann Boschs doch bemächtigt, und er mußte es geschehen lassen. Der siebzigste Geburtstag bot wohl den ersten Anlaß. Aber auch seine Mitarbeiter beschieden sich mit einem schlichten Rahmen. Denn die Krisenzeit von 1931 verbot alles größere Gepräge. So behielt der Tag seinen intimen Charakter. Der Reichspräsident verlieh Bosch den Adlerschild des Deutschen Reiches. Das ließ er sich jetzt gefallen. Den konnte man sich ja nicht an die Brust heften.

Damals galt der Ausblick schon dem Jahre 1936, und wenn auch die Gesundheit Boschs wiederholt ernsten Schwankungen ausgesetzt war, so durfte man guten Mutes daran gehen, ein richtiges Fest vorzubereiten. Denn es würde eine Doppelfeier sein. Nur wenige Wochen trennten ja den 23. September, den 75. Geburtstag, von dem 11. November, an dem sich der Termin zum fünfzigsten Male jährte, da der junge Heimkehrer die »Werkstätte für Feinmechanik und Elektrotechnik« in dem bereits legendären Hinterhaus der Rotebühlstraße 75 B eröffnet hatte. Dieses Fest nun, sorgfältig und in einem guten Stil vorbereitet, nahm einen glanzvollen Verlauf. Ein wenig skeptisch hatte er eine Woche vor den Feiern dem Stockholmer Freunde Egnell geschrieben: »Ich glaube, die Sache wird für mich nicht gerade schön. Ich bin neugierig, wie ich das Fest überstehen werde« (17. September 1936). Er hat dann, wie er am 17. Oktober Reusch schrieb, »die Anstrengungen ziemlich gut überstanden«. »Aber es war schön und erhebend.«

Von den Ehrungen des Tages mag ihn besonders gefreut haben, daß das Institute of British Automobile Engineers ihn zum Ehrenmitglied ernannte, daß die französischen Frontkämpfervereinigungen eine besondere Deputation entsandten. In der großen Stadthalle hatten sich Tausende eingefunden: Hans Walz, der Betriebsführer, gab in einer eindrucksvollen Überschau die wesenhaften Elemente des geschichtlichen Aufstieges des Werkes, seine Bedingtheit in der Persönlichkeit des Gründers, Hjalmar Schacht als Reichswirtschaftsminister sprach gescheite Worte über Boschs Sonderstellung im deutschen Industrie- und Kreditwesen – als die lange Reihe der offiziellen Glückwünsche von Behörden und Verbänden vorübergerauscht war, sprach Bosch selber nur wenige Sätze. Was gesagt worden, müsse er »geradezu als übertrieben« bezeichnen. Er bat, in stillem Gedenken die zu ehren, die im Tode vorangingen und deren Leistung das Werk mit in die Höhe trug. In einer scheinbar unbefangenen Frische, die Erregung niederkämpfend, hatte Bosch eingesetzt; doch als er die Massen schweigend vor sich sah, kam eine Rührung in seine Stimme.

Der ärztlichen Wissenschaft und den leidenden Menschen wurde aus dem Anlaß der Doppelfeier das große Krankenhaus gestiftet, dessen Fertigstellung in den kommenden Jahren Bosch so nachhaltig beschäftigen sollte, die Geschichte der Technik erhielt eine umfassende, würdig ausgestattete, reich bebilderte Darstellung der Entwicklung des Werkes: »Fünfzig Jahre Bosch 1886–1936«. Die Fachmänner der einzelnen Fertigungen hatten bei der Heranschaffung des Stoffes mitgearbeitet; der Leiter der neuen Abteilung, Museum und Archiv, Dr. Fritz Schildberger, durchdrang die Fülle des weitschichtigen Materials mit ordnender Kraft und gab der Vielfalt eine geschlossene Form. Sein und der Mitwirkenden Sinn war dabei vorzüglich auf die Stufen der technischen Ausweitung und Verfeinerung gerichtet. Bosch freute sich wohl der monumentalen Gabe, aber es ist bezeichnend, was er an ihr auszusetzen hatte. In einem Brief an den Schriftsteller Walter Ostwald (21. November 1940) vermerkt er, daß »verschiedenes nicht zum Ausdruck gekommen sei, was ich gewünscht hätte«: »Es ist dies in erster Linie in der Richtung der Auswirkung einer großen Firma auf die nähere und weitere Umgebung, wie auch meiner Bestrebungen in sozialpolitischer Hinsicht gar keine Erwähnung getan ist.«

Das Letztere trifft nun in dieser herben Feststellung »gar keine« nicht zu. Aber was da gesagt wurde, ist dem 75jährigen, der die Würdigung seiner Lebensleistung betrachtet, sozusagen räumlich zu wenig. An den technischen Sonderfragen der Konstruktion, der Erzeugung hatten die Mitarbeiter einen hervorragenden, ja in Einzeldingen überwiegenden Anteil, wissenschaftliche Forschung gab es auch in anderen

Betrieben, aber wenn er, auf Leben und Leistung zurückschauend, selber ein Auszeichnendes finden will, so sieht er es in der sozialpolitischen Sonderstellung.

Wenige Wochen nach der Feier schied Bosch aus dem Vorstand des Reichsverbandes der Automobilindustrie aus: »Mehr und mehr ziehe ich mich aus der Öffentlichkeit zurück und habe gar kein Bedürfnis, mich nach dieser Richtung zu betätigen«, schrieb er am 17. Oktober 1936 an dessen Präsidenten, Allmers. Man führte ihn weiter als Ehrenmitglied. Er hatte sich schon vorher wenig mehr dort sehen lassen und meinte einmal zu dem Schweinfurter Sachs, man werde ihn dort nicht so sehr vermissen wie bei dem Treffen der Ulmer Schulgenossen, zu denen er denn auch fuhr. In dem Gremium des Reichsverbandes waren manche Kämpfe ausgefochten worden zwischen den Motoren- und Wagenbauern und den Zubehör-Leuten; Bosch war hier nicht immer bequem gewesen, da er mit seiner Kritik an der Unübersichtlichkeit und Kostspieligkeit im früheren Kraftfahrwesen nie zurückhielt. Gerade Sachs spielte dabei seinen temperamentvollen Partner; der Schlossergeselle aus Oberschwaben, der über den Rennfahrer zu einem schöpferischen Industriellen geworden war und der deutschen Kugellagerindustrie mit dem Schweinfurter Werk die entscheidenden Impulse gegeben hatte, ein gutmütiger und tätiger Mann mit einer großen unverbildeten praktischen Gescheitheit. Mit ihm hielt Bosch immer gute Kameradschaft. Der war nun schon 1932 gestorben. Es kam die Zeit des Abschieds von manchen vertrauten Weggenossen. 1934 starb Otto Mezger in Stuttgart, der nach 1933 seine auch Bosch tief verletzenden Anschuldigungen und Verfolgungen hatte durchmachen müssen; er war für die Naturbeobachtung und für die gepflegte Jägerei durch lange Jahre der geliebteste Begleiter gewesen. Georg Escherich hatte ihn wohl in manchem ersetzt. Der verließ den Freund, herzlich betrauert, im Sommer 1941. Julius Faber, seit bald einem Vierteljahrhundert mit der Firma verbunden, Mitglied des Aufsichtsrates, war im April 1940 gestorben; die persönliche Intimität zwischen Bosch und dem derb-fröhlichen Mann hatte sich gelockert, aber er ließ die Ansprüche und Gewöhnungen der alten Kameradschaft weiter gelten. Auch der Tod des Neffen Carl Bosch (1940) hat ihn stark berührt, zumal gerade in den letzten Jahren durch wechselseitige Besuche die Beziehungen enger geworden waren. Robert Bosch war, ohne darum viel Redens zu machen, heimlich stolz darauf, daß an der Spitze des größten chemischen Werkes der Welt ein Sohn seines Bruders stand. Man trieb bei den Boschs keinerlei Familienkult; die chemischen Fragen lagen Robert Bosch fern, aber daß der Neffe auch Entomologe von Rang war und Astronomie trieb, bewunderte er. Nur daß Carl nicht auch mit zur Jagd ging, war schade.

Mit dem Alter und seinen Beschwerlichkeiten schloß Bosch einen weisen Kontrakt: er paßte sich ihnen, in der Lebensführung immer mäßig, mit guter Überlegenheit an, wurde mit peinlichen und schmerzhaften Erkrankungen auf ordentliche Art fertig und gedachte, mit der Unabweisbarkeit des Sterbens vertraut und in der Ordnung der Dinge auf den Abschied vorbereitet, sein Leben noch auf hohe Jahre zu führen. Die Sorge um das Werk spielte jetzt die geringste Rolle; das wußte er in der Hand von Männern, die sein volles Vertrauen genossen. Aber es war seine Hoffnung, noch das Heranwachsen des Sohnes zu erleben und dessen erste Schritte in das berufliche Leben selber lenken zu können. Aus der Ehe, die 1927 die Tochter Paula mit Friedrich Zundel geschlossen hatte, war ein männlicher Sproß, Georg, hervorgegangen. Boschs Gedanken an die Zukunft, die in den Mannesjahren, da er so oft vor einem Krankenlager mit bedrückender Aussichtslosigkeit gestanden hatte, umdüstert gewesen, konnten sich jetzt mit einer zugleich frohen wie sachlich beobachtenden Zuversicht nähren: wie würde sich die Sonderart der Knaben entwickeln? Die Weltweite des Planens hatte die Heimkehr in den engen Kreis gefunden.

Aber diese Welt draußen brodelte in ewiger Unruhe, auch nachdem der spanische Bürgerkrieg sein militärisches Ende gefunden hatte. Mochte er nicht als verlockendes oder warnendes Beispiel wirken, daß die Hand, die die Waffe zu führen wagt, die den Panzerwagen in Bewegung setzt und das Flugzeug zum Start bringt, geschichtsmächtiger bleibt als jene, die mit der Feder juristisch-politische Formeln stilisiert und in den Kompendien des Völkerrechts, in den Kommentaren der Staatsverträge blättert? Anfang März 1938 ließ Adolf Hitler die deutschen Divisionen in Österreich einrücken; dort hatte die innere Lage teils aus der eingeborenen Problematik des Staates, teils unter der Zersetzung durch reichsdeutsche Einflußnahme die Züge einer schier absurden Krisenhaftigkeit erhalten. Das Erscheinen der Truppen, hier von echter, dort von aufgestachelter Begeisterung begrüßt, schien in wenigen Tagen, ja Stunden die Mühseligkeiten vieljähriger Diplomatie, Konferenzarbeit, Vereinstätigkeit und Publizistik ausgelöscht zu haben, indem es ganz einfach die reale Machttatsache herstellte.

Bosch erschrak, als er die Nachricht hörte. Sein Verhältnis zur »Anschluß«-Frage war zwiespältig. Vom antibismärckisch-demokratischen Elternhaus, für das ein großdeutsches Bekenntnis Glaubenssatz gewesen, war ihm die Gefühlswelt, die Österreich als ein Kernland deutschen Wesens sah und es darum auch als einen Teil deutscher Staatlichkeit begreifen wollte, wohl vertraut. Aber zugleich sah er die Dinge realistisch. Man kann nicht sagen, daß er als Geschäftsmann und als Jäger eine besondere Wärme für die österreichische Behördenpraxis gewonnen hätte; er redete davon mit humoristischem Unmut. Doch das war natürlich nicht entscheidend. Für seine außenpolitische Gesamtauffassung war das Betreiben des »Anschlusses« eine psychologische und sachliche Belastung der Beziehungen zu Paris. Die feste Überzeugung rechnete damit, daß einer durchgreifenden politischen und wirtschaftlichen Verständigung mit Frankreich die befriedigende Klärung eines engen Verhältnisses zu Österreich ohne Schwierigkeiten folgen würde.

Daß die Großmächte, wie es schien, mit dem Akt Hitlers sich abfanden, verscheuchte die Sorgen, ja, eine gewisse Bewunderung für die Kühnheit der deutschen Politik wurde spürbar. Als Hitler im April 1938 Stuttgart besuchte und auch Bosch zu einem Empfang geladen wurde, schwankte dieser in seinem Willen, ob er zu dem Erfolg Glück wünschen solle. Doch er unterließ es, und er war darüber später nicht unfroh. Denn mit dem vollzogenen Abschluß war die Dynamik einer neudeutschen Südostpolitik entbunden; ob sie die Sorgen der Volkstumssicherung in den Vordergrund rückte oder mit geopolitischen Argumenten arbeitete, sie mußte die bisherige Existenz des tschecho-slowakischen Staatsgebildes in Frage stellen. Die ganze Problematik des Versailler Systems, in dem das »Selbstbestimmungsrecht der Völker« angesagt, aber durch die Praxis der historischen Grenzpolitik der nationalstaatliche Gedanke wieder verschoben war, brach auf. Bosch war im letzten Krieg der Naumannschen »Mitteleuropa«-These gefolgt, wonach in der auf freien, aber festen Verträgen ruhenden Zusammenfassung der staatlichen und volklichen Gebilde ein lebensstarker einheitlicher Wirtschaftsraum erwachsen könne. Darin mußten sich geschichtliche Spannungen, nationale Gegensätze auflockern, vielleicht auflösen. Bald genug war deutlich, daß die bevorstehende Politik Hitlers sich ganz anderer Verfahrensweisen, des nochmaligen militärischen Einsatzes zu bedienen bereit war. Der Spätsommer 1938 brachte den Kampf um den Frieden, die Anstrengungen des britischen Premierministers Neville Chamberlain, in einem neuen Abkommen Fehlentscheidungen von Versailles, auch ohne den Apparat von Genf, auszuräumen. Die Engländer setzten die Autorität des langjährigen früheren Ministers Lord Runciman ein, dessen Gutachten die Übergabe der deutschbesiedelten Randgebiete Böhmens an das Reich empfahl.

Die europäische Katastrophe schien einige Wochen unvermeidlich – in dem Treffen der Regierungschefs von Deutschland, England, Frankreich und Italien zu München wurde sie beschworen. Es geht also, wenn verständige Männer ihre Verantwortung spüren, auch ohne Waffen! Ein seltsamer Optimismus flog durch die Welt. *Alle* Teilnehmer sahen sich als Freunde und Retter des Friedens gefeiert. Deutschland hatte, ohne Schuß, deutschen Siedlungsboden in seine Hoheit gewonnen; das Grenzverteidigungssystem der Tschechoslowakei war ihm durch das englische Gutachten kampflos in die Hand gegeben.

Der »Boschzünder« vom 31. Oktober 1938 brachte ein für die kritischen Tage charakteristisches Dokument. Da hatten am 28. September vierzig Angehörige der Joseph Lucas Ltd. in Birmingham »an alle unsere Freunde in der Bosch-Organisation« einen bewegenden Brief gesandt, daß sie »inbrünstig und von ganzem Herzen« wünschen, die schwarzen Wolken mögen sich wieder lichten, die Bosch-Leute sollen dabei helfen, daß »eine Atmosphäre zwischen uns geschaffen wird, die über jeden Argwohn und Zweifel erhaben ist.« »Auf jeden Fall möchten wir Sie versichern, daß unsere persönliche Freundschaft für Sie immer bestehen bleiben wird und daß wir die vielen uns erwiesenen Freundschaftsdienste niemals vergessen werden.« Als dies Schreiben in Stuttgart eintraf, war der Münchener Vertrag bereits zum Abschluß gediehen, ja Chamberlain hatte ein Gentlemen's Agreement mit nach Hause gebracht, ein Konsultativabkommen zwischen Hitler und ihm, daß die beiden Regierungen vor weiteren politischen Unternehmungen in gegenseitiger Fühlung sich beraten würden. Die warmherzige Antwort der 54 Bosch-Co-Leute – man stand ja seit Jahren nicht nur im Austausch von Patenten, sondern von Ingenieuren und Arbeitern – konnte die Genugtuung aussprechen, daß die Erhaltung des Friedens geglückt sei, woran man übrigens »auch in den ernstesten Stunden der Krise« nie den Glauben aufgegeben habe.

Als Hitler kurz darauf seine drohend-verstimmte Rede in Saarbrükken hielt, mit dem Unterton der Enttäuschung über München, mußte solcher Glaube starke Belastung erfahren. Vom März 1939 an war die Verständigung zum bloßen Phantom, zur schier künstlichen Wunschvorstellung geworden. Seit dem die Welt überraschenden Einmarsch deutscher Truppen in Prag war an eine friedliche Lösung der gewiß noch der Bereinigung bedürftigen Probleme ernsthaft nicht mehr zu denken. Natürlich ist es schwer zu sagen, wie weit es etwa hätte glükken können, in der durch München geschaffenen Atmosphäre, ohne daß sie rednerisch zuvor verdorben wurde, ein deutsch-englisches, dann ein deutsch-französisches Gespräch über die Danziger, die Korridor-Regelung von 1919 in Gang zu bringen. Die Warschauer Politik stand damals weder in London noch in Paris sehr hoch im Kurs, und Deutschland hatte viele sachliche Trümpfe in der Hand. Aber die Aktion gegen das tschechische Kernland, ihr Zeitpunkt, das Erpresserverfahren wirkten in London wie eine Verhöhnung des Premierministers und seines so freudig erreichten und auch ernstgenommenen Konsultativpaktes. Die vorher bewegliche englische Politik wurde steif. Die zurückliegenden Erfolge täuschten Hitler, den sein Außenminister von Ribbentrop in jener verhängnisvollen Kombination von ehrgeizigem Spielertum und kenntnisloser Unfähigkeit miserabel genug beriet. Auch das verblüffende taktische Unterfangen des deutsch-russischen Paktes vom August 1939 konnte an der Gewalt der auf einen großen Krieg hin sich bewegenden Grundkräfte nichts ändern. Nur Dummheit oder propagandistische Selbsttäuschung mochten an die Lokalisierung eines deutsch-polnischen Konfliktes glauben. Die Welt hatte auch nicht übersehen, daß der erste militärische Berater Hitlers, der als der fähigste Kopf der Wehrmacht galt, Generaloberst Beck, bereits *vor* dem Marsch nach Prag von der Leitung des Generalstabes zurückgetreten war, weil er in ihm den Keim eines neuen Weltkrieges sah, an dessen Ende die unausdenkbare Katastrophe des Vaterlandes stehen würde.

Mit dem umfassenden und konzentrischen Angriff auf Polen kam der Krieg ins Rollen, dem der Zug zum Planetarischen ins Gesicht geschrieben war, wenn nicht Maß und Weisheit der Politik dem rein strategisch-militärischen Handeln die Gesetze aufzwang. Die Kriegstechnik würde ihn in noch viel höherem Maße zu einer Auseinandersetzung *aller* machen. Das spürte, mit tiefer Resignation, auch Bosch. Er hatte sich vor einigen Jahren eingehend mit Eugen Diesels geistvoller Schrift »Vom Verhängnis der Völker« auseinandergesetzt, die ihn stark beschäftigte in ihrer ordnenden Zusammenschau. »Wenn ich etwas aussetzen sollte«, vermerkte er in einem herzlich anerkennenden Brief an den befreundeten Verfasser (27. Juli 1934), »so wäre es vielleicht der Hinweis darauf, daß die Völker *früher* nie Kriege miteinander führten, abgesehen von den Kreuzzügen. Die Dynastien führten Kriege, nachdem es einmal Dynastien gab. Das konnte besser hervorgehoben werden.« Solcherlei Geschichtsdeutung, an sich zu vereinfacht, war nun völlig verjährt. Dem Machtkrieg wurden, in noch höherem Maße als ein Vierteljahrhundert vorher, ideologische Motive eingeimpft: es blieb nur offen, wie weit sie Elementares zur lebendigen Entwicklung brachten oder lediglich technisches Verfahren der Propaganda, der Fremd- und Selbstbetäubung waren.

Es ist nicht möglich, aus den schriftlichen Dokumenten, aus den Briefen Boschs inneres Verhalten, sein Urteil zu den einzelnen Phasen des Weltringens zu belegen. Er wie die Freunde hatten das Schweigen gelernt. Wenn Reusch in einem längeren Brief vom 26. August 1940 sagte: »Vom Krieg will ich nicht reden«, so ist der kleine Satz beredt genug; man würgte die Ängste und die Hoffnungen in sich hinein. Den Grüßen wurde gelegentlich der Wunsch nach baldigem Frieden zugefügt; aber der stand als zwar innig gefühlte, aber schier wesenlose Formel in diesen Jahren millionenhaft unter deutschen und unter nichtdeutschen Briefen. »Endlich ist die fürchterliche Durchbruchs- und Vernichtungsschlacht geschlagen ... Es ist fürchterlich ...« (am 6. August 1941 an die Tochter Margarete, als der erste Sommerfeldzug gegen Rußland seiner Höhe entgegenwuchs). In vertrauten Gesprächen brach seine Stimmung auf. »Ich bin froh, daß der Krieg da ist«, äußerte er im Herbst 1939 zu Johannes Hieber. »Nur so kriegen wir die Verbrecher los.« Und Gottfried Traub notierte von einem späteren Besuch die grimmige Hoffnung, es werde sich doch wohl einer von den Soldaten finden, der Hitler beseitige, denn *mit* diesem werde es zu keinem Frieden kommen.

Die Beurteilung der Kriegslage war in Boschs näherer Umgebung nicht einheitlich. Der glänzende Verlauf der ersten, sorgfältig ausgearbeiteten und mit gesammelter Kraft geführten Feldzüge schuf auch in seinem Kreise schwungvolle Erwartungen, die sich über die Ziele und das Nachher keine ganz deutliche Rechenschaft gaben, aber an den deutschen Soldaten, an die Weitsicht der wirtschaftstechnischen Planung glaubten. Es gab die Stimmen von Auslandsvertretern, die über die Dekadenz der englischen Gesellschaft, ihren mangelnden Patriotismus zu berichten wußten, die von der anerkannten Qualität der amtlichen britischen Vertretungen sich merkwürdig abheben – darüber erzählte Bosch einmal in einem Brief. Er selber hat in den Jahren mancherlei politische englische Literatur gelesen, die sehr offenherzige Selbstkritik der Engländer (aus der die amtliche deutsche Kriegspropaganda, ohne sich des Selbstwiderspruchs recht bewußt zu werden, ihre Hauptnahrung zog). Die Gespräche mit Bosch drehten sich nicht zum wenigsten gerade um diese Frage: ist im englischen Volk noch Vitalität genug vorhanden, um gegenüber Amerika sich behaupten zu können. »Möchten sich doch die Engländer überzeugen, daß sie durch die Amerikaner lediglich aus ihrem Weltreich verdrängt werden.« (An die Tochter Margarete, 6. August 1941.)

Das war geschrieben, bevor Hitler an die USA den Krieg erklärt und damit über die bisherigen amerikanischen Kriegslieferungen an England hinaus die ungeheure menschliche Militärpotenz Amerikas gegen Deutschland mobilisiert, zugleich die innenpolitische Opposition gegen Roosevelt praktisch zum Erliegen gebracht hatte. Nun war ganz klar, wie immer die spätere Problematik zwischen den beiden angelsächsischen Weltreichen sich entwickeln würde, wie sich ihr gemeinsames oder getrenntes Verhältnis zu der Sowjetrepublik anlassen mochte, gegen die im Juni 1941 die deutschen Armeen angetreten waren: der Krieg als militärisches Unternehmen würde in dem ihm von der deutschen Politik aufgezwungenen Rhythmus einsetzen, völlig unabhängig von Reden und Aufsätzen für den Eigen- und den Fremdbedarf über das Bündnis von »Plutokratie« und Bolschewismus.

Die volle Kraft der amerikanischen Material- und Menschenfülle wurde natürlich bei Bosch in vollem Ernst gewürdigt. Man kannte zu gut die Schulung der dortigen Industrie für die Massenfertigung und wußte, daß man in den USA auch anderes zu produzieren verstände als »Bluff«, wie das deutsche Volk nach amtlicher Erklärung annehmen sollte. Vor allem: hier stand ein Gegner, der praktisch unverwundbar war, während man errechnen konnte, wann seine Luftflotten gegen die deutsche Industrie, gegen das deutsche Hinterland schlechthin eingesetzt würden. Grund genug, auch für das Schicksal der Fabrikanlagen in Stuttgart und in Feuerbach besorgt zu sein. Denn mit der Motorisierung der Heere, mit der Neuschaffung von Panzerarmeen und Luftflotten war das Werk ein so wichtiger wie empfindlicher zentraler Bestandteil der Rüstung geworden. Dachte man an den letzten Krieg zurück, so hatte man, zwischen allem Ernst, eine humoristische Anekdote auf Lager, die Bosch in ruhigen Zeiten gelegentlich erzählte: Da hatte es auch schon einmal einige Bombenabwürfe gegeben, die Bosch galten, ihn aber nicht trafen, sondern einer Bäckerei, die sich in der Nähe aufgemacht hatte, einigen Schaden zufügten. Der tüchtige Bäcker verfaßte schöne Schriftsätze, Bosch sei schuld, daß ihm Nachteil entstanden, und forderte von ihm Entschädigung. Worauf er von Bosch eine witzig-derbe Belehrung erhielt, das müsse er halt tragen, daß er sich, um einen guten Absatz zu haben, in so gefährlicher Nachbarschaft angesiedelt habe. Derlei wirkte, wenn man an die Gefahren des Kommenden dachte, wie der Ausschnitt aus einer etwas skurrilen harmlosen Kleinbürgeridylle. Die düstere Phantasie sah Schrecken und Vernichtung, richtete sich, so weit das möglich, auf Abwehr ein, konnte aber an ihre Wirksamkeit nicht recht glauben. Die Sorgen um Deutschland, wie die engere Heimat, die Stadt, um das Werk quälten – man mochte sie wegzuschieben, man mochte sie von Bosch selber fernzuhalten versuchen, ihm den Aufenthalt in den Bergen, in Pfronten, in Mooseurach nahelegen. Sie kamen immer wieder.

In den Werkstätten wurde mit Macht gearbeitet. Der Kampf um die Arbeitskräfte mußte durchgefochten werden. »Wir waren und bleiben fanatische Anhänger der allgemeinen Freizügigkeit«, versicherte eine Kundgebung des Personalleiters (Boschzünder 1941. 1), aber man war gezwungen, von der Freigabe der geschulten Leute, die man früher nie erörtert hatte, abzusehen. Bosch hatte in seiner Betriebsordnung von 1934 ausdrücklich auf jede Geldbuße der Arbeiter und Angestellten verzichtet. Das war möglich bei der zuverlässigen Haltung des alten Stammes. Jetzt kam man nicht mehr ohne solche Waffe aus und entschloß sich, sehr widerwillig, Geldstrafen einzuführen, die in die Werkstradition nicht hineinpaßten; wann würde man von derlei wieder frei werden? Die Anspannungen hatten einen viel schrofferen Charakter als im letzten Krieg, da Bosch gegen die Militärbehörden die Aufrechterhaltung des Achtstundentages erreichte. Das war jetzt vorbei. Die Reglementierung des totalen Anspruchs erzwang sich den Einbruch in die gewachsene Eigenart des Werkes. Man mußte sich damit begnügen, den Tag zu erwarten, da man von solchen Zwängen wieder frei sein würde und im technischen, kaufmännischen und sozialpolitischen Planen und Entscheiden zur alten Aufgabe zurückkehren könne. Die im Kriege gewonnenen Erfahrungen würden nicht fruchtlos bleiben. Aber während man sie sammelte, dachte man in den Laboratorien und Versuchswerkstätten an die Friedensaufgaben. Die Finanzpolitik richtete sich darauf ein, indem sie gerade in den Kriegsjahren von Anbeginn ein Größtmaß an Rückstellungen ansetzte.

Am 23. September 1941 beging Robert Bosch seinen achtzigsten Geburtstag. An die Wiederholung einer großen Betriebsfeier wollte er nicht noch einmal heran; sie fand ohne ihn statt, während er in Baden-Baden Familie, Mitarbeiter und nahe Freunde um sich sammelte. Das offizielle Deutschland suchte jetzt auszugleichen, was es fünf Jahre zuvor an Verstimmung hatte spüren lassen: der Leiter der Arbeitsfront, Ley, erschien mit der Urkunde, die Bosch zum »Pionier der Arbeit« ernannte; er wurde zugleich »Ehrenmeister des deutschen Handwerks«. Tübingen verlieh ihm den medizinischen Ehrendoktor, die Stadt Stuttgart schenkte ihm ein Anwesen für das geplante »Paracelsus-Museum«, in dem historische Dokumente der biologischen Heilwissenschaft vereinigt werden sollten. Darüber freute er sich, denn es war ihm Gewähr dafür, daß die medizingeschichtlichen Probleme, die ihn in den letzten Jahren so stark bewegt hatten, in der Heimat dauernder Pflege sicher seien. Die nationalsozialistische Regierung Württembergs hatte sich diesmal vom persönlichen Glückwünschen nicht ausgeschlossen. Es war eine etwas eigentümliche Atmosphäre, denn in dem feiernden Kreis mit seinem zwiefachen Wortschatz fanden sich die Parteiredner und so robuste Gegner der Partei wie Reusch und Gördeler, denen jetzt auch Schacht zuzuzählen war.

Unter den Gaben, die dem Achtzigjährigen zugingen, lag eine Mappe mit Bildnissen großer oder doch bedeutender Männer, die dem Württemberger Land entstammten. Das war ein Geschenk von Hermann Bücher, der Geschichtsschreiber der Technik, Conrad Matschoß, beriet ihn bei der Auswahl der Köpfe, Eugen Diesel schrieb dazu eine einführende und gedankenvolle Betrachtung über das Elementare der persönlichen Erscheinung, über Individualität und Typus, über die Möglichkeit, ein »schwäbisches Antlitz« als Sondererscheinung zu erfassen. Der Einfall dieser Sammlung war überaus glücklich. Denn er rührte an den schwäbischen Heimatstolz, den gerade die Jubiläumstage mit dem Hinweis auf die landschaftliche, die landsmannschaftliche Bedingtheit dieser Lebensleistung wecken mußte. Bosch bedauerte in seinem Dank an Bücher, wie schade es sei, wenn das Werk, zumal auch Diesels Betrachtung, keine größere Verbreitung fände. Aber dann müßte einiges geändert werden; er hatte sich darüber mit Reusch unterhalten, und die beiden Schwaben sind sich einig darüber, daß die Bücher-Matschoß-Auswahl ergänzt werden müsse, »daß noch mehr Männer in das Buch gehören, während man andere recht wohl entbehren könne«. Und dann kommen einige bezeichnende Sätze: »In erster Linie wäre das wohl Mauser, der ohne jede Verdienste und ohne jede Größe ist. Auch Daimler war ein so kleiner Mann« – der alte Groll leuchtete auf – »man kann ihm aber Verdienste nicht bestreiten und so mag er drin bleiben. Man könnte aber Schubart, den Dichter, an David Strauß und andere denken.« Es ist nicht von ungefähr, daß er gerade diese beiden kämpferischen Erscheinungen vermißt. Mit Reusch und mit Bäuerle will er sich darüber noch näher aussprechen; das könnte eine hübsche und lehrreiche Huldigung an die Heimat geben, eine unerwartete Frucht und Folge des schönen Tages.

Durch eine Kundgebung des Dankes an die Gefolgschaft, »Meine

Robert Bosch im Zünderwerk, 1941

lieben Kameraden, alt und jung«, vom 27. Oktober 1941 schwingen Stolz und Rührung. Er durfte das Bewußtsein neu empfinden, »daß eine tiefe Gemeinschaft der Gesinnung und Tat uns zu einer in sich geschlossenen Werkfamilie geeinigt hat«. »Pflegen Sie diesen Geist der Hingabe an die gemeinsame große Aufgabe während meinen Lebzeiten und über mich hinaus immerdar weiter zum Wohle aller Betriebsangehörigen und zum Wohle des Unternehmens selbst, das mir als das Werk meines Lebens teuer ist!«

Das wurde zu einem Abschiedswort. Niemand versah sich dessen, er selber am wenigsten. Gelegentlich konnte er scherzen, er wolle es auf die Hundert bringen. Daß das Alter auch seine Beschwerden schaffe, hatte er kennengelernt. Wenige Wochen vor dem achtzigsten Geburtstag vermerkte ein Brief an die Tochter: »Mein Leiden ist schon eine ziemliche Last und es gehört viel Humor dazu, trotzdem zu laufen« (6. August 1941). Das war ein Brief aus den Bergen, er brachte den »Humor« auf, er war in den Wochen vor dem Fest fleißig und erfolgreich auf der Pirsch gewesen und fand in ihr nachher auch Erholung und Ablenkung von den Sorgen, die aus den Zeitungsblättern quollen. Das Sterben konnte für einen Mann seiner Denkart wenig Erschreckendes haben, es lag im Sinn des Werdens und Wachsens aller Kreatur eingeschlossen. Aber er hing an dem Leben, weil es noch mit Pflichten auf ihn zu warten schien. Wenn einmal dieser »fürchterliche« Krieg zu seinem Ende gekommen, wollte er in Rat und Entscheidung auf seinem Posten stehen und wollte die Schritte des jungen Sohnes in die schweren Verantwortungen noch selber lenken.

Eine schmerzhafte Ohrenentzündung im November 1941 war vielleicht ein Warnungssignal, wo eine bisher nicht beachtete Gefährdung drohe. Sie ging vorüber, mit den vertrauten Mitteln bekämpft, scheinbar ohne Nachwirkung. Doch das war eine Täuschung. Als Bosch am 9. März 1942 in der gewohnten Weise in seinem Arbeitszimmer die Briefschaften erledigte, fühlte er sich nicht wohl – doch wurde das Pensum abgearbeitet und die Disposition für den Weitergang wichtiger Entscheidungen getroffen. Plötzlich traten böse Schmerzen auf, die schwer zu lindern waren. Ein chirurgischer Eingriff schien unvermeidlich. Er zeigte eine schon sehr stark fortgeschrittene Mittelohrvereiterung, vor der die Kunst des Arztes machtlos war. Man konnte die Leiden dämpfen, den Weg des Todes nicht mehr hemmen. In der

Nacht vom Mittwoch zum Donnerstag, in den frühen Morgenstunden des 12. März 1942, ist Robert Bosch verschieden.

Am 18. März fand die Beisetzung statt. Am Nachmittag zuvor hatte die Gefolgschaft in einer Feier, zu der eine der Werkhallen gerüstet war, Abschied genommen. Die Reichsregierung hatte ein Staatsbegräbnis angeordnet; für sie sprach in der Halle des Landesgewerbemuseums der Reichswirtschaftsminister Funk. Bei der Einäscherung auf dem Pragfriedhof gab Hans Walz, der vor der Gefolgschaft den Mann des Werkes, bei dem Staatsakt die überzeitliche Bedeutung des Verblichenen gedeutet hatte, eine in ihrer Intimität und Offenheit ergreifende Würdigung der letzten menschlichen Kräfte Boschs, seines Sinnes für Lebensgesetz und Lebenserhöhung, seines urtümlichen Freiheitstriebes als Wachstumselement alles Schöpferischen. Hermann Bücher sprach die Abschiedsworte für die nächsten Freunde. Über das Tal, das in blasser Märzsonne lag, kam der Hall des Geläutes der beim Werk gelegenen Garnisonkirche; es war ein dankender Gruß an den Mann, der dieser Kirche die Glocken gestiftet hatte.

In einem Brief an den Stockholmer Freund hatte Bosch einmal vor bald anderthalb Jahrzehnten, 1923, den Satz geschrieben: »Der gestorben ist, hat es ja wohl gut.« Das Schicksal führte ihn zur Ruhe, bevor Vernichtungsstürme sein Werk aufsuchten und das Vaterland niederschlugen. Das war Gnade.

Nachwort

Es lag in dem Wesen von Robert Bosch, daß er für sein Abscheiden eingehende Verfügungen hinterlassen hat. Sie sind, wie es das Bedürfnis forderte, wiederholt abgeändert, ergänzt, überarbeitet worden; die endgültige Fassung stammt vom 31. Mai 1938 und beruft die »Abkömmlinge nach den Regeln der gesetzlichen Erbfolgeordnung«. Das ist natürlich nicht weiter erwähnenswert. Auch die Verfügungen im einzelnen sind nicht wichtig.

Die zentrale Sorge war, den Unternehmungen der Robert Bosch G.m.b.H. »für lange Zeit nicht bloß das Leben zu erhalten, sondern auch diesem Leben eine über die unausbleiblichen Schwierigkeiten und Krisen der Zukunft hinüberhelfende, kraftvolle und reiche Entwicklung zu sichern. Um dies zu erreichen, sollte kein Opfer gescheut werden.« Solche Aufgabe sollten entweder ein fähiger Erbe oder Personen seines Vertrauens übernehmen, falls ein geeigneter Erbe nicht zur Verfügung stünde.

Höchst bezeichnend bleibt die eingehende Art, mit der er in immer wieder abgewandelten Formulierungen den Erben und zunächst den sieben Testamentsvollstreckern, fünf davon aus Vorstand und Aufsichtsrat der Robert Bosch G.m.b.H., die Pflicht einprägte, daß sie »durch ihre Tätigkeit meinen Geist und Willen in der Verwaltung der bei meinem Ableben vorhandenen und noch zu schaffenden Werte nach Möglichkeit lebendig und wirksam erhalten«. In Richtlinien vom 22. Juni 1936 und vom 8. September 1938 hatte er diesem »Geist und Willen« Ausdruck verliehen, doch zugleich angemerkt, daß es nicht darauf ankomme, »sich an die Buchstaben dieser Richtlinien zu halten«. Er will, über die von ihm bestellten Männer hinaus, dort immer Persönlichkeiten sehen, die neben eigenem Urteil in geschäftlichen Dingen in der Lage sind, »an der Lösung schwieriger Fragen selbstschöpferisch mitzuwirken«. Er will immer einen »möglichst reibungslos arbeitenden Körper«, Leute, die »auf Grund rein sachlicher Einstellung nach Recht und Billigkeit« handeln.

Der Wunsch war also, daß ein Familienangehöriger in die Führung aufsteigen könne; es bleibt die Aufgabe der Testamentsvollstrecker, mit darüber zu wachen, daß, wenn mehrere Anwärter vorhanden sind (Sohn, eventueller Schwiegersohn, Enkel), der am meisten qualifizierte in die Führung komme; bei gleicher Eignung solle in der Descendenz ein Träger des Namens Bosch den Vorrang besitzen. Durch besonderes Vermächtnis ist der Weg dorthin gegeben an die Kinder zweiter Ehe und an den Enkel; innerhalb dreißig Jahren nach seinem Tode soll das Vermächtnis anfallen. »Es liegt mir daran, daß ein Familiendirektor gegenüber den übrigen Abkömmlingen eine besondere Bevorzugung erfährt, weil er im Bewußtsein der auf ihm lastenden schweren Verantwortung alle Kräfte vorbehaltlos in den Dienst der Unternehmungen der Robert Bosch G.m.b.H. stellen und zur Erreichung der verfolgten Ziele nicht nur arbeiten, sondern auch mit sachlicher Wucht, ohne Schonung seiner selbst, sich einsetzen muß, während dies bei anderen, in den Unternehmungen der Robert Bosch G.m.b.H. nicht oder nicht an leitender Stelle tätigen Abkömmlingen nicht der Fall ist.« Das sind sehr charakteristische Sätze. Etwas später kommt die Angst vor der gefährdenden Wirkung ererbten Reichtums zum Ausdruck: »Es sollen überhaupt nicht Drohnen gezüchtet werden ...« Der Schluß des Testaments lautet: »Es ist Ehrensache der Erben, wenn sie Geschäftsanteile der Robert Bosch G.m.b.H. zu freiem Eigentum erhalten, die Rechte daraus meinem Geist und Willen entsprechend wahrzunehmen und unter sich zum Wohle des Ganzen einig zu bleiben.«

Die Richtlinien greifen gelegentlich auf frühere Abhandlungen zurück: ihr Zweck ist, die Aufrechterhaltung der sozialpolitischen, der kulturpolitischen und der gesundheitspolitischen Überlieferungen, die mit seinem Wirken verbunden waren, einzuschärfen.

Bosch hatte in seine Betrachtungen vom 31. Mai 1938 »die unausbleiblichen Schwierigkeiten und Krisen der Zukunft« eingeschaltet. Ihr

Ausmaß konnte er nicht ahnen. Diese Lebensbeschreibung, in den Wochen des militärischen und politischen Zusammenbruchs von Deutschland zum Abschluß gebracht, kann nicht den Ehrgeiz haben, die Geschichte des Werkes selber in den Jahren nach Boschs Tod nachzuholen. Als wir das Buch beendeten, schrieben wir, daß sein Abscheiden zu diesem Zeitpunkt Gnade war. Menschliches und Sachliches voll düsterer Tragik blieb ihm erspart.

Im Sommer 1942 wurde aus seinem Freundeskreis Theodor Bäuerle verhaftet und durch einige Wochen von der Gestapo festgesetzt; das Haus Bosch lag ja längst im Schatten des Verdachtes. Der Reichsstatthalter Murr hatte drohend geäußert, er werde »die Nebenregierung Bosch nicht länger dulden«. Bäuerle hatte seine Hand über einen Verfolgten gehalten und war mißbraucht worden. Die Akzente verschärften sich nach dem 20. Juli 1944. Karl Goerdeler hatte die vielen Reisen, die er seit Jahren im Auftrag der Firma unternahm, im Einverständnis mit Walz auch zur Ausweitung seiner Aktion gegen Hitler verwendet; in dem Verwaltungsgebäude der Militärstraße 4 fand mehr als eine wichtige Besprechung statt. Bosch und seine engsten Mitarbeiter waren davon unterrichtet. Der unselige Mißerfolg des 20. Juli brachte die Firma in härteste Gefährdung, zahlreiche Vernehmungen und Verhaftungen wurden vollzogen. Verfahren wegen Mitverschwörung vor dem Volksgerichtshof führten zu Zuchthausstrafen und KZ. Wie sehr sich Bosch selber Goerdeler nach der Seite des menschlichen und sachlichen Vertrauens verbunden fühlte, ergibt sich daraus, daß er ihn auf die Liste der Ersatzmänner für die erste Reihe der Testamentsvollstrecker gesetzt hatte.

Und das Werk? Die schweren Luftangriffe des Jahres 1944 haben nicht zuletzt auch den Anlagen von Robert Bosch gegolten. Ende Februar 1944 war das Werk Feuerbach hart getroffen, in den Schreckensnächten vom 24. auf 25. und vom 25. auf 26. Juli fielen das Verwaltungsgebäude und der Kern der alten Anlagen den Bomben zum Opfer. Die letzte konzentrierte Heimsuchung erfolgte vom 12. zum 13. September. Nur der späte Neubau an der Ecke Seiden-Rosenbergstraße, der früher einige Verwundungen erhalten hatte, hielt sich einigermaßen; er wurde nun zur Heimat der Verwaltung.

Die letzten neun Monate des Krieges wurden für die leitenden Männer des Unternehmens zur härtesten seelischen Belastung. Die sachliche Enttäuschung über den Fehlschlag des Attentats verwob sich mit der täglichen Sorge vor neuen personellen Aktionen der Gestapo. Die Zerstörungen in den Werken erschwerten nicht bloß die technischen und geschäftlichen Dispositionen, sondern verdüsterten die Pläne, wie denn überhaupt der Weg in die nächsten Jahre gefunden werden könnte. Die Ungewißheiten, der Druck der Verantwortungen waren schier unerträglich. Das Schicksal sah man längst auf sich zukommen, ohne Illusionen über seinen dunklen Ernst. Als die fremden Truppen einzogen, war zunächst eine klare Lage geschaffen. Man atmete auf, aber man wußte auch: es würde kein freies Atmen folgen.

Darzustellen, was der Kriegsausgang gebracht hat, die Besatzung, erst die französische, später die amerikanische, mag einem Späteren überlassen bleiben. Er wird in der Atmosphäre des sozialpolitischen Ringens manches finden, was den Erörterungen nach 1918 vergleichbar ist – die Tragik der persönlichen Schicksale und die unausdenkbaren Schwierigkeiten, das technisch-wirtschaftliche Erbe von Robert Bosch in eine verwandelte Zukunft hinüberzuretten. Die Mißverständnisse, die Hoffnungen und Enttäuschungen, dieses ewige Hin und Her zwischen vielerlei und wechselnden Partnern, all dies ist heute noch nicht zu beschreiben, noch gar nicht zu übersehen. Der Biograph müßte dieses Nachwort in voller Resignation schließen, hätte er nicht den Glauben, daß geistige und moralische Leistungen einen unverlierbaren Wert in sich umfassen und daß das schwäbische Volk, in seiner Substanz unverderbbar, am frühesten sich wieder zurechtfinden wird.

Vielleicht ist die Darstellung von Leben und Leistung des Robert Bosch ein Beitrag, um solchen Glauben auch anderen mitzuteilen. Dann wäre sie nicht bloß ein Stück Geschichte, sondern könnte etwas wie eine lebendige Kraft bringen.

Stuttgart, Juni 1946   Theodor Heuss

Robert Bosch Stuttgart-W, 4.März 1942.
Militärstraße 4

Herrn

Dr. Theodor Heuss,
Berlin-Lichterfelde.
===
Kamillenstrasse 3.

Lieber Herr Dr.Heuss!

Für die Zusendung Ihrer Biographie von Justus von Liebig danke ich Ihnen herzlich.

Ich finde dieselbe ausgezeichnet und möchte hiermit an Sie die Frage richten, ob Sie geneigt wären, sich auch mit einer Biographie von mir zu beschäftigen. Es würde dies allerdings zweifellos zur Voraussetzung haben, dass Sie hierher kommen, um hier Quellenstudium zu treiben, denn es kommt so vielerlei in Betracht, dass wir es Ihnen wohl kaum werden zuschicken können.

Sie haben schon früher einmal ausgesprochen, es könnte sich lohnen, sich einmal mit dem von mir schon Veröffentlichten näher zu beschäftigen. Vielleicht ist es Ihnen doch so weit ernst mit dieser Andeutung, dass Sie sich entschliessen können, hierher zu kommen, mindestens um die Sache einmal zu besprechen.

Mit besten Grüssen, auch an Ihre verehrte Frau, verbleibe ich

Ihr ergebener

Robert Bosch

Margarete Bosch an Theodor Heuss

Mein Vater sagte mir ungefähr 2 Jahre vor seinem Tod: Was man bis jetzt über mich geschrieben hat, legt mir den Gedanken nahe, dafür zu sorgen, daß einst ein Mann meine Biographie schreibt, der aus einem Milieu kommt, das ihn befähigt, mich in meinem Wesen zu verstehen. Ich möchte nicht, daß da einmal eine lobrednerische Biographie über mich veröffentlicht wird.

Da mein Vater die Vollendung seiner Lebensbeschreibung nicht mehr erlebt hat, darf ich als seine älteste Tochter Ihnen heute sagen, daß Sie seine Hoffnung voll & ganz erfüllt haben. Sie haben in überaus feiner & liebevoller psychologischer Einfühlung den Robert Bosch in seines Wesens Kern & in all seiner Eigenart erfaßt & sehr lebendig gezeichnet. Sie haben ihn gezeichnet so wie er wirklich war. Sie haben neben seiner großen helfenwollenden Güte auch die schroffen & herben Seiten seines Wesens aufgezeigt. Sie haben – & darauf kam es meinem Vater an – klar gemacht, daß die Charakteranlagen des Mannes in dem großbäuerlichen Milieu wurzeln, dem er entstammte. Sie haben sein Bild mit großer Liebe gezeichnet, aber Sie haben das vermieden, was er vermieden sehen wollte, Sie haben dieses Bild nicht verklärt. Für diese Wahrhaftigkeit danke ich Ihnen als seine Tochter von Herzen.

Stuttgart, 4. April 1947

Editorische Notiz zur Ausgabe von 1986

Diese Neuausgabe erscheint zum ersten Male in der Deutschen Verlags-Anstalt – einem Unternehmen, dessen Mehrheit Robert Bosch Anfang der zwanziger Jahre übernommen hatte, um fremde Einflüsse abzuwehren. Theodor Heuss berichtet davon auf Seite 466. Als Robert Bosch 1936 gezwungen wurde, sich vom Verlag zu trennen, besaß er 54,6 Prozent der Aktien. Mitglieder der Familie Bosch erhielten die Anteile an der DVA, die 1941 von einer Aktiengesellschaft in eine GmbH umgewandelt worden war, nach langwierigen Verhandlungen erst 1950 zurück. Dreißig Jahre später wurde für den Verlag eine Stiftungslösung gefunden; seitdem sind die Frankfurter Allgemeine Zeitung GmbH, die sich mehrheitlich im Besitz einer gemeinnützigen Stiftung befindet, und die mit Hilfe der Robert Bosch GmbH errichtete, ebenfalls gemeinnützige DVA-Stiftung Gesellschafter.
Der Stiftungsgedanke ist in Schwaben auf besonders fruchtbaren Boden gefallen. So gehören heute rund neunzig Prozent des Kapitals der Robert Bosch GmbH einer gemeinnützigen Stiftung, der Robert-Bosch-Stiftung GmbH. Im Mittelpunkt ihrer Verpflichtung steht das Robert-Bosch-Krankenhaus in Stuttgart, für das 1973 ein Neubau errichtet worden ist. Neben dem Krankenhaus hat die Stiftung von Anfang an Projekte aus den Bereichen Natur- und Geisteswissenschaften, der Kunst und Kultur, des Bildungswesens und der Völkerverständigung gefördert – getreu dem Testament von Robert Bosch, dessen Geist seine Erben Rechnung trugen, als sie Anfang der sechziger Jahre den größten Teil des Stammkapitals der Firma der Stiftung überließen.
Im 100. Jahr nach der Firmengründung (und vierzig Jahre nach der ersten Auflage dieser Biographie, die damals im Rainer Wunderlich

Verlag Hermann Leins, Tübingen, erschienen war) beschäftigte die Bosch-Gruppe im In- und Ausland mehr als 145 000 Arbeiter und Angestellte. Dabei stand das Unternehmen seit 1948 vier Jahre lang unter der alliierten Drohung der »Entflechtung«, die nur durch den Verzicht auf mehrere Beteiligungen und die Bereitschaft abgewendet werden konnte, alle Patent- und Gebrauchsmusterschriften preiszugeben. Inzwischen stieg der konsolidierte Weltumsatz der Bosch-Gruppe 1985 auf mehr als einundzwanzig Milliarden DM.

Theodor Heuss hat mit seinem Glauben an den unverlierbaren Wert geistiger und moralischer Leistungen, mit seinem Vertrauen in die »unverderbbare Substanz« des schwäbischen Volkes Recht behalten. Manches an seiner Darstellung von Leben und Leistung Robert Boschs ließe sich aufgrund von Unterlagen, die ihm mitten im Kriege nicht zugänglich waren, aus heutiger Sicht anders beschreiben, einiges wurde durch die spätere Entwicklung nicht bestätigt. So ist, um nur ein Beispiel zu nennen, die eigene Viehhaltung auf den Hochmoorflächen des Boschhofes aufgegeben worden; große Teile der kultivierten Flächen wurden aufgeforstet. Wir legen dennoch die Biographie aus Respekt vor Theodor Heuss im Urtext vor. Sie ist ein in sich geschlossenes Werk – literarisch das, was man als einen »Wurf« bezeichnet.

Stuttgart, im August 1986   Hans L. Merkle

Anhang

Anmerkungen

Heimat und Herkunft

Seite 24

Die Nummer des »Stuttgarter Beobachters« vom 14. 10. 1880 enthält folgenden Nachruf:
»Aus den Kreisen der Ulmer Parteigenossen kommt uns, mit der Nachricht vom Tode des Freundes der schlichte herzliche Nachruf:
Mit Bosch ist uns ein braver Kamerad, ein treuer Parteigenosse, ein tüchtiger Vorfechter der bürgerlichen Freiheit durch den Tod entrissen worden. Was er sein Leben lang erstrebt hat, ein freies ganzes deutsches Vaterland, das bleibe unser Ziel. Schöner und besser können wir sein Andenken nicht ehren.
  Die Ulmer Volkspartei
Wir haben diesem ehrenden Zeugnis, dem letzten Gruß der ihm nahestehenden Männer im Namen der württembergischen Volkspartei, im Namen des Landeskomitees, dem er seit 1864 ununterbrochen angehörte, nur wenige Worte beizufügen. Daß uns der kluge und einflußreiche Kronenwirt von Albeck in den Tagen der körperlichen Kraft und Rüstigkeit bei keiner Landesversammlung, bei keiner Agitation fehlte, ist der gesamten Volkspartei bekannt und in den Annalen des ›Beobachters‹ für alle Zeit verzeichnet. Was er mit seiner ausgebreiteten Bekanntschaft auf der Ulmer Alb, mit seiner Kenntnis der dortigen Personen und Verhältnisse, und durch die allgemeine Achtung, die er weitum genoß, namentlich zum Gelingen freisinniger Wahlen im Amt Ulm in und nach 1848 beigetragen hat, wie er selber, oft zur Kandidatur aufgefordert, bei aller Tüchtigkeit und Befähigung sich anderen gegenüber, die er für tüchtiger hielt, in den Hintergrund stellte und frei von jedem persönlichen Interesse nur für die Sache wirkte, das ist und bleibt uns allen unvergeßlich. Im Namen des ›Beobachters‹ aber, dessen langjähriger, zuverlässiger Berichterstatter er war, und im Namen des Landeskomitees, dem, als er persönlich nur selten mehr in unserer Mitte erscheinen konnte, sein schriftlicher Rat in wichtigen Fragen nie fehlte, haben wir noch einen besonderen Dank auf das Grab des echten, des braven schwäbischen Volksmannes niederzulegen. Möge sein Gedächtnis, wie bei den Ulmer Freunden, so in der ganzen Volkspartei fortleben und fortwirken!«

Arbeiterbewegung und Arbeitskampf

Seite 208

In den Schriften des Vereins für Sozialpolitik (135. Bd. Erster Teil) hat unter den Untersuchungen über »Auslese und Anpassung in der Arbeiterschaft« Dr. Fritz Schiemann eine größere Studie über »Die Arbeiter der Daimler-Motoren-Gesellschaft Stuttgart-Untertürkheim« veröffentlicht (Leipzig 1911). Die Arbeit, auf Fragebogen und Angaben der Geschäftsleitung beruhend, gibt ein Bild über die Struktur der dortigen Arbeiterschaft, Herkunft, Lebensweise, Bildung, das in manchen Stücken auch für die Leute des neben Daimler emporwachsenden jungen Stuttgarter Betriebs als typisch gelten kann. Der Blick auf Arbeitszeit und durchschnittliche Verdienstmöglichkeit veranschaulicht aber auch die Sonderstellung von Bosch. Der Daimlerbetrieb hatte 1906 einen Arbeitskampf erlebt, der eine vertragliche Arbeitszeit von 9½ Stunden als Ergebnis hatte; im gleichen Jahr entschloß sich Bosch zum Achtstundentag.

Seite 213

Über die Veranlassung zu dem Arbeitskampf von 1913 hat im Jahre 1936 ein eingehender, freundschaftlich geführter Briefwechsel zwischen Bosch und dem ehemaligen sozialdemokratischen Abgeordneten *Wilhelm Keil* stattgefunden. Keil setzte darin auseinander, daß nicht die Gewerkschaft die Initiative ergriffen hatte, sondern daß sie von dem agitatorischen Terrorismus des ihren Vertretern überlegenen Westmeyer in den Kampf hineingedrängt wurde und dann mitmachte, um nicht ganz ausgeschaltet zu werden. Bosch schrieb damals (15. Februar 1936): »... daß Westmeyer der Anstifter und Leiter der ganzen Sache war, ist mir übrigens bekannt.« Aber er fand, daß einige der Gewerkschaftler dann doch nicht bloß mit dem Strom geschwommen, sondern Öl ins Feuer gegossen hätten. Keils Darstellung brandmarkt die Sinnlosigkeit des ganzen Streikes.

Seite 220

Der Volkshumor bemächtigte sich des Streiks in einer den Streikenden psychologisch abträglichen Weise:

»Hätt'sch dei Gosch g'halte, na hätt' de d'r Bosch b'halte,
Go'scht zu de Terrot Söhne, der hat au kei bessere Löhne,
Go'scht zum Eisema', der tut au net meh' na,
Go'scht zu de Daimler, isch d'r Loh no viel kleiner,
Go'scht du na zum Hirth, der zahlt au net, was da witt.

Wenn da des net witt, du Kopper,
      na go'scht halt zu Zahn und Nopper,
Und bleibscht dort au a Weile,
      na nemmt de z'letscht net amal meh d'r Bleyle,
Und wenn's nix ischt im ganze Land,
      no go'scht halt zum Verband,
Und der mit seiner große Gosch,
      der schickt de halt au wieder zum Bosch.«

Erziehertum im Beruf

Seite 226

Zu August Utzinger. – Die »Elektrotechnische Zeitschrift«, Jahrgang 1922, Heft 52, veröffentlichte einen Lebenslauf, in dem Utzingers schöpferische Leistungen auf dem Gebiet der Elektrotechnik gewürdigt werden. Robert Boschs Nachruf im »Boschzünder«, 1922, Heft 12. Aus Utzingers Feder sind auch einige bemerkenswerte Aufsätze hervorgegangen, so ein Beitrag im Band VI der »Abhandlungen und Berichte über das Technische Schulwesen« (Leipzig, B. G. Teubner, 1919); der Verfasser verarbeitet darin sehr instruktiv das Ergebnis einer Rundfrage, die von 77 Werken beantwortet wurde. Er mißt sie an den Richtlinien des Deutschen Ausschusses von 1912, diese durch verständige Vorschläge ergänzend. Am 26. November 1921 hat er dann bei einer süddeutschen Bezirkstagung des Vereins Deutscher Ingenieure über die Eigenart der Lehrlingsausbildung bei Bosch referiert (abgedruckt im »Boschzünder« 1922, Heft 1). Über die Entwicklung der »Werkschulen der deutschen mechanischen Industrie« unterrichten die »Mitteilungen des deutschen Ausschusses für Technisches Schulwesen« 1. Jahrgang 1921, Heft 12–14, Jahrgang 1922, Heft 1/2. Dort sind von den einzelnen Werken auch historische Angaben gemacht. Die Aneinanderreihung der Berichte gibt ein Bild, wie bunt der Begriff der Lehrwerkstätte gewesen war, bis er durch den »Datsch«, vorab seit 1912, systematisiert wurde.

Vor dem Sturm

Seite 248

Über die Anfänge des Flugwesens in Deutschland vgl. Peter Supf, Das Buch der deutschen Fluggeschichte, Berlin-Grunewald 1938. Dort wird auch die Leistung von A. Euler und H. Grade gewürdigt. Die führende Bedeutung, die Hellmuth Hirths Auftreten gewann, ist von Rolf Italiaander in seinen »Wegbereitern deutscher Luftgeltung« (Berlin 1941) dargestellt; derselbe Verfasser hat auch Hans Grade und dem jüngeren Bruder von Hellmuth Hirth, dem Vorkämpfer des Segelflugs, Wolf Hirth, Monographien gewidmet. – Die Beziehungen zwischen dem Zeppelin- und dem Bosch-Kreis werden von Alfred Colsman in seinen anschaulichen und temperamentvollen Erinnerungen »Luftschiff voraus!« behandelt (Stuttgart 1933).

Der erste Weltkrieg

Seite 254
Für die Beziehungen zwischen Bosch und Naumann vergleiche auch Theodor Heuss, »Friedrich Naumann. Der Mann, das Werk, die Zeit« (Stuttgart 1937). Dort ist Naumanns Antwortbrief an Bosch, der die Frage der Abdankung Wilhelms II. behandelt, zum Abdruck gebracht.

Seite 263
Über die »Riesenflugzeuge« hat E. Offermann eine eingehende, vergleichende Buchpublikation erscheinen lassen (Berlin 1927), die vor allem die technischkonstruktive Sonderart der verschiedenen Typen untersucht. Sie stützt sich, soweit sie sich auf die in Gotha und Staaken erbauten Flugzeuge bezieht, hauptsächlich auf eine größere Aufsatzserie, die deren Konstrukteur, Professor Dr. A. Baumann, in der »Zeitschrift des Vereins Deutscher Ingenieure« 1919 und 1920 (Bd. 63 und 64) veröffentlicht hat. Hier sind die wichtigsten geschichtlichen Daten wiedergegeben, auch ein Überblick über den damaligen Stand der Aufgabe und die grundsätzliche Bedeutung ihrer Lösung. Herangezogen auch für diesen Abschnitt ist Colsmans Erinnerungsbuch; dazu persönliche Mitteilungen von Alfred Colsman und Fritz Honold.

Seite 268
Zur Frage des Neckarkanals. Das weitschichtige sachliche und polemische Schrifttum über die Zweckmäßigkeit und über die Durchführung der Neckarkanalisation kann hier unberücksichtigt bleiben. Der im Text erwähnte Briefwechsel, den Robert Bosch 1925 mit den Heidelberger Professoren Richard Thoma und Karl Hampe geführt hat, ist in der Zeitschrift des Kanalvereins, »Südwestdeutschland«, Jahrgang 1925, Seite 153 bis 164, abgedruckt.

Seite 275
Die Gründung der Aktiengesellschaft, die zunächst den Firmennamen »Aktiengesellschaft für Kleinmaschinen- und Apparatebau« erhielt, erfolgte am 6. Juli 1917; durch Kaufvertrag vom 6. August 1917 erwarb die neue Gesellschaft die Firma Robert Bosch für einen Kaufpreis von 13 328 698,65 Mark. Die Bewertung erfolgte sehr vorsichtig, da man sich darüber klar war, daß der Übergang zur Friedensarbeit Verluste und Neuaufwendungen bringen werde. Aus dem Bericht des Aufsichtsrates sei die charakteristische Bemer-

kung wiedergegeben: »Auf dem Lager befinden sich fertige Zündapparate im Wert von mehreren Millionen Mark, die bei Kriegsausbruch zum Versand ins feindliche Ausland lagen oder nahezu fertiggestellt waren. Dies sind besondere Konstruktionen, die auf die Bedürfnisse französischer, englischer und amerikanischer Fabriken zugeschnitten sind und von den üblichen deutschen Modellen abweichen. Sie sind deshalb in Deutschland nicht ohne weiteres verwendbar, was am besten daraus hervorgeht, daß sie heute noch am Lager liegen, obwohl zur Zeit ein außerordentlicher Bedarf an Zündapparaten herrscht. Da diese Apparate auch nach dem Kriege an die ursprünglichen feindlichen Besteller wohl schwerlich abzusetzen sind, so müssen sie unter erheblichen Kosten umgeändert werden, das Gleiche gilt für die Halbfabrikate, für Zündapparate und Lichtmaschinenmodelle, deren Konstruktion inzwischen zum Teil überholt ist und die jedenfalls einer Nachprüfung und Umarbeitung bedürfen ...« Das erste Geschäftsjahr der AG. wurde auf 1. Oktober 1916 zurückdatiert; Bosch erhielt als Ausgleich für dies Entgegenkommen für die ersten drei Jahre 30, 25 und 20 % des nach den ordnungsmäßigen Abschreibungen verbleibenden Gewinns zugesprochen. Er selber räumte der Gesellschaft für zehn Jahre einen Kredit von 8 Millionen ein und verpflichtete sich, ohne die Zustimmung der Gesellschaft kein Konkurrenzunternehmen zu errichten. Honold und Borst wurden als ordentliche, Kempter, Ulmer und Rall als stellvertretende Vorstandsmitglieder bestellt.

Die Gründung der Metallwerke Robert Bosch AG. Feuerbach erfolgte am 25. Juli 1917 mit dem Grundkapital von 1 200 000 Mark, woran außer Bosch persönlich, Eugen Kayser, die Stuttgarter Firma (vertreten durch Honold und Borst), in kleinen Beträgen auf Rechnung von Bosch auch Rall und Fellmeth beteiligt waren. Den ersten Aufsichtsrat bildeten Scheuing, Honold und Borst, zu denen am 9. August noch Bosch hinzutrat. Als Vorstand wurde Heinrich Kempter berufen. Bosch gewährt diesem Werk auf zehn Jahre einen Kredit bis 800 000 Mark. Der Kaufpreis ist auf 309 481,70 Mark errechnet. In einem Sonderabkommen (25. Juli 1917) wird geregelt, unter welchen Voraussetzungen Kayser oder die Stuttgarter Robert Bosch AG. durch Erwerb aus dem Aktienbesitz von Robert Bosch in den Besitz der Mehrheit der Metallwerke-Aktien gelangen können; der Besitz von Bosch ist treuhänderisch Paul Scheuing übertragen.

Seite 289
Die Eingabe an Ludendorff und dessen Antwort ist von Oberst a. D. Bernhard Schwertfeger in dem Gutachten über »Die Ursachen des deutschen Zusammenbruchs im Jahre 1918«, das dem parlamentarischen Untersuchungsausschuß erstattet wurde, wörtlich mitgeteilt (Vierte Reihe, Band 2, Berlin 1925).

Fabrikationsprogramm und Geschäftsorganisation in den Nachkriegsjahren

Seite 343
Kontrolle der militärischen Entente-Kommission. Bosch an Egnell, 19. März 1920: »Der Besuch der Entente-Kommission hat bei uns stattgefunden und wir können über irgendwelche Anstände nicht berichten, im Gegenteil, man hat uns recht entgegenkommend behandelt. Ein Franzose, der bei der Kommission war, sagte sogar, er sei Konkurrent, möchte infolgedessen die Fabrik nicht in amtlicher Eigenschaft besichtigen. Wenn man ihm aber privat die Besichtigung gestatte, so würde ihn das sehr freuen. Ein Engländer aber machte dem deutschen Offizier, der die Kommission begleitete, abends noch einen Besuch und entschuldigte sich, weil die Kommission die Besichtigung nicht in der von England vorgesehenen Art vorgenommen hätte, sondern schärfer und eingehender, weil dies ein nachträglich zu der Kommission gestoßener französischer rangälterer Offizier verlangte.«

Die Auseinandersetzung mit Amerika

Seite 375
Die Geschichte der Beschlagnahme des deutschen Eigentums und der Kampf um die Freigabe hat eine höchst lehrreiche Darstellung in der Einleitung des Kommentars gefunden, den Dr. *Hermann Janssen* über »Das amerikanische Freigabegesetz vom 10. März 1928« veröffentlicht hat (Mannheim 1928). Über das Gesamtproblem der deutschen Vermögensenteignung durch das feindliche Ausland versucht mein Beitrag: »Das Schicksal der Auslandsdeutschen« in dem von Schnee-Draeger herausgegebenen Sammelwerk »Zehn Jahre Versailles« (Berlin 1929) zu unterrichten.

Seite 382
Magnet- und Batterie-Zünder. Im »Boschzünder« (1930, Heft 6) gibt Dr. Friedrich Trautmann eine Abhandlung über die Entwicklung der Batteriezündung im Zusammenhang mit der übrigen Kraftfahrzeug-Ausrüstung und ihre verschiedene Typik. Dort finden sich auch die allgemeinen Feststellungen: »Der Magnetzünder hat den Vorteil für sich, daß er eine eng zusammengefaßte Einheit aller zur Erzeugung und Regelung der Zündspannung erforderlichen Teile bildet und daher die größere Zuverlässigkeit bietet. Der Batteriezünder ist dagegen stets auf die Lieferung des Primärstroms aus der Lichtanlage angewiesen, mit der außer ihm noch andere Stromverbraucher zusammenhängen. Beim Anlasser insbesondere wird er lediglich aus der Akkumulatorenbatterie gespeist, die zweifellos den schwächsten Teil der ganzen Ausrüstung bildet. Andererseits hat aber der Batteriezünder den Vorzug für sich, daß er das An-

werfen erleichtert, weil er schon bei ganz niedrigen Drehzahlen kräftige Funken gibt. Insgesamt entspricht er nach der weitgehenden Vervollkommnung der Lichtanlagen allen billigen Ansprüchen an die Zuverlässigkeit. Er hat an Personenwagen den Magnetzünder fast völlig verdrängt und ist neuerdings sogar an Motorrädern in siegreichem Vordringen. Der Magnetzünder wird in nicht allzu ferner Zukunft im wesentlichen nur noch an Fahrzeugen, für die besondere Zuverlässigkeit und stete Betriebsbereitschaft gefordert werden muß – z. B. also an Lastwagen und Feuerwehrfahrzeugen – und weiter in besonders rauhen Betrieben verwendet werden, denen die heutigen Batterien noch nicht gewachsen sind. Der Kampf ist einfach durch die Preisfrage entschieden worden.«

Studien zu einem Bildnis
Seite 491

Theodor Bäuerle hat im »Boschzünder« vom 23. September 1941, aus Anlaß des 80. Geburtstages, eine längere Studie veröffentlicht: »Robert Bosch und die deutsche Sprache«. Darin sind noch eine Reihe bezeichnender Bemerkungen und Ausdrucksproben aus Niederschriften und Briefen mitgeteilt.

Jäger und Heger
Seite 495

Über den Jäger Bosch liegen mehrere Studien vor. Otto Mezger hat darüber in dem Sammelband zu Boschs 70. Geburtstag (Stuttgart, Deutsche Verlags-Anstalt, 1931) einen Beitrag geschrieben, Hermann Bücher hat ihm zur gleichen Gelegenheit (gemeinsam mit Paul Reusch) eine kleine Schrift gewidmet (Privatdruck), die wesentlich der Jägerei gilt. Georg Escherichs reicher Erinnerungsband »Der alte Jäger« (3. Aufl. 1937) enthält einen Abschnitt, der das Uracher Jagdrevier schildert.

Agrarpolitisches Denken
im landwirtschaftlichen Planen
Seite 512

Zur geologischen Struktur des Geländes, auf dem der »Boschhof« liegt, stellt mir Hauptlehrer a. D. Klaus Hiller in Bad Tölz, der im »Tölzer Kurier« während der letzten Jahre höchst anregende Betrachtungen über die Geologie und Botanik des Bezirkes veröffentlicht hat, einige Bemerkungen zur Verfügung: »Dieser Landstrich, Königsdorfer Senke, war einst Verbindungsstück zwischen Kochel- und Wolfrathshauser See, ein riesiges Sumpfgebiet mit vier Inseln; im Norden schließt sich der Herrnhauser Rücken an. Zwischen Kiensee und den Karpfseen erstreckt sich eine niedrige ehemalige Schotterplatte, die Verwitterungslehm trägt, die ferner durch Eiserosion mit seichten Gruben durchfurcht wurden, in diesen konnten sich die Karpfseen erhalten. Überragt wird die Schotterplatte von der Bocksberger Insel. Im Westen ist diese von Deltaschotter unterbaut, oben liegt Ton; den Westhang scheint lettige Moräne zu verkleiden. All diese Gesteine mit Ausnahme der Moräne, die der Würmeiszeit angehört, müssen zu den rißeiszeitlichen Staugebilden gezählt werden, wenngleich die tiefgelegene Platte offenbar jünger ist als die Insel. Im Westen schließt sich Moor (über See-Ton) an. Weiter nördlich erhebt sich die Insel mit Gut Karpfsee: hier Deckenschotter auf Molasse; sie ist hier zwar nicht sichtbar, ist aber im Nordosten auf Kohle angeschürft worden; sie ist von Moräne umgürtet. Die Insel mit Gut Nantesbuch besteht durchweg aus Promberger Molasse (Promberg liegt nördlich Penzberg). Darüber lagern wenige Moränegeschiebe und ein Rest von Deckenschotter, unter dem, wie unter Gut Karpfsee, Quellen austreten; der Schotter ist sandreich und teilweise verrutscht. Nördlich davon im Moor tritt unscheinbar der obere Quarzsand aus. Die Bäche, die weiter im Nordosten laufen, schneiden Seeton an; dieser baut den schmalen Rücken zwischen Mühl- und Wenigbach auf. Im Süden der Mooseuracher Insel liegt Niederterrassenschotter unter dem Ton; dieser Ton stammt aus der Königsdorfer Moräne. Die Insel Mooseurach zeigt oberflächlich dieselben Verhältnisse wie die Karpfseer; als Unterbau ist Flinz anzunehmen. Es folgt im Norden der Herrnhäuser Rücken. Im Süden besteht sein Kern aus Miozänkonglomerat, im Norden liegt Flinz in der Tiefe. Im Süden ist Deckenschotter aufgelagert; hier wie auf den Inseln wesentlich tiefer gelegen als in der Schwarzen Wand. Würmeiszeitliche Moränen mit frischen Formen und kleinen Mooren breiten sich über den ganzen Rücken. Im Nordwesten ist es Endmoräne, von der dann auch ein Schotterfeld gegen Nordwesten ausgeht. Das Ganze bezeichnet ein Rückzugsstadium der Würmeiszeit, jünger als der Seeton. Die gegen die Loisach abfallende Terrasse des Schotters enthält viel Sand, der vielleicht noch in den alten See geschüttet worden ist. Im Nordosten ist der Abfall des Rückens durch die Isar angelegt und verteilt.« (Literatur: Erläuterungen zur geologischen Ausgabe des Blattes 651 Tölz von Otto Leichtmann, Clemens Lebling und K. Anton Weithofer. Verlag Piloty und Boehle, München.) – Über die Beschaffenheit der »Königsdorfer Filze« sind nähere Forschungen enthalten in den »Pollenstatistischen und statigraphischen Mooruntersuchungen im südlichen Bayern« II. Teil von H. Paul und S. Ruoff. (Botanisches Laboratorium der Landesanstalt für Moorwirtschaft in München.) Die Filze werden als »typisches Stammbeckenmoor« charakterisiert, als »einheitliches Hochmoor«. Die Moortiefen betragen durchschnittlich 3,5 Meter, östlich von Mooseurach 4,5 bis 5,5 Meter.

In die Steuerbücher von Benediktbeuren wurde durch P. Minderà Einblick gewährt; ihm sind auch einige der siedlungsgeschichtlichen Hinweise zu danken.

Seite 529
Gegen den Siedelungsgedanken als nationalen Rettungsplan, wie er nach der Revolution vielfach vertreten wurde, war Bosch aus ernährungswirtschaftlichen Gründen skeptisch. Eine solche Siedelung, heißt es in dem Briefwechsel mit Röttcher (2. Aug. 1920), »werde nicht mehr erreichen als die Schaffung von so und so viel kleinen Besitzern, die alles das, was sie landwirtschaftlich erzeugen, auch selber verzehren. Ein Überschuß, der der Volksernährung zugute kommen könne, werde von solchen Leuten nicht erzielt werden«. Die Lösung habe wohl für Norddeutschland einigen Sinn, aber nicht für den Süden, wo man nun auch aufteilen wolle, »trotzdem diese ›großen Güter‹ noch so klein sind, daß sie die rationale Wirtschaft noch kaum gestatten. Anstatt solche Güter zu zerschlagen, um Siedlungsstellen zu schaffen, müßte man, um Nahrungsmittel, wie sie notwendig sind, zu verschaffen, Güter zusammenlegen, um die Zwergwirtschaft, die wir haben und die ihre Erzeugnisse alle selbst auffrißt, abzuschaffen.«

Gesundheitspflege

Seite 538
Über Krankheitsfragen und Homöopathie hat Bosch in gelegentlichen Briefen grundsätzliche Meinungen widerlegt. Charakteristisch ist das an den Züricher Arzt Dr. Bircher, den Ernährungsspezialisten, gerichtete Schreiben vom 7. November 1936: »Daß ich mir eine Meinung zu bilden suche über die Frage, kann man durch Homöopathie dauernd heilen oder kann man das nur durch richtige Ernährung, ist mir sozusagen selbstverständlich, ich habe diese gewiß laienhafte Erklärung, sie muß mir zunächst genügen. Und sie ist folgende: Der Mensch wird krank durch seinen Beruf, seine Ernährung, seine Lebensweise, durch Infektion, Erkältung und dergleichen. Er wird zuweilen krank, weil er zum Beispiel gerade im Augenblick durch irgendwelche inneren Einflüsse, durch Erkältung usw. nicht widerstandsfähig ist. Nun ist im Menschen etwas, das ihn gesund machen will, das ist aber selbst nicht auf der Höhe und tut nicht das Nötige, um den Fehler zu beheben, und hier kann ein Anstoß, ein Reiz gegeben werden durch Arzneimittel. Der Körper kann angeregt werden, belebt werden, durch irgendwelche Reize, so weit, daß er selbst sich hilft. Ob das nun durch Umschläge, Kneippkuren u. dergl. oder durch mehr oder weniger hochpotenzierte homöopathische Gaben, durch Luftwechsel, durch richtige Ernährung und was immer geschieht, ist wohl gleichgültig. Nötig ist, den

Körper aufzurütteln, anzuregen, allerdings vor allem ihn richtig zu ernähren. Wer schon einmal im Ultramikroskop etwa eine homöopathische Lösung gesehen hat, kann verstehen, welche Kräfte in einer hochpotenzierten Arznei stekken können und welchen Anstoß sie dem Körper zu geben vermag.

Gustav Jäger verglich die Hochpotenz mit dem geschwungenen Hammer, den er dem Amboß gegenüberstellt, der nur einen Druck auf die Unterlage ausübt, während der Hammer formt und schafft. Auch der Hochgebirgssee entfaltet keine Kräfte, läuft er aber über und kriegt Geschwindigkeit, dann kann er Bäume versetzen. Arzneimittel heilen nicht, sie regen den Körper an, sich selbst zu helfen. Jetzt lachen Sie einmal herzlich und dann geben Sie mir einen guten Rat. Ich bin mit meiner Leistungsfähigkeit gar nicht mehr zufrieden.«

Als das Krankenhaus schon im Bau war, schrieb Bosch von unterwegs an Hans Walz (17. Juli 1938): »Meine Meinung ist die folgende: Die Homöopathen haben unberechtigte Minderwertigkeitsgefühle. Wenn der Chirurg sich an den Krankenhäusern immer durchsetzt, so nur, weil die Allopathen keine Heilmittel hatten. Den Erfolg hatte immer der Chirurg. Daß die Homöopathen besser dran sind, beweist schon der Umstand, daß viele Chirurgen sich homöopathischer Mittel bedienen, einerseits um den Patienten sozusagen vorzubereiten für die Operation, andererseits um sie nach der Operation rascher zu heilen und sie von den Folgen der Operation rascher zu befreien. Aber auch um die Operation zu vermeiden. Das tut Bier, und ich glaube Czerny. Der Letztere sprach aus, man müsse die Homöopathie in das ärztliche Rüstzeug einbeziehen. Das ist die eine Seite der Frage. Die andere: Stribeck, mit dem ich die Sache besprach, sagte, es sei heute für *einen* Mann unmöglich, in allen wissenschaftlichen Fragen so gut beschlagen zu sein, wie ein zuständiger Spezialist in seinem Gebiet. Stribeck sagte, gerade in der Medizin müsse eine Disziplin die andere heranholen und nicht bekämpfen. Gerade Bier habe so gehandelt zum Wohle der Menschheit.«

Richtlinien für das Robert-Bosch-Krankenhaus. Bei der Eröffnung des Krankenhauses hielt Bosch eine kurze Ansprache, in der unter anderem ausgeführt wurde: »Wenn ein Haus meinen Namen tragen soll, so ist ... folgendes besonders zu Herzen zu nehmen: Jedes Gefolgschaftsmitglied muß von dem festen Willen durchdrungen sein, die ihm übertragenen Aufgaben treu und gewissenhaft zu erfüllen. Pünktlichkeit und sorgfältige Beachtung aller in Betracht kommenden Einzelheiten, sowie Sparsamkeit im ganzen Betrieb sind nötig, um den ins Auge gefaßten Erfolg zu sichern. Dazu gehört, daß an jedem Platz die richtige Arbeitskraft angesetzt wird. Jede Arbeit ist wichtig, auch die kleinste. Es soll keiner sich einbilden, seine Arbeit sei über die seines Mitarbeiters erhaben. Wichtig ist auch, daß jeder Vorgesetzte weiß, was im Hause, besonders in seiner Abteilung vorgeht, und daß vorkommende Fragen im Wege der offenen Aussprache geklärt werden. Wenn einer im Hause einen Mangel sieht, so hat er nicht nur das Recht, sondern die Pflicht, seinen Mitarbeiter, auch allenfalls seinen Vorgesetzten darauf aufmerksam zu machen. Immer soll nach Verbesserung des bestehenden Zustandes gestrebt werden, keiner soll mit dem Erreichten sich zufrieden geben, sondern stets danach trachten, seine Sache noch besser zu machen. In allen Zweifelsfragen ist stets die Sache über die Person zu stellen. Jeder soll mitwirken zum Wohle des Ganzen, keinem zu Liebe und keinem zu Leide, die Menschen sollen geheilt werden und die Homöopathie soll gefördert werden. Und noch eines ist wichtig: das Haus muß sich das Vertrauen der Öffentlichkeit erwerben und sichern. Wenn kein Vertrauen zur Güte einer Ware und im vorliegenden Fall also zur Güte der Behandlung und Verpflegung vorhanden ist, so kann das Haus seine Aufgabe nicht voll erfüllen. Deshalb setzen Sie alles daran, um das Vertrauen weiter Kreise zu erringen. Ein Haus, das sich diese Grundsätze zu eigen macht, wird sich durchsetzen zum Wohle der Homöopathie und der leidenden Menschheit.«

Das 5./6. Heft des »Boschzünders« 1940 bringt außer Boschs Ansprache die Weiherede von Hans Walz und eine Baugeschichte aus der Feder von Paul Hahn.

Seite 542

Der »Hippokrates«, »Wochenschrift für biologische Medizin und Praxis«, brachte zum 75. Geburtstage von Robert Bosch eine diesem gewidmete Sondernummer (7. Jahrgang, Heft 32, 24. September 1936). Die Nummer enthält neben den Glückwunschadressen der verschiedenen homöopathischen Vereinigungen und wissenschaftlichen Beiträgen führender Stuttgarter Ärzte einige Aufsätze, die Boschs Teilnahme an den volksgesundheitlichen Fragen würdigen. H. Göhrum bespricht das Biographische und Grundsätzliche, A. Stiegele charakterisiert die Planung des Krankenhauses, O. Mezger behandelt die Bedeutung der Lehrkurse. Die geschichtliche Stellung der Homöopathie in Württemberg und die Etappen, in denen das neue Krankenhaus seiner Verwirklichung entgegenwuchs, wird eingehend von Oberreallehrer i. R. Immanuel Wolf in Stuttgart, dem Vorsitzenden des Reichsbundes für Homöopathie und Lebenspflege, dargestellt.

Förderung der Kulturpolitik

Seite 546
Ablehnung eines Gesuches. Der Leiter der Treptower Sternwarte, Archenhold, erhielt vom 14. Juni 1912 einen sehr bezeichnenden Brief: »Ich bin überzeugt, daß mir Ihre Sternwarte außerordentlich gefallen würde, da mich alles interessiert, was unsere Erkenntnis fördert. Leider aber kann man heutzutage sich nicht mit allem beschäftigen, was Interesse bietet, es sei denn, man sei dafür erzogen, wie zum Beispiel unser Kaiser. Ich bin in Astronomie vollständig Laie und muß mich eigentlich hüten, eine Sternwarte zu betreten. Meine Stellungnahme, eine Unterstützung der Sternwarte betreffend, kann ich leider nicht ändern. Die Technik hat Deutschland zu dem gemacht, was es ist; hat sie Bedürfnisse, so verweist man sie auf Selbsthilfe. Ich ziehe daraus die Konsequenzen und würde das von allen Technikern gemacht, es würde den Eindruck nicht verfehlen.«
Bosch hat, zumal später, die »Konsequenzen« keineswegs so schroff gezogen, wie dieser Brief das mitteilt.

—

Über die »Werkbund-Gesinnung«, die in den Bosch-Artikeln stecke, hat für den Sammelband zu Boschs 70. Geburtstag der Vorsitzende des Bundes, Peter Bruckmann-Heilbronn einen Beitrag geschrieben. Dort wird auch das unwirsche Wort zitiert, das Bosch bei der Besichtigung einer D.W.B.-Ausstellung in Stuttgart äußerte: »Was tun meine ehrlichen Erzeugnisse in eurem Narrenhaus?«

Seite 550
Zur »Förderung der Begabten«. Der ehemalige Mitarbeiter Bäuerles, F. Stäbler, hat über den Gesamtkomplex eine Studie veröffentlicht: »Begabtenförderung und Berufsschicksal« (Leipzig, J. A. Barth, 1930).

Seite 552
Der »Verein zur Förderung der Volksbildung« verdiente eine zusammenfassende geschichtliche Darstellung, weil sich in seinen Leistungen die besten Bemühungen einer freien Volkspädagogik in den anderthalb Jahrzehnten der Nachkriegszeit spiegeln. Das Zeittypische mit seiner deutschen Allgemeinverbindlichkeit mengt sich mit Schwäbisch-Sondertümlichem und ganz Individuellem. Theodor Bäuerle hat in seinem Beitrag zu dem Sammelband von 1931 »Dienst an Mensch und Volk«, der überhaupt einen systematischen Abriß von Boschs sozialcaritativem und humanitärem Wirken gibt, die Motivenreihe herausgearbeitet, die zur Begründung des Vereins geführt hat, und die wesenhaften Richtlinien seiner Tätigkeit. Dort ist auch ein knapper Abriß gegeben über die wichtigsten Schöpfungen: die Volkshochschule Stuttgart mit ihren jährlich 12–15000 Teilnehmern; das Volkshochschulheim Denken-

dorf für Mädchen (über 18 Jahre), einer »Bildungsstätte auf hauswirtschaftlicher Grundlage« mit fünfmonatlicher Kursdauer; das Volkshochschulheim Comburg-Schwäbisch-Hall, wesentlich für Arbeiterbildung; durchschnittliche Kursdauer dreieinhalb Monate. Das Gerüst dieser festen Gründungen trug eine Fülle von Unternehmungen einzelner Gruppen und von Veranstaltungen für sonderliche Aufgaben (Jugendführerlehrgänge, Singwochen und ähnliches).

Höhe und Ausklang

Seite 603

Über den 70., den 75. und den 80. Geburtstag sowie über die Trauerfeierlichkeiten hat der »Boschzünder« jedesmal ausführlich berichtet; die Reden, die dabei gehalten wurden, die wichtigen Adressen usf. im Wortlaut mitgeteilt. Es sind den Texten auch zahlreiche Abbildungen beigegeben.

Zeittafel

Die persönlichen Daten Robert Boschs sind in dieser Zeittafel mit Einzug abgedruckt.

1861 Regierungsantritt Wilhelms I., seit 1858 Regent, als König von Preußen.
Die weltweite Industrieproduktion macht 1861 im Vergleich zu 1913 14 Prozent aus. Deutschland steht in der Reihenfolge der Industriestaaten nach England, Frankreich und den USA an vierter Stelle.
    Geburt Robert Boschs am 23. September. Sein Vater Servatius Bosch und seine Mutter Maria Margarete, geb. Dölle, besitzen ein Gasthaus und betreiben eine Landwirtschaft in Albeck bei Ulm. Die Familie ist seit Generationen auf der Schwäbischen Alb ansässig.

1862 Berufung Otto von Bismarcks (1815-1898) zum preußischen Ministerpräsidenten und Außenminister.

1863 Gründung des »Allgemeinen Deutschen Arbeitervereins« in Leipzig durch Ferdinand Lasalle (1825-1864).

1865 Ende des Bürgerkriegs in den USA, Sieg der industriellen Nordstaaten.
Die jährliche weltweite Erzeugung von Roheisen liegt bei 10 Mill. Tonnen (1937: 104 Mill. Tonnen). Erste deutsche Pferde-Eisenbahn in Berlin.

1866 Krieg Preußens gegen Österreich und den Deutschen Bund. Schleswig-Holstein, Hannover, Kurhessen, Nassau und Frankfurt/M. fallen an Preußen.

1867 Gründung des Norddeutschen Bundes unter Führung Preußens mit Bismarck als ersten Bundeskanzler.
Weltausstellung in Paris.
Werner von Siemens und der Engländer Charles Wheatstone entwickeln unabhängig voneinander das dynamoelektrische Prinzip. Die Entdeckung gilt als Begründung der Elektrotechnik.
1868 Beginn der deutschen Gewerkschaftsbewegung.
1869 Gründung der Sozialdemokratischen Arbeiterpartei in Eisenach durch August Bebel und Wilhelm Liebknecht.
Servatius Bosch verkauft sein Anwesen in Albeck und läßt sich als »Privatier« in Ulm nieder.
1870 Streit zwischen Frankreich und Preußen um die spanische Thronfolge. Bismarck löst durch eine Manipulation der »Emser Depesche« die französische Kriegserklärung aus. Nach der Schlacht bei Sedan und der Gefangennahme Napoleons III. kommt es zum Anschluß der süddeutschen Länder an den Norddeutschen Bund.
1871 Einmarsch der deutschen Armeen in Paris. Friede zu Frankfurt/M.: Elsaß-Lothringen kommt als Reichsland zum Deutschen Reich, Frankreich muß 5 Milliarden Francs Kriegsentschädigung zahlen. Wilhelm I. läßt sich in Versailles zum deutschen Kaiser ausrufen. Der Deutsche Reichstag nimmt eine Verfassung an (Hegemonie Preußens), Bismarck wird erster Reichskanzler (bis 1890), Berlin Reichshauptstadt.
1873 Abschluß des Drei-Kaiser-Bündnisses in Berlin zwischen Österreich, Deutschland und Rußland.
Weltausstellung in Wien.
Ende der sogenannten »Gründerjahre« in Deutschland durch eine Weltwirtschaftskrise.
1874 In der Industrieproduktion überholen die USA England, Deutschland läßt Frankreich hinter sich.
Der spätere Nobelpreisträger Carl Bosch, ein Neffe von Robert Bosch, wird am 27. August geboren.
1875 Vereinigung des »Allgemeinen Deutschen Arbeitervereins« (Lasalle) mit der »Sozialdemokratischen Arbeiterpartei« (Bebel) zur »Sozialistischen Arbeiterpartei Deutschlands« in Gotha.

1876 Entwicklung eines technisch brauchbaren Telefons durch Alexander Graham Bell. Nikolaus Otto läßt seinen Viertakt-Benzinmotor patentieren.
Robert Bosch beginnt eine Feinmechanikerlehre in Ulm.
1877 Gründung des Reichspatentamts in Berlin.
1878 Sozialistengesetz: Verbot der sozialistischen Presse, Parteien und Versammlungen (bis 1890).
Weltausstellung in Paris.
1879 Zweibund: Defensivbündnis zwischen dem Deutschen Reich und Österreich-Ungarn.
Thomas A. Edison entwickelt eine Kohlenfadenlampe mit Schraubsockel, Werner von Siemens eine elektrische Lokomotive. Die Leipziger Straße in Berlin erhält elektrisches Bogenlicht.
Nach Beendigung seiner Ausbildung zum Feinmechaniker arbeitet Robert Bosch in der Firma seines Bruders Karl in Köln und bei der Firma Fein in Stuttgart.
1880 Robert Bosch ist in der Kettenfabrikation beschäftigt. Tod seines Vaters am 11. September.
1881 Neutralitätsvertrag zwischen dem Deutschen Reich, Österreich-Ungarn und Rußland.
In Berlin wird die erste elektrische Straßenbahn, die Werner von Siemens entwickelt hat, in Betrieb genommen.
Ableistung des einjährigen Militärdienstes. Anschließend arbeitet Bosch bis 1883 bei der Firma Sigmund Schuckardt in Nürnberg.
1882 Dreibund zwischen dem Deutschen Reich, Italien und Österreich.
Edison gründet sein erstes Elektrizitätswerk in New York.
1883 Verabschiedung des Krankenversicherungsgesetzes.
Gottlieb Daimler meldet ein Patent auf einen Automotor an und gründet mit Wilhelm Maybach eine Versuchswerkstätte.
Im Wintersemester 1883/84 studiert Robert Bosch an der Technischen Hochschule Stuttgart Elektrotechnik.
1884 Beginn der deutschen Kolonialpolitik. Erneuerung des Neutralitätsvertrags zwischen Deutschland, Österreich und Rußland.

Verabschiedung des Unfallversicherungsgesetzes.
Gottlieb Daimler und Wilhelm Maybach entwickeln einen Benzinmotor mit Glührohrzündung und hoher Drehzahl.
Von Mai 1884 bis Mai 1885 Aufenthalt in Amerika. Bosch arbeitet dort bei Sigmund Bergmann und den Edison Machine Works, führende Firmen der Elektrobranche. Erste Auseinandersetzung mit der organisierten Arbeiterbewegung und dem Sozialismus.

1885 Erste Leipziger Mustermesse
Entwicklung eines Gasglühlichts durch Auer von Welsbach.
Carl Friedrich Benz stellt den von einem Einzylinder-Viertakt-Benzinmotor angetriebenen Kraftwagen her, der zwei Jahre später vorgeführt wird, Gottlieb Daimler ein Kraftrad mit Benzinmotor.

Im Anschluß an den Amerikaaufenthalt hält sich Bosch bis Dezember in London auf, wo er bei Siemens Brothers arbeitet.

1886 Ende des Drei-Kaiser-Bündnisses.
Gründung der Werkstätte für Feinmechanik und Elektrotechnik in Stuttgart in der Rotebühlstraße 75B. Bosch beginnt mit einem Gesellen und einem Lehrling.

1887 Geheimer Rückversicherungsvertrag Deutschlands mit Rußland, in dem gegenseitige Neutralität vereinbart wird. Beilegung einer deutsch-französischen Krise.
Daimler entwickelt einen vierrädrigen Kraftwagen mit Benzinmotor.
Robert Bosch heiratet Anna Kayser, Beginn seiner Freundschaft mit Paul Reusch.
Bau des ersten Bosch-Niederspannungs-Magnetzünders für ortsfeste Gasmotoren.

1888 Tod Kaiser Wilhelms I. am 9. März. Sein Nachfolger, Kaiser Friedrich III., stirbt nach einer Regierungszeit von 99 Tagen ebenfalls. Wilhelm II. wird deutscher Kaiser.
Robert Boschs Tochter Margarete wird geboren.
Arnold Zähringer tritt in die Werkstatt ein.

1889 Einführung der Invalidenversicherung.
Weltausstellung und erste Autoausstellung in Paris.

Gründung der Carl-Zeiss-Stiftung in Jena durch Ernst Abbe.
Geburt der Tochter Paula.

1890 Entlassung Bismarcks durch Wilhelm II. Ende des deutschen Rückversicherungsvertrags mit Rußland. Deutsch-Ostafrika wird »Schutzgebiet«. Aufhebung des Sozialistengesetzes, Umbildung der Sozialistischen Arbeiterpartei zur Sozialdemokratischen Partei Deutschlands.

Wegen Raumnot Umzug der Werkstatt in die Gutenbergstraße 9.

1891 Gründung des »Alldeutschen Verbands«, der eine imperialistische Politik vertritt.
Regelung der Sonntagsruhe durch Reichsgesetz.
Verabschiedung des Erfurter Programms der SPD.

Robert Boschs erster Sohn Robert wird geboren. Gottlob Honold tritt als Lehrling in die Firma ein, die mittlerweile zehn Mitarbeiter beschäftigt und die erneut in eine größere Werkstatt in die Rotebühlstraße 108 verlegt werden muß.
Bekanntschaft mit dem Sozialdemokraten Karl Kautsky.

1892 Eine plötzliche wirtschaftliche Krise zwingt Robert Bosch, die Belegschaft für kurze Zeit von 24 auf 2 zu verringern.

1893 Bau des »Diesel-Motors«, eines Schwerölmotors, durch Rudolf Diesel.

1894 Erstes internationales Autorennen Paris-Rouan, bei dem ein Wagen von Daimler siegt.
Einführung des Neunstundentags in der Firma Bosch.

1895 Deutschland überholt England in der Industrieproduktion.

1896 Gründung des »Nationalsozialen Vereins« durch Friedrich Naumann.
Das Personal der Firma Bosch umfaßt 16 Mitarbeiter.

1897 Vierter Umzug der Firma in die Kanzleistraße 22.
Erster Einbau eines Zündapparats in ein Kraftfahrzeug.

1898 Robert Bosch überträgt die Alleinvertretung für England, die erste Auslandsvertretung, an Frederic R. Simms.

1899 Haager Friedenskonferenz über friedliche Beilegung internationaler Konflikte und Landkriegsordnung. Deutschland lehnt Bündnisverhandlungen mit England ab.

Zusammen mit Simms gründet Robert Bosch eine Vertriebsgesellschaft für Frankreich und Belgien, die »Automatic Magneto Electric Ignition Company«. Da die Werkstatt in der Kanzleistraße 22 auch zu klein geworden ist, mietet Bosch weitere Räume in der Kasernenstraße 61 an.

1900 Erste Autodroschke in Berlin.

Das erste Luftschiff des Grafen Zeppelin wird mit Daimler-Motoren und Bosch-Magnetzündung ausgerüstet. Auf der Kundenliste von Bosch tauchen zum ersten Mal die Namen Fiat, Austro-Daimler, Skoda, Horch, Poege, Perst und Protos auf.

1901 Konstruktion des »Mercedes«-Wagens der Daimler Werke von Wilhelm Maybach.

Die Firma Bosch bezieht das erste Fabrikgebäude in der Hoppenlaustraße. Mittlerweile sind 45 Arbeiter und Angestellte beschäftigt. Der 10 000te Magnetzünder wird fertiggestellt.

1902 Der erste Bosch-Hochspannungs-Magnetzünder, der die Entwicklung hochtouriger Motoren ermöglicht, und die ersten Bosch-Zündkerzen werden ausgeliefert.

1903 Verbot der Kinderarbeit in Deutschland.

Erster Motorflug der Brüder Orville und Wilbur Wright.

1904 Bosch beschäftigt durchschnittlich 261 Arbeiter und Angestellte, zwei Jahre später liegt ihre Zahl bei 610.

1906 Beschleunigte Vermehrung der deutschen Kriegsflotte und Steuererhöhung. Auflösung des Deutschen Reichstags wegen der Opposition von Zentrum und Sozialdemokratie. Der neue Reichstag hat eine konservativ-liberale Mehrheit.

Einführung des Achtstundentags, Gründung einer Zweigniederlassung in den USA. Es folgen nach und nach Filialen auf der ganzen Welt. Fertigstellung des 100 000ten Magnetzünders.

1908 Deutsches Flottengesetz von Alfred von Tirpitz. Deutschland wird nach England zur stärksten Seemacht.

Die Firma Bosch beschäftigt über 1 000 Arbeiter und Angestellte, zahlt überdurchschnittliche Löhne und übernimmt bis 1913 auch die Arbeitnehmeranteile zur Sozialversicherung.

1909 Gesetz über Kraftfahrzeugverkehr in Deutschland.
Einer der ersten Kunststoffe, Bakelit, ein Edelkunstharz, wird hergestellt. Wilhelm Maybach und Graf Zeppelin gründen die Maybach-Motorenbau GmbH.
Um Magnete in eigener Regie herstellen zu können, gründet Robert Bosch das »Metallwerk« in Stuttgart-Feuerbach. In Springfield (USA) wird eine Fabrik der Bosch Magneto Company errichtet.

1910 Gründung der »Fortschrittlichen Volkspartei« durch Friedrich Naumann.
Entwicklung des ersten Dieselmotors für Kraftwagen.
Fertigstellung des 500 000sten Bosch-Magnetzünders. In der Firma wird der freie Samstagnachmittag und eine gestufte Urlaubsregelung eingeführt.
Robert Bosch stiftet für die Technische Hochschule Stuttgart eine Million Mark. Die Hochschule verleiht ihm den Ehrentitel Dr. Ing. Im selben Jahr wird Robert Bosch Mitglied des Vereins für das Wohl der arbeitenden Klassen, dessen Vorsitz er 1922 übernimmt.

1911 Verabschiedung der Reichsversicherungsordnung (Zusammenfassung von Kranken-, Unfall- und Invalidenversicherung), Gründung der Reichsversicherungsanstalt für Angestellte.
Im Bosch-Werk sind mittlerweile 4500 Arbeiter und Angestellte beschäftigt.

1912 Beginn des Balkankriegs (bis 1913).
Die Sozialdemokraten werden stärkste Fraktion im Reichstag.
Fertigstellung des ersten Anlassers und Lieferung des 1 000 000ten Magnetzünders. In Yokohama (Japan) wird eine Reparaturwerkstatt eröffnet.

1913 Auseinandersetzungen über die Aufteilung der ehemaligen türkischen Gebiete führen zum Zweiten Balkankrieg.
Junkers entwickelt einen kompressorlosen Doppelkolbenzweitakt-Dieselmotor.
Streik bei der Firma Bosch wegen der Entlassung von zwei Vertrauensmännern, den Bosch mit einer »Stillegung« des Betriebs beantwortet. Erst zu diesem Zeitpunkt tritt Robert Bosch dem Arbeitgeberverband der Metallindustrie bei.

Das »Bosch-Licht«, bestehend aus Lichtmaschine, Scheinwerfer und Regelschalter, kommt auf den Markt. In der Firma wird eine Lehrlingswerkstatt errichtet.

Robert Bosch ermöglicht durch eine Reisestiftung Studenten der Ingenieurschule Eßlingen den Besuch des Deutschen Museums.

1914 Ausbruch des Ersten Weltkriegs durch die Ermordung des österreichisch-ungarischen Thronfolgers Franz Ferdinand und seiner Frau Sophie in Sarajewo am 28. Juni.
Weitgehende Aufhebung des Arbeiterschutzes in den kriegführenden Staaten.

Die Firma Bosch ist mittlerweile in 25 Ländern vertreten, unterhält acht Verkaufshäuser und fünf ausländische Filialen. Der Anteil der Bosch-Erzeugnisse, der ins Ausland geht, liegt bei 88 Prozent. Während des Kriegs werden die meisten Niederlassungen im Ausland beschlagnahmt.
Robert Bosch übergibt der Stadt Stuttgart 100 000 Mark zur Linderung der ersten Kriegsnot. Daneben initiiert er die »Kriegshilfe von Handel und Industrie«, die er mit 300 000 Mark ausstattet, und läßt ein Kriegslazarett in den Fabrikgebäuden errichten.

1915 Gründung der »Homöopathischen Krankenhaus GmbH«, die 400 000 Mark von Robert Bosch erhält. Der »Schwäbische Siedlungsverein e.V.« zur Schaffung sozialen, gesunden Wohnraums wird mit 1 Million Mark ausgestattet.

1916 Robert Bosch spendet rund 20 Millionen Mark für gemeinnützige Zwecke, darunter 13 Millionen für den Ausbau des Neckarkanals. Die Zinsen aus der Neckar-Stiftung fließen der Stadt Stuttgart zur Linderung sozialer Not zu. Der »Verein zur Förderung der Begabten« erhält 2 Millionen Mark, der »Verein homöopathisches Krankenhaus« 2,4 Millionen Mark zum Bau eines Krankenhauses.

1917 Kriegsbedingte Hungersnot in Deutschland. Zunahme der Propaganda für ein Ende des Kriegs, Gründung der USPD. Die USA erklären Deutschland den Krieg. Revolution in Rußland, Errichtung der Sowjetrepublik.

Beschlagnahmung der Bosch Magneto Company in Springfield durch die amerikanische Regierung. Die Firma Bosch wird Aktiengesellschaft.

Bosch ermöglicht durch eine Spende die Errichtung des »Hauses der Freundschaft« in Stambul (Türkei). Finanzielle Unterstützung der »Hochschule für Politik e.V.« in Berlin, ein Projekt Friedrich Naumanns.

Die Gemeindekollegien der Stadt Stuttgart beschließen einstimmig, Robert Bosch das Ehrenbürgerrecht zu verleihen.

1918 November-Revolution in Deutschland, Waffenstillstand. Kaiser Wilhelm II. dankt ab, Philipp Scheidemann ruft die Deutsche Republik aus. Mit dem allgemeinen Wahlrecht erhalten auch die Frauen in Deutschland das Stimmrecht.

Einführung des gesetzlichen Achtstundentags.

Robert Bosch unterzeichnet Mitte November den von Walther Rathenau initiierten Gründungsaufruf des »Demokratischen Volksbundes«. Die von Matthias Erzberger gegründete »Deutsche Liga für den Völkerbund« stattet Bosch mit einer Spende von 300 000 Mark aus.

Gottlob Honold, der erste Technische Direktor der Bosch-Werke, entwirft das Firmenzeichen, den »Anker im Kreis«.

Robert Bosch nimmt das Eiserne Kreuz am weißen Band entgegen.

Gründung der »C. von Bach Stiftung« der Technischen Hochschule Stuttgart, Anlaufstiftung durch Robert Bosch und Paul Reusch. Die »Gustav Klein Stiftung« erhält 100 000 Mark, um Volksschullehrern den Besuch des Deutschen Museums zu ermöglichen. Der »Verein zur Förderung der Volksbildung« wird von Robert Bosch zusammen mit Karl Lautenschlager, Theodor Bäuerle, Dr. von Marquardt, Hans Walz, Dr. Paul Scheuing und Dr. Otto Wörz gegründet und in der Folge zu 50 Prozent von Bosch finanziert. Die »Bosch-Stiftung« übergibt der Maschinenbauschule Eßlingen 250 000 Mark zum Ausbau der Schule. Die Kunstgewerbeschule Stuttgart erhält 80 000 Mark zur Vergabe von Stipendien. Für die Errichtung eines modernen Krankenhauses zur Seuchenbekämpfung in der Türkei stiftet Robert Bosch Grunderwerb in Höhe von 500 000 Mark.

1919 Generalstreik und Aufstand des Spartakusbunds in Berlin, der von Gustav Noske (SPD) niedergeworfen wird. Die Regierung der Volksbeauftragten übergibt die Macht an die neugewählte deutsche Nationalversammlung, die in Weimar zusammentritt. Friedrich Ebert (SPD) wird erster Reichspräsident. Die Nationalversammlung in Weimar nimmt die Verfassung des Deutschen Reichs mit demokratisch-republikanischer Regierungsform an. Unterzeichnung des Friedensvertrags von Versailles mit Gebietsabtretungen und hohen Reparationszahlungen für Deutschland.

Erste Ausgabe der Werkzeitschrift »Der Boschzünder«. In den folgenden Jahren beginnt der Wiederaufbau der Niederlassungen im In- und Ausland.

1920 Kapp-Putsch gegen die Reichsregierung, die nach Stuttgart flieht. Die Gewerkschaften schlagen den Putsch durch einen Generalstreik nieder.

Als erste ausländische Gesellschaft nach dem Krieg wird die Robert Bosch AG Zürich-Genf gegründet.

Robert Bosch ruft nach 1920 zahlreiche Wohlfahrtseinrichtungen für Bosch-Beschäftigte und ihre Familien ins Leben.

Robert Bosch wird Mehrheitsgesellschafter der Deutschen Verlags-Anstalt.

1921 Friedensvertrag zwischen Deutschland und den USA.

Robert Boschs erster Sohn, Robert, stirbt am 6. April.

Das Bosch Werk beginnt mit der Produktion des »Bosch-Horns«. Aufbau der »Bosch-Dienste« als Kundendienstorganisation. In den USA wird eine neue Gesellschaft, die Robert Bosch Magneto Company Inc., ins Leben gerufen.

Robert Bosch gründet am 9. März die Vermögensverwaltung Bosch GmbH, die nach seinem Tod seine Beteiligung (82,14 %) an der Robert Bosch AG übernehmen soll, um die Führung seines Unternehmens zu sichern und einen organisatorischen und finanziellen Mittelpunkt seiner gemeinnützigen Bestrebungen zu schaffen. Diese Aufgabe überträgt er sieben von ihm ausgesuchten Gesellschaftern, die er gleichzeitig als seine Testamentsvollstrecker einsetzt. Auf die Vermögensverwaltung Bosch GmbH geht die Robert Bosch Stiftung GmbH zurück.

1922 Vertrag von Rapallo, der die deutsch-russischen Beziehungen regelt: keine Kriegsentschädigung, Aufnahme diplomatischer Beziehungen, Meistbegünstigung im Handel.
Bildung der Union der Sozialistischen Sowjetrepubliken.
Der Reichsaußenminister Walther Rathenau wird von Nationalisten ermordet (367 politische Morde seit 1919). Beginn des Währungsverfalls im Deutschland.
Faschistischer Staatsstreich in Italien mit dem »Marsch auf Rom«. Ernennung Mussolinis zum Ministerpräsidenten.
Beginn der Herstellung von Kraftfahrzeug-Batterien.

1923 Besetzung des Ruhrgebiets durch französische und belgische Truppen.
Höhepunkt und Ende der Inflation, Stabilisierung der Währung durch Einführung der Rentenmark.
Hitler-Ludendorf-Putsch in München (»Marsch auf die Feldherrnhalle«). Hitler wird nach dem Mißlingen des Aufstands zu fünf Jahren Festungshaft in Landsberg verurteilt, kommt aber 1924 schon frei. Während der Haft schreibt er den ersten Teil seines Buches »Mein Kampf«.
Richard Coudenhove-Kalergi wird mit der Veröffentlichung seines Werkes »Pan-Europa« zum Begründer einer Idee, die einen zentraleuropäischen Staatenbund anstrebt.
Produktion des ersten Diesel-Lastkraftwagens.
Gottlob Honold, der Schöpfer der Bosch-Hoschspannungs-Magnetzündung, stirbt.
Aufnahme der Produktion von Motorrad- und Radlichtanlagen. Die Firma beschäftigt 10 564 Mitarbeiter.
Gründung und Anlaufstiftung für den »Verein der Freunde der Technischen Hochschule Stuttgart«.
Ab 1923/24 kauft Robert Bosch die Aktien, die er bei der Umwandlung im Jahre 1917 seinen Direktoren überlassen hat, zurück.

1924 Regelung der deutschen Reparationszahlungen durch den Dawesplan. Einführung der Reichsmark.
Erste deutsche Funkausstellung und erste Automobilausstellung in Berlin.
Einrichtung einer Werkfachschule in Stuttgart.
1925 Tod des Reichspräsidenten Friedrich Ebert (SPD), sein Nachfolger wird Paul von Hindenburg. Unterzeichnung der Locarno-Verträge (Erhalt der Rheinlande), Beginn der Räumung der in Deutschland besetzten Gebiete. Adolf Hitler gründet die NSDAP neu, seine programmatische Schrift »Mein Kampf« erscheint auf dem Buchmarkt.
Aus Sorge vor der Selbstzerstörung der Republik wird Bosch Gründungsmitglied des »Bundes für die Erneuerung des Reiches«, der auf der Basis der Weimarer Verfassung die Republik stabilisieren will.
Die Herstellung von Zündspulen und Zündverteilern schafft die Voraussetzung für den Übergang zur Batteriezündung.
Robert Bosch gründet den Hippokrates Verlag als gemeinnützige GmbH.
1926 Deutsch-russischer Freundschaftspakt (Neutralitätsabkommen). Eintritt Deutschlands in den Völkerbund mit ständigem Ratssitz.
Robert Bosch, Hans Walz und Theodor Bäuerle gehören zu den Gründungsmitgliedern der Stuttgarter Ortsgruppe des »Vereins zur Abwehr des Antisemitismus«
Beginn der Produktion von elektrischen Scheibenwischern.
Die Zahl der Beschäftigten sinkt auf 7031.
Scheidung von Anna Bosch, geb. Kayser.
1927 Deutsch-französischer Handelsvertrag. Deutschland tritt dem internationalen Schiedsgerichtshof in Haag bei.
Einführung der Pflichtversicherung gegen Arbeitslosigkeit.
Gründung der Deutsch-Französischen Studienkommission mit Büros in Paris und Berlin, die auf eine Versöhnung der beiden Länder hinarbeitet, und der Robert Bosch Ende der zwanziger Jahre beitritt.
Robert Bosch geht zweite Ehe mit Margarete Woerz ein.

Der Paneuropa-Union von Richard Coudenhove-Kalergis tritt Bosch als förderndes Mitglied bei.
Beginn der Serienfertigung von Bosch-Einspritzpumpen für Dieselmotoren. Damit wird der Einsatz des Dieselmotors im Kraftfahrzeug möglich. Die Zahl der Mitarbeiter steigt wieder auf rund 10 550.
Die Alters- und Hinterbliebenen-Fürsorgeeinrichtung »Bosch-Hilfe« tritt in Kraft.

1928 Der erste Fünfjahresplan in der UdSSR führt zu einer raschen Industrialisierung. Die Zwangskollektivierung in der Landwirtschaft wird eingeführt. Sie verursacht Hungersnöte.
Robert Boschs zweiter Sohn Robert wird geboren. Fertigung des ersten Bosch-Elektrowerkzeugs mit dem Motor im Handgriff. Bosch beteiligt sich an der Société des Ateliers de Construction Lavalette S. A. in Paris.

1929 Einsetzung des Dawesplans anstelle des Youngplans für die deutschen Reparationszahlungen. Die Reichskasse Deutschlands weist ein Defizit von 1,7 Milliarden Reichsmark auf. Tod Gustav Stresemanns, Außenminister seit 1923.
Bündnis des DNVP-Vorsitzenden Alfred Hugenberg (1865-1951) mit Hitler.
Kursstürze am 29. Oktober und 13. November an der New Yorker Börse lösen eine tiefe Weltwirtschaftskrise mit politischen Folgen aus.
In der »Deutschen Allgemeinen Zeitung« veröffentlicht Robert Bosch am 22. September einen Artikel »Wirtschaftsfeindliche Behördenpolitik«, in dem er sich uneingeschränkt zu den Errungenschaften der Revolution von 1918 stellt, aber die Wirtschaftspolitik der Weimarer Republik mit ihren Steuerbelastungen für die Unternehmer kritisiert. Seit dem Ende der zwanziger Jahre weiten sich die Bosch-Werke durch neue Produktionsfelder zum Konzern aus. Bosch beteiligt sich an der Gründung der Fernseh AG.

1930 Heinrich Brüning (Zentrum) wird Reichskanzler bis 1932. Die Minderheitsregierungen der Weimarer Republik arbeiten zunehmend mit Notverordnungen.

Robert Bosch hält am zweiten Paneuropa-Kongreß in Berlin, der von Coudenhove-Kalergi einberufen wurde, eine kurze Ansprache.
Zusammenschluß der Bosch Magneto Company Inc. und der American Bosch Magneto Corporation zur United American Bosch Corporation, Springfield. Die Wirtschaftskrise macht sich auch bei den Bosch-Werken bemerkbar. Ende 1930 sind in den Werken und deutschen Verkaufshäusern 8 114 Arbeiter und Angestellte beschäftigt (Anfang 1928 waren es noch knapp 11 000).

1931 Bildung der Harzburger Front zwischen Hitler (NSDAP), Hugenberg (DNVP) und Seldte (Stahlhelm). Ein Treffen zwischen Hitler und Industriellen (Thyssen, Kirdorf, Schröder) führt zur finanziellen Unterstützung der NSDAP.
Carl Goerdeler, Oberbürgermeister von Leipzig, wird Reichskommissar für Preisüberwachung.
Robert Boschs Tochter Eva wird geboren. Sein Neffe Carl Bosch erhält zusammen mit Fr. Bergius den Chemie-Nobelpreis für Kohleverflüssigung.
In England werden die C. A. V.-Bosch Ltd. als Fertigungsgesellschaft und die Bosch Limited als Vertriebsgesellschaft gegründet.
Robert Bosch wird mit dem »Adlerschild des Deutschen Reiches« ausgezeichnet. Die »Zentralleitung für Wohltätigkeit« erhält 200 000 Reichsmark von ihm zur Durchführung der »Württembergischen Nothilfe«.

1932 Wiederwahl Hindenburgs im zweiten Wahlgang gegen Hitler und Ernst Thälmann (KPD). Rücktritt der Regierung Brüning, Franz von Papen bildet das »Kabinett der nationalen Konzentration«. Kürzung der Arbeitslosen-, Krisen- und Wohlfahrtsunterstützung, über 6 Millionen Arbeitslose. Praktisches Ende der Reparationszahlungen. Krise in der NSDAP, Fememorde der SA. Höhepunkt der Weltwirtschaftskrise.
Zum Jahresende schlagen sich Boschs Friedensbemühungen unter anderem in einem Artikel nieder, den er als »Neujahrsbetrachtung« in verschiedenen Zeitungen (»Stuttgar-

ter Neues Tagblatt«, »Kölnische Zeitung«) veröffentlichen läßt, in dem er zur Völkerverständigung aufruft.
Vorstellung des Bosch-Hammers. Übernahme der Junkers & Co GmbH und der Eugen Bauer GmbH.
Bosch stattet nach dem Tod von Karl E. Markel die »Markelstiftung« zur Förderung von Begabten finanziell aus.

1933 Gespräche zwischen von Papen, Hitler und Bankier von Schröder in Köln am 4. Januar leiten die Ernennung Hitlers zum Reichskanzler ein: Reichspräsident von Hindenburg beruft Hitler am 30. Januar in dieses Amt. 27. Februar Reichstagsbrand, 23. März Ermächtigungsgesetz, ab Mai Liquidation und Auflösung bzw. Verbot von Parteien und Gewerkschaften. Im Oktober tritt Deutschland aus dem Völkerbund aus. Der Höhepunkt der Weltwirtschaftskrise wird überschritten. Beginn des Autobahnbaus. Eine starke Emigration aus Deutschland setzt ein, bis 1939 verlassen allein rund 60 000 führende Künstler, Ingenieure, Wissenschaftler und Politiker das Deutsche Reich.

Im Frühjahr protestiert Hans Walz im Auftrag und im Namen von Robert Bosch in Berlin bei Wilhelm Keppler, dem »Berater des Führers in Wirtschaftsfragen«, gegen die Angriffe auf die jüdische Bevölkerung.

Aufnahme der Produktion von Haushaltsgeräten mit dem Bosch-Kühlschrank. Erwerb der Ideal-Werke AG für drahtlose Telephonie (ab 1938: Blaupunkt-Werke GmbH).

1934 Deutsch-polnischer Nichtangriffspakt. Das Deutsche Reich übernimmt die Hoheitsrechte der Länder. Himmler wird Chef der Geheimen Staatspolizei (Gestapo), Hitler macht sich zum »Führer und Reichskanzler«. Gründung der »Deutschen Arbeitsfront« unter Robert Ley.
Herstellung des ersten Diesel-PKW.

Hans Walz läßt sich mit dem Berliner Rabbiner und Gelehrten Leo Baeck bekanntmachen. Auch Baeck erhält in den Folgejahren große Geldbeträge für bedürftige Juden von Bosch.

Bosch zahlt den Mitarbeitern erstmals eine Arbeits- und Erfolgsprämie. Entwicklung der Einspritzpumpe für PKW-Dieselmotoren.

Nach 1933 nimmt Robert Bosch die Neufassung seines Testaments in Angriff. Neben der Vererbung der Firma an die Vermögensverwaltung gibt es nun eine Alternative: die Vererbung an die Familie. Welche der beiden Möglichkeiten realisiert werden soll, ist der Entscheidung der Testamentsvollstrecker überlassen.

1935 Wiedereingliederung des Saarlands in das Deutsche Reich. Einführung der Arbeitsdienstpflicht und der allgemeinen Wehrpflicht.

Paul Hahn, ehemaliger Oberpolizeidirektor von Stuttgart, aufgrund seiner Rolle während der November-Revolution 1918 auch »roter Hahn« genannt, wird bei Bosch mit einem Beratervertrag tätig.

1936 Einmarsch der deutschen Truppen in die entmilitarisierte Zone des Rheinlands unter schwachen Protesten des Auslands. Görings Vierjahresplan dient der intensiven Aufrüstung. Antikominternpakt zwischen Deutschland und Japan. Deutschitalienischer Vertrag. Volksfrontsieg in Spanien. Die Militärrevolte in Spanisch-Marokko unter General Franco leitet den Spanischen Bürgerkrieg ein. Deutschland und Italien unterstützen die faschistische Gegenregierung in Burgos, die UdSSR die Volksfrontregierung in Madrid, die demokratischen Staaten beschließen Nichteinmischung.

Anstieg des Personals auf über 20 000 Arbeiter und Angestellte.

Die »Robert Bosch Krankenhaus Stiftung« bekommt 5,5 Millionen Reichsmark zur Errichtung eines homöopathischen Krankenhauses in Stuttgart.

Ab 1936 werden jüdische Wohlfahrtseinrichtungen durch die »Walz-Hilfe« unterstützt. Auch die »Deutsche Freiheits-, Widerstands- und Erneuerungsbewegung« erhält ab 1936 finanzielle Hilfe. Dazu kommt das »Sonderkonto Forschungs- und Studienhilfe«.

Die Nationalsozialisten enteignen Boschs Anteile an der Deutschen Verlags-Anstalt und an der Stuttgarter Presse. Außerdem wird die Auflösung des Vereins zur Förderung der Volksbildung erzwungen.

Im Sommer 1936 bildet sich in Stuttgart um Robert Bosch ein Personenkreis, der Kontakt mit Carl Goerdeler aufnimmt. Oberstes Ziel des sogenannten »Bosch-Kreises« ist die Verhinderung des Krieges. Zum Bosch-Kreis gehören Hans Walz, Albrecht Fischer, Theodor Bäuerle und Willy Schloßstein, Paul Hahn, Karl Martell Wild und Hermann Fellmeth sowie Alfred Knoerzer, Eugen Thomä, Erich Raßbach.

1937 Lord Halifax besucht Hitler zur Aussprache über die deutsch-britische Politik. Höhepunkt der stalinistischen »Säuberung« in der KPdSU. Beginn des japanisch-chinesischen Kriegs.
Umwandlung der Robert Bosch AG in eine GmbH.
Carl Goerdeler schließt mit der Firma Bosch einen Beratervertrag ab und knüpft mit Wissen und Unterstützung Boschs und des »Bosch-Kreises« ein Netz von Gegnern des Nationalsozialismus. Daneben fällt ihm die Aufgabe zu, die Regierungen des Auslands über Hitlers Absichten zu informieren. Die Reisen ins Ausland werden getarnt durch Goerdelers Funktion als Berater in Finanzfragen.

1938 »Anschluß« Österreichs an das Deutsche Reich. Die »Wiedervereinigung Österreichs mit dem Reich« wird durch Volksabstimmung »bestätigt«. Auf britisch-italienische Vermittlung findet im September die Konferenz von München zwischen Hitler, Mussolini, Chamberlain und Daladier statt: Abtretung der sudetendeutschen Gebiete in der Tschechoslowakei an Deutschland.
Die USA beginnen mit intensiver Aufrüstung.
Im ganzen Deutschen Reich kommt es zu staatlich organisierten schweren Judenverfolgungen anläßlich der »Reichskristallnacht«.
Deutsch-britische und deutsch-französische Nichtangriffserklärungen.
In den Jahren 1938 bis 1940 übergibt Boschs Privatsekretär Hans Walz Karl Adler von der »Jüdischen Mittelstelle« in Stuttgart große Geldbeträge, um die Auswanderung inhaftierter Juden ermöglichen zu können. Außerdem werden rassisch und politisch Verfolgte in den Be-

trieben untergebracht, um sie der Verfolgung durch die Nationalsozialisten zu entziehen und ihre Existenz zu sichern.

1939 Hitler zerstört im März die Souveränität der Tschechoslowakei durch Gründung des »Protektorats Böhmen und Mähren«. Deutschland besetzt das Memelgebiet, das seit 1924 unter litauischer Staatshoheit steht, und gliedert es in das Deutsche Reich ein. Militärbündnis zwischen Deutschland und Italien im Mai. Im August deutsch-sowjetischer Nichtangriffspakt. England schließt im August ein Bündnis mit Polen, nachdem Hitler den deutsch-polnischen Nichtangriffspakt gekündigt hat. Am 1. September beginnt Hitler den Zweiten Weltkrieg mit dem Überfall auf Polen. Darauf folgen Kriegserklärungen Englands und Frankreichs an Deutschland.

Im Sommer kommt es zu einem erneuten Treffen von Hans Walz mit Otto Hirsch und Leo Baeck in Berlin, bei dem Walz das Angebot Robert Boschs unterbreitet, große Geldbeträge zur Verfügung zu stellen.

Neben den regelmäßigen Geldzuwendungen aus den Mitteln der Firma an die »Jüdische Mittelstelle« ermöglicht Hans Walz im August 1939 auf Ansuchen Karl Adlers einer Gruppe Juden die Ausreise nach Frankreich, um von dort aus nach Übersee auszuschiffen.

Lizenzabkommen mit der japanischen Firma Diesel-Kiki.

1940 Deutschland besetzt die neutralen Länder Dänemark und Norwegen. Unter Verletzung der Neutralität Belgiens, Luxemburgs und der Niederlande schlägt Deutschland Frankreich militärisch und zwingt es zum Waffenstillstand. Drei-Mächte-Pakt zwischen Deutschland, Italien und Japan, später treten Ungarn, Rumänien, Bulgarien, Kroatien und die Slowakei bei. Beginn heftiger Luftangriffe auf England. Wirtschaftsabkommen zwischen Deutschland und der UdSSR.

Als Karl Adler mit seiner Frau aus Stuttgart fliehen muß, hilft Hans Walz auch ihm bei der Ausreise. Im Sonderfonds der »Jüdischen Mittelstelle« sind weiterhin fünfstellige Beträge, die anonym von der Firma Bosch bereitgestellt wurden.

Am 28. April eröffnet Robert Bosch persönlich das Robert-Bosch-Krankenhaus in Stuttgart.

Robert Boschs Neffe, Carl Bosch, Nobelpreisträger für Chemie und Generaldirektor der I. G. Farbenindustrie AG, stirbt am 26. April.

1941 Deutscher Angriff auf Jugoslawien, Griechenland und die UdSSR. Der japanische Luftangriff auf den US-Flottenstützpunkt Pearl Habour führt zum Kriegseintritt der USA. Deutschland und Italien erklären den USA den Krieg.

Der Abtransport einzelner Stuttgarter Juden kann dadurch verhindert werden, daß sie bei der Firma Bosch eingestellt oder ins Robert-Bosch-Krankenhaus eingewiesen werden.

Die Universität Tübingen verleiht Robert Bosch den Ehrendoktor der Medizin.

1942 Im November wird die 6. Armee unter General Paulus bei Stalingrad eingeschlossen. Beginn der Ermordung von Millionen Juden in den Gaskammern der Vernichtungslager. Hunderttausende von Arbeitern aus den besetzten Gebieten werden zur Zwangsarbeit nach Deutschland gebracht.

Im Frühjahr nimmt Eugen Bolz erste Kontakte mit Carl Goerdeler auf.

»Bosch-Stiftung« für die Universität Zagreb in Höhe von 50000 Reichsmark. Das Projekt »Paracelsus Museum« erhält eine Anlaufstiftung von 20000 Reichsmark.

Der Bosch-Konzern beschäftigt rund 40000 Arbeiter und Angestellte.

Am 12. März stirbt Robert Bosch in Stuttgart. Die von ihm hinterlassenen Geschäftsanteile an der Robert Bosch GmbH fallen zunächst als Vorausvermächtnis seinen vier Kindern zu. Sie unterliegen der Verwaltung durch die Testamentsvollstrecker. Diese üben die Gesellschaftsrechte an der Robert Bosch GmbH aus, gleichzeitig sind sie Gesellschafter der Vermögensverwaltung Bosch GmbH.

1943 Die Mitglieder der Widerstandsbewegung »Die Weiße Rose«, Sophie und Hans Scholl sowie Christoph Probst, werden am 22. Februar hingerichtet. Im Mai lehnt der Volksgerichtshof die Begnadigung von Alexander Schmorell, Kurt Huber und Willi Graf ab, auch sie werden hingerichtet.

Als in der Betriebszeitung »Bosch-Zünder« ein antijüdischer Artikel von Robert Ley, dem Leiter der »Deutschen Arbeitsfront« erscheinen soll, stellt die Firma das Erscheinen der Zeitung unter dem Vorwand ein, kein Papier mehr zu haben.

Zerstörung des Blaupunkt-Werkes in Berlin durch Luftangriffe. Die Siling-Werke GmbH in Langenbielau/ Schlesien werden gegründet. Stiftung einer Kriegshinterbliebenen-Beihilfe.

1944 Bombenattentat des Obersten Claus Schenk Graf von Stauffenberg auf Hitler am 20. Juli im »Führerhauptquartier Wolfsschanze«. Das Attentat scheitert, Hitler überlebt. Die Verschwörung bricht zusammen, etwa 5 000 Menschen werden im Zuge der Verfolgungen und Prozesse hingerichtet, davon zwischen 180 und 200, die am 20. Juli beteiligt waren.

Baurat Albrecht Fischer, leitender Angestellter der Firma Bosch, und Paul Hahn beteiligen sich an den Plänen des 20. Juli. Anfang Juli kommt Goerdeler zum letzten Mal nach Stuttgart und trifft Eugen Bolz und Mitglieder des Bosch-Kreises. Nach der Meldung des mißlungenen Attentats kümmert sich Paul Hahn um die vorbereitete Fluchthilfe für Goerdeler, nach dem die Gestapo auch die Jagdhütten Robert Boschs durchsucht. Als erster wird Albrecht Fischer am 21. Juli verhaftet, Anfang August Paul Hahn, am 12. August erfolgt die Verhaftung von Eugen Bolz. Mitte Oktober wird Willy Schloßstein in Stuttgart verhört und nach Berlin zum Reichssicherheitshauptamt einbestellt.

Schwere Bombenschäden in Stuttgart, Feuerbach und bei der Junkers & Co. GmbH in Dessau.

Als im Winter 1944/45 alle männlichen und weiblichen »Judenmischlinge« in Zwangsarbeitslager nach Norddeutschland und Mitteldeutschland abtransportiert werden sollen, gründet die Firma einen sogenannten »Sicht- und Zerlegebetrieb« für Autoersatzteile, in dem die gefährdeten Personen weiterbeschäftigt werden und so dem Abtransport entzogen werden können.

1945 Bedingungslose Kapitulation der Deutschen Wehrmacht am 7./8. Mai in Reims und Berlin-Karlshorst. Übernahme der Regierungsgewalt durch die Oberbefehlshaber der Besatzungszonen. Am 5. Juni wird Deutschland in vier Besatzungszonen aufgeteilt.

Am 12. Januar kommt es zum Prozeß gegen Albrecht Fischer. Trotz Freispruchs wird er in ein KZ überführt, das er erst am 3. April verlassen kann. Eugen Bolz wird am 23. Januar, Carl Goerdeler am 2. Februar in Plötzensee nach der Verurteilung durch den Volksgerichtshof in Zusammenhang mit dem 20. Juli 1944 hingerichtet. Paul Hahn erhält am 28. Februar eine dreijährige Zuchthausstrafe.

Stuttgart wird am 21. April durch alliierte Truppen eingenommen, die Betriebe der Robert Bosch GmbH werden stillgelegt. In Stuttgart sind 60 Prozent der Werkanlagen der Firma Bosch zerstört. Die Wiedereröffnung erfolgt im Juni mit rund 800 Mitarbeitern.

1948 Die Gouverneure der amerikanischen und britischen Zone erhöhen die Zahl der Mitglieder des Bizonen-Wirtschaftsrats und erweitern seine Zuständigkeiten. Damit ist in Grundzügen der innere Aufbau der Bundesrepublik vorgezeichnet.

Am 20. Juni wird die Währungsreform in der westlichen Besatzungszone, am 23. Juni in der sowjetisch besetzten Zone durchgeführt. Der Wirtschaftsrat stellt mit dem »Gesetz über Leitsätze für die Bewirtschaftung und Preispolitik nach der Geldreform« vom 24. Juni den rechtlichen Rahmen für die soziale Marktwirtschaft und die Gewerbefreiheit auf.

Die volle Tarifvertragsfreiheit wird am 3. November durch das Gesetz zur Aufhebung des Verbotes von Lohnerhöhungen eingeführt.

Beginn des sogenannten »Entflechtungsverfahrens«. Die Werkanlagen der Junkers & Co. GmbH in Dessau werden entschädigungslos enteignet, die Firma verlegt ihren Sitz nach Stuttgart.

1949 Verabschiedung des Grundgesetzes durch den Parlamentarischen Rat am 8. Mai. Am 23. Mai wird das Grundgesetz der Bundesrepublik Deutschland offiziell verkündet.
14. August: Wahl des ersten Deutschen Bundestags. Der FDP-Vorsitzende Theodor Heuss wird am 12. September zum ersten Bundespräsidenten gewählt, Konrad Adenauer (CDU) am 15. September zum ersten Bundeskanzler.
Die Bundesrepublik Deutschland wird am 31. Oktober Mitglied der Organisation für europäische wirtschaftliche Zusammenarbeit (OEEC), die Durchführungsorganisation für den Marshall-Plan. Der US-Hohe Kommissar und der Bundeskanzler unterzeichnen am 15. Dezember ein Abkommen über wirtschaftliche Zusammenarbeit (Marshall-Plan).
Neue Erzeugnisse der Firma Bosch: Scheinwerfer-Einstellgeräte und Blinkanlagen für Kraftfahrzeuge. Die Fernseh GmbH beginnt mit der Verlegung ihrer Produktion nach Darmstadt.

1951 Die westlichen Besatzungsmächte Großbritannien und Frankreich beenden den Kriegszustand mit Deutschland am 9./13. Juni. Die USA folgen am 19. Oktober.
Die Bosch-Werke entwickeln Benzin-Einspritzpumpen für Kraftfahrzeugmotoren.

1952 25. April: Bildung des Landes Baden-Württemberg.
Am 26. Mai wird in Bonn der Deutschland- oder Generalvertrag über die Beziehungen zwischen der Bundesrepublik Deutschland und den drei Westmächten unterzeichnet.
Die erste Bosch-Küchenmaschine kommt auf den Markt. Beginn der Herstellung von Hydraulikgeräten und Heimwerkermaschinen. Blaupunkt beginnt mit der Fertigung von Fernsehgeräten. Stufenweise wird der freie Samstag mit Lohnausgleich eingeführt.

1953 Das »Londoner Schulden-Abkommen« vom 27. Februar regelt die Vorkriegsschulden und schafft die Voraussetzung für die Wiedereingliederung der Bundesrepublik Deutschland in den internationalen Wirtschafts- und Zahlungsverkehr.
Gründung der Robert Bosch Corporation, New York. Lizenzabkommen mit Nippondenso, Kariy/Japan.

1954 Der Deutsche Bundestag billigt am 26. Februar das Gesetz zur Ergänzung des Grundgesetzes, das die Wehrhoheit der Bundesrepublik begründet. Die Londoner Neun-Mächte-Konferenz vom 28. September bis 3. Oktober beschließt die Souveränität der Bundesrepublik, ihren Beitritt zur NATO und zum Brüsseler Pakt.

Bosch errichtet Produktionsstätten in Australien, Brasilien und Indien. Aktienmehrheit an der Scintilla AG, Solothurn/Schweiz.

1957 Die Verträge von Rom regeln die Nutzung der Atomenergie und die Europäische Wirtschaftsgemeinschaft (EWG) mit Zollunion als Kern.

Beginn der Fertigung von Transistor-Autoradios bei Blaupunkt. Ein Jahr später werden die ersten Bosch-Waschmaschinen gefertigt.

1962
–
1964 Am 22. Januar 1963 wird der Vertrag über die deutsch-französische Zusammenarbeit unterzeichnet. Frankreich und die Bundesrepublik Deutschland vereinbaren eine besonders enge Zusammenarbeit und turnusmäßige Konsultationen auf Ministerebene.

Nach dem Rücktritt Konrad Adenauers zum 15. Oktober 1963 wird Ludwig Erhard (CDU) am 16. Oktober Bundeskanzler der Bundesrepublik Deutschland.

Mit Wirkung vom 28. Juni 1962 wird die Satzung der Vermögensverwaltung Bosch GmbH durch Einfügung eines §2 Abs. II wie folgt verändert: »Die Gesellschaft verwaltet ihre Vermögenswerte, ist aber nicht auf Erwerb gerichtet und unterhält keinen wirtschaftlichen Geschäftsbetrieb im Sinne der GemVO.« Die Vermögensverwaltung Bosch GmbH verfolgt damit ausschließlich und unmittelbar gemeinnützige Zwecke. Damit sind die Wünsche Robert Boschs, die er in den Richtlinien für die Vermögensverwaltung niedergelegt hatte, erfüllt.

In Übereinkunft mit den Erben Robert Boschs und den Testamentsvollstreckern erwirbt die Vermögensverwaltung Bosch GmbH die zum Nachlaß gehörenden Geschäftsanteile von rund 86 Prozent. Die Leitung des Unterneh-

mens übernimmt die neu gegründete und an der Robert Bosch GmbH mit 0,01 Prozent beteiligte Robert Bosch Industriebeteiligung GmbH, die heutige Robert Bosch Industrietreuhand KG.
1964 kommt der Bosch-Geschirrspüler auf den Markt.

1969 Die »Kommission zur Anerkennung der Gerechten« der israelischen Forschungs- und Gedenkstätte Yad Vashem erkennt Hans Walz das »Ehrendiplom für Rettung jüdischer Leben« zu. Der eigentliche Festakt findet am 12. März 1970 statt. Die für 1971 geplante Pflanzung eines Baumes in der Allee der Gerechten wurde wegen des schlechten Gesundheitszustandes von Hans Walz im Oktober 1972 von Henry Ehrenberg vorgenommen.
Die Vermögensverwaltung Bosch GmbH ändert ihren Namen in Robert Bosch Stiftung GmbH. Sie ist eine Gesellschaft mit beschränkter Haftung mit Sitz in Stuttgart, die ausschließlich und unmittelbar gemeinnützige Zwecke verfolgt. Die satzungsmäßigen Organe sind die Gesellschafterversammlung und die Geschäftsführung. Über die gemeinnützigen Unternehmungen der Stiftung entscheidet ein Kuratorium, das sich durch Zuwahl ergänzt. Nach dem Willen Robert Boschs soll sich der Gesellschafterkreis aus Familienangehörigen, Unternehmern und Persönlichkeiten des öffentlichen Lebens zusammensetzen.

Bibliographie

Schriften von Robert Bosch

Lieber Geld verlieren als Vertrauen, in: Neckar-Zeitung, 26. April 1919 und in: Der Bosch-Zünder 2/1919, S. 2.
Briefwechsel mit dem Angestellten-Ausschuß, in: Der Bosch-Zünder, Beiblatt, 5/1919, S. 79-81.
Robert Bosch zu den heutigen Wirtschaftskämpfen, in: Schwäbischer Merkur, 5. November 1920 und in: Der Bosch-Zünder 9/1920, S. 185.
Robert Bosch über den Achtstundentag, in: Der Bosch-Zünder 1/1921, S. 1.
Aus den Jugendjahren unseres Herrn Bosch. Herr Bosch erzählt, in: Der Bosch-Zünder 9/1921, S. 230-234.
Verlängerung der Arbeitszeit und Steigerung der Warenerzeugung, in: Soziale Praxis und Archiv für Volkswohlfahrt, 17. Mai 1922 und in: Die Hilfe, Zeitschrift für Politik, Literatur und Kunst Nr. 24, 25. August 1922.
Achtstundentag und Wiederaufbau, in: Der Wiederaufbau, Zeitschrift für Weltwirtschaft 17, 22. September 1922/23.
Zur Kandidatur Hindenburg, in: Stuttgarter Neues Tagblatt, 21. April 1925.
Der erste magnet-elektrische Zündapparat, in: Der Bosch-Zünder 7/1925, S. 201.
Aufgaben der Technischen Hochschule: Industrie und Hochschule, in: Pyramide, 25. Oktober 1925.
Fließarbeit im Betrieb der Robert Bosch A.-G., Stuttgart, in: Maschinenbau, Heft 22, 5. November 1925 und in: Der Bosch-Zünder 2/1926, S. 31-33.
Zum sozialen Frieden, in: Deutsche Allgemeine Zeitung, Weihnachtsnummer und in: Der Bosch-Zünder 8/1926, S. 1-2.
Handwerker als Gewerbelehrer, in: Stuttgarter Neues Tagblatt, 27. Mai 1926.
Von Vergangenheit, Gegenwart und Zukunft, in: Der Bosch-Zünder 10/1926, S. 222-224.
Demokrat muß der Unternehmer sein, in: Metallarbeiter-Zeitung, 27. November 1926.
Lage und Löhne, in: Der Bosch-Zünder 1/1927, S. 1.
Wo drückt der Schuh?, in: Deutsche Allgemeine Zeitung, 20. April 1927.

Massenherstellung und Qualität, in: Frankfurter Zeitung – Das Technische Blatt Nr. 18/1927 und in: Der Bosch-Zünder 1/1927, S. 200.
Die praktische Ausbildung des Ingenieurs, in: Stuttgarter Neues Tagblatt, 28. Dezember 1927 und in: VDI-Nachrichten, 14. März 1928.
Wirtschaftsfeindliche Behördenpolitik, in: Stuttgarter Neues Tagblatt, Abendausgabe, 21./22. September 1929.
Stellungnahme zu dem Aufruf Carl Neumanns betreffend Parteien und Wahlrecht, in: Kölnische Zeitung, 5. Dezember 1929.
Zur Wirtschaftskrise, in: Württemberger Zeitung, 31. Dezember 1930 und in: Paneuropa 6, 1930, Heft 2, S. 58.
Ein Volk wie das deutsche wird als solches nicht untergehen, in: Württ. Presse, 29. Dezember 1930.
Jedem sein Automobil, Äußerung von Robert Bosch für den Autopressedienst der Automobilausstellung in Berlin, in: Berliner Programm, Woche 24.2.-2.3.1931 und in: Der Bosch-Zünder 3/1931, S. 61.
Vom Erfinden I, in: Stuttgarter Neues Tagblatt, Abendausgabe, 22. September 1931.
Wie der Bosch-Zünder entstand. Ein Geburtstagsbrief wider Willen, in: Frankfurter Zeitung, 24. September 1931.
Aus den Lebenserinnerungen des Herrn Robert Bosch, in: Der Bosch-Zünder 9/1931, S. 194-198.
Allerlei Besinnliches, Aussprüche unseres Herrn Robert Bosch, in: Der Bosch-Zünder 9/1931, S. 219.
Für Deutschland gibt es nur Weltwirtschaft, in: Stimmen der Zeit, Der Bosch-Zünder 9/1931, S. 286
Die Verhütung künftiger Krisen in der Weltwirtschaft, Privatdruck März 1932.
Warum charakterlos?, in: Stuttgarter Neues Tagblatt, 11. März 1932 und in: Paneuropa 8, 1932, Heft 5, S. 136-156.
Sprachwidrigkeiten, in: Der Bosch-Zünder 4/1932, S. 84.
Äußerung zum Thema "Jahr der Hoffnung", in: Fränkischer Kurier, 31. Dezember 1932.
Das Auto für das ganze Volk, in: Der Gruß der Auto-Industrie zur morgigen Eröffnung der Ausstellung, Berliner Börsen-Courier, 10. Februar 1933 und in: Der Bosch-Zünder 3/1933, S. 36.
Deutsche Auto-Industrielle zur Autoschau. Das Auto ein Gebrauchsgegenstand für das ganze Volk, in: Mittag, Beilage, 14. Februar 1933.
Worte von Herrn Robert Bosch, in: Der Bosch-Zünder 10/1933, S. 163.
Vierzig Jahre, Würdigung von Max Rall zu dessen 40jährigem Jubiläum, in: Der Bosch-Zünder 10/1934, S. 197.
Es war mir immer ein unerträglicher Gedanke, es könne jemand bei Prüfung meiner Erzeugnisse..., in: Der Bosch-Zünder 4/6/1936, S. 47.

Worte von Robert Bosch, in: Der Bosch-Zünder 9/1936, S. 186.
Aus den Jugenderinnerungen des Herrn Robert Bosch, in: Der Bosch-Zünder 9/1936, S. 188-190.
Dank an den Vorstand anläßlich des 50jährigen Firmenjubiläums und seines 75. Geburtstages, in: Der Bosch-Zünder 10/1936, S. 217.
Dankesrede in der Stadthalle anläßlich der Jubiläumsfeier, in: Der Bosch-Zünder 10/1936, S. 228.
Festansprache anläßlich der Eröffnung des Robert-Bosch-Krankenhauses, in: Der Bosch-Zünder 5/6/1940, S. 49.
Worte von Robert Bosch, in: Der Bosch-Zünder 7/9/1941, S. 62-63.
Robert Bosch dankt der Gefolgschaft (für die Ehrungen und Grüße zu seinem 80. Geburtstag), in: Der Bosch-Zünder 10/12/1941, S. 82.
Worte von Robert Bosch, in: Sonderheft zum 12. März 1942, S. 2.
Sei Mensch und ehre Menschenwürde. Aufsätze, Reden und Gedanken von Robert Bosch. Bosch-Schriftenreihe Folge 1, Robert Bosch GmbH (Hg), Stuttgart 1950.

Ausgewählte Literatur über Robert Bosch

Allmendinger, Claus-Michael, Struktur, Aufgabe und Bedeutung der Stiftungen von Robert Bosch und seiner Firma. Ein Beitrag zur Geschichte des Stiftungswesens in Württemberg von 1900 bis 1964, Stuttgart 1977.
Bäuerle, Theodor, Dienst an Mensch und Volk, in: Heuss, Theodor (Hg), Robert Bosch, Berlin 1931, S. 69-100.
Bauert-Keetmann, Ingrid, Robert Bosch, in: Deutsche Industriepioniere, Tübingen 1966, S. 276-292.
Becker, Rolf, Die Briefwechsel von Robert Bosch im Bosch-Archiv, in: Becker, Rolf und Joachim Scholtyseck, Robert Bosch und die deutsch-französische Verständigung. Politisches Denken und Handeln im Spiegel der Briefwechsel. Bosch-Archiv Schriftenreihe Band 1, Stuttgart 1996, S. 6-43.
Becker, Rolf und Joachim Scholtyseck, Robert Bosch und die deutsch-französische Verständigung. Politisches Denken und Handeln im Spiegel der Briefwechsel, Bosch-Archiv Schriftenreihe Bande 1, Stuttgart 1996.
Becker, Rolf und Frauke Engel, Unsere beste Reklame war stets unsere Ware. Werbung bei Bosch von den Anfängen bis 1960, Bosch-Archiv Schriftenreihe Band 2, Stuttgart 1998.
Bierich, Marcus, Die Erfolgsgeheimnisse von Robert Bosch, in: Weimar, Wolfgang (Hg), Kapitäne des Kapitals, Frankfurt/M. u. a. 1993, S. 35-37.

Robert Bosch 1861-1942. Bosch 1886-1986. Katalog zu der Jubiläums-Ausstellung im Robert-Bosch-Haus, Stuttgart 1986.

Braun, Egon, Egmont Hiller und Martha Zoller, Sozialpolitik bei Bosch, Bosch-Schriftenreihe Folge 4, Stuttgart 1951.

Bruckmann, Peter, Werkbundarbeit bei Bosch, in: Heuss, Theodor (Hg), Robert Bosch, Berlin 1931, S. 101-111.

Cronmüller, Hans, Robert Bosch, in: Arbeitsgemeinschaft der Heimatmuseen im Alb-Donau-Kreis (Hg), Erfinder und Tüftler im Alb-Donau-Kreis, Ulm 1987, S. 68-72.

Debatin, Otto, Sie haben mitgeholfen. Lebensbilder verdienter Mitarbeiter des Hauses Bosch, Bosch-Schriftenreihe Folge 11, Stuttgart 1963.

Diesel, Eugen, Gustav Goldbeck and Friedrich Schildberger, Robert Bosch, in: From Engines to Autos, Chicago 1960, S. 233-283.

Eichmeier, Jens Peter, Bosch. Zulieferer mit Format, in: Barbier, Klaus D. und Fides Krause-Brewer (Hg), Die Person hinter dem Produkt. 40 Portraits erfolgreicher Unternehmer, Bonn 1988, S. 267-279.

Fischer, Johannes, Der Techniker und Sozialpolitiker, in: Heuss, Theodor (Hg), Robert Bosch, Berlin 1931, S. 53-68.

Fischer-Bosch, Margarete, Jugenderinnerungen an meinen Vater Robert Bosch, Privatdruck, Stuttgart 1953.

Fleck, Michael, Robert Bosch. Explosive Spannungen, in: ders., Menschen, Mächte & Motoren, Brilon 1993, S. 95-114.

Fünfzig Jahre Bosch, 1886-1936, Stuttgart 1936.

Herdt, Hans Konradin, Bosch 1886-1986. Porträt eines Unternehmens, Stuttgart 1986.

Heuss, Theodor (Hg), Robert Bosch, Berlin 1931.

Ders., Harte Schale, zündendes Herz, in: Weimar, Wolfram (Hg), Kapitäne des Kapitals, Frankfurt/M. u. a. 1993, S. 17-31.

Höfling, Helmut, Robert Bosch. Beruf: Mensch, in: ders., Forscher, Künstler, Pioniere. Menschen aus zwei Jahrtausenden, Reutlingen 1990, S. 165-174.

Homburg, Heidrun, Anfänge des Taylorsystems in Deutschland vor dem Ersten Weltkrieg. Eine Problemskizze unter besonderer Berücksichtigung der Arbeitskämpfe bei Bosch 1913, in: Geschichte und Gesellschaft 4 (1978), S. 170-194.

Jaffé, Frederico, Prediger in der Wüste – Robert Boschs Kampf um die Rechte der deutschen Juden, in: Jüdische Wochenschrift (Buenos Aires) vom 8. Mai 1945.

Jordan, Bernd und Alexander Lenz (Hg), Robert Bosch (23.9.1861-13.3.1942). Vorbild des sozialen Unternehmers, in: Die 100 des Jahrhunderts. Unternehmer und Ökonomen, Reinbek bei Hamburg 1995, S. 22-23.

Kneher, Hans, Vom Mechaniker zum Großunternehmer, in: Heuss, Theodor (Hg), Robert Bosch, Berlin 1931, S. 29-52.
Küster, Götz, 75 Jahre Bosch 1886-1961. Ein geschichtlicher Rückblick, Bosch-Schriftenreihe Folge 9, Stuttgart 1961.
Ders., Löschet's Licht – d'r Vadder kommt!, in: Wunderlich, Rainer (Hg), Schwäbische Wünschelrutengänge, Tübingen 1976, S. 254-270.
Ders., Robert Bosch. Erfinder und Unternehmer (1861-1942), in: Taddey, Gerhard und Joachim Fischer (Hg), Lebensbilder aus Baden-Württemberg, Band 18, Stuttgart 1994, S. 447-470.
Ders., Robert Bosch (1861-1942), in: Schumann, Hans (Hg), Baden-württembergische Portraits. Gestalten aus dem 19. und 20. Jahrhundert, Stuttgart 1988, S. 240-245.
Ders., Robert Bosch (1861-1942), in: Teufel, Erwin (Hg), Große Stuttgarter. Gestalten aus fünf Jahrhunderten, Stuttgart 1996, S. 178-185.
Matschoss, Conrad (Hg), Robert Bosch und sein Werk. Im Auftrage des Vereines deutscher Ingenieure zum siebzigsten Geburtstage von Robert Bosch, Berlin 1931.
Mezger, Otto, Heger und Jäger, Naturfreund und Landwirt, in: Heuss, Theodor (Hg), Robert Bosch, Berlin 1931, S. 112-126.
Müller, Rainer: Das Robert-Bosch-Haus, Stuttgart 1988.
Mulert, Jürgen, Erfolgsbeteiligung und Vermögensbildung der Arbeitnehmer bei der Firma Robert Bosch zwischen 1886 und 1945, in: Zeitschrift für Unternehmensgeschichte 30 (1985), S. 1-29.
Pierenkemper, Toni, Robert Bosch, der Industrielle. Zum Typus des deutschen Unternehmers in der Hochindustrialisierung, in: Kultur & Technik, Heft 1 (1987), S. 4-18.
Pinner, Felix, Robert Bosch, in: Deutsche Wirtschaftsführer, Charlottenburg 1925, S. 265-272.
Prinzing, Marlis, Der Streik bei Bosch im Jahre 1913. Ein Beitrag zur Geschichte von Rationalisierung und Arbeiterbewegung, Stuttgart 1989.
Quadt, Ernst, Robert Bosch. Pionier der Arbeit. Sein Leben und sein Werk, in: Deutsche Industrie-Pioniere, Berlin 1940, S. 97-122.
Ders., Robert Bosch. Pionier der Arbeit. Sein Leben und sein Werk, Sonderdruck, Berlin [1942].
Reusch, Paul und Hermann Bücher, Dem schöpferischen Industriellen, dem Naturfreund und Jäger, dem aufrechten deutschen Mann, unserem Freund Robert Bosch zum siebzigsten Geburtstag am 23. September 1931, Privatdruck, Berlin 1931.
Scholtyseck, Joachim, Der "Stuttgarter Kreis" – Bolz, Bosch, Strölin: Ein Mikrokosmos des Widerstands gegen den Nationalsozialismus, in: Lill, Rudolf und Michael Kißener (Hg), 20. Juli 1944 in Baden und Württem-

berg, Portraits des Widerstands, Band 3, Forschungsstelle »Widerstand« Universität Karlsruhe, Konstanz 1994, S. 61-123.

Ders., Robert Bosch, die deutsch-französische Verständigung und das Ende der Weimarer Republik, in: Becker, Rolf und Joachim Scholtyseck, Robert Bosch und die deutsch-französische Verständigung. Politisches Denken und Handeln im Spiegel der Briefwechsel. Bosch-Archiv Schriftenreihe Band 1, Stuttgart 1996, S. 44-116.

Ders., Die Firma Robert Bosch und ihre Hilfe für Juden, in: Kißener, Michael (Hg), Widerstand gegen die Judenverfolgung, Portraits des Widerstands, Band 5, Forschungsstelle »Widerstand« Universität Karlsruhe, Konstanz 1996, S. 155-226.

Ders., Robert Bosch und der Widerstand gegen den Nationalsozialismus, in: Gall, Lothar und Manfred Pohl (Hg), Unternehmen im Nationalsozialismus, München 1998, S. 99-106.

Ders., Robert Bosch und der liberale Widerstand gegen Hitler 1933 bis 1945, München 1999.

Schrader, Stephan, Spitzenführungskräfte, Unternehmensstrategie und Unternehmenserfolg, Tübingen 1995.

Setzler, Sibylle, Robert Bosch (1861-1942), in: Setzler, Wilfried in Zusammenarbeit mit Kerstin Laschewski u. a., Von Menschen und Maschinen – Industriekultur in Baden-Württemberg, Stuttgart 1998, S. 139-142.

Setzler, Wilfried, Robert Bosch und der Magnetzünder, in ders.: Von Menschen und Maschinen – Industriekultur in Baden-Württemberg, Stuttgart 1998, S. 64-65.

Stolle, Uta, Arbeiterpolitik im Betrieb. Frauen und Männer, Reformisten und Radikale, Fach- und Massenarbeiter bei Bayer, BASF, Bosch und in Solingen (1900-1933), Frankfurt/M./New York 1980.

Stürmer, Michael, Robert Bosch, in: Fest, Joachim (Hg), Die großen Stifter. Lebensbilder – Zeitbilder, Berlin 1997, S. 249-268.

Suchy, Barbara, The Verein zur Abwehr des Antisemitismus (II). From the First World War to its Dissolution in 1933, in: Leo Back Institute Year Book 30 (1985), S. 67-103.

Veröffentlichungen der Robert Bosch Stiftung in Auswahl

Bericht der Robert Bosch Stiftung. Stuttgart 1974 ff.

Beziehungen zu den Ländern Mittel- und Osteuropas 1974-2000. Die Robert Bosch Stiftung und die Beziehungen zu den Ländern Mittel- und Osteuropas 1974-2000, Stuttgart 2000.

Chronik 1964-2000. Robert Bosch Stiftung, Stuttgart 2000.

Deutsch-amerikanische Beziehungen 1980-2000. German-American Relations 1980-2000. Die Robert Bosch Stiftung und die deutsch-amerikanischen Beziehungen 1980-2000, Stuttgart 2000.

Deutsch-französische Beziehungen 1973-2000. Les Relations franco-allemandes 1973-2000. Die Robert Bosch Stiftung und die deutsch-französischen Beziehungen, Stuttgart 2000.

Deutsch-polnische Beziehungen 1974-2000. Stosunki niemiecko-polskie 1974-2000. Die Robert Bosch Stiftung und die deutsch-polnischen Beziehungen 1974-2000, Stuttgart 2000.

Freiwilligkeit und Freigebigkeit. Bürgerschaftliche Initiative für das Gemeinwohl. Christoph Walter und Stephanie Rieder, Stuttgart 1998.

Internationaler Führungsnachwuchs. Initiativen und Programme, Stuttgart 2001.

Jugend erneuert Gemeinschaft. Manifest für Freiwilligendienste in Deutschland und Europa. Eine Initiative der Robert Bosch Stiftung, Stuttgart 1998.

Merkle, Hans L., Zum Thema Stiftung. Der Einzelne und das Gemeinwesen. Verfassungsrechtliche Anmerkungen zu aktuellen gesellschaftlichen und politischen Entwicklungen, Stuttgart 1991.

Nachrichten aus der Robert Bosch Stiftung 1.1992 ff.

Neue Wege in der Pflege. Förderung der Robert Bosch Stiftung für Praxis und Theorie, Stuttgart 1999.

Payer, Peter und Christoph Walter, Die Robert Bosch Stiftung. Neudruck nach: Lebensbilder Deutscher Stiftungen. 5. Bd. Stiftungen aus Vergangenheit und Gegenwart, Tübingen 1986.

Sprachen als Schlüssel der Völkerverständigung. Initiativen zur Sprachenförderung in Deutschland und Europa, Stuttgart 2001.

Stuttgarter Appell an Bund und Länder, Wissenschaft und Wirtschaft: Für mehr Internationalität in Bildung, Ausbildung und Personalbildung. Ergebnisse eines Symposiums der Robert Bosch Stiftung in Zusammenarbeit mit der Deutschen Gesellschaft für Auswärtige Politik, Berlin, und der Stiftung Wissenschaft und Politik, Ebenhausen, Stuttgart 1999.

Auswahlbibliographie zur Geschichte des deutschen Kaiserreichs, der Weimarer Republik, des Nationalsozialismus und des Widerstands

Barkai, Avraham, Das Wirtschaftssystem des Nationalsozialismus, Köln 1977.

Benz, Wolfgang, Hans Buchheim und Hans Mommsen (Hg), Der Nationalsozialismus. Studien zur Ideologie und Herrschaft, Frankfurt/M. 1993.

Benz, Wolfgang und Walter H. Pehle (Hg), Lexikon des deutschen Widerstands, Frankfurt/M. 1994.

Blaich, Fritz, Wirtschaft und Rüstung im Dritten Reich, Düsseldorf 1987.

Bracher, Karl Dietrich, Die Auflösung der Weimarer Republik. Eine Studie zum Problem des Machtverfalls in der Demokratie, Nachdruck der 5. Aufl. 1971, Düsseldorf 1984.

Broszat, Martin und Norbert Frei (Hg), Das Dritte Reich im Überblick: Chronik, Ereignisse, Zusammenhänge, München u. a. ³1992.

Dülffer, Jost, Deutsche Geschichte 1933-1945: Führerglaube und Vernichtungskrieg, Stuttgart u. a. 1992.

Fest, Joachim C., Hitler, Neuausgabe, Berlin 2000.

Herbst, Ludolf, Das nationalsozialistische Deutschland 1933-1945, Frankfurt/M. 1995.

Heß, Jürgen C., Theodor Heuss vor 1933. Ein Beitrag zur Geschichte des demokratischen Denkens in Deutschland, Stuttgart 1973.

Heuss, Theodor, Friedrich Naumann. Der Mann, das Werk, die Zeit, Berlin 1937.

Hildebrand, Klaus, Das Dritte Reich, München ⁵1995.

Hoffmann, Peter, Widerstand – Staatsstreich – Attentat. Der Kampf der Opposition gegen Hitler, München 1985.

Ders., Claus Schenk Graf von Stauffenberg und seine Brüder, Stuttgart ²1992.

Hopbach, Achim, Unternehmer im Ersten Weltkrieg. Einstellungen und Verhalten württembergischer Industrieller im »Großen Krieg«, Leinfelden-Echterdingen 1998.

Kershaw, Ian, Hitler 1889-1936, Stuttgart ²1998.

Ders., Hitler 1936-1945, Stuttgart 2000.

Kißener, Michael und Joachim Scholtyseck (Hg), Die Führer der Provinz. NS-Biographien aus Baden und Württemberg, Konstanz 1997.

Dies., Gedenkjahrnachlese. Monographien zum deutschen Widerstand gegen den Nationalsozialismus aus den Jahren 1993-1996, in: Historisches Jahrbuch 118 (1998), S. 304-344.

Kolb, Eberhard, Die Weimarer Republik, München ³1993.
Kopp, Otto (Hg), Widerstand und Erneuerung. Neue Berichte und Dokumente vom inneren Kampf gegen das Hitler-Regime, Stuttgart 1966.
Langewiesche, Dieter, Liberalismus in Deutschland, Frankfurt/M. 1988.
Lehnert, Detlef, Die Weimarer Republik. Parteienstaat und Massengesellschaft, Stuttgart 1999.
Lill, Rudolf und Heinrich Oberreuter (Hg), 20. Juli: Portraits des Widerstands, Düsseldorf/Wien 1994.
Lill, Rudolf und Michael Kißener (Hg), 20. Juli in Baden und Württemberg, Konstanz 1994.
Maier, Hans (Hg), »Totalitarismus« und »Politische Religionen«. Konzepte des Diktaturvergleichs, Paderborn 1996.
Mommsen, Hans, Die verspielte Freiheit. Der Weg der Republik von Weimar in den Untergang 1918 bis 1933 (Propyläen Geschichte Deutschlands Bd. 8), Berlin 1988.
Mommsen, Wolfgang J., Das Ringen um den nationalen Staat. Gründung und Ausbau des Deutschen Reiches unter Bismarck 1850-1890 (Propyläen Geschichte Deutschlands Bd. 7/1), Berlin 1993.
Ders., Bürgerstolz und Weltmachtstreben. Deutschland unter Wilhelm II. 1890 bis 1918 (Propyläen Geschichte Deutschlands Bd. 7/2), Berlin 1995.
Müller, Roland, Stuttgart zur Zeit des Nationalsozialismus, Stuttgart 1988.
Nipperdey, Thomas, Deutsche Geschichte 1866-1918, Bd. 1: Arbeitswelt und Bürgergeist, München ³1993.
Ders., Deutsche Geschichte 1866-1918, Bd. 2: Machtstaat vor Demokratie, München ²1993.
Ders., Deutsche Geschichte 1800-1866. Bürgerwelt und starker Staat, München 1994.
Ritter, Gerhard, Carl Goerdeler und die deutsche Widerstandsbewegung, Stuttgart ⁴1984.
Ritter, Gerhard A. und Klaus Tenfelde, Arbeiter im deutschen Kaiserreich 1871 bis 1914, Bonn 1992.
Sauer, Paul (Hg), Dokumente über die Verfolgung der jüdischen Bürger in Baden-Württemberg durch das nationalsozialistische Regime 1933-1945, 2 Bde., Stuttgart 1966.
Ders., Die Schicksale der jüdischen Bürger Baden-Württembergs während der nationalsozialistischen Verfolgungszeit 1933-1945, Stuttgart 1969.
Ders., Wilhelm Murr. Hitlers Statthalter in Württemberg. Tübingen 1998.
Schnabel, Thomas (Hg), Formen des Widerstands im Südwesten 1933-1945. Scheitern und Nachwirken, Ulm 1994.
Schultz, Hans Jürgen (Hg), Der Zwanzigste Juli. Alternative zu Hitler?, Stuttgart u. a. 1974.

Schulze, Hagen, Weimar. Deutschland 1917-1933, Berlin 1994.
Sontheimer, Kurt, Antidemokratisches Denken in der Weimarer Republik. Die politischen Ideen des deutschen Nationalismus zwischen 1918 und 1933, München ³1992.
Stürmer, Michael, Das ruhelose Reich: Deutschland 1866-1918, Berlin 1994.
Theiner, Peter, Sozialer Liberalismus und deutsche Weltpolitik. Friedrich Naumann im Wilhelminischen Deutschland (1860-1919), Baden-Baden 1983.
Ullmann, Hans-Peter, Das deutsche Kaiserreich, 1871-1918 (Neue historische Bibliothek, N. F. 546), Frankfurt/M. 1995.
Winkler, Heinrich August, Weimar 1918-1933. Die Geschichte der ersten deutschen Demokratie, München 1993.
Ders., Der lange Weg nach Westen. Deutsche Geschichte vom Ende des Alten Reiches bis 1933, München 2000.
Ders., Der lange Weg nach Westen. Deutsche Geschichte vom »Dritten Reich« bis zur Wiedervereinigung, München 2000.

Register

Familie Bosch

Bosch, Albert (Bruder) 26, 28, 36, 64
Bosch, Anna (geb. Kayser) 25, 38, 57, 61 ff., 70 f., 100 f., 132, 176, 477 ff., 508
Bosch, Barbara 35
Bosch, Carl (Neffe) 21, 267, 438, 481, 492, 500, 510, 517, 545, 564, 582, 606 f.
Bosch, Eva (Tochter) 479
Bosch, Georg 19
Bosch, Hans 19
Bosch, Hermann 311, 444
Bosch, Jacob 19
Bosch, Jakob 20, 28, 37
Bosch, Johann Georg I 19
Bosch, Johann Georg II 25
Bosch, Karl (Bruder) 25, 28, 30 f., 65 f.
Bosch, Karolina 35
Bosch, Margarete I (Tochter) 100, 215, 218, 243 f., 478 f., 492, 611 f.
Bosch, Margarete II, geb. Wörz 479
Bosch, Maria 20
Bosch, Matthias 19
Bosch, Paula (Tochter) 100, 215, 218, 243 f., 478 f., 607
Bosch, Robert II (Sohn) 100, 203, 242 ff., 405, 477 f.
Bosch, Robert III (Sohn) 479, 483
Bosch, Servatius I 19
Bosch, Servatius II (Vater) 17, 19 ff., 71, 174, 480, 494 f., 628
Bosch, Wilhelm 42

Personenregister

Abbe, Ernst 155, 157, 419, 487
Aereboe, Friedrich 507, 525
Andrews, Harvey T. 166, 377 f.
Archenhold, Friedrich 639
Bach, Carl 180 ff., 225, 511, 545
Bäuerle, Theodor 14, 274, 550 ff., 603, 615, 621, 634, 639
Bakunin, Michael 321
Bauer, Carl 489
Bauer, Eugen 458 f.
Baumann, A. 264, 631
Bazille, Wilhelm 463
Becher, August 22
Beck, Ludwig 610 f.
Bell, Alexander 33
Benz, Carl 106, 111 ff., 124, 345
Bergmann, Sigmund 43, 51 ff.
Bergmann, Theodor 124

Bernhard, Georg 288
Bernhard, Lucian 363
Bethmann Hollweg, Theobald von 256, 262, 286 ff.
Beuth, Chr. W. 79
Beyer, August von 28
Bircher, Eugen 498, 636
Bismarck, Otto von 79, 293, 570, 589
Blériot, Louis 248 f.
Blomberg, Werner von 600
Blos, Wilhelm 301, 463
Borst, Hermann 312
Borst, Hugo 132, 147, 150, 159, 166, 169, 259, 261, 276, 283, 313, 359 f., 363, 372, 374, 377, 398, 444, 546, 632
Brentano, Lujo 155, 328 ff., 334
Bruckmann, Peter 14, 269, 547, 639
Brüning, Heinrich 465, 469, 557 ff.
Bücher, Hermann 14, 325, 358, 475, 482, 502, 615, 618, 634
Bühler, Marie Elisabeth 19
Bülow, B. W. von 559
Busch, Adolphus 202 f.
Chamberlain, Neville 609
Colsman, Alfred 247, 263 f., 631
Cotta, J. G. 76
Coudenhove-Kalergi, Richard von 472 ff., 503, 590 f.
Daimler, Gottlieb 83 f., 105 f., 111 ff., 116, 120 ff., 345, 401, 615
Daimler, Paul 113, 122
Damaschke, Adolf 272, 333
Darwin, Ch. R. 45
Davies, Lord 472, 501, 592
Davis-Lüdecke 437
Debatin, Otto 313, 372, 374, 390, 416, 548
Decker, Franz 35, 41
Dehn, Max 283
Dehlinger, Alfred 464
Delbrück, Clemens 255 f.,
Delbrück, Hans 286, 328

Dénes, Eduard 145
Dewandre, A. 350
Diemer, Anton 265
Diesel, Eugen 14, 168, 443, 483, 490, 611, 615
Diesel, Rudolf 202, 392 f.
Dietrich, Wilhelm 43 f., 51, 136, 181
Dingeldey, Eduard 465
Dion, Graf de 116 f.
Distelbarth, Paul 476 f., 561, 567, 591
Dölle, Maria Margareta 20
Dohrn, Anton 10
Dornier, Claudius 249, 265
du Bois Reymond, Lili 485
Dunlop, John-Loyd 126
Durst, Ernst 370 ff., 386 f., 420, 602
Ebert, Friedrich 301, 332 f., 463, 467
Edison, Thomas Alva 40, 51, 53 f., 153, 357
Eggert 316 f.
Egnell, Fritz 168, 260, 262, 284, 310, 343, 377, 500, 527, 604
Ehrler, H. H. 416
Eisemann, Ernst 134, 201 f., 357, 458
Eisner, Kurt 299
Erkelenz, A. Anton 464
Erzberger, Matthias 293
Escherich, Georg 470, 501 f., 506, 561, 563, 595, 606, 634
Etzel, Theodor 549
Euler, August 146, 168, 250, 363, 630
Eyth, Max 485
Faber, Julius 311, 458, 606
Fein, C. u. E. 33
Fein, Wilhelm Emil 33 f., 40, 87
Fellmeth, Hermann 160, 259, 359, 368 f., 372, 444, 602, 632
Finckh, Ludwig 593 f.
Fingerlin, Katharina 20
Fischer, Albrecht 222, 600
Fischer, Johannes 14
Fischer, Max 325

Fischer, Otto 14, 374, 390
Flaischlen, Caesar 489, 493
Foerster, Friedrich Wilhelm 331 f.
Fontane, Theodor 603
Ford, Henry 147, 165, 343, 381, 384 f., 580, 592
Frantz, Konstantin 331
Frasch, Hermann 84
Freese, Heinrich 155, 157, 322
Freyberg, von 592 f.
Garros, R. 260
Gebhardt, Eduard 29, 177 f.
George, Henry 56
Goebel, H. 87
Göhrum, Heinrich 535 f., 596, 638
Gönnewein, Friedrich 429
Goerdeler, Karl 601 ff., 615, 621
Göring, Hermann 596
Goethe, Johann Wolfgang 24
Grade, Hans 147, 250, 630 f.
Grimmeisen, Otto 370
Grundtvig, Nikolai 552 f.
Gutmann, Guido 246, 368, 444, 602
Haag, Gustav 35
Hackländer, F. W. 76, 164, 178
Haehl, Richard 541
Hahn, Kurt 593 f.
Hahn, Paul 321, 544, 638
Hahn, Ph. M. 78
Hahnemann, Samuel 46, 486, 534, 538, 541
Hallberger, Eduard von 76
Haller, Johannes 490, 595
Hampe, Karl 631
Harnack, Adolf von 184
Hausmann, Karl 29, 492
Haußmann, Conrad 293 f., 308, 338
Heinkel, Ernst 252, 265
Heins, Otto 166, 204, 263, 368, 375, 377, 382, 398, 444
Herriot, Edouard 589, 591
Heß, Rudolf 595

Hieber, Johannes 612
Hiller, Klaus 634
Hindenburg, Paul von 284, 296, 333, 468 ff., 557 ff.
Hirth, Albert 139, 252, 281
Hirth, Hellmuth 250 f., 264 f., 630 f.
Hirth, Wolf 626, 631
Hitler, Adolf 563, 567 ff., 589 ff., 596 ff., 607, 621
Hoch, Erich 265
Hochstetter, Richard 368
Höhne, Felix 429
Honold, Fritz 265, 631
Honold, Gottlob 13, 94, 97 ff., 136 ff., 150, 171, 175, 196 ff., 202, 204, 225 f., 231, 244, 246 f., 259, 262, 267, 276 f., 306, 347, 353 f., 363, 366, 368 ff., 420, 502, 546, 632
Hugenberg, Alfred 288, 326, 463 f., 571
Italiaander, Rolf 630
Jäckh, Ernst 10, 274, 285, 547, 571, 592, 603
Jaeger, Gustav 45 f., 65, 103, 157, 486, 532, 534 f., 637
Jäger, Otto 509
Jahn, Günther 166, 377
Janssen, Hermann 633
Jellinek, Emil 123 f.
Jenatzky, Camille 144
Jung, August 159
Junkers, August 402
Junkers, Hugo 265, 453
Kaiser, Eugen 455
Kautsky, Karl 86, 101 f., 176, 339 f.
Kayser, Anna s. Bosch, Anna
Kayser, Eugen 38, 53 f., 63 ff., 149, 186 ff., 191, 275 ff., 311 f., 355 f., 368 f., 371, 580, 632
Keil, Wilhelm 629
Kempter, Heinrich 137, 246, 276, 311, 367 f., 632

Kern, Martin E. 376, 378
Keppler, Wilhelm 567f., 590
Kilp, Ludwig 240
Kirchdörfer, Emil 369
Kirdorf, Emil 326
Kittler, Erasmus 43
Klein, Albert 203, 205
Klein, Gustav 13, 150, 159, 162 ff., 187, 195 f., 204, 240, 242 ff., 253, 259, 261, 263 ff., 274 f., 285, 311, 356, 359, 367, 369 ff., 375, 581
Klemm, Hans 252
Kneher, Hans 14
Knoerzer, Alfred 502
Köhler, von 300
Köpf, Leonhard 53, 57, 65
Kolbenheyer, Erwin G. 541
Krauß, Adolf 370, 390
Lämmle, August 416
Lang, Franz 396, 399
Langen, Eugen 105
Latham, Hubert 248
Lautenschlager, Carl 217, 257, 270 f., 300 f.
Lavalette, H. Comte de 429
Lenoir, J. J. Etienne 104, 112
Ley, Robert 580, 614
Liebig, Justus von 10
Liebknecht, Karl 321
Lilienfein, Ernst 281
Lilienthal, O. und G. 248
Lindemann, Hugo 314
List, Friedrich 79
Lobjoy 429
Ludendorff, Erich 289 ff., 298, 632
Luther, Hans 469, 471
Marcks, Erich 546
Markel 551 f.
Markus, Siegfried 112
Marquard, Dr. 552
Marx, Karl 206, 331
Marx, Wilhelm 468

Matschoß, Conrad 14, 615
Mauk, Walther 525 ff.
Max von Baden 296, 328, 593
Maybach, Wilhelm 105, 111, 113, 121 ff., 252
Meißner 563
Meng, Heinrich 540
Mergenthaler, Othmar 84
Merian, Matthäus 18
Meyer, Alfred 450
Mezger, Otto 14, 498, 501 f., 504, 606, 634, 638
Miller, Oskar von 39, 184, 466 f., 546
Mindera, P. 636
Mischima 585
Montgelas, Max 328, 334
Mück, Friedrich 563
Müller, August 303
Murr, Wilhelm 596, 621
Muschner, Georg 549
Mussolini, Benito 598
Nägele, Reinhold 259
Napoleon III. 80
Naumann, Friedrich 254, 285 ff., 296, 337, 464 f., 547, 580, 609, 631
Neumann, Carl 271
Neurath, Constantin von 559, 588
Oechelhäuser, Wilhelm von 203
Offermann, E. 265, 631
Opel, Wilhelm von 427
d'Ormesson, Graf 562
Ostwald, Walter 605
Ottmann, Adolf 391
Otto, Nikolaus 105 ff.
Owen, Robert 55
Palmer, A. J. M. 375
Papen, Franz von 470, 559 ff.
Payer, Friedrich 289
Péan, Fernand 359
Pettenkofer, Max von 45
Pfau, Ludwig 56 f.
Pisko 39

Plättlin, Pfarrer 20
Planck, Karl Christian 331 f.
Platen, August Graf 18, 24
Poelzig, Hans 548
Porsche, Ferdinand 576
Proudhon, Pierre 57
Radek, Karl 206
Rall, Max 98, 117, 120, 129, 139, 160, 224, 259, 276, 359, 367, 444, 602, 632
Rapp, Georg 55
Raßbach, Erich 369, 444, 602
Rathenau, Emil 187
Rathenau, Walter 53, 293, 301 f., 470, 564, 580
Reis, Philipp 43
Reiser, Paul 88
Renault, Louis 141, 475
Reusch, Paul 14f., 101, 271, 290, 308, 326, 470, 474, 482, 498, 506, 529f., 545, 565f., 595, 604, 615, 634
Reyhing, Hans 554
Ribbentrop, Joachim von 590, 610
Rittelmeyer, Friedrich 593
Röttcher, Fritz 331 f., 334, 636
Rohrbach, Paul 285, 328
Roosevelt, Franklin D. 433
Roselius, Ludwig 474
Rümelin, Frank 566, 590
Runciman, Lord 609
Samberger, Leo 489
Sachs, Ernst 606
Schacht, Hjalmar 571, 605, 615
Schäffle, Albert 22
Schaerer 135 f., 149
Scheuing, Paul 245, 268, 272, 275 f., 632
Schickele, René 285
Schiemann, Fritz 629
Schildberger, Fritz 15, 605
Schlicke, Alexander 216 ff.
Schlieffen, Graf Alfred von 254
Schloßstein, Willy 15, 372

Schmitt, Kurt 571
Schmitthenner, Paul 232
Schnerring, C. A. 12
Schöll, Franz 500, 503
Schröder, Kurt von 597
Schubart, Chr. F. D. 615
Schuckert, Sigmund 39ff., 43, 51 f., 87, 224, 226
Schücking, Walter 555
Schulze-Gävernitz, Gerhard von 288, 494
Schwarz 121
Schwer, Emil 360
Schwertfeger, Bernhard 632
Schyle, Richard 99
Seubel 51
Siemens Brothers 62 f.
Siemens, Werner von 40, 43, 87, 106 f., 184, 419
Simms, Frederic R. 116 f., 120, 124, 128 f., 147 ff., 159 f., 168, 172 f., 175, 237, 396
Simons, Walter 470
Solf, Wilhelm 280
Spengler, Oswald 437, 484 ff.
Staats v. Wacquant 520
Stäbler, Fr. 639
Stein, Philipp 274, 285, 303
Steinbeis, Ferdinand 78 ff., 224
Steinhart 448
Steiner, Rudolf 323
Stephan, Heinrich 87
Stiegele, Alfons 638
Stinnes, Hugo 326, 466, 525
Strauß, David Friedrich 615
Stresemann, Gustav 469 ff.
Stribeck, Richard 44 f., 372 f., 399, 420, 483, 517, 545, 585 f., 637
Strölin, Karl 591, 596
Supf, Peter 630
Taylor, F. W. 207, 223
Teichmann, F. P. 115

Thierer, Georg 12, 19
Thoma, Richard 271, 328, 631
Tirpitz, Alfred von 298
Todd, Hiram 379
Traub, Gottfried 612
Trautmann, Friedrich 633
Ulmer, Ernst 132f., 175, 222, 276, 312, 368, 404, 502
Uppenborn 41
Utzinger, August 42, 223, 226ff., 245, 391, 548, 630
Vaihinger, Hans 486
Varnbüler, Axel von 604
Vischer, Alfred 121
Vischer, Friedrich Theodor 45, 291
Vöhringer, Jakob Friedrich 19
Vollmöller, Hans 252, 265f.
Walz, Hans 15, 185, 258, 274, 372, 407, 444, 550, 602, 604, 618, 621, 637f.
Wayß, G. A. 132
Weber, Alfred 289, 328
Weber, August 463
Weber, Max 328
Wedel, Botho Graf von 286
Weitling, Wilhelm 55, 60f.
Werdenberg, Grafen von 18
Werner, Gustav Albert 78

Werner, Gustav (Kerzen) 585
Westmeyer, F. R. 206, 213, 629
Wheatstone, Charles 33
Widemann 534
Wieland, Philipp 326
Wielich, Albert 396ff., 501
Wild, Karl Martell 193, 204, 283, 312, 368ff., 374, 386, 398, 436, 444, 602
Wilhelm II., Kaiser 210, 254, 256, 288, 291, 295ff., 490, 570, 631, 639
Wilhelm II., König 183, 279, 300
Wilson, Woodrow 293, 295, 304, 376
Winand, Paul 142
Woerner, Eugen 192f.
Wörz, Margarethe s. Bosch, Margarethe II
Wolf, Immanuel 638
Wright, Orville u. Wilbur 248
Wulfert 121
Zähringer, Arnold 97, 120, 124, 129, 136, 139, 209, 245f., 287, 367
Zech, von 44
Zeppelin, Ferdinand Graf von 121f., 247ff., 253, 263f., 266
Zetkin, Clara 86, 177, 211ff.
Ziegler, Major 37
Zundel, Friedrich 176f., 607
Zundel, Georg 607

Sachregister

Abdankung (Kaiser Wilhelm II.) 297
Abessinien-Krieg 600
Abreißvorrichtung 107, 117, 120
Abreißzündung 117, 120, 122
Abrüstung 329, 559
Abschnappzündung 124
Abteilungs-Ausflüge 418
Achtstundentag 99, 150, 154f., 157, 210f., 260, 318f., 339, 403, 411, 421, 440f., 614
Achtundvierziger Bewegung 24
Acro-Gesellschaft Küßnacht 398
Acro-Lizenzen 400
Acro-Motor 396ff., 444f.
Acton-London 430, 607f.
Adlerschild 604
AEG 187, 203, 211, 276, 305, 358f., 368
Ärztliches Volksbuch 540f.
Agrarpolitisches 503-530
Ahnenreihe/Ahnentafel 19f.
Akademie für Bauwesen 190
Akademiker 229, 371, 420, 551
Akkord 63, 99, 153f., 157, 207, 209, 213-215, 319, 370, 374, 387, 411
Akkumulatoren 114, 195, 633
Aktien 355, 380, 437
Aktiengesellschaft 172f., 245, 275-277, 371, 437, 510, 602, 631
Aktionäre 277
Aktienkapital 355
Albeck 17-20, 22-29, 185f.
Albwasserversorgung 94
Algebra 42
Algier-Reise 214
Alldeutsch 286, 288
Alleinvertretungen 168f.
Allensbach 247
Allgemeinheit 184

Alliierte 295, 327, 559
Allopathie 542, 637
Alni-Stahl 483, 586
Altersbeschwerden 607
Altersfreundschaft 490
Altersversorgung 407-410
American Bosch Magneto Corporation 305, 310, 360, 377, 379-381, 456
American Crude Oil Corporation 396-401
Amerika-Anleihe 385f., 436
Amerika-Flüge 264, 266
Amerika-Geschäft 162, 165f., 199, 201, 204, 305, 310, 357, 360f., 373-388
Amerikanertum 53
Amerikanische Industrie 153, 165f., 203, 223, 345, 373-385, 427, 432, 613
Amerika-Reisen 47-62, 203, 360f., 396, 398, 493, 501, 516
Amsterdam 168, 601
Amtssuspendierung 566
Anciens combattants s. *Frontkämpferverband*
Anerkennung 268, 361, 420, 494, 569
Anfangskapital 92
Angestellte 272, 354, 391, 408f., 413, 415, 579
Angestelltenverwaltung 312
Angriff auf Polen 611
Anlasser 199, 201
Anlernen 223f., 390f., 577, 579
Anpassungsfähigkeit 135
Anschluß/Anschluß-Frage 568, 608
Anthroposophie 323, 593
anti-demokratisch 321
antirevolutionär 462

Anti-Romantiker 55
antistaatlich-opposionell 176
Anzeigen 90, 94, 226
Arbeiter/Arbeiterschaft/Arbeitnehmer 58f., 60, 83, 85, 134, 150, 154, 198, 204, 206f., 209f., 221, 236, 272, 279, 314, 316, 319f., 326, 335, 337, 340, 354, 358, 389f., 412, 415, 417, 441f., 457, 463f., 477, 552, 560, 568, 579
Arbeiter-Berufsvereine 54
Arbeiterbewegung 54, 203, 205-207, 337, 403, 419
Arbeiterbewegung, amerikanische 55f.
Arbeiterfachverband 206
Arbeiterfragen 54f., 150-152, 221, 302, 579
Arbeiterführer 207, 220, 290, 336
Arbeiterinnen 415
Arbeiterinteressen 219
Arbeiterklasse 316, 463
Arbeiterproblem 259
Arbeiterstamm 208f.
Arbeiterstand 152
Arbeitervereinigungen 56
Arbeiter- und Angestelltenausschuß 209, 219, 322
Arbeiter- und Soldatenrat 320
Arbeitgeber 340
Arbeitgeberorganisationen 212, 219, 221f., 281, 324-327, 368
Arbeitnehmertum 324
Arbeitsamkeit 99
Arbeitsaufgabe 152
Arbeitsbedingungen 189, 403
Arbeitsdienstpflicht 319, 554f.
Arbeitsdisziplin 100, 151, 236, 265, 404, 410
Arbeitseinstellung s. Streik
Arbeitsentlassung s. Entlassung
Arbeitsentlastung 352

Arbeitsethos 318, 390
Arbeitsfähigkeit 189
Arbeitsgemeinschaft deutscher Betriebsingenieure 387
Arbeitsgenauigkeit 267
Arbeitsgericht 417
Arbeitshygiene 151, 403
Arbeitskampf s. Streik
Arbeitskräfte 96, 111, 157, 577
Arbeitskraft 317, 384
Arbeitsleistung 155, 191, 236, 319, 329, 364, 410, 420, 495
Arbeitslohn 155
Arbeitslosenunterstützung 441
Arbeitslosenziffer 436
arbeitslos/Arbeitslosigkeit 56, 62, 388, 413, 427, 433f., 436, 440, 555, 560
Arbeitsmethoden 316f., 340, 421
Arbeitsministerium 301, 314
Arbeitsmoral 309
Arbeitsniederlegung s. Streik
Arbeitsordnung 157
Arbeitsplatz 390, 534, 573
Arbeitspräzision 309
Arbeitsprozeß 319, 577
Arbeitsruhe 210
Arbeitsschwierigkeiten 345
Arbeitsteilung 143, 386
Arbeitsverfassung 318
Arbeitsverhältnis 154, 406, 419
Arbeitsvertrag 206, 410
Arbeitswille 389
Arbeitszeit 41, 60, 63, 99, 154f., 157, 170, 206, 208, 210, 219, 221, 329, 403, 411, 434, 439-443, 484, 572, 629
Armprothese 341
Armut 56f., 72, 77
Askania-Werke 455
Asperg 23
Asylgewährung 593, 595

Atmosphäre 85, 134, 176, 247, 268, 303, 396, 488, 500, 570, 615
Aufpassertum 65
Aufruf 278, 463
Aufrüstung 261, 598-600
Aufschwung 111, 169, 364, 389, 494, 507
Aufsichtsrat 248, 276f., 356, 372f., 458, 602, 606
Aufstand 297
Aufstieg 202, 444
Augsburg 392f.
Ausbildung 224, 229, 391, 406, 488, 551
Ausdehnung 152
Ausfuhr 259-261, 282f., 346, 355, 365, 428, 436, 454, 458, 505, 558, 572, 582
Ausfuhrverbot 260
Ausland 145, 305, 307, 317, 341f., 349, 359, 361, 365, 370, 454, 457
Auslandsabsatz 354
Auslandsbesitz 557
Auslandsdarlehen 442
Auslandsgeschädigte 425
Auslandsgeschäft 355, 601
Auslandsvermögen 305
Auslandsvertreter 128, 145, 168f., 359-363, 601
Außenpolitik/außenpolitisch 254, 470, 559, 561, 567f., 592, 598f., 603, 608
Ausspannung 174f.
Aussperren/Aussperrungen 208, 215f., 218, 220
Ausstellungen 39, 80, 88, 94, 98, 127, 139, 141, 264, 448, 457, 572
Australien 362
Auswärtiges Amt 293, 470, 568
Auswanderung/Auswanderer 47, 84
Ausweichwerke 573
Auszeichnungen 127, 182f., 190, 270f., 278, 285, 421, 545, 603-606, 614f.
Autarkie 439, 582f.
Autobahnen 574
Automaten 153
Automatic Magneto Electric Ignition Co. Ltd. Simms 129
Automatisierung 223, 383
Automobil-Ausstellungen 346
Automobil-Import 382, 428
Automobil-Industrie 112, 122-124, 427-433
Automobil-Industriellen-Verbände 212, 281, 606
Automobilismus 112, 116, 123
Auto-Union 572
Azetylen 194f.
Aztekenreich 61

Baird Television Ltd. 460
Bakelit 356, 582
Balkanfeldzüge 246
Balkankriege 254
Balkankrise 259
Bankeneinfluß 357
Bankenkapital 81
Bankenkrise 558
Bankverbindungen 111, 385f., 601
Basteln 30, 98, 232f.
Batteriezündung 106f., 114, 124, 203, 382, 633
Baudarlehen 273, 406f.
Eugen Bauer GmbH 458f.
Bauernrat 320
Baugrundsätze 131f., 188f.
Baumbestand 178
Bayernwerk 466
Beamte 280
Beaufsichtigung 99
Begabtenförderung 274, 405f., 550f., 639
Begründung des Hausstandes 100

Beihilfen 462
Beisetzung 618
Bekenntnis, sozialistisches 57-59, 71
Bekleidung 45f.
Belegschaft 96f., 99f., 134, 150, 152, 155, 170, 209, 215, 220, 259, 279, 282, 308, 323, 337, 341, 390f., 434, 454, 572, 577, 363, 366f., 404, 408f., 413, 420, 430, 433f., 572
Belesenheit 24
Belgien-Geschäft 359
Belichtung 151, 189, 258, 403, 534
Belüftung 258, 403, 534
Benediktbeuren 514, 636
Benzinmotor 112
»Beobachter« 24, 90, 628
Bergsteigen 174, 499
Berlin-Charlottenburg 283
Berliner Haus der Technik 597
Berliner Wohnung 280
Berliner Vertrag 376
Berner Konferenz 329, 331
Berufsberatung 484
Berufsentscheidung 64
Berufserziehung 410
Berufsgenossenschaft 214
Berufsoffizier 37
Berufspädagogik 229f., 577
Berufs- und Lebenspraxis 229
Berufsvorbereitung 231
Berufswahl 31, 484
Berufszählung 77
Beschäftigte s. a. Arbeiter 189, 434
Bescheidenheit 183, 278, 338, 400
Beschlagnahme 375f., 633
Beschwerderecht 213
Besichtigungen 278f., 343, 633
Besitzverhältnisse 244, 274, 372
Beteiligungen 239, 371f., 601
Betriebsamkeit 257
Betriebsangehörige s. a. Belegschaft 318

Betriebsarzt 419
Betriebsausflüge 126, 417f.
Betriebsbeamte 391
Betriebsleiter/Betriebsleitung 97, 207, 337
Betriebsmittel 317
Betriebsräte 320-324, 341, 388, 421
Betriebsräte-Gesetz 323f.
Beuerberg 510-516
Beweglichkeit, geistige 229
Bewegung, sozialistische 56, 205
Bewegungskrieg 289
Bevölkerungsdruck 84
Bevormundung 67
Bezahlung s. a. Lohnpolitisches 208
Biedermeiertum 22
Bildmarke 306, 363
Bildnisse 67, 102, 530
Bildung 270, 491, 553f.
Bildungs- und Erziehungstätigkeit 274
Bildungshochmut 176, 231
Bildungshunger 552
Bildungsschicht 564
Bilux-Lampe 196f.
Biologisches 31, 173, 235, 332f.
Bittsteller 184f.
Blaupunkt 457f., 577
Blitzableiter 90
Boden-Enteignung/Bodenenteignungsrecht 270, 272
Bodenpreis 56
Bodenreform 56, 272, 333, 535
Bogenlampen 39f., 43, 52, 64, 87f., 103
Bolschewismus 206, 295, 335, 430f., 613
Bosch & Haag 35
»Bosch-Arbeit« 142
Boschdienst-Organisation 362
»Bosch-Geist« 152, 313, 417, 579
Bosch-Glocke 350

Bosch-Hausgesellschaft 406
Bosch-Hilfe 407-409, 411, 418, 436, 544, 573
Boschhof 502, 512-528, 597, 634ff.
Bosch-Horn 346f., 349
Bosch-Jugendhilfe 406
»Bosch-Klassen« 228
Bosch-Kreis 10, 323
Bosch Magneto Cy. Glasgow 360
Bosch Magneto Company New York 166, 204, 305, 375f.
Bosch Magneto Co. Ltd. London 162
»Bosch-Parlament« 247, 361
»Bosch-Sonntag« 418
Bosch-Tempo 410
Bosch-Teufel-Plakat 145, 380
Bosch-Winker 351
Bosch-Wischer 351
»Bosch-Zünder« 15, 140, 313, 324, 341, 347, 372, 374, 379, 382, 384, 390, 399, 402, 408, 411, 415-418, 430, 449, 491, 564, 579, 587, 596, 614, 630, 633, 638, 640
Boykott 305f., 309f., 330, 341
Brauerei 21
Bremshelf 350
Brennaborwerke 146
Brennstoff-Filter 402
Briand-Stresemann-Politik 475
Briefeschreiben 491f.
Briefstil 416
Briefwechsel 14f., 29, 162, 181, 202, 226, 237, 277, 293, 301, 331f., 335, 464, 468, 482, 485, 492, 495, 502, 567
Briefgeheimnis 595f.
British Automobile Engineers 604
Brooklyn 51
Brown Boveri 368
Brüssel 166, 168, 305f.
Buchhaltung 35, 90, 92, 132f.

Budapest 145, 283
Buddhisten 75
Bücher 415
Bücherei 554
Buenos Aires 361
Bürokratie 233f.
Bürgerkrieg 335
bürgerlich/Bürgerlichkeit 36, 335, 404, 463, 566
Bürgertum 20, 28, 296, 303, 336, 569
Bürokratisierung 234
Bund der Industriellen 325
Bund der Kaisertreuen 291
»Burgfrieden« 286, 287

Canada-Jagd 501
Carl-Bach-Stiftung 545
Carl-Schurz-Vereinigung 471
Carl-Zeiß-Stiftung 552
Carl-Zeiß-Werke 155
C.A.V.-Bosch Ltd. 430, 601f.
Charakter 69f., 230, 237, 333, 480-483
Charakterbildung 230
Chauvinismus/chauvinistisch 327, 362, 563
Chicago 362
Chirurgie 637
Christengemeinschaft 593
Christentum 72-75, 487f.
christlich 155, 476, 487
Christus 73
Chromleder 531f.
Chryslerwagen 385
Clairvivre 591
Comburg 554
Coudenhove-Tagungen 561
Coventry 429

Daimler-Motor 106-108, 116, 248
Daimler-Motoren-Gesellschaft 120-124, 146, 172, 260, 572, 629

Danzinger Frage 610
Darlehen 92f., 287
Darwins Entwicklungslehre 45
Datsch 225, 630
Dawes-Plan 424, 557f.
de Dion-Bouton-Dreirad 117, 120
Deflation 427, 436, 526, 558
Delag 248
Demokratensohn 61
Demokraten/Demokratie 23, 57, 61, 102, 292, 302, 321, 337, 463, 570
demokratisch 320, 463, 589
Demokratische Partei 571
Demokratischer Volksbund 302
Demokratisierung/Demokratismus 102, 388
Dénes & Friedmann 145
Denken, materielles 232
Denkendorf 554
Denkschrift an Ludendorff 289
Denkschrift über die Krisenbekämpfung 561
Denkschriften von Robert Bosch 437-443
Depression (wirtschaftliche) 62, 454
Detroit 169, 381, 385
»Deutsche Allgemeine Zeitung« 389
Deutsche Arbeitsfront 578f., 593, 422, 614
Deutsche Demokratische Partei 463
Deutsche Friedensgesellschaft 471
Deutsche Gesellschaft 1914 280f., 303
Deutsche Hochschule für Politik 287, 289
Deutsche Landwirtschaftsgesellschaft 524
Deutsche Liga für Völkerbund 331

Deutsche Luftschiffahrtsgesellschaft 248
»Deutsche Politik« 285
Deutsche Verlags-Anstalt 466, 596, 648, 654
Deutsche Volkspartei 25, 37, 463
Deutscher Ausschuß für Technisches Schulwesen 225
Deutscher Metallarbeiterverband s. *Gewerkschaften*
»Deutscher Volkswirt« 438
Deutsches Museum 184, 485, 546
Deutsch-französische Annäherung/Verständigung 474f., 561-563, 567f., 570, 588-591, 599, 608
Deutschnationale 463
Deutsch-polnisches Abkommen 598
Deutsch-russischer Pakt 610
Deutsch-türkische Freundschaft 274
Deutscher Werkbund 274, 546-548, 639
Deutz 105, 108, 122
Devisen 355, 426, 443, 582f., 586f.
Dichter 18, 23f., 45, 232
Dieselkraftwagen 394, 396, 399
Dieselmotor 392-402
Diktator 566
Diktatur 566
Diplomatie 254, 369, 474, 561, 569, 608
Diskontpolitik 423, 443
Disziplinierung 68, 555
Dividendenpolitik 283, 367, 436, 573f.
Dogmatik/Dogmatisierung 317, 486f.
Dollar-Anleihe 385
Doppelschicht 157
Dorfpolitik 23
Dreigliederung 323

Dreiklassenwahlrecht 288, 291
Dreilindenwerk 573
Dreißigjähriger Krieg 19
Dumfries 510
Durchschnittslöhne 214f., 412
Dynamo 198
Dynamoelektrische Maschine 40, 43, 106

Ehernes Lohngesetz 437
Ehrenamtliche Kräfte 258
Ehrenbürger 270
Ehrendoktor 182f., 545, 614
Ehrenmeister des deutschen Handwerks 614
Ehrenmitglied 190, 606
Ehrenpaten 405
Ehrgeiz 68, 131, 163, 169, 189, 281, 295, 302, 471f., 484, 493, 500, 542
Ehrungen 182f., 270, 278, 285, 361, 545, 604f., 614f.
Eigensinn 278
Einheitsbewußtsein 280
Einfuhrverbote 309f.
Einjähriger 36
Einkaufsleitung 246
Einmarsch in Prag 610
Einmarsch ins Rheinland 599
Einspritzpumpe 394-400, 445
Eisemann GmbH 602
Eisemann-Werke 350, 357f.
Eisenbahn 17, 26, 345, 352, 574
Eisenbetonbau 132
Eisernes Kreuz 278
Eitelkeit 149, 258
Ekenberg-Verfahren 510f., 517
Elektra GmbH 275
Elektrizitätslehre 43
Elektrizitätswerke 164, 171, 239-242
Elektro-Medizin 90
Elektron 584

Elektrowerkzeug 34, 446, 448, 576
Eltern, s. *Bosch, Servatius*
England-Geschäft 128f., 149, 159-162, 310, 360, 429f., 601f.
Englisch 44
Eninger Weide 509
Entente 292, 343
Entlassung 213-216, 324, 345, 457, 579
Entlohnung 320, s. a. *Lohnpolitisches, Verdienst*
Entlüftung 151
Entschädigungsanspruch 358
Entschädigungspflicht des Deutschen Reiches 359, 376
Entstörung 456
Entwicklungsarbeit 353f.
Erbfolgefragen 276f., 371, 619f.
Erbgang 80f., 85
Erfahrung 63, 332, 350, 361, 430, 432, 508, 602, 614
Erfinder 11f., 252
Erfolg 146, 378, 384, 416, 436, 438, 608
Erforschung und Bekämpfung verheerender Volkskrankheiten 270
Erfurter Programm 101
Erholungsgarten 414
Erholungsheime 210, 413f.
»Erinnerungen« 14, 18, 20, 22, 30, 36, 48, 53, 55, 62, 92, 107, 122, 135, 168, 248, 297, 492f., 497, 504
Erkrankungen 38, 263, 290, 531-533
Ernährung 255
Ernährungsvorschriften 291
Ersatzstoffe 581f., 587
Erster Mai 159
Erster Weltkrieg 169f., 201, 203, 227, 245f., 253-268, 272, 274, 278, 282f., 285-287, 289, 291, 297f., 304f., 307, 310-313, 319, 322f.,

338, 341, 343, 345, 370, 373, 379, 383, 390, 403, 423, 425, 429, 436, 439, 462, 471, 475f., 492, 500, 507, 511, 532f., 535, 539, 542, 547, 549f., 558f., 565, 571, 581f., 591, 601, 603, 613f.
Erwachsenenbildung 226, 274, 391, 550-554
Erwerb von Bildern 179
Erwerbsleben 174
Erzähler 490
Erziehbarkeit 233, 287
Erzieher 33, 190, 229, 430
Erziehertum 233, 236, 238, 274, 478, 508, 523
Erziehung 153, 229, 233, 270, 526, 545, 554, 564, 579
Erziehungsbeihilfen 405, 409, 551
Eßlinger Maschinenfabrik 163f.
Ethik/ethisch 230, 485
Ethisch-Humanitäres 157
ethnologisch 286
Europa-Union 472-476
Explosionsmotor 104-107
Expansion s. a. *Ausdehnung* 87, 436, 444, 466, 583
Export s. a. *Ausfuhr* 259f., 346, 365, 449, 507, 573, 602
Exportmarke 364
Exportmusterlager 80

Fabrikanten 82, 279
Fabrikation/Fabrikationsbüro 148, 371
Fabrikbauten 130-132, 188-191, 573
Fabrikbesetzung, polizeiliche 419
Fabrikpflegerinnen 419
Facharbeiter 225, 374, 391, 577
Fachleute 346, 362, 429
Fachmann 498
Fachpresse 342, 345, 429

Fachschulen 83, 223f., 552
Fachverband 209
Fachwelt 350, 399
Fahrrad 96, 98, 103
Familienforschung 12, 19-27
Familiographie 28
Fanatismus 334
Feiertage 159
Feigheit 50
Feinmechaniker 31, 33, 224, 370, 391
Ferien (R. B.) 174f.
Feriengewährung 210, 219
Ferienkasse 211
Ferienzeit 413f.
Fernseh AG 460
Fertigungsbeschleunigung 386f.
Fertigungsmengen 108-110, 124-126, 170
Fertigungsprogramm 90, 93
Fertigungsprozeß 147
Festschrift 1936 402, 597, 604f.
Fettpumpen 194
Feuerbacher Werk 190f., 213-218, 275, 282f., 311f., 356, 366, 580f., 621, 632
Feuermelder 34
Fichtel & Sachs 199
Film-Geräte 458f.
Filmindustrie 549f.
Finanzpolitisches 92f., 239, 242, 385f., 436f., 601, 614
Firmenänderung 242-245, 602, 631f.
Firmengründung 86f.
Firmen-Jubiläum 603-607
Firmenpolitik 14
Firmenverkauf 149, 172f., 244, 601f.
Flammenzündung 107
Fliegerschulen 250
Fließband/Fließfertigung 373f., 381, 387f.

Flüchtling, politischer 212
Flugwesen 146f., 247f., 263, 630f.
Flugzeugbau 170, 248ff., 252, 263-266, 402, 576
Förderpumpe 402
Förderung 173, 184, 237, 471, 534
Förderung der Begabten 274, 405
Förderung des Wohnungsbaus 273
Fordwagen 384
Forfex-Geräte 446, 602
Formalismus 188
Forscher/Forschung 230, 356, 420, 540, 542, 544, 605
Forschungsabteilungen 191f., 420
Forschungsarbeit 181f., 460
Forschungsförderung 180-182
Fortbildungsschulen 83, 223f., 228
Forschungsstelle über das Flugwesen 248
Forschungs- und Entwicklungsinstitut 191
Fortschritt 26, 56, 143, 194, 207, 367, 375, 387, 416, 437, 439, 485, 529, 557, 585
Fossa Carolina 271
Frankfurt am Main 236, 360
»Frankfurter Zeitung« 364, 438, 565
Frankreich 115, 123, 129, 148, 474-476, 561-563, 588-591, 598f.
Frankreich-Geschäft 159-168, 172f., 249f., 309, 357, 359, 429, 601
Fragen der innerdeutschen Entwicklung 286
Frau, Stellung der 57
Frauenarbeit 208
Freidenker 488
Freie Marktwirtschaft 423, 431
Freigeist 24
Freihandel 305, 329f., 332, 364, 422, 429, 438f., 443, 505

Freiheit 15, 37, 73f., 151, 155, 163, 236, 337, 406, 462, 480, 618
Freikorps 565
Freimaurerloge, Ulmer 24
Freimütigkeit 67
freisinnig 24, 74
Fremde 97, 129, 582
Freunde/Freundschaft 38, 102, 500
Frieden 262f., 423, 592, 609f.
Friedensarbeit 588
Friedensaufgaben 267, 614
Friedensbedingungen 263, 292, 307
Friedensbedürfnis 590
Friedensbemühungen 292-294, 296, 327-334, 471-476, 561-564, 588-592, 599
Friedenserzeugnisse 282, 574
Friedensgedanke 330
Friedensgesellschaft 329, 471
Friedenshindernis 296
Friedenshoffnung 284
Friedensmarkt 305
Friedensnobelpreis 474
Friedenspolitik 334, 466
Friedensproduktion 281, 305
Friedensschluß 262
Friedenssicherung 206
Friedensverhandlungen 284
Friedenszeit 288, 377
Friedrichshafen 247-249, 263-265
Front 284
Frontkämpferbesuche 561, 591, 604
Frontkämpferverband 561
Frühsozialismus, französischer 56, 206
Führerinitiative 317
Führernachwuchs 371
Führerschicht 211
Führertum 420
Fünfjahrespläne 431

»Fünfzig Jahre Bosch« 605
Fürsorge 229, 408, 421, 472, 495, 534
Fürsorgepolitik 257-259, 318, 403-410, 413-415
Furtwangen 65
Fusionspläne 121, 137f., 357-359
Fußballklub Stuttgart 414

Gasgeräte 453-455
Gasmotor 92, 103-107
Gasschalter 445, 450-453
Geburtshaus 17-21, 25-27
Geburtstagsfeiern 604, 614f., 640
Gedächtnis 533
Geduld 173
Gefangenenlager 308
Gefühl, technisches 44
Gefühlsbekundungen 48
Gehörschwäche 38
Geldbeschaffung 273
Geldspende 418
Geldstrafen 614
Geldverknappung 356
Gelehrte 280
Gemäldekauf 177f., 530
gemeinnützig/Gemeinnützigkeit 27, 178, 180-186, 231, 248, 257-259, 268, 270, 272-274, 278-280, 287, 303, 318, 331, 372, 404-410, 413-415, 436f., 471, 476, 487f., 490, 530f., 534-544, 545-548, 550-556, 573, 593, 597, 605, 637, 639
Gemeinsamkeit 286
Gemeinschaft/Gemeinschaftsleben 336, 414, 617
Gemeinwohl 470, 597
Genauigkeit 96
Genf 169, 359
Geologie des Boschhofs 634ff.
Gerechtigkeit 23, 62, 72, 155, 531, 570, 594

Gerechtigkeitsgefühl 23
Gerlobogk 64
Gesang 48, 69, 71, 99f., 413f.
Geschäftsanteile 620
Geschäftsanzeige 91
Geschäftsgebaren 149
Geschichte der deutschen Dichtung 45
Geschäftsberichte 13
Geschäftspolitik 169, 260
Gesellschaft mit beschränkter Haftung 245
Gesellschaftskapital 274-276, 354f., 631f.
Gesellschaftskritik 101
Gesellschaftsreformer 207
Gesellschaftsvertrag 277
Gesetz über Einkommenssteuer 337
Gesinnung 152, 174, 177, 332, 335, 386, 406, 419, 471, 564, 580, 617
»Gesinnungsbund« 303
Gestapo 621f.
Gesundheit 155, 189, 301f., 520, 532, 604
Gesundheitsfragen 530-545
Gesundheitslehre 532
Gesundheitspolitik/gesundheitspolitisch 372, 485, 530, 537
Gesundheitspflege 270, 530, 535
Gesundheitswesen, öffentliches 45, 272f., 372, 403, 530
Gewehrsammlung 177
Gewerbeförderung 79
Gewerbelehrer 230
Gewerkschaft/Gewerkschaftsführer 54-56, 86, 134, 205-210, 212-214, 216-222, 280, 289, 294, 301f., 316f., 322, 329, 335, 337, 368, 388f., 412, 433, 464, 555, 579, 580
Gewinnbeteiligung 319f.
Gewissenhaftigkeit 110, 362

Gießerei 191-193
Gildensozialismus 441
Glasgow 360, 362
Glaube, religiöser 57
Gleichheit vor dem Gesetz 62
»Gleichheit« 177
Gleichschaltung 567
Glockenmagnet 202
Glühlampen 39, 43, 52, 87f., 103, 195f.
Glührohrzündung 113f., 122f., 401
GmbH-Umwandlung 602
Göppingen 42
Goldmarkbilanz 355
Goldwährung 423, 583
Golfsport 533
Gordon-Bennett-Rennen 165
Gotha 264, 631
Gott 73-75, 487f.
Gottlose 74f.
Graphologie 374
Großbetrieb 151, 421
Großindustrielle 186, 562
Großluftschiff 248f.
Gründerperiode 81
Gründungstag der Firma Robert Bosch 86
Gründungsversuche 172
Grundbesitzer 280
Grundsatz 309
Gruppenakkord 154
Gürtler 33
Güteraufteilung 636
Gussenstadt 19
Gustav-Jäger-Verein 535
Gustav-Klein-Straße 267
Gute Hoffnungshütte 271
Gutenbergstraße 9, 92
Gymnasialbildung 231

Haehl-Sammlung 531
Haflinger 528

Hakenkreuzfahne 566
Hammer 445-448
Hanau a. M. 34, 38
Handelsfreiheit 137
Handelsgesellschaft 242, 244
Handelshochschule, Kölner 35
Handelskammer 35
Handelspolitik 325, 354, 572, 583
Handelsvertrag 325, 422, 428
Handschrift 491
Handwerkskammer 228
Haßpropaganda 327
Haus der Freundschaft, Stambul 285
Haus der Kunst, München 597
Haus der Technik, Berlin 597
Haushalt 100f., 174
Hausindustrie 81, 84f.
Haustelegraph 32, 87, 90
Heeresbedarf 283
Heger 500
Heidehofstraße 178, 478
Heidelberg 269, 271
Heidelberger Vereinigung für eine Politik des Rechts 328
Heilkunde 45
Heilkundeförderung 45, 531-537
Heilwissenschaft, biologische 614
Heimat 83, 96, 111, 404, 426, 448, 466, 530, 552f., 613, 615
Heimatgeschichte 19
Heimatliebe 27, 102, 534
Heimatwerk 555
Heimstätten 407
Heimweh 48, 203
Hedelfingen 19
Herkunft, geistige 287
Herzerweiterung 533, 566
Heubach, Ernst & Co. 448
Heuchelei 49
Hildebrandt & Wolfmüller 115
Hildesheim 573

691

»Die Hilfe« 465
Hilfskassen 210
Hilfstätigkeit 257
Hilfswilligkeit 237, 404
Hille-Dresden 110
Hindenburg-Mythos 468
Hinterbliebene 318, 419
Hinterbliebenen-Fürsorge 407f.
Hinterdrehbank 135
Hippokrates (Verlag) 540
Hippokrates (Zeitschrift) 540
Hochfrequenz-Werkzeuge 449
Hochmut 231
Hochschule (allg.) 232, 564
Hochschule (R. B. an der Stuttgarter) 42-45
Hochschulring 564
Hochspannungszündung 138-142
Höderlinstraße 176
Hohenburg 518, 528
Hohenstoffeln 594
Holland-Geschäft 359
Holtzmann 338
Holzarbeiter-Verband 86
Homöopathie 46, 534-542, 636ff.
Hoppenlau-Friedhof 130f.
Hoppenlaustraße 124, 130f., 246
Hühnerzucht 521
Hülsenapparat 120, 129, 139
»Hütte« 44, 100, 180
Hufeisenmagnet 33
Hughes-Schreiber 52
human/humanitär 229, 476
Humor 329, 333, 594, 617
Hungersnot 256
Hygiene/hygienisch 45f., 151, 272, 534f.
Hypotheken 134

Ideal 422, 486, 593
Idealismus/Idealist/idealistisch 71, 242, 288, 331, 473

Ideal-Werke 457f.
Ideologie/ideologisch 101f., 423, 561, 565
Illies & Co. 312
Individualismus/Individualist/Individualität 37, 41, 75, 131, 174, 236, 383, 405, 413, 427, 440, 474, 531, 544, 547, 551, 565, 580, 594, 615
Industrialisierung 84, 111, 223
Industrialismus 77
Industrie 67, 269, 432, 568
– württembergische 78, 80, 83, 252, 269, 281
Industriearbeiterschaft 84f.
Industrieinteressen 46
Industrielle 280, 290, 571
Industriellen-Verbände 212, 219, 221f., 252, 281, 300f., 335
Industrieller Großbetrieb 41, 151
Industrielles Leben 28, 51
Industrieordnung 322
Inflation 271, 307, 342, 355, 365-367, 372, 374, 385, 404, 407f., 424, 436, 551, 558
Inflationsgewinner 436
Initiative 242, 317
Ironie/ironisch 173, 379, 384, 480, 502, 509, 546, 580, 603
Installation 88, 92, 130, 135, 172, 225, 240f., 275
Institut für Gemeinwohl, Frankfurt 274
Internierung 309, 360, 566
Intimität 181, 444, 477
Invalidenversicherung 211, 218
Investitionskonjunktur 194
Isen 502
Isolator 192, 581, 585
Isolitwerk 356, 366, 581
Italien-Geschäft 310, 359, 601

Jagd 17, 175, 238, 396f., 472, 482, 493, 495-503, 515, 531, 533, 596, 606f.
Japan-Geschäft 169
Journalismus 438
Jubiläen
– Erzeugnisse 126, 170, 349, 400, 577
– Mitarbeiter 418
– Firma 603-606
Jubiläumsbücher 11, 14, 402, 597, 605, 634
Jubiläumsstiftung des Württembergischen Ingenieurvereins 180
Juden 74, 244, 329, 563, 568, 593
Jugendbekenntnisse 70
Jugendbriefe 71
Jugenderinnerungen s. Erinnerungen
Jugendpflege 410
Jungingen 20, 25, 28, 37, 42
Junkers & Co. 452-455, 577

Kabinett Brüning-Dietrich 559
Kabinett Papen 559, 561
Kaiser (Wilhelm II.) 296f.
Kaiserproblem 295
Kaiser-Wilhelm-Gesellschaft 184, 483
Kalkulation 191, 229, 356
Kameradschaftlichkeit 389, 420
Kanalisation des Neckars 268, 271f., 547
Kanalstiftung 271, 272
Kanzleistraße 22, 96, 132, 246
Kapital 58, 63, 82, 92, 103, 305, 318, 354, 358, 417, 428
Kapital-Erhöhungen
– Bosch 354f.
– Eugen Bauer 459
– Fernseh AG 460
– Ideal-Werke 457
– Junkers & Co. 454
Kapitalismus/Kapitalist/kapitalistisch 128, 173, 318, 365f. 384, 439, 475f., 583
Kapitalmarkt 245
Kapp-Putsch 337
karitativ 258, 372, 487, 545
Kartelle 441f.
Kasernenstraße 417
»Kasten« 499
Kaufkraft-Theorie 389, 433
Kaufmännisches 35, 132f.
Keramik 192, 356, 373, 581
Kerzenwerk 275, 585
Kettenfabrikation 34
Kinder 100, 479
Kinderaustausch 591
Kinderkrippen 419
Kindheitserinnerungen s. *Erinnerungen*
Kino-Projektoren 458f.
Kirche 73, 487, 618
Kirchenaustritt 75
Kirchliches 23f., 487f.
Klasse, arbeitende 296, 388
Klassengenossen 217
Klassenhaß 176
Klassenkampf 86, 206, 221, 336, 438, 442, 463
Kleinbauern 85
Kleinbürger 85, 476
Klein-Hohenheim 508
Klimaanlagen 190
Kloster 49
Knights of Labor 55f.
Köln 33-35, 65, 67
Kölner Handelshochschule 35
»Kölnische Zeitung« 467, 562
König Wilhelm II. 300
Königsdorfer Filz 512-514, 519, 635

Köpf & Bantleon 172
Kohlenmangel 308
Kollektiv/Kollektivismus 318, 547
Kollektivverträge 410
Kolonialimperialismus 593
Kolonnenarbeit/Kolonnensystem 154, 370
Kommission gegen den wissenschaftlichen Krieg 471
Kommunalpolitik 44
Kommune 321
Kommunisten 55, 337, 579
Konferenz in Lausanne 559
Konjunktur 85, 138, 144, 210, 246, 306, 390, 431f., 434, 436, 439, 454, 552, 560, 572
Konkurrent/Konkurrenz 169, 173, 186, 191, 202, 212, 215, 259f., 349, 577
Konkurs 162
konservativ/Konservative 280, 288, 321, 384, 462f., 561
Konstitution 531-533, 538
Konsumfinanzierung 390, 433
Kontrolle 137, 336, 386
Kontroll-Kommission 343, 633
Konvention/konventionell 73, 75, 101f., 238, 481, 494, 570, 603
Konzentrationslager 566, 593
Konzern-Firmen 453
Konzerte 414f.
Korridor-Frage 610
»Kosmos« 313
»Kraft durch Freude« 422
Kraftfahrsteuer 572
Kraftfahrzeug 111-129, 170f.
Kraftfahrzeug-Industrie 427f.
Kraftübertragung 39
Kraftwagenbestand 345, 349
Kraftwerke 239-242
Krankenhaus, Homöopathisches 535, 537-539, 540, 542, 637

Krankenkassen 41, 215, 336, 441, 464, 580
Krankenversicherung 211, 218
Krebsforschung 536
Kreditfragen 239
Krieg (allg.) 50, 507
Kriegerheimstätten 273
Kriegsämter 279
Kriegsaufträge 311
Kriegsausbruch 263, 278
Kriegsausgang 262f., 284, 290-298, 328
Kriegsausschuß der Industrie 325
Kriegsbedarf 341
Kriegsbeginn 280, 287
Kriegsbelegschaft 279
Kriegsblinde 405
Kriegsdienst 343
Kriegseintritt der USA 288
Kriegsende 283, 361, 516, 539
Kriegsentbehrung 289
Kriegsfall 255, 573
Kriegsfolgen 318, 388, 404, 405
Kriegsfürsorge 535
Kriegsgefahr 544
Kriegsgefallene 405
Kriegsgegner 435
Kriegsgeschäft 361
Kriegsgewinne 268, 272, 288, 290, 345, 364, 436
Kriegshilfe von Industrie und Handel 258
Kriegskonjunktur 246, 511, 600
Kriegskosten 424
Kriegslage 255, 612
Kriegslieferungen 268, 373, 612
Kriegsnöte 318, 341
Kriegsnotstand 270
Kriegsnotwendigkeit 282
Kriegsopfer 341, 404, 425
Kriegsopferverbände 591
Kriegsorden 278

Kriegsorganisation 283
Kriegspropaganda 285
Kriegsschuldfrage 328
Kriegsteilnehmerverbände 562
Kriegsursachen 329, 610f.
Kriegsverletzte 341
Kriegswaffen 305
Kriegszeit 341, 489
Kriegsziele 288, 290
Krise 60, 84, 99, 253, 289, 292, 304, 309, 345, 358, 361, 374, 409-411, 422f., 425, 430f., 432f., 442, 437, 453f., 458, 464, 526, 541, 558, 560, 572, 598, 601, 604, 610
Kritik 298, 336, 612
Krupp-Werke 603
Kühlschrank 445, 449f.
Kündigung 215
Künstler 280, 488
Künstleraufträge 176f., 530
Kultur, antike 232
Kulturpolitik/kulturpolitisch 273f., 415, 545-548
Kunden 357, 448
Kundendienst 362, 382
Kundenlisten 93f., 108, 143
Kundenschutz 202, 357
Kundgebung 278
Kunst, bildende 177, 488, 530
Kunstförderung 177f., 414, 488f., 490, 530, 546
Kunstharze 582
Kunstwerk 530
Kurse 226
Kurzarbeit 345, 367, 412f., 434, 572

Laboratorien 584f.
Lahmeyer 164, 166, 246, 368
Landesausschuß für Jugendpflege 555
Landesgewerbeschule 83

Landesverrat 557, 567, 588
Landschaftsbilder 177, 489
Landspekulation 56
Landtag 177
Landwirtschaft/Landwirtschaftliches 21, 503-530, 552, 568
Langenau 22, 97
Laternen 194
Lausanner Abkommen 559
Société Lavalette 429, 591, 601
Lazarett 258
Leben, geistiges 280
Leben, öffentliches *s. a. Öffentlichkeit* 100, 175, 181, 280, 304, 372, 595
Lebensbedingungen 189, 389
Lebensbeschreibungen 490
»Lebenserinnerungen«
s. »Erinnerungen«
Lebensführung 36, 45, 81, 155, 174, 295, 495, 531-534, 607
Lebensreform 45-47, 535
Lebenssicherung 174, 425
Lebensversicherungen 407-409
Lehrbuch f. Feinmechaniker 370
Lehre 31f., 38, 43, 68, 97, 141
Lehre, marxistische 55
Lehrer 29, 43
Lehrkurse, homöop. 540
Lehrling 32, 98-100, 218, 223, 391, 406, 630
Lehrlingsabteilung 224, 391
Lehrlingsausbildung 224, 226, 391, 630
Lehrlingsfragen 226
Lehrlingswerkstätte/Lehrwerkstätte 223, 225, 227-230, 548
Lehrlingswesen 32
Lehrzeit 61, 94, 97, 129, 153, 227, 481
Leichtmetalle 584
Leidenschaft, nationale 261

695

Leinwandweberei 77
Leipziger Messe 448f.
Leistung 144, 148, 154, 163, 193, 244, 252, 258, 279, 339, 353, 370, 376, 383, 389, 394, 403, 405, 409, 411, 413, 416, 423f., 440, 448, 480, 499, 524, 531, 533, 565, 567, 585, 587, 596
Leistungsethos 267
Leistungsförderung 495
Lenkräder 575
Lenkschloß 575
»Lese« 493, 549
liberal/Liberalismus/liberalisieren 202, 443, 463, 472, 594
Lichtanlagen 194-198
Lichtbild-Abteilung 416
Lichtbogenzündung 140
Lichtmaschine 198
Lichtwerk 275, 356
Liebhabereien 173
Liga für den Völkerbund 331, 589
Lindenhof 509
Linke 254, 322, 462, 465
Lippscher Bau 311
Literatentum 321, 471, 561
Literatur 489, 612
Lizenz 148, 350, 398, 453, 510, 573
Lizenzverträge 116, 145, 264
Locarno-Politik 425, 469, 599
Ludwig Loewe AG 460
Lohnempfänger 320
Lohnpolitisches 53, 198, 206-210, 213, 219, 221f., 229, 244, 319f., 354, 367, 389, 403f., 410-412, 433f., 441f., 555
Lohntarif 320
Lokomotiv-Öler 194, 352f.
London 62f., 360, 601
Joseph Lucas Ltd. 360, 430, 601f., 609
Lüftung 189

Lügen 30
Luftangriffe 573, 621
Luftschiff 121f., 247-249, 253, 263, 576
Luftspeicher 396
Lungenheilstätten 539
Luxus 450, 495, 523f.
Lyon 169
Lyrik 489

Mabo 601
Machtanspruch 206
Machtkampf 223, 337, 579
Machtlosigkeit 335
Machtmittel 335
Machtpolitik 155
Machtwillen 285
Mäcenatentum 173ff., 180, 444
Mädchenwohnheim 415
Magdeburg 64
Magnetherstellung 187-189
Magnetinduktor 107
Magnetstahl 356, 483, 586
Magnetzündung 53, 106-110, 112, 124, 382, 633
Magstadt 175, 499
Mailand 145, 168f., 601
Maler 490
Malerei 176-178, 444, 488f., 530
Marbach 507
Marelli 601
Markelstiftung 551f.
Markt 191, 240, 246, 305, 309, 311, 346, 353, 359, 365, 374, 384, 389, 411, 422, 428, 433f., 441, 446, 452, 459, 505, 507, 587
Marktabgrenzung 358f.
Marktbereinigung 202
Marktpolitik 201-204
Marktuntersuchung 390, 432
F. Martini & Co. 108-110
Märzausschreitungen 1919 27, 337

Marxismus 86, 101f., 176, 206, 315, 463, 475
Maschinenbauanstalt Eßlingen 231
Maschinenstürmer 207
Massen 335, 383, 388f., 402, 425, 432, 549, 552, 558, 605
Massenbedarf 166
Massenerzeugung 311, 442
Massenfertigung 191, 203, 227f., 400, 410, 349, 391, 529, 613, s. a. *Mengenfertigung*
Massengüter 384
Massenindividualismus 315
Massenstimmung 287
Massenteilfertigung 371
Massenverbreitung 144
Massenverkehrsmittel 165
Materialismus/Materialist/materialistisch 71, 73, 232, 473, 475, 486
Materialverschleiß 352
Mathematik 29
Maybach-Motoren 264-266
Mayrisch-Komitee 561
Mea 202f., 358f.
Medizinforschung 539-544
Medizingeschichte 541
Medizinische Fakultät Tübingen 545
Mehrheits-Sozialdemokraten 320, 337
Mehrwertlehre 102, 176
Meister-Aufgaben 153
Meisterstamm 209
Memoiren 490
Mendelssohn & Co. 601
Mengenfertigung 205, 432, 445, 448, s. a. *Massenfertigung*
Menschenbehandlung 233f.
Menschenbeurteilung 236f.
Menschenführung 262, 403, 544
Menschenkenner 236, 237
Menschenkraft 255

Menschenkunde 488
Menschenleid 256
Menschenliebe 233
Menschenpflege 529
Menschentum 140, 163, 467, 471, 485
Menschenurteil 236
Menschenverstand 422
Menschenwürde 23
Menschheit 334, 485
menschlich 416
Mercedes-Wagen 123f., 144f.
Meßinstrumente 41
Metallarbeiter 204
Metallarbeiterverband s. *Gewerkschaft*
»Metallarbeiterzeitung« 217
Metallerzbergbau GmbH 586
Metallindustriellen-Verband 219, 221f., 417, 600
Metallspiegel 196f.
Metallwerk 188-193, 213-217, 275, 282f., 312, 355f., 369, 580f., 632
methodisch 230
Milchhandel 522f.
Milchkühe 516, 520f., 527
Militär 246, 573, 599
militärisch 284
Militärdienst 35-38
Militärstraße 124, 130
Militarismus/Militaristen 328, 333
Millionensammlung 253
Millionenschenkung 183
Millionenstiftung für die Technische Hochschule 248
Millionenstiftungen 364
Minimeter 252
Mißerfolg 192, 423, 510
Mißtrauen 131, 170, 291, 329, 456, 568
Mitbestimmungsrecht 324
Mitteleuropa-Idee/Mitteleuropa-

Konzept 285, 289, 609
Mittelstand 76, 111, 424, 523
Mittelschulen 231
Mix & Genest 137, 172, 358
Mobilisierung 246
Mobilmachung, wirtschaftliche 255
Molkerei 521
Monaco 252, 264
Monarchie/monarchisch 295f., 300, 336, 463, 570
Monierverfahren 132
Monopole 240, 366, 431
Montage 64
Montan GmbH 586
Moorkultur 241, 510-512, 516, 519f.
Mooseurach 514f., 635
Moral/moralisch 230, 247, 286, 327, 597
Motorendrehzahl 107, 114, 117, 144
Motorfahrzeugverband 278
Motorisierung 304, 381, 430, 572, 574, 582, 613
München 39, 516, 522f., 546, 609
Münchener Haus der Kunst 597
Münsterbau 28, 36
Mütter- und Kinderheime 535
Munderkingen 171, 240f.
Munitionserzeugung 283
Museum für die Geschichte der Heilkunst 542
Musikalisches 413-415, 488
Mut 73
Mutter 38

Nachkriegsjahre 302, 354, 359, 373, 383, 417, 477, 500, 524
Nachkriegspolitik 332
Nachkriegssorgen 343-346
Nachkriegsstimmung 343
Nachkriegswesen 373

Nachkriegswirklichkeit 565
Nachkriegswirtschaft 329
Nachkriegszeit 287, 354, 369, 373, 381, 382, 412, 422, 428, 470, 551
Nachwuchsfragen 181, 208, 223-232
Nahverkehr 152
Nakib 601
national 293
Nationalausschuß 286
Nationale Flugspende 253, 278
»Nationalhaus der deutschen Arbeit« 580
Nationalismus/nationalistisch 328, 439, 440
nationalpolitisch 247, 315
Nationalsozialismus/nationalsozialistisch 424, 560, 565, 571, 580, 594-596, 602, 615
Nationalsozialisten 565, 567
Nationalversammlung 332, 336
Natur 178, 232, 238, 353, 512, 515
Natur, menschliche 61, 152, 233, 252, 265, 332, 419, 468, 481, 488, 507, 551
Naturbeobachtung 30, 46, 102, 243, 286, 361, 482f., 504f., 606
Naturdenkmal 509
Naturell 233
Naturkunde 490
Naturwissenschaften 232, 482, 504
Nebengewerbe 81, 84
Neckarkanal 268-272, 535, 547, 631
Neid 329
Nepotismus 371
»Neue Zeit« 101
Neuheiten-Fabrikation 94
Neunstundentag 154
Neustadt a. d. Orla 115
New Commonwealth 472, 592

Newark 51
New York 166
Niederspannungszünder 108, 134
Nobelpreisträger 439, 562
Nonnen 49
Norddeutsche 65, 466f.
Nordiska Armatur Fabr. A. B. 449
Normung 383f., 386
Not 257, 318, 484
Notlage 317, 545
Notverordnungen 465, 559
NSDAP 563-570, 597, 603
Nürnberg 39f.

Oberkommando der Wehrmacht 600
Oberschwaben 171f., 240-242
Oberschwäbische Elektrizitätswerke 240-242
Oberste Heeresleitung 289, 292
öffentlich 506
– öffentlich Stellung nehmen 467
– öffentliche Aufgaben 269
– öffentliche Dinge 28, 35
– öffentliche Erklärung 469
– öffentliche Erörterung 268
– öffentliche Hand 241
– öffentliche Körperschaften 242, 452
– öffentliche Meinung 378, 466
– öffentliche Rolle 472
– öffentliche Wirksamkeit 252
– öffentliche Zwecke 555
– öffentlicher Etat 270
– öffentlicher Sinn 24
– öffentliches Auftreten 304, 462, 465
– öffentliches Bewußtsein 300
– öffentliches Geschehen 254, 462, 495
Öffentlichkeit 55, 180, 217, 230, 278, 279, 288, 481, 494, 506, 552, 564, 606

Öhringen 36, 65
Öler 192-194
Ölerwerk 353
Österreich 607f.
Österreich-Reisen 290f.
Offensive, politische 289
Offiziersaspirant 38
Offiziersgeist 295
Opel-Werke 572
Opernaufführungen 415
Opposition 595, 612
Optimismus/optimistisch 233, 247, 304, 562f., 590, 594, 609
Optische Werke 311
Orchester 414
Orden 285
Ordnung 61, 151, 335, 337, 421, 463, 547, 569
Ordnungsdisziplin 100
Organisation 132-134
Orientpolitik 285
Ortsgeschichte 18
Osram 196f.
Osthilfe 465
Ostpolitik 567
Ostpreußenhilfe 258, 470
Ostrach 308, 510
Otto-Motoren 105-107, 142, 392
Otto & Langen 105, 111, 142

Pädagogik 229, 235, 254
Pädagogisches 223-233, 235, 240, 594
Paneuropa 237, 472-475, 503, 590f.
Panhard & Levasseur 201
Panslawismus 256
Parabolspiegel 196f.
Paracelsus-Museum 542, 614
Paris 39, 129, 139, 148, 359f., 601
Pariser Wirtschaftsverträge 330
Parlament 339, 426, 464, 555, 559
Parlamentarismus 426, 565

Parlamentsgesetze 116
Partei 286, 330, 332, 337, 468, 564, 570, 596, 603
Parteikommissar 595
Partei-Kritik 463
Parteipolitisches 176, 244, 303, 328, 417, 462-465, 563-565, 597
Partei- und Ständegegensätze 280
Parteiwesen 339, 467, 468
Partikularismus 291, 466, 502
Patentansprüche 110
Patente 64, 105, 108-110, 116, 120, 129, 141f., 148, 159, 201f., 252, 282, 305f., 310, 358, 366, 397, 453, 573, 602, 610
Patriarchalismus 85, 404
Patriotismus 50, 261, 328, 612
Paulinenhospital 538
Pazifismus/pazifistisch 328-334, 471
Pendelhülse 120
Persönlichkeit 152, 280, 333
Personalpolitik 312, 356, 429
Petroleum 22, 103f.
Pferdezucht 527f.
Pflanzenbiologie 235
Pflicht 236, 241, 257, 322, 403, 440, 442, 478, 553, 555f., 617
Pflichterfüllung 100
Pflichtgefühl 49, 184
Pflichtsinn 281, 302
Pfronten 499
Philanthrop 221
Philosophisches 486
Phonograph 52
Physik 42
Pionier der Arbeit 614
Pioniere 144, 241
Pionierbataillon 35-37
Plakat 145, 363
Planwirtschaft 430-432
Plattenspieler 458

Pneumatische Zündung 106f.
Politik/politisch 22, 253, 256, 284, 411, 424
Politische Hochschule 287, 289
Polytechnische Schule 84
Porträtbüsten 488f.
Positivismus 487
Prag 359, 610
Praktikanten 230
Praktiker 353, 585
Preisbildung 260f., 306f., 365f.
Preise 261, 560
Preiskalkulation 411
Preispolitik 160, 165, 190, 306f., 356, 366, 450, 506
Preissteigerung 354
Preisrevolution 345
Presse 9, 15, 184, 288, 378f., 488, 596
Presseäußerung 466
Pressepolitik 287ff., 304
Pressewesen 465
Preßwerk 188-191
Prestigepolitik 327
Preußische Staatsbibliothek 308
Privatvermögen 283
Privatsekretariat 12, 15, 258, 404
Produktionsform 152
Produktionsziffern 108-111, 124-126, 152f., 170, 193f., 349, 400, 577
Produktivität 317, 442
Proletariat/proletarisch 55, 335
Propaganda/propagandistisch 145, 208, 285, 364, 384, 471, 532, 541, 548-550, 564, 577, 587, 611
Prospekte 96
Protestbekenntnis 59
Prothese 341
Prüfung 309
Publizistik 274, 549, 580, 608
Pünktlichkeit 236, 410

Puritanertum 75
Pyranit 585

Qualität 189, 191, 229, 318, 364, 366, 386, 397, 524, 547, 612

radikal 219, 221f., 321, 337
Radikalisierung 206, 287
Radikalismus 56, 206f., 210, 321, 335, 560, 568
Radio-Geräte 455-457
Radioteile 445
Radlicht 349
Rätegedanken 321
Rätesystem 320-323, 339
Rappenau 535
rational/Rationalismus 61, 78, 101, 143, 203, 235, 300, 328, 374, 443, 524, 531, 548, 561, 579, 583, 585, 603
Rationalisierung 151, 172, 374, 383, 386-391, 428, 434, 436, 444, 448f., 454, 507, 579, 582
rationell 189, 403
Raumlüftung 189f.
Realanstalt, Ulmer 31
Realismus 338, 489, 524
Rechte 337, 465
Rechthaberei 334
Rechtsauffassung 241
Rechtsempfinden 379
Rechtsform 335
Rechtsopposition 286
Rechtssinn 288, 331
Reflexionen, politische 286
Regierung 183, 335, 426
Reichenau 247
Reichsamt des Innern 535
Reichsbahn 352, 426
Reichsärzteführung 541
Reichsbank 571
Reichsfinanzreform 337

Reichskabinett 338
Reichspatentamt 64, 142
Reichspolitik 100
Reichspräsident/Reichspräsidentenschaft 332f., 467f., 557
Reichsreform 467
Reichsregierung 292, 376, 424, 549, 558
Reichstag 205, 289, 296, 324, 340
Reichstagsbrand 566
Reichstagswahlen 205
Reichsverband der Automobilindustrie 281, 427, 606
Reichsverband der deutschen Industrie 324-326, 340, 482, 493, 503
Reichsverband zur Bekämpfung der Sozialdemokratie 222
Reichsverfassung 322
Reichsverordnung über die Werkzeitungen 580
Reichswirtschaftsministerium 571
Reichswirtschaftsrat 339f., 465, 493, 569
Reichtum 72
Reifenprüfer 350
Reisetagebuch 47f.
Reklame 145, 168f.
Rekordflüge 250f.
Rekordstreben 343
religiös/Religion 24, 49, 71-75, 174, 333, 487
Religionsgespräche 71
Renaissance 180
Rennen 115, 124-126, 141, 144f., 343f., 416
Reparationspolitik 330, 374, 376, 391, 424, 426, 433, 469, 558, 560, 562
Reparationssummen 583
Repräsentation/Repräsentationspflichten 278

Republik 296, 336, 469, 581
»Republik der Arbeiter« 61
Republikaner/republikanisch 333, 465
Repusseau 350
Reserve-Armee, industrielle 207
Restauration 502
Revolten 337
Revolution 170, 212, 284, 287, 294, 297-302, 315f., 321, 323, 421, 426, 534, 593
revolutionär 157, 294, 298, 319f.
Rhein-Neckar-Donau-Kanal 268-272
Rhein-Verlag 285
Richtlinien 630, 637
Riedackerhof 539
Riedhof 539
Riesenflugzeuge 263-266, 631
Riezlern 414
Rigorismus, ethischer 75
Rio 361
Robert Bosch AG 602
Robert Bosch G.m.b.H. 602
Robert-Bosch-Krankenhaus 544, 597, 605, 637
Robert-Bosch-Kriegsstiftung 270
Robert Bosch Magnato Company 377, 380
Robert-Bosch-Siedlung, gemeinnützige Gesellschaft m.b.H. 407
Robert-Bosch-Stiftung 182
Robert-Hilfe 405f.
Rohölmotoren 392-394
Rohstoff 255, 345, 357, 367, 422, 582f., 587, 600
Rom 362
Romantik/romantisch 61, 102, 173, 321, 379, 390, 481, 485f., 503, 589, 561, 565, 589
Romantiker 571
Rosenbergstraße 573, 621

Rotarier 561
Rotebühlstraße 75 B 86
Rotebühlstraße 108 92
Rotebühlstraße 145 101f.
»Roter Bosch« 159
Rotes Kreuz 258
Rotierende Hülse 139
Royal Automobil Club 268
Ruhrbesetzung 354, 424
Rüb & Wegelin 115
Rücktritt (Kaiser Wilhelms II.) 296
Rüstung 577, 588, 600, 613
Rüstungsaufträge 304
Rüstungsbeschränkung 425
Rüstungsindustrie 255, 261, 427, 599f.
Rüstungskonjunktur 601
Ruhrgebiet (Besetzung) 354
Rundfunkgeräte 380
Rushmore-Patent 201
Rußland-Geschäft 169, 430f.

SA 595
Saarabstimmung 598
Sachlichkeit 140
Salem-Schule 593
Sammlertum 177
Samstagnachmittag, freier 170, 210, 403
Santiago 361
Sauberkeit 151
Saxonia 164
Schafhaltung 527
Scharnitz 499
Scheibenwischer 351
Scheidung 479
Scheinblüte 345f.
Scheinwerfer 126, 194-197, 574f.
Scheu 234, 238, 278, 302, 467, 481, 486, 488
Schichtarbeit/Schichtwechsel 153, 157, 440

Schiebertum 307
Schiedsgedanke 56
Schiedsgericht 592
Schleifer 446
Schlichtungsausschuß 324
Schlüsselindustrie 144, 381
Schmehl & Hespelt 108
Schmierapparate 192-194
Schroffheit 69, 480, 503
Schüchternheit 481
Schüttelprobe 197
Schulbildung 224
Schulden 174, 239
Schule 29, 185f.
Schule, Höhere 229-232
Schulkameraden 29, 482, 488, 492
Schulmedizin 46, 538, 539
Schulprüfungen 227ff.
Schulung 225, 362
Schulzeit 27-32
Schußleistungen 497f.
»Schutzstaffel« 595
Schutzgesetzgebung 154, 419
Schutzmarke 306, 363
Schutzvorrichtungen 390, 405, 410
Schutzzoll 78f., 166, 422, 428, 438f., 505, 507, 582
Schwabenfleiß 80f.
»Schwabenflug« 248
Schwabenkapitel 467
Schwabenköpfe 615
Schwabstraße 100, 176
»Schwäbische Tagwacht« 217f., 231, 287
Schwäbischer Charakter 80-82, 291
Schwäbischer Siedlungsverein 273
Schweden-Geschäft 306
Schweiz-Geschäft 306, 359
Schwerbeschädigte 404f., 408
Schwerindustrie 325-327
Schwerölmotor 392-394
Scientific-Management 207

Sechsstundentag 440
Selbständigkeit 40, 65, 85, 88, 165, 172, 187f., 243, 313, 355
Selbstbauwillen 273
Selbstbeobachtung 68
Selbstbestimmungsrecht der Völker 608
Selbstbewußtsein 69, 122, 128, 160, 203, 220, 481, 492, 494
Selbstdarstellung 71
Selbstdisziplinierung 371
Selbstgefühl 148, 163, 265
Selbstironie 48, 68, 203, 314, 470, 480, 483, 528, 533
Selbstsicherheit 189, 480
Selbstunterricht 39
Selbstverantwortlichkeit 318
Selbstverständlichkeit 236, 343, 362, 420, 497
Selbstvertrauen 70f.,
Selbstzeugnis 48, 140
Sentimentalität 71, 481, 529
Septennatswahl 100
Sequestration 360, 375-378, 633
Serienarbeit 128, 153
Servo-Bremse 350
Sicherheit 189, 350
Sicherheitswehr 321
Siedlungsförderung 406f.
Siedlungspläne 529, 636
Siedlungsverein 273
Sieg, militärischer 283
Siemens & Halske 33, 204, 516
Siemens & Schuckert 226, 358, 369
Signalhorn 346-349
Silobau 517f.
Simms-Beteiligung 139, 148-150, 165f., 172, 187
Simms-Motor 147f.
Sippe 19-21
Sitzungen 234
Skepsis 237, 247, 284, 490, 534

703

Solidarität 216
Solidität 189, 484
Sondergabe 411
Sonderinteressen 336
Sonderkommissariat für
Preisprüfung 603
Sonderkonstruktion 352
Sonderlösung 383
Sonderwerte, soziale 285
Sorgen 329
Sorgen, innerbetriebliche 314
Sorgsamkeit 236
Sowjet-Rußland/Sowjets 430f., 599, 612f.
sozial 189
– soziale Atmosphäre
– soziale Fragen 254
– soziale Gräben 463
– soziale Macht 381
– soziale Maßnahmen 416
– soziale Problematik 60, 163, 282
– soziale Sondertaten 210
– soziale Spannungen 579
– soziale Theorien 55
– sozialer Gemeinsinn 525
– sozialer Kampf 206
– sozialer Unternehmer 210
– soziales Empfinden 22
– soziales Leben 531
– soziales Verständnis 221
Sozialarbeiterinnen 415
Sozialbüro 372
Sozialdemokratie/Sozialdemokratische Partei/Sozialdemokraten 54, 57, 86, 101, 177, 205, 211f., 213, 215, 217, 220-222, 255, 280, 286f., 302f., 315f., 340, 463-465, 579
Sozialdemokratischer Parteiverlag 86, 101
Sozialfürsorge/Sozialpolitik 153, 210, 229, 244, 270, 322, 403-407, 410, 419, 422, 433

Sozialisierung 302, 314-318, 324f., 340
Sozialismus/sozialistisch 56, 59-61, 71f., 101f., 303, 309, 315-318, 403, 431f., 440, 463, 564f.
Sozialisten 55-57, 61, 177, 206, 211, 221, 299, 303, 315, 440, 465
Sozialistengesetz 54, 86
Sozialistische Internationale 154
Sozialistische Monatshefte 465
Sozialökonomie 155
Sozialordnung 321, 416, 420
Sozialpolitisches 134, 153, 155, 210, 254, 312, 318, 322, 339, 403-415, 418f., 437f., 465, 600, 605f.
sozialrechtlich 206
Sozialreform/sozialreformerisch 55, 336
»Sozialschwärmer« 221
Sozialverfassung 338
Sozialversicherung 403, 408, 559
Sozialwirtschaft 205
Sozialwissenschaften 243
Spanien 169, 601
Spanischer Bürgerkrieg 601, 607
Spanischer Erbfolgekrieg 19
Sparsamkeit 174, 236, 250, 336, 464, 484
Sparwillen 273
Spartakisten 336
Spende 258
Sperre 214f.,
Spezialgeschäft 255
Spezialindustrie 171, 306
Spezialisierung 88, 110, 127, 137, 223, 228, 400, 412, 507, 522
Spezialisten 152, 203, 450, 521, 537
Spießertum 144
Spinnpumpen 446
Sport 414, 534f.
Sportplatz 414
Sprachliches 416, 491-493, 634

Springfield 171, 204, 305, 312, 377
SS 595
Staaken 264, 631
Staat, sozialistischer 59
Staatliche Machtpolitik 155, 285, 431
Staatsbewußtsein 337
Staatsbegräbnis 618
staatsbürgerlich 229
Staatsführung 332
Staatsgesinnung 332
Staatskapitalismus 432
Staatsregierung 230
Staats- und Wirtschaftskenntnis 340
Stammbaum 19
Standesdünkel 176
Stangenpresse 282
Statistik 345, 349, 367, 388, 415, 417, 499, 520, 560
Statistisches Reichsamt 145
Stellung der Frau 57
Stellungnahme/Stellung beziehen 286, 288, 462
Stellungskrieg 290
Sternwarte 639
Steuerpolitik/Steuerpolitisches 307, 337, 345, 426
Stevens, I. A. Ltd. 360
Stiftungen 27, 180, 182-186, 231, 248f., 257, 268-272, 278, 283, 285, 300, 302, 364, 404-409, 414, 436, 488, 530f., 535, 538f., 542-546, 551f., 589, 597, 605, 618
Stiftungsurkunde 270, 272
Stil 491-493
Stillegung 205
Stockholm 168
Stoplaterne 352
Stolz 169, 183, 188, 278, 364, 379, 387, 416, 434, 453, 481, 533, 607
Stoßdämpfer 350
St. Ouen 429

Straßendemonstrationen 323
Streik 56, 205, 208, 210, 212f., 216, 218, 220f., 242f., 255, 287, 316, 322, 335, 337, 368, 371, 374, 403, 579
Streikposten/Streikbrecher 218, 220, 292
Stribit 585
Studium 42-46, 68
Stücklohn 154, 207, 389
Stundenlohn/Stundenverdienst 154, 412
»Sturm-Abteilung« 595
Stuttgart 42f., 67, 76f., 131, 188-190, 573, 621
Stuttgarter Kreis 250
Stuttgarter Künstlerbund 176
»Stuttgarter Neues Tagblatt« 562
Stuttgarter Rumpfparlament 22
»Stuttgarter Tagblatt« 466
Stuttgarter Technische Hochschule s. Technische Hochschule Stuttgart
Suchscheinwerfer 346
Südafrika 168
Südamerika 169, 361
Süddeutsche 466f.
»Süddeutsche Arbeiterzeitung« 417
Süddeutsche Motorengesellschaft 396

Tagespolitik 286
Targa Florio 343
Tarifpartner 206
Tarifverträge 329
Tarn-Einsätze 575
Tatendrang 267
Tatkraft 73, 338
Taylorsystem 207, 223, 374
Technik, Sinn der 437f., 473-475
Technische Hochschule Stuttgart 42-46, 136, 164, 180-182, 204, 231, 248, 264, 545

Technisch-physikalische Reichsanstalt 184
Technisierung 172, 449
Technokratie 374
Teilhaberschaften 239, 371
Teilnahme an dem Zeitgeschehen 304
Teilstreik s. a. *Streik* 205
Teinach 247
Telephon 33, 43, 87, 90, 93-96
Temperament 69f., 102, 138, 142, 146, 155, 159, 177, 234, 236, 238, 265, 287, 311, 338, 371, 482, 490, 494, 508, 606
Temperatur 189
Tempo 245
Testamentsvollstrecker 619f.
Teuerung 306
Theater 490
Thomson-Bennet Magnetos-Ltd. 430
Thronverzicht 300
Thüringische Motorwagenfabrik 115
Tischsitten 49
Tod 617f.
Todesfallspende 418f.
Torfverwertung 239, 308, 509-511
Totalitätsanspruch 567, 579
Traben-Trarbach 586
Tradition 152, 233, 313, 369, 371, 453, 467, 481, 541, 579, 614
Transozeanflug 264, 266
Trauberggelände 539, 542
Treptow 639
Tripolisfeldzug 254
Trotz 67, 102, 242, 480, 486
trustmäßig 190
Tschechoslowakei 608-611
Türkei 169, 285f.
Türken 74, 285
Turin 362

Turnen/Turner/Turnerbund 27, 29, 32, 34, 68, 414, 531, 534
Typenbeschränkung 383f., 386

U-Bootkrieg 266, 284, 288, 293
Überproduktion 423
Überstunden 157, 210, 410
Ufa 549
Ugenhof 19
Uhlandfeier 100
Ulm 17-21, 26-32, 35, 172, 313, 326, 392, 463, 482, 495f., 534, 606, 628
Ulmer Freimaurerloge 24
Ulmer Münster 28, 36
»Ulmer Schnellpost« 17
Umsatzzahlen 108f., 130, 282, 572f.
Umsturz 315
Unabhängige Sozialdemokratie 337
Unabhängigkeit 121, 242, 361, 404, 480
Unehrlichkeit 293
Uneigennützigkeit 24
Unfälle 215, 410
Unfallbekämpfung 410
Ungeduld 240
Unglaubwürdigkeit 293
United American Bosch Corporation 380
Universalmotoren 449
Universum Film AG 549
Unrecht 72-74, 176
Unruhen 323, 563
Unterführerschulung 391
Unternehmer 76, 99, 110, 211, 221, 252, 301, 323, 335, 384, 388f., 403, 442, 494, 562
Unternehmungssinn 267
Unterseebootkrieg s. *U-Bootkrieg*
Unterstützung 253, 551
Unteroffizier 37
Urlaub 210, 219, 403, 411, 414, 419

USA 612f.
Urlaub 210, 219, 403, 411, 414, 419
Utopie/Utopismus 101, 431

Val di Cogne 501
Vandervelt, C. A. & Co. Ltd. 430
Vater s. Bosch, Servatius
»Vater Bosch« 421
vaterländisch 175, 280
Vaterland 73, 186, 317, 611
Vaterlandsliebe 50
Vaterlandspartei 288
VDI 14, 225, 383
Verantwortung/Verantwortlichkeit 15, 68, 137, 152, 256, 276, 281f., 398, 421, 440, 466, 508, 555
Verband der Automobilindustriellen 212
Verband Württembergischer Industrieller 219, 221, 252, 281, 335
Verbandspolitik 281
Verdienst 219, 317, 405, 410, *s. a. Lohnpolitik*
Verein Deutscher Ingenieure, *s. VDI*
Verein Deutscher Maschinenbauanstalten 225
Verein für Kaufmännische Erholungsheime 413
Verein Stuttgarter homöopathisches Krankenhaus 538
Verein zur Förderung der Volksbildung 550-552, 554-556, 639
Vereinigung der Freunde der Hochschule Stuttgart 545
Vereinsrecht 86
Verelendungstheorie 206
Verfassung 322, 469
Verfassungskämpfe 176
Verfassungsrechtliche Fragen 304

Verfassungsreform 205
Verfolgte 567
Verfolgung 566, 593
Vergesellschaftung 275, 371
Verhältniswahlsystem 332
Verhaftung 566
Verhandlungsleitung 338
Verheiratung 100f., 479
Verkäuferschulung 432f.
Verkaufshäuser 168, 283, 359f.
Verkaufskonditionen 202
Verkaufsleitung 165
Verkaufsorganisation 146
Verkaufsunkosten 441
Verkehrsgesetze 195
Verkehrspolitik 241, 269
Verkehrswesen 270
Verknappung, kriegsbedingte 246
Verlobung 62
Vermächtnis 9
Vermögensverwaltung 231
Vernunft 330
Verordnung über die Reichsfahne 566
Verpflichtung 257, 272, 281, 597
Versailler Vertrag 330, 376, 424f., 472, 557, 563, 583, 592, 608f.
Versammlungsbetrieb 24
Versorgungslage 287
Versuche, sozialistische 55
Versuchswerkstatt 138, 353f., 587, 614
Versuchsanstalt für Luftschiffahrt und Flugtechnik 180
Verstaatlichung 314f.
Verständigungspolitik 471-476, 561f., 567f.
Verstellung 237
Verträge 148
Vertrags-Grundsätze 308f.
Vertrauen 188, 293, 308, 312, 324, 353, 371, 524-526, 548, 563, 607

Vertrauensleute/Vertrauensmann 209f., 213, 215, 322
Vickers & Co. 305, 310, 360
Vierjahresplan 582, 586, 588
Viermächtepakt 598
Villa Berg 178
Villa Bosch 178f., 478
Vitalismus 486
Völkerbund 295, 304, 331, 425, 469, 472, 559, 589, 592, 598f.
Völkerrecht 607
Vogelschutz 520f.
Volksbeauftragte 421
Volksbefragung/Volksbegehren 205, 557
Volksbewußtsein 247
Volksbildung 229, 274, 334, 530, 548, 550, 552-554, 639f.
Volkserhebung 294
Volkserziehung 229, 555
Volksgemeinschaft 317
Volksheilkunde 541
Volkshochschule 552-554, 639f.
Volkshygiene 272
Volksklassen 273
Volkskrankheiten 270, 535
Volksleben 337
Volkslied 48, 69, 71, 99, 413
Volksmeinung 379
Volkspädagogik 79, 274
Volksschulbildung 231
volkstümlich/Volkstümlichkeit 144, 168, 250, 343, 353
Volkstum 80, 490
Volkswagen 576
Volksweisheit 481, 492
Volkswirtschaft 317
Volkswohlfahrt 184
Volkszählung 76
Vollbeschäftigung 412, 441
Vorbild/Vorbildliches 53, 131, 252, 374, 555, 593

Vorkriegsjahre 359, 373
Vorkriegszeit 365, 411, 430, 436, 507
Vorrat 153, 366f.
Vorschlagswesen 390
Vorurteile 65, 333, 553
Vossische Zeitung 288

Wachstum 152
Währung 353, 365, 378
– Stabilisierung 310, 357, 382, 388, 412, 427
– Manipulation 443
– Verfall 307f., 310, 342, 346, 354, 364, 412, 424
Waffendienst 259
Waffenstillstand 206, 292, 294, 297, 327
Wagemut 110
Wahlfonds, sozialdemokratischer 212
Wahlrecht 291
Wahlreform 288
Wahrheit 13
Waisen 405
Wanderjahre 32
Wandern 174, 493, 500, 531, 533
Wandervereine 534
Warenhunger 308, 422, 439
Warenzeichen 306, 364
Warschauer Politik 610
Wasserkräfte 171, 240f.
Wasserstandsmelder 94
Wehrkraft 255
Wehrpflicht 565, 599
Wehrverfassung 562
Weidewirtschaft 509-518
Weihnachts-Gratifikation 411
Weimar 464
Weimarer Verfassung 271, 339, 426, 464
Weiterbildung 38, 42, 46

Weitstrahler 575
Weltansehen 155
Weltmarkt 79, 385, 428, 582
Weltmarktlage 310
Weltwirtschaft 259, 332, 374, 439, 442, 558, 566, 582
Weltwirtschaftskrise 392, 402, 413, 422-443, 558-560
Werbung 90, 94, 116, 145, 147, 168f., 208, 342, 360, 362-364, 380, 441, 546
Werkbücherei 415
Werkfachschule 391, 630
Werkführer 97
Werksleitung 341
Werkstätte, erste 86-97
Werkstatteinrichtungen 86f., 92
Werkzeitschrift 313f., 416f., 580
Werkzeugmacher 154, 216
Werkzeugmaschinen 34, 52, 135, 149, 153, 157
Wertmaßstab 168
Wespental 500, 533
Westfront 291
Wettbewerb 134, 139, 142, 145, 149, 154f., 162, 201, 203, 240, 282, 306, 318f., 339, 342f., 346, 357-360, 363, 369, 380, 385, 391, 395, 400, 410, 426, 440, 442, 452, 529, 583, 587
Wickelei-Werkstatt 246
Wiederaufbau 304, 309f.
Wiederaufbau-Ministerium 338
Wien 145, 283
Wilson-Politik 376
Winker 351f.
Wirtschaft, sozialistische 309
Wirtschaftsgeschichte, württ. 76-86
Wirtschaftsinteressen 332
Wirtschaftskrieg 332
Wirtschaftslenkung 384, 431

Wirtschaftsordnung 315f.
Wirtschaftspolitik 255, 569, 571
Wirtschaftsstruktur 255, 560
Wirtschaftsverfassung 317
Wissenschaft/Wissenschaftler 46, 54, 232, 353
Witwengelder 409
Wohlfahrt 316
Wohlfahrtseinrichtung 210f., 318, 404
Wohlfahrtsempfänger 405
Wohltätigkeit 176, 184, 210f., 272f., 318, 404, 408
Wohltaten 272
Wohnbaugesellschaften, gemeinnützige 273
Wohnung 270
Wohnungsbau, gemeinnütziger 273
Wohnungsfragen 210, 272, 406f., 415
»Wollregime« 46, 532
Württemberg 76f., 560f.
»Württemberger Zeitung« 466
Württembergische Gesellschaft 303

Young-Plan 424, 469, 557f.

Zähigkeit 193
Zärtlichkeit 25, 48f.
Zarenreich 430
Zeiß-Ikon 460
Zeiß-Werke 197, 325
Zeitgeschmack 15
Zeitlohn 208, 412
Zeitnahme 41, 151, 153, 410
Zeitschriften 148, 465
Zeitungen 342
Zeitungsaufsätze 389, 562
Zeitungspropaganda 288
Zeitungsverlag 466, 596
Zentralschmierung 192-194

Zentralstelle für bürgerliche Politik 465
Zentralstelle für Handel und Gewerbe 78, 80, 84, 279
Zentralverband 325
Zentrumspartei 468
Zielstrebigkeit 38
Zoll 166, 176, 205, 255, 305, 309-311, 341f., 345, 354, 360, 365, 378, 385, 422, 425, 427f., 430, 433, 439, 475, 505f., 529
Zollparlament 22
Zündapparat 93, 106-111, 117-124, 137, 139-141
Zündflansch 117
Zündinduktoren 108
Zündkerze 585
Zündstift 117f.
Zündung 106-111
Zusammengehörigkeit 418
Zusammenschluß, gewerkschaftlicher 55
Zuverlässigkeit 189, 279
Zweck, gemeinnütziger 271, 283
Zweckgesetzgebung 596
Zweigniederlassungen 168
Zweiter Weltkrieg 15, 461, 577, 588, 592, 600, 611, 617

Die vier Seiten aus dem Originalmanuskript von Theodor Heuss (nachfolgende Seiten) und das Brief-Faksimile (Seite 623) stammen aus dem Theodor-Heuss-Nachlaß im Deutschen Literaturarchiv in Marbach am Neckar, die anderen Abbildungen hat das Archiv der Robert Bosch GmbH, Stuttgart, zur Verfügung gestellt.

Heimat und Herkunft.

Der stattliche, breit gelagerte Gasthof zur Krone in Oberdorf von Abends macht wohl einen ländlichen, doch keinen bäuerlichen Eindruck. Es ist ein Neubau aus dem Jahre 1834. Das alte Haus hatte südlich an der Steige gelegen, die in ein paar Windungen steil den Berg hinauf klettert. Jetzt aber, um 1833, hatte der Staat begonnen, eine neue, schnur-gerade Straße zu ziehen, die in längerem Anlauf, ohne das Unterdorf zu berühren, (mit eignerem Abwe.) Höhe der Alb gewinnen sollte. Damit war die Krone in den Winkel geraten. Aber da ein Hauptanwalt des Kronenwirts seit je mit dem Durchgangsver-kehr zusammenhing, der auf der alten Han-delsstraße Nürnberg–Ulm durchgängig ja-mals war und Waren aus dem fränki-schen bei Heidenheim an die Donau brachte, mußte man mit dem Hauptbau des An-wesens an die neue Front heranrücken.

J = Heidenheim.

30. 11. 42

Einige Jahre später, 1838, erwirkte es Stallbaum, etwas geitlich, großer Stallingner, den man durfte sich zuversichtlich auf einen ums⸗ pannden Betrieb einrichten. daß die mit ganz Hofgewanden vierspännigs Schimmeln verlast werden und Eisenbahnen zu laufen be⸗ gannen, davon las man wohl in der künftig gegründeten "Ulmer Schnellpost", aber man konnte nicht auf den Gedanken kommen, daß diese neu⸗ modischen Dinge eines einmal Albrecht und gar den Kronenwirt im besonderen angehen würden. Sie sind dann doch nach ein paar Jahrzehnten in die Nähe gerückt, und da es nun offensichtlich mit dem Überland⸗ verkehr der Planwagen, mit Kutschern und Postknam und Umspann nicht bl mehr Rentabel sein würde, verkaufte Urgroßvater doch 1869 Gasthof, Bierbrauerei, die Äcker und die Wiesen und zog nach Ulm. Nur ein Waldstück mit dem Haide nicht behielt er, auf des gelegentliche Jagen wollte er auch

Der industrielle Beginn
im eigenen Haus.

Am 12. April 1900 schrieb Robert Bosch seinem alten Studienkameraden Bierhaus:
„Hausbesitzer bin ich; ich bin auch glücklich, doch nicht gerade des Hauses wegen, wenn ich auch glaube, ich habe mit Militärstraße 3a 2 B keinen schlechten Kauf gemacht."
Die Werkstatt in der Kanzleistraße war bereits längere Zeit zu enge geworden, so daß Bosch 1899 noch Räume in dem Hintergebäude der Rosenaustraße 61 hinzumieten mußte. Das konnte natürlich nur eine vorübergehende Aushilfe sein.

Der Kaufvertrag über das Anwesen wurde am 2. März 1900 abgeschlossen; es handelte sich um ein solid gebautes Wohnhaus mit einem Garten, der bis zur Hoppenlaustraße reichte. Der Kaufpreis betrug 140 000 Mk, von denen 40 000 Mk

22.5

in zwei Monaten bezahlt würden; das übrige
ja blieb zunächst als anzinsliches Rest-Kauf-
geld stehen. Die Natürlich war für den Käufer des Gartens als Baugrundstück für die
„Fabrik" des wichtigsten Stück des neuen Besitzes. Die Kasse des Staates zeigt deutlich genug, dass von einer „grundsätzlichen"
Haltung keinesweg die Rede sein konnte, wenn wird ihn annehmen, dass die Rücksicht auf das Installations geschäft, das
1900 mit 63.700 Mk. immerhin noch 21%
des Umsatzes ergab, nachlegte, einen leicht
erreich baren Nach gewinn zu bevorzugen.
Das Gelände, ziemlich am Rand der Altstadt gelegen, war seit ein paar Jahrzehnten erschlossen worden und halte
mit der von Leins gebauten Liederhalle,
mit Garnisonkirche, Gewerbehalle
und   sogar einen Anlauf genommen, ein repräsentatives
Stück des neueren Stuttgart zu werden;

Gefördert durch die Robert Bosch Stiftung GmbH

Das Buch erschien erstmals als gebundene Ausgabe 1946
im Rainer Wunderlich Verlag Hermann Leins Tübingen,
erstmals in der Deutschen Verlags-Anstalt 1986

Die Deutsche Bibliothek – CIP-Einheitsaufnahme
Ein Titeldatensatz für diese Publikation ist bei
Der Deutschen Bibliothek erhältlich.

Erweiterte Neuausgabe 2002
© 1986 Deutsche Verlags-Anstalt GmbH, Stuttgart
Alle Rechte vorbehalten
Gesamtherstellung: Clausen & Bosse, Leck
Printed in Germany
ISBN 3-421-05630-7